中国农村研究报告

2017

农业农村部农村经济研究中心

中国财经出版传媒集团
中国财政经济出版社

图书在版编目（CIP）数据

中国农村研究报告.2017/农业农村部农村经济研究中心编.—北京：中国财政经济出版社，2018.6

ISBN 978 - 7 - 5095 - 8229 - 9

Ⅰ.①中… Ⅱ.①农… Ⅲ.①农村经济 - 研究报告 - 中国 - 2017 Ⅳ.①F32

中国版本图书馆 CIP 数据核字（2018）第 090822 号

责任编辑：刘五书　林治滨　　　　责任校对：黄亚青

封面设计：郁　佳

中国财政经济出版社 出版

URL：http://www.cfeph.cn

E - mail：cfeph @ cfeph.cn

（版权所有　翻印必究）

社址：北京市海淀区阜成路甲 28 号　邮政编码：100142

营销中心电话：010 - 88191537　北京财经书店电话：64033436　84041336

北京富生印刷厂印刷　各地新华书店经销

787×960 毫米　16 开　42 印张　600 000 字

2018 年 6 月第 1 版　2018 年 6 月北京第 1 次印刷

定价：130.00 元

ISBN 978 - 7 - 5095 - 8229 - 9

（图书出现印装问题，本社负责调换）

本社质量投诉电话：010 - 88190744

打击盗版举报热线：010 - 88191661　　QQ：2242791300

前言

农业农村部农村经济研究中心自1990年7月成立以来，秉承其前身国务院农村发展研究中心的优良传统，站在我国农村经济发展和政策咨询研究的前沿，围绕着我国农村改革与发展中的一系列重大问题，孜孜以求、大胆探索，不断取得一些新的研究成果。1998年，农业农村部、农村经济研究中心出版了《中国农村研究报告》（共三册），收录了中心研究人员在1990年至1998年期间的重要研究成果。同时决定，自1999年起，农业农村部农村经济研究中心每年出版一本研究报告选集。摆在读者面前的这本书，是中心2017年的研究报告选集，收录了这一年取得的可以公开发表的主要研究成果。

2017年，农业农村部农村经济研究中心围绕贯彻落实党中央、国务院和农业农村部的重大决策部署，按照农业农村部党组的要求，立足自身职能，谋划选题，大力开展重大"三农"问题和政策研究咨询工作，取得了一些重要研究成果。本书收录了各类研究报告和论文47篇，共计58万多字。内容涉及推进农业供给侧结构性改革，构建现代农业产业体系、生产体系、经营体系，农产品市场与贸易，扩大农业对外开放，推动农业绿色发展与减贫，推进农村土地与金融制度改革，乡村振兴与农耕文化传承，农民创业与农民增收，比较与借鉴九个领域。有些文章已经公开发表过，有些文章则是第一次公开发表。

我们出版本书的目的，不只是在于对过去一年的研究工作进行自我记录和总结，更重要的是要将这些研究结果拿出来和大家进行交流和讨论。由于我们自身知识结构和学术水平的限制，本书的一些研究成果还存在着不足之处，欢迎各位同仁批评指正。我们衷心希望这本书中一些有价值的观点和结论，会对推动我国农业和农村的改革与发展起到积极的作用，我们愿以这一目标与同仁共勉。

最后，值此本书出版之际，我们要特别感谢对我们的研究工作给予资金支持的有关机构，为我们开展调研活动提供过帮助的地方有关部门的同志和农民朋友们，农业农村部有关司局的领导和同志们以及长期关心和支持我们的经济学界同仁！

宋洪远
2018年5月

目录

推进农业供给侧结构性改革

农业供给侧结构性改革：内涵、难点与对策
………………………… 王忠海 习银生 翟雪玲 曹 慧（3）
农业供给侧结构性改革：目标体系、重点领域与关键环节
……………………………………………… 郭 铖 何安华（30）
玉米产业供给侧结构性改革：进展、方向与对策
……………………………………… 习银生 杨 丽 吴天龙（41）
推动农业市场化改革 引领供给侧结构转变
——以小麦产业为例 ……………………………… 孙 昊（48）
农业供给侧结构性改革背景下我国渔业结构现状及调整方向
………………………………………………… 周洪霞 陈 洁（58）
劳动力结构老化对粮食生产的影响 ……………… 刘景景（70）

构建现代农业产业体系生产体系经营体系

高度重视小农生产在推进农业现代化建设中的独特作用
——基于提升传统农耕文明和生态文明建设的视角
…… 魏 琦 龙文军 王 欧 金书秦 张灿强 张 莹（93）

我国家庭农场实践进展与政策思考
　　——来自上海、安徽等十省市家庭农场发展情况调查
　　………………………………………………………… 陈艳丽（100）
家庭农场：发展特点、主体认知与政策需求
　　——基于四省49个家庭农场的调查 ………… 宁　夏（116）
论农业适度规模经营：必要性、实现形式与发展对策
　　……………………… 吴天龙　杨春华　习银生　高　鸣（124）
江苏射阳联耕联种模式对发展农业规模经营的启示 ……… 宁　夏（143）
陕甘宁边区合作运动的探索：推动与调整 ……………… 张静宜（153）

农产品市场与贸易

2017年重要农产品和农资市场形势分析与2018年展望
　　………………… 农业部农村经济研究中心产品分析预警小组（167）
中国小麦生产的现状与问题：以河南省为例
　　………………………………… 高　鸣　习银生　吴天龙（247）
庆安县水稻收储和补贴制度改革研究
　　………………………… 高　鸣　宋洪远　吴　比　侯国庆（257）
深化国家化肥和农药储备制度改革 …………… 吴　比　龙文军（261）

扩大农业对外开放

我国农业利用外资现状、问题及建议 …………… 姜　楠　杭　静（267）
"一带一路"倡议下我国农业对外投资发展状况
　　与未来思路 ……………………………………………… 翟雪玲（278）
中国与中亚五国农业合作的潜力研究 …………… 王慧敏　翟雪玲（287）
中国与俄罗斯农业合作潜力研究 ………………… 王慧敏　翟雪玲（305）
中国与美国农业投资合作及发展方向研究
　　………………………… 原瑞玲　张雯丽　王慧敏　翟雪玲（320）

目 录

推动农业绿色发展与减贫

农膜使用情况和减量思路 …………………… 王 莉 张 斌（335）
生产者责任延伸制度在地膜回收中的应用
………………………… 张 斌 金书秦 王 莉（348）
改革开放 40 年中国农村减贫的发展历程 ………… 冯丹萌（354）
绿色减贫：可持续扶贫脱贫的理论与实践新探索（2013—2017 年）
………………………………………… 张 琦 冯丹萌（369）

推进农村土地与金融制度改革

农村土地承包经营权退出机制研究 ………………… 高 强（389）
农业供给侧结构性改革背景下的农地确权 ……… 高 强 徐雪高（410）
农地确权对农户流转行为的影响分析 ………… 罗 鹏 王佳星（426）
农村承包地确权登记颁证工作中妇女权益状况分析
——基于218个村庄的调查发现 ………………… 杨 丽（435）
农业规模经营主体的融资难题及对策建议 ……… 宋洪远 吴 比（442）
东北农村金融需求现状分析
——基于东北三省的农户调查数据 … 吴 比 尹燕飞 张龙耀（452）
农业保险在收入保险上的探索
——基于吉林敦化市大豆收入保险的调研
………………………… 龙文军 张 杰 李瑞奕（463）
新型农村合作金融组织资金互助模式比较研究
——基于安徽省金寨县的调查 ………………… 谭智心（472）

乡村振兴与农耕文化传承

用 PPP 投资助力田园综合体建设 ………………… 张 莹（487）

依托田园综合体实施乡村振兴战略 …………………………… 刘年艳（492）
曾家河田园综合体创建的理论与实践思考 ………………… 刘年艳（507）
论农耕文化的传承 …………………………………… 张　莹　龙文军（524）
农户对农业文化遗产保护与发展的感知分析
　　——来自云南哈尼梯田的调查 ……… 张灿强　闵庆文　田　密（534）
世界文化遗产带来的喜与忧
　　——1个传统农家乐老板眼中的变迁
　　　　………………… 吴天龙　张灿强　习银生　高　鸣（549）

农民创业与农民增收

社会资本、创业环境与农民涉农创业绩效 ……… 郭　铖　何安华（557）
构建有利于农村妇女创业创新的良好环境 ……………… 杨　丽（572）
返乡创业，创出特色天地宽
　　——河南两县的返乡创业调查报告 ………… 张静宜　陈传波（578）
经济新常态下我国渔民增收的影响因素分析 …… 周洪霞　陈　洁（587）

比较与借鉴

美国农业产业体系、生产体系、经营体系建设对我国的
　　启示与借鉴 …………………………………………… 陈艳丽（603）
发达国家畜牧业产业体系发展的经验借鉴 ……………… 王　莉（618）
阿根廷大豆产业相关政策及启示 ……… 张　振　张　璟　冯凯慧（628）
中国加拿大油菜生产成本比较研究 …………… 张雯丽　许国栋（636）

附录一　农业农村部农村经济研究中心简介（647）
附录二　2017年农研中心承担的主要课题和项目（649）
附录三　2017年农研中心编著的主要书籍（655）

Contents

Promote the Structural Reform of the Agricultural Supply Side

Agriculture Supply Side Structural Reform: Connotation, Difficulties
and Countermeasures
.... Wang Zhonghai, Xi Yinsheng, Zhai Xueling & Cao Hui (3)
Agriculture Supply Side Structural Reform: Targets System,
Key Areas and Essential Links .... Guo Cheng & He Anhua (30)
China's Corn Supply-side Structural Reform: Progress,
Orientation and Strategy ...... Xi Yinsheng, Yang Li & Wu Tianlong (41)
Promote the Reform of Agricultural Marketization and Lead the
Transformation of Supply-side Structure: Take the Wheat
Industry as an Example .... Sun Hao (48)
Analysis on Adjustment of Chinese Fishery Industry Under the
Background of Supply-side Structural Reform in Agriculture
.... Zhou Hongxia & Chen Jie (58)
Impact of Labor Force Structure on Grain Production ...... Liu Jingjing (70)

Research Report of Rural China 2017

Construct Modern Agricultural Industry System Production and Management System

Paying Great Attention to the Unique Role of Small-scale Farming
 in Promoting Agricultural Modernization
 ——Based on the Perspective of Promoting the Development of
  Traditional Farming Civilization and Ecological Civilization
   .... Wei Qi, Long Wenjun, Wang Ou, Jin Shuqin,
     Zhang Canqiang & Zhang Ying (93)
The Practical Progress and Policy Thinking of Family Farm in China
 ——Survey on the Development of Family Farms in Ten Provinces
  and Cities .... Chen Yanli (100)
Family Farms: Development Characteristics, Subject Cognition,
 and Policy Needs
 ——Surveys Based on 49 Family Farms in 4 Provinces ..... Ning Xia (116)
Appropriate Scale Operation of Agriculture: Necessity, Realization
 Path and Strategy
   .... Wu Tianlong, Yang Chunhua, Xi Yinsheng & Gao Ming (124)
Insight about Jointly Farming in Sheyang, Jiangsu Province on
 Developing Scale Agriculture .... Ning Xia (143)
Exploration of the Cooperation Activity in Shanxi, Gansu
 Ningxia Border Region: Promotion and Adjustment ... Zhang Jingyi (153)

Market and Trade of Agri-product

Review of China's Important Agri-product and Agricultural Means of
 Production Market of 2017 and Outlook for 2018
   .... Product Analysis and Early Warning Team (167)

Contents

Situation and Challenges of Wheat Production: A Case of Henan
　　Province ················· Gao Ming, Xi Yinsheng & Wu Tianlong (247)
A Study of Reforming for Rice Subsidies and Storage System:
　　Evidence from QingAn County
　　　　　············ Gao Ming, Song Hongyun, Wu Bi & Hou Guoqing (257)
Deepen the Reform of National Reserve System for Chemical
　　Fertilizers and Pesticides ················ Wu Bi & Long Wenjun (261)

Expand Opening of Agricultural Market to the Outside World

Situation, Problems of and Suggestions for Foreign Capital Utilization
　　of Agriculture in China ················ Jiang Nan & Hang Jing (267)
China's Agricultural Foreign Investment Development and Future
　　Thinking Under the "Belt and Road" Initiative ········ Zhai Xueling (278)
Potentials of Agricultural Cooperation Between China and Central
　　Asian 5 Countries ················ Wang Huimin & Zhai Xueling (287)
Research on Potentials of Agricultural Cooperation Between China
　　and Russia ···················· Wang Huimin & Zhai Xueling (305)
Agricultural Investment Cooperation and Development Direction for
　　China and the United States
　　　　········ Yuan Ruiling, Zhang Wenli, Wang Huimin & Zhai Xueling (320)

Promote the Green Agricultural Development and Poverty Reduction

The Usage of Agricultural Film and Reduction Method
　　·························· Wang Li & Zhang Bin (335)

Application of Extended Producer Responsibility System in
　　Plastic Film Recycling ………… Zhang Bin, Jin Shuqin & Wang Li（348）
The Development Process of Poverty Alleviation in Rural China During
　　the 40 Years' Reform ………………………………… Feng Danmeng（354）
Green Poverty Reduction: Theoretical and Practical Exploration of
　　Sustainable Poverty Alleviation ……… Zhang Qi & Feng Danmeng（369）

Promote the Reform of Rural Land and Financial Institution

Study on the Exit Mechanism of Contractual Right for
　　Rural Lands ………………………………………………… Gao Qiang（389）
The Farmland Titling in the Context of Structural Reform of
　　Agricultural Supply Side ………………… Gao Qiang & Xu Xuegao（410）
Analysis of the Impact of Rural Land Ownership Registration on
　　Farmland Circulation ………………… Luo Peng & Wang Jiaxing（426）
Research of Rights and Interests in the Rural Contracted Land
　　Titling and Registration
　　　　——Based on the Findings of 218 Villages ……………… Yang Li（435）
The Financing Problems and Countermeasures of Agricultural
　　Scale Business Entity ………………… Song Hongyuan & Wu Bi（442）
Analysis on Financial Demand of Northeast Rural
　　——Based on a Household Survey of 3 Provinces in Northeast China
　　………………………… Wu Bi, Yin Yanfei & Zhang Longyao（452）
The Experimental Practice on Agricultural Income Insurance
　　——Based on a Study of Soybean Income Insurance Exploration in Dunhua,
Jilin Province ………………… Long Wenjun, Zhang Jie & Li Ruiyi（463）
Comparative Study on the Mutual Funding Patterns of New Rural
　　Cooperative Finance Organization

Contents

——Based on the Investigation in Jinzhai County, Anhui Province
　　　　　　　　　　　　　　　　　　　　　　 Tan Zhixin (472)

Rural Vitalization and Farming Culture Inheritance

PPP Investment to Help Rural Complex Construction ······ Zhang Ying (487)
Implement the Rural Vitalization Strategy Through Pastoral Complex
　　Construction ·· Liu Nianyan (492)
Thoughts on the Theory and Practice of the Establishment of
　　Pastoral Complex of Zengjiahe ······························ Liu Nianyan (507)
Study On the Inheritance of Farming Culture
　　　　　　　　　　　　　　　　　 Zhang Ying & Long Wenjun (524)
Analysis of Farmers' Perception on the Protection and
　　Development of Agricultural Heritage System
　　——Based on Investigation of Hani Rice Terrace in Yunnan
　　　　　　　　　　 Zhang Canqiang, Min Qingwen & Tian Mi (534)
Impact of the World Cultural Heritage
　　——Changes in The Eyes of a Traditional Farmer's Hotel Owner
　　　 ··· Wu Tianlong, Zhang Canqiang, Xi Yinsheng & Gao Ming (549)

Farmers' Self-employment and Income Growth

Social Capital, Market Environment and Farmer's Self-employment
　　Performance in Agricultural Businesses ··· Guo Cheng & He Anhua (557)
Building a Favorable Environment for Rural Women's Self-employment
　　and Innovation ··· Yang Li (572)
Rural Migrant Labor Returning to Their Home Starting an Undertaking

——an Investigation on Henan Province
······ Zhang Jingyi & Chen Chuanbo （578）
Research on the Influencing Factors of Chinese Fishermen Income in Context of
the New Normal ······ Zhou Hongxia & Chen Jie （587）

International Comparison and Reference

Enlightenment and Reference of American Agriculture Industry
  System for China ······ Chen Yanli （603）
Experience of the Development of Livestock Industrial System in
  Developed Countries ······ Wang Li （618）
Insights of Argentina Soybean Industry Policies
  ······ Zhang Zhen, Zhang Jing & Feng Kaihui （628）
A Comparative Study on Rape Crop Production Costs for
  China and Canada ······ Zhang Wenli & Xu Guodong （636）

Appendix 1 Introduction of Research Center for Rural Economy,
            Ministry of Agriculture, P. R. China ······ （647）
Appendix 2 Research Projects of Research Center for Rural Economy
            in 2017 ······ （649）
Appendix 3 Published Books of Research Center for Rural Economy
            in 2017 ······ （655）

推进农业供给侧结构性改革

农业供给侧结构性改革：
内涵、难点与对策

王忠海　习银生　翟雪玲　曹　慧

　　推进供给侧结构性改革是中央在作出我国经济发展进入新常态的重大判断基础上，审时度势作出的重大战略部署。在将"推进农业供给侧结构性改革"写入2016年"中央一号文件"之后，习近平总书记于3月8日在参加十二届全国人民代表大会第四次会议湖南代表团审议时进一步明确指出：推进农业供给侧结构性改革，提高农业综合效益和竞争力，是当前和今后一个时期我国农业政策改革和完善的主要方向。2017年的"中央一号文件"进一步把"深入推进农业供给侧结构性改革、加快培育农业农村发展新动能"作为主题。基于这样的背景，本文拟在深刻把握农业供给侧结构性改革的内涵基础上，系统梳理农业供给侧结构性改革所面临的难点问题，进而提出深入推进农业供给侧结构性改革的基本思路与对策建议。

一、深化对农业供给侧结构性改革的理解与认识

　　农业供给侧结构性改革首次提出是在2015年年底召开的中央农村工作会议上。农业供给侧结构性改革的提出，发出了新时期深化农业农村改

革的强烈信号和目标指向，即面对我国经济发展进入新常态的时代背景，唯有依靠推进农业供给侧结构性改革，才能破解农业农村发展难题、实现农业强农民富农村美以及如期全面建设小康社会目标。一年多来，尽管对农业供给侧结构性改革的实践探索与理论探讨在不断深入，在一些方面也取得了重大突破与重要成果，但应当说人们对其认识还不尽一致，甚至还不同程度地存在认识不足乃至认识偏差的现象。因此，有必要对农业供给侧结构性改革的提出背景与基本内涵给出更为全面与系统的阐述，以深化对农业供给侧结构性改革的理解与认识，助推农业供给侧结构性改革的稳妥推进和取得更为丰硕的成果。

（一）供给侧结构性改革的战略部署

党的十八大之后，习近平总书记于2014年5月在河南考察时首次提出"新常态"的概念，即我国发展仍处于重要战略机遇期，我们要增强信心，从当前我国经济发展的阶段性特征出发，适应新常态，保持战略上的平常心态。2014年11月9日习近平总书记在亚太经合组织工商领导人峰会上的演讲《谋求持久发展 共筑亚太梦想》中对新常态作出系统阐述。新常态的主要特点有：一是从高速增长转为中高速增长；二是经济结构不断优化升级；三是从要素驱动、投资驱动转向创新驱动。面对新常态，我们一方面要看到新的发展机遇（经济增速虽然放缓，实际增量依然可观；经济增长更趋平稳，增长动力更为多元；经济结构优化升级，发展前景更加稳定；政府大力简政放权，市场活力进一步释放）；另一方面也要清醒地认识到新常态也伴随着新矛盾新问题，一些潜在风险渐渐浮出水面。习近平总书记特别强调：能不能适应新常态，关键在于全面深化改革的力度。这样，在习近平总书记的演讲中很自然地就将经济发展新常态与全面深化改革有机结合起来。

正是在提出我国经济发展进入新常态的背景下，继习近平总书记2015年11月10日在中央财经领导小组第11次会议上提出要着力加强供给侧结构性改革之后，12月18日至21日召开的中央经济工作会议强调：推进供给侧结构性改革，是适应和引领经济发展新常态的重大创新，是适应国际金融危机发生后综合国力竞争新形势的主动选择,是适应我国经济发展新常态的必然要求。这次中央经济工作会议还明确:认识新常态、适应新常态、引领新常态,是当前和今后一个时期中国经济发展的大逻辑,这是我们综合分析世界经济长周期和中国发展阶段性特征及其相互作用作出的重大判断。这也就表明,推进供给侧结构性改革,是中央在我国经济发展进入新常态下的重大战略决策。我们只有在深刻认识我国经济发展进入新常态这一阶段性变化的基础上,才有可能理解推进供给侧结构性改革对我国经济社会发展全局的重大意义,进而也才有可能找准推进农业供给侧结构性改革的基本定位。

(二) 农业供给侧结构性改革的提出

2015年12月召开的中央农村工作会议,既是安排部署2016年及"十三五"时期农业农村工作的一次会议,也是贯彻不久前刚刚结束的中央经济工作会议精神的一次会议。会议首次有针对性地对推进农业供给侧结构性改革提出要求和作出部署。这次会议强调,要着力加强农业供给侧结构性改革,提高农业供给体系质量和效率,使农产品供给数量充足、品种和质量契合消费者需要,真正形成结构合理、保障有力的农产品有效供给。会议还就农业领域的去库存、降成本、补短板等提出了明确要求。随后,"推进农业供给侧结构性改革"首次写入2016年的"中央一号文件"中。

在以《中共中央国务院关于落实发展新理念加快农业现代化实现全面小康目标的若干意见》为标题的2016年"中央一号文件"中,"推进农业供给侧结构性改革"出现在对整个"十三五"时期农业农村工作的总体要求中。尽管"农业供给侧结构性改革"在文件中仅出现一次,但文件内容通篇都体现出农业供给侧结构性改革的思路,而且"推进农业供给侧结构性改革"同用新理念引领农业农村发展、下大力气补齐农业农村"短板"、厚植农业农村发展优势和激发农业农村发展的原动力成为专家解读与社会关注的五大亮点。特别是在召开十二届全国人民代表大会第四次会议与全国政协十二届四次会议的"两会"期间,习近平总书记在 3 月 8 日参加湖南代表团审议时的讲话中明确指出：新形势下，农业主要矛盾已经由总量不足转变为结构性矛盾，主要表现为阶段性的供过于求和供给不足并存。推进农业供给侧结构性改革，提高农业综合效益和竞争力，是当前和今后一个时期我国农业政策改革和完善的主要方向。可以说，习近平总书记在讲话中立足我国农业发展的阶段性特征进一步明确了推进农业供给侧结构性改革的定位与方向。

此外，2016 年"中央一号文件"对"十三五"时期也就是经济发展新常态下我国农业农村发展环境所作出的全面系统阐述，清晰地刻画了提出推进农业供给侧结构性改革的现实背景与时代要求。即在当前，我国农业农村发展环境发生了重大变化，既面临诸多有利条件，又必须加快破解各种难题。一方面，加快补齐农业农村短板成为全党共识，为开创"三农"工作新局面汇聚强大推动力；新型城镇化加快推进，为以工促农、以城带乡带来持续牵引力；城乡居民消费结构加快升级，为拓展农业农村发展空间增添巨大带动力；新一轮科技革命和产业变革正在孕育兴起，为农业转型升级注入强劲驱动力；农村各项改革全面展开，为农业农村现代化提供不竭原动力。另一方面，在经济发展新常态背景下，如何促进农民收入稳定较快增长，加快缩小城乡差距，确保如期实现全面小康，是必须完成的历史任务；在资源环境约束趋紧背景下，如何加快转变农业发展方式，确保粮食等重要农产品有效供给，实现绿色发展和资源永续利用，是必须破解的现实难题；在受国际农产品市场影响加深背景下，如何统筹利用国际国内两个市场、两种资源，提升我国农业竞争力，赢得参与国际市场竞争的主动权，是必须应对的重大挑战。可以说，强大推动力、持续牵引力、巨大带动力、强劲驱动力和不竭原动力这"五力"，不仅是"十三五"时期农业农村发展的坚实基础与有利因素，而且是农业供给侧结构性改革的坚强后盾与助推要素；必须完成的历史任务、必须破解的现实难题和必须应对的重大挑战这"三个必须"，不仅表明了"十三五"时期农业农村发展的艰巨性与繁难性，而且也彰显出农业供给侧结构性改革的难度之大与任务之艰巨。

(三) 农业供给侧结构性改革的内涵

在我国经济发展进入新常态的大背景下，推进农业供给侧结构性改革，既是深化农业农村改革的需要，也是破解农业农村发展难题的需要。继将"推进农业供给侧结构性改革"写入 2016 年的"中央一号文件"之后，2017 年的"中央一号文件"《中共中央国务院关于深入推进农业供给侧结构性改革　加快培育农业农村发展新动能的若干意见》，以深入推进农业供给侧结构性改革为主线、围绕培育农业农村发展新动能对农业农村工作作出了全面的安排与部署。因此，准确把握农业供给侧结构性改革的基本内涵，既在理论层面具有重要价值也在实践层面也具有现实意义，不仅有助于把人们的思想认识统一到习近平总书记的讲话精神与中央的决策部署上来，而且也有助于将农业供给侧结构性改革的实践探索引向深入。

总体上看，把握农业供给侧结构性改革的基本内涵可参照 2016 年 1 月 4 日《人民日报》文章《七问供给侧结构性改革（权威访谈）》中权威人士的解读方式。权威人士认为，对于供给侧结构性改革，我们不妨用"供给侧 + 结构性 + 改革"这样一个公式来解读。依此，我们从"农业供给侧 + 结构性 + 改革"的视角对农业供给侧结构性改革的基本内涵作出如下解读：

毫无疑问，农业供给侧结构性改革的核心词是改革，也就是要用改革的手段来破解农业的发展难题。我国的农业农村改革自 1978 年党的十一届三中全会算起虽然已走过了近 40 年的风雨历程，但应该说，破除和摆脱计划经济的传统经济体制、健全和完善社会主义市场经济体制的农业农村市场化改革还远未完成，依然行进在通往构建社会主义市场经济体制的大道上。例如，进一步盘活农村土地等资源要素的生产潜能，需要深化农村产权制度改革，以便更好地奠定农业农村经济市场化运行的产权制度基础；进一步激发各类农业生产经营主体的创新活力，需要进一步完善相关的体制机制，以便更好地保护和调动各种生产经营主体发展农业、富裕农民与繁荣农村的积极性；进一步加强和改善政府对农业农村经济的宏观调控，需要不断建立健全农业农村经济市场化运行的"游戏规则"，以便更好地引导农业农村经济走上持续稳定健康发展的轨道；进一步打破和摆脱计划经济旧体制对农业农村经济发展的束缚，需要不断加大农业农村经济市场化改革力度，以便更好地解放和发展农村生产力。从经济制度变革的层面来看，如果说改革开放以来农业农村经济发展取得的辉煌成就最根本的是要归功于市场化改革的不断推进，那么在我国经济发展进入新常态的背景下，实现农业农村经济的持续稳定与健康协调发展依然要依靠市场化改革的不断深化。

"结构性"指的是局部而不是全局，是部分而不是整体，因此，结构性改革的目标所指不是全局性改革，不是整体性改革，它是坚持了改革的问题导向，进而也增强了深化改革的针对性。我国农业农村经济的体制改革乃至整个国民经济的体制改革是瓦解传统计划经济体制而走向社会主义市场经济体制的过程，而且经过近40年的努力我国的社会主义市场经济体制也已经初步建立起来了，当前和今后一个时期我们所面临的是改革走向"深水区"，深化改革的目标所指已不再是全局性改革或整体性改革，而是局部领域和部分内容的改革，尽管其中有不少是难啃的"硬骨头"。因此，推进结构性改革，既包括对已取得的改革成果的肯定，特别是对市场化改革方向的总体肯定，这也是推进结构性改革的坚实基础，也体现了深化改革的针对性，就是把深化改革的矛头所指聚好焦，对症开方下药。在经济发展新常态的背景下，不仅整个国民经济面临着要通过结构性改革解决的艰巨任务，如中央提出的"去产能、去库存、去杠杆、降成本、补短板"五大重点任务，而且农业农村经济也面临保护资源生态环境、加强农业综合生产能力建设、提高农产品质量安全水平、降低农业生产成本、激活农村各类生产要素潜能、促进农民收入持续较快增长等一系列要通过农业结构性改革解决的艰巨任务。

"供给侧"是相对于"需求侧"而言的。自然经济条件下，产品的供给方与需求方是一体的，一个经济主体的需求满足依靠的是自身的供给，产品的供给增加了通常意味着需求满足程度的提高，反之亦然。而在市场经济条件下，经济活动的基本特征是交换，商品与服务的供给方与需求方是两类不同的经济主体，供给与需求之间的关系比自然经济状况下要复杂多了，两者之间不可避免地存在着多重的对应关系，而且无论是供给还是需求，都兼有总量问题与结构问题，供求总量的平衡并不一定意味着供求结构的平衡。由此我们可以说，所谓的"供给侧"与"需求侧"乃是市场经济条件下的产物，与自然经济基本无关。从原则上讲，供给侧覆盖商品与服务供给的方方面面，而需求侧针对的主要是商品与服务的消费需求。众所周知，供给与需求是经济活动的一体两面，经济发展既要有需求的拉动，也离不开供给的推动，而且就促进经济的持续健康发展而言，改善供给则是更为根本的应对之策。只有不断地改善商品与服务的供给才能更好地满足市场上的消费需求。在新常态的背景下，推动经济发展的主要着力点在供给侧而不是在需求侧，不仅从国民经济的角度看要在供给侧发力，我国农业的自身发展也要立足在供给侧方面，即要着力改革完善农业供给侧的体制机制，破解农业诸产业的发展难题。

综上所述，我们试将农业供给侧结构性改革的基本内涵作出如下概括：立足经济发展进入新常态的国情农情，把握新常态背景下农业发展的阶段性特征，着眼于健全完善农业农村经济市场化运行的体制机制，针对农业供给侧——重点是农业的生产、流通以及储运加工等农产品供给环节——存在的各种结构性矛盾与问题，在"创新、协调、绿色、开放、共享"五大发展新理念的引领下，坚持以满足农产品的市场需求为导向，通过深化农业市场化的改革举措激活农业生产要素潜能、优化农业资源要素配置、降低农业生产与农产品流通加工等诸环节的成本、改善政府的农业宏观调控、全面提升农业的质量、效益和竞争力。

二、我国农业供给侧存在的结构矛盾与突出问题

2017年的"中央一号文件"在开篇中就旗帜鲜明地指出：经过多年不懈努力，我国农业农村发展不断迈上新台阶，已进入新的历史阶段。农业的主要矛盾由总量不足转为结构性矛盾，突出表现为阶段性供过于求和供给不足并存，矛盾的主要方面在供给侧。近几年，我国在农业转方式、调结构、促改革等方面进行积极探索，为进一步推进农业转型升级打下一定基础，但农产品供求结构失衡、要素配置不合理、资源环境压力大、农民收入持续增长乏力等问题仍很突出,增加产量与提升品质、成本攀升与价格低迷、库存高企与销售不畅、小生产与大市场、国内外价格倒挂等矛盾亟待破解。在认真学习和深入领会"中央一号文件"精神的基础上,我们试将当前我国农业供给侧存在的结构性矛盾与问题归纳为以下四个方面:

(一)农产品的供求总量结构失衡问题突出,调整优化产业产品结构任务艰巨

伴随着农业特别是粮食多年持续增产,我国农产品的供求格局已由过去一个时期以来的供求紧平衡状态,转变为供求总体平衡、个别乃至部分品种供大于求的态势。但是,在总量矛盾得到明显缓解的同时,农产品供给总量的结构性矛盾与问题愈发凸显出来,不仅表现为品种数量的结构问题,更表现为品种质量的结构问题。

从农产品的总量供求看:2010年以来,我国的稻谷、小麦、玉米三大主粮总产量增产15%以上,而消费量增长不到6%。其中玉米产大于销的矛盾尤为突出,2015年全国的玉米产量2246.3亿公斤,而玉米消费量仅为1750亿公斤,产大于销近500亿公斤,再加上替代品进口导致许多地方库存爆满,存不下、销不动。同时,棉花、油料等其他大宗农产品面对国外的大量进口,也使其在市场上呈现出供大于求的状态。可以说,农产品总体上供求宽松、价格低迷已成为基本面。这样的态势并非只是年度性的短期现象,而是当前和今后一个时期我国农产品供求格局的阶段性特点。在很大程度上,这一特点也将是世界农产品供求的基本格局。

从农产品的供需结构看:2010年我国人均GDP不到4500美元,目前已超过8000美元,这意味着我国开始进入一个由中低收入国家向中高收入国家迈进的关键期,开始进入一个解决温饱问题后追求消费质量的转变期。而在这样的时期,农产品的绿色安全、有机高端、个性化与品牌化需求快速上升,那些大路货、低端消费的需求则明显下降。这种农产品消费需求的升级换挡,不仅导致大量普通农产品出现积压卖难,而且也导致优质高端农产品出现供不应求。我国农产品的供需结构出现的这种变化,既是我国经济发展到了一个新阶段和人民生活水平提高的必然反映，产生日益丰富与优质多元的农产品需求，也是农产品供给结构不适应需求变化的必然结果，不适应人们要求更加多样与优质的农产品供给。

上述农产品供求总量关系与供需结构的变化，不仅对调整和优化农业诸产业的产业结构提出了更高的要求，而且对调整和优化农业诸产业的产品结构提出了更高的要求。有的产业要压缩调减过剩产能，如玉米产业及一些产品的加工业；有的产业要瞄准立足补齐短板，如奶业、大豆产业等。产品结构的调整与优化问题几乎是面向所有农业产业的，就是要以市场需求为导向丰富品种和提升质量，顺应和满足消费者优质多元的农产品需求。如此严峻的挑战可谓是前所未有的，因为这要求我们不仅要在调整优化农业产业的区域布局上做好文章，而且要在全面提高农产品质量上花大力气；不仅要在产品产业增什么与减什么的数量上积极调整，而且要在产业转型升级与产品升级换代的质量上不懈努力。

（二）生产成本快速上升与国内外价格倒挂问题突出，农业降本增效压力巨大

通常情况下，农业生产成本上升，一方面会影响国内生产的发展，要么是"推高"农产品价格，要么是"挤压"生产者收益；另一方面也会损害农业产业的国际竞争力，要么是"抑制"国内农产品出口，要么是"刺激"国外农产品进口。但是，由于农业的产业特性不同于其他产业，其生产成本上升也是经济社会发展的必然结果与不可逆转的趋势。尽管前些年国内就有人发出我国农业将进入或已经进入一个高成本时代的警示，但是，我国的农业特别是种植业生产成本上升的势头之猛与幅度之大却是始料未及的，其影响的力度之大与范围之广也是超出预期的。

自2004年以来，我国农业劳动力成本年均上涨20%以上，土地成本（流转价格）年均上涨25%以上。粮棉油生产成本年均增长10%以上。如近年来广为人们所关注的玉米，据《全国农产品成本收益资料汇编》的统计数据，2000年的每亩生产成本只有330.56元，其中：物质与服务费用为158.5元，人工成本为126.8元，土地成本为45.26元，但是，每

亩生产成本到2013年就突破了1000元，达到1012.04元，2014年为1063.89元；物质与服务费用一直保持了稳步增长的态势，2011年突破300元，达到308.45元，2012年为344.58元，2013年为359.71元，2014年为364.8元；人工成本先是小幅增长，2009年达到192.61元，之后到2014年的增速明显加快，2010年为235.1元，2011年为295.49元，2012年为398.4元，2013年为455.17元，2014年达到474.68元；土地成本一路上涨，2008年突破100元，达到103.16元，2013年为196.96元，2014年为224.41元。2014年与2000年相比，玉米的每亩生产成本增加了2.2倍，物质与服务费用增加了1.3倍，人工成本增加了2.7倍，土地成本增加了近4倍。显然，在短短十余年内玉米的每亩生产成本特别是其人工成本与土地成本的上涨情况大大超出了"正常的"上涨空间。

农业生产成本如此快速攀升，不可避免地导致我国原有的低生产成本优势在"十二五"时期发生逆转，由原来的"低一块"变为"高一截"。据统计，2014年我国稻谷、小麦、玉米、棉花、大豆每吨生产成本比美国分别高出了39%、14.8%、112%、35.6%和103.3%。由此，农业生产成本特别是人工成本与土地成本的持续攀高成为"推高"稻谷与小麦最低收购价与玉米、棉花等临时收储价格的重要因素，进而成为国内外农产品价格倒挂的基本"力量"。

据统计，进入21世纪以来，猪肉、小麦、食糖、棉花等国内外价格陆续开始出现倒挂现象，2013年7月大米、玉米国内价格开始持续高于配额内进口到岸税后价，2014年粮棉油糖肉等主要农产品呈现出全面倒挂的态势。2014年11月，大米、小麦、玉米三大谷物的国内外价差分别高达每公斤1.08元、0.58元、0.52元，均在2013年的基础上进一步扩大。

如此快速攀升的农业生产成本与国内外农产品价格倒挂，凸显的是我国农业生产方式的难以为继和农产品国际竞争力的大幅下降。这对加快转变农业发展方式提出了比以往更为紧迫、力度更大的要求，不仅要依靠科技进步特别是用机械替代劳动来降低人工成本，而且要通过发展多种形式的农业适度规模经营特别是服务带动型农业规模经营来降低土地成本。与此相关的还有得到很多人认可的关于成本"地板"与价格"天花板"的说法,其实这种说法只是一个比较形象的比喻,严格说来并不成立,因为如果"地板"踏不破、"天花板"捅不破,那么,中国农业岂不是"老鼠进风箱"——只有死路一条?!但是,这也确实表明了我国农业目前所陷入的困境,也足见我国农业节本增效的压力之大与任务之艰巨。

(三)农业资源过度利用与环境状况恶化问题突出,农业可持续发展任重道远

我国人多地少的基本国情,决定了农业发展始终面临着资源环境承载能力的巨大压力,唯有走可持续的农业发展道路,才有可能实现农业资源的永续利用和农业生态环境的不断改善。尽管我国有几千年农耕文明传承与种养结合、循环利用的农业可持续发展理念,但是,过去多年的农业资源过度开发与利用,带来了土地超垦过牧、地下水超采、土地重金属污染、水土流失加剧、面源污染加重等诸多问题,严重影响了农业农村生态环境和制约了农业可持续发展,也成为影响农产品质量安全的重要因素。

据统计,我国的化肥利用率不到40%,农药利用率为35%,农膜残留率高达40%。全国70%以上的江河湖泊受到污染,上亿亩的耕地不同程度受到重金属污染。地下水超采严重,华北平原形成了6.7万平方公里的地下水超采漏斗区。可以说,我国农业资源环境承载能力已近极限,粗放发展、竭泽而渔的发展路子已经走到尽头。

而另一方面,在农业的生产环节各地普遍都存在既影响资源利用又严重污染环境的两大难题:一是种植业的秸秆综合利用问题。目前我国年产出各种农作物的秸秆10亿吨左右,近年来各地围绕秸秆的肥料化、饲料化、原料化、燃料化与基料化"五化"利用也探索出了不少成功模式,但秸秆综合利用率不高、相关产品开发与价值挖掘不够的问题在很多地方未能得到根本性的解决,以至于秸秆禁烧问题在夏收与秋收季节至今仍令许多地方的基层干部"如临大敌"。二是养殖业的粪便与污水处理问题。目前我国仅畜禽粪污的年产出量就达38亿吨,但综合利用率不足60%。包括畜牧养殖业与水产养殖业在内的大量粪便与污水得不到有效利用,在污染环境的同时也造成资源的巨大浪费。仅从畜禽养殖的粪便等资源化利用看，近年来尽管中央的要求越来越高、地方的工作力度越来越大，但其进展与成效依然不容乐观，任务之艰巨与难度之大远超乎很多人的想象。如此两大难题的同时并存，也充分暴露出我国农业发展中的种植业与养殖业相互脱节与不协调所带来的突出问题：一方面是种植业生产重用地轻养地以及过量使用化肥、农药等化学投入品导致耕地质量明显下降，日渐贫瘠的土地犹如嗷嗷待哺的"羔羊"，急需各种农作作物秸秆及畜禽粪便等有机肥料补充自身所需的营养；另一方面则是养殖业生产所产生的大量粪便与污水由于得不到及时有效的处理而污染生态环境和影响人居环境，使得生猪等畜禽养殖业在不少地方几乎成了人人喊打的"过街老鼠"，如何妥善处理粪便与污水在很多地方简直就成了畜禽养殖与水产养殖生产发展的头等大事。

农业资源利用与生态环境的如此状况，既意味着我国农业多年的持续增产付出了过高的资源环境代价，也意味着若不能改弦更张无论是我国的种植业还是养殖业的都将难以为继。这也就是我们这个拥有十多亿人口与仍在发展中的大国必须面对也不得不面对的农业资源环境状况。由此也就足见加快转变我国农业产业发展方式的紧迫性，足见大力推动我国农业可持续发展的任务之重与道路之远。

（四）市场调节不充分与政府调控不协调问题突出，农业市场化改革步履艰难

改革开放以来，我国农业农村市场化改革不断走向深入，不仅从根本上改变了农业农村的面貌，如终结了农产品短缺时代、亿万农民的生活向全面小康迈进，而且有力地推动和支撑了国家的工业化与城镇化进程，如昔日的乡镇企业异军突起、今天活跃于城乡之间的两亿多农民工。但是，近年来我国农业农村经济运行过程中所呈现出来的诸多难题，不仅暴露出市场机制的调节功能尚未充分发挥出来，而且也在某种程度上显现出政府对农业宏观调控的错位与缺位问题。

前几年我国一度出现粮食产量、进口量与库存量"三量齐增"的所谓"怪现象",即粮食年产量稳定维持在 6 亿吨以上并逐年增加,但进口量增速迅猛,同时粮食库存量也不断增长,特别是玉米等品种积压严重。其实,这种现象一点都不怪。仅从玉米的情况看:2010 年的玉米总产是 17725 万吨,到 2013 年就增加到 21849 万吨,2014 年虽略有减产但总产仍为 21565 万吨,2015 年更是达到创纪录的 22463 万吨。如此力度之大的玉米增产动力何在?如今回过头来看很显然是国家玉米临时收储政策的执行特别是临时收储价格的持续提高。据调研了解,吉林省 2011 年临时收储玉米的收购价格是每公斤 0.445 元,收购期限为 2011 年 12 月 14 日至 2012 年 4 月 30 日,但由于玉米的市场价格高于临时收储价格,实际上并没有启动临时收储收购;2012 年临时收储玉米收购价格提高到每公斤 0.53 元,新粮上市也没有启动临时收储收购,而是在 2013 年 3 月份市场价格回落到临时收储价格以下时才启动,截至 2013 年 5 月末共收购临时收储玉米 103 亿公斤;2013 年不仅临时收储玉米的价格提高到 0.56 元,而且在 7 月初就提前公布了,从当年 11 月份至次年 4 月末共收购临时收储玉米 283.9 亿公斤;2014 年临时收储玉米的收购价格仍是每公斤 0.56 元,从当年 11 月份至次年 4 月末共收购临时收储玉米 250.45 亿公斤。这样的一些数据至少意味着:在执行玉米临时收储政策的地方,过高的临时收储价格不仅屏蔽了玉米的市场价格,而且也迫使那些从事市场化购销的玉米流通与加工主体纷纷退出玉米市场或转而成为执行玉米临时收储政策之企业的"附庸";在国际市场玉米价格出现回落时,继续执行价格"高高在上"的玉米临时收储政策,必然就会出现国产玉米入库而进口玉米入市的问题;玉米临时收储政策在实际执行中已失去了其本来面目,政府的一种有效的市场调控手段演变为粮食购销市场放开前的价格政策。而与此同时,稻谷与小麦的最低收购价政策及其他产品的临时收储政策也都因收购价格大幅提高而不同程度地陷入不可持续的困境。

其实,无论是最低收购价政策还是临时收储政策,原来本是市场放开的体制背景下引导生产与调控市场的两大政府调控手段,其基本的运行机理是启动乃非常态而不启动才是常态。之所以会导致这两项政策难以为继,很重要的原因就是赋予了它们太多的功能,结果不仅使其走样变形也引发了一系列新的矛盾与问题。

可以说，最低收购价政策与临时收储政策的这种演变，不仅抑制了市场机制对农业生产经营活动的有效调节，引发农业资源要素不当配置等诸多问题，而且也使我国社会主义市场经济体制下政府对农业的宏观调控变了味道，带来由于农业调控政策不协调所产生的一系列矛盾与问题。这种演变的出现充分表明：我国的农业市场化改革依然在路上，特别是伴随着改革步入"深水区"，还有不少难啃的"硬骨头"。如深化农村集体产权制度改革，进一步盘活农村资源资产，使其成为亿万农民增收致富的重要来源；创建农业品牌实现农产品优质优价，进一步做大做强农业产业，全面提升农业的国际竞争力等。这些都对充分发挥市场在农业资源配置中的决定性作用提出了较之过去更难与更高的要求，都对健全完善政府的农业宏观调控提出许多新的与更高的要求。这也就要求我们必须清醒面对农业市场化改革的这种步履艰难局面，切实遵循市场决定资源配置这个发展市场经济的一般性规律，坚定不移地扎实推进农业市场化改革。

三、深入推进农业供给侧结构性改革的基本思路

2017年的"中央一号文件"的开篇第二段明确：推进农业供给侧结构性改革，要在确保国家粮食安全的基础上，紧紧围绕市场需求变化，以增加农民收入、保障有效供给为主要目标，以提高农业供给质量为主攻方向，以体制改革和机制创新为根本途径，优化农业产业体系、生产体系、经营体系，提高土地产出率、资源利用率、劳动生产率，促进农业农村发展由过度依赖资源消耗、主要满足量的需求、向追求绿色生态可持续、更加注重满足质的需求转变。而且在第三段还指出：推进农业供给侧结构性改革是一个长期过程，处理好政府与市场关系、协调好各方面利益，面临许多重大考验。进而要求：必须直面困难和挑战，坚定不移推进改革，勇于承受改革阵痛，尽力降低改革成本，积极防范改革风险，确保粮食生产力不降低、农民增收势头不逆转、农村稳定不出问题。为此，我们应当以中央的要求为基本遵循，把握方向、明确目标，细化和实化农业供给侧结构性改革的基本思路。

推进农业供给侧结构性改革

（一）落实五大发展理念，切实转变农业发展观念

理念是行动的先导，正确的行动需要有正确的理念来引导。新的理念将导致新的行动。习近平总书记提出的创新、协调、绿色、开放、共享五大发展理念，集中体现了"十三五"乃至更长时期我国的发展思路、发展方向、发展着力点，不仅是我们党对发展规律认识的深化与升华，也是我们党治国理政思想理论的新飞跃。牢固树立和贯彻落实这五大发展理念，对于推进农业供给侧结构性改革同样具有世界观与方法论的意义。具体说来，这涉及我们如何认识现代农业、如何认识农业及如何认识农产品三个与农业发展理念有关的问题。

一是如何认识现代农业？简言之，现代农业是用当今时代先进的经营理念、物质装备、科学技术、管理手段等武装起来的农业，是能够引领世界农业发展潮流的农业，是富有生机活力和市场竞争力的农业。在很大程度上可以将现代农业的本质特征概括为市场化和产业化"两化"。所谓市场化，意味着农业生产经营活动是以市场导向为引领的，生产出来的农产品是用来满足市场需求的，并且在农产品的市场交换过程中实现生产者与消费者的"双赢"，也就是将农业的生产经营活动纳入市场经济的运行轨道，发挥市场机制配置农业资源要素的功能作用，让富有创新精神的农业生产经营主体不断开拓农业产业发展的新业态新空间。所谓产业化，意味着农业产业链条的延伸或拉长，进而内化生产经营主体的市场风险、深化产业链上的分工合作和拓展农产品的增值空间，也就是结合产业特性与产品特点，使产业链上相关的农业生产经营主体在专业化分工与合作原则下形成双赢乃至多赢的利益联结机制，提升农业整体素质、综合实力与市场竞争力，共同做大做强农业产业和培育优质农产品。如果再加上一条的话，就是走资源节约、环境友好的可持续发展道路。这一条可加可不加，因为遵循两个规律即自然规律与经济规律是农业产业的基本属性。

二是如何认识农业？农业是人类社会赖以生存的基本生活资料的来源，其与所谓的第二、第三产业的最大不同是：农业生产经营活动是自然再生产与经济再生产的统一，在农业生产经营活动中必须遵循动植物等生物的生长发育规律。目前的农业概念早已突破农业生产这一传统的农业观念，它是一个涵盖产中、产前和产后的产业链或产业体系，而生产只是其中的一个环节。比如农产品的质量安全问题，除与农业生产过程紧密相关外，既涉及产前的生产投入品环节，还涉及产后的储运流通加工等环节。此外，农业多功能性即经济功能、生态功能、社会功能和文明传承功能，也是我们认识农业的一个好的视角。因此，当今时代一提到农业就应当是市场化的农业，就应当是产业化的农业，就应当是可持续发展的农业，就应当是承载多功能的农业。只有从产业链和产业体系的角度来认识农业，才是发展现代农业应有的农业观念。

如何认识农产品？种植业的粮棉油糖和果菜茶等是农产品，养殖业的肉禽蛋奶和水产品等是农产品，这些都没有问题。但农作物的秸秆等收获"果实"后的剩余物或残留物以及养殖业在生产过程中产生的粪便等，究竟算不算是农产品？这样的问题在过去可能不会是个问题。可是，面对农民在田间地头焚烧秸秆和畜禽及水产品养殖业的粪便污染等令人头疼的问题，再将秸秆和粪便等种养业的所谓剩余物和残留物排除在农产品之外恐怕越来越说不过去了。对这些传统观念里的农产品之剩余物和残留物，关键是怎么看。如果认为它们有价值，就会开发利用起来；如果认为无价值，它们就是农业生产的废弃物。针对农作物秸秆的综合利用问题，原农业部常务副部长尹成杰于2012年出了一本名为《捡回另一半农业》的书，明确提出"农作物秸秆是重要农产品"的理念。由此我们可以得出这样的认识：要化害为利，变弃为用，变废为宝，将各种农业资源充分利用起来，必须将作物秸秆和畜禽粪便等种养业的剩余物与残留物也视为农产品。

（二）守住三条基本底线，确保改革不出大的偏差

推进农业供给侧结构性改革，是我国农业领域的一场深刻变革，事关农业的自身发展，事关农民的收入增长，事关农村的和谐稳定，在方向上绝不能出现大的失误与偏差。为此，必须守住中央明确提出的三条底线。

一是确保粮食生产能力不降低。解决好十多亿人口的吃饭问题，保障

推进农业供给侧结构性改革

国家粮食安全,始终是我国农业发展的头等大事,任何时候都不能放松。在温饱问题解决之前的农产品短缺时代,促进粮食增产是保障国家粮食安全的主要应对之策。在温饱问题解决之后特别是进入21世纪加入WTO以来,保障国家粮食安全的侧重点由有没有足够的粮食产出转向更加注重满足多样化与更高质量的粮食消费需求,进而保护和提高粮食综合生产能力成为确保国家粮食安全的主线与现实选择。与此相适应,"藏粮于地"与"藏粮于技"成为保障国家粮食安全的大战略。推进农业供给侧结构性改革,决不能以损害国家粮食安全为代价,而要在保持粮食生产基本稳定、防止粮食生产出现大起大落的基础上,立足粮食综合生产能力不降低这条国家粮食安全底线,积极围绕提质增效优化农业的产业结构与产品结构。只有守住这条底线,农业供给侧结构性改革才会有坚实的根基和稳妥地向前推进。

二是确保农民增收势头不逆转。维护亿万农民的利益是做好我国"三农"工作的根本。习近平总书记讲,做好"三农"工作的一个核心,就是促进农民收入持续较快增长。习近平总书记还讲,检验农村工作成效的一个重要尺度,就是看农民的钱袋子鼓起来没有。推进农业供给侧结构性改革,本质上是要实现我国农业的转型升级与提质增效,毫无疑问是有利于促进农民增收的。但是,做任何事情都是有成本的,是需要付出一定代价的,推进农业供给侧结构性改革本身就意味着发展方式的转变、意味着产品结构与产业结构的调整,由此出现改革的阵痛是不可避免的。而改革的阵痛并不意味着改革的成本要由农民来买单,特别是不应由种粮的农民来买单。近年来农民收入已呈现出增速放缓的态势,2013—2016年的全国农民人均可支配收入增长分别为16%、9.5%、7.4%和6.2%。因此,任何推进农业供给侧结构性改革的政策与举措,都必须充分考虑广大农民的承受力,充分考虑如何促进农民增收,充分考虑如何让亿万农民在改革中收益,而绝不能以牺牲农民的利益为代价。只有守住农民增收势头不逆转这条底线,农业供给侧结构性改革才有可能顺利推进。

三是确保农村稳定不出问题。稳定压倒一切,农村稳则社会安。国内外的历史经验表明,社会和谐稳定是做事兴业的基本前提与根本保障。我国农村改革之所以能够不断向前和取得一系列的丰硕成果，最根本的保证是广大农村有一个比较和谐稳定的社会环境。推进农业供给侧结构性改革特别是包括农村集体产权制度改革等在内的一些重大制度性变革，不仅涉及如何进一步解放农村生产力的问题，也涉及如何进一步完善农村生产关系的问题；不仅要破解一些体制上的难题，也要破除许多机制性的障碍。应当说，我国的农业农村改革改到现在，无论是体制难题还是机制障碍，剩下的都是难啃的"硬骨头"。而对这些"硬骨头"，如果稍有不慎，就有可能引发新的矛盾与问题。因此，改革的推进必须守住确保农村稳定不出问题这个大前提。只要守住了确保农村稳定不出问题这条底线，即便改革推进慢一点也是值得的，而且是看似慢实则快。

（三）瞄准农业供给质量，全面提升农业综合效益

推进农业供给侧结构性改革，既是在经济发展新常态背景下农业自身发展的必然要求，也是我国农业市场化改革走向深入的现实选择。在经济发展新常态背景下，过去更多注重产品数量增长的农业发展之路遭遇瓶颈性的制约，唯有改善和提高农产品质量才能增进生产经营主体的经济效益。农业市场化改革的初衷是更好地满足消费者的农产品需求，在基本满足消费者的农产品数量需求之后其改革目标必然会转向导向满足消费者更加多样与更高品质的农产品质量需求。因此，推进农业供给侧结构性改革必须牢牢把握住提高农业供给质量这个主攻方向。

一是要强化农业的科技支撑。科技是第一生产力，提高农业供给质量必须要给农业插上科技的翅膀。调整农业科研方向，无论是研发还是推广都要切实扭转片面追求高产的导向，加快培育优质专用、营养健康的新品种，开发绿色高效种养技术，推进农机农艺结合。鼓励面向农业全产业链的科技研发与推广，助推农业的生产流通及储运加工等各环节的节本降耗、提质增效。完善包括各类生产经营主体在内的农业科技创新激励机制，通过多种方式让各种农业科技人员从科技成果的转化与应用中得到合理回报。

二是要优化农业的产业结构。农产品消费需求的变化，既给提高产品

质量、产品升级换挡提供了重要契机，也给丰富农业形态、产业转型升级提出了新的要求。因此，本轮农业结构调整必须跳出在产品产业选择上增什么与减什么的思维框架，既要立足提高现有产品产业的供给质量，更要瞄准新产业新业态开发新的农产品、打造新的流通方式与培植新的农业产业。也就是要以推进农业供给侧结构性改革来引领农业结构调整，将改革的思维、提质增效的思维贯穿于农业结构调整的全过程。

三是要推进农业的品牌建设。品牌是产品质量与生产者自身信誉的保证，是观察产品是否符合市场需求及如何满足消费者需求的重要风向标。提高农产品质量、优化农业供给结构，必须把农业品牌建设摆在更加突出和更为优先的位置。创建农业品牌、维护优质的农产品品牌，一定要有"打造百年老店"的意识与自觉，持续强化生产经营主体的自我约束。经济学上有一句非常有名的话：看得见的与看不见的。在光艳的品牌背后是创品牌、护品牌的辛勤汗水。创品牌远远不只是靠推介会打广告就能做到的，必须要有过硬的产品质量和良好的信誉作保证；而守品牌更是要靠自律而不是靠他律，必须要有久久为功的耐心与毅力。"三鹿"品牌的例子是永远的教训，至今中国奶业还在承受其苦。

（四）坚持改革市场导向，着力理顺农业体制机制

我国改革开放以来的农业农村发展，从经济层面看，最根本、最核心的就是沿着市场化改革的基本方向不断推进，既为农业农村发展确立了新的体制基础，也在持续激励农业农村经济开辟新空间与拓展新领域。推进农业供给侧结构性改革，关键在于改革、动能在于改革，成败取决于改革。因此，必须紧紧地抓住理顺政府和市场的关系这个核心，围绕激活市场、激活要素与激活主体来理顺农业的体制机制，全面改善我国的农业供给。

一是要激活市场。改变不合理的农业供给结构，更好地满足消费需求，必须充分发挥市场在资源配置中的决定性作用，让市场的力量来引领结构调整和推动改革深化。这给正确处理政府与市场两者关系确立了基本的定位。在推进农业供给侧结构性改革的过程中，政府的调控行为要在维

护良好的市场秩序、合理引导生产者与消费者行为等方面下功夫，特别是要给市场机制调节留有足够的空间，以避免再度陷入"多了赶、少了砍"的尴尬局面。在运用各种调控手段上，切忌扮演"既当运动员，又当裁判员"的角色，要更多地利用市场手段来平抑市场供求，而不是以行政干预取代市场机制调节，尽力避免政府的宏观调控重蹈"成也萧何、败也萧何"的覆辙。

二是要激活要素。就是要改革优化现有的资源要素，以提高资源要素的利用效率和唤醒农村沉睡的各种资源资产。在推进农业供给侧结构性改革的过程中，要改革财政支农投入机制，加大财政资金整合力度，发挥财政资金"四两拨千斤"的作用；要深化农村金融改革，创新农业金融的产品与服务，吸引更多的社会资本投入农业农村；要深化农村集体产权制度改革，使长期沉睡的资源资产焕发生机活力，成为增加与优化农业供给的有生力量。

三是要激活主体。就是要激活各类农业生产经营主体的创新创业精神，以奠定提高农业供给质量与效益的人才基础，培植与壮大推进农业供给侧结构性改革的人力资本。要围绕培养新型职业农民，开展各种专业技能培训，引导农民合作社的规范化建设，培育规模适度的家庭农场。要围绕壮大农民企业家队伍，发展土地集中型、服务带动型和产业集聚型等多种形式的农业规模经营。要围绕引入和创新农业农村发展的新产品与新业态，鼓励各种人才返乡回乡下乡创业。市场经济是企业家"登台表演"的舞台，要努力营造各种类型的农业企业家成长的良好氛围，使其在农业领域和农村这个广阔天地大有作为，引领农业提质增效不断取得新的成果，引领亿万农民步入现代农业的发展轨道。

（五）推动农业绿色发展，加快转变农业发展方式

绿色发展是农业持续健康发展的基本要求，也是农业发展的本质属性——既要遵循经济规律也要遵循自然规律——的具体体现。过去我们为确保粮食等农产品持续增产付出了巨大的资源环境代价，推进农业供给侧结构性改革的一个重要方面，就是要扭转这种人与自然不和谐的局面，以

推动农业绿色发展加快转变农业发展方式、提升农业绿色供给能力。

一要加强耕地等农业资源保护与建设。耕地等农业资源乃是人类的衣食父母,习近平总书记强调"绿水青山就是金山银山"的发展理念,就是要求我们把生态环境保护摆在更加突出的位置,而决不能以牺牲生态环境为代价换取一时的经济发展。面对农业主要依靠资源消耗的粗放经营方式没有得到根本性改变、农业面源污染和生态退化的趋势尚未得到有效遏制的严峻现实,加强耕地、草原和水资源等农业资源的保护与建设,不可避免地成为农业供给侧结构性改革的重要内容。

二要切实转变各种农业资源利用方式。包括耕地休耕轮作、用地与养地相结合、种植业与养殖业相结合等在内的农业资源循环利用是我国传统农耕文明的重要方面与具体体现,继承这些宝贵财富并使之发扬光大,既是我们的应尽之责也是时代使命。无论是提高各种农业资源的利用效率,还是防控各种农业面源污染,都要求我们努力学会善待农业资源善用农业资源。唯有如此,我国农业才有可能真正走上产出高效、产品安全、资源节约、环境友好的可持续发展轨道上来。

三要不断开发与拓展农业的多种功能。农业是个具有多功能性的产业,不仅具有经济功能,还具有生态功能、社会功能以及文明传承功能等。农业的这种多功能性,为我们开发新产品和培育农业领域的新产业新业态提供了广阔的前景。如近年来发展势头强劲的休闲农业与乡村旅游等,不仅大大丰富了农产品的概念,而且也在颠覆着人们对农业的传统认识。也正是这样的农业功能开发与拓展,不仅使许多地方从根本上摆脱了过去"守着金山银山要饭吃"的尴尬局面,而且尝到了"绿水青山就是金山银山"的真正甜头,实现了经济效益、生态效益以及社会效益"三个效益"的和谐统一,实现了生产、生态、生活"三个方面"的共赢。可以预期,在绿色发展理念的指引下,伴随着农业功能的不断拓展,我国农业发展方式的转变将进入快车道,进而促进农业绿色供给能力的显著提升。

四、扎实推进农业供给侧结构性改革的对策建议

诚如韩长赋部长于2017年7月24日在全国农业厅局长座谈会上的讲话中所言：这次农业供给侧结构性改革，是农业由计划经济向市场经济彻底转变的关键一次跳跃。只有用市场的办法、改革的办法完成这惊险一跳，农业才能建立起一套更加成熟的市场运行机制，在激烈的国际竞争中行稳致远。深入推进农业供给侧结构性改革，必须坚持问题导向，始终瞄准制约农业农村改革发展的体制性问题与机制性障碍，增强对策措施的针对性与指向性；必须在把握方向和理清思路的基础上，既立足当前又着眼长远地"对症下药"，增强对策措施的可行性与可操作性。

（一）坚持市场导向，围绕市场需求安排组织农业生产经营活动

推进农业供给侧结构性改革，就是要把农业生产经营活动引向更好地满足市场需求的轨道上来，使农产品供给在数量上更加丰富多样、在质量上更加优质安全。这对农业供给侧的结构调整提出了远比此前的几轮农业结构调整更高的要求：一是必须突出一个"优"字调整好产品结构。只有生产出好的优质农产品，才能卖得出去和卖出个好的价钱。为此，无论是种植业产品还是养殖业产品，都要在优化产业的区域布局基础上，布局放眼产业供给链推进标准化生产、模式化管理与品牌化营销，严把产品质量关。二是必须突出一个"绿"字调整好生产方式。只有好的生产经营方式，才能兼顾产品的质量与效益以及实现生产者与消费者的双赢。为此，无论是种植业还是养殖业，都要大力推进清洁生产和绿色生产，积极推进多种形式的农业规模经营，在绿色发展中协调好经济效益、生态效益与社会效益三者的关系。三是必须突出一个"新"字调整好产业体系。只有把产业体系调顺了，农业的三次产业融合才能走向深入和实现农业产业升级。为此，既要瞄准拓展农业功能的新产业新业态，开辟农业产业发展的新领域新空间，也要研发和推广与农产品生产流通及储运加工等各环节紧密相关的新技术新模式，为农业产业的转型升级提供发展空间与技术支撑。

（二）完善农产品价格形成机制，真正将市场形成价格落到实处

推进农业供给侧结构性改革的核心所指就是要充分发挥市场在农业资源配置中的决定性作用。由此，完善农产品价格形成机制也就成为了农业供给侧结构性改革的"重中之重"。这也就意味着我们要积极稳妥地推进粮食等重要农产品价格形成机制和收储制度改革，以夯实和打牢使市场在农业资源配置中起决定性作用的基础。从近年这方面改革的进展情况看，取消油菜籽临时收储、开展新疆棉花和东北大豆目标价格试点以及按照"市场定价、价补分离"的原则，取消玉米临时收储、对农民实行直接补贴等的改革探索都取得了明显成效，下一步的改革目标主要集中在稻谷与小麦的最低收购价政策上。现在，社会各方面对是否继续坚持小麦与稻谷最低收购价政策的意见并不统一，坚持有坚持的理由，取消有取消的道理。我们的看法是：如果将稻谷与小麦的最低收购价政策作为粮食市场全面放开的政府调控粮食的一种手段，那么就有必要和也应当继续保留；如果是将其作为政府的价格政策或收购政策，那么就应当也必须取消。现实地看，从确保国家粮食安全特别是口粮安全的角度，稻谷和小麦的最低收购价政策需要在坚持的基础上进一步完善。一是将其明确定位为政府引导生产与调节市场供求的调控手段，目的是稳定稻谷与小麦生产发展，防止生产大起大落。其作为调控手段的性质决定了启动最低收购价收购是一种非常态而不是常态，只有当稻谷与小麦的市场价明显偏低或出现大幅下跌时才启动。二是最低收购价的定价原则应当是"托市"而不是"包市"。这也就意味着在通常情况下它们要低于市场价格，其在播种前公布的功能作用是发出政府在基于市场供求形势分析基础上的调控信号，以引导生产者的种植行为调整。三是最低收购价政策的具体内容要恪守"五限"原则，即限定品种、限定价格、限定主体、限定时间、限定区域。只有守住了这五条原则，才会使最低收购价的启动不会造成市场的扭曲及多元购销主体的"退市"，进而维护正常的粮食市场流通秩序和市场形成价格的机制。

(三) 深化农村集体产权制度改革，奠定盘活农业资源要素基础

深化农村集体产权制度改革是农业供给侧改革的一项重要内容，也是优化农业供给结构的一项重要基础性工作。目前，全国农村集体经济组织拥有土地等资源性资产66.9亿亩、各类账面资产2.86万亿元，大体上全国平均每个村是500万元，东部地区的村有近千万元。这些资产是农村农业发展的重要物质基础，盘活这些资产实际上就是激活农业农村内生发展动力和培育农业农村发展新动能。因此，对于深化农村集体产权制度改革，既要有使命感也要有紧迫感。对于集体所有的土地等资源性资产、用于集体统一经营的经营性资产和用于公共服务的非经营性资产这三类农村集体资产的产权制度改革，中央都已作出明确的安排和部署。资源性资产的改革，就是要继续抓好土地承包经营权的确权登记颁证工作，完善"三权分置"办法，保持土地承包关系长久不变；非经营性资产的改革，主要是结合新农村建设，建立探索集体统一经营的运行管护机制，更好地为集体成员和社区居民提供公益性服务。经营性资产的改革，重点是在清产核资的基础上，将集体经营性资产确权到户，然后发展多种形式的股份合作制。尽管深化农村集体产权制度改革的目标明确、思路清晰、要求具体，但也必须对改革推进的难度有着充分的估计与清醒的认识，因为推进这些改革不仅需要在实践上大胆探索，而且需要在理论上不断创新；不仅需要中央的顶层设计来把握方向，而且需要地方从本地的实际出发来攻坚克难。因此，必须切实把对深化农村产权制度改革的认识统一到中央的决策部署上来，富有创造性地扎实稳妥推进农村集体产权制度改革，为盘活农业资源要素打牢制度基础，为改善我国的农业供给和促进农业农村发展增添新的动能。

(四) 转变农业发展观念，在弘扬农耕文明中推进农业种养结合

观念先于行动，只有观念才能战胜观念和改变观念。推进农业的供给侧结构性改革第一位就是农业发展观念的转变。在创新、协调、绿色、开放、共享五大发展理念的引领下，改善我国农业供给和提高农产品质量效

益，很重要的一条就是要牢固树立农业资源循环利用的理念，用"所有农业产出皆是农产品"的观念来看待当今时代的农业和农产品、来拓展农业的多种功能和丰富农产品的种类。随之而来的就是瞄准农作物秸秆的利用与畜禽等养殖粪便的处理两大难题，大力推进农业资源循环利用和种植业与养殖业紧密结合。资源循环利用与种养结合，是我国传统的农耕文明留给我们的重要遗产与宝贵财富。农业种养结合的本质可概括为：遵循动植物生长发育规律，统筹考虑种植业与养殖业的产业特性与产品特点，在产业链上整合农业的各种资源要素，充分利用种养业产品在生物链上的有机联系，实现种植业与养殖业在再生产过程中的深度融合。可以说，资源循环利用、种养结合的农业，就是经济再生产与自然再生产有机结合的农业，就是既遵循经济规律又遵循自然规律的农业，因而也就是绿色发展的农业和可持续发展的农业。因此，以种养结合为抓手来推动农业的转方式与调结构，不仅有助于拉长或延伸农业产业链条，而且会显著提高农业资源的利用效率；不仅有助于改善或提升耕地质量，而且会显著强化农产品质量安全激励机制；不仅有助于防控或减少农业的面源污染，而且会显著改观农村的生态环境与人居环境；不仅有助于培育或壮大优质农产品，而且会显著拓展农业产业功能。为此，应当建立与健全激励机制，鼓励各类农业生产经营主体培育和打造富有生机活力的种养结合模式；宣传与推广成熟模式，让种养结合之花开遍祖国的大江南北，续写农业文明的新篇章。

（五）培育新型农业经营主体，营造农业企业家创业的良好环境

培育和壮大新型农业经营主体、发展农业规模经营，是深入推进农业供给侧结构性改革的重要抓手。目前，全国农户家庭农场已超过87万家，依法登记的农民合作社188.8万家，农业产业化经营组织38.6万个（其中龙头企业12.9万家），农业社会化服务组织超过115万个。从总体上看，这些新型农业经营主体大都处在成长的关键期，其成长壮大急需政策的引导扶持。中共中央办公厅和国务院办公厅已联合印发了《关于加快构建政策体系培育新型农业经营主体的意见》，从完善财政税收政策、加强基础设施建设、改善金融信贷服务、扩大保险支持范围、鼓励拓展市场和支持人才培养引进等六个方面明确了支持新型农业经营主体发展的政策措施。应当说,这些政策措施都是有"含金量"的,贯彻落实好将有助于新型农业经营主体的成长与壮大,关键是要确保在政策落实过程中不打折扣、不走样变形。应当看到,近年来在新型经营主体培育中和在农业规模经营推进中,确有一些地方不同程度地出现了政策扶持"垒大户"的倾向,一味求大造"盆景"。其实,从各地的实践探索看,农业规模经营至少有三种大的类型:土地集中型、服务带动型和产业集聚型,而且土地集中型也有流转土地的与不流转土地的划分,同时不同产业、不同产品特别是不同经营主体的适度规模也差异很大。农业规模经营的本质是专业化分工与合作基础上的要素集聚,只有坚持市场导向、运用市场的办法才能实现农业资源要素的优化配置;农业规模经营的适度是针对具体生产经营主体的适度,其规模的大小是生产经营主体整合资源的能力即企业家才能的体现。因此,培育壮大新型农业经营主体,引导其多元融合发展、多路径提升规模经营水平、多模式完善利益共享机制和多形式提高发展质量,实际上就是激活与激发生产经营主体的企业家精神与创造力。事实上,无论哪种类型的新型农业经营主体和已出现哪种农业规模经营形式,都可看到引领产品做优做新产业做大做强的农业企业家的身影与风采。为此,要结合贯彻落实《中共中央国务院关于营造企业家健康成长环境弘扬优秀企业家精神更好发挥企业家作用的意见》,助推各种类型各个领域的农业企业家创新创业。

(六)加强与改善政府宏观调控,加大政府的农业支持保护力度

市场经济的健康发展,离不开政府的宏观调控。但是,政府调控的理由决不是所谓的"市场失灵"。在推进农业供给侧结构性改革的过程中,应当围绕改善农业生产条件、维护农业生产者利益以及提高农业国际竞争力,加大对农业支持保护力度,不断加强和改善政府的宏观调控。一是加大财政对农业农村基础设施建设与公共服务的投入。要切实坚持把农业农村作为财政支出的优先保障领域,在持续增加投入总量的基础上,着力优化投入结构、创新使用方式和提升支农效能;要加大各种涉农资金的整合力度,发挥财政资金"撬动"社会资本的功能作用,补齐农业农村财政投入不足的短板。二是加快农村金融创新步伐。要健全完善农村金融服务体系,创新农村金融服务的体制机制,将更多的金融资源引向农业农村;要大胆创新农业农村金融的产品与服务,丰富农业农村金融服务的内容与形式,提高农业农村金融需求的满足程度。三是增加农业补贴资金。要深入研究各种各类农业补贴的性质、功能与作用,构建符合国情农情的农业补贴框架和丰富农业补贴的种类;要积极探索农业补贴的多种方式,加强农业补贴项目的落实跟踪与效果评估,提高农业补贴的效能与效率。四是统筹和利用好农业的国内外两种资源两个市场。面向国内外两种资源两个市场,是推进农业供给侧结构性改革不可偏废的重要方面。既要有引进国外的资金、技术、模式、产品等农业资源的气度与胸怀,也要有推动国内各种农业资源要素走出去的胆识与谋略。既要眼睛向内,立足国内资源与市场练好内功、强身健体,提高我国农业整体素质、综合实力与市场竞争力,也要眼睛向外,瞄准国外资源与市场大胆走出去、积极引进来,提升我国农业在世界农业的合作与竞争中的话语权和影响力。

农业供给侧结构性改革：
目标体系、重点领域与关键环节

郭　铖　何安华[*]

2017年"中央一号文件"指出："农业的主要矛盾由总量不足转变为结构性矛盾，突出表现为阶段性供过于求和供给不足并存，矛盾的主要方面在供给侧"，并提出"深入推进农业供给侧结构性改革，加快培育农业农村发展新动能，开创农业现代化建设新局面"的发展任务。农业供给侧结构性改革是一个多层次、宽领域的复杂系统，本文旨在通过梳理农业供给侧结构性改革的目标体系、重点领域及关键环节，深化人们对农业供给侧结构性改革目标和任务的认识，促进农业供给侧结构性改革措施得到更广泛和深入的实践。

一、农业供给侧结构性改革的目标体系

农业供给侧结构性改革的目标体系是指通过农业供给侧结构性改革最终要解决的问题和要达成的愿景。当前我国农业中的问题主要集中于四对矛盾：一是居民对农业需求的升级与当前农业供给之间的结构性矛盾；二

---

[*] 郭铖，山西大学经济与管理学院讲师；何安华，农业部农村经济研究中心副研究员。

推进农业供给侧结构性改革

是农产品成本"地板"不断抬升与国外农产品价格"天花板"挤压之间的矛盾;三是农民增收的强大需求与动力不足之间的矛盾;四是落后的农业生产方式与资源环境承载力之间的矛盾。农业供给侧结构性改革的目标主要是解决这四对矛盾,使农业能够更好地满足居民的需求、更具国际竞争力、更能提高农民收入、更有可持续性。

(一) 目标之一:满足居民对食物结构改善、食物质量提升和农业多功能性的需求

按照世界银行2010年的收入分组标准,我国已经进入中等偏上收入国家行列。根据最新发布的"十三五"规划提出的目标蓝图,预计到2020年我国常住人口城镇化率达到约60%,每年城镇人口将增加1400万人左右[1]。国民收入提高和城市化进程推动了居民对农业需求的升级。这种需求升级一方面来自人们对丰富、优质食品的需求;另一方面来自现代社会对农业农村的生态环境、生活方式以及乡土文化的需求。农业供给侧结构性改革从根本上是要以适应现代社会对农业的需求升级为目标和导向。

1. 居民对农产品需求结构的升级。改革开放以来,我国居民温饱问题已经得到解决,对食品的需求从吃得饱转为吃得好,主要表现在对肉、蛋、奶等畜禽产品以及蔬菜水果需求水平的提高。同时,城市化改变了居民的生活消费习惯,居民对方便食品、速冻食品、休闲食品等农业加工品的需求在不断增加。这就要求食物供给由过去重点解决温饱问题转变为今后重点解决食物多样性问题。如果供给侧不能有效调整去适应需求侧,农业消费品将长期面临供过于求和供给不足并存的尴尬局面,这势必影响农业发展、农村兴衰和农民生计。在优化农产品结构的同时,必须保障粮食安全的底线。据估计,我国未来粮食需求将长期保持在6亿吨以上,2020年以后或将达到7亿吨[2]。而2016年我国粮食总产量为6.16亿吨,粮食供给偏紧的状态将长期存在。作为一个人口大国,我国不能把粮食保障的重点放在国外,确保主要农产品有效供给仍是必须面对的硬约束。

2. 居民对农产品质量要求的提升。除食物结构多样化外,居民对农产品的安全和品质也提出更高的要求。近年来,食品安全问题已经成为一

个严重的社会问题，消费者对农产品质量安全缺乏足够的信心，对无公害食品、绿色食品、有机食品的需求不断上升。按照相关标准要求，对农产品生产、加工、流通的各个环节把好关，加强农产品质量安全监测，并建立农产品追溯体系，提供安全、高质的农产品，通过标准化、品牌化建设赢得消费者，是提高农业经济效益的有效途径。

3. 居民对多功能农业需求的增加。在我国城市化过程中，环境恶化、交通拥堵、居民生活节奏快、压力大等"城市病"问题日益突出，这些问题危害着城市居民的身心健康，使部分城市居民处于亚健康状态。近年来，居民对乡村休闲旅游方面的体验性消费呈现"井喷式"增长态势[1]。适应这种需求，将农业与旅游、教育、文化、养老等产业深度融合，发展休闲农业、乡村旅游、农村养老等乡村服务业，是城市化过程中消费结构升级的必然要求。

（二）目标之二：降低农业成本，提高农业效益

当前我国农业已处于高成本阶段，其主要原因有三个：一是我国适龄劳动人口数量的下降和农村劳动力转移显著提高了农业劳动力成本；二是土地流转在广大农村日益普遍使地租显性化，并且城市化进程的加快使土地成本不断提高；三是石油价格的上涨抬高了化肥、农药、机械等高度依赖石油的生产要素成本。此外，在开放经济条件下，国外农产品到岸价格为本国农产品定价设定了上限。目前，一些农产品已经出现国内外价格倒挂。成本的抬升与国外农产品价格"天花板"的限制挤压了农业生产的利润空间，影响了农民种粮收入和国家粮食安全，也迫使政府对农业给予更多补贴，增加了财政压力。降低农业成本，提高农业效益是保障我国粮食安全、提高农业国际竞争力和促进农民增收的迫切要求。

（三）目标之三：培育农民收入新增长点，促进农民持续增收

促进农民增收是拉动国内消费，提振国民经济的重要手段，也是建设小康社会的题中之义。2016年农民人均可支配收入增长6.2%，增速连续7年超过城镇居民，但增速放缓迹象明显。由于农产品价格整体温和上

涨，非农就业形势和工资水平整体稳定，政府农业补贴力度加大，2017年农民收入仍在增长，但增速可能低于2016年。通过农业供给侧结构性改革延伸农业产业链、创新农业发展模式、开发农业新业态，是培育新的农民收入增长点，是促进农民持续增收的重要举措。

（四）目标之四：转变农业发展方式，保障农业可持续发展

近几十年，我国农业走的是化学农业道路，以化肥农药等要素的高投入催生农产品的高产出，导致资源消耗巨大、环境污染严重。当前农业面临的资源硬约束日益加剧、环境"紧箍咒"越绷越紧、生态系统退化明显等突出问题，农业可持续发展面临严重挑战。转变农业发展方式，提高农业可持续发展能力已经成为新阶段中国农业发展的重要政策目标。2020年和2030年需要达到的目标已经很明确，农业发展主要围绕"一控（严格控制农业用水总量）、两减（减少化肥和农药使用量）、三基本（畜禽粪便、农作物秸秆、农膜基本资源化利用）"走绿色农业道路[3]。

二、农业供给侧结构性改革的重点领域：农业"三大"体系构建

农业供给侧结构性改革的重点领域在于现代农业"三大体系"的构建：构建新型产业体系，解决农业的发展方向和定位问题，通过国家战略安全和市场导向对农业精准定位；构建新型生产体系，解决先进科学技术、现代机械设备等生产要素的投入问题，在有限的资源上通过"先进投入"实现"高效产出"；构建新型经营体系，解决农业后继无人的问题，通过培育农业规模经营主体和完善农业社会化服务体系为提高农业效益提供保障。

（一）构建新型农业产业体系

1. 调整农业结构，夯实农业发展基础。优化农业产业体系，要以市场需求为导向推进农产品结构调整，实现资源到产品，产品到产业，产业到收入路径的畅通。2017年农业部将继续大力推进农业结构调整：一是继续调减"镰刀弯"等非优势产区玉米1000万亩，累计调减总量争取达到

4000万亩；二是稳生猪和兴奶业，优化生猪区域布局，建设优质奶源基地；三是推进渔业减量增收和资源养护；四是大力发展区域优势特色农产品，做大做强优势特色产业。优化农业结构始终要以夯实粮食综合生产能力为重点，继续抓好粮食价格形成机制和收储制度改革，完善粮食补贴制度，探索粮食主产区支持激励制度，实施高标准农田建设工程，创新农业科技支撑体系，提升抗灾减灾稳产增产能力。2017年，种植业、畜牧业、渔业、饲草业等将以资源承载力为前提，加快迈入与市场需求相适应、与资源禀赋相匹配的产业分布和区域布局。

2. 提升加工能力，发展全产业链农业。食品加工业承前接后，在整合农业生产、食品加工和销售消费环节中发挥着关键作用。当前提升农业产业链要从三个方面着力：一是健全食品加工企业与上下游环节的利益联结机制。健全的利益联结机制能使产业链各环节获得与其贡献相对应的报酬，而这又是食品加工业获得稳定的原料来源和销售渠道的保障，也是整个农业产业链高效、良性发展的保障。二是建设食品追溯体系。建设贯穿农业生产、农产品加工、食品销售的信息库，利用物联网技术将相关环节关键信息反映在最终农产品上，便于在食品安全问题发生时迅速锁定源头，从根本上解决食品安全问题。三是加强农产品标准化、品牌化建设。鼓励各地依托特色优势农产品和地方特色文化培育农产品品牌，建立品牌农产品质量标准体系，打造无公害、绿色、有机农产品，提高农产品的质量、档次和安全性，以获得较高的品牌知名度和社会信任度，提升农业产业链整体效益。

3. 活化农旅资源，开发农村全域旅游。我国广大农村蕴含着丰富的旅游资源，包括乡村景观、民俗传统、耕作方式及手工艺传承、民间文艺、建筑文化、民族风情等。立足地方实际，深入挖掘乡村旅游资源，打造特色鲜明、形式多样的乡村旅游产品，是适应居民消费趋势的必然要求，也是促进农民增收的重要手段。2017年"中央一号文件"指出，要"充分发挥乡村各类物质与非物质资源富集的独特优势，利用'旅游+'、'生态+'等模式，推进农业、林业与旅游、教育、文化、康养等产业深度融合。丰富乡村旅游业态和产品，打造各类主题乡村旅游目的地和精品线路,发展富有乡村特色的民宿和养生养老基地。"可以预见,未来乡村休闲旅游产业将成为促进农村经济发展和农民增收的重要支撑点。

(二) 构建新型农业生产体系

1. 大力推进绿色生产方式。绿色生产在推进农业供给侧结构性改革中将扮演关键角色[4]。紧紧围绕"一控、两减、三基本",真正"把该退的坚决退下来,把超载的果断减下来,把该治理的切实治理到位",实现资源永续利用。2017年,随着化肥农药使用量零增长行动的深入实施,农业废弃物资源化利用的全面推进以及以绿色生态为导向的农业补贴机制的创建,农业的绿色生态政策支持体系正在逐渐形成,农业发展方式也从过度依赖拼资源拼环境转向人与自然和谐相处的保护式发展。

2. 充分发挥农业科技作用。如何弥补传统生产要素使用的减少对农业产出的影响是推进绿色生产方式的过程中需要考虑的关键问题,为此必须充分发挥农业科技的作用。一要发挥科研院所的引领作用,提高农业科技自主创新能力,力争在动植物品种选育、农业信息技术、新材料技术、精准农业技术等方面取得一批自主创新成果。二要在有效发挥基层农技推广机构主力军作用的基础上,广泛调动农民合作社、农业技术协会、农业龙头企业、高等院校、科研院所等多类型主体积极从事农技推广工作,构建全方位、多层次的农业技术推广体系,加快农业科技成果转化。

3. 加快发展农业机械化。劳动力成本上涨已经成为推动我国农业生产成本上涨的主要因素,以农业机械代替劳动力已经成为缓解农业成本过快上升的重要手段。同时,农业规模化经营的发展也需要较高的机械化水平与之适应。2015年,我国农作物耕种收综合机械化率为63%,玉米、水稻耕种收综合机械化水平超过了75%,小麦基本实现全程机械化,但棉花、甘蔗及近些年发展较快的经济作物、林果等,全程机械化水平仍旧较低[1]。加快推进农业机械化是提高农业效益、提高农业国际竞争力的重要举措。

(三) 构建新型农业经营体系

1. 培育新型农业经营主体。随着我国工业化的发展和城市化的推进，大量劳动力向城市转移，农村地区土地和劳动力资源的错配将日渐突显，这需要通过新的组织形式去实现农村资源的优化配置。当前我国农业生产经营仍以"小而分散"的家庭承包农户为基本主体，这类农户规模小、风险抵抗能力弱、市场竞争能力弱，难以肩负现代农业的发展重任。要解决将来"谁来种地"的难题，除了发挥市场作用外，还须从政策层面创造良好环境引导和规范农民合作社、家庭农场、合作农场、农业龙头企业等新型农业经营主体的发展，发挥它们在现代农业中的引领作用。特别要引导和规范农民合作社发展，密切合作社与农民的利益联结，完善合作社的利益分配机制，使其真正成为分散农户利益的代表和实现形式，同时还要促进合作社之间的联合，使其在农民增收中发挥更大的作用。

2. 完善农业社会化服务体系。农业规模经营需要大量的生产要素投入及产前、产中、产后环节的各种服务，必须有健全的农业社会化服务体系与之配套。农业社会化服务包括物资供应、生产服务、技术服务、信息服务、金融服务、保险服务以及农产品的包装、贮藏、运输、加工、销售等各个方面。农业社会化服务体系的完善需要充分发挥公益性服务体系和经营性服务体系的作用，鼓励企业、农民合作社、农机服务队、基层农资供应商等各类主体参与农业社会化服务体系建设，构建多层次农业社会化服务体系，为农业经营主体提供全产业链服务。

三、农业供给侧结构性改革的关键：解决好三大要素问题

中央农村工作会议强调："推进农业供给侧结构性改革，关键在完善体制、创新机制，加快深化农村改革，理顺政府和市场的关系，全面激活市场、激活要素、激活主体。"农业供给侧改革的关键在于补短板[5]。当前我国农业农村经济中最大的短板在于农民发展能力低、农业农村资金短缺、土地资源配置效率不高。因此，农业供给侧结构性改革的关键环节在于处理好劳动力、资金、土地三大基本要素的配置问题。

推进农业供给侧结构性改革

(一) 提高农民发展能力,解决农民发展出路

在农业供给侧结构性改革中,最核心的是解决好农民问题。农民中贫困人口多、自我发展能力弱、市场触觉不灵敏、增收渠道有限等问题严重困扰着农民增收。解决好农民问题,要以提高农民发展能力为导向,通过加大对政策扶持、培训服务、基础设施建设等方式培育新型职业农民以及农民创业者;同时要加强扶贫工作力度,大力推进"造血式扶贫",支持农村贫困人口依靠产业发展实现脱贫。

1. 培育新型职业农民。农民是农业生产的主体,农民的素质从根本上决定了农业生产效益和农业产业水平。政府要加快制定具体细化操作性强的新型职业农民认定标准;以市场需求为导向加大农民培训力度,引导农民树立市场经济理念和切实提高农业经营能力,因时因地因情培育生产经营型、专业技能型、专业服务型等不同类型的职业农民;逐步完善针对新型职业农民的补贴、信贷、用地等方面的扶持政策,使其成长为支撑我国农业的中坚力量;加大农业农村基础设施投入力度,提高农民的生产经营条件和盈利能力。

2. 鼓励引导农民创业。在"大众创业、万众创新"政策背景下,农民工、大学生、退役军人等人员返乡创业越来越多。为了使农民创业成为激发农村经济潜能、推动农业产业体系优化的重要力量,政府应进一步健全农村创业服务体系,优化农村创业环境。如通过创新金融、保险机制,为农民涉农创业提供资金支持、降低风险损失;支持和引导农民创业培训,提升农民的市场触觉和经营管理水平;推动成立技术协会,帮助农民创业者解决生产技术问题;促进成立行业协会,协调创业者间的关系,形成合力,提高市场竞争力,这些措施均有助于帮助农民创业者突破资源约束和市场约束,提高创业绩效。

3. 扎实推进精准扶贫。贫困农民是我国贫困群体的主体,应努力扭转贫困农民成为农业农村发展的包袱这一局面,将贫困农民变为发展农业的一股重要力量。"十三五"时期,全面小康进入倒计时,扶贫攻坚被提升至前所未有的战略高度。各级政府应扎实推进"五个一批"扶贫攻坚

行动计划,"五个一批"工程的实施是在因地制宜和因人而异的精准识别基础上,实施"造血扶贫"还是"输血扶贫"的精准施策实践。从增收脱贫的持续性和主动性来说,"发展生产脱贫一批"的产业扶贫是"造血"效果最好的方式,能够为贫困人口相对平等地提供参与式发展和内源性发展机会。产业扶贫要以市场为导向,立足贫困地区资源优势。但同时也应防范地方盲目引导农民发展产业的风险,应对产业进行动态监测和风险预警,避免出现新的产业过剩。

(二)引导扶持金融创新,激活农村金融市场

农业供给侧结构性改革中新经营主体的运营、新生产方式的推行和新产业的发展都需要大量的资金支持。但长期以来,多数金融资源流向了城市,广大农村地区只能得到有限的金融资源,"贷款难、贷款贵"是困扰农业农村经济的痼疾。解决农业供给侧结构性改革中的资金难题,需要构建农村多元化金融服务体系,鼓励针对农业农村特点创新金融服务内容和模式,做好重点行业、重点群体、重点区域的金融支持。

1. 构建农村多元化金融服务体系。当前政府对农民的资金支持主要以财政奖补、减税降费等方式为主,而这种支持方式需要政府始终有充足的财政收入作为保障,会对财政形成压力。政府应重点激活农村金融市场,撬动社会资金注入农业,构建多元化金融服务体系:一方面要发挥政府对农村金融资源配置的宏观调控,建立财政贴息、税收优惠等激励机制,引导传统金融机构加大对"三农"的资金投放力度;另一方面要重视发挥多层次资本市场的作用,扶持和规范资金互助、村镇银行、互联网金融为农村市场提供金融服务。

2. 倾斜支持重点行业、群体和区域。农村金融体系要突出服务重点,把有限的金融资源用在刀刃上。突出重点行业,重点支持优势产区的规模种植业、粮食加工业、生态畜牧业、特色种养业等;同时结合农村"双创",突出对农产品加工业、农业社会化服务、休闲农业、乡村旅游、"互联网+农业"的支持。突出重点群体,重点支持新型农业经营主体、农村创业群体。突出重点区域,重点支持农产品生产的名、优、特产区、

农村创业活动活跃区以及农村贫困地区。

3. 积极创新服务内容和服务模式。农村金融体系应针对农业农村特点，积极创新服务内容和服务模式：一是对信贷业务的创新，稳妥试行具有"三农"特色的非传统抵押品，如农村集体建设用地使用权、土地承包经营权、林权、水域经营权、房屋、厂房、仓库、设施农业建筑、农业机械、专业设备、农业订单、应收账款、农业补贴等，拓宽农村抵押物范围，审慎确定抵质押率。二是对投资业务的创新，针对农民对资产保值增值的服务需求，探索代理、证券、理财、信息咨询等新业务。三是对农村保险业务的创新，逐步开发农业险、养殖险和私人财产险等，逐步构建多层次的农村保险体系。

（三）推进土地制度改革，释放土地要素价值

土地制度改革是农业供给侧结构性改革的着力点之一，政府应继续以党的十八届三中全会精神为指导，深入推进农村土地制度改革创新，释放农村土地要素潜在价值，为农业农村发展奠定坚实基础。

1. 稳步落实承包地"三权分置"。土地所有权、承包权、经营权"三权分置"，"保护承包权以求公平，用活经营权以求效率"将是当前及今后农地制度的一条主线。在三权分置的实施过程中，一些问题尚待深入研究解决，如承包权和经营权性质的定位问题、农业补贴归属问题、土地流转中承包者权益保护问题、农地经营权抵押现实可行性问题。在妥善处理相关问题的基础上稳步落实承包土地"三权分置"办法，是当前农地产权制度演变的基本方向。

2. 适时调整农业配套用地政策。在严守耕地红线的大背景下，农业农村发展的设施用地面临多重障碍，狭窄的田间道路也制约了现代农业的发展。对此，一方面应优化农业设施用地政策，认真落实农产品初加工用地优惠政策；探索和试点农民合作社、家庭农场的加工厂房临时用地保障机制；对产业基地拓展发展农旅融合项目用地符合土地利用总体规划的，应纳入年度土地利用计划，优先保障供应。另一方面应综合考虑村镇建设、农产品集散地、农田分布等，统筹规划农村道路网，加强农田路网建

设,适时修改农村道路修建标准,消除道路对现代农业发展的制约。

3. 积极探索农村土地退出机制。由于我国农村土地制度改革的滞后,农户离农进城定居后"欲退地而不能",尤其是农户宅基地由于无法像承包地那样服务于农业生产、获得经济收益而被大量闲置[8]。近年来,一些地方开始在法律框架内尝试农户土地退出。应在已有试点实践的基础上,认真总结经验教训,探索农民在本集体经济组织内部自愿有偿退出或转让宅基地的操作办法,逐步引导有条件、有意愿的农户完成职业退出和身份退出,推进农民工市民化。

参考文献

[1] 韩俊:"推进农业供给侧结构性改革提升农业综合效益和竞争力",http://dzb.studytimes.cn/Shtml/xxsb/20161226/24000.shtml,2016年12月26日。

[2] 张云华:《读懂中国农业》,上海远东出版社2015年版。

[3] 叶兴庆:《农村经济调查与研究(第2部)》,中国发展出版社2016年版。

[4] 郑风田:"绿色生产是农业供给侧结构性改革成功的关键",《中国党政干部论坛》2017年第1期。

[5] 罗必良:"农业供给侧改革的关键、难点与方向",《农村经济》2017年第1期。

[6] 孔祥智:"农业供给侧结构性改革的基本内涵与政策建议",《改革》2016年第2期。

[7] 张红宇:《新型城镇化与农地制度改革》,中国工人出版社2014年版。

[8] 刘同山、孔祥智:"参与意愿、实现机制与新型城镇化进程的农地退出",《改革》2016年第6期。

玉米产业供给侧结构性改革：
进展、方向与对策

习银生　杨　丽　吴天龙

2016年，中央农村工作会议提出要推进农业供给侧结构性改革，明确了农业去库存、降成本、补短板的改革任务。2017年中央农村工作会议进一步要求深入推进农业供给侧结构性改革。玉米作为当前国内供求矛盾最为突出的粮食品种，集中反映了当前我国农业供给侧面临的突出问题和矛盾，成为农业供给侧结构性改革的重点作物。我国开启了玉米生产结构调整，改革了玉米收储制度，取消了玉米临时收储政策，实行市场定价、价补分离的新机制。玉米供给侧结构性改革一年来已取得明显成效，但面临的问题和矛盾仍然较为突出，需要进一步明确改革方向，多方面采取综合措施进一步深入推进玉米供给侧结构性改革。

一、我国玉米供给侧结构性改革成效显著

（一）玉米生产结构调整初见成效

2016年，中央要求适当调减非优势区玉米种植，农业部发布了《"镰刀弯"地区玉米结构调整规划（2016—2020年）》，规划在"十三五"时期压缩玉米面积5000万亩以上。2017年中央农村工作会议要求继续调减非优势区籽粒玉米。一年来，我国玉米生产结构调整取得了超出预期的成效。玉米种植面积13年来首次调减，玉米总产有所下降。据国家统计局数据，2016年，全国玉米播种面积55139.6万亩，同比下降3.6%；单产398.2公斤/亩，同比增长1.3%；总产21955.4万吨，同比减少2.3%。玉米供大于求格局不断加剧的趋势初步有所改变。各主产省主动调减面积，引导农民改种大豆、青贮玉米、水稻、马铃薯、花生、杂粮、蔬菜等其他作物，对引导玉米生产结构调整发挥了积极作用。比如，玉米调减压力较大的黑龙江省2016年玉米面积调减1922万亩，超出了预期目标。

（二）市场化定价机制已经确立

2016年，国家取消了玉米临时收储政策，改为实行"市场化收购+补贴"的价补分离新机制，玉米价格由市场决定，玉米价格形成机制基本理顺。一是市场价格回归市场。取消临时收储政策后，国家不再直接干预市场价格，托市作用消失，2016年新产价格明显下降。全年产销区平均批发价格分别为1805元/吨、2019元/吨，同比分别下跌17.0%、16.6%。12月份，产区平均批发价格为1663元/吨，同比下跌14.2%。其中，东北产区1534元/吨，同比下跌23.3%，华北黄淮产区1700元/吨，同比下跌10.0%；销区平均批发价格为1863元/吨，同比下跌15.4%。二是国内市场加快整合，一体化程度显著提高。临储政策取消前，东北产区与华北黄淮产区玉米价格长期倒挂，最多是每吨高出200多元。临时收储政策取消后，两大产区价格基本理顺，倒挂现象消失，目前东北产区比华北黄淮产区价格低200元/吨以上。1—12月近月合约收盘价平均为1750元/吨，同比下跌21.7%。12月底，近月合约收盘价为1489元/吨，同比下跌29.1%。三是期货市场活跃度显著上升。全年玉米期货成交量同比上升190.72%，成交额同比上升130.8%，显示市场参与玉米期货的积极性明显提高。

（三）国内外玉米价格基本接轨

临时收储政策取消后，随着市场价格显著回落，国内价格与国际价格快速接轨。2016年全年配额内的国外玉米运抵我国南方港口的到岸税后价平均为1620元/吨，比国内玉米到港价低360元/吨，价差同比缩小420元/吨。2017年1月份，配额内的国外玉米运抵我国南方港口的到岸税后价格为1709元/吨，比国内玉米到港价高120元，扭转了持续三年多的价格倒挂局面。国内外玉米价格逐步接轨，有效抑制了国外玉米及替代品进口的冲击。2016年，我国进口玉米为316.66万吨，同比减少33.0%；进口高粱、大麦、DDGS、木薯分别为664.76万吨、500.51万吨、306.66万吨、742.64万吨，同比分别减少38.0%、53.4%、55.0%、19.7%。四种替代品进口合计为2214.58万吨，同比下降41.0%。

（四）去库存进程初步启动

近年来，我国玉米临时收储收购量大，但受顺价销售原则的限制，拍卖价格过高，很难获市场认可，市场拍卖成交数量有限。2016年，国家放弃了临时收储玉米顺价销售规则，改为按市场价格竞价销售，成交情况有所好转。全年政策性玉米拍卖成交数量2183万吨，加上临时收储一次性转为储备轮换粮2006万吨，全年政策性玉米出库量近4200万吨，明显高于前几年水平，初步开启了玉米去库存进程。

（五）产业链协调发展逐步理顺

临时收储政策取消前，市场价格虚高，企业成本偏高，玉米深加工企业普遍经营困难，限产、停产现象普遍，全行业持续亏损，饲料企业受原料成本高和下游养殖业低迷的双重挤压明显，贸易企业市场业务萎缩，仅靠参与临时收储玉米收购获取补贴维持运转。临时收储政策取消后，深加工企业成本明显降低，经营状况普遍改善，市场活跃度明显提升，开工率明显上升，全行业开始复苏，带动消费恢复增长。2016年，全国玉米淀粉加工企业平均开工率为67.5%，同比上升8.9个百分点。全国酒精加工企业平均开工率为43.4%，同比上升3.7个百分点。深加工行业普遍恢复盈利，淀粉糖、氨基酸、有机酸等产品每吨产品盈利在200—1000元。预计全年深加工业玉米用量将超过5500万吨，呈两位数增长。

(六) 农民生产基本收益保障机制初步建立

2016 年，国家建立了"市场化收购＋补贴"的新机制，明确在东北三省一区建立玉米生产者补贴制度，实行市场定价，价补分离。2016 年度已下发两批共计 390 亿元的补贴，初步建立起了优势产区玉米种植基本收益保障机制。

二、玉米供给侧面临的问题与矛盾

(一) 玉米产需脱节仍较严重，去库存任务艰巨

2012 年以后，玉米临储政策未能及时适应市场变化，不仅收储价格继续提高，而且收储量逐年增加，刺激玉米产量屡创历史新高，终致玉米生产未能适应消费需求变化，产需严重脱节，2015 年产大于需超过 5000 万吨，供大于求格局不断加剧。2016 年结构调整虽然取得成效，消费需求也有所恢复，但预计产大于需仍然超过 2000 万吨，供大于求格局尚未有效缓解，库存压力依然巨大。目前，临时收储玉米结存高达 2.36 亿吨，创历史新高，超过全国一年的产量和消费量。玉米质量问题也较为突出，黄曲霉素超标、超期存储、混种混收混储等导致玉米品质难以满足市场需求，优质饲用玉米供应紧缺。

(二) 生产成本持续上升，国际竞争力下降

2004 年以来，我国玉米生产成本"十一连增"，2015 年每亩成本超过 1000 元，年均增幅 9.9%。人工成本和土地成本年均增幅分别高达 11.3%、13.9%，成为玉米成本上升的主要推动力。2003 年，我国玉米每亩成本比美国低 26.6%，2015 年比美国高出 56.1%。斤粮成本 2000 年以前与美国基本相当，2015 年达到 1.11 元，比美国高出 123.1%。

(三) 玉米生产粗放式发展，农业资源环境压力加大

玉米生产发展以面积扩张为主，单产增长相对滞后。2004 年以来，玉米面积累计增量超过全国粮食面积增量，面积增长对产量增长的贡献率

达到58.3%。玉米面积持续扩张不仅占用了紧缺的耕地资源，也加大了环境压力。与大豆、杂粮等作物相比，玉米需要消耗更多的水资源，使用更多的化肥、农膜。2014年，全国玉米每亩施用化肥折纯用量24.31公斤，比大豆用量多15.74公斤；玉米每亩农膜费用4.69元，大豆基本不用农膜；玉米每亩排灌费21.69元，比大豆多15.4元。玉米面积单向扩张，导致种植结构单一，牺牲了合理的轮作方式，不利于生态多样性和地力养护。

（四）农民种植效益大幅下滑，农民增收目标明显受损

玉米完善价格形成机制和收储制度改革必然带来改革的阵痛期，其中影响最大的就是种植收益大幅下滑。2012年，全国玉米平均每亩种植收益最高超过730元。2015年，国家临时收储收购价格下调，全国玉米每亩现金收益为522.95元，比上年大幅减少205.64元，降幅达到28.2%。2016年，国家取消临时收储，价格进一步大幅下跌，每亩玉米种植收益降幅加大。若计入农户自身劳动成本，部分地区出现亏损。吉林省自有地农户每亩纯收益为627.3元，比上年减少169.1元，降低21.2%。再扣除用工费用490.1元，每亩净利润137.2元，同比下降52.7%。辽宁省11月玉米平均收购价每公斤为1.64元，同比下降0.32元。按2017年2月份价格，全省玉米平均每亩亏228.69元。加上每亩补贴230元，亩均盈余仅1.31元。根据国家发展和改革委员会成本收益统计资料，2015年全国玉米农户售价每公斤下降0.34元左右，每亩收益下降约200元。预计2016年农户玉米售价每公斤下降将超过0.4元，每亩收益下降约250元，其中东北产区每亩收益下降接近300元。

（五）新型经营主体大面积亏损，影响农业规模经营发展

在玉米价格大幅下跌的情况下，土地流转费对种粮大户等新型经营主体的压力很大，一些地方普遍出现亏损。调研数据显示，黑龙江省玉米规模种植户每亩总成本超过800元，其中，物质费用300多元，人工费用110多元，土地租金400多元，每亩玉米按2016年11月份时的价格收入

600多元,平均每亩亏损约200元。若按2017年2月份价格计算,亏损会更大。山东省种粮大户每亩物化投入费用为260—300元,单季土地流转费500元,每亩成本760—800元,亩产500公斤左右,按2016年11月份每公斤售价1.5元计算,每亩亏损10—50元。而前期价格低时有的大户亏损达到200元。不少种粮大户由于签订了5—10年甚至更长的长期合同,签订合同时参照的标准是当时的粮食政策与市场环境,没有预见到目前的政策和市场变化,在经营困难的情况下,不少地方已出现种粮大户毁约弃耕的现象,不利于现代农业发展。

三、推进玉米供给侧结构性改革的建议

基于我国玉米供求形势和供给侧面临的问题,推进玉米供给侧结构性改革面临以下主要任务:一是去库存。着力消化现有库存,同时适度调减玉米面积,遏制玉米新库存的产生,促使玉米由阶段性供大于求向基本平衡格局转变。二是降成本。依靠科技进步提高单产,降低单位产品成本。发展适度规模经营,降低单位面积成本。引导土地流转费用合理回归,降低土地成本。三是补短板。减少化肥农药等投入品使用,减轻资源环境压力。同时促进玉米加工业持续健康发展,提高产业竞争力。

为实现上述任务,建议从采取综合措施,重点从供给侧推进改革,促进玉米产业持续健康协调发展。

一是继续完善玉米价格形成机制。深入推进玉米收储制度改革,坚定市场化改革方向,明确市场定价原则,鼓励多元化主体参与市场购销。建立玉米卖难应急收储调控机制,通过适度增加储备规模,加大轮换力度,对用粮企业入市收购进行奖补等方式,防止出现卖粮难。

二是坚持市场导向调整玉米生产结构。加强宣传培训,提高农民市场意识和经营能力。支持用粮企业与农民建立紧密的利益联结机制,鼓励玉米订单生产和产加销融合发展。在保护核心产能的前提下继续实施"镰刀弯"地区玉米结构调整规划,扩大粮改饲试点规模和范围,实行粮豆轮作补贴,扶持适宜地区杂粮杂豆生产,加大退耕还林还草实施力度,引导非优势区适度调减玉米面积。

三是推进玉米生产方式转变。加强农田基础设施建设，深入开展耕地质量提升行动，推广优质品种和增产技术，促进玉米生产提质增效。加大对新型经营主体的扶持力度，完善农村土地流转服务体系，促进规模经营发展。大力实施化肥和农药零增长行动，推广应用测土配方施肥、畜禽粪便和秸秆养分还田、农药减量控害、节水灌溉等技术，提高水、化肥和农药利用率。

四是加快消化现有玉米库存。按市场化导向多形式、多渠道开展临时收储玉米竞价销售，完善拍卖机制，改善服务，切实提高实际成交率。通过税收优惠、出口退税、加工补贴、运费补贴等方式，适度扶持玉米加工业发展，支持主产区生猪产业发展，促进玉米加工转化利用。同时考虑适度扩大燃料乙醇产能，加快玉米陈化粮出库消化。

五是完善玉米生产者补贴制度。统筹考虑玉米大豆比价关系，完善补贴机制，适当增加补贴额度，扩大补贴范围，保障农民收入不因价格下跌明显下降。明确实施细则，建立完善监督检查和问责机制，提高补贴的精准性和可操作性，确保补贴资金及时足额兑付，尤其要重视对种粮大户等规模经营主体合法权益的保护，及时调解合同纠纷。

六是加强玉米及其替代品进口管理和调控。坚持玉米进口配额管理制度，运用检验检疫，进口报告制度，进口许可证管理等技术性措施，探索运用贸易救济、征收进口差价税等手段，对玉米及其替代品进口实行有效管理。

推动农业市场化改革　引领供给侧结构转变

——以小麦产业为例

孙　昊

2015年11月,习近平总书记在中央财经领导小组第十一次会议中首次提出要加强供给侧结构性改革。这是党中央在经济新常态条件下,于经济领域改革方面做出的重大战略部署。2017年"中央一号文件"明确提出要深入推进农业供给侧结构性改革,加快培育农业农村发展新动能。这是中央基于我国农业的主要矛盾由总量不足转变为结构性矛盾现实,所提出具有针对性的改革任务,也是"三农"工作者在今后一个阶段需紧密围绕的工作重心。

从粮食产销经营领域来看,目前主要面临着农产品供需结构失衡、生产领域成本与价格双重挤压、流通领域资源配置效率低、加工领域大型加工企业向高端转型动力不足等四个方面的突出问题。产生问题的根本原因,一方面在于我国农业生产底子薄,水平低,农业弱质性特征,农业整体上仍然缺乏足够竞争力;另一方面在于人们市场经济理念不够深入,对于市场经济机制的理解认识不够不到位,导致一些政策没有顺应市场经济

推进农业供给侧结构性改革

规律,造成了资源要素的错配,阻碍了农业生产力发展。深化农业供给侧改革的思路,应以处理好政府与市场的关系为基点,深入推进农业市场化改革。

一、农业供给侧面临的主要问题

2017年"中央一号文件"指出,我国农业的主要矛盾由总量不足转变为结构性矛盾,突出表现为阶段性供过于求和供给不足并存,矛盾的主要方面在供给侧。文件将我国农业供给侧面临的问题归纳为"农产品供求结构失衡、要素配置不合理、资源环境压力大、农民收入持续增长乏力等问题仍很突出,增加产量与提升品质、成本攀升与价格低迷、库存高企与销售不畅、小生产与大市场、国内外价格倒挂"等矛盾。"中央一号文件"对于农业供给侧问题的表述,是对发展现实的高度抽象凝练,切中了目前"三农"工作中实质性的矛盾与问题。农业供给侧的矛盾在粮食种植业中有着具体的表现形式,笔者认为目前粮食产业供给侧面临的突出问题主要可归纳为以下四个方面。

(一)粮食农产品供需结构失衡

我国农业发展在供给侧层面长期以来注重农产品,特别是粮食产品量的增长。受农产品供给总量不足的困扰,提高农业产量成为我国农业工作的长期重心所在。自2003年以来,粮食生产连续十二连增,我国农产品供给从量的方面保障充足,追逐数量上充分保障能力的任务目标已基本完成。按谷物当量计(按农业资源消耗将农产品折合成粮食),2015年农产品供应总量约在7.76亿吨,消费总量约为6.88亿吨,供大于需8000余万吨。2008—2014年,我国农产品生产连续7年供大于需,结余量逐年提高。这一时期食物总量结余累计5.2亿吨,平均结余消费比为10.1%,供给高于需求约十分之一。

但在需求层面,消费者食物需求结构不断升级,城乡居民愈发重视食物质量上的提升成为食物安全所应考虑的新问题。随着城乡居民水平提高,人们不仅要求吃得饱,而且要求吃得好、吃得营养健康。近30年来,我国居民人均吃的食物越来越少，但吃得越来越精细；谷物的比重在降低，耗粮的肉禽蛋奶比重在升高。按谷物当量计算，1990年居民人均食物消费中粮食消费占到总量的一半（53.1%），猪肉消费占比约为四分之一（24.5%），牛羊肉、禽、蛋、奶、水产品合计占比仅为六分之一左右（15%）。2015年，居民人均食物消费中，禽肉、水产品、蛋类、奶类食物消费占比由8.4%上升至24.7%，猪肉由24.5%上升至33.3%，食用油由3.5%上升至5.8%。反观粮食消费占比由53.1%下降至26.6%。我国居民食物需求精细化、肉食化、差异化程度上升，对粮食的直接消耗不断下降，是未来我国农业生产所需面临的重要挑战。

粮食供给侧注重量的增长，需求侧要求质的提升，造成了粮食农产品供需错位。从我国农业供给体系的现状来看，市场需求旺盛、适销对路的高品质农产品，国内生产供给不足，或者供应成本过高，许多国内需求形成进口需要，中高端农产品进口显著增加；而一些低端、普通的"大路货"品种，虽然国内生产供应充足，但售价较低，甚至积压滞销。以小麦产业为例，普通面粉加工业产能严重过剩。2005年国内小麦面粉加工企业年加工能力为8090万吨，2015年上升至2.2亿吨。国内普通面粉的实际年产量约为1.2亿吨，不到加工能力的一半；消费量为7000万—8000万吨，供给过剩约4000万吨。另外，国内优质专用面粉（用于加工面包饼干）却呈现供不应求的局面。据不完全统计，我国优质专用小麦产量在250万—400万吨，仅能满足专用小麦粉加工需求的10%—20%。小麦食品深加工企业被迫转向进口原料，造成进口压力持续增加。2017年上半年，国内小麦累计进口265万吨，同比提高48%，主要构成为优质小麦，用于满足食品深加工需求。产需结构性矛盾在面粉加工业表现得较为突出，是我国农产品供需结构矛盾的一个缩影。

（二）粮食生产环节面临成本和价格的双重挤压

农业生产资源要素环境制约日益加剧，农产品供需结构性错位，两者相互叠加造成农业生产端经营成本高，产品价格低，阻碍了农业经营经济效益的提高。在粮食生产经营领域，成本价格双重挤压矛盾表现得尤为突出，2010—2016年，三大主粮生产成本年均上涨10%以上，出售价格年均仅增长2%。从增长构成上来看，截至2016年人工成本年均增长14%，占比达到40%；土地成本年均增长14%，占比达到21%；物质资料与服务成本年均增长6%，占比达到39%。国内农业生产成本上涨，农产品价格上不去，直接导致农户种植收益下降。2004—2016年，我国小麦种植每亩净利润从169.58元降至-10.8元。

粮食成本价格双重挤压的一个具体表现是价格倒挂，即国内农产品价格高于国际市场价格。以小麦为例，至2017年6月国内小麦主销区市场价格连续50个月低于国际市场小麦进口完税价格。生产端投入资源环境代价大，土地人力愈发昂贵，国外质优价廉农产品竞争强，使国内农产品成本降不下来；以产定销，产不对需，导致农产品供应不能满足销售端绿色安全、多样化、个性化的消费需求，使国内农产品价格卖不上去。

（三）粮食流通环节资源配置效率低

目前的粮食流通领域，形成了一套国家托市收购干预下的价格体系，干扰了价格机制在配置资源中的正常调节作用，造成要素配置效率较低。在小麦流通市场中，以"价补一体"为目标的最低收购价与临时收储政策，导致托低价变成最高价，临时性变为常态化，这严重扭曲了市场自发配置农业生产资源的功能，扰乱了生产经营者的市场化行为，产生了一系列问题亟待解决。一是小麦加工企业转做粮食贸易。由于加工业不景气，但财政托底价格下粮食流通环节"钱好赚"，大量中小规模粮食加工企业转向贸易与承担中储粮代收代储任务，以赚取财政补贴作为经营收入主要来源，都来分财政的一杯羹。二是小麦库容压力大，储备粮变质风险高。多年托市收购积压的陈麦，无法顺价销售出库；粮储企业为了多拿财政补贴，也不愿移库清库导致储备数量下降，使得储备粮面临巨大的仓储库容压力与变质浪费风险。三是财政支持错位与低效率。现行流通贸易体系下，用于小麦的托市收购的财政资金并没有落到种粮者手中，反落入了流通环节"囤积居奇"的中间商腰包，导致财政不能对农户形成充分激励，补贴支持存在浪费与低效使用的现象。四是粮食收购企业存在权力寻租行为。以中国储备粮管理集团公司为代表的国有粮食企业，本身也面临着政策性要求与自身盈利性需求不能相互统一的难题。一些权力寻租行为，如收粮售粮中"踢斗淋尖"、压级压价行为屡见不鲜，屡禁不止。这些现象既败坏了社会风气与政府形象，又对群众的经营活动造成了极大不便，不利于小麦流通环节的顺畅有序运行。

（四）大型粮食加工企业向高端产品转型动力不足

面粉加工业整体上供应过剩，销售市场不景气，但一些大型加工企业迎合消费者需求转变产品结构的动力却不充足。他们多选择强化现有优势，通过做大体量，提升"大路货"产品市场占有份额来生存竞争。调研中发现，河北金沙河集团面粉加工能力目前全国排名第六，市场占有量达到13%，是国家农业产业化龙头企业。该企业现正实施产能倍增计划，若2018年新生产线投产，日处理小麦能力可达2万吨，面粉市场占有率将扩张至26%。河北五得利集团同为面粉加工业巨擘，目前全国市场占有量约为1080万吨，占到市场规模总量的八分之一以上，坚持做大传统中筋面粉产品，积极扩大传统产品市场份额，最大限度实现薄利多销。五得利、金沙河等加工企业的快速兼并扩张，是企业结合自身优势，最大限度追求经济效益的理性选择，对于加速面粉行业的技术升级与装备现代化具有积极提振作用。但客观上也加剧了过剩产能，加深了市场的垄断程度，提高了市场自由进入门槛，降低了市场竞争性，对于市场机制发挥正常作用具有不利影响。此外，大企业固守传统产品阵地，通过提高抢占市场占有率进而保开工率，在研发新产品与迎合消费者多样性个性化需求的动力不足，这无疑将会加剧供给侧结构性矛盾。行业整合压缩了规模较小的民营企业生存空间，中小企业放弃主业转向粮食贸易，反过来加剧了粮食流通领域的竞争。

二、农业供给侧问题产生的原因

农业供给侧问题既有我国农业底子薄，农产品产业竞争力差，拼环境、拼资源的生产方式不可持续等现实原因，也有市场经济体制不够完善

推进农业供给侧结构性改革

等生产关系层面的因素。矛盾产生的原因与表象相互叠加转化，且互为因果，矛盾的复杂性决定了很多看似的原因，实际上却是更深层次原因带来的必然。应从人们的观念、理念与认识的角度，探讨农业供给侧结构性矛盾的深层次影响因素。

一方面，观念层面人们需正视我国农业生产资源不足、农业劳动生产率水平低、弱质性特征显著的现状，认识到目前的矛盾问题是我国农业竞争力不足的体现。农业的弱质性是东亚地区小农社会的共性特征，我国也并不例外。长期以来，政策上注重农业数量的提高是立足于我国人多地少，人均占有农业资源少的现实情况所做出的合理选择。从实践来看，农业现代化进一步发展需以依靠城镇化、工业化形成的有力带动；农村居民的致富增收应在农业之外，农业自身实现农民增收不应成为大多数农民的主要增收途径；农民通过城乡转移，促使身份由农民转变为市民，在城镇化与工业化的发展过程中实现非农收入提高。在农业中人地比例关系整体上得到改善的基础上，农业中劳均占有生产资料与技术装备水平显著上升，农业劳动生产率水平才能提高，实现以工促农，这应是农业现代化在未来一个时期的思路。这一思路注定农业现代化不是孤立的问题，需纳入经济发展的全局统筹考虑，结合考量城镇化与工业化进程以及国民经济发展的整体状况。应意识到摆脱农业的弱质性地位，改变基本国情，实现农业现代化将是一个较长期的历史过程。

另一方面，理念层面人们对于市场经济理解不够到位，造成政策的推动实施没有顺应市场机制的自身规律。农业供给侧出现结构性问题，究其本质在于不适当的经济干预政策导致市场信号失灵，引发农业资源不能被引导至满足消费者真实需要的生产活动中。因此，只有通过发挥市场机制本来作用，把经济效率搞活，才能从根本上解决目前产需结构失调的问题。

从市场经济的理解上来看，市场经济应是个人间形成专业化分工的一个社会制度。在市场上尽管每个人皆为谋求私利而行动，然而要在市场中牟利，只有以满足他人的需要为目标。市场将个人引领到能够最佳服务别人需求的领域之中，是一种自发自愿性的诱导。一个人生产他人迫切所需的东西，要比生产仅自认为有价值的东西，可以赚到更多的钱。强制与干预是政府行为的重要特征，对于市场发挥有效作用是必要的，但政府本身不是自愿性市场关系的组成部分。因此，市场不是一处场所或事物，而是一个过程。在任何时候，市场状态表现为所有商品及服务的各种价格。这些不断变化的价格引导个人行为，并调整他们的行为，以便在劳动分工中更好地服务彼此。

对于市场经济理念认识不清，导致我们对农业支持方式不科学，不当的价格干预政策造成了市场混乱。在粮食生产中，无论是价格保护政策还是直接补贴政策，均没有起到支持积极转型的新型经营主体，提升农业生产能力的作用。却成为一种普惠制的综合补贴，扭曲了市场信号，阻碍了农业产业的自发转型调整。最低收购价政策出台时，政策出发点无疑是好的，但经过多年实践却违背了初衷，原因值得深思。从2004年开始，国家陆续规定稻谷、小麦等主要粮食作物的最低收购价格，当市场价低于某一最低价时，由国家指定的粮食企业以最低价进行收购，稳定市场价格。政策目标在于稳定农户收益预期，保护农民种粮积极性。这样来看，政府收购价格应低于市场价格，不启动是常态。但由于种种原因，本来临时的储备政策与最低收购价格，转变成了常态化的收购政策与最高收购价格。从客观结果上看，现行的政策执行方式本质上仍是国家拿出财政资金统一加价收购，是以破坏市场价格机制为代价，对生产者进行低效率补贴。这样的方式改变了市场主体预期，形成了中间商围绕套取政府财政为目标的行为取向，伤害市场资源配置效率。"价补一体"即"价补不分"，养活了那些市场不需要的落后过剩的农业产能，养懒了本要城乡转移自食其力的农民，养肥了围着财政的多种市场投机客。政策背后是我们对于市场经济的理解不够深刻，没有利用好市场实现资源有效配置，提高经济效率。

三、对于深化农业供给侧结构性改革的思考

农业供给侧改革的切入点在于深入推进市场化改革，落脚点在于处理好市场与政府的关系。无论从经济理论还是历史实践经验来看，高度集权的计划经济体制与高度放任的市场经济体制都是没有出路的。完全的计划

经济制度下，经济核算难与激励效果差造成要素配置缺乏效率；放任的市场经济体制多建立在财产私有制基础上，易导致社会贫富两极分化，严重动摇社会平稳秩序。目前，混合经济体制是世界上主要经济体选择的经济制度形态，我国社会主义市场经济体制也具有典型的混合经济特征。在混合经济的条件下，中国的市场化不应是片面地放任自由化，而应是顺应本国国情，在政府干预主导下的有序市场化。政策制定者们需要正确认识市场经济的本质，主动有为地处理好政府干预与市场自发运行的关系。笔者认为应从以下三个方面对于政府与市场的关系加以把握：

一是发展的事情交给市场，稳定的事情交给政府。处理好市场与政府的关系，既要了解市场也要了解政府。政府的运行依靠从下至上收缩集中的科层结构，长于稳定而缺乏灵活，因地制宜与随机应变是短板。保持经济、社会的稳定、公平、有序是政府优势所在，组织推动经济发展非其长项。改革开放近40年，是经济发展的40年，是市场化的40年，也是经济发展中体制内不断让位于体制外的40年。经济发展要依靠市场，依靠企业、新型经营主体，把经济交给懂经济的人去做，要通过市场与价格机制组织经营生产提高效率。要进行增量改革，努力把经济的盘子做大，创造出更多的价值。要通过增量改革来缓解存量改革引发的痛苦与困难，增加改革的容错率。

二是政府应致力做好市场经济活动的规则制订者与维护者，做好市场经济的服务者与裁判员。政府的经济职责应包括制定自由竞争的运行规则，维护公平竞争的市场秩序，保障自由的市场准入退出，打破各种形式垄断，提供公共产品与服务，创造诚实守信的经济活动氛围。政府在经济中的作用应该是弥补市场机制的短板，而不是裁判员下场踢球与运动员竞争。不适当的经济干预政策，客观上会导致与民争利的现象发生。政府经济职能的问题是政府的经济管理需要与市场的竞争活力需要之间的矛盾所在。解决问题的前提是政府自身要对行政干预、市场机制的本质有足够深刻的理解与认识。

三是政府要敢于通过"不为"而"有为"。政府对于经济不适当的干预还不如不干预。不当的干预会导致市场主体行为围绕政府行为展开，扭曲了价格自发配置资源的机制，导致了资源浪费与无效率配置，这一困境在 2016 年小麦流通领域表现得尤为突出。在经济环境进入新常态后，相比产业政策或反周期调控手段，政府要更加注重市场良性运行规则的制定与维护。在发展改革的问题上，政府要敢于"不作为"，通过市场机制的自身运行规律，淘汰掉不能满足社会需求的落后无效率产能，将经济资源调整配置到消费者需要且有生产效率的产业上。

四、对于深化粮食产业供给侧结构改革的建议

从市场经济理念、政府与市场关系认识的一般性基础之上，联系农业发展特别是粮食产业现状，对于农业供给侧改革形成了以下几个方面的思路建议。

首先，各级农业部门需深刻转变粮食安全的理念，将提质增效作为检验农业发展成绩的衡量标准。我国农业生产要素禀赋缺乏比较优势，导致国内初级农产品在国际市场上竞争力不足，这是应加以正视的基本事实。牢固树立藏粮于地、藏粮于技的粮食安全观，通过推动技术进步，夯实生产潜力，做到在需要的条件下，可以及时将农业生产资源调整到生产粮食上来，以此满足食物安全的战略要求，采取这样的粮食安全策略完全符合我国农业的实际情况与需要。强化优势产区与非优势产区的分工，加强主产区战略，将保障粮食安全的战略任务落实到主产区；对于非主产区应进一步培育要素与产品市场，发挥好市场机制在农业资源要素配置中的决定作用，以市场为导向实现粮食产业的提质增效，从而将粮食安全对于数量安全与质量安全的要求统一起来。

其次，要通过推动粮食流通领域市场化改革，带动实现粮食产业供给侧结构性改革。粮食安全的任务，应通过夯实藏粮于地、藏粮于技的生产潜力加以实现。而粮食销售流通环节本身与市场联系紧密，目前看来仍存在一些问题，是市场化改革进一步深化的难点与突破口。确保粮食安全，不应通过流通领域"价补一体"的方式，以牺牲市场配置资源的效率为代价。应理顺市场关系，有条件地放开粮食市场价格，从而更好地发挥市场机制作用。通过正常的价格波动，引导农民将粮食供给调整到满足下游加工需求，受消费者欢迎的产品生产上来。政府的干预行为应围绕如何深化流通领域市场化，进而引领农业的供给侧发生结构性转变。

最后，通过产业化与品牌化经营，大力推动以粮食为代表的原料农产品生产的优质化、专用化发展。以小麦产业为例，市场对于小麦品种品质需求出现分化，加工业发展对于优质专用小麦需求越来越大。在经济新常态背景下，食品加工产业多处于产品转型时期，即由传统的馒头、面条等主食生产，转向面包饼干生产，带动了面粉加工企业对于中筋面粉需求减小，高筋、低筋专用小麦的需求不断加大，进而传导至优普、普专小麦价格与市场产生分化。这对于小麦生产领域的结构调整既是契机又是动力。既要大力推进小麦品质提升，引导各级农业部门由追求单纯数量上升向品质提高方面转变，又要大力发展专用小麦种植，引导农户以产定销、以需定销，生产农产品加工业急需的优质专用小麦品种，以此改变供需结构失衡与国内外价格倒挂的局面。从"优"与"专"两个方面入手，实现小麦"优质优价"，夯实种粮农民增产增收的基础。要发挥大型龙头企业在供给侧结构性改革中的引领带头作用，以激发大企业转型升级为契机，引导小麦生产环节的优质化、专用化市场化转型。

农业供给侧结构性改革背景下我国渔业结构现状及调整方向

周洪霞 陈 洁

一、引言

渔业是指"人类利用水域中生物的物质转化功能,通过捕捞、养殖和加工,以取得水产品的社会产业部门",是大农业的重要组成部分。渔业资源依赖型产业,特别是海洋捕捞业严重依赖野生生物资源和自然生态环境,同时,渔业资源被认定为公有资源,加上涉外性大、海域界限不清等因素,需要采取许多干预措施,渔业生产是一项高风险、高投入的行业,被世界公认为是风险最大、从业人员死亡率最高的产业之一,尤其是海洋捕捞业[①]。我国是世界上最大的渔业生产国,也是世界上唯一的水产养殖产量高于捕捞产量的国家。截至2016年我国水产品产量已连续26年居世界第一,占全球水产品产量的1/3以上,为城乡居民膳食营养提供了1/4的优质动物蛋白,渔业已成为我国国民经济不可或缺的一个重要组成部分。

产业结构的不断调整、优化和升级是国民经济持续健康稳定发展的重

---

① 杨培举:"60万艘渔船安全状况堪忧",《中国船检》2006年第1期。

要保证，经济的持续快速增长也往往与产业结构的适时调整相伴而生。渔业经济亦是如此。然而，近年来，在我国渔业经济持续稳定发展的同时，渔业资源衰退、水域环境恶化、发展方式粗放、产业化水平低、技术装备落后等问题日益严峻。在经济新常态背景下，水产品供给总量充足但结构不合理，部分水产品相对过剩，高品质、高附加值产品供给不足，渔业发展不平衡的问题日益突出，渔业供给侧结构性改革迫在眉睫。如何进一步优化渔业产业结构，加快转变发展方式，提升渔业发展质量，是需要迫切研究解决的问题。

在推进农业供给侧结构性改革的背景下，本文针对当前我国渔业发展中出现的水产品供给总量充足但结构不合理、部分水产品相对过剩、高品质和高附加值产品供给不足等问题，从供给侧角度对渔业产业结构现状进行分析，针对存在的问题提出政策建议，对经济新常态下渔业持续健康发展提供借鉴参考。

二、我国渔业结构的现状与特征

多年来，围绕渔业增效、渔民增收，我国渔业坚持以发展水产养殖业为重点，严格控制捕捞，开拓远洋渔业，深化水产品加工业，促进休闲渔业、生态渔业等高效益渔业发展，渔业产业结构日趋优化。

（一）渔业产业结构现状

1. 海洋捕捞强度下降，水产养殖发展较快。改革开放以来，受宏观政策调控影响，我国水产养殖业发展迅速，海洋捕捞强度明显下降。如表1所示，1999—2015年间，我国海水养殖面积由74.72万公顷扩张至231.78万公顷，增长2倍多；淡水养殖面积由374.11万公顷扩张至614.72万公顷，增长64.32%。就产量而言，海水养殖由1999年的851.9万吨增加到2015年的1875.6万吨，增长120.17%，占水产品总产量的比重由23.86%上升到28%；淡水养殖由1226.9万吨增加到3062.3万吨，增长149.59%，占水产品总产量的比重由34.37%提高到45.71%。可见，水产养殖业增长迅猛，且尤以淡水养殖的效率为更高。与水产养殖业相比，我国水产捕捞业发展相对缓慢，捕捞强度明显下降，其中，海洋捕捞产量由1999年的1203.46万吨下降至2004年的1108.08万吨，近几年捕捞规模有所上升，2015年增加到1314.78万吨，但其产量比重却不断下降，由1999年的33.71%下降到2015年的19.62%。总体上，水产养殖业已成为我国渔业发展的主要增长点。

表1　　　　1999—2015年我国渔业捕捞、渔业养殖概况

年份	总产量（万吨）	海洋捕捞占比（%）	海水养殖占比（%）	淡水养殖占比（%）	海养面积（万公顷）	淡养面积（万公顷）
1999	3570.15	33.71	23.86	34.37	74.72	374.11
2000	3706.23	32.09	25.04	35.32	86.47	380.07
2004	4246.57	26.09	27.11	38.44	115.43	408.39
2008	4895.60	23.48	27.38	42.33	157.89	497.10
2012	5907.68	21.45	27.82	44.76	218.09	590.75
2013	6172.00	20.49	28.18	45.41	231.56	600.61
2014	6461.52	19.82	28.05	45.43	230.55	608.09
2015	6699.64	19.62	28.00	45.71	231.78	614.72

数据来源：《中国渔业统计年鉴》（2000—2016年）①。

2. 特色养殖发展迅速，养殖方式不断优化。随着市场经济迅速发展和消费水平不断提升，国内消费需求趋于差异化、多样化，对高质量水产品需求日趋增加，对水产品由季节性需求转变为常年需求。在此背景下，我国水产养殖品种也日趋多元化，大宗常规品种稳定发展的同时各类名特优新品种发展迅速，养殖结构逐步由过去传统的青鱼、草鱼、鲢、鳙、鲤、鲫等大宗品种养殖向鲶鱼、鲴鱼、黄颡鱼、鲑鱼、鳟鱼、河豚、池沼公鱼、团头鲂、鳜鱼、虹鳟、丁桂鱼、胭脂鱼等经济价值高的特色品种养殖发展。伴随养殖技术的发展，水产养殖方式也在不断优化，继池塘养殖

---

① 2006年第二次全国农业普查结束后，按照国家统计局要求，农业部对2006年渔业统计数据进行了调整和重新核定。以此为基础，参考渔业统计年报中各年度间的增减比例，对1999—2006年相应数据进行了调整，本表中的数据为调整后数据。

模式成为最主要的淡水养殖方式以来，水库、湖泊、河沟、网箱等其他养殖方式也在不断发展，2016年我国淡水养殖总面积已发展到6179.62千公顷，池塘、湖泊、水库、河沟面积分别占到44.71%、16.03%、32.54%和4.33%。近年来面临市场对绿色、健康水产品的需求不断提升，健康养殖模式成为水产养殖发展的重点，各地大都以"生态、健康、绿色、高效、集约"等为目标对老旧池塘进行标准化改造，开展湖泊水库的生态修复，以推进水产健康养殖。以湖北省为例，全省水产养殖结构由传统四大家鱼向小龙虾、河蟹、鳝鱼等特色养殖转变，形成了仙桃市黄鳝、京山县龟鳖、洪湖市河蟹等全国著名的水产特色品种。养殖模式不断优化，涌现出了公安县甲鱼黄颡鱼套养"18221"（1亩池塘产出800斤（400公斤）黄颡鱼、200斤（100公斤）甲鱼，2万元产值、1万元纯利润的高效生态养殖模式）、仙桃市河蟹"3+5"等一批高效技术模式，2016年新发展"稻虾共作"、"香稻嘉鱼"、"鳖虾鱼稻共作"、"稻鳅共作"等稻田生态高效种养面积79.89万亩，总面积已突破381.18万亩。

3. 水产加工发展迅猛，渔业船舶增长缓慢。作为渔业第二产业的重要组成部分，水产品加工业近年来发展迅速，成为推动渔业发展的重要动力。如表2所示，1999—2015年，水产品加工企业从6443个增加到9892个，水产品加工能力从1127.10万吨/年提高到2810.33万吨/年，增长了149.34%；水产加工品总产量从624.170万吨增加到2092.310万吨，增长了235.21%；规模以上企业数由2008年的2428个增加到2015年的2753个，增加了13.39%。水产品加工快速发展的同时也存在着加工比例低、加工能力闲置等问题：2015年水产加工品总量占水产品总产量的比例不足三分之一（31.23%），尤其是占我国水产品总产量49.1%的淡水水产品，加工比例更低，仅为11.4%，大部分产品只能鲜销；水产品加工能力闲置量从1999年的502.93万吨增加到2015年的718.01万吨。

渔船是渔业特别是捕捞业的重要生产资料。改革开放以来，我国船舶业由原来封闭的军工业向民用业转变，船舶业发展迅速，但与快速发展的船舶业不相称的是渔业船舶发展缓慢。据统计，1999—2015年间我国渔船总数仅增长5.35%，总吨位增长38.88%，渔船平均吨位增长31.83%，

表 2　　　　　　　1999—2015 年我国水产品加工业发展概况

年份	水产品加工企业数（个）	规模以上加工企业数（个）	水产品加工能力（万吨/年）	水产品加工品总产量（万吨）	水产品加工能力闲置量（万吨）
1999	6443	/	1127.10	624.17	502.93
2000	6922	/	933.85	651.52	282.33
2004	8745	/	1426.63	1031.99	394.64
2008	9971	2428	2197.48	1367.76	829.72
2012	9706	2737	2638.04	1907.39	730.65
2013	9774	2750	2745.31	1954.02	791.29
2014	9663	2749	2847.24	2053.16	794.08
2015	9892	2753	2810.33	2092.31	718.01

数据来源：《中国渔业统计年鉴》（2000—2016 年）。

注：水产品加工能力闲置量为笔者计算所得。

这可能与政府加强海洋渔船管理、控制海洋捕捞强度及利用渔船检验、渔船登记、捕捞许可证发放等手段控制捕捞渔船盲目增长有关。

4. 水产品流通体系形成，休闲渔业发展潜力巨大。随着市场经济的发展，我国水产品流通体系逐步形成：批发交易市场发展迅速，零售市场日益活跃，终端销售火热，农村水产品市场进一步发育。作为第三产业中的新兴产业，休闲渔业的发展也为渔业经济注入新活力。据统计数据显示，2003—2015 年间，水产养殖业、水产品加工业及捕捞业产值始终在渔业产值中占优势地位，而休闲渔业发展缓慢，尤其是在 2005 年前其年产值都不到 100 亿元，不及同年水产养殖业产值的 1/30；虽然总体规模小，但休闲渔业发展速度非常快，2003—2015 年间其产值从 54.11 亿元增至 489.27 亿元，增长了 7 倍多。作为一种新兴产业，休闲渔业发展势头非常强劲、潜力巨大，且发展休闲渔业有助于优化渔业结构、转变发展方式，还能为渔民提供更多工作岗位，在增加渔民收入、促进地区经济增长等方面作用重大。如重庆市已建起 13 家全国休闲渔业示范基地，全市休闲渔业基地 1.15 万个，仅 2014 年休闲渔业就吸引消费者 327 万余人次，经营收入超过 15 亿元，占重庆市渔业产值的 14.86%[①]。近年来在各

---

① http://www.farmer.com.cn/jjpd/yy/scyz/201607/t20160718_1225814.htm。

地不断推广的稻渔综合种养新技术模式，带动了渔业第一、第二、第三产业的融合发展，并成为各地乡村旅游的一大热点。浙江青田传统稻鱼共生农业系统、贵州从江侗乡稻鱼鸭共生系统被列入全球重要农业文化遗产，带动了当地旅游业的发展。

（二）渔业产业结构变动

在我国渔业经济稳步发展的同时，渔业产业结构不断调整。如图1所示，渔业第一产业在渔业总产值中的比重不断下降，第二、第三产业尤其是第三产业产值比重迅速上升。1999—2015年间，第一产业比重从70.61%下降到51.45%，降低了19.16个百分点；第二、第三产业比重从19.13%、10.26%上升到23.14%、25.41%，分别提高4.01个、15.15个百分点。虽然第一产业比重逐年下降，但在渔业经济中仍占主导地位，如2015年第一产业比重为51.45%，第二、第三产业仅为23.14%、25.41%，远低于第一产业。我国渔业结构仍处于"一三二"的初级发展阶段，第一产业比重远超第二、第三产业，渔业结构仍需进一步调整升级。

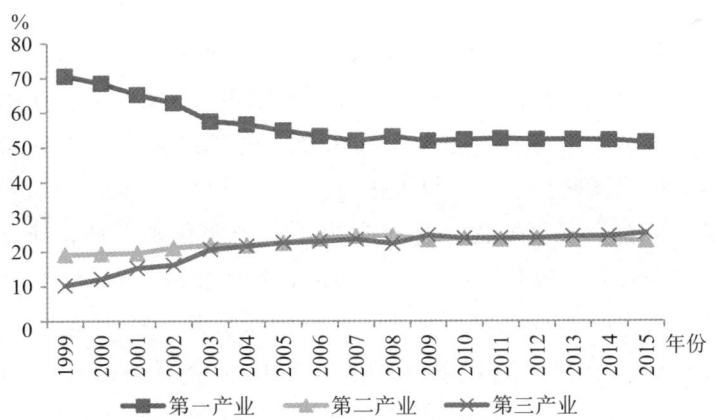

图1　1999—2015年我国渔业第一、第二、第三产业产值比重

数据来源：《中国渔业统计年鉴》（2000—2016）。

三、渔业结构存在的问题

纵观多年来我国渔业发展历程可以发现，渔业现代化历程也是渔业结构不断调整的过程，结构调整是推动渔业发展的强大动力。我国渔业结构调整取得显著成效的同时，仍存在着一些深层次的结构性问题，制约着渔业的可持续发展。

（一）产业结构层次较低，第二、第三产业发展滞后

我国渔业发展总体上还是建立在规模扩张和大量消耗自然资源的粗放式生产经营方式上，渔业经济总产值大部分是由科技含量较低的第一产业创造；水产品精深加工和产业化水平较低，高附加值产品少，大多数水产品停留在冷冻、冰鲜等初加工水平；第三产业发展滞后，与渔业生产相关的休闲、旅游、观赏、垂钓、娱乐等高标准服务业潜力尚未充分发挥。2015年，我国渔业第一、第二、第三产业产值比例为51.45:23.14:25.41，第一产业产值比重远远超过第二、第三产业，可见我国渔业经济仍然以第一产业为主，经济附加值更高的第二、第三产业的规模尚小、发展滞后。

（二）特色养殖投入不足，支撑服务体系不健全

相比大宗养殖品种，特色养殖品种种类繁多、特点不同，养殖成本相对较高，对技术需求也高，整体上，国家对特色品种养殖的扶持力度不足，特别是在政策倾斜、资金投入等方面支持不足。目前，各地特色水产养殖大多处于自发发展状态，生产规模小，产业化水平低，缺乏龙头企业，加工发展滞后，没有形成完整的特色养殖产业链条。而且，各地基本没有围绕特色水产养殖业建立产学研合作创新机制，特别是对良种繁育、疫病防控、标准化生产、产品深加工、质量安全等关键技术的研发很滞后。

（三）水域污染严重，渔业资源衰退

随着我国工农业的迅速发展，工厂排污、生活污水、农用药等使得沿

海、河道等地水域环境受到破坏，再加上水产养殖造成的水域污染，使得渔业水域环境受到严重破坏。据《中国渔业生态环境公报》显示，虽然近年来我国渔业水域污染事故发生次数有所降低，但带来的经济损失依然不可低估，2015 年我国渔业水域污染事故发生 79 次，导致直接经济损失高达 1.64 亿元。水域污染导致部分近海鱼类的产卵场及养殖水域受到破坏，影响鱼类繁殖能力，近海渔业资源出现衰退。虽然我国采取多种措施控制捕捞强度、保护渔业资源，但各种非法捕捞现象时有发生，而且现有捕捞方式、结构也存在许多不合理之处，进一步加剧渔业资源的衰退，如广泛使用的底拖网选择性差，网具上拖曳的重物对底栖生态有明显的破坏作用[1]。

（四）组织化程度低，国际竞争力不强

我国渔业生产中零星作业、分散经营现象大量存在，特别是淡水养殖大多是小规模渔户，这种分散经营、缺乏组织化的生产经营方式存在诸多弊端，如大多渔民市场意识、科技意识和质量意识较差，对新品种、新技术的推广应用认识不够，缺乏独立应对市场需求变化的能力，易导致水产品品种单一、结构趋同，渔业投入品使用不规范，水产品质量安全问题也较为突出，难以适应市场需求变化。同时，分散经营不利于合作社、协会等经济共同体的形成，阻碍产业结构优化升级，影响产业竞争力提升，制约着渔业产业化发展。此外，水产品进出口的组织化程度较低，由于缺乏对国际水产品市场的调研，企业出口产品大多以粗加工、低技术含量、低附加值为主，品牌、名牌产品少，国际竞争力低。

（五）科技创新不足，技术装备落后

受部门分割、体制障碍、产业规模等因素影响，渔业政策在农业政策制定中得不到足够重视，政府对渔业经济的投入不足，政策扶持力度不够，特别是在科研资金投入方面。由于缺乏持续、稳定的科研资金投入，

---

[1] http://news.qq.com/cross/20161114/V59I7L2P.html#3。

渔业发展缺乏强大的科技支撑，致使渔业经济技术含量低，渔业资源开发利用不充分，渔业发展缺乏后劲。同时，渔业发展的基础设施、技术培训、机械化、信息化等方面资金投入不足，渔船老旧高耗能，渔民综合素质不高，养殖机械化水平低，渔业信息化建设落后等等，影响渔业经济可持续发展。

四、渔业结构调整的对策建议

渔业结构调整是一项长期复杂的系统工程，涉及国家宏观政策调整、资源环境保护、科技支撑、人才发展等方方面面。为此，要以"创新、协调、绿色、开放、共享"五大发展理念为引领，坚持"提质增效、减量增收、绿色发展、富裕渔民"，以供给侧结构性改革为着力点，不断调整优化渔业结构。

（一）合理调整渔业三产结构

以市场需求为导向，结合渔业发展规律，促进第一、第二、第三产业融合发展，推动渔业结构不断优化。首先，控制捕捞强度，调整水产养殖结构。采取多种措施压缩捕捞规模，改进捕捞方式，完善伏季休渔、禁渔制度，引导捕捞渔民转产转业；创新养殖方式，推广健康、绿色、高效养殖，开发推广适销优质高端品种，调减结构性过剩的大宗品种，提高渔业供给结构对市场需求的适应能力。其次，发展水产品精深加工，提升水产品附加值。以科技为主导，引进先进技术，加强技术研发，实行"产学研"结合，开发新产品、新技术、新工艺，提高水产品附加值；加大对水产加工企业扶持力度，推动水产加工向集约化、规模化和高附加值方向发展，培育一批具有国际竞争力的水产企业。最后，大力发展休闲渔业。重点发展集观赏、垂钓、旅游、商务、娱乐、休闲度假为一体的休闲渔业，将其作为渔业供给侧结构性改革的重要抓手，拓展渔业多种功能、发展渔业新型业态，提升渔业效益。

（二）大力推广特色水产养殖

在经济发展新常态背景下，随着渔业现代化进程加快以及人民消费水平提高，发展特色水产养殖显得越来越迫切。为此，首先，要加强扶持引导。各地政府应因地制宜制定特色水产养殖发展专题规划，树立特色水产养殖典型，进行示范推广，鼓励和引导养殖户和企业加大对特色养殖的投入。其次，加强特色养殖硬件基础设施建设。加大特色养殖基础设施、加工流通设施等建设的投入，对特色品种的标准化养殖进行补贴，不断提高特色水产养殖业的设施设备建设水平。再次，强化科技创新。强化与各大科研院校的产学研合作，加强特色水产品品种繁育、深加工、药物开发等关键技术研究，增加产品科技含量，同时强化科技培训，加强对养殖者的技术指导。最后，加大宣传力度。通过水产技术推广站、合作社、协会等多渠道对地区特色养殖品种进行宣传推广，培育强大消费群体的同时，扩大地区特色养殖品种的知名度，打造地区特色水产品牌。

（三）不断加强渔业资源环境保护

坚持生态优先，注重渔业资源环境保护，实施可持续发展战略。坚决贯彻落实海洋捕捞产量"零增长"方针，开展渔业生物资源增殖放流活动，实现渔业资源的可持续利用；建立完善海洋渔业资源有偿使用制度，对使用者征收资源消耗补偿金，实现渔业资源的资产化管理。认真落实《中华人民共和国海洋环境保护法》《中华人民共和国渔业法》等法律法规，建立健全渔业生态环境保护的政策系统；建立环境监测网络，加强对渔业水域生态环境有影响的活动的实时监测，防止污染事故发生；建立环境污染补偿制度，征收环境保护税，遏制渔业生态环境污染。

（四）加快发展渔业产业化经营

产业化经营是推动渔业发展的重要途径，也是转变渔业增长方式、优化渔业结构的迫切要求。为此，要注重扶持和培育一批龙头企业、养殖专业公司等新型经营主体，加强渔业生产、加工、流通、休闲、服务等各个环节的衔接，延长产业链条，提高各环节的规模化、组织化水平。引导和鼓励渔民、渔场创建渔民专业合作社，大力推进渔业中介组织建设，引导民间组织、行业协会发挥其桥梁和纽带作用，协调政府与企业间关系，在信息、技术、贸易、投资、人才等方面给予企业指导和服务，推动企业规模经营。此外，加强对渔民的引导，鼓励其自觉参与渔业产业化进程。

（五）积极推进渔业科技创新

技术进步是促进渔业结构优化升级的重要支撑，应不断提高渔业的科技创新能力。坚持科技兴渔，加快建设以企业为主体、市场为导向、产学研相结合的技术创新体系，推动科技成果向现实生产力快速转化。以渔业发展需求为导向，围绕良种培育、病害防治、健康绿色养殖、机械化养殖等重点领域进行科技攻关，推动名特优新养殖新品种和新技术的示范推广。发展"互联网+"，加快推动"互联网+"与渔业产业的融合，利用互联网、大数据、人工智能等技术对传统渔业进行改造。加强渔业人才队伍建设，注重培养和引进渔业高层次创新型科技人才，加快建设渔业专业技术人才队伍建设，鼓励和引导科技人才为渔业发展作贡献。

参考文献

[1] 卢秀荣："依靠技术进步，促进渔业产业结构的升级"，《河北渔业》2001年第2期。

[2] 杨林："资源与环境约束下中国渔业产业结构调整研究"，《农村经济》2004年第8期。

[3] 周应恒、卢凌霄、吕超："美日渔业结构政策对中国的启示"，《中国渔业经济》2007年第4期。

[4] 苏昕："中国渔业产业结构的协调性研究"，《农业经济问题》2009年第5期。

[5] 闫芳芳、平瑛："消费需求变化视角下的产业结构优化——以中国渔业为例"，《中国农学通报》2012年第11期。

［6］方平："科技创新对我国渔业结构调整的作用机制研究",中国地质大学毕业论文,2011 年。

［7］湖日:"湖北渔业转型成强势产业",《中国渔业报》,2016 年 2 月 29 日。

［8］孟庆武:"中国渔业内部产业结构演进分析及调整对策",《东岳论丛》2015 年第 5 期。

［9］李大良、史磊、戴美艳:"我国渔业产业结构优化研究",《中国渔业经济》2009 年第 4 期。

［10］吴隆杰、杨林:"从制度视角看中国渔业产业结构调整",《渔业经济研究》2005 年第 1 期。

劳动力结构老化对粮食生产的影响[*]

刘景景

一、老龄化影响农业生产的研究争议

随着经济发展和社会进步,人口老龄化已成为困扰许多国家的经济和社会问题。进入21世纪,我国也开始面临人口老龄化问题,相比城镇人口老龄化而言,农村人口老龄化更加严重,"老人农业"已成为中国农业的典型特征之一。伴随着经济增长和劳动力市场的不断完善,大量年轻农民放弃祖祖辈辈赖以生存的土地,向城市和非农产业转移,选择继续留在农村从事生产劳动的大多是中老年人,这也进一步加剧了我国农村人口年龄结构的老化。

目前很多学者围绕老龄化对农业生产及其发展的影响进行了研究,但研究结论却大相径庭。李旻等[1]、陈锡文等[2]的研究表明,劳动力的非农转移及人口老龄化减少了农业从业人员的比例,对农业增长、发展产生了负面影响,农业劳动力老龄化在一定程度上制约了现代农业的推进[3-5]。一些学者认为,劳动力年龄结构老化迫使部分地区的农业生产结构进行了倒退性调整,部分老龄劳动力生产粮食主要用于自食,农业生产

---

[*] 项目来源:农业部农村经济研究中心青年研究基金"老人农业现象及对农业发展的影响"(编号:2014QN06)和国家产业技术体系(CARS-46-25)。

又回归到改革开放前低投入、低产出的小农经济模式,劳动力老龄化已危及我国粮食安全[6-7],老龄化也折射了农村生产方式的转变[8]。胡雪枝等[9]的分析结果则表明,老年农户与年轻农户在种植决策、要素投入及单产上并没有太大差别,老龄化也没有对粮食生产形成显著的负面效应。杨俊等[10]证明了劳动力年龄对耕地利用效率有"倒U型"影响。林本喜等[11]的研究表明,劳动力年龄对土地利用效率的影响并不显著。在生产效率和效益的分析上,老龄化的影响也是不确定的,现有学者的讨论结论并不一致。例如,彭代彦等[12-13]的研究结论认为,农业机械的使用和普及弥补了老龄劳动力体力上的不足,从而使农村劳动力老龄化水平的提高不仅没有降低,反而在一定程度上表现出提高了粮食生产技术效率。但这与徐娜等[14]、何凌霄等[15]人的研究结论不符。他们的研究证实,老龄农户主要生产要素的边际产值、耕种面积以及其他各生产要素的投入水平均低于非老龄户,老龄化对家庭农业经营呈现显著的负向影响。博克曼(Boockmann)[16]指出,技术进步越快,青年和老年劳动力之间的人力资本差异越大,劳动力的平均替代弹性越小。袁蓓[17]也证实,各个年龄段的劳动力不可完全替代,彼此间的替代弹性越小,老龄化对劳动生产率的影响就越大。总之,在农业劳动力老龄化对农业生产的影响上,学术界并未达成共识。既有持"阻碍"论的,也有认为影响不大或没影响的,贺雪峰甚至提出"老人农业有效率"的观点。

人口老龄化必然导致劳动力质量下降,但其是否影响农业生产,是本文关注的核心问题。我国粮食产量"十二连增"的事实让人直观感觉老龄化并没有影响农业产出,随着农业机械化水平提高和社会化服务水平提升,老龄化造成的不利影响似乎也在不断减弱,但这种判断是基于全国层面得出的,老龄化的影响很可能被不同地区的复杂情况所平衡。毕竟我国不同地区间经济发展水平差异巨大,老龄化程度也不同,务农需求对于老年劳动力不管从经济上还是精神上的重要性都是不同的,其对农业发展的影响也必然表现出差异。杨长福等[18]指出,老龄化实际在增大区域间农业发展水平的差距。老龄化对粮食生产的影响如何,仍需要进一步探讨和验证。

二、农户劳动力年龄划分

对于劳动力年龄的界定,国际国内有一些不同说法。国际劳工组织将 45 岁以上的劳动力归为老年劳动力,而国家统计局将劳动力分为整劳动力和半劳动力,不论哪种分段,对规律性结论的发现并无影响。本文将 16 周岁(含)以上,在农村从事第一产业的劳动力均列入统计,对老年劳动力则界定在 50 周岁以上。虽然在生理学意义上,50 岁尚还年轻,但这并不影响本文的研究结论。本文同样选择了以 60 岁作为区分的临界点来验证结论的稳健性,发现无论选择 50 岁还是 60 岁作为临界点,研究结论并无改变①。

研究所用数据为全国农村固定观察点 2003—2011 年的农户数据。全国农村固定观察点调查样本覆盖全国 31 个省(区、市)的 300 多个村、20000 多个农户,这里主要分析小麦、水稻、玉米、大豆四类作物。目前我国老龄人口近六成分布在农村,农村人口老龄化直接关系农业劳动力素质和从业能力,关乎我国农业未来。为了说明"老人农业"现象,本文首先统计了全国农村固定观察点农户中主要从事第一产业(农林牧渔业)的劳动力年龄分布情况(见表 1 和表 2):2011 年 51—60 岁和 60 岁以上农业劳动力的比重已经分别上升至 29.4% 和 21.4%,50 岁以上农业劳动力占比超过 50%。2011 年农业劳动力的平均年龄为 49.4 岁,较 2003 年增加了约 4.5 岁,农业劳动力结构正日趋老化。

表 1　　　　　　　　农业劳动力年龄分布比例　　　　　　　　单位:%

年份	2003	2004	2005	2006	2007	2008	2009	2010	2011
16—20 岁	3.8	3.2	2.7	2.4	2.3	1.8	2.2	1.8	1.5
21—30 岁	13.7	13.0	12.3	11.7	11.7	10.3	11.5	10.7	10.3
31—40 岁	18.6	17.9	17.2	17.1	16.8	15.4	14.7	13.9	13.6

---

① 限于篇幅,本文没有将以 60 岁为临界点的实证结果列出,有兴趣的读者可以向作者索取。

续表

年份	2003	2004	2005	2006	2007	2008	2009	2010	2011
41—50 岁	27.2	26.4	25.6	24.8	23.8	23.0	23.3	23.7	23.9
51—60 岁	25.0	26.6	28.4	29.2	29.5	32.1	30.6	30.2	29.4
60 岁以上	11.6	12.9	13.7	14.8	16.0	17.4	17.8	19.7	21.4
合计	100.0	100.0	100.0	100.0	100.0	100.0	100.0	100.0	100.0

注：根据样本中当年从事产业为第一产业的劳动力数量计算得到。

表 2　　　　　劳动力在农业生产中的年龄分布比例　　　　　单位：%

年份	2003	2004	2005	2006	2007	2008	2009	2010	2011
50 岁以下	63.4%	60.5%	57.9%	56.0%	54.5%	50.5%	51.6%	50.1%	49.2%
50 岁以上	36.6%	39.5%	42.1%	44.0%	45.5%	49.5%	48.4%	49.9%	50.8%

注：根据样本中当年从事产业为第一产业的劳动力数量计算得到。

三、劳动力结构老化对农业生产影响的实证检验

为了分析劳动力结构老化对农业生产的影响，本文统计了农户从事农业生产的劳动时间，并以此作为实证分析的关键变量。以农户为单位，计算家庭成员务农时间总和（A），并加总家庭成员中的老年劳动力务农时间（B），以此计算出老年劳动力务农时间比例（B/A）。该比例是农户分类的依据。其中，老年劳动力务农时间比例在 50% 及以上的归为老年农户，50% 以下的归入中青年农户。与以往研究不同的是，本文没有简单以农户劳动力的年龄进行分类，而使用了更为精确的劳动时间，主要是为了避免大量统计在册的劳动力实际并没有从事农业劳动而对分析产生误导。

从整体上看，农户的平均务农时间呈下降趋势，2003—2011 年平均每年减少 9 天，2011 年减至 204 天。在家庭务农总时间下降的同时，农村老年人的劳动参与率不断上升，老年劳动力务农时间呈增长趋势，最终使老年劳动力务农时间比例上升至 2011 年的 34.2%，较 2003 年提高了 6.8 个百分点（图 1）。从粮食生产来看，老年农户的粮食生产总体并没有显现出劣势。就单产而言，老年农户和中青年农户的小麦单产没有显著差异，老年农户的水稻、大豆单产在多数年份都高于中青年农户，中青年

农户在玉米种植上略具优势（表3）。

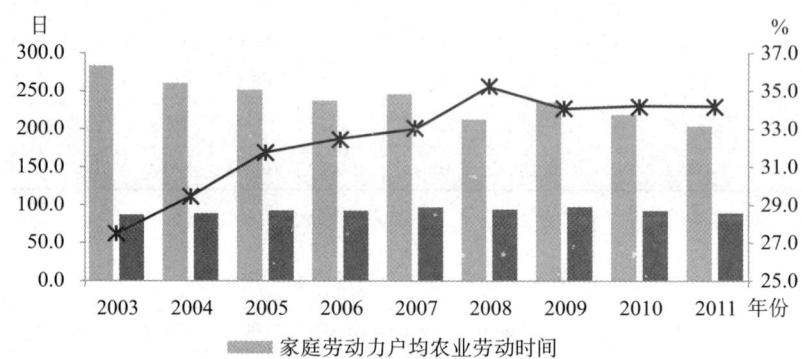

图1 2003—2011年老年劳动力务农时间比例

表3 两类农户主要粮食品种的单产比较　　　单位：千克

年份	小麦		水稻		玉米		大豆	
	老年	中青年	老年	中青年	老年	中青年	老年	中青年
2003	283.3	279.4	413.7	419.8	358.5	374.3	122.5	124.6
2004	328.2	331.8	467.3	457.6	417.8	421.0	141.5	139.4
2005	325.5	317.4	443.2	433.7	411.3	414.3	139.0	132.4
2006	335.2	330.9	455.8	442.9	416.3	425.5	140.3	134.6
2007	345.9	351.4	473.6	459.6	418.7	420.7	139.1	126.3
2008	363.2	365.8	488.0	475.8	463.6	478.7	147.5	142.4
2009	362.8	366.2	485.2	472.2	442.5	452.6	158.4	142.8
2010	364.8	370.4	473.8	466.4	441.8	450.6	147.6	137.5
2011	389.0	388.6	495.7	485.5	468.8	479.8	138.5	148.7

（一）模型与变量选择

从数据直观表现上看，劳动力结构老化并没有对粮食生产形成严重威胁。下面参考李旻、胡雪枝、林本喜等人的研究，再采用Cobb—Douglas生产函数模型的对数形式就农业劳动力年龄结构老化对农业生产的影响进行验证，构建模型如下：

$$\ln Q = \alpha_0 + \alpha_1 R + \alpha_2 Edu + \alpha_3 Train + \alpha_4 Blocks + \beta_1 \ln Land + \beta_2 \ln Labor + \beta_3 \ln Seed + \beta_4 \ln Fert + \beta_5 \ln Pest + \beta_6 \ln Irri + \beta_7 \ln Mach + \beta_8 \ln VC + \varepsilon$$

其中，因变量 Q 为农户不同粮食品种的产量。自变量的选取如下：

一是农户主要劳动力特征变量。为了比较劳动力结构老化对农业生产的影响，模型中以老年农业劳动时间占家庭总农业劳动时间比例反映老龄化程度，以 R 来表示。人们通常认为，在控制其他变量的情况下，劳动力拥有更高的文化程度以及接受专业技术培训都可以提高农业产出，因此模型中引入农户劳动力的受教育程度（Edu）和接受农业培训的人数（Train），其中受教育程度为农户中从事农业生产的劳动力的平均受教育年限。

二是与农户粮食生产有关的农业生产投入变量。其中，农户经营规模（Land）代表了土地投入，以农户经营耕地面积表示；劳动投入（Labor）以投工量表示，反映农户的劳动投入水平；农户农业生产资料支出主要反映农户农业生产的可变资本水平，包括种子（Seed）、化肥（Fert）、农药（Pest）、水电及灌溉费用（Irri）、机械作业费用（Mach）和其他费用（VC），其他费用（VC）主要包括农家肥折价、农膜费、畜力费、固定资产折旧及修理费、小农具购置及其他费用的总和。

三是其他影响农业生产的变量。已有研究表明，土地细碎化程度、兼业化经营程度等也是影响农业生产的重要因素。但由于兼业化水平与农户劳动力年龄往往有较强的相关性，林本喜等的研究证明，随着农户主要劳动力年龄的增长，兼业化程度呈明显下降的趋势。因此本文不再考虑兼业化对农业生产的影响。另外以农地块数（Blocks）表示农户土地的细碎化程度。

（二）样本描述性统计

为了考察劳动力结构老化对不同作物生产的影响，本文分品种进行模型估计，同时鉴于结构老化对总产、单产的影响可能不同，又将总产和单产分别考虑，但总产模型中涉及了粮食播种面积和地块数，单产模型中没有这两个变量。表 4 为单产模型中几个主要变量的描述性统计。

表 4　　单产模型主要变量的描述性统计

变量及解释	小麦		水稻		玉米		大豆	
	均值	标准差	均值	标准差	均值	标准差	均值	标准差
农户粮食单产：总产/播种面积（千克/亩）	342.24	116.08	459.57	146.85	430.22	176.17	137.88	90.90
老年劳动力务农时间比例：老年劳动力农业劳动时间/家庭总农业劳动时间	0.43	0.45	0.41	0.44	0.40	0.44	0.40	0.44
受教育程度：从事主要行业为农业的家庭劳动力平均受教育年限	5.85	2.37	5.95	2.32	6.06	2.19	5.89	2.34
职业培训：家庭劳动力中接受农业教育或培训的人数	0.15	0.68	0.14	0.57	0.18	0.68	0.15	0.58
亩均劳动投入：亩均投工量（日）	13.04	10.98	18.71	13.66	15.95	16.11	15.06	17.73
亩均种子支出：种子费用/播种面积	16.34	22.39	14.80	20.95	15.65	21.83	13.64	25.55
亩均化肥支出：化肥费用/播种面积	101.01	54.23	105.10	58.54	85.14	54.13	25.46	38.40
亩均农药支出：农药费用/播种面积	11.60	10.96	38.19	31.28	9.68	11.88	7.89	12.39
亩均灌溉支出：水电及灌溉费用/播种面积	14.97	25.22	18.60	25.98	5.76	15.74	1.01	5.73
亩均机械作业支出：机械作业费用/播种面积	52.34	39.84	44.10	51.27	19.52	28.16	8.27	16.91

注：亩均农业生产资料支出的单位均为元/亩。

(三) 实证结果分析、对比及解释

研究所用2003—2011年的农户数据属于典型的"短面板",其优点是可以减轻内生性。对于固定效应和随机效应模型的选择,Hausman检验结果显示应使用固定效应模型(结果略)。固定效应模型可以解决不随时间而变的遗漏变量问题,但实际上仍可能存在其他导致遗漏变量偏差的因素,如粮食产量本身有随时间增加的趋势。因此,模型中又加入了时间趋势变量,LR检验也证明应该考虑随时间变化且不易被观测的因素对模型的影响,即最终使用双向固定效应模型。

通过Stata12.0对样本数据进行回归,总产和单产模型的结果显示,常数项估计值均为正值且显著,说明非观测效应对农户粮食生产有影响。从反映劳动力结构老化程度的指标即老年劳动力务农时间比例的影响来看,不论总产模型还是单产模型,老年农户和中青年农户均没有显著差异,可见从数据上来看,劳动力结构老化暂时没有表现对粮食生产有负面影响。至少从全国层面来看,农业劳动力结构老化还没有影响到粮食产量和单产水平,而这与我国粮食连续增产的事实也是相符的。受教育程度和培训对农户粮食生产经营的影响均不显著或显著为负,这与粮食生产更多依赖农资、农机投入,生产处于低强度、标准化水平有关,这一结果与林本喜等[11]的研究结论一致。同时也说明,粮食生产需要的专业技术水平较低,农户即使没有从学校中学习到农业知识,也能从农业生产实践中总结相关经验,从而达到与受教育农户相同的知识水平。土地细碎化对农户粮食产量没有负面影响,这与夏庆利等[19]的土地细碎化程度对土地利用效率没有影响的研究结论类似。

与农户粮食生产有关的农业生产投入对作物总产和单产基本具有正向作用,这与生产理论的预期是相符的。其中,播种面积对4种粮食作物总产均有正向影响,劳动投入对水稻、玉米和大豆总产影响为正,但对小麦总产没有影响。从单产来看,亩均投工量增加对4种粮食作物的单产均有正向作用,与其他几个品种相比,小麦单产的增加幅度最小,可能这是因为小麦生产的机械化水平最高,劳动投入效果有限。不论总产还是单产,

大豆产量都是对劳动投入量变化最为敏感的,这与大豆生产的机械化率较低有关。其他经营费用的影响与传统理论基本相符,不再赘述。值得关注的是机械费用增加对小麦、水稻和玉米的总产、单产均有显著的正影响,但对大豆影响不显著,这与前述大豆产量对劳动投入量变化最敏感的结论也是相吻合的。从时间虚拟变量的回归结果来看,以2003年为基期,其他各期的回归系数基本为正,并且基本是显著的,说明个体间不变但随时间而变的因素对粮食产量有正向作用,如科技进步、政策变化等(见表5)。

表5　劳动力结构老化对主要粮食品种总产影响的模型估计结果

	小麦	水稻	玉米	大豆
老年劳动力	-2.84×10^{-3}	-4.92×10^{-3}	5.82×10^{-3}	1.06×10^{-2}
务农时间比例	(-0.34)	(-0.67)	(0.70)	(0.69)
受教育程度	-2.64×10^{-3}	-8.63×10^{-5}	-2.74×10^{-3}	-9×10^{-4}
	(-1.41)	(-0.06)	(-1.50)	(-0.29)
职业培训	7.33×10^{-4}	7.23×10^{-3}	-1.43×10^{-2} ***	-2.75×10^{-2} **
	(0.18)	(1.84)	(-3.46)	(-3.20)
农地细碎化程度	2.95×10^{-3}	2.74×10^{-3}	3.37×10^{-3} **	2.56×10^{-3}
	(1.92)	(3.55)	(2.70)	(1.31)
ln(播种面积)	1.20 ***	1.03 ***	1.04 ***	1.20 ***
	(109.12)	(123.38)	(127.36)	(81.49)
ln(劳动投入)	1.28×10^{-3}	1.66×10^{-2} ***	2.27×10^{-2} ***	5.07×10^{-2} ***
	(0.50)	(7.17)	(9.29)	(10.64)
ln(种子支出)	1.54×10^{-3}	2.74×10^{-3}	1.45×10^{-2} ***	4.04×10^{-3}
	(0.79)	(1.83)	(7.17)	(1.25)
ln(化肥支出)	2.89×10^{-2} ***	4.15×10^{-2} ***	5.74×10^{-2} ***	2.44×10^{-2} ***
	(8.96)	(15.22)	(23.74)	(7.72)
ln(农药支出)	2.35×10^{-2} ***	4.14×10^{-2} ***	2.43×10^{-2} ***	4.96×10^{-2} ***
	(9.38)	(16.51)	(12.63)	(11.02)

续表

	小麦	水稻	玉米	大豆
ln（灌溉支出）	1.74×10^{-2}***	8.83×10^{-3}***	1.06×10^{-2}***	2.97×10^{-2}***
	(7.93)	(5.30)	(4.61)	(3.92)
ln（机械作业支出）	2.99×10^{-2}***	9.79×10^{-3}***	3.37×10^{-3}*	4.15×10^{-3}
	(14.38)	(8.11)	(2.21)	(1.16)
ln（其他费用）	1.23×10^{-2}***	7.51×10^{-3}***	1.23×10^{-2}***	8.67×10^{-3}**
	(8.32)	(6.16)	(9.29)	(2.90)
2004 年	1.54×10^{-1}***	8.26×10^{-2}***	2.08×10^{-1}***	1.73×10^{-1}***
	(14.48)	(9.78)	(19.05)	(10.56)
2005 年	1.29×10^{-1}***	3.00×10^{-2}***	1.59×10^{-1}***	9.44×10^{-2}***
	(12.38)	(3.55)	(14.71)	(5.66)
2006 年	1.52×10^{-1}***	3.45×10^{-2}***	1.85×10^{-1}***	9.47×10^{-2}***
	(14.62)	(4.06)	(16.97)	(5.62)
2007 年	1.95×10^{-1}***	5.74×10^{-2}***	1.25×10^{-1}***	6.28×10^{-2}***
	(18.17)	(6.58)	(11.39)	(3.56)
2008 年	2.09×10^{-1}***	8.01×10^{-2}***	2.60×10^{-1}***	1.90×10^{-1}***
	(19.08)	(8.96)	(23.23)	(10.88)
2009 年	1.76×10^{-1}***	4.04×10^{-2}***	1.23×10^{-1}***	1.45×10^{-1}***
	(19.13)	(5.15)	(13.47)	(9.34)
2010 年	1.60×10^{-1}***	1.11×10^{-2}	1.32×10^{-1}***	1.33×10^{-1}***
	(16.70)	(1.36)	(14.15)	(8.30)
2011 年	2.04×10^{-1}***	5.88×10^{-2}***	1.69×10^{-1}***	9.69×10^{-2}***
	(20.33)	(6.97)	(17.20)	(5.72)
常数项	4.52***	5.06***	4.82***	3.30***
	(204.42)	(269.37)	(246.42)	(113.60)
样本总数	23726	34443	40045	19064
组内 R^2	5.43×10^{-1}	5.12×10^{-1}	4.92×10^{-1}	4.41×10^{-1}

注：***、**和*分别表示在 0.1%、1%和 5%的水平上显著；括号中数字为 t 统计量。

表 6　劳动力结构老化对主要粮食品种单产影响的模型估计结果

	小麦	水稻	玉米	大豆
老年劳动力务农时间比例	1.47×10^{-3}	-1.02×10^{-2}	6.32×10^{-3}	2.25×10^{-2}
	(0.21)	(-1.85)	(0.72)	(1.04)
受教育程度	-1.79×10^{-3}	-4.56×10^{-4}	-6.86×10^{-3} ***	-8.21×10^{-3}
	(-1.16)	(-0.40)	(-3.55)	(-1.85)
职业培训	-4.44×10^{-3}	1.02×10^{-3}	-2.06×10^{-2} ***	-4.23×10^{-2} ***
	(-1.31)	(0.35)	(-4.72)	(-3.49)
ln（亩均劳动投入）	6.08×10^{-3} *	1.82×10^{-2} ***	7.71×10^{-2} ***	2.76×10^{-1} ***
	(2.14)	(8.24)	(22.90)	(42.81)
ln（亩均种子支出）	6.13×10^{-3} **	8.04×10^{-3} ***	5.76×10^{-2} ***	1.09×10^{-1} ***
	(2.80)	(5.19)	(17.76)	(18.39)
ln（亩均化肥支出）	2.60×10^{-2} ***	3.26×10^{-2} ***	1.08×10^{-1} ***	3.39×10^{-2} ***
	(8.75)	(13.85)	(37.19)	(7.42)
ln（亩均农药支出）	1.82×10^{-2} ***	3.48×10^{-2} ***	2.53×10^{-2} ***	6.45×10^{-2} ***
	(6.84)	(15.72)	(9.16)	(10.09)
ln（亩均灌溉支出）	2.12×10^{-2} ***	6.53×10^{-3} ***	2.70×10^{-2} ***	-8.80×10^{-3}
	(8.60)	(3.99)	(7.66)	(-0.69)
ln（亩均机械作业支出）	2.74×10^{-2} ***	7.14×10^{-3} ***	9.98×10^{-3} ***	6.94×10^{-3}
	(13.32)	(6.19)	(4.55)	(1.12)
ln（亩均其他费用）	1.37×10^{-2} ***	7.43×10^{-3} ***	2.60×10^{-2} ***	2.73×10^{-2} ***
	(9.04)	(6.63)	(14.08)	(5.68)
2004 年	1.86×10^{-1} ***	1.02×10^{-1} ***	2.66×10^{-1} ***	3.31×10^{-1} ***
	(20.99)	(16.08)	(21.83)	(13.74)
2005 年	1.54×10^{-1} ***	4.83×10^{-2} ***	2.58×10^{-1} ***	4.39×10^{-1} ***
	(17.70)	(7.61)	(21.47)	(17.99)
2006 年	1.80×10^{-1} ***	6.72×10^{-2} ***	2.78×10^{-1} ***	4.39×10^{-1} ***
	(20.63)	(10.54)	(23.22)	(17.88)
2007 年	2.25×10^{-1} ***	9.71×10^{-2} ***	2.11×10^{-1} ***	4.08×10^{-1} ***
	(25.12)	(14.78)	(17.45)	(15.94)

续表

	小麦	水稻	玉米	大豆
2008年	2.45×10^{-1} ***	1.18×10^{-1} ***	3.29×10^{-1} ***	4.93×10^{-1} ***
	(26.63)	(17.45)	(26.72)	(19.54)
2009年	2.05×10^{-1} ***	7.42×10^{-2} ***	6.40×10^{-2} ***	6.48×10^{-2} **
	(26.77)	(12.42)	(6.57)	(2.97)
2010年	1.93×10^{-1} ***	5.44×10^{-2} ***	7.85×10^{-2} ***	1.36×10^{-1} ***
	(24.01)	(8.70)	(7.84)	(6.05)
2011年	2.35×10^{-1} ***	9.26×10^{-2} ***	9.60×10^{-2} ***	1.34×10^{-1} ***
	(27.90)	(14.30)	(9.11)	(5.57)
常数项	5.27 ***	5.64 ***	4.96 ***	3.53 ***
	(277.77)	(393.86)	(247.03)	(96.07)
样本总数	23726	34443	40045	19064
组内 R^2	1.38×10^{-1}	3.04×10^{-1}	1.22×10^{-1}	1.80×10^{-1}

注：***、**和*分别表示在0.1%、1%和5%的水平上显著；括号中数字为t统计量。

从全国整体情况来看，劳动力结构老化并没有对粮食生产造成显著影响，但我国幅员辽阔，地区间经济发展水平不同、机械化率不一、老龄化程度不同步，全国数据很可能抹平了年龄结构老化的实际影响。因此，在前面模型的基础上继续分地区进行了面板数据回归。考虑到小麦、玉米、大豆的主产区过于集中，不便于对比分析，因此只选取水稻这个产区分布较广的品种进行模型估计。

首先，根据《中国统计年鉴》有关东部、中部、西部和东北地区的划分范围，对水稻产量进行分地区回归。分成4个地区回归后发现，某些变量的影响在不同地区间有差异。例如，在全国模型中，本文最关注的老年劳动力务农时间比例这个变量对水稻总产及单产均没有显著影响。但分地区后发现，老年劳动力务农时间比例对东部地区水稻总产和单产均有显著的负效应，老年劳动力务农时间比例提高1%，东部地区水稻总产、单产将分别下降3.34×0^{-2}和3.06×0^{-2}个百分点，对中部、西部和东北地区则没有显著影响。

表 7　不同地区劳动力结构老化对水稻总产影响的模型估计结果

	东部	中部	西部	东北
老年劳动力务农时间比例	-3.34×0^{-2} *	6.28×0^{-3}	1.84×0^{-2}	1.61×0^{-2}
	(-2.10)	(0.67)	(0.92)	(0.74)
受教育程度	-3.58×0^{-3}	3.29×0^{-3}	-2.94×0^{-3}	2.36×0^{-3}
	(-1.12)	(1.67)	(-0.74)	(0.53)
职业培训	6.38×0^{-3}	1.05×0^{-2}	1.77×0^{-2}	1.24×0^{-2}
	(0.55)	(1.70)	(1.65)	(0.98)
农地细碎化程度	3.03×0^{-3}	2.79×0^{-3} **	2.07×0^{-3}	3.66×0^{-3}
	(1.39)	(2.85)	(1.39)	(1.20)
ln（播种面积）	1.07 ***	1.01 ***	9.70×0^{-1} ***	1.00 ***
	(53.35)	(91.01)	(44.38)	(48.49)
ln（劳动投入）	1.60×0^{-2} **	1.27×0^{-2} ***	2.86×0^{-2} ***	1.45×0^{-2}
	(2.66)	(4.33)	(5.62)	(1.94)
ln（种子支出）	6.22×0^{-3}	1.93×0^{-3}	1.99×0^{-2} ***	-1.69×0^{-2} ***
	(1.66)	(1.03)	(4.30)	(-4.78)
ln（化肥支出）	3.87×0^{-2} ***	5.36×0^{-2} ***	5.73×0^{-2} ***	1.66×0^{-2} **
	(6.39)	(13.99)	(8.18)	(2.65)
ln（农药支出）	6.84×0^{-2} ***	3.83×0^{-2} ***	5.07×0^{-2} ***	9.71×0^{-3}
	(12.07)	(10.76)	(7.56)	(1.78)
ln（灌溉支出）	2.04×0^{-2} ***	2.92×0^{-3}	9.01×0^{-3} **	6.14×0^{-3}
	(3.85)	(1.38)	(2.58)	(1.39)
ln（机械作业支出）	1.77×0^{-2} ***	1.39×0^{-2} ***	9.44×0^{-3}	-5.97×0^{-3} *
	(4.28)	(9.15)	(3.61)	(-1.99)
ln（其他费用）	6.85×0^{-3} *	9.66×0^{-3} ***	1.58×0^{-2} ***	-4.22×0^{-3}
	(2.35)	(5.98)	(4.78)	(-1.49)
2004 年	4.09×0^{-2} *	1.35×0^{-1} ***	1.93×0^{-2}	5.75×0^{-2} **
	(2.16)	(12.20)	(0.78)	(2.74)
2005 年	-5.23×0^{-3}	4.34×0^{-2} ***	-1.65×0^{-3}	9.56×0^{-2} ***
	(-0.27)	(4.02)	(-0.07)	(4.41)

续表

	东部	中部	西部	东北
2006 年	-1.23×0^{-2}	7.25×0^{-2}***	-8.63×0^{-2}***	1.44×0^{-1}***
	(-0.63)	(6.53)	(-3.38)	(6.98)
2007 年	1.36×0^{-2}	8.18×0^{-2}***	-3.59×0^{-2}	1.54×0^{-1}***
	(0.68)	(7.21)	(-1.39)	(7.07)
2008 年	4.43×0^{-2}*	9.22×0^{-2}***	-8.40×0^{-3}	1.89×0^{-1}***
	(2.19)	(7.94)	(-0.32)	(8.29)
2009 年	4.39×0^{-3}	1.10×0^{-1}***	-1.30×0^{-1}***	5.79×0^{-2}**
	(0.25)	(10.48)	(-6.31)	(2.70)
2010 年	-1.05×0^{-2}	5.08×0^{-2}***	-1.53×0^{-1}***	8.91×0^{-2}***
	(-0.58)	(4.64)	(-7.12)	(4.00)
2011 年	7.78×0^{-2}***	8.19×0^{-2}***	-2.39×0^{-1}***	2.49×0^{-1}***
	(4.25)	(7.12)	(-10.65)	(11.06)
常数项	4.90***	5.01***	4.96***	5.46***
	(117.55)	(195.93)	(101.02)	(104.15)
样本总数	8766	15907	5354	4415
组内 R^2	4.74×0^{-1}	5.61×0^{-1}	5.29×0^{-1}	5.50×0^{-1}

注：***、** 和 * 分别表示在 0.1%、1% 和 5% 的水平上显著；括号中数字为 t 统计量。

表 8　不同地区劳动力结构老化对水稻单产影响的模型估计结果

	东部	中部	西部	东北
老年劳动力务农时间比例	-3.06×0^{-2}**	8.37×0^{-4}	-4.87×0^{-3}	-9.23×0^{-4}
	(-2.96)	(0.11)	(-0.31)	(-0.05)
受教育程度	6.01×0^{-4}	2.67×0^{-4}	-2.58×0^{-3}	2.88×0^{-3}
	(0.29)	(0.17)	(-0.82)	(0.75)
职业培训	6.22×0^{-3}	-4.97×0^{-4}	8.21×0^{-3}	1.42×0^{-2}
	(0.83)	(-0.10)	(1.67)	(1.29)
ln（亩均劳动投入）	1.59×0^{-2}***	1.81×0^{-2}***	1.86×0^{-2}***	2.36×0^{-2}**
	(3.34)	(6.08)	(3.72)	(2.77)
ln（亩均种子支出）	1.56×0^{-2}***	2.97×0^{-4}	1.90×0^{-2}***	-5.29×0^{-3}
	(4.88)	(0.14)	(3.89)	(-1.22)

续表

	东部	中部	西部	东北
ln（亩均化肥支出）	3.13×10^{-2}***	4.70×10^{-2}***	3.22×10^{-2}***	1.28×10^{-2}
	(6.93)	(13.56)	(5.41)	(1.96)
ln（亩均农药支出）	4.30×10^{-2}***	3.44×10^{-2}***	4.81×10^{-2}***	1.31×10^{-2}*
	(9.88)	(10.87)	(8.07)	(2.16)
ln（亩均灌溉支出）	1.33×10^{-2}**	3.40×10^{-3}	1.27×10^{-3}	8.73×10^{-3}
	(3.16)	(1.52)	(0.38)	(1.64)
ln（亩均机械作业支出）	7.97×10^{-3}*	1.18×10^{-2}***	4.93×10^{-3}	-8.62×10^{-3}*
	(2.40)	(7.81)	(1.94)	(-2.50)
ln（亩均其他费用）	2.19×10^{-3}	1.16×10^{-2}***	1.46×10^{-2}***	-4.51×10^{-3}
	(0.95)	(7.67)	(4.62)	(-1.42)
2004 年	7.48×10^{-2}***	1.32×10^{-1}***	1.94×10^{-2}	1.03×10^{-1}***
	(6.04)	(15.38)	(1.00)	(5.83)
2005 年	2.52×10^{-2}*	5.07×10^{-2}***	-1.14×10^{-2}	1.37×10^{-1}***
	(1.98)	(6.02)	(-0.58)	(7.50)
2006 年	7.51×10^{-2}***	7.71×10^{-2}***	-8.69×10^{-2}***	1.68×10^{-1}***
	(5.93)	(8.89)	(-4.32)	(9.62)
2007 年	7.48×10^{-2}***	1.11×10^{-1}***	-2.04×10^{-2}	1.89×10^{-1}***
	(5.70)	(12.46)	(-1.00)	(10.22)
2008 年	9.73×10^{-2}***	1.24×10^{-1}***	1.16×10^{-2}	2.13×10^{-1}***
	(7.28)	(13.57)	(0.55)	(10.94)
2009 年	4.04×10^{-2}***	1.45×10^{-1}***	-7.64×10^{-2}***	5.39×10^{-2}**
	(3.55)	(17.45)	(-4.68)	(2.87)
2010 年	3.96×10^{-2}***	1.01×10^{-1}***	-8.69×10^{-2}***	6.40×10^{-2}**
	(3.33)	(11.60)	(-5.10)	(3.27)
2011 年	1.05×10^{-1}***	1.27×10^{-1}***	-1.62×10^{-1}***	2.20×10^{-1}***
	(8.73)	(13.77)	(-9.09)	(11.08)
常数项	5.64***	5.56***	5.65***	5.75***
	(191.83)	(280.40)	(147.90)	(126.75)
样本总数	8766	15907	5354	4415
组内 R^2	7.46×10^{-2}	1.33×10^{-1}	6.36×10^{-2}	9.45×10^{-2}

注：***、**和*分别表示在 0.1%、1% 和 5% 的水平上显著；括号中数字为 t 统计量。

表 8 显示东部地区劳动力结构老化对水稻单产和总产具有显著负向影响，而中部、西部和东北地区没有表现出显著性负向影响。一种可能是因为不同地区机械化水平不同，造成机械化对劳动力的替代结果不同。但本文已经在表 7、表 8 的回归分析中将机械作业支出作为解释变量放进回归方程，机械作业支出作为机械化水平的一种间接度量方式，已可以基本排除不同地区机械化水平不同的影响这一解释。还有一种可能是劳动力结构老化对农业生产的影响呈现"倒 U 型"关系，中部、西部、东北地区的老龄化程度不及东部地区严重，因此尚未表现出负向影响。为了验证这个解释，本文在原模型的基础上，将老年劳动力务农时间比例的平方项放进回归方程中来捕捉这种非线性关系。回归结果显示，东部、中部、西部以及东北地区种植水稻的农户生产无论单产模型抑或总产模型都不存在这种非线性关系①。再有一种可能是，农户种粮的意愿影响到粮食生产，当经济发展水平达到一定程度后，"靠天种、靠天收、不指望"成为很多农户种地的态度，原本可以种两季的，只种一季，如何省时省力成为农户种粮的重要考量因素。据何小勤 2012 年对浙江农村的调查，老年人从事农业劳动主要有三个原因：一是"天职说"，即淳朴的老年农户认为"种地"是农户的本职；二是"收益说"，即老年人种地主要基于种植收益，以此弥补养老资金的不足；三是"精神需求说"，即经济实力较强的老年人已将农业劳动视作重要的养老活动，而不是出于物质追求。通过对样本户家庭农业经营收入和家庭总收入的计算发现，2011 年东部、中部、西部和东北地区的样本户家庭农业经营总收入占家庭总收入的比例依次为 30%、37%、48% 和 66%。从中可以看出，东部地区的农户相对于中部、西部以及东北地区的农户而言，其家庭农业收入的占比是最低的。由此推算，东部农户从事农业生产活动虽然是为自己提供一份收入来源，但已不会特别看重，参加农业生产活动更多的是一种责任，或者是基于种粮机会成本较高，从而导致经济相对发达的东部地区老年劳动力选择劳动力节约型的种植方式。随着东部劳动力结构老化以及农业生产目的改变，负向影响已

---

① 限于篇幅，本文没有将此结果列出，有兴趣的读者可以向作者索取。

经开始显现。而中部、西部以及东北地区农户的经济环境还达不到东部发达地区的程度,农业收入的占比相较于东部农户来说较高,这些地区的农户从事农业生产经营活动更多还是为了维持生计。所以即使这些地区的农业劳动力结构也在老化,却还没有显现出负向影响。

　　为了进一步验证这种地区差异,选取了江苏、四川两个省份的数据进行回归。之所以选择这两个省份是因为江苏和四川都是我国水稻的主产省,2012年江苏稻谷产量1900.1万吨,四川稻谷产量1536.1万吨,在全国各省份中分列第4位和第6位;从老龄化程度来看,江苏和四川两省65岁以上老年人口的比例分别占14.23%和13.93%,两省的老龄化程度在全国排在第2位和第3位。不同的是,两省的机械化水平和经济发展水平有较大悬殊,从机械化程度来看,两省的机械化水平也有显著差异,其中,2012年江苏省水稻耕种收综合机械化水平为90.13%,四川仅为45.29%。从人均GDP排名来看,2012年江苏在全国位于第4位,而四川省排在第24位。比较江苏和四川的农业劳动力结构老化对水稻生产的影响,可以看出不同机械化程度和经济发展水平下老龄化影响的差异。从两省的模型估计结果来看,这两个省的结论与前面分地区结论相似,即江苏省农业劳动力结构老化对水稻生产的影响是显著为负的,四川省不显著。江苏省老年劳动力务农时间比例每提高1个百分点,水稻总产量下降 5.59×0^{-2} 个百分点,单产下降 4.41×0^{-2} 个百分点。受地形限制等自然条件的约束,四川省水稻生产的机械化率较低,机械作业支出对其水稻产量的影响也不显著。此外,从时间趋势变量的回归结果来看,四川省水稻总产和单产均有随时间推移显著下降的趋势[①]。

　　综上所述,不同地区农业劳动力结构老化对农业生产的影响不同,主要是由于不同地区农户从事农业生产的目的和需求不同而致。

四、劳动力老龄化与农业发展

　　本文实证结果表明,我国农业劳动力结构已表现出明显的老化趋势,

---

① 限于篇幅,两省回归结果没有在此列出,有兴趣的读者可以向作者索取。

"老人农业"不仅现在,更会在将来成为农业生产的一种常态,几乎可以断言,农业劳动力老龄化程度还会进一步加深。从全国整体来看,农业劳动力结构老化并没有对小麦、水稻、玉米、大豆等粮食作物生产有显著的负效应。但当分地区进行回归分析时,产生了与全国情况不同的结论。东部地区农业劳动力结构老化对水稻生产有显著的负影响,而中部、西部以及东北地区则没有表现出显著影响。之所以出现这种迥异的结论,是因为老龄化的影响被全国不同地区的复杂情况所平衡,并且东部地区经济相对发达,农户农业收入占比较低,农业生产活动更多成为一种责任,对一些农户而言,种地甚至成为一种精神需求,他们并不需要像中部、西部以及东北地区的农户那样追求产量与质量来维持生计。

2010年中国就已经超越日本成为世界第二大经济体。随着我国西部开发、东北振兴、中部崛起、东部率先的区域发展总体战略实施,中部、西部以及东北地区农户的收入水平也会不断提高,农业收入占比必然下降。当这一比例降低到一定程度,农业生产活动对中部、西部以及东北地区农户家庭收入的重要性不再如前,机械对人力的替代作用也达到瓶颈时,届时劳动力结构老化对国家粮食安全是否构成威胁,还难以得出结论。但至少从本文分区域的对比结论来看,农业部门应当对此保持一定的警惕。此外,我国农业生产的政策导向是保障口粮安全,粮食生产呈现的是一种"主粮增长、辅粮下降"的态势,老龄化对主粮品种没有显著影响,并不代表对农业生产的影响就不大。受制于模型分析的局限,本文并没有考虑品种替代等因素。如果考虑上述因素,结论或又有所不同。

我国用不到30年的时间就完成了人口转变,西方发达国家走完这一进程则花费了上百年时间。我国农村庞大的人口基数决定了老龄化带来的影响不同于以往任何已经历老龄化的发达国家,这些国家的经验和做法不能简单借鉴。农业劳动力老龄化涉及人口、经济和社会系统的方方面面,其影响不只表现在农业生产一个方面,其解决也必然要从农业发展全局着眼,需要经济、社会、文化等宏观政策的调整和各种微观措施的实行。

以下从农业生产的几个微观角度提出几点建议:

一是必须大力推广农业机械。老龄化必然导致劳动力对农业生产对象的选择趋于省力化和便利化,农村留守老人对粮食品种的理性选择必然是播种最省力、不太需要费心照看的作物,这就要求我国农业必然走出一条劳动力节约型的技术变迁道路,大力推广农业机械化。目前在我国广大丘陵地区和山区,农业机械的使用率还很低。为了应对农业劳动力结构老化,应通过各种支持政策尽快在播、种、收等环节普及农业机械,尤其是适合丘陵、山区的中小型农业机械使用。一方面鼓励科研机构和企业开发适合丘陵、山区作业的中小型机械;另一方面,政府在农业机械补贴政策上应对丘陵、山区予以一定倾斜。

二是加强以服务老年劳动力为主的农业社会化服务体系建设。一方面,要完善农业生产的产前、产中以及产后的生产资料供给服务,解决老年农业劳动力对农业综合服务的需求,并通过引进、培育农业技术和服务人才,帮助老年农业劳动力解决生产过程中的市场、技术难题,减轻农业生产对家庭农业劳动力的依赖。另一方面,可以乡或村为单位,建立农业劳动力交流平台,解决农忙时节劳动力短缺等问题。

三是建立青年农民培养计划,留住部分农业适龄劳动力。我国农业劳动力大量转移到非农部门,其根本原因在于农业的比较效益低,要想留住农村部分适龄劳动力,需要加快发展现代农业,特别在劳动力转移速度较快且经济发展水平较低的地区,建立青年农民培养计划,使国家惠农政策及区域农业发展政策给予青年农民更多的扶持。同时,可以借助新型农业经营主体培育的契机,重点扶持返乡创业人员和创业大学生等创业群体。虽然这类群体的实践经验和资金实力都略显不足,但他们一般具有相对较高的文化水平和学习能力,是未来实现农业可持续发展的人才基础。

四是鼓励土地流转和适度规模经营。目前有些地方确实存在土地撂荒的现象,但与此同时,却也有一些种养大户承包不到土地,因此,要尽快建立、完善农村土地流转市场,培育流转中介服务组织,构建土地流转的信息平台,以促进土地适度规模经营,使粗放经营的土地能够得以集约利用,最大可能地降低因农业劳动力老龄化带来的土地资源闲置和浪费。

参考文献

[1] 李旻、赵连阁:"农业劳动力'老龄化'现象及其对农业生产的影响——基于辽宁省的实证分析",《农业经济问题》2009年第10期。

[2] 陈锡文、陈昱阳、张建军:"中国农村人口老龄化对农业产出影响的量化研究",《中国人口科学》2011年第2期。

[3] 李澜、李阳:"我国农业劳动力老龄化问题研究——基于全国第二次农业普查数据的分析",《农业经济问题》2009年第6期。

[4] 胥璐、李宏伟、屈锡华:"人口老龄化对农业发展的影响与对策",《宏观经济管理》2013年第1期。

[5] 刘国斌、王卓识:"城镇化进程中吉林省农村就业人口老龄化问题研究",《人口学刊》2013年第5期。

[6] 郭晓鸣、任永昌、廖祖君等:"农业大省农业劳动力老龄化的态势、影响及应对——基于四川省501个农户的调查",《财经科学》2014年第4期。

[7] 高洪洋:"四川省农村劳动力老龄化的现状与趋势",《农村经济》2012年第12期。

[8] 邓涛:"农村人口老龄化折射农业生产方式的转变",《农村经济》2012年第11期。

[9] 胡雪枝、钟甫宁:"人口老龄化对种植业生产的影响——基于小麦和棉花作物分析",《农业经济问题》2013年第2期。

[10] 杨俊、杨钢桥、胡贤辉:"农业劳动力年龄对农户耕地利用效率的影响——来自不同经济发展水平地区的实证",《资源科学》2011年第9期。

[11] 林本喜、邓衡山:"农业劳动力老龄化对土地利用效率影响的实证分析——基于浙江省农村固定观察点数据",《中国农村经济》2012年第4期。

[12] 彭代彦、文乐:"农村劳动力结构变化与粮食生产的技术效

率",《华南农业大学学报（社会科学版）》2015 年第 1 期。

[13] 彭代彦、文乐:"农村劳动力老龄化、女性化降低了粮食生产效率吗——基于随机前沿的南北方比较分析",《农业技术经济》2016 年第 2 期。

[14] 徐娜、张莉琴:"劳动力老龄化对我国农业生产效率的影响",《中国农业大学学报（社会科学版）》2014 年第 4 期。

[15] 何凌霄、南永清、张忠根:"农业劳动力老龄化是否必然导致家庭农业经营收益下降？——基于村公共品供给的视角",《南京农业大学学报（社会科学版）》2016 年第 2 期。

[16] Boockmann B, Steiner V. Cohort effects and the returns to education in West Germany [J]. Applied Economics, 2006 (38): 1135 – 1152.

[17] 袁蓓:"劳动力老龄化对劳动生产效率的影响——基于劳动力非完全替代的分析",《生产力研究》2009 年第 14 期。

[18] 杨长福、张黎:"我国农业人口老龄化对现代农业的影响及对策",《农业现代化研究》2013 年第 9 期。

[19] 夏庆利、罗芳:"土地利用效率影响因素分析——基于湖北的调查",《农业经济问题》2012 年第 5 期。

[20] 何小勤:"农业劳动力老龄化研究——基于浙江省农村的调查",《人口与经济》2013 年第 2 期。

[21] 沈茂英:"四川农业劳动力老龄化与农村政策调整",《西北人口》2013 年第 1 期。

构建现代农业产业体系生产体系经营体系

高度重视小农生产在推进农业现代化建设中的独特作用

——基于提升传统农耕文明和生态文明建设的视角

魏 琦 龙文军 王 欧 金书秦 张灿强 张 莹

中国的小农生产在弘扬传统农耕文明和建设生态文明中发挥了独特作用。当前，构建符合中国国情的新型农业经营体系、走中国特色农业现代化道路，必须把小农生产引入现代农业发展轨道，立足国情、农情，用"促变"的思路，对小农生产给予更多关注和政策扶持，提高开放条件下小农的组织化程度和市场竞争力，提升其在全球价值链中的地位和作用，加快推动小农走上中国特色农业现代化道路。

一、小农生产与传承农耕文明

小农生产始终强调顺应天时、讲求地利、重视人和，在朴素的哲学思想指导下创造了灿烂的中华农耕文明。

（一）小农生产顺应天时，形成了历史悠久的非物质文化遗产

经过几千年劳动实践，先民们在从事农业生产时，掌握了温度、水分和光照等"天时"条件，通过对天象和自然环境的长期观测注意到了"草木枯荣"、"候鸟迁徙"、"风云雷动"等现象，并据此总结了一套具有指导意义的经验。

1. 小农生产对物候的适应形成了科学的节气体系。小农顺应天时，根据自然界的四季变换规律安排生产生活，根据月初、月中的日月运行位置和天气及动植物生长等自然现象，构建了系统的二十四节气知识体系。并将其指导农业生产实践，在民间，劳动人民还把有关节气的内容总结、提炼、编排成许多对仗工整、意向鲜明、生动活泼的民谚民谣，便于安排农事。

2. 小农的农事活动演化出传统节庆习俗。在农耕文化长期影响下，传统农事逐渐演化为固定的农业礼仪和节日，还衍生了大量与之相关的岁时节令文化，成为中华民族传统文化的重要组成部分。"迎春"是民间的一项重要活动，并逐渐形成了"班春劝农""石阡说春""九华立春祭""打春牛""春倌说春"等民俗文化。甘肃省西和、礼县一带至今还有"春倌说春"的习俗，一到春节，春倌们便游乡串户，用说唱的形式告诉人们不违农时。

（二）小农生产顺应地利，创造了合适的农耕技术和生产环境

小农在生产中与自然作斗争，顺应地利，改造环境，并形成了与地理环境相适应的农业景观和技术手段。

1. 小农生产创造了巧夺天工的农业景观。小农在长期的生产中创造了与自然和谐的土地利用方式和农业景观，有东北旱地—水田—林地、北方旱地、南方水田、山区梯田、陇中地区砂田等农业景观。仅从农田景观来看，就有梯田、垛田、圩田、架田、八卦田、石砂田等。西汉时我国南方丘陵山区的农民基于种稻和保持水土的需要，即开始将山麓及沟谷中较低缓的坡地修成水平梯田。南方稻作梯田多具有森林—村寨—梯田—水系"四素同构"的系统特征，形成自流灌溉系统，具有较强的适应性。

2. 小农生产创造了因地制宜的技术手段。小农在劳动过程中创造了大量的种质资源培育、生物资源利用、水土资源管理、农业景观保持等方

面的知识和适应性技术，对现代农业发展也具有极强的参考价值。在黄河流域干旱条件下，先民们发明了抗旱耕作法——畎田法，土壤干燥时将种子种在沟中，便于抗旱，土壤潮湿时，将种子种在垄上，便于防涝。长江下游地区地势低洼，湖荡纵横，历来饱受洪涝侵害。当地小农在沼泽高地垒土成垛，渐而形成一块块垛田，发展出一种独特的土地利用方式。小农在实践中总结了多种农副产品加工技术，包括肉蛋制品、蔬菜加工品、水产加工品、茶、酒、调味品和发酵制品、其他农副产品等。适应各地地理、地质、气候条件，小农创造、发明和改良形成了各种农具。

（三）小农生产重视人和，营造了和谐的农村社会环境

固定的耕作土地为村落的形成奠定了基础，村落成为中国农耕文明传承和乡愁记忆的重要载体。

1. 小农生产为村落形成奠定了基础。固定农耕不需要变换居住场所，人们以固定农田耕作为生，一户的生计都被固定在小块的耕地上，多个共同耕作的农户居住在一起就形成了一个村落。村落带动人们一起生产和生活，形成了具有地方特色的传统习俗、生活方式、行为规范和价值观念，以及诸如尊老爱幼、邻里互助、诚实守信等优秀品质。

2. 小农生产活动是乡村艺术的摇篮。农村诸多的艺术形式都源于小农的生产活动。哈尼族先民经过艰辛的梯田农耕生产生活历练，积累了大量丰富的关于自然山水、动植物、生产生活的技能和经验，形成了《哈尼族四季生产调》，并将这些经验总结提炼为通俗易懂的歌谣，在师徒、母女和父子中通过口传心授、言传身教的方式传授，成为这个民族独特的文化现象。小农鼓舞劳动气势、调节生产的劳动号子和田间的吟唱成为山歌等艺术的源泉。湖南的新化山歌多来源于劳动生产，有田歌、猎歌、樵歌、渔歌、采茶歌、伐木歌、滩歌、夯歌、号子等，这些山歌有的已经成为国家级非物质文化遗产。

二、小农生产对生态文明建设的促进作用

小农生产和生态环境的关系十分密切。小农是生态文明建设的主体，

自古以来就广泛采取"杂五种,以备灾害"的作物轮作、间作、套种种植方式,农桑并举、农牧结合,并大面积地种植养地作物,在促进生态文明建设中发挥了积极的作用。小农生产顺应自然生态条件,生产了食物,养育了世代中华儿女,还留下了良好的生态系统。

(一)小农生产是一种有利于自然资源可持续利用的生产方式

小农生产的适应能力强、产出高效、环境友好,为保持水、土地的永续利用作出了不可磨灭的贡献,并将我国的农耕文明延续至今。在耕种行为上,小农生产非常讲究循环,既包括耕作方式循环,也包括资源利用的循环。例如在原始农业后期,我国就出现了"田莱制""易田制"为代表的轮荒耕作模式。在物质循环上,小农强调"人从土中生,食物取之于土,泻物还之于土"。100多年前的美国学者金(F. H. King)将中国农业的长期繁荣归结为"中国农民的勤劳、智慧和对土地的节约精神,尤其是将人畜粪便以及其他废弃物还田方面"。

(二)小农生产保护了生物多样性

在生物多样性保护方面,小农生产有明显的优势。自古以来,小农有留种的习惯,并且更加倾向于间作、套种等环境友好型耕作方式,这种方式丰富了生物多样性。世界上有8大作物起源中心,中国是最重要的一个。据统计,全世界最重要的640种作物中,136种起源于中国,约占世界总数的五分之一。

(三)小农生产顺应绿色生产和消费潮流

在当前倡导绿色发展的背景下,小农生产引领了绿色生产和绿色消费潮流。在我国,以小农生产为基础,以合作社、NGO等为纽带的有机农产品越来越受到消费者的青睐。小农生产是有机农业、生态农业最适宜的生产方式和生产单元,其产品通过适当的方式进入市场,实现了优质优价,形成了绿色生产和消费的良好氛围。

三、小农生产在农业现代化进程中面临的困难和挑战

党的十八大以来，党中央提出要坚持走中国特色新型工业化、信息化、城镇化、农业现代化道路，推动信息化和工业化深度融合、工业化和城镇化良性互动、城镇化和农业现代化相互协调，促进工业化、信息化、城镇化、农业现代化同步发展。在这一进程中，小农生产也面临诸多的困难和挑战。

（一）装备落后不适应生产过程机械化的要求

农业现代化的一个主要特征是机械化。尽管近些年国家有农机购置补贴，但是由于缺乏资本，小农的机械化装备水平总体不高。针对小规模的种植面积和养殖规模，现有机械装备也普遍存在不适用的问题。大多数小农仍主要采取粗放经营方式，获得的综合效益较低，与现代农业的机械化、集约化要求存在较大的差距。

（二）素质落后不适应生产技术科学化的要求

实现农业现代化的过程就是先进工具和科技不断注入农业的过程。农业生产中的先进生产工具和技术要靠人去应用，而小农对新技术的认识和接受程度总体较低，小农的素质落后成为制约新技术推广的重要因素。相对于规模以上农户而言，小农对物联网、云计算、移动互联等现代信息技术的学习和应用程度较低。

（三）生产规模小不适应商品生产市场化的要求

在全球化的大背景下，小农生产既要考虑到国内市场，也要考虑到国际市场。但是由于小农生产规模小，获得市场信息的能力有限，适应市场变化的能力有限，无法与大市场对接，大多停留在初级产品的提供上，难以获得进一步的价值提升，缺少市场竞争力。

（四）单家独户生产不适应农业社会化服务体系的要求

现代农业产业链分工越来越细致，加工、流通、销售等环节的社会化服务主体蓬勃发展，针对小农的服务较少。大部分小农还主要是独立开展生产，不能充分利用测土配方、统防统治等社会化服务资源，在劳动力投入和生产技术水平提高等方面碰到较大的困难，导致小农的经营性收入水平相对较低。

四、扶持小农生产适应农业现代化的对策建议

回顾历史，中国小农生产顺应天时、地利、人和，在朴素的哲学思想指导下劳动生产，使中国的农耕文明长久不息，在推动和促进生态文明建设方面发挥了重要作用。展望未来，随着经济发展方式加快转变，农业现代化是总体发展方向。必须深刻认识到，没有农村的小康是不全面的小康，没有小农的现代化是不完整的现代化，对小农的扶持必须长期坚持并不断加大力度。"守成"没有出路，"促变"方能永续发展。为此，提出如下几点建议：

（一）稳定农村土地制度，夯实小农发展基础

积极稳妥地推进土地产权制度改革，完善"三权分置"办法，保持现有承包关系长久不变，坚持土地公有制性质不改变、耕地红线不突破、农民利益不受损三条底线。在新型城镇化过程中，要完善土地征收制度，建立农村集体经营性建设用地入市制度，完善农村宅基地制度，完善土地流转的办法，建立工商资本进入农业的标准，让小农权益能得到更好的保障，分享到更多的土地增值收益。在促进城乡一体化发展中，要注意保留村庄原始风貌，慎砍树、不填湖、少拆房，尽可能在原有村庄形态上改善居民生活条件。

（二）坚持多予少取放活方针，提高小农收入水平

加大反哺农业、支持农村发展的力度，增加财政转移支付资金，鼓励

各级地方政府根据财力情况，每年确定一部分转移支付资金，将未被纳入中央国家转移支付的小农纳入转移支付范畴。按照"抓重点、广覆盖"的原则，重点向传统村落、经济落后村庄等小农聚居地区倾斜，进一步提高小农转移性收入水平。改革完善农业补贴政策体系，以绿色生态为导向，将补贴资金向生产绿色、优质农产品的环境友好型小农倾斜。探索建立农民增收财政转移支付支持补偿机制。

（三）推动农村信息化建设，引导小农走向市场

加快推动农业信息化建设，引导各类社会组织参与到农业的产前、产中、产后服务中来，逐步建立起一个能够全面覆盖农业生产、农民生活和农村发展的社会化服务体系，引导小农走向市场。在生产方面，发展互联网云农场，把分散的小农联合起来，合理安排生产计划，优化配置生产要素，逐步提高小农生产的标准化、科技化水平；在经营方面，大力发展农村电子商务，拓宽特色农产品、传统手工艺品等产品销售渠道；在服务方面，全面推进信息进村入户工程，为小农提供农业政策、农技推广、市场价格等方面的信息服务，增强小农获取信息、发展生产、便捷生活、增收致富的能力。

（四）加大农民培训力度，提高小农综合素质

在职业农民培训、农村实用人才培养、家庭农场主教育等方面加大对小农的培训力度，逐步提高小农生态文化意识，培育出具有绿色发展理念、掌握绿色生产技能的小农。组织绿色农业生产、环境友好型农业技术推广与应用、农耕文化传承与发展等方面的专题讲座；采用购买服务的方式，鼓励企业、社会组织等主体面向小农开展现代农业技术培训；充分发挥新闻媒体作用，加强农业生态文明理念的宣传，倡导绿色消费理念，提高认知水平，为小农生产营造良好氛围。

我国家庭农场实践进展与政策思考*

——来自上海、安徽等十省市家庭农场发展情况调查

陈艳丽

一、引言

针对工业化、城镇化快速发展背景下农业从业人员老龄化、兼业化日益凸现的现实,围绕解决"谁来种地、怎样种地"这个核心问题,各地从2007年就开始探索种植业生产主体的培育问题。特别是党的十八大以来,各地结合当地实际,把发展"坚持家庭经营,主要依靠家庭劳动力,实现农业生产规模化、专业化和集约化"等为特征的家庭农场作为构建现代农业经营体系的重点予以支持,并在典型培育、资金投入、项目投放、用地、税收等方面不断加大扶持力度。整体上看,目前家庭农场呈现出良好的发展势头。

党中央、国务院高度重视"三农"工作,党的十九大作出了实施乡村振兴战略的重大决策部署,提出发展多种形式适度规模经营,培育新型农业经营主体,建设现代农业。2016年10月,中共中央办公厅、国务院

---

* 项目来源:国家社会科学基金一般项目(项目编号:17BJY010)《中国农地"三权分置"改革的经验总结及效果评估》。陈艳丽,中国农业大学经济管理学院、农业部农村经济研究中心。

办公厅印发《关于完善农村土地所有权承包权经营权分置办法的意见》，将土地经营权分为承包权和经营权，实行三权分置并行，这是继家庭联产承包责任制后农村改革又一重大制度创新，土地产权制度更加清晰，有利于促进家庭农场发展。2017年"中央一号文件"提出"完善家庭农场认定办法，扶持规模适度的家庭农场"。2017年5月，中共中央办公厅、国务院办公厅印发了《关于加快构建政策体系培育新型农业经营主体的意见》，进一步明确了财政税收、用地用电等支持政策措施。农业部会同有关部门狠抓贯彻落实，加强指导服务，并出台了发展家庭农场、农民合作社、农业生产性服务业等配套文件，促进了新型农业经营主体蓬勃发展。截至2016年年底，全国纳入农业部门名录的家庭农场44.5万户[①]，家庭农场在推进农业供给侧结构性改革、促进现代农业建设、带动小农户发展等方面，发挥着越来越重要的引领作用，是发展现代农业的主力军和突击队，也是实施乡村振兴战略的重要力量。

二、家庭农场发展现状和成效

（一）明确主体标准，规范登记备案

1. 明确主体标准。各地都从经营者性质、家庭收入来源、雇工数量限制、经营规模、土地流转期限、标准化、示范效应等方面明确了家庭农场是以农户家庭为基本生产经营单位，以家庭成员为主要劳动力，从事农业规模化、集约化、商品化生产经营，并以此作为家庭主要收入来源的农业生产经营主体。家庭农场的认定标准各地有所不同，根据地区特点出台了适合各地的认定条件。四川省从资质、设施、规模、核算、效益、品牌、制度等方面出台了家庭农场省级示范的条件。

2. 规范登记备案。吉林省依据自愿原则，家庭农场可自主决定办理工商注册登记。江西省登记有两类模式：一类是先由农业部门先认定具备

[①] "国新办举行政策例行吹风会，农业部副部长叶贞琴介绍培育新型农业经营主体等有关情况，"中国农村经营管理微信公众号，2017年12月15日。

家庭农场条件后,再到工商部门办理登记;另一类是先到工商部门办理登记后,再向农业部门申请认定。山东省规定家庭农场可以登记为个体工商户、个人独资企业、合伙企业、公司和家庭农场专业合作社五种形式,由于家庭农场主要是由农业种植、养殖大户发展而来,登记的类型主要是个体工商户。

(二) 数量增长较快,发展势头良好

1. 各地家庭农场发展迅速。调研的10个省份中6个省份突破2万个家庭农场,其中山东省达到41000个,上海、广西、吉林较少(见图1)[①]。家庭农场增长速度迅速,广西、江苏、四川三省2014年家庭农场同比增长分别为79.46%、87.93%和121.4%。

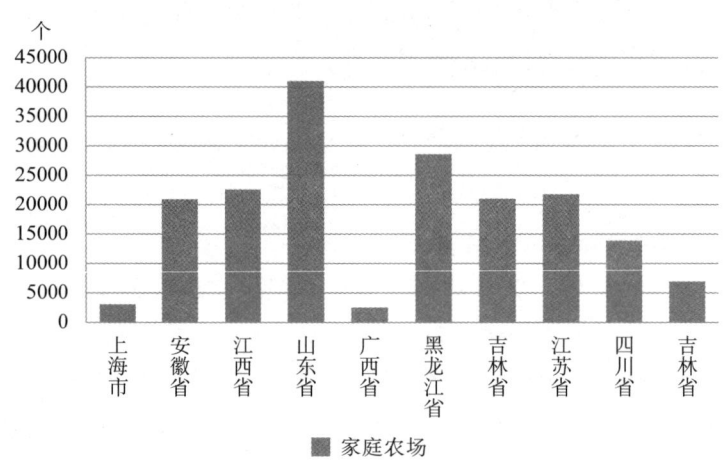

图1 各省家庭农场总数

资料来源:根据十省市家庭农场调查数据整理。

2. 家庭农场类型多样。均根据地区产业优势涉及多个产业,产业覆盖面宽,基本覆盖了各地全部的主导和优势产业。如安徽省主要分布在粮

---

① 因统计口径或认定标准调整,文中家庭农场数目有可能与最新的官方家庭农场数目有差异或偏大,但对本文所做的关于家庭农场相关实质分析影响不大。

油、果蔬、苗木、茶叶、烟草、药材、畜禽以及水产养殖等行业,广西家庭农场经营产业涉及优质稻、林果、畜禽、水产、休闲农业等特色产业,吉林省种植业主要生产经营粮食、蔬菜、药材、苗木等产业、养殖业主要涉及生猪、肉牛、山羊、家禽、水产等产业、种养结合主要生产形式为粮食(蔬菜)+生猪(禽类)等。

3. 多数家庭农场仍以粮食生产和种植业为主。与其他产业不同,种植业更适合家庭经营。家庭农场的这一产业特征有利于防止土地流转中的"非粮化""非农化"、有利于保持粮食生产的稳定性。如上海市粮食生产家庭农场占总农场的90.87%,安徽省占52.6%,江西省占43%,种植业、养殖业和种养结合占比多以种植业占比最高(见图2)。吉林省调研的11个县(市)种植业家庭农场6455个,占总数93%;养殖业家庭农场208个,占总数的3%;种养结合型家庭农场;278个,占总数的4%。黑龙江省种植业家庭农场2.5万家,占家庭农场总数的87.4%,畜牧业家庭农场0.3万家,占家庭农场总数的10.5%,种养结合家庭农场381家,渔业家庭农场208家。

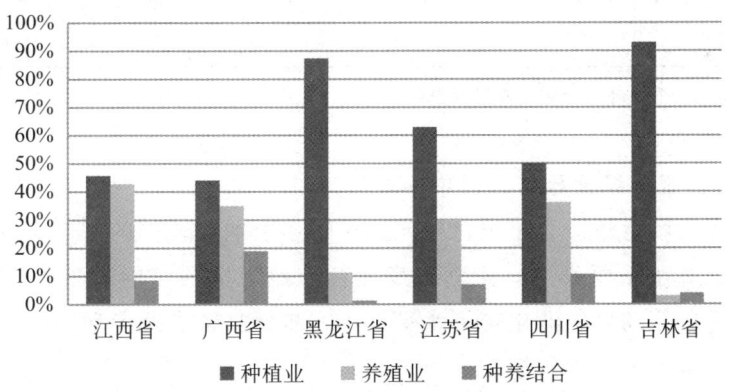

图2 各省种植业、养殖业、种养加家庭农场占比

资料来源:根据十省市家庭农场调查数据整理。

4. 各地积极探索家庭农场与农民专业合作社、农业龙头企业的合作协同。实现不同主体之间的优势互补,融合发展,如上海市探索"农业龙头企业+农民合作社+家庭农场""农民合作社+家庭农场""农业合作组织+家庭农场""镇农投公司+家庭农场""农机合作社+家庭农场"等多种合作形式。

表1　　　　　　　　各地区2014年家庭农场发展情况

地区	总数（个）	同比增加（%）	粮食生产家庭农场（个）	粮食生产家庭农场占比（%）	工商部门注册（个）	农业部门认定（个）	种植业、养殖业及种养结合比例（%）
上海市	3067		2787	90.87			
安徽省	20947		11008	52.60	18866		
江西省	22618				16669	5949	45.7:42.8:8.5
山东省	41000						
广西省	2538	79.49					44:35:19
黑龙江省	28600						87.4:11.21:1.33
吉林省	21058						
江苏省	21800	87.93	9300	43			63:30:7
四川省	13873	121.40			9223	6896	50:36.16:10.73
吉林省	6941						93:3:4

资料来源：根据十省市家庭农场调查数据整理。

（三）流转经营显著，以中小规模为主

家庭农场比较适合于粮食生产，对防止土地流转中的"非粮化""非农化"发挥了重要作用。家庭农场经营土地规模要与经营者的劳动生产能力相适应，随着农业生产力水平的进一步提高、农业劳动力的进一步转移，可逐步扩大土地规模。

1. 土地流转显著。安徽省家庭农场经营土地面积440.6万亩，其中流转耕地339.4万亩，占家庭农场经营土地面积的91.5%。山东省12个市19807家家庭农场流转土地134.92万亩。有数据的5个省中（见图3），黑龙江经营面积最多为786万亩，广西最少为19.4万亩。在场均经营土地面积中，江西、广西、四川3省平均在100亩以下，安徽、黑龙

江、江苏三省接近或超过 200 亩,黑龙江最多为 275 亩。

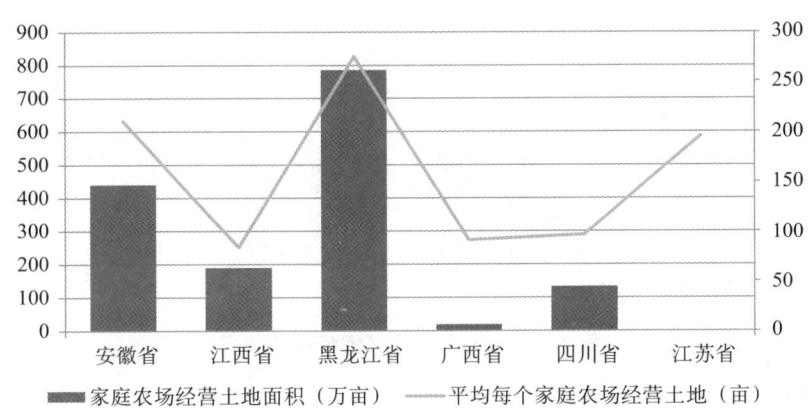

图 3　各地区家庭农场经营土地面积和场均经营面积

资料来源:根据十省市家庭农场调查数据整理。

2. 以中小规模经营为主。安徽省以中小规模的种粮家庭农场为主,其中经营土地面积 50—200 亩的种粮家庭农场 5557 个,占种粮农场比重的 50.48%,200—500 亩的种粮家庭农场 3667 个,占种粮农场比重的 33.31%。四川省从事种植业的场均经营耕地 136 亩,从事渔业的场均经营水面 88 亩,近九成家庭农场种粮规模在 50—200 亩。

山东省土地经营规模总体在 100—200 亩,据对 8 个市 9264 家家庭农场进行调查,平均经营面积 76.59 亩,其中经营面积 100 亩以内的 4758 家,占 51.36%;100—200 亩的 3068 家,占 33.11%。两者相加,经营面积 200 亩以内的 7826 家,占 84.47%。其中,4450 家粮食种植家庭农场,经营面积 100 亩以内的 1783 家,占 40.07%;经营面积 100—200 亩的 1623 家,占 36.47%。两者相加,经营面积 200 亩以内的 3406 家,占 76.54%。

吉林对调研的 11 个县(市)6941 个家庭农场进行统计,绝大多数家庭农场经营规模在 100 公顷以内,规模经营 5—10 公顷的家庭农场 3470 个,占 50%;11—20 公顷的 2152 个,占 31%;21—30 公顷的 486 个,占 7%;31—40 公顷的 347 个,占 5%;41—50 公顷的 208 个,占 3%;

50公顷以上的278个,占4%。规模经营5—50公顷的6663个,占96%(见图4)。

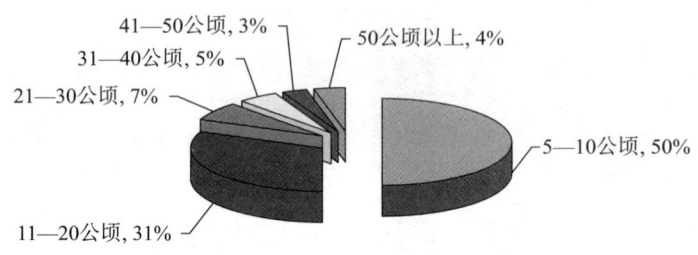

图4 吉林省家庭农场规模经营情况

资料来源:根据十省市家庭农场调查数据整理。

江苏省2.18万家庭农场,平均单体经营面积194亩,其中100—300亩的家庭农场超过1万个,占49%;100亩以下的7800多个,占36%;300—1000亩的2900个,占13%;1000亩以上的446个,占2%。

3. 以家庭成员为主。安徽、江西、四川3省家庭农场劳动力数量分别为10.1万人、7.91万人和7.09万人,家庭成员劳动力分别占比分别为59%、72%和66%,平均每个家庭农场拥有劳动力分别为4.8个、3.5个和5.1个。

(四)农场经营经济和社会效益显著,带动农民增收,农业增效

家庭农场经济和社会效益显著,与传统的家庭经营模式相比,无论是亩产值和亩均效益都有较大幅度的增长,土地利用率明显提高。家庭农场经营面积远大于传统的家庭经营,在市场意识、种养水平等方面都明显优于普遍农户,家庭农场依靠规模经营优势,在品种选择、技术应用、经营效益等方面都具有明显优势,农业劳动生产率大幅提高,生产经营的效益十分显著,不仅明显高于普遍农户,而且明显高于务工收入,能够示范带动周边农户跟进,形成了各地的特色产业,农民拥有了"体面的收入",过上了"体面的生活",逐步使农业成为"体面的职业"。

1. 土地利用率明显提高。与传统的家庭经营模式相比,无论是亩产值和亩均效益都有较大幅度的增长，广西家庭农场的亩产值大多数在5000元以上，扣除土地租赁费和生产管理成本后亩均效益一般能达到1000元左右，江苏省以规模为100亩的粮食家庭农场为例，稻麦两熟一年纯收益普遍在5万—8万元。

2. 农业劳动生产率大幅提高，经济效益明显。家庭农场经营面积远大于传统的家庭经营，在市场意识、种养水平等方面都明显优于普遍农户，依靠规模经营优势，在品种选择、技术应用、经营效益等方面都具有明显优势，上海市2014年按一个家庭农场两个劳动力测算，全市粮经结合家庭农场户均收入达到24万元，经济作物家庭农场户均收入17万元，机农结合和种养结合家庭农场户均收入均为15万元，水产养殖家庭农场户均收入达到14万元，粮食生产家庭农场户均收入为11万元，均高于一般家庭两个劳动力从事打工的户均收入水平。

3. 农业商品化生产明显提升，农产品品牌建设逐步加强。四川家庭农场2014年销售农产品29.4亿元，场均达到21万元，分别增长128%和5%。其中，年销售总值10万元以下的家庭农场7265个，占总数的52%；10万—50万元的家庭农场5103个，占总数的37%；50万—100万元的家庭农场1035个，占总数的7.5%；100万元以上家庭农场470个，占总数的3.5%。同时，农产品品牌建设逐步加强，拥有注册商标家庭农场320个，获得农产品质量认证家庭农场107个。家庭农场示范带动周边农户跟进形成了各地的特色产业，如广西的金田淮山、金田黄鲨、麻垌荔枝、白石山铁皮石斛等。

4. 社会效益显著，家庭收入明显提高。江西省年销售农产品总值68.04亿元，劳动力人均农业产值8.6万元。安徽省全省家庭农场购买农业生产投入品总值为63.8万元，平均每个家庭农场投入30.5万元；全省家庭农场年销售农产品总值121.4亿元，平均每个家庭农场58万元。山东省家庭农场年经营收入10万元左右。根据对山东省8个市的11974家家庭农场调查，年经营收入10万元以下的6227家，占52%；年经营收入10万—20万元的3404家，占28.43%。吉林省11个县（市）家庭农场经营收入10万元以下的3818个，占家庭农场总数的55%；11万—20

万元的 1874 个，占家庭农场总数的 27%；21 万—30 万元的 486 个，占家庭农场总数的 7%；31 万—40 万元的 278 个，占家庭农场总数的 4%；41 万—50 万元的 208 个，占家庭农场总数的 3%；50 万元以上的 277 个，占家庭农场总数的 4%。从数据分析看，在劳动力水平、农业机械化程度、地力等条件明确的情况下，家庭农场随着经营规模的增大，收入也逐渐增多，收入与经营规模成正比例增长（见图 5）。

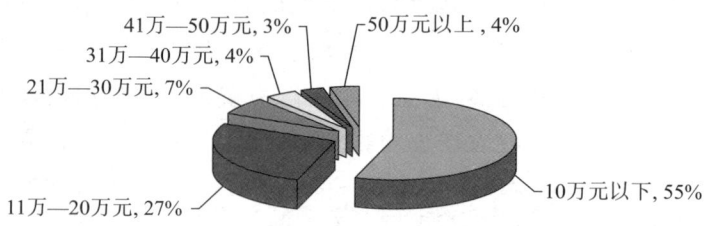

图 5 吉林省家庭农场收入情况图

资料来源：根据十省市家庭农场调查数据整理。

三、存在的主要问题和困难

（一）家庭农场法律地位不明确，登记认定有待规范

一些地方工商、农业等部门对家庭农场的认定标准、名称核定、经营主体资格、经营范围、经营场所等注册要素的规定还不够明确和完善，有的对农场主身份把关不严，只要在工商部门登记注册就算是家庭农场，部分家庭农场名不符实，有的农户登记注册家庭农场只是为了享受扶持政策，有的农场不是家庭成员组成，或不从事农业生产经营。相反，绝大多数符合条件的家庭农场还不具有法人地位，有的虽然在农经部门了备案，在工商部门却没有注册。没有统一的登记、备案制度，登记的法人类型有个体工商户、独资企业、合伙企业和有限责任公司等多种类型，有的在注册合作社的同时，又加挂家庭农场的牌子等。注册机构与管理服务机构脱节，缺乏行业指导和监管，政府或业务指导部门无法详细掌握家庭农场的运行状态，统计数据粗线条。

（二）政府对家庭农场定位不明确，部门引导推动不力

政府对家庭农场认识不足、界定不清，对家庭农场在农业经营体系中的基础地位和作用认识不够，有的认为农村有专业大户、合作社、龙头企业了，没必要再搞什么家庭农场；有的在发展过程中大包大揽，包办一切，个别地方存在人为"垒大户"的现象，出现政府热、业主冷的现象，贪多求大，片面追求数量，不注重质量，家庭农场缺乏活力和创造力，没有达到适度经营和集约经营的目的；有些政府以"百姓愿意干的事，才有生命力"为借口，当甩手掌柜，放任自流，结果导致农场在规划上杂乱无章，在产业发展上，贪大求洋，盲目跟风，总是比市场慢半拍。

（三）各地加大政策扶持和财政投入，但相关税费等配套政策不健全

各地加大了对家庭农场的政策扶持和财政投入，一些地方设立了新型农业经营主体风险补偿基金和家庭农场专项扶持资金。如安徽省农业委员会与省财政调整补贴方式，整合中央财政支持农民合作社创新试点5000万元、现代农业补贴1800万元、新型主体专项1200万元，共计8000万元，面向家庭农场和合作社设立省新型农业经营主体风险补偿基金。四川有478个家庭农场获得省、市、县三级财政扶持资金4733万元，有384个获得贷款支持8370.2万元。江苏省2014年省级财政投入1000万元，扶持了111家省级示范家庭农场，2015年省级家庭农场扶持资金盘子增加到9000万元。但从总体来看，财政对新型农业经营主体的支持，主要集中在农民专业合作社和农业龙头企业，对以粮食生产为主业的家庭农场扶持相对不足，对家庭农场发展迫切需要的财税、信贷、保险、税收、用地等多方面缺少实实在在的支持，配套政策措施不到位。有的种植养殖大户对转为家庭农场有顾虑，担心转为家庭农场后会参照工商企业缴纳税费，增加家庭经营负担；有的担心现有针对种植养殖大户的优惠政策，在转为家庭农场后不能继续享受；有的对转为家庭农场后是否给予更优惠扶持政策抱有疑虑，还有的担心转为家庭农场后，有关部门会加大监督检查力度，给生产经营带来不必要的麻烦。种养大户缺乏强有力的政策引导，

向家庭农场转型发展的积极性不高。

（四）融资难，抵押担保瓶颈约束突出，资金短缺

虽然各地积极创新金融信贷保险扶持政策，如上海市银保联合项下家庭农场贷款担保金额最高为 50 万元；对家庭农场发展农业生产经营的贷款进行贴息，贴息比例为同期同档次贷款基准利率的 60%，保费补贴比例可达保费的 80%。安徽省引导推动有条件的地方建立"征信＋信贷＋服务""金融＋保险＋财政资金""财政资金＋互助基金"等新机制，围绕家庭农场开展政策性农业保险提标试点工作，宿州市玉米、大豆、小麦保额分别提高了 150 元、90 元和 230 元。但由于家庭农场等新型农业经营主体贷款成本高、利润低，银行缺乏贷款积极性，除部分地区开展金融产品创新试点外，融资难问题仍然没有得到有效解决。农业贷款风险大，金融机构贷款门槛要求高，农村信用部门贷款额度小、利率高、还贷期短，很难适应前期投入较大、周期较长、比较效益低、回报见效慢的农业规模经营。资金短缺仍是制约家庭农场规模经营的瓶颈，一些经营者即使有规模经营的意愿，也因资金和风险问题难以实施。江西省通过"财政惠农信贷通"政策得到一定缓解，但受财政担保资金规模限制，获得贷款的家庭农场不到总数的 1/7。由于与现行法律规定相抵触，制定出台农村土地承包经营权质抵押贷款实施办法还存在障碍，目前尚无新型农村经济组织以土地承包经营权抵押、农机设备抵押等方式获得贷款，也无银行针对家庭农场推出农机设备按揭贷款。扩大保险品种和覆盖面、简化投保手续、提高保额和赔付额等，在大部分地区尚未实施。

（五）土地流转不顺畅，规模经营难，不利于家庭农场持续发展

一些地方土地细碎化，集中连片难，土地的稀缺性不断显现，农民惜租，部分地区土地流转价格高企，家庭农场经营难以承受，特别是从事粮食生产的农场，如上海市闵行区对支付不低于每年每亩 1400 元土地流转费的家庭农场，政府补贴 800 元。土地流转机制不灵活，流转期限短，政策导向上鼓励农村承包土地流转期限为 3—5 年，目前家庭农场流转土地的期限以 1—5 年居多，农民的恋地情结特别是中年农民出于对今后生活保障的顾虑，把土地当成"保命田"，宁可粗放经营，也不愿放弃土地，导致土地流出户少。目前制约土地流转的一个重要因素就是很多地方确权还没有全面完成，农民的土地权利还没有固化下来，一部分农民放不下心来流转，土地流转规范性和保障程度较差，土地纠纷较多，农户长期流转的意愿不强，如江西省土地流转率为30%，远低于农村劳动力转移40%的比例。家庭农场难以获得长期稳定的土地经营权，对实施机械化生产和提高耕地质量也产生一定影响，不利于家庭农场稳定持续发展。

（六）人才缺失，经营管理水平不高，内部管理不规范

家庭农场主大多是农村的种田能手、村组干部等，多年从事农业生产，实践经验丰富，但不同程度存在年龄偏大、学历偏低、技能偏弱问题，高学历、懂技术的现代农业经营管理人才较少，如上海市全市家庭农场经营者50岁以上占60%，初中及以下文化程度占78%。受传统观念、农业比较效益总体偏低等因素影响，务农还不能成为体面的职业，农村劳动力大量转移，有知识、懂技术、会经营的新型家庭农场主后继乏人，青壮年农村劳动力特别是有一定学历的，一般不愿意回到农村从事农业生产，出现"青壮年荒""劳力荒"。上海市为吸引青年农民从事家庭农场生产经营，采取积极措施，但部分家庭农场经营者对养老保障存有后顾之忧。由于人才缺失，部分家庭农场内部管理不规范，大部分家庭农场未实行财务核算，没有建立财务管理制度，导致在资金项目申报、考察、拨付、监督、考核、政策落实等方面存在一定困难，影响了农场的经济和社会效益。目前，多数农场主要从事种养业，仍然是家庭式、作坊式、粗放型运作，经济附加值低，劳动强度大，利润薄，生命力不强，示范效应不明显，本质未脱离精耕细作的生产模式，很多家庭宁愿选择外出务工，也不愿发展家庭农场。

四、政策建议

继续贯彻和落实党的十九大和中央农村工作会议精神，围绕实施乡村

振兴战略的重要部署，坚持农业农村优先发展，继续鼓励发展规模适度的家庭农场，进一步完善对家庭农场的支持服务体系，为培育新型农业经营主体，建设现代农业提供有力支撑。

（一）明确家庭农场主体地位，规范登记准入

研究制定关于发展家庭农场的法律法规，明确其法律地位，对认定标准、注册登记、政策支持等方面作出规范，出台家庭农场参照指导标准和登记管理办法。认定标准应立足于地域农业的特点，采取家庭农场自愿登记注册的管理办法，无论是否登记注册，只要符合条件都要给予同等的扶持政策。家庭农场经营规模要与家庭成员的劳动生产能力和经营管理能力相匹配，与当地的土地流转供应和农村劳动力转移程度相匹配，处理好数量与质量的关系，考虑到各地区耕地资源的差异、租赁价格和单位面积产量不同等因素以及农业人口转移速度、城镇化进程、农业科技水平提升等因素。

（二）加强示范带动，实行动态监管

正确认识家庭农场的地位作用，正确处理家庭农场与种粮大户、农民合作社的关系，鼓励家庭农场牵头组建、参与农民合作社。科学制定创建标准，集中力量培育一批规模适当、产业突出、经营有方、效益好、影响大、带动力强的示范性家庭农场，建立示范性家庭农场名录库。建立一套登记监测体系，把握家庭农场以家庭成员为主要劳动力、以农业为主要收入来源"两个为主"的基本特征，指导各地统筹考虑地方农业农村发展情况，进一步规范地方家庭农场认定标准，对经营者资格、劳动力结构、收入构成、经营规模、管理水平等通过认定登记、备案和建档立卡等工作，全面建立家庭农场基础信息数据库。实行动态管理，建立规范、有效、可操作性强的年检与审查制度。

（三）健全家庭农场财政支持政策，实施精准扶持

建议中央财政设立扶持家庭农场发展的专项扶持资金，加大中央财政

支持力度，引导地方财政共同投入。逐步调整以家庭承包户为主的支持政策，农业基础设施建设项目、新增农业补贴、财政奖补资金、农业保险保费补贴应向家庭农场等新型主体倾斜，重点加大对家庭农场的生产性支持，适宜家庭农场申报的农业项目优先安排，对列入示范家庭农场名录的实施财政奖补。探索通过项目建设、定向贴息、补贴、降低中间费用等方式，形成农业、财政、金融等部门支持合力，推动涉农资金整合，实施一批精准扶持政策，引导资金主要应用于家庭农场的设立补助、规范管理、技术培训、品牌建设等方面，扶持政策主要应解决家庭农场在税收、信贷、保险、用地、用电等方面的实际问题。推动政策落实，落实家庭农场免收登记注册费、验照年检费和工本费的规定，在税务登记、纳税申报、发票领用等环节提供优质服务，给予家庭农场自产自销农副产品减免税收待遇等。

（四）开展金融产品创新，拓宽抵质押范围

根据家庭农场特点，研究制定支持家庭农场信贷政策和金融服务措施，鼓励中国农业银行等正规金融机构将家庭农场纳入信贷支持范围，引导小额信贷公司、村镇银行创新信贷管理体制，建立融资担保、贷款贴息等制度，开展金融产品创新，重点支持基础设施和固定资产投资。拓宽抵质押范围，积极开展农机具抵押、存货抵押、订单抵押、土地流转收益保证、涉农直补资金担保、林权抵押、蔬菜大棚抵押、应收账款质押、畜禽产品抵押、水域滩涂使用权抵押等创新业务。加强家庭农场增信机制建设，银行业金融机构要将家庭农场纳入信用评定范围，建立家庭农场信用等级评定制度，将信用评定结果与家庭农场的贷款授信结合起来，对信用等级较高的在同等条件下实行贷款优先、利率优惠的正向激励机制，进一步扩大家庭农场获得金融支持的覆盖面。把示范性家庭农场作为信贷支农的重点，创新组织、机制、产品和服务模式，简化贷款流程，合理确定利率、期限、额度，并在符合条件的情况下给予费率优惠、担保额度放大等优惠，有效满足家庭农场的合理信贷需求。鼓励有条件的市县建立家庭农场融资风险补偿机制，成立融资风险补偿基

金管理委员会。政策性农业保险要向家庭农场倾斜，优化家庭农场保险服务，在农业政策性保险基础上，创新商业性农业保险品种，落实农业保险保费补贴政策。

（五）加快土地确权颁证，规范引导土地流转

尽快对土地承包经营权确权登记颁证中出现的共性问题制定指导性意见，规范引导土地流转，如二轮承包合同之外的耕地如何确权，各种原因的候地人员如何解决，村里留不留机动地，纳入二轮承包的林地、草原、滩涂面积如何确权，确权确股不确地的范围、条件和程序如何确定等等。妥善处理好土地确权中出现的这些问题，切实做到强化对土地承包经营权的物权保护，使农民放心流转、安心流转，稳定农民土地经营预期。依托县、乡农村经营管理机构，开展土地流转供求信息、合同签订、价格指导、纠纷调解等服务，引导农户依法、自愿、有偿、平稳地向家庭农场流转其承包地。引导和鼓励家庭农场经营者通过实物计租货币结算、租金动态调整、土地经营权入股保底分红等利益分配方式，稳定土地流转关系，形成适度的土地经营规模。在法律和制度方面，调节好农民土地承包权和经营权的利益关系，在保护农民土地承包权的同时，注重保护家庭农场经营者合法权益，建议通过立法，让拥有土地承包权农民和取得土地经营权农民都能吃上"定心丸"。

（六）加大教育培训力度

大力发展农村职业教育，鼓励农业高校、科研院所、职业技术学校增设家庭农场发展所需专业，推行新型职业农民认证制度，鼓励吸引富有创新精神、有专业知识的大中专毕业生和专业技术人员兴办家庭农场或到家庭农场就业，培养家庭农场经营后备人才，通过扶持政策引导新型职业农民发展现代家庭农场。相关部门尽快制定家庭农场管理服务办法，确立其市场经营地位、规范管理，引导家庭农场加强内部管理，建立财务管理制度，制定印发统一的各类家庭农场财务报表格式及财务管理制度，引导中介机构为家庭农场代理建账，搞好成本核算。科学引导种养大户、种养能

手、专业大户向家庭农场发展,鼓励家庭农场实行企业化管理,引导农业知识、技术等先进生产要素流向家庭农场,促进家庭农场要素结构升级,激励家庭农场开展应用性农业科技创新活动。支持有条件的家庭农场建立试验示范基地,担任农业科技示范户的职责。

家庭农场：
发展特点、主体认知与政策需求
——基于四省 49 个家庭农场的调查

宁　夏

家庭农场因为能够较好兼顾家庭经营和规模经营的优点，有效解决农业生产中的劳动监督成本和委托代理风险等难题，成为一种较为理想的经营主体形式。经过近几年快速发展，全国已有家庭农场 87.7 万家，占 270 余万新型经营主体的近三分之一，家庭农场已经成为我国新型农业经营主体的重要组成部分。本文重点关注家庭农场的三个问题：一是经过了三四年的快速发展，现在的家庭农场发展呈现出哪些新的特点；二是除了现有的政府部门（特别是农业部）和从事相关研究的学者对家庭农场给出的定义与特征概括，广大家庭农场主心目中对家庭农场的自我定义是怎样的；三是家庭农场主在经营过程中存在哪些现实困难和政策需求。在针对这三个问题开展调查研究的基础上，对家庭农场政策的进一步改进提出建议。

本文基于作者 2016 年 12 月到 2017 年 7 月之间对山东、江苏、四川、甘肃四省 49 位家庭农场主的调查数据，这 49 个被调查家庭农场包括山东

7个、江苏9个、四川9个、甘肃24个。山东、江苏、四川的个案来自其他课题调研中偶遇,甘肃样本来自全国农业推广学校2017年7月在当地举办的新型职业农民培训班学员,调查方式包括问卷和结构化访谈。被调查家庭农场平均土地经营面积340亩,略低于农业部2016年家庭农场监测数据357亩,其中最大1800亩,最小1亩(养殖业家庭农场)。49个家庭农场经营规模呈现出向适度规模集中的趋势,71.7%的家庭农场小于400亩,50%的家庭农场经营规模集中在100—400亩之间。被调查家庭农场经营规模同农场的主营项目密切相关,主营粮油作物种植的家庭农场平均经营规模是主营蔬菜经济作物种植的1.68倍,是主营畜禽水产养殖的12倍。

一、家庭农场发展特点

调查发现,家庭农场发展呈现出如下特点和趋势:

(一)家庭农场主呈现出年轻化、知识化的特点,大多具有外出务工经商经历

在49位家庭农场主中,男性44位,女性5位;35岁以下占20.4%,35—60岁占75.4%,60岁以上的仅有1位,被访家庭农场主平均年龄为41.8岁,年龄中位数为43岁,其中5位女性家庭农场主年龄分别为27岁、32岁、36岁、43岁和44岁,整体年龄分布呈现出以中年、青年为主的特点,特别是女性家庭农场主的年龄更为年轻化。在49位家庭农场主中,具有高中(含中专)及以上学历的占57.1%,其中有7人具有大专及以上学历,整体知识水平明显高于一般农户。家庭农场主以本地农户为主,49位家庭农场主中77.6%为本村户籍,34.7%具有在外经商的经历,说明返乡农民是创办和经营家庭农场的主力。

(二)家庭农场多种经营现象普遍,承担社会化服务种类更加多样

49个家庭农场绝大多数主营种植业和养殖业,其中以经营粮油作物种植最为普遍,共有26家经营,占53.1%,其次是蔬菜种植(19家)、畜禽养殖（14家）。被访家庭农场普遍从事多种经营，拥有2种及以上经营项目的家庭农场占65.3%，38.8%的家庭农场拥有3种及以上经营项目，最多的一个家庭农场拥有6种经营项目，还有9个家庭农场同时兼营其他企业。第一、第二、第三产业融合发展成为新趋势，有8家家庭农场经营农产品加工贸易，2家经营住宿、餐饮等服务业，在调查过程中还有不少家庭农场主表示有意向发展农产品加工、电子商务和休闲农业等项目。

许多家庭农场同时也是社会化服务主体，有13家家庭农场为其他经营主体开展农机作业服务。在调查过程中发现家庭农场承担的社会化服务种类更为多样，一些家庭农场参与到土地整理、职业农民培训、农业科研试验、有机肥供应等社会化服务项目中。山东省德州市陵城区部分家庭农场以政府购买服务形式参与当地土地整理和耕地质量提升项目，山东省泰安市岱岳区创新家庭农场受当地农广校委托承担职业农民培训业务，嘉禾家庭农场承担山东农业大学等高校和科研部门的小麦新品种选育等田间试验工作，四川省青神县一些养殖业家庭农场通过建设粪污处理设施成为当地蔬菜种植户的有机肥供应主体。

（三）家庭农场开展合作与联合经营的意愿更加强烈，合作方式更为多样

49个家庭农场中，有46.9%的家庭农场参加了合作经营组织，其中19个为合作社领办人。在询问参加合作社意愿时，有28.6%的家庭农场主表示希望能加入合作社，34.7%的家庭农场主表示愿意亲自组建合作社。

在一些产业发展尚不充分、家庭农场实力较为弱小、建立合作组织条件尚不成熟的地方，一些家庭农场也会以多种方式同其他经营主体开展生产合作。在这些地方虽然没有正式的合作组织，但是有大量农户自发的合作行为。在对四川省青神县家庭农场的调查中就发现，当地家庭农场在生产过程中同周边其他家庭农场和一般农户有经常性的生产合作行为，包括交换生产资料（养殖户向种植户提供农家有机肥、种植户向养殖户提供

青饲料)、租赁或共享农机具等,甚至共享土地(当地有食用菌种植户季节性使用其他种植户的耕地培养食用菌,在生产季节结束后再退还给种植户耕种,据说培养食用菌能够提高土地肥力,因此这种共享土地方式受到当地种植户的普遍欢迎)。随着当地家庭农场和相关产业的不断发展壮大,这些合作行为会成为建立正式合作组织、发展合作与联合经营的良好基础。

二、家庭农场经营主体的自我认知

调查以 17 个判断题和 2 个主观题考查家庭农场主对于家庭农场政策界定概念的认知情况,结果如下:

(一) 什么是家庭农场

在大部分被访家庭农场主眼中,家庭农场同一般农户之间有明显的区别,主要表现为经营规模更大、经营管理更为规范以及在政策扶持上存在差别。有的被访者提到,家庭农场经过注册登记,更易于获得政府政策扶持,同时农场信息上网后无论购买农资还是销售产品都会有商家主动联系。家庭农场同专业大户的区别在许多被调查的农场主眼中则较为模糊,有少数家庭农场主认为家庭农场生产主要依靠家庭成员劳动,同专业大户相比雇工受到限制,经营规模也更为适度。

不少家庭农场主对于各种新型经营主体之间的区别不甚了了,申请注册时只是根据能获得的补贴多少来选择注册类型,有一位被访家庭农场主就说自己当初本来想去注册合作社,去了才知道合作社不能由一户组成,临时才选择注册家庭农场。可见,政策扶持可得性是家庭农场主严重不同类型经营主体最主要的差别。

(二) 谁能经营家庭农场

"本村人经营"受到更多家庭农场主的赞同,有 87.8% 的被访家庭农场主赞同"只有本村村民才能在本村经营家庭农场",而赞同"只有农村居民才能经营家庭农场"的占 73.5%。说明被访者对于家庭农场主资质更看重是否是本村人,至于其是否在乡务农还在其次。在江苏泰州姜堰区调研中,当地农经部门同志和被访家庭农场主介绍时都表示,应当限定只有本村村民才能在本村经营家庭农场,一来本村人熟悉本村的水土气候和品种技术特点,能够合理安排种植;二来本村人相对于外地人出事之后更加难以跑路,所以经营中会更有责任心,尤其能避免出现使用高剧毒农药、掠夺式经营等机会主义行为。对家庭农场的"本村人经营"要求,符合乡村熟人社会的传统,是村庄共同体成员将资产托付家庭农场主经营时的信任保障措施,也是对家庭农场主的一种约束机制,能够提高家庭农场对受托资产的责任意识,具有一定合理性。

(三) 家庭农村经营规模有多大

在土地经营规模方面,有65.3%的被访家庭农场主赞同经营规模应超过一定标准,有34.7%赞同家庭农场的最大经营规模应当受到限制。在收入经营规模方面,32.7%的被访者同意"只要收入能满足家庭生活需要,即使规模不大也可以算家庭农场",51.0%的被访者赞同"只有经营收入超过外出打工,人们才会去经营家庭农场",但是只有22.4%的被访者赞同家庭农场经营收入应达到当地城市居民收入水平。说明在被访家庭农场主心目中判定经营规模的标准,收入水平是比土地面积更合适的标准。对于适度经营规模的判断,被访家庭农场主的心理定位就是能使其经营收入能达到村庄中等收入水平的经营规模,其参照标准是周边村民的收入水平,而不必用城市居民的收入标准来衡量。而农业部给出的家庭农场基本特征之一"收入水平能与当地城镇居民相当",农业部的认识同家庭农场主的实际认识存在差异。

(四) 家庭农场能否兼业

对于家庭农场经营方式,主要询问兼业和机械化。有83.7%被访者不同意"经营家庭农场就不能再搞兼业"。但调查结果说明在被访家庭农场主心目中兼业经营并非不可接受的。农业生产本身存在农忙与农闲之分,家庭农场主利用农闲时间开展兼业经营,可以提高劳动生产率和资产资金利用效率。兼业不仅出现于小农户和小型家庭农场，在调研中发现，事实上农业经营主体（包括家庭农场）的经营规模越大，就越倾向于开展兼业经营，通过兼业经营来分摊农业经营的成本，分担经营风险。因此，尽管农业部将"专门从事农业"作为家庭农场基本特征之一，但现在包括家庭农场在内的许多新型经营主体已经开始向第一、第二、第三产融合方向发展，农业的外延所指范围已经大大拓展、边界日益模糊，对"专业务农"过于强调不仅失去意义，而且可能阻碍家庭农场进一步发展。

三、家庭农场政策需求

通过12个判断题和1个主观题，询问家庭农场经营在12个方面是否存在困难，从而考察其对相应政策的需求程度。主要发现如下：

（一）政策需求多样化，资金、信息最迫切

从调查结果看，对资金贷款政策的需求程度最高达67.3%，其次是对市场信息和产品销售方面的政策需求，分别为59.2%和57.1%，其后依次为生产技术（44.9%）、水电路等农业基础设施（38.8%）、土地流转（36.7%）、获取社会化服务（36.7%）、生产资料采购（22.4%）、教育医疗等农村公共服务（20.4%）、教育卫生等农村人居环境（16.3%）、家庭农场注册登记等管理服务（6.1%）。说明家庭农场对扶持政策的需求呈现出多样化，除了初创时期面临的"缺资金"，怎么能够把生产的产品卖出去、卖上好价钱已经成为现在当下家庭农场面临的重要问题，缺市场信息、缺销售渠道成为家庭农场面临的新困难，亟需给予相关的政策引导与支持。

（二）政策需求存在地区差异

以被访家庭农场主所在省区进行分类，发现农场主政策需求存在地区差异。从统计结果来看，位于东部发达地区江苏省的家庭农场需要提升规模经营水平，在土地流转和农田基础设施方面需求较为迫切；四川多山地

丘陵，交通不便，家庭农场主在获取教育医疗等农村公共服务方面较为困难；甘肃整体发展较为滞后，当地家庭农场主在资金贷款、市场销售、技术管理、基础设施等多方面政策需求都较为迫切。

（三）政策扶持难在落实

调研过程中，各地家庭农场主和县乡基层农经干部普遍反映的问题就集中在两点：一是上级许多有关支持家庭农场发展的政策缺乏具体扶持措施；二是许多政策因为部门之间缺乏协调等原因而难以落实。一些农场主说，各级政府评选示范家庭农场"交了许多材料，应付许多检查，最后只是给块牌牌，没有任何实惠"。还有的农场主指出扶持政策存在农业部门动而其他部门不动的问题，一些家庭农场主依据农业部门相关政策向金融部门申请政策性贷款却遭到金融部门拒绝。像经营权抵押贷款政策，许多试点地区光有流转合同或经营权证抵押还是不行，最后得依靠政府设立风险基金提供担保，实际上还是政府担保贷款，土地经营权的资产价值没能得到体现。

四、结论与政策建议

（一）相关政策需要适应家庭农场发展新趋势

从调查结果看，返乡中青年农民成为发展家庭农场的主力，家庭农场更倾向于多种经营而非单一种植（或养殖），并具有开展合作的强烈意愿。相关政策需要适应家庭农场发展的这些新趋势，政策重点瞄准新型农民，更多支持年轻、有阅历、有知识的返乡农民和返乡大学生创业创新，发展家庭农场；支持家庭农场发展多种经营，特别是走种养结合、生态循环、产业融合的发展道路；支持家庭农场成为社会化服务主体，承担更多服务功能与服务角色；支持家庭农场开展各种形式的联合与合作，参加或组建合作社、专业协会等合作经营组织。

（二）政策界定需要适应家庭农场主自我认知

以调查结果对比农业部《关于促进家庭农场发展的指导意见》中对

家庭农场基本概念和基本特征的界定，一方面需要强化人们对于家庭农场本质是家庭经营、以家庭劳动为基础的概念认识；另一方面也需要适应家庭农场主自我认知中的合理部分。调查结果反映出对家庭农场经营主体"本村人"要求、以收入来衡量经营规模、不以城镇居民收入作为标准、对兼业经营予以包容等等，可以为政策所吸收，使相关政策界定更符合农村实际、为农民所接受。

（三）政策扶持需要适应家庭农场多样化需求

调查结果反映家庭农场主的政策需求具有多样性，并且呈现出地区差异。缺资金、贷款难成为家庭农场主普遍反映的问题，而市场信息、产品销售、生产技术、基础设施放也是各地家庭农场主反映较大的困难与问题所在。各项相关扶持政策需要针对家庭农场的现实需求，在扶持内容与扶持手段上更加多样，照顾政策需求的差异性。当前最重要的是加强部门协调和资源统筹，确保已有的扶持政策能够真正落到实处。

论农业适度规模经营：
必要性、实现形式与发展对策

吴天龙　杨春华　习银生　高　鸣

人多地少的基本国情使我国几乎成为世界上家庭农场经营规模最小的国家（郭庆海，2014）。过度分散、联合性不强、自然经济属性特征明显的小农户分散作业已经明显无法适应农业现代化的发展要求。通过互相联合、土地流转、社会分工等多种形式实现适度规模经营的趋势已经形成，而且这一做法已经在政府和学术界达成了共识。在当前的农业农村发展转型升级的过程中，一方面是农村劳动力的大量转移，女性化、老龄化问题突出；另一方面是新型农业经营主体和适度规模经营加速推进，困境和机遇并存。如今农业供给侧结构性改革开始全面推进，农业生产处于向现代化转变的重要节点，在这种战略转型的关键阶段，深入探讨适度规模经营的实现形式及发展策略，对促进适度规模经营的健康发展，准确执行各项农业政策具有重要的理论和现实意义。

构建现代农业产业体系生产体系经营体系

一、发展多种形式的适度规模经营是新形势下推进农业现代化的迫切需求

（一）发展适度规模经营是引领农业生产提质增效的迫切需要

发展农业适度规模经营是解决我国农业劳动生产率低下、农产品质量不高，促进农业生产提质增效重要切入点。

1. 发展适度规模经营有利于提升农业生产效率。通过发展农业适度规模经营，可以使相对分散的土地、资金和劳动力等生产要素有效结合，促进资源配置合理化，有利于提高农业生产过程中劳动力产出率和资本产出率。例如，通过农机社会化服务发展适度规模经营可以有效提高劳动产出率，一台联合收割机每天收割粮食可达几十亩到几百亩。通过发展农业适度规模经营，还可以提高土地产出率和资源利用率。有研究表明，随着农户耕地规模的扩大，粮食平均产量先降后升，整个过程呈"倒U型"，在达到最适度规模之前，农户可以通过扩大土地经营规模提高作物单产。在浙江杭嘉湖平原地区，有家庭农场通过集中连片经营、提高机械化使用率、采用优良品种等方式节约了劳动力，提高了土地集约节约利用水平，提高了稻谷的产量（由于品种改良约增产30%，由于土地整理提高综合利用率约20%）（王春来，2014）。

2. 发展适度规模经营有利于提高农产品质量。在传统的农业生产中，生产者相对分散，缺少社会监督和自我约束限制，农产品质量安全监管难度较大，科学施肥、用药及标准化生产程序很难在生产上完全实施，容易导致化肥使用过量、农药残留过高、农产品品质标准不统一等一系列质量问题。适度规模经营可以有效地解决这一问题。从生产和监督方面来看，适度规模经营的生产更加集中，有利于实行统一的生产资料供应、技术服务和标准化生产，有利于推进农业标准化和品牌化建设，便于探索基地农产品的准出和追溯管理，更能够保障农产品的质量安全。从农业生产者素质来看，相对于传统农户农业生产者的老龄化和女性化，专业大户、家庭农场、合作社的经营者素质普遍较高，学习能力更强，更容易接受新的技术和方法，更能适应当前消费者对农产品质量要求不断提高的时代背景，通过标准化生产，提升农产品质量。从对农业生产的重视度来看，经营规

模较大的生产者比小农户更加重视市场，与市场的互动和对接也更加充分，他们非常重视市场需求，以市场需求为导向指导生产经营，更倾向于向市场提供安全、优质、绿色、有机的农产品，来适应消费升级的需要（陶怀颖等，2016）。

（二）发展适度规模经营是引领技术装备改造升级的迫切需要

在当前农业市场化与全球化背景下，我国农业在一定程度上陷入了"小农困境"，延缓了先进技术装备的推广和应用，而通过发展多种形式的适度规模经营可以达到引领技术装备改造升级的目的。根据包络原理，生产规模的扩大会伴有相应的生产技术设备和科学技术的应用，形成新的生产要素组合生产力和效益，产生规模效益。农业生产也同样如此，传统农户经营的土地面积较小，农业收入不高，而要完成技术装备的改造升级需要付出较高的时间成本和资金成本，因此动力不足。规模经营则由于资金量相对充足、对农业生产更为重视，所以更容易购置农田机械，从而促进装备改造升级。同时，规模经营还能促进农业劳动者素质不断提高，更利于对科技的运用，利于先进种养技术和良种的推广应用。现有研究也支持这一观点，有研究表明大规模农户对现代农业技术的采用远高于小规模农户（张忠明等，2008）。

（三）发展适度规模经营是引领农业竞争力不断增强的迫切需要

农业适度规模经营不仅克服了传统农户家庭农业生产规模过小、资金实力偏弱、生产技术水平不高的弊端，还提高了农业生产的抗风险能力，是提升我国农业竞争力的必然选择。一是能够提升农业生产竞争力。通过适度规模经营可以科学合理地运用农业生产技术，合理施用农药、化肥，有效利用多种资源，节约生产成本，提高生产效率。同时，开展适度规模经营的新型经营主体的资金相对充足，借贷优势明显，可以生产经营多种农产品，延长产业链，获取增值收益的同时提高农业生产的抗风险能力。二是能够提升农业市场竞争力。首先，规模经营可以优化资源配置，尤其是可以大规模地降低劳动力投入，降低成本，从而在普通农产品上具有价格优势。其次，经营规模越大，供给保障能力越稳定，其市场话语权越大，议价能力越强，有一些龙头企业还能参与市场规则的制定。最后，新型经营主体还能及时了解市场动态，把握市场需求，及时调整生产方向，并根据市场信息合理调整生产结构，避免盲从，还能根据消费需求生产优质、环保的高端农产品，以品质创品牌，进一步提升竞争力。

（四）发展适度规模经营是引领农民持续增收迫切需要

开展适度规模经营可以从多个方面增加农民收入。一是规模增收。我国农村家庭户均耕地面积不足10亩，适度规模经营的耕地面积几十亩至几百亩或更多，即使按照社会比较认可的适度标准，也是当地农户耕地面积的10—15倍。因此，可以通过扩大经营规模，有效增收。二是提质增收。适度规模经营的管理更合理，生产更规范，产品质量标准相对明确，产品容易得到市场的认可，形成品牌。同时，新型经营主体还能充分利用信息、技术、资金等方面的优势开发优质、独特的高端产品，获取高额收益，例如普通苹果几元钱500克，一些有机苹果则可以卖到十几至几十元500克。三是节本增收。许多研究表明，在生产规模较小时扩大规模，产量增加的比例要大于投入要素增加的比例，这一阶段规模报酬递增。例如有研究表明我国南方小麦、水稻、玉米规模报酬变化的转折区间大体在30—50亩，一般少于30亩时规模报酬递增，大于50亩时规模报酬递减（钱克明，2014）。四是延产增收。通过适度规模经营还可以延伸产业链，使农户经营范围从第一产业扩展到第二产业、第三产业，实现产业融合，获取增值收益。还可以为农村闲散劳动力提供就业岗位，提高当地村民的工资性收入。五是政策增收。近年来，国家高度重视农业适度规模经营，在资金和政策上都给予了大力支持，适度规模的经营主体可以通过获取各种补贴、奖励等增加转移性收入。

（五）发展农业适度规模经营的国内条件日趋成熟

随着工业化、城镇化发展的加速，我国的农业农村发展进入新阶段，发展农业适度规模经营的条件已经基本成熟。一是农村劳动力大量转移，为适度规模经营打造了基础。人多地少是我国的基本国情，我国农村人口众多，农村劳动力转移是发展适度规模经营的基本前提，我国农村剩余劳动力的大量转移和务农人员的不断减少，为推进土地流转、发展农业适度规模经营创造了好机遇。根据2015年农民工监测调查报告显示，2015年全国农民工总量为28171万人，其中外出务工农村劳动力已达16934万人。二是农户土地流转意愿增强，为适度规模经营创造了可能。随着工业化、城镇化的深入推进，农村劳动力大量进入城镇就业，越来越多的农户愿意将承包土地流转给他人经营，增加了土地供给，为开展适度规模经营创造了可能。截至2015年年底，全国家庭承包经营耕地流转面积4.43亿亩，占比达33.3%（韩长赋，2016）。三是土地产权制度日渐完善，为适度规模经营提供了保障。市场机制正常运行的基本条件是所有经济资源与产品的产权必须明确并受到保护，土地产权的明确是促进城乡要素平等交换的先决条件，是避免土地流转过程中出现土地权属纠纷、化解农村社会矛盾的有效途径。2009年以来，中央对农村土地承包经营权确权办证工作越来越重视，并作出了相应的部署和安排，农村土地确权工作逐渐提上日程，尤其是自2013年"中央一号文件"对农村土地承包经营权的确权颁证工作提出"用五年时间基本完成农村土地承包经营权确权登记颁证工作"以来，农村土地承包经营权确权登记颁证工作稳步推进，目前我国土地确权工作已经基本完成，为开展适度规模经营提供了保障。四是社会发展和生产技术不断改进，为适度规模经营提供了动力。从发达国家农业发展历史看，工业化进程伴随着农业规模化，生产力的发展和技术的进步为开展适度规模经营提供了强大动力。如今，我国的农业机械化率不断提高，2014年年底农业机械总动力已经达到111728.1万千瓦，综合机械化水平超过60%，小麦、水稻等大田作物机械化水平超过90%；生物技术、信息技术快速发展并不断更新升级；分子育种、旱作节水等先进技术在农业生产中广泛应用；生态农业、可持续发展理念和技术得到认可和推广，这些都是当前发展适度规模经营的有力支撑。

二、适度规模经营的实现形式及政策要求

农业适度规模经营是指以提升农业生产效率和经济效益为目标，在既

定的环境和社会经济条件下，通过适当的调整生产经营规模，实现土地、劳动力、资金、经营管理、技术信息等生产要素的最优组合和有效运行，从而取得最佳综合效益的农业生产经营和组织形式，其核心是实现各种生产要素的协同效应，使其发挥各自最大的生产潜力（蒋和平等，2014）。土地是农业生产不可替代的生产资料，因此农业适度规模经营在很大程度上指土地规模经营，但又不仅仅只是土地适度规模经营，还包括联合与合作的适度规模经营、服务的适度规模经营等多种形式。

（一）通过土地流转实现适度规模经营

通过土地流转实现适度规模经营是指通过转包、入股、租赁、转让、互换等方式出让土地的承包权或经营权，使土地向专业大户、家庭农场和涉农企业等规模经营主体集中，实现适度规模经营。目前，土地流转型适度规模经营的经营主体主要是农户家庭和涉农企业。

1. 家庭为主体的适度规模经营。通过扩大农户家庭的土地经营面积实现适度规模经营是一种比较有效的适度规模经营实现形式。它既坚持和完善了农村基本经营制度，又充分适应了农产品集自然属性和经济属性于一身，农业生产集连续性、时间性、地点性于一体以及农业生产过程不易追溯的特点。因此，家庭经营型适度规模经营发展较快，目前全国经营面积在50亩以上的农户数超过350万户，家庭农场超过87万家，其中98%以上的家庭农场从事种养业。

不同经营规模的家庭的经营特点和政策需求存在一定差异。一般来说经营大户需要具备一定的资金实力并且具有较强的管理和经营能力，种植面积越大，对这些能力的要求越高。经营规模在100亩以内的家庭，家庭成员是农业生产过程中的主要劳动力，粮食生产投入资金量较小，一般在10万元之内，对金融信贷支持的要求不高，但对农机作业、病虫害防治等社会化服务的要求较高。经营规模超过200亩的家庭，经营投入的资金总量较大，且需要长期雇工，因此对金融信贷支持的需求较大，对社会化服务的需求不强烈，但对病虫害防治需求较高。

2. 涉农企业为主体的适度规模经营。截至2014年年底，全国经涉农龙头企业已经超过 12 万家（韩长赋，2014）。它们在政府的协调和引导下运用市场机制推进适度规模经营。与家庭经营相比，涉农企业进行土地流转的合同时间较长，往往能够大幅提高当地和周边地区土地流转的价格，有利于促进农民和地方财政增收。比较典型的个案有河南省浚县的中鹤集团依托国家对农业产业的政策支持，完成了对该县王庄镇 40 多个行政村的整体规划，进而实现规模经营。但是涉农企业发展适度规模经营存在的问题也十分突出，由于土地流转等成本较高，许多涉农企业在土地流入之后多以种植果蔬和养殖畜禽等附加值较高的农产品为主，容易改变原有种植结构，容易导致"非农化""非粮化"，增加复垦的难度，企业面临经营风险时可能会中止流转合同，导致农民利益受损（刘同山，2013）。

无论是家庭经营为主还是涉农企业为主的适度规模经营，都希望能够建立完善的土地流转体系，以保证土地流转的顺利进行并减少流转过程中的纠纷；希望能够新增一些与土地无关的补贴或奖励，以抵消日益增长的土地、农药、化肥等生产资料成本和劳动力成本；希望政策具有一定稳定性，如果有政策调整，最好将出台的时间选择在种植决策之前。

（二）通过合作互助实现适度规模经营

合作互助型适度规模经营是指在不改变土地承包经营权的前提下，按照合作制原则，把分散的农户组织起来，使其统一作业、联合经营，进而实现农业由分散经营向规模化、产业化的转变。合作互助型适度规模经营的实现形式主要是农民专业合作社。合作社适宜由农业大户或农村能人牵头，发展种植业、养殖业和高效农业，其运营特色是："生产在家""运营在社"，主要依托于本地的优势和传统行业，成员农户为获得联合后的规模效益和产品效益会放弃部分的生产经营决策权，一般会部分改变农作物种植结构。

合作社制度体系和利益分配机制比较完善，成员之间利益链条紧密，其中既有具备现代经营意识的社员，又有传统种养经验丰富的社员，通过合作社发展适度规模经营可以使农民更有组织性，对促进农业发展、增加农民收入、提高农民素质均有积极作用，而且合作社成员有自由退出权，当合作社破产时，农户一般不会失去土地，土地仍然可以起到为农民提供基本生活保障的功能。

农民合作社发展迅速，体量庞大。"十二五"期间，合作社数量增长近3倍，农户入社率提高近31个百分点，截至2016年10月，全国登记注册的农民合作社达174.9万家，实际入社农户约占农户总数的43.5%。合作社发展的速度够快，但质量有待提升，加强内控建设，解决部分合作社发展不规范、虚化、异化现象，寻求可持续发展之道是当前迫切需要解决的问题。

（三）通过社会服务实现适度规模经营

农业社会化服务是农业生产力水平发展到一定阶段的必然产物，是克服"小农户"与"大市场"矛盾的重要手段，是转变农业发展方式，加快推进农业现代化的有效方式。目前主要有两种形式：一是提供部分服务；二是实行托管。

1. 提供部分服务。这种形式是目前我国社会化服务的主要形式，主要依托与农业相关的社会经济组织为农业生产经营主体提供的各种服务，实现农业生产经营过程中某个或某些环节的规模经营。服务内容包括产前、产中和产后的全过程综合配套服务，可细分为农业生产服务、农资供应服务、农业技术推广服务、农产品量监管服务、农产品流通服务、农业信息化服务、农业金融服务等。有研究表明，当前农户对农业产前、产中社会化服务的需求更为强烈，对其他服务的需求程度相对较低（王钊等，2015）。目前农业社会化服务开展最成功的案例是农机社会化服务，其中最有代表性的农机跨区服务作业深受广大农民欢迎，在抢收、抢种、保农时，促进农业增效、农民增收，推进农业现代化建设等方面发挥了重要作用，2016年全国共完成小麦机收30000万亩以上，机收比例超过90%。各地政府也大力支持，例如河南省新郑市利用省气象服务中心应急短信平台为跨区机收作业队负责人、农机专业合作社负责人、农机大户、参与跨区机收管理的农机系统工作人员免费提供即时小麦机收市场信息和气象信息。

2. 土地托管。近些年，一些地区探索通过开展农地托管发展适度规模经营，取得了较好的效果。土地托管是农民把自己承包的土地委托给相应的社会化服务组织（可以是全程托管，也可以是劳务托管，目前最常见的是通过供销社和农民合作社实施），并由其代为耕种管理的做法。这种做法在不改变农民的土地承包权、收益权和国家惠农政策享有权的前提下，通过规模化的土地代耕、代管、代收，采用更加科学的种植方式、更加有效的田间管理和先进的机械耕种收割，实现了劳动力与各种生产资料的有效利用，实现了农业生产机械化、集约化和规模化，还能促进农民增收，例如在湖北省襄阳市双丰收农机专业合作社，农户通过全程托管方式，每亩地可增收200多元。土地全程托管与土地流转最明显的区别是剩余索取权不同，土地流转是土地转入方向转出方支付定额费用，并由土地转入方获取剩余索取权；土地托管是由土地承包者向相应社会化服务组织缴纳一定的托管费用，并保留剩余索取权。在托管的过程中，为了防止受托方消极怠工，保障农户受益，一般会对农户承诺一个保底产量。例如，江苏兴化市的陶金粮食生产合作社在每亩收取一定费用的同时承诺每年向农户支付400公斤小麦，600公斤稻米的保底产量（刘同山，2013）。为了防止非人为因素导致的意外减产，受托方的处理措施一般有两种：一是在签订协议时，注明负责保底产量的条件；二是通过农业保险规避风险。因此，提高保险的赔付率和覆盖面是土地托管模式推行的有效保障。

（四）通过承包地入股实现适度规模经营

通过承包地入股实现适度规模经营，是指在不改变农村土地集体所有制的前提下，农户将土地的承包经营权作价让渡给合作社或企业进行集中规模化经营，并根据入股份额取得相应分红收入。承包地入股主要有三种形式：一是土地入股合作社；二是土地入股涉农企业；三是土地入股合作社后，合作社再以成员的形式入股企业。其中，土地入股合作社是当前发展的主要形式。

以土地承包经营权入股发展规模化经营有别于其他土地流转方式，农民主要通过分红的形式获得土地出让收益（有的地方采用"基本租金＋分红"）。通过这种方式，可以让土地承包经营权变股权，农民变成股东，在实现规模经营的同时，保证农民共享土地升值带来的附加收益，还可以解决在土地流转过程中遇到的部分地区"确权不确地"的难题。从1992年，广东南海、宝安等地的土地股份合作制的试点以来，我国许多省份都进行了相应尝试，并取得了一定成效。如据《每日经济新闻》报道，安徽肥西县官亭镇新民社区于2014年9月成立了安徽省首家土地股份合作社，采用内股外租的模式，将社区10400亩土地入股土地股份合作社，再通过土地股份合作社把土地出租给企业，带动就业200—300人/日，实现农民年增收2.4万元。

通过土地入股的形式发展规模经营对创新农业经营方式具有重要意义，2013年《中共中央关于全面深化改革若干重大问题的决定》中也明确了要允许农民以承包经营权入股发展农业产业化经营。但是，该方式的顺利开展至少要满足三方面条件：一是要有具备一定经济实力且能够从事农业生产的企业或合作社；二是可以在农民自愿条件下获得较大面积、集中连片的土地资源；三是土地以入股后，不会产生过多的剩余劳动力。因此要因地制宜、谨慎推进，在推进过程中还要防止出现强制农民入股的问题。

三、存在的问题和局限

（一）规模经营偏离适度标准，有规模过度倾向

在当前的农业发展过程中，规模化已经得到了足够的重视，但是对于适度的重视不足，容易导致过度规模化。理论上，适度不是越大越好。陈锡文认为，中国家庭农场的适度规模是几十亩到上百亩，东北地区土地条件好可以发展到上千亩；朱启臻也认为，适度规模经营应该有上下限。但是在实际操作过程中，无论是从政府角度，还是从农户角度，都体现出了对扩大规模的过度追求。一方面，从政府的角度出发，政策的导向是规模越大越好。扶持和补贴政策只有下限，没有上限。例如在福建省，菜农最适度的经营规模是户均20—30亩，但是资金扶持项目对规模化有规定，

要达到 50 亩、100 亩才能获得相应补贴，这种硬性规定并不符合实际情况。还有在进行示范社、规范社评选时，基础标准之一就是社员规模，且对社员规模的要求逐级提高。一些地方为了树典型，利用行政力量培育扶持千亩乃至万亩种粮大户，导致土地经营规模出现两极分化的现象。另一方面，从农户的角度出发，追求的是总效益最大，而不是边际效益最大。农户追求的是总收入的增加，而不是边际收入的增加，即使到了规模报酬递减阶段，在耕地边际回报降到零之前，仍有扩大种植规模的动机，这样就导致了如果任其自由发展，最终的结果是经营规模大于适度规模。

（二）农村人口转移任务艰巨，全面开展适度规模经营受到制约

首先，农村劳动力转移难度较大。目前我国从事农业生产的劳动力有 2.2 亿人，从事粮食生产的劳动力 1.5 亿人左右，如果要实现适度规模经营收入和务工收入相当，尚需转移 1 亿人左右的剩余劳动力，这在未来经济增长放缓的情况下难度较大。其次，城乡二元户籍制度仍然是制约农村人口市民化的主要障碍。2010 年城镇常住人口就已经超过了 50%，到 2015 年末更是增加到 56.1%。但是城市常住人口并不等同于城镇户籍人口，城市常住人口并不一定能享受到城镇户籍人口同等的待遇。尤其是进城务工的绝大多数农民工都是背井离乡，远离亲朋，城市归属感不强，不能真正融入城市社会，回流风险较大。据公安部统计，到 2015 年全国非农户籍人口仍不足 40%。

（三）土地流转过程中问题较多，利益裹挟下土地纠纷频现

农村土地流转取得了显著成效，但由于我国农村土地流转还处于初期阶段，边探索、边实践，流转过程中还存在一些问题。从立法来说，还存在一些含糊不清的地方。例如，《中华人民共和国农村土地承包法》规定，应该区别对待家庭承包取得的土地承包经营权与通过招标、拍卖、公开协商等方式取得的土地承包经营权，但是其中并未明确区分这两种权利的不同，相关条款含糊不清；《中华人民共和国农村土地承包法》还规定，土地承包经营权流转的期限不得超过承包期的剩余期限，但是目前我

国实行农村土地承包经营权长久不变，这其中面的"长久"到底是多久，并也过于简单、笼统。从政策执行来说，土地流转的基本原则未能完全坚持。国家明确规定农民是土地流转的主体，土地流转过程应遵循"依法、自愿、有偿"的原则，但是有的地方政府利用农村土地大搞形象工程或者把土地流转当成增加地方财政收入的重要手段，在下达土地流转指标时并未充分考虑农民意愿；个别村基层干部法律意识淡薄，在农民不知情的情况下私自和企业签订土地承包合同，然后再强行流转农户的土地承包经营权，使农民权益受到侵害。从农民自身来说，法律意识淡薄。在实际的土地流转过程中，许多农民对相关法律认知不足，对合同重视度不够，加上农村是个熟人社会，很多农民碍于情面，在土地流转过程中往往只是模糊地谈一下流转条件，导致土地流转的合同条款不全、流转程序不当和擅自改变土地用途等问题，容易引发矛盾和纠纷。

（四）土地流转成本不断攀升，经营压力下的"非粮化"现象时有出现

在现行的家庭联产承包责任制下，土地流转是实现集中连片规模经营的主要渠道。但是由于土地流转成本较高，种粮利润微薄，导致土地流转后农地"非粮化"风险较大。在土地流转过程中有的是直接支付现金，有的是按照粮食折价，但无论用哪种支付方式，流转费用都高达几百元，一些粮食主产区更是过千元。土地流转后如果仍然从事粮食生产，在当前粮食价格的情况下，去掉成本后利润所剩无几，经营不好的还可能出现亏损。以最主要的三种粮食作物为例，按照《中国统计年鉴》中 2014 年三种作物的产量和播种面积进行折算，水稻亩产 454 公斤，小麦亩产 349.5 公斤，玉米亩产 387.5 公斤。就算是一年两熟，按照当前粮食的市场价格计算，收益的一半左右都要用于支付土地流转成本。在目前土地流转成本高企、粮食价格下行的情况下，农业生产经营压力加大，土地流转后农地"非粮化"的问题突出。有学者通过对 10 个省、1121 份有效问卷的分析，发现有近 1/3 的农场型农户流转土地以后没有进行粮食生产（张藕香，2016）。

（五）农村劳动力流失严重，老龄化、女性化趋势明显

随着工业化、城镇化的深入推进，农村劳动力大量转移，一些地方的农业劳动力出现老龄化和女性化等现象，"386199"部队一词也应运而生。在我国28171万名的农民工中，40岁以下的占53.9%，男性占65.5%。高素质农民工的大量转移导致农村高素质的农业能人严重缺失，农业生产的主要劳动力成为老人和妇女。而农民的生产力具有生命周期效应，老龄农户受传统思想的束缚更易循规蹈矩、安于现状，妇女主导的家庭农业生产的产出率和收入都相对较低，会严重阻碍适度规模经营的顺利进行。

（六）农业金融保险仍然滞后，经营风险较高

相对于传统农户，规模经营主体的资金短缺和经营风险问题更为突出，但是农业金融保险对农业发展支持不足的问题由来已久，经过多年的不断呼吁，虽有所进展，但仍然不能满足农业发展的需求。贷款难的成因主要有以下几点：一是一些银行认为，相对于其他企业来说农业生产规模小、周期长、自然灾害防御能力低，农业生产的贷款成本高，在比较利益的驱使下，不愿意将贷款投放到农业生产中；二是缺少有效抵押物，农村住房、土地、牲畜、农机具等动产和不动产都不能作为抵押物，一些地区搞了土地承包经营权抵押贷款试点，但实际上真正贷款成功的比例并不大，因为银行担心出现违约现象后抵押品无法处置；三是农业金融贷款姓金不姓农，金融贷款的从业人员多为单纯的金融学专业背景，对农业生产不熟悉、不了解，难以准确评估金融风险；四是农村征信体系不健全，且相关担保公司缺乏，导致放款困难。农业保险方面的问题主要有以下几点：一是农业保险覆盖面低，农业保险并未完全覆盖主要粮食作物，如湖北省和广东省只有水稻农业险；二是农业保险理赔额偏低，如山东省玉米农业保险，即使绝收也只有300多元/亩的赔偿，山东省泰安市宁阳县的一位种植大户2015年经营了140亩耕地，玉米受灾倒伏，比正常年份减产150公斤/亩，一共只获得赔偿2000多元。

四、推动发展适度规模经营的针对性政策建议

（一）限定范围，合理调控农业适度规模经营发展规模

适度规模经营是希望在一定的适合的环境和适合的社会经济条件下，实现各生产要素的最优组合和有效运行并取得最佳的经济效益，所以适度的规模并不是越大越好，政府应根据实际情况进行引导。一是完善农业适度规模经营补贴标准。设置适度规模经营补贴上限和下限，面积超过适度范围部分不予补贴。对于粮食作物，综合考虑城镇人均工资和规模效益，一年两熟制地区鼓励发展50—300亩的规模种植，一年一熟地区鼓励发展100—500亩的规模种植，对于经济作物可根据实际情况适当缩减补贴的面积标准，重点补贴经营面积相当于当地户均承包土地面积的10倍至15倍的农户。二是强化宣传教育，普及适度规模经营常识。通过宣讲、座谈、劝导、海报、公益短信等多种宣传手段向农户普及适度规模经营的相关原理和适度范围，向农户解释补贴标准制定的依据，搜集整理本地经营大户成功和失败的经营案例，供村民学习。

（二）控制节奏，有序推进农业适度规模经营发展步骤

目前我国从事农业的劳动力的体量仍然很大，在经济增长放缓的"新常态"下快速转移的难度较大，加之农民的"恋土情节"及土地所赋予的生活保障功能，小规模经营在当前和今后一个相当长的时期内会与适度规模经营长期共存（韩长赋，2013），因此适度规模经营的推进应依法、自愿、有序。在总体上，土地流转速度、适度规模经营发展速度应与我国城镇化速度相匹配，与当地农村劳动力转移情况大体相符。在推进过程中，要以农户自愿为前提，以市场化为主导，以政府引导为重要手段，分地区、分阶段有序推进。可以优先发展黑龙江、内蒙古、新疆等地广人稀和东部经济发展水平较高地区的适度规模经营。同时还要为小农户提供完善的生产保障配套服务，提供精准信息，帮助他们与农产品超市和城镇居民的消费偏好相对接，促进形成订单农业、定制农业、众筹农业，引导小农户发展新型合作经济，积极探索"农户＋合作社""农户＋社会化服

务"等多种实现形式。

（三）健全农地管理制度体系，保障土地流转的顺利进行

1. 推进确权颁证工作，完善产权制度。加大宣传力度，提高农民对农村土地承包权确权登记概念、内容和对农村集体土地产权制度改革方向的认识；抓紧研究制定相关配套政策，统一标准，解决土地确权登记过程中新增人口要地、实测面积与历史登记面积不符等实际问题；与国土资源部门配合，制定集体经济组织成员资格界定的具体办法，进一步做好已完成土地确权登记的乡（镇）、村的集体产权界定和农民股份制合作组织建设的试点工作，明确"长久不变"的具体期限。

2. 完善土地流转的市场机制，确保流转工作顺利开展。第一，建设完备的土地流转市场。以提供指导和规范为宗旨建立土地流转市场，依靠市场规则确定流转价格。确定市场的公益和服务性，为参与土地流转的双方提供信息、政策咨询、价格协商、合同签订、纠纷调处等服务，不对市场收取附加管理费。第二，建立土地流转服务中心。多渠道收集农村土地流转的供求信息，并通过广播、电视、互联网、信息发布平台等多种形式发布土地流转信息，确保供需方的有效对接；设立土地流转咨询服务站和网络咨询服务平台，为土地流转双方提供政策和交易咨询。第三，培育土地流转中介组织。在保证中介组织独立性的前提下，通过税收减免、免费培训等方式积极鼓励培育土地流转的政策法律咨询、合同管理、价格评估、农业保险及仲裁等服务性机构组织。

3. 建立有效的流转监管体制，确保土地流转工作有效合法。首先，完善法律法规，保证法律法规的制定与土地流转进程同步，确保土地流转全程有法可依，梳理相关立法，保证法律的一致性，不能相互矛盾。其次，规范农村土地流转程序，做好农民土地流转登记备案工作，保证程序的规范和完备，一旦遇到违约行为，就可依据登记备案记录，根据相关法律予以查处。

（四）开拓农村劳动力流转渠道，解决农业转移劳动力安置问题

1. 改革户籍制度，加速农民向城镇的转移，实现人口城镇化。户籍制度改革的目的是为了打破制度限制，让市场引导劳动力和人口的自由流动。通过户籍制度改革，可以提高农民工在第二、第三产业的就业能力，有效转移农村剩余劳动力，促进农村土地流转。国家应出台政策，加速推进城乡一体化，使户籍与劳动就业、居住权利、就学教育、养老医疗等社会福利相脱钩。还应该降低二线、三线城市入户门槛，首先解决一批长期在城市就业和居住的农民工户籍问题。

2. 加快发展第二、第三产业，实现农业劳动力的有效转移。想要实现适度规模经营，就必须要让一部分农民从第一产业转移到第二、第三产业中去，所以必须积极调整产业结构，加快第二、第三产业的发展，吸引更多的农业剩余劳动力。一是发展城市第二、第三产业，提高城市承载力。加强城市配套制度建设，提高城市对劳动力的吸纳能力、接受能力，重点发展城市服务业，发达国家第三产业就业人员占比达60%—80%，而我国只有40%多，潜力巨大。二是发展农村第二、第三产业，实现农业劳动力就地转移。充分利用农村的优质资源和比较优势，发展农村养殖业、典型农用工业，延长产业链；发展农村服务业，引导具有地缘优势的村庄（如城郊村、民族村、具有特殊人文或自然景观的村）发展旅游业；支持和鼓励农民创新创业，加大对农民的技能培训和产业实践，提高农民自主创业能力。

（五）惠农政策向适度规模经营主体倾斜

建议系统研究制定国家支农资金向新型经营主体倾斜的政策，进一步加大扶持力度，并制定实施细则，保障政策落到实处。一是加大对适度规模经营主体的补贴力度。至少要保障补贴资金增长速度不低于适度规模经营主体扩张速度，防止因补贴资金总量固化而带来的摊薄现象；在保证新增补贴向种植大户倾斜的同时，积极探索以奖代补的补贴形式，解决普惠制补贴容易计入土地流转成本的现实问题。二是加大农业基础设施项目向适度规模经营主体的倾斜力度。确保新增农业基础设施建设资金优先向适度规模经营主体倾斜。三是适度放宽对适度规模经营主体生产性配套设施的用地管制。联合国土部门，对建设仓储、农机、烘干塔、晾晒场等必要的生产性配套设施，给予一定的用地指标，其规模可限制在经营耕地面积的5%以内，并限定地面硬化标准。四是着力缓解新型经营主体贷款难贷款贵问题。创新融资机制，允许适度规模经营主体以土地经营权、农机设备、仓储等设施作为贷款抵押物，拓宽融资渠道；探索建立适合农村熟人社会的征信体系，逐步实现信用的城乡一体化，发挥信用信息作用，发展金融普惠制；成立专门的土地管理公司，或设立农村产权抵押贷款回购基金分担金融机构的处置风险，增强金融机构贷款积极性。

（六）促进农业社会化服务体系发展

完善的社会化服务体系有利于帮助经营者制定科学合理的经营计划，提高适度规模经营的生产能力，降低风险，最大限度地保护经营者的合法权益。因此我们应该加快构建以公共服务机构、合作经济组织、龙头企业为骨干，其他社会力量为补充的新型多元化农业社会化服务体系。采取财政扶持、信贷支持、税收优惠等一系列措施，重点扶持供销社、农技推广站、合作社，围绕农业生产服务、农产品流通服务、城乡社区综合服务、农村合作金融等方面，开展公益性服务和经营性服务相结合、专项服务和综合服务相协调的农业社会化服务。还可以通过政府购买的方式支持具有一定资质的经营性服务组织从事可量化、易监管的农业公益性服务。

（七）加大人才培养和引进力度，为农业适度规模经营提供人才支撑

当前我国农业规模化经营主体文化水平总体不高，种田主要依赖经验，难以适应农业未来专业化和规模化的进一步发展的要求，农村规模经营主体的年龄结构趋于老年化，青年农民少，因此应该培养和引进一批职业农民（农业人才），解决未来谁来种田问题。一是积极培养农业人才。要按照现代农业发展的要求，以广播电视大学、职业技术学校、高职院校、实践网点等为载体，构建职业教育、继续教育、终身教育、农村社区

教育的四位一体教育体系，辅以相对成功的龙头企业、家庭农场、专业合作社等新型农业经营主体为典型示范，重点从生产技能、经营管理、科技运用等方面对规模经营主体开展培训指导，培养一批培养懂技术、能生产、会管理、愿服务、留得住的创业型人才。二是建立农业人才回流和引进机制。积极鼓励和引导社会人才和资本流入农村，支持大中专毕业生、返乡农民工、大学生村官从事农业生产，培养一批职业农民。在贷款、补贴、保险、生产指导等方面对返乡创业的从业人员给予实质性的政策支持，并提供相应的社会保障体系，如对专业技术人员进行技术指导，提供低息农业贷款，提供政府特别补贴等。

参考文献

[1] 郭庆海："土地适度规模经营尺度：效率抑或收入"，《农业经济问题》2014年第7期。

[2] 王春来："发展家庭农场的三个关键问题探讨"，《农业经济问题》2014年第1期。

[3] 陶怀颖、赵鲲、王衍、吴晓佳："关于健全家庭农场政策扶持体系的认识与思考"，《中国农村工作通讯》2016年第10期。

[4] 张忠明、钱文荣："土地规模下的农户生产行为分析——基于长江中下游区域的实地调查"，《四川大学学报》2008年第1期。

[5] 钱克明、彭廷军："我国农户粮食生产适度规模的经济学分析"，《农业经济问题》2014年第3期。

[6] 韩长赋："土地'三权分置'是中国农村改革的又一次重大创新"，《中国农村工作通讯》2016年第3期。

[7] 蒋和平、蒋辉："农业适度规模经营的实现路径研究"，《农业经济管理》2014年第1期。

[8] 刘同山、孔祥智："不同土地规模经营的实现形式及其比较"，《现代管理科学》2013年第6期。

[9] 王钊、刘晗、曹峥林："农业社会化服务需求分析——基于重庆

市191户农户的样本调查"，《农业技术经济》2015年第9期。

［10］张藕香："农户分化视角下防止流转土地'非粮化'对策研究"，《中州学刊》2016年第4期。

［11］韩长赋："积极推进新型农业经营体系建设"，《人民日报》2013年8月7日。

江苏射阳联耕联种模式
对发展农业规模经营的启示

宁　夏

发展各种形式的适度规模经营一直是我国三农政策的重要主题之一。2017年"中央一号文件"再次强调积极发展适度规模经营，引导其健康发展。然而对于什么是农业规模经营，为什么搞规模经营，如何发展农业规模经营，人们的认识还有许多模糊不清的地方。特别是有许多人将规模经营等同于土地集中和土地流转；一些基层干部为了在发展规模经营上能够有亮点、出政绩，热衷于招商引资、垒大户、搞大农场；一些大户、合作社和企业为了争取项目补贴，也拼命迎合地方政策要求圈地投钱，觉得土地面积越大越好、投入资金越多越好、设施设备越先进越好。这些对规模经营认识导致的结果，就是扭曲土地市场、抬高地租成本、挤压利润空间。近两年粮食市场价格调整，媒体上关于规模经营主体因为种地亏本而毁约退地甚至跑路的报道屡见不鲜。这些经营主体盲目扩大规模不仅造成土地撂荒、设备闲置等资源浪费，而且一旦跑路之后当地群众损失无处补偿更对农村社会和谐稳定造成不利影响。

2017年5月，笔者跟随农业部农村经济研究中心"农业规模经营实现路径研究"课题组在江苏省射阳县就"联耕联种"模式展开调研，深切感受到当地这一创新模式瞄准了农业规模经营的核心，抓住了发展规模经营的关键，所取得的经验对于回答规模经营"是什么、为什么、怎么搞"有较大启示。

一、射阳发展农业规模经营的基础条件

江苏省射阳县临近长江三角洲经济区并受到其辐射带动，当地农村绝大多数青壮年劳动力在本地非农部门或苏南、上海等地就业，50岁以上的农村留守老人成为当地农业生产主力，呈现出农业老龄化的特点。2016年，射阳县农村人均纯收入达1.6万元，超出全国平均水平30%以上，其中非农收入比重约占70%，农民家庭生计中农业趋于副业化。尽管农业在农民家庭中经济地位下降，但是对缺乏转移就业能力的农村留守老人仍然具有特殊重要意义，农业收入起到对家庭特别是老年人基本生活的保障功能，从事农业劳动也是老年人实现自身社会价值与人生意义的重要途径。因此，尽管当地已实现农村劳动力充分转移就业，农业收入在农民家庭收入中已不占重要地位，但农民还不能完全放弃农业生产经营，搞规模经营不能将这些农民从土地上排挤出去。

射阳县属于里下河沿海垦区，受河流和海潮共同作用淤积成陆，境内地势平坦，陆地高差在1.4米左右，全县170万亩耕地质量均一化程度较高。当地农田基础设施完善，实行联耕联种模式的区域路桥涵闸等农业基础设施配套完善，方便大型农机具下田作业。射阳县为全国产粮大县，2015年全县粮食总产量达114.54万吨，当地农业以水稻小麦轮作为主，适宜采用机械化生产。

射阳县2015年农机总动力达99.84万千瓦，拥有3550台大中型拖拉机和3682台联合收割机，当年新增各类社会化服务组织137家，2012—2015年累计新增社会化服务组织354家，各类服务业态不断细化。当地农业机械化程度高，农业技术配套完善，农业社会化服务组织发育充分，能够为农业提供全程生产与技术服务。

二、射阳"联耕联种"模式具体做法

联耕联种是指由村两委会引领和农业部门服务,采取"农户+农户+服务组织"的新型家庭合作经营模式,是在持续稳定家庭联产承包经营基础上,农户自愿的前提下,由村组统一组织,以打桩等形式确定田间界址,破除田埂,将碎片化的农地集中起来,实现有组织的连片耕种。2012年,江苏省射阳县政府部门在当地新桥镇青华村检查农村秸秆禁烧工作时发现,一些村民自发将各家地块之间的田埂破除,把各家各户分散的田块合并成30—50亩左右的连片条田,方便使用大型农机开展秸秆粉碎深翻还田作业,成功解决了秸秆处理的难题。在及时总结群众实践经验的基础上,从2013年秋播开始,射阳县政府在全县范围试点、示范和推广联耕联种模式,目前全县已经有超过70万亩耕地实行了联耕联种。

联耕联种模式的核心在破除田埂,变"一户多田"为"多户一田",利用大型农机开展集中统一的社会化服务,从而在保持家庭承包经营基本形式的基础上,不流转土地而实现农业生产的适度规模,达到农业提质增效、农民节本增收的目的。当地具体做法,在统一试点村干部群众思想认识的基础上,以土地联合带动各类生产要素集中,培育以土地合作社为代表的新型经营主体和各类服务主体,政府相关部门全程提供引导服务。

(一)统一干群思想认识

联耕联种是农民的自愿联合,主体是农民,破除田埂、生产统一的前提是农民思想认识的统一。射阳县的做法是组织村民大会,通过对村民算账对比宣传,对村组干部、带头人集中培训指导,提高基层干部和农民群众对联耕联种的理性认识;通过组织看现场、看典型,提高干部群众对联耕联种的直观感性认识。试点推广实行农民自愿原则,让农民通过联耕联种与不联耕联种左右对比、实行联耕联种前后对比,真正见到好处,有了自觉需求,待条件成熟再逐步向深入推进。

（二）集中各类生产要素

联耕联种不是土地流转，不改变土地承包经营权的权属，而是通过土地要素的联合重组，带动资金、技术、人力等其他生产要素的整合，从而实现适度规模经营。首先是土地要素的联合重组，依据土地确权数据，通过埋设明桩暗桩等方式确定各家地块界址，进而破除各家地块之间的田埂，形成方便机械作业的大片田块。通过协调农户之间开展土地互换，让愿意参与联耕联种的农户逐步并入大田块，不愿参与联耕联种的农户能够在其他地方自主经营，双方互不影响。其次是人、财、物的整合，通过组建联耕联种土地合作社集中采购种子和生产资料，协调内部人力资源进行田间管理，组织内部农机资源开展农机作业，联系专业服务组织提供社会化服务，同粮食收购加工企业签订订单协议、开展订单生产。

（三）培育经营服务主体

规模经营需要依靠掌握先进技术生产力的新型经营主体和服务主体。联耕联种实现了耕、种等重要生产环节的统一，需要有新型经营主体来开展经营；同时，地块规模扩大对大型农机具和专业化的育秧、植保服务需求大大增加，需要有相应的主体来提供生产环节社会化服务。合作社在土地联合的同时实现人力和其他生产要素的联合，成为最适合联耕联种特点的经营主体类型。射阳县通过发挥村两委的组织领导和村组干部的带头作用，引导参与联耕联种的农户组建土地合作社开展规模经营；同时引导原有的农机专业户、农资经营户转变经营思路，组建农机合作社、农技服务公司等社会化服务组织，参与服务联耕联种。

在经营服务主体培育过程中着力协调各方利益，通过利益联结机制让各方都能从联耕联种中获得实在的好处，从而消除阻碍因素，引导各方积极参与联耕联种。在联耕联种合作社内部制订章程，明确各方权责利和收益分配方式、比例，通过保底收入与分红保证参与农户的利益不受损、有赚头，通过提取公积金、公益金实现集体积累、壮大集体经济实力，通过建立盈利分红、亏损赔偿机制调动起领办合作社的村组干部、带头人积极性。对于那些过去主要服务单个农户、因实行联耕联种而可能利益受损的个体农资经营者和小农机手,引导他们向农技服务公司、农机合作社等新型服务主体转型,通过提升装备水平与服务能力,在服务联耕联种过程中实现更大发展。

(四) 政府提供引导支持

联耕联种顺利推进离不开政府的组织领导,需要政府各部门积极发挥自身职能、密切协调配合、提供引导支持。一是抓好试点推广。联耕联种模式的形成、试点、推广是一个从群众中来、到群众中去的过程,需要政府通过调查研究发现农民的自发创新,及时总结经验形成可复制的完整方案,再开展试点推广,在试点过程中不断发现新问题、吸收新经验、对方案修改完善。射阳县的试点推广工作遵循因势利导、以点带面、先易后难、循序渐进的方式,先从基础条件较好的粮食主产区开始,先在试点乡镇培植示范村、在试点村培植示范组,成熟一片地再推进一片地、成熟一个村再推进一个村;先从"联耕"开始,待农民有要求、条件成熟后再逐步发展到"联种""联管""联收""联营",不搞一刀切、齐步走。二是强化培训指导。在政策指导上,通过向试点村派驻技术指导员,先行对村组干部和农户开展培训,提高干部群众对联耕联种的认识,掌握相关政策与工作方法,全程跟踪引导,确保试点质量。在技术指导上,农业部门主动靠前跟进服务,通过发放农技"明白纸"、利用媒体宣传、组织专题培训、选派农技人员挂钩服务等多种方式,实现联耕联种区域内高产优质品种、高效技术全覆盖,技术指导适时及时。三是提供公共服务。积极争取、整合项目资金开展土地整理、农田水利、路桥涵闸等农业基础设施建设,推动实现土地质量均等化,方便大型农机下田作业,为联耕联种创造基础条件。开展品种选育和农技农艺配套试验,形成一整套适合本地的主推集成技术,实行统一优良品种、统一机械作业、统一水肥管理、病虫害统防统治、统一秸秆综合利用,为联耕联种、规模经营提供技术支撑。构建政策体系,通过财政、金融手段撬动社会各方资源,建立风险防范机制,推动相关产业配套,打造"射阳大米"区域公共品牌(被评为2016

年全国十大大米区域公共品牌），为联耕联种提供政策支持。

三、射阳"联耕联种"模式试点成效

射阳县从 2013 年开始试点推广联耕联种，受到广大农民群众的普遍欢迎，得到中央领导肯定。联耕联种模式荣获 2013 年中国全面小康十大民生决策奖，并被写入 2016 年"中央一号文件"。综合调研情况和各方研究资料看，射阳试点推广联耕联种的成效主要体现在以下三个方面：

（一）解决了当前农业生产面临的若干紧迫问题

通过联耕联种破除田埂，不流转土地而实现土地集中连片，解决了土地细碎化的问题。通过使用大型农机深翻土地，使秸秆能够充分粉碎还田，解决了秸秆禁烧和资源化利用的难题。通过培育新型经营主体和服务主体，发展生产环节社会化服务和合作社集中统一经营，解决了农村劳动力老龄化、农业副业化趋势下谁来种地的难题。通过统一品种、集中采购、规模经营、专业服务、订单销售，节约了生产成本（据测算，稻麦两季亩均降低生产成本 237 元），实现了增产增收（据测算，因破除田埂扩大耕地面积、统一使用良种与先进技术、订单收购优质优价等综合因素，小麦单产提高 100 公斤、水稻提高 25 公斤，亩均可实现增收 500 元），为解决农业生产节本增效、提升市场竞争力的难题提供了方向。

（二）回答了农村改革的若干关键问题

联耕联种在不改变土地承包经营权属、不进行土地流转的前提下，通过农户之间自愿联合土地、人力、技术等生产要素，充分发挥社会化服务对规模经营发展的引领带动作用，综合发挥家庭分散管理与集中统一服务的优势，节约了土地流转型规模经营不可避免的土地成本、人力成本，让每个参与联耕联种的农户都能够从规模经营中获益，为在坚持家庭经营基础地位条件下发展适度规模经营提供了可行方案。联耕联种充分挖掘农村自身的人力、资金、技术资源，最大限度地减少耕地、秸秆资源的闲置浪费，使土地、大型农机具、优良品种、先进技术得到整合使用，能够组织

开展集中采购、订单生产、开展品牌建设获得品牌溢价，实现了节本增产增收，为在稳定粮食产能、保障粮食安全的同时转变农业发展方式、提升农业竞争力提供了可行方案。通过在联耕联种基础上组建土地合作社开展合作经营，提取公积金、公益金和村集体资产入股分红等方式，为村集体带来经济收入①，联耕联种为新形势下如何发展壮大农村集体经济提供了可行方案。

（三）形成了一整套可复制推广的模式

射阳县目前总结出联耕联种的三种基本形式："联种分管"在统一品种、统一种植的基础上，管理、收获环节由农户分散进行，实现省工节本稳产增收；"联种联管"将管理环节纳入统一经营层面，开展统一种植与田间管理，有利于控制农药化肥使用，实现绿色生产；"联种联营"实行统一生产、联合经营，农户按参与联耕联种的土地面积分摊成本、分配收益。土地联合后的经营管理主要采取分户管理、半托管管理和全托管管理三种方式，具体经营形式包括村组干部牵头、合作组织承包和大户带小户等多种形式。在生产技术上总结形成了包括优选品种、育秧机插、水肥管理、病虫草害防治、秸秆还田等一整套与联耕联种生产模式相适应的集成技术，并编制了《射阳县联耕联种推广手册》《（盐城市）联耕联种技术指导手册》等指导材料。

射阳县自2013年开始试点推广联耕联种，四年来已累计推广70万亩，占全县耕地面积的三分之一，射阳县所在的盐城市三年累计推广联耕联种面积达1233万亩。此外，在江苏省兴化市、东台市、阜宁县、滨海县等地以及湖北省华容区、云南省马龙县，联耕联种模式也在这些地方落地生根、成功复制。

---

① 射阳县新坍镇新集村原来是个经济薄弱村，村集体负债累累，2015年成立新集村土地股份合作社后每年向村集体分红不少于15万元，这些收入不仅为村集体还上了历史欠账、建起了村两委办公室，还添置了粮食仓储烘干设备，壮大了村集体经济实力和自身造血功能。

四、"联耕联种"经验对发展农业规模经营的启示

射阳县试点推广联耕联种模式中取得的成功经验,对于当前推动规模经营发展具有重要启示意义。

(一)瞄准根本问题

联耕联种模式没有纠结于如何实现某种生产要素的集中,而是打破土地、人力、技术等要素资源内部的分割,通过培育新型经营主体、服务主体对原有生产要素进行重新整合,使要素组合得到优化,能够应用先进技术与装备,从而降低生产成本、提升单位和整体产出水平。联耕联种的经验告诉我们,规模经营不是单个要素数量的增加而是要素配置的整体优化和要素配比的合理化,发展规模经营的目的是通过优化要素配置达到降低要素使用成本、提升要素使用效率的目的。因此,发展农业规模经营的核心问题在于如何破除要素内部重组和要素之间整合的障碍,让要素组合同生产力水平相适应。至于谁来推动生产要素重组与整合,既可以是合作社、家庭农场、龙头企业等新型经营主体,也可以是社会化服务主体,关键在于这些主体能够将要素资源重新整合同自身掌握的生产力相匹配,从而实现产出效率的提升。要素重组、整合的具体方式,可以是要素流转,也可以通过要素拥有者之间联合与合作,还可以采取委托购买服务等方式,而土地流转仅仅是重组土地要素的一种具体方式,并非开展规模经营的必要条件。发展农业规模经营,需要瞄准要素重组整合这一根本问题,破除体制机制障碍,培育内生发展动能,至于谁来重组整合、怎样重组整合,则要根据具体情况、现实条件而定。

(二)适应现实条件

联耕联种模式之所以在射阳能够成功,重要的一点在于这一模式是当地农民群众基于现实需求的自主创新,内生于当地的土壤,适应了当地的现实条件。射阳县农村转移就业较为充分,为土地要素集聚创造了条件;同时,农业生产仍然不可放弃,尤其要承担非经济功能,因此通过合作联

合重组土地等要素资源，比完全让渡土地经营权的土地流转，更易为当地农民所接受。从试点情况看，凡是试点比较成功的地方都有共同的特点：一是耕地质量均等，耕地生产能力和产出物同质化程度高，产出水平同耕地面积高度相关，便于农民计算土地要素投入与产出；二是农业机械数量多、种类齐全，机械化程度高，农田基础设施便于大型农机作业，能够满足联耕联种对农机服务的需求；三是村组干部在当地村民中有威信，村庄内部社会信任度高。如果不能同时满足上述三个条件，例如地块间差异较大或种植不同作物、农机服务能力不足或基础设施条件不便开展农机作业、村庄内部社会信任度较低，联耕联种在那里推行就难以成功。射阳试点推行联耕联种的经验告诉我们，发展规模经营不论采取哪种形式、通过哪种方式，都需要符合当地资源禀赋、经济社会发展程度、政治和社会文化偏好、农业生产特点和生产力水平等基础条件。那些脱离当地现实基础、单纯靠行政推动或资金堆砌的规模经营"亮点"纵然再光鲜亮丽，也是悬浮于流沙之上，一旦潮水退去必会轰然倒塌。

（三）抓住关键要害

规模经营需要生产要素的重组与整合，涉及众多的利益相关者，那些受益者能够成为规模经营向前发展的推动力，而那些利益受损者则会成为反对规模经营的阻力。射阳县试点推动联耕联种，通过精心设计利益分配机制，让联耕联种参与者特别是带头人的经济收入同联耕联种效益紧密相关形成正向激励，通过利益联结在可能的受损者中构建他们与联耕联种的共同利益，从而扩大了动力来源、减少了阻力因素，为联耕联种发展创造了有利条件。同时，通过契约、章程等形式将利益分配的方式、形式给予制度化、规范化、透明化，使所有的利益分配都有法可依、有规可循、置于监督之下，既赋予了受益者分享利益的合法性，也能防止在合法分利之外的私下谋利与腐败行为。射阳联耕联种的经验说明，利益分配是规模经营能否顺利推进的关键要害，设计良好的利益联结与利益分配机制可以将不利因素消除甚至转化为有利因素，而解决不好利益分配问题则会导致外部阻力与内部矛盾的不断消耗。发展规模经营也要强调包容性，需要把共同参与、共同发展、共同富裕作为发展目标。

五、"联耕联种"为土地股份合作社奠定基础

联耕联种不是一种静态、固定的模式，在试点过程中也在不断发展演化，从"联耕联种"到"联管""联收""联营"，主体联合、要素整合的范围不断扩大，程度不断提高。无论是实行土地半托管的"联种分管"，还是实行土地全托管的"联种联管"，最终的产品收获和销售还是由各家各户分散完成。然而到了"联种联营"模式，不仅在生产全过程实现了统一经营，而且在产品收获、销售环节也实现了统一，农户收益分配依据从参与联耕联种的实际地块变为土地面积，土地对于农民已经从具体的生产资料变为抽象的资本。在"联营"的基础上，如果能充分实现土地质量的均等化，使每块土地的成本投入和产出水平只与土地的面积相关，使农民同意以土地面积而不是在自己土地上实际收获的产品作为收益分配的依据，就可以进一步将农户参与的土地面积予以股份量化，这个联耕联种集体就会成为一个土地股份合作社。可以预见，联耕联种未来的发展方向就是土地股份合作社，并可以依靠合作社进一步推动纵向一体化，实现第一、第二、第三产业融合发展。

陕甘宁边区合作运动的探索：
推动与调整

张静宜

中国共产党历来重视农民的合作事业。在党的正确领导下，抗日战争时期陕甘宁边区的合作运动全面开展，并在探索中不断前进，显著地改善了人民生活，发展了国民经济，为完成抗日建国的目标作了重要贡献。当前，农民合作事业进入新的阶段，农民专业合作社蓬勃发展，虽然外部环境和社会经济情况发生了巨大的变化，但党领导陕甘宁边区群众办合作的历史经验在当下仍然具有借鉴意义。目前农民专业合作社运行中出现的一些问题，如带动群众不足、组织管理失序、利益异化固化等问题，对照陕甘宁边区合作运动中"为谁办合作社，谁来办合作社，如何办好合作社"等一系列问题的主张以及对错误倾向的纠正做法，亦能引出许多有益的反思。

一、边区合作运动的概况与发展阶段

早在土地革命时期，陕北、陕甘革命根据地就建立了农业劳动互助组织和消费合作社。1937年"七七卢沟桥事件"后，进入全面抗战阶段，9月6日陕甘宁边区政府正式成立。适应边区经济建设发展的要求，合作社经济得到迅速而广泛的开展①。1941年1月"皖南事变"后，陕甘宁边区遭遇国民党全面的经济封锁，财政经济处于非常困难的地位，边区干部群众对发展合作社的要求更加紧迫，加快了对边区的合作事业的探索。1942年12月，陕甘宁边区高干会议召开，总结了延安南区合作社的经验，肯定了南区合作社式的合作道路，南区合作社的经验得到推广。以此为转折点，边区合作事业找到了正确的发展方向，逐步走上了正轨。毛泽东同志撰写《论合作社》《组织起来》等报告，全面阐述了边区发展劳动互助合作的重要意义和发展道路，合作事业得到了普遍重视和空前发展。

边区合作社的业务是以消费为起点发展起来的。消费合作社吸收了群众的土产品，为群众供给需用品，冲破了经济封锁，便利了人民交换，获得了群众的拥护。生产方面，以变工队②为主要类型的劳动互助社也大规模发展起来，其实质就是集体互助的农业生产合作社，提高了劳动效率，保障了边区的农业生产和供给。1939年，边区政府建设厅进一步注意到发展手工业生产合作社对发展边区经济、克服困难的重要意义，开始指导建立发展手工业生产合作社，主要发展纺织生产。为了方便物资交换，运输合作社也很快地发展了起来。一些规模较大、资金较多的合作社开始兼营几项合作社业务。1942年边区高干会议后，以延安南区合作社为榜样，边区合作社向综合性发展，经营消费、从事生产、联络运输、提供信用等业务的"一揽子合作社"发展起来，还出现了医药合作社和教育合作社，成为边区的一支重要经济社会力量。

边区合作社的发展经历了"两起两落"，划分五个发展阶段。第一个时期合作发展初期（1936—1937年），受到内战的封锁，商业被破坏，在中央红军到达陕北后，为解决边区物资供应问题，在中央国民经济部根据地原有合作萌芽的基础上指导成立合作社，各县各区都建立了消费合作社，在乡建立了支社。合作社结合群众的需要，帮助采买物品，替政府兑

---

① 李祥瑞："合作社经济在陕甘宁边区经济建设中的地位"，《西北大学学报（哲学社会科学版）》1981年第3期。

② 变工队：变工即几户之间在进行农业生产的时候，把人力和畜力相互调剂，相互交换，相互帮助，是陕北农村一种劳动互助的形式。变工队是农业劳动集体互助组织。

换苏票，为红军拍卖没收货物并开展生产。虽主要是为公家服务，带有一定的政治动员性质，但为群众解决了困难、保证了供给，得到了群众的支持，此为第一"起"。第二个发展阶段是摊派包办阶段（1937—1941年）。全面抗战之初，国共对抗相对有所缓和，经济封锁解除，群众对合作社的需要不似从前。面对新环境，合作社应该怎样发展，许多干部群众的认识是模糊的，重视程度和管理程度弱化，加之货币波动，合作社吃亏赔本现象普遍发生。1938年1月，边区政府提出巩固合作社的方针，开始自上而下地整顿合作社并加强对合作社的领导。将乡支社归并于区分社，合并分社，有的县将二个或三个区分社合并经营。为应对物价高涨，不断扩充股金以维持原有业务，由政府层层摊派负担的形式交给合作社。合作业务事事请示上级，教条、官办色彩重。干部作风上脱离群众，干部由政府指派调度，领津贴并享受代耕待遇。很多合作社对群众的服务业务办得不好，股票不落实，红利好几年不发，造成群众的不满和反感。此为第一"落"。第三个阶段是民办官助阶段（1941—1942年）。1942年1月，边区政府建设厅根据南区合作社的经验提出了"克服包办代替，实行民办官助"的方针，开始纠正前期的教条主义的摊派做法，实行自由入股和按期分红，并转变了对合作社的领导方法，敢于放权、让利和支持群众创造。12月，召开了陕甘宁边区高干会议，会议总结了延安南区的合作社经验，指出南区合作社式的道路，就是边区合作事业的道路。自此，边区的合作社走上了正轨，取得新的发展，得到了群众的拥护。经过前个阶段统一认识、明确道路，边区合作迎来了快速发展阶段（1943—1944年），合作社数量和入社群众大增，股金和资金规模迅速扩大。这个时期合作社业务发展出现了结构性的变化，过去消费占优势，而经过业务的拓展，运输、生产、信用、医药等占了三分之二，合作社更好地服务于人民群众的生活。此为第二"起"。但是在发展中也出现了一些问题，为了解决合作社发展中的问题，开始了对合作社的清理整顿阶段（1944—1945年）。在物价上涨且政府严禁合作社摊派股金的情况下，合作社产生了以分红刺激发展的"冲动"和投机倾向，社员群众也愿意追求红利，有的甚至变卖重要的生产资料换钱入股。此外，这一阶段合作社业务出现了不顾实际情况铺摊子的问题，而忽略解决群众的具体困难。为此，边区开始对合作社数量和业务进行清理整顿，实行了分红、退股、清理股票、不强迫摊派股金，规范运行操作。合作社数量减少而质量改进。此为第二"落"。

二、党领导边区合作运动的原则做法

在地广人稀、小农经济为主的边区，贯彻政府经济政策，发展边区经济，必须发展合作运动，依靠合作社作为联结政府和人民桥梁开展工作。党领导边区合作运动的探索中，逐步厘清了发展合作社的基本原则，保证了合作社发展的正确方向。

（一）明确合作社的性质是为群众服务

边区合作社把群众的力量组织起来，是在私有经济基础上的群众组织。毛泽东在《论合作社》一文中将合作社的性质定为：合作社性质就是为群众服务，就是处处要想到群众，为群众打算，把群众的利益放在第一位，这是我们与国民党的根本区别，也是共产党员革命的出发点和归宿，从群众中来，到群众中去，想问题从群众出发而又以群众为归宿，那就什么都能办好[①]。1944年《解放日报》刊载《西北局关于贯彻合作社联席会议决议的决定》中称合作社是为广大群众服务的民营组织。

综观边区合作社的发展历程，当合作社与群众紧密结合，合作运动就会出现大发展，反之，合作社脱离群众，背离群众利益，发展就会陷入困境。延安南区合作社刘建章主任提出，办好合作社的秘密就在于为群众的利益着想。把合作社的业务和群众的生活联系起来，一切事情就好办。真正为群众谋得物质利益，才是真正有力量的群众组织。

（二）坚持自愿原则

党领导边区的合作事业，强调要尊重群众自愿，根据群众的意愿开展

---

① 毛泽东：《论合作社》，《毛泽东选集》，东北书店，第891页。

工作，在工作中接受群众的意见，并总结出一套调动群众积极性的领导方式和工作方法。对合作社的领导应该从实际出发，详细调查当地情况，具体研究每一项事业的实现办法，多和群众讨论，并取得他们的赞同然后实行，群众愿办就办，不愿办就从典型示范入手，使其感到实际利益，自愿办理，其有不愿办者，则予以纠正，解散坏的合作社，退还摊派股金[①]。在组织劳动互助中，根据具体情况（劳动力的强弱、土地的多少、住址和耕地的距离等条件）可能组织到一起，而且组织到一起会对生产有利时候才把他们组织起来，不是一开始就一定要把全村都组织起来，通过群众自己觉得合得来的自愿的结合，逐渐把他们组织起来。在群众还不愿进行长期的大规模的互助的时候可以先从临时的小规模两三家的互助做起。凡是这样组织起来的劳动互助就能提高生产，它才是巩固的[②]。

党领导互助合作工作要付出时间、努力和能力，以说服教育的方法和典型示范相结合的方法，启发群众认识到参与合作的好处，切实解决个体成员家庭经营无力解决的各种困难问题，让实际效果成为最好的动员方式，群众自觉自愿地联合起来，平衡个体和集体的矛盾，增大整体效应。只有获得群众赞同，自愿地参与合作事业，才是效果好的工作，才是巩固的，可以持续发展的。

（三）实行民办官助方针

举办合作运动之初，面对内忧外患，党组织的合作运动以官办为主，运用强制性的政治动员方法推进。但是实践证明，合作社事事由公家来管，脱离群众、不理群众的需求，群众也就不理合作社的发展，认为合作社姓公，不是群众的，把合作社认为是"和尚庙"，合作社干部称为"照庙和尚"。延安南区合作社走出了一条民办的道路，取得群众的拥护，得到边区政府的重视。边区总结南区的经验，提出了合作社"民办公助"

---

① 《边区合作事业的发展》，陕甘宁边区政府建设厅，1944年。
② 《边区的劳动互助》，中共西北局研究室，1944年。

的方针，就是人民自己要办的事情，党政帮助他们，民办为主，公助为辅①。两者有机联系、不可脱离。政府则需要找准位置，定好角色。明确政府是带路人，不是一个人走路，毕竟政府熟悉的路也有限，政府一个人走就阻碍了群众发现捷径、走上康庄大道②。合作社的事务按章程办，由社员决定。政府加以指导和帮助，而非包办代替。

办好合作社的决定性因素不是政府的帮助，而在于发挥民办的创造，激发群众的积极性。《解放日报》报载的《毛主席谈合作社业务》文章中每一个模范合作社都是一本活的教科书。坚持"民办公助"方针，边区党和政府敢于让利、敢于放权，放手鼓励和支持地方创新，开拓经营思路，开展了多项为群众服务的业务，比如代交公粮、包运公盐、代交人民的各种负担、代政府发放农贷、安置难民等③。在办合作社的方针、办法上，政府还是向地方实践学的。

（四）平衡"公私两利"的关系

边区合作社的发展中，存在个体利益和集体利益的矛盾。如果过多强调个体利益，合作社无法发挥"合"的作用，失去了存在的意义；另一方面，如果过度强调集体利益，强调个人的义务，个人的利益会受损害，合作社就失去了支撑，不能持续发展下去。关键是平衡好两者的关系。延安南区合作社首创的"公私两利"原则，对于边区合作事业发展具有开创性意义，将人民群众团结起来，公私兼顾，既照顾合作社的发展，也让个人得利，完成了对政府的义务，确保了合作事业的长远发展。

毛泽东在总结南区合作社经验中指出：南区合作社冲破了教条主义、公式主义，不拘于成规，南区合作社以消费开始发展到南区全体人民经济生活的各方面，是一个综合性的合作社。打破了合作社的形式主义，认真贯彻面向群众，替人民谋利益的方针，它以公私两利的方针，作为沟通政

---

① 高自立：《合作社联席会议总结报告》，1944年7月。
② 高自立："巩固扩大合作事业"，《解放日报》，1942年3月。
③ 李祥瑞："合作社经济在陕甘宁边区经济建设中的地位"，《西北大学学报（哲学社会科学版）》1981年第3期。

府与人民的桥梁，经过合作社，使政府、合作社、人民三者公私的利益，个人与集体的利益紧密结合起来。

三、对边区合作运动中错误倾向的纠正调整

合作社建立起来，并非一劳永逸。在发展过程中，出现了各种的问题，遇到许多新的情况，是前进性与曲折性相统一的长期探索过程，经过了不断的总结、发现问题和调整改进。通过对教条主义、形式主义、脱离群众、背离群众利益以及党领导合作运动中的包办摊派、放任自流等一系列问题的纠正，边区的合作运动得以调整、巩固和提高，从而找到正确的方向，走上了正确的轨道。

1. 纠正合作社脱离群众的倾向，明确为谁办合作社的问题。在边区合作运动的初级阶段和摊派包办阶段，边区政府大力推动巩固合作发展，但方法教条：脱离了分红、不谈给予群众实际利益，而孤立地强调社务民主化和业务商业化，只是在形式上推进社务民主化、重视群众的参与，将工作重点片面地落在按期召开社员大会、报告及讨论社务业务上。但开会并不解决实际问题，相反布置扩大股金摊派等任务，让群众头痛厌烦。1942年以前，每次开主任联席会议时，各社主任都照例带来三件要求。第一件叫作："资金小，周转不开，给投点资，或命令政府扩大股金"；第二件叫作："人才缺乏，要一个干部"；第三件叫作："干部待遇要解决"[1]。上述说法反映了当时重形式而没有解决实际问题的教条主义做法。教条主义脱离了实际，脱离群众，看不见甚至排斥了体现群众创造性之南区合作社道路，以致造成严重的官办倾向，陷合作事业于危机之中[2]。

为了纠正脱离群众的倾向，一是批判脱离群众的做法，树立群众观点，强调为群众办合作社。陕甘宁边区政府建设厅在工作中提出了依靠群众和脱离群众两条道路、两种作风的斗争，将脱离群众的作风总结为"眼睛向上""背向群众"的错误道路加以批判。毛泽东同志多次批判脱

---

[1] 《边区合作事业的发展》，陕甘宁边区政府建设厅，1944年。
[2] 《边区合作事业的发展》，陕甘宁边区政府建设厅，1944年。

离群众的错误：缺乏群众观点，不依靠群众、不组织群众，不注意把农村、部队、机关、学校、工厂的广大群众组织起来，而只注意组织财政机关、供给机关、贸易机关的一小部分人；不把经济工作看作是一个广大的群众运动，一个广大的战线，而只看做是一个用以补救财政不足的临时手段。这就是一种错误的方针，是与把群众的力量组织起来的方针相对立的①。1944年《解放日报》载《毛主席谈合作社业务》中，毛泽东谈到，合作社是为什么人办的？是为广大群众的，是为边区140万老百姓和十万部队机关学校人员。这个方针在前年冬天高干会上就已经确定。这就是刘建章的方针。一年半以来，很多合作社都朝着这个方向走，都有很大成绩，但是还有些合作社没有解决这个问题，因此这次合作社会议，要重新宣布这一条方针。二是选派了解群众、群众呼声高、带动群众能力强的干部领导合作社，以实际的作风服务群众并赢得群众的信任。选派为群众办事的领导人，从农村里拣选和群众有联系的人，再从办合作社的实际工作中培育出来，这样的干部了解情况、熟悉民情，与老百姓有联系，所以他们说话老百姓比较相信。在边区合作事业中培育了一批模范合作社，涌现了一批合作领导人物，如刘建章、曹玉科、刘永祥、樊彦旺、安长庚等，树立了合作社为群众服务的模范作用。

  2. 转变强制摊派、包办代替的做法，明确谁来办合作社问题。脱离群众之风产生于领导的包办。政府大包大揽，不仅没把合作社管好，还脱离群众、阻碍了地方创造。边区政府结合南区合作社民办官助的经验，提出了克服包办代替，实行民办官助的方针，但是贯彻的过程并不顺利。起初，几乎所有的合作社主任均无信心，且认识不清这种转变的意义所在，还有人认为这种提法是失掉立场的。合作社领导中怀疑态度盛行，有人认为民办是行不通的，政府之所以包办就是因为社员不办，如果政府不去做包办的工作，合作社必然垮台；还有人固然承认民办正确，但认为成功的民办合作社都有一些特殊条件，不具备可复制性。而且合作社习惯了政府摊派股金、动员干部、决定分配事项，不懂得组织社员开展业务工作，产

---

① 毛泽东：《组织起来》，《毛泽东选集》1953年版，第933页。

构建现代农业产业体系生产体系经营体系

生了畏难情绪。

为了扭转政府大包大揽造成的被动局面，边区政府推动转变工作方法。1942年2月陕甘宁边区政府建设厅合作指导局联合召开各县合作社主任联席会议，强调合作社应由群众民主管理，决不能由少数人包办，一定要依靠广大群众；决不能强迫命令，一定要自觉自愿。贯彻民办公助是我们合作社今后的基本方针①。一是加深合作社业务与群众需要的结合，发展妇纺，解决布料短缺和家户经济，资助婚丧，举办适合群众需要的作坊，包运公盐，包交公粮等。二是在合作社职员待遇上做了调整，取消了代耕，改为薪金制或作份子。工作作风上改单纯的政治动员为支持群众自愿自觉，发扬民主作风，尊重地方创造。当由包办转向民办，合作社展现了强大的新生力量。三是总结推广延安南区合作社经验，统一认识。1942年12月，召开陕甘宁边区高干会议，毛泽东确定和总结了延安南区合作社经验，指出南区合作社式的道路，就是边区合作事业的道路。群众对合作社的信心也有所增强。经过两次召开训练班培训，用民办合作社发展迅速且为群众所拥护的例子，教育各合作社干部。从此，边区合作社逐步走上正轨并进入蓬勃发展阶段。不仅数量增长，而且发展质量也有很大的进步。

3. 纠正错误管理上的倾向，明确党和政府要在合作事业发挥指导作用，使得合作社巩固提高，解决办好合作社的问题。"民办官助"方针实施之后合作社业务大发展，但由于强调群众化和数量扩增，一些干部思想上产生了另一种倾向，即在对合作社的领导上有了消极的成分，甚至发展到放任自流、不闻不问。在边区合作大发展阶段，由于党和政府对合作社发展中出现的问题缺乏合理的指导和干预，合作社的发展出现了一些混乱，有的合作社甚至变了质。比如，对一些群众自发的小规模合作社不加检查引导、不帮助解决问题，任其自生自灭。经历了大发展阶段后，一些地方产生了不顾条件的大量发展和提倡大型的一揽子合作社的做法，业务拼命扩大摊子，一个合作社从事十几种业务，摆十几个摊子，企图将凡是

---

① "边区合作社联席会议号召组织卅万人参加纺织"，《解放日报》，1944年6月28日。

人民需要发展的经济事业一手包下来，最终却是违反了经营规律，反而什么也干不好，阻碍了合作业务的正常开展。此外，党和政府对于南区合作社不辨来源吸收游资、"入大股，分大红，入小股，分小红"的刺激方法没有合理限制，合作社对私商入股不设防，以致一些私商携带其全部资产加入合作社，而我们自己又无法控制，使有的合作社变了质。合作社投机倾向也未能得到政府合理的限制和警告，导致一些合作社投机生意做赔了，丧失了群众威信。还存在一些干部谋私利、发私财的情况。

  边区政府认识到这种倾向并进行了反思，政府不去提倡，不去帮助，办或不办、办好或办坏一个不管。这种不管是不对的，如果没有公家帮助事情也办不好，甚至办不起来①。党和政府逐渐认识到，要重视合作社发展起来后的巩固提高问题。一是注意检查，及时发现解决问题。组织起来后不是完事大吉了，而是需要时不时地检查，不断地帮助，使互助合作巩固和坚持下去。任何劳动互助在进行中都会发生许多的困难和或大或小的纠纷，只有不断地检查和及时解决问题才能坚持下去，不然也会中途散伙。劳动互助虽对于农民有利，但是个体经济和集体劳动的矛盾是始终存在，若是党和政府放松对他的领导，就不能坚持下去，就会前功尽弃。二是针对新情况新问题进行针对性清理整顿。其一，改进质量，对效果不好的合作社实施清理整顿，解散一切为群众不满的合作社，整顿和改造了一些较差的合作社。在整顿中实行了分红、退股、清理股票，不强派股金，挽回了一些极坏合作社在群众中丧失的威信。其二，清理简化业务单位，遏制铺张业务，重视组织生产合作社密切联系群众。了解群众的具体要求，在消费、生产、医药等各方面解决一个问题，从廉价供应各种物品以及从固定供给一村的日用品等着手，与群众密切结合，以此业务为中心逐渐根据自己的力量发展，克服不顾实际条件的一揽子和业务庞杂等现象②。其三，实行经济核算，以求得资金的长期周转，永久为群众服务，正确解决为群众服务同分红的关系，并保证社员的正当红利。业务的举办

---

① 高自立：《合作社联席会议总结报告》，1944年7月。
② 《目前合作社方针问题的研究材料》，1946年2月26日。

应以群众的需要，保证资金的周转及正常红利等原则。没有上述条件，宁可缓办或不办。其四，批评投机行为，清理合作社干部队伍，反对剥削群众利益、为私人发财，取缔和改造了一批合作社。

四、党领导边区合作运动的历史启示

陕甘宁边区合作事业的开展，最根本的原因是符合边区经济建设的客观规律，符合广大人民群众的根本利益。具体来说，有以下几条值得重视的经验。

1. 合作社要服务和保障群众利益，实现公私两利、社群两利。抗战时期陕甘宁边区合作社明确并坚持了为群众服务的性质，坚持公私两利，合作业务的开展符合群众的真正需要，盈余分配保证农民的利益，既使人民得到了实惠，又保证了合作社的长远发展，将群众的力量紧密地团结在合作社周围。反观当前，部分合作社出现了"主体缺位"，广大的农民社员却缺乏参与积极性和发展空间，一些合作社对农民社员利益的保障不足，仅承认与农民社员的土地租赁和劳动雇佣关系，没有建立利益共享、风险共担的机制，个别合作社甚至成为个人和小团体牟利的工具，出现了利益异化现象，完全偏离了农民专业合作社的真正内涵和定位。在新的形势下，合作社面临复杂的情况和挑战，但发展的合作社核心本质仍然是服务于群众社员，因此要充分保证农民自愿参与，发挥农民主体作用，服务和保障群众利益，在平衡公私两利、社群两利的关系中谋求发展。

2. 重视合作社办起来后的巩固提高问题，在规范发展中提高质量。陕甘宁边区的历史经验说明，即使是模范的合作社在发展时也会遇到问题，产生偏离，需要在发展中不断反思整改以保证其正确的发展方向。目前，农民合作社遍地开花，但管理和发展的质量却亟待提高，乱象也需要整治。有的专业合作社成立目的是为了享受国家优惠政策，套取政府补助资金，而不是带动群众经营事业，成为"挂牌社"；有的合作社是为了应付任务，以村组干部或家庭成员凑人数而成，没有开展实际业务，也没有按章程运作，成为"空壳社"；有的合作社治理僵化，其业务运作和利润分配往往是一人说了算，成为"一人社"。合作社不应记在纸上，挂在墙

上、趴在账上,而应发挥实在的作用。更多的合作社规模较小、发展粗放的普遍问题,需要适应新情况,解决新问题,不断地检视、调整、巩固和提高。在规范运作中,不断提高发展质量,促进合作社的健康发展。

3. 明确政府角色定位,正确发挥导向作用。陕甘宁边区合作运动中由官办到民办官助的转变,揭示了政府在合作事业中应有的角色定位。政府不应包办代替、强制摊派,但亦不能放任自流,对合作社不帮助、不引导。合作社发展中政府既不能缺位,也不能越位。为促进合作社发展,政府应该提出发展方针、给予政策支持、优化发展环境,积极协调解决现实问题,同时对专业合作社的经营行为进行有效监管,防止出现侵害入社农民利益的行为①。避免政府部门替群众决策、干预经营的情况,使得合作社的发展完全取决于领导重视和支持程度,丧失了内生发展能力,"其兴也勃焉,其亡也忽焉"。

4. 顺应新变化新发展,尊重和提炼地方创造创新。陕甘宁边区合作运动成功的一个关键在于打破教条主义,尊重实际和地方创造。延安南区合作社经验的发现、总结和推广,直接扭转了官办合作运动造成的困境。可以说,办好合作社的决定因素不在于领导,许多好的方针方法还是领导层向地方学习的。当前农业农村出现了许多新情况新变化,经济进入新常态,供给侧改革深入推进,"互联网+"影响扩大,市场经济规则更新了农民思维方式和经营策略。一些地方尊重基层和农民群众的首创精神,立足不同产业不同领域,在合作社创新发展方面进行了生动丰富、形式多样的探索实践②。要善于发现和总结地方的创造创新,概括不同主体、不同产业、不同区域的发展模式,跟踪研究、加强指导、总结经验,不断将合作事业推向前进。

---

① "专业合作社发展须尊重农民创造",《南方农村报》(广州),http://news.163.com/14/1010/00/A85ENF7E00014Q4P.html,2013年10月10日。
② 农业部农村经济体制与经营管理司:"陈晓华副部长在全国农民合作社创新发展座谈会上的讲话",http://www.moa.gov.cn/zwllm/tzgg/tz/201510/t20151012_4860966.htm,2015年10月9日。

农产品市场与贸易

2017年重要农产品和农资市场形势分析与2018年展望

农业部农村经济研究中心产品分析预警小组

专题1 稻米*

一、2017年稻米市场形势

2017年1—12月国内稻米价格与上年同期相比除粳米略跌，其他品种均出现上涨（图1、图2）。

从月度走势看：一季度稻米价格基本稳定，二季度开始各品种走势出现分化。其中，早籼稻价格震荡下跌，由3月份2.64元/公斤跌至7月份2.56元/公斤。新季早籼稻上市后，最低收购价预案启动，价格反弹至9月份的2.62元/公斤，最低收购价托市结束后，跌至11月份2.56元/公斤，12月又涨回2.62元/公斤；晚籼稻价格1—5月稳定在2.76元/公斤，6—12月份在2.7—2.76元/公斤震荡；粳稻价格由月份2.98元/公斤震荡上涨至8月份3.1元/公斤后震荡下跌，截至11月份跌至3元/公斤，

---

* 执笔人：彭超、张欢。

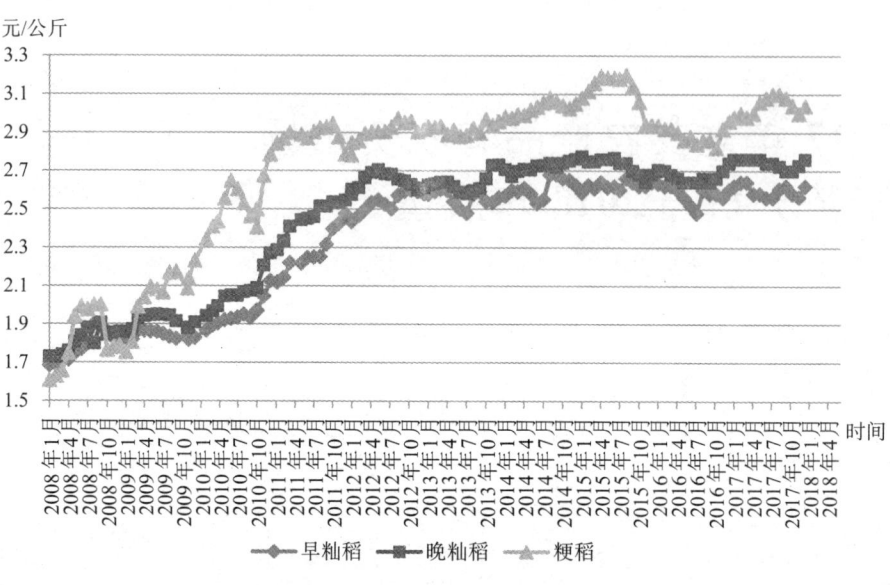

图1　2008年以来主要稻谷均价

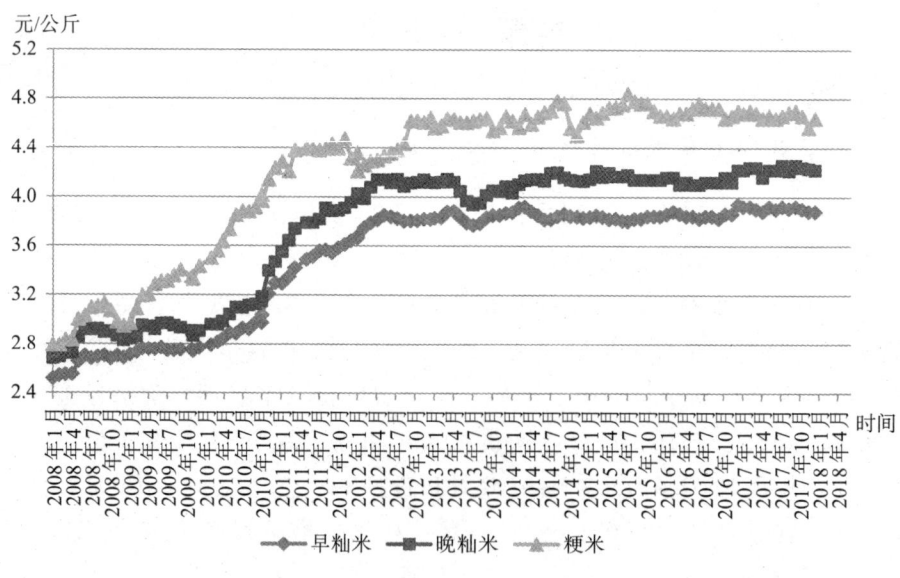

图2　2008年以来主要大米均价

12月又涨回3.04元/公斤。1—12月，早籼米价格在3.88—3.92元/公斤之间波动；晚籼米价格在 4.16—4.26 元/公斤之间波动；粳米价格在 4.64—4.7 元/公斤之间波动。

(一) 生产情况

早稻在播种面积下降及生长期遭遇不利天气双重影响下，产量下降。据国家统计局对早稻主产区的实割实测抽样调查和非主产区的重点调查，2017 年全国早稻播种面积 5463 千公顷（8195 万亩），比 2016 年减少 156.5 千公顷（235 万亩），下降 2.8%。全国早稻单位面积产量 5810 公斤/公顷（387 公斤/亩），比 2016 年减少 22.7 公斤/公顷（1.5 公斤/亩），下降 0.4%。全国早稻总产量 3174 万吨（635 亿斤），比 2016 年减产 103.7 万吨（21 亿斤），下降 3.2%。

另据国家粮食局统计，截至 9 月 30 日，主产区早籼稻累计收购 916 万吨，同比增加 57 万吨，其中：江西收购 448 万吨，同比增加 100 万吨；湖南收购 244 万吨，同比增加 7 万吨。

7 月份持续暴雨和高温天气，使得部分地区早熟中籼稻遭遇暴雨洗花，结实率低，加之 9 月下旬以来，江汉、江淮地区又出现持续降雨，导致湖北部分晚熟一季稻出现倒伏和穗上发芽情况，重灾襄阳地区甚至出现局部绝收现象，产量、质量均受到影响；江苏、安徽部分地区近期强降雨也一定程度影响了一季稻的成熟和收晒，部分早熟稻谷出现芽稻，如后期降雨持续，芽稻及黄粒米比例将大幅增加；东北地区粳稻生长期间，光热条件较好，目前已大范围收割，丰产基本成定局。11 月，中晚稻集中上市期来临，主产省陆续启动托市收购，整体收购进度加快。截至 11 月 25 日，湖北、安徽等 14 个主产区累计收购中晚籼稻 2002 万吨，同比增加 183 万吨。黑龙江等 7 个主产区累计收购粳稻 1421 万吨，同比减少 466 万吨。受托市收购政策支持，中晚稻价格整体保持稳定，托市收购托底效果明显。当前中晚稻市场依旧是托市收购占据主导，随着 8 个主产省托市收购政策的推进，很大程度上能够稳定市场价格，加快推进收购进度。预计，2017 年我国稻谷产量较上年持平略增。

（二）全年累计我国稻米进出口双增长

1—12月累计，进口稻米402.52万吨，同比增13.0%；进口额18.60亿美元，同比增15.2%；出口稻米119.65万吨，同比增202.8%；出口额5.97亿美元，同比增70.1%。进口稻米主要来自越南（占进口总量的56.3%）、泰国（占28.5%）、巴基斯坦（占6.8%）。出口目的地主要是科特迪瓦（占出口总量的25.8%）、韩国（占14.0%）、土耳其（占6.2%）。

（三）国际米价呈"∧"型走势

总体看，国际米价（曼谷离岸价，25%含碎率，下同）上半年涨下半年跌。2017年1—3月，在海外订单减少及泰国计划清除800万吨大米库存等因素影响下，国际大米价格由每吨365美元微跌至362美元。4月份开始，在孟加拉国和菲律宾等大米进口国新增采购需求拉动下，国际米价开始反弹至6月份涨至每吨425美元。7月份开始，在来自孟加拉国的采购量不及预期及东南亚主产国新季稻米陆续上市等利空因素共同作用下，国际米价震荡下跌至11月每吨379美元。从国内外价差看，国际米价到岸税后价仍比国内大米低25.0%（1—12月平均）。

（四）全球大米供需基本平衡

据联合国粮农组织12月份预测，2017/2018年度全球大米产量为5.01亿吨，同比减0.1%；消费量5.03亿吨，同比增1%；期末库存1.7亿吨，同比增0.6%；库存消费比33.8%，同比下降0.2个百分点。全球贸易量为4621万吨，同比增0.7%。

二、2018年市场走势预测

目前，市场预期2018年稻谷最低收购价将大幅下调甚至取消。预计，2018年国内稻米价格弱势运行，总体下跌。跌幅待2018年稻谷最低收购价政策出台后才能测算。国际大米价格基本维持2014年以来的箱体震荡格局，下跌空间有限。若泰国大米剩余库存能及时消化，不排除走出一波上涨行情的可能（图3）。

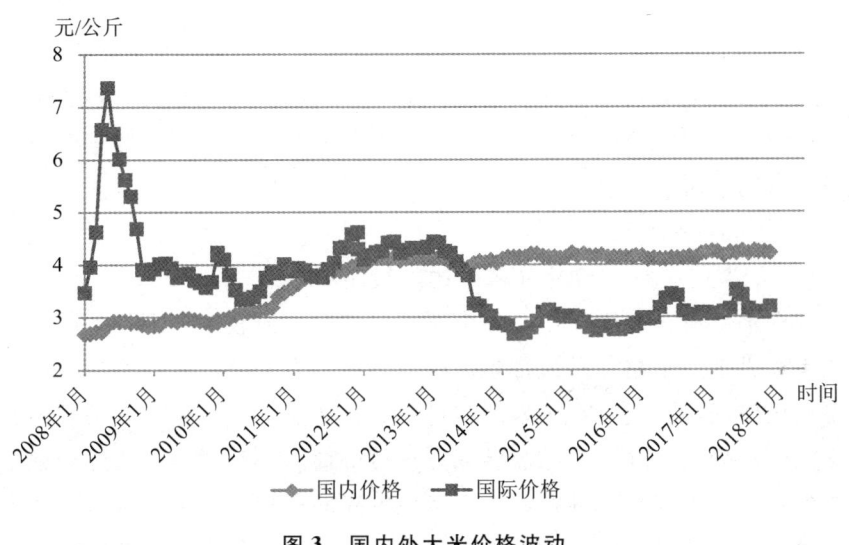

图3 国内外大米价格波动

三、值得关注的问题

（一）稻谷最低收购价存在取消的基础也不能在一两年内大幅降低

有专家指出，鉴于当前稻谷库存高企、价格缺乏国际竞争力的问题，从将来可以取消主产区的稻谷最低收购价。农业部稻米全产业链分析预警团队经调研和会商后一致认为，在没有更好替代方案的前提下，取消稻谷最低收购价政策并不现实。首先，最低收购价是稻谷种植主体的"定心丸"。根据对286个稻谷种植农户和合作社、种粮大户的调度，尽管不同规模的种粮农民对最低收购价的敏感程度不同，但90%以上的合作社等新型经营主体和80%以上的农户都建议不取消最低收购价，并且基本都表示取消最低收购价将会失去政策导向。其次，稻谷最低收购价也不宜在一两年之内大幅下调。回顾稻谷最低收购价变化的历程，2004年开始实施最低收购价政策，2008年开始保持逐年上涨，至2014年连续上涨了7年，2015年和2016年基本保持稳定，2017年首次全面降低。如果2018

年最低收购价一次性大幅下调,对市场的冲击较大。再次,规模经营主体是粮价降低的主要利益受损者,因此对托市政策改革最敏感。如果稻谷托市价格大幅下调,稻谷新型经营主体"凛冬将至",种粮大户、合作社等主体"退租跑路"将有可能集中爆发。这些年积累起来的稻谷适度规模经营发展的成果有可能遭遇历史性倒退。当前有利的情况是,各类生产经营主体对稻谷最低收购价降低都有一定的预期,因此,托市政策改革已经具备一定的环境。

(二) 当前实施"价补分离"的时机还不成熟

我国稻谷种植范围较广,各个稻作区情况差异较大,即使是同一省区内成本、供求、价格、品质都难以统一划定标准,这就导致稻谷生产者补贴发放操作困难。而且在土地流转过程中,政府部门在生产者补贴归属方面很难作出规定,往往要靠流转双方自行协商。一般而言,实际种粮主体拿不到补贴,即使拿到补贴,也要承担抬高的地租。目前,玉米生产者补贴和大豆目标价格补贴发放已经出现了一些问题。稻米全产业链分析团队调研到了一个比较极端例子,东北某合作社租地种水稻和玉米,玉米生产者补贴实施后,补贴资金直接汇入土地出租者账户,合作社与出租者协商补贴归属和租金降价问题未果后咨询律师,律师只能回复"问你们村长去吧!"即使不顾补贴激励效果、在大范围内实施稻谷生产者补贴,因为基本无法克服统计数据失真、生产主体失信的困难,也就难以避免政策执行失效的问题。在大数据决策管理尚未建立、基层政府涉农行政能力与政策执行要求不匹配的情况下,建议暂缓实施大范围的稻谷价补分离政策。实际上,稻谷实施分主体的托市政策更为现实,政策成本也相对较小。根据2016年农村固定观察点调查体系对全国4458个种稻农户的调查,经营面积50亩以上的种稻农户占1.2%。以此推算,全国稻谷适度规模经营主体总量可能在100万户左右,识别这种数量的规模主体难度相对不大。而且地理信息系统发展、土地流转合同登记工作加速推进等,为分主体实施稻谷托市政策创造了有利的产业基础。

(三) 降低最低收购价不是去库存的治本之策

在国家全品种粮食总库存略有减少的背景下,稻谷的库存却仍然在攀升。稻米全产业链分析预警团队预计,2017年全国稻谷库存将再次创历史新高。稻米产业链较短,消费以口粮为主,去库存总体比较困难。1998年粮改的历史经验表明,当人均粮食占有量超过400公斤之后,产大于需的矛盾就会出现,积累2—3年之后,库存高企问题就会凸显。2010年我国人均粮食占有量再度超过400公斤,本轮粮食库存高企是2013年开始凸显的。以粮食产量计算,2016年人均粮食占有量已经达到445.68公斤。产需矛盾较长时间的积累是高库存的主要原因,因此,解决库存高企问题也应当从生产和需求两个方面着手。

(四) 实施最低收购价并不是我国大米进口激增的根本原因

目前,大米正常进口贸易的冲击已经比较严重。根据我国对中国—东盟自由贸易区协定的承诺,大米关税进一步降低,2015年起长粒米关税降低至50%,中短粒大米、碎米等其他大米关税降至20%,进口出现了又一轮较大幅度的增加。实际上,部分国家大米之所以能够大量出口中国,直接原因仍在于价差优势,而价差主要来自于单位生产成本。2015年我国稻谷种植亩均成本为1176.55元,折合2873.19美元/公顷。同期,柬埔寨稻谷种植成本约为469美元/公顷,老挝约为463美元/公顷,仅为我国稻谷单位面积成本的不到1/6。以柬埔寨单产2吨/公顷、老挝3吨/公顷计算,我国稻谷每吨的种植成本达到柬埔寨的1.80倍和老挝的2.73倍。进一步深入分析,单位生产成本差异根源在于越南、柬埔寨等国家总体物价水平大幅低于中国。东南亚各国物价水平大体相当于我国20世纪90年代中期的水平。1997年我国籼米和粳米的年均价格分别为1.31元/公斤、1.50元/公斤,而2016年我国籼米和粳米的年均价格分别为3.99元/公斤、4.69元/公斤。东南亚部分国家和地区以相当于我国20世纪90年代中期的价格水平出口大米,自然有较大的价差。此外,东南亚国家与我国边境有一些大米小额边贸的往来,甚至还存在大米走私的问题。因此，即使调整最低收购价，仍然无法改善国内外大米价格倒挂的状况，也无法改善我国稻米产业的贸易条件。

（五）最低收购价改革不应当只关注价格是否调整

最低收购价政策的要素不仅包括价格，还包括收购标准、主体、资金来源、执行部门等等。2004年以来我国稻谷托市收购一直执行国标三等标准，已经不适应近10年消费升级的新形势。市场上多数的优质稻价格只是高于普通稻10%左右。加之优质稻抗性一般不及普通稻，单产相对较低，因此种植优质稻的亩均收益甚至会低于普通稻，优质稻无法保证优质优价。从日本的经验看，该国农协收购农民稻谷标准较为复杂，决定稻谷入库主要指标包括蛋白质含量、直链淀粉含量、白度、胶稠度等；农用化学品投入供应也有很强的计划性，农协几乎是农民购买化肥、农药等农资的唯一渠道，并且对农民用水、施肥、打药都有详细的经营指导，这样就能够比较有效地控制农业用水总量，减少化肥农药不合理使用。

四、有关政策建议

（一）托市政策改革的原则应遵循"保留框架，增加弹性，合理下调"

保留框架，即保留稻谷最低收购价政策，作为一种托底政策，让政策不启动成为常态；增加弹性，即根据国内外粮食供求形势调整最低收购价，探索灵活的、定向的收储政策，为最低收购价提供补充性、应急性措施；合理下调，即尝试一次性公布未来三年的稻谷最低收购价，每年有一定幅度降低，引导种粮农民科学调整种植结构。建议暂缓实施大范围的稻谷价补分离政策，可以先行推进休耕轮作补贴，为新型经营主体提供更高水平的保险产品并加大保险保费补贴力度，为规模经营主体提供营销贷款担保，开展无人机等新型农机具购置补贴试点。

（二）产需两侧发力"去库存"

一方面，结合耕地草原河湖休养生息规划，开展一定规模的休耕轮作。在东北黑土区坚决遏制"旱改水"，参考秸秆禁烧的执法方式，将目前尚需井灌的水稻有序休耕、调整，改种雨热同季的大豆、马铃薯和耐旱的杂粮；在湖南省长株潭等重金属超标的耕地重度污染区开展连续多年休耕，经检验达标前，禁止种植食用水稻；在长江中下游平原稻作区，加大补贴力度，开展整县推进，发展"油菜—水稻""绿肥—水稻"等轮作模式，主动调减优化双季稻种植。另一方面，引导市场主体，大力促进稻谷加工转化。优先在稻米深加工产业中落实农产品增值税核定扣除政策，倡导健康消费理念，鼓励稻米油产业发展，加强技术研发，合理发展稻米乙醇产业，尤其鼓励国有粮食企业探索"种植＋仓储＋加工＋物流＋港口"跨界融合经营模式，促进粮食储备定制化轮换，打造稻米全产业生态圈。

（三）增强国内市场调控与进出口调控政策的协同性

通过完善检验检疫、港口储备、全程追溯等政策，综合使用关税、配额、技术性贸易壁垒等手段，降低进口大米对国内产业的冲击。同时，积极实施"走出去"战略，争取世界范围内的稻谷和大米定价的话语权。加强对大型跨国粮食企业的培育，尤其是鼓励企业更多地对外投资物流、仓储、港口等产业基础，增强企业对全产业链的把控能力。与对外粮食援助相结合，鼓励扩大优质大米出口，重塑我国稻米产业竞争力。

（四）探索分主体实施托市政策

探索"最低收购价＋灵活性收购合同"的方法，采用国有粮食企业与生产经营主体签订灵活性合同的方式，以覆盖"物化成本＋最低工资"的价格和一定的数量、质量和标准，定向收购规模经营主体的稻谷。如果市场价格高于该价格，规模经营主体可以选择市场化销售；如果市场价格低于该价格，规模经营主体自然会将粮食交售到国有粮食企业。同时结合粮食生产功能区建设，利用地理信息系统和大数据技术，将托市政策落实到地块上。以全国100万规模种植农户计算，每户签订50亩的灵活性合同，规模再大的农户以其他项目制的补贴进行支持，以此计算每年充其量需要收购3000万吨稻谷，即使以目前的最低收购价计算，需要支付收购的资金也就在4000万元左右。而且如果最低收购价制定的比较合理，收购入库的稻谷数量和所需资金比这一估算还要少很多。

（五）稻谷最低收购价标准由数量导向升级为质量导向

适应居民消费结构升级、结合我国国情，把最低收购价政策执行由主要关注数量向质量导向转变，在继续实施最低收购价政策的同时，在托市政策执行中更加重视收购稻谷的品质，科学提高收储粮食的质量标准，还可以探索实施分品质定价收储、拉开档次收储等模式。强化对农户生产经营的指导，科学减少农药化肥等投入品施用。加强政策引导，鼓励农户在水源地实施休耕。借助普惠金融等手段，促进产业链整合，加强农药化肥供应的监管。在大米价格形成和消费支付中合理体现资源环境成本，结合国民教育、新闻宣传、科学普及等手段，推动形成节约粮食、反对浪费的绿色生活方式。

专题2　玉米[*]

一、2017年玉米市场特点

（一）国内玉米市场

1. 玉米面积继续调减。在农业供给侧结构性改革深入推进的背景下，2017年玉米生产结构调整进一步深化，各地认真贯彻落实"中央一号文件"精神，统筹调整粮经饲种植结构，继续调减非优势区玉米，增加大豆、薯类、杂粮杂豆等种植，加上玉米收储制度改革后价格大幅下滑，影响农户种植收益和生产积极性，2017年，我国玉米播种面积连续第二年下降。据国家统计局公布的数据，2017年，全国玉米播种面积35445.2千公顷，同比下降3.6%，调减区域仍主要集中在东北三省一区。2016—2017年，我国累计调减玉米面积4000多万亩。从气候条件来看，2017年全国玉米生产面临的气候条件总体较为正常，利于玉米产量形成。其中，

---

[*] 执笔人：习银生、杨丽、吴天龙。

东北产区因气温偏低播种期有所延后，但后期气候较好，利于单产提高，并且收获时期天气晴好，气温逐步降低，利于玉米降水储存，容重高，水分低，霉变少，玉米品质为近年来最好。华北黄淮产区前期气候较好，但临近收获期部分地区出现持续阴雨天气，不仅影响单产，而且玉米质量明显下降，霉变情况较为严重。总体上2017年全国平均单产水平达到6090.8公斤/万公顷，同比上升2.0%，创历史最高水平。总产2.16亿吨，同比减1.7%（图1）。

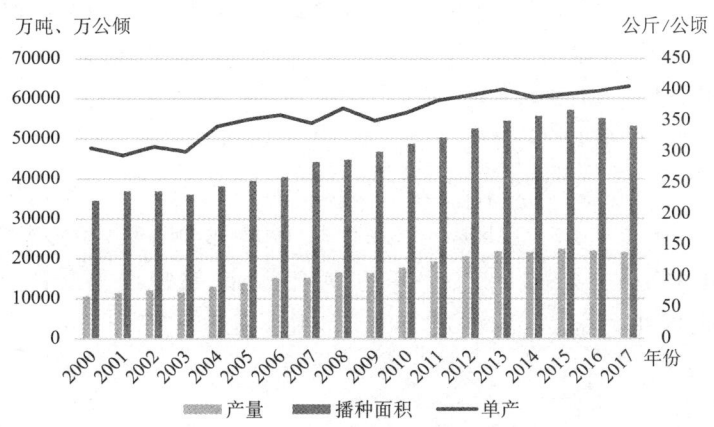

图1　2000年以来我国玉米生产变动

资料来源：国家统计局。

2. 国内价格低位反弹。2017年，在面积和产量持续调减，消费需求逐步回暖等因素的作用下，国内玉米供求关系发生了明显变化，阶段性供大于求的格局开始向产需基本平衡方向转变，带动玉米价格在年初低点基础上呈逐步震荡回升的态势。

（1）批发价格触底回升。2017年，国内产销区批发价格总体呈触底回升的态势。其中，1—2月受临时收储政策取消的市场效应及2016年所生产玉米集中上市压力等因素影响，玉米产销区批发价格继续走低，并达到近年来的低点。3—7月份，在东北产区实行加工补贴、中国储备粮管理总公司一次性收储等政策的带动下，市场主体入市收购积极性明显提高，收购季节结束后，市场粮源偏紧，看涨心理增强，国内批发价格连续5个月上涨。8月份后，2017年产新玉米陆续开始上市，加上临储拍卖的作用，市场供应压力有所加大，市场价格总体呈稳中走低的态势，但市场主体收购积极性较高，与往年季节性走低的特征相比，仍为偏强走势。12月，在市场预期出现年度产需缺口，华北产区玉米质量较差等因素作用下，玉米收购进度明显偏快，市场价格明显上升。1—12月，产区平均批发价格各月环比涨幅分别为 -8.3%、-1.1%、2.2%、5.0%、2.0%、0.3%、2.7%、-1.4%、0.9%、-2.3%、-0.7%、2.5%，销区平均批发价格环比涨幅分别为 -9.0%、-0.8%、1.1%、3.6%、2.9%、0.2%、1.2%、-1.9%、1.9%、1.4%、-0.7%、2.0%。产区和销区全年平均批发价格分别为 1625 元/吨、1788 元/吨，同比分别下跌 10.0%、11.4%。12月份，产区平均批发价格为 1682 元/吨，比年初涨 10.4%，同比涨 1.2%。其中，东北产区 1602 元/吨，比年初涨 18.8%，同比涨 4.4%；华北黄淮产区 1739 元/吨，比年初涨 5.9%，同比涨 2.3%。销区平均批发价格为 1888 元/吨，比年初涨 11.4%，同比涨 1.3%（图2）。

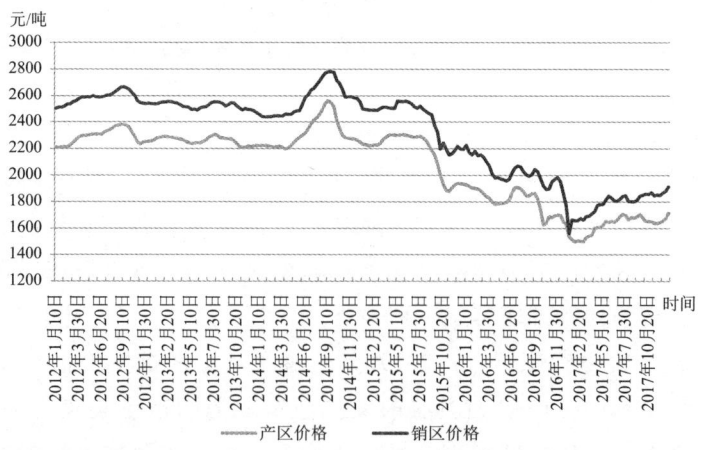

图 2　2012 年以来国内玉米产销区平均批发价格走势

资料来源：根据中华粮网、中国玉米市场网、国家粮油中心等数据整理。

（2）新玉米价格明显高于上年。2017年9月中下旬以来，新产玉米逐步上市，到11月份走势相对平稳，并一度出现季节性回落，但12月份后逐步上涨，特别是12月中下旬以来东北产区涨势较为强劲，带动华北黄淮产区价格上涨，主要原因在于国内产需关系变化导致市场预期普遍看好，市场主体入市收购积极性普遍高涨，玉米收购进度明显偏快，特别是市场对好粮好价的预期较为强烈，东北产区出现农户惜售心理加强，企业因补库抬价收购，贸易商囤粮待涨的现象。据国家粮食局统计，截至12月31日，黑龙江、山东等11个主产区累计收购玉米6083万吨，同比增加833万吨。国家粮油信息中心监测显示，截至12月28日，东北三省一区和华北地区农户售粮进度分别为51%和40%，同比分别偏快8个百分点和3个百分点。到年底，国内新玉米收购价格不仅明显高于开秤价格，也明显高于上年同期。12月底，黑龙江深加工企业挂牌收购价（水分含量14%，下同）为每公斤1.5—1.64元，比开秤价涨0.08—0.18元，比上月底涨0.08—0.16元，同比涨0.1—0.24元。吉林深加工企业挂牌收购价为每公斤1.64—1.74元，比开秤价涨0.12—0.2元，比上月底涨0.1—0.26元，同比涨0.26—0.36元。山东深加工企业挂牌收购价为每公斤1.72—1.82元，比开秤价涨0—0.1元，比上月底涨0—0.04元，同比涨0.08—0.2元。从农户售价来看，12月份吉林省农户售粮价格平均为每公斤1.44元，环比涨0.08元，同比涨0.2元；黑龙江贸易商平均收购价格为每公斤1.44元，环比涨0.06元，同比涨0.14元；辽宁平均收购价格为每公斤1.7元，环比涨0.02元，同比涨0.14元；山东贸易商平均收购价格为每公斤1.66元，环比涨0.02元，同比涨0.1元；河南平均收购价格为每公斤1.76元，环比涨0.04元，同比涨0.08元。

（3）期货价格震荡走高。2017年，国内玉米期货价格与现货价格走势基本一致，呈震荡上升态势。大连商品交易所玉米期货全年最低价格出现在年初的1月17日，近月合约收盘价跌至1472元/吨，最高价格出现在年底的12月21日，为1766元/吨。到12月底，近月合约收盘价为1740元/吨，比年初涨16.9%。但全年均价仍低于上年，全年近月合约收盘价平均为1729元/吨，同比跌6.9%（图3）。

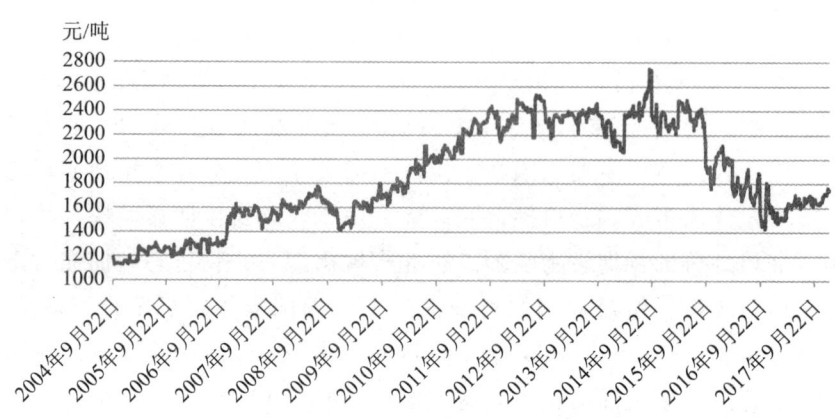

图3 大连商品交易所玉米期货近月合约价格走势

3. 国内消费较快增长。2017年，在玉米收储制度的作用下，国内玉米市场活跃，消费需求明显增长，加上玉米价格总体较低，刺激国内玉米消费进一步增加。从深加工看，加工企业成本继续降低，加上东北产区实行深加工补贴，企业经营状况普遍较好，全年处于较好盈利状态，开工率保持较高水平，带动玉米工业消费快速增加。玉米酒精行业发展较快，2017年，玉米酒精行业平均开工率为62.1%，同比上升6.6个百分点。据中国酒业协会数据，2017年酒精行业产销两旺，每吨产品平均盈利在500元以上，为近年来最好水平，预计全行业全年玉米消费量为1400万吨，同比增长10%以上。玉米淀粉行业经营状况也较好，全年开工率平均达到72.3%，同比上升4.4个百分点。味精、赖氨酸、柠檬酸、淀粉糖等淀粉衍生产品全面盈利，据中国淀粉工业协会预计，2017年玉米淀粉产量2450万吨，同比增长8%左右。预计全年深加工玉米消费约6400万吨，同比增长约15%。从饲料消费来看，2017年，国内养殖业回暖，进口替代品减少以及饲用小麦用量减少等都有利于玉米饲用消费增加。生猪养殖恢复增长。虽然生猪存栏继续减少，但出栏数和猪肉产量同比增长，显示出生猪生产基本扭转了连续两年下滑的态势，同时畜禽等其他养殖业继续稳步发展。农业部数据显示，11月份，全国生猪存栏环比降0.1%，同比下降6.3%；能繁母猪存栏环比降0.6%，同比降5.6%。另据国家统计局数据，截至三季度末，我国生猪存栏42797万头，同比降0.8%；出栏48224万头，同比增0.6%。前三季度，全国猪牛羊禽肉产量5877万吨，同比增0.8%。其中猪肉产量3717万吨，同比增0.7%。养殖业回暖的同时，玉米及高粱等替代品进口继续减少，相应增加了国内玉米饲用消费需求。1—11月，我国累计进口玉米、高粱、大麦、DDGS1594万吨，同比减少6.7%。此外，由于玉米与小麦、稻谷相比具有明显的价格优势，饲料中玉米添加比例增加，也相应促进了玉米消费增长。预计全年玉米饲用消费量同比增加1000万吨以上（图4）。

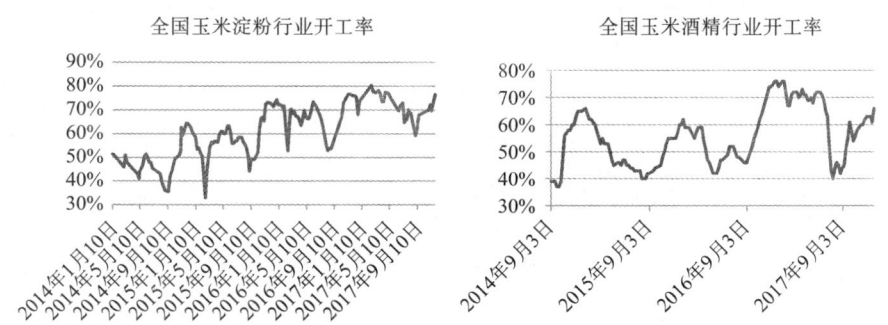

图4　全国玉米淀粉加工和酒精加工行业开工率变化

资料来源：根据中国玉米市场网、卓创资讯网数据整理。

4. 国内外玉米价格基本接轨。我国实行玉米收储制度改革以来，国内外玉米价差迅速缩小，并基本实现接轨。2017年年初，南方港口玉米价格连续4个月低于国外玉米到岸税后价。全年进口配额内1%关税的国外玉米运抵我国南方港口的到岸税后价平均为1675元/吨，同比涨55元/吨；国内玉米到港价平均为1749元/吨，同比下降232元/吨；国外玉米比国内玉米价格平均低74元/吨，价差比上年缩小286元/吨，国外玉米没有明显的价格优势。但从年内走势来看，由于国际价格持续低迷，而国内价格反弹，国内外玉米价差呈逐步扩大趋势。12月，进口配额内1%关税的国外玉米运抵我国南方港口的到岸税后价平均为1576元/吨，同期国内玉米到港价为1855元/吨，国外玉米比国内玉米低279元/吨，价差创年内新高，国外玉米又具备了较明显的价格优势（图5）。

图5 国内外玉米价格比较

资料来源：根据中华粮网、中国玉米市场网等数据整理。

5. 玉米及替代品进口总体减少。由于国内外玉米价格基本接轨，国外玉米价格优势不明显，2017年，玉米进口同比继续减少。替代品进口则有所分化，高粱、DDGS进口大幅减少，但大麦进口仍明显增加，木薯进口变化不大。1—11月，我国玉米累计进口量237.11万吨，同比减21.6%；出口量7.89万吨，同比增32.72倍；净进口229.22万吨，同比减24.2%。玉米进口主要来自乌克兰（占进口总量的62.8%）、美国（占31.6%）、老挝（占3.8%）、缅甸（占1.7%）。玉米主要出口到朝鲜（占83.3%）、俄罗斯（占16.7%）。1—11月，我国累计进口高粱、DDGS分别为489.90万吨、38.48万吨，同比分别减24.1%、87.2%，进口大麦、木薯分别为828.22万吨、720.03万吨，同比分别增加80.0%、5.0%。1—11月，玉米及四种替代品进口总量2313.76万吨，同比减少3.3%（图6）。

（二）国际玉米市场

1. 国际价格低位徘徊。尽管美国和中国两大玉米主产国玉米面积下

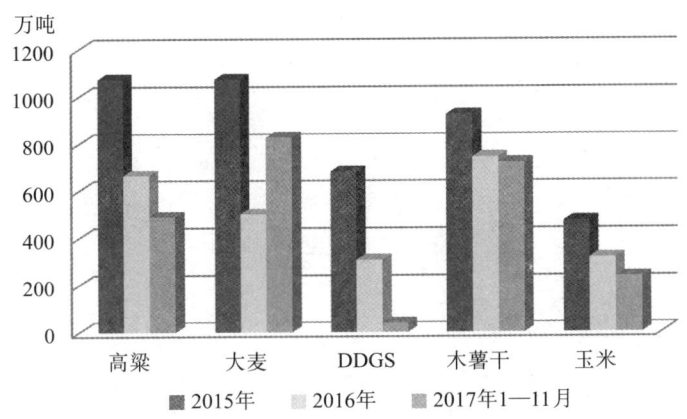

图 6　2015 年以来我国玉米及替代品进口量

资料来源：根据海关数据整理。

降，导致全球玉米产量有所下降，但南美玉米面积增加，全球玉米面积总体基本稳定，2017 年全球玉米仍为丰产年份，供求形势依然宽松。2017 年，国际玉米价格总体保持低位震荡运行态势。1—12 月，美国墨西哥湾 2 级黄玉米平均离岸价为 166.01 美元/吨，同比下跌 3.6%，芝加哥期货交易所（CBOT）玉米主力合约收盘月均价每吨 143.50 美元，同比略涨 0.7%。分月看，1—12 月，离岸价各月环比涨幅分别为 0.6%、0.9%、－0.3%、－1.0%、0.2%、0.8%、1.6%、－5.6%、－1.0%、－1.1%、－2.9%、－0.2%；期货价格各月环比涨幅分别为 2.1%、2.6%、－1.5%、0.1%、2.2%、－0.2%、5.9%、－7.2%、－3.5%、－1.2%、－0.9%、1.4%。12 月，美国墨西哥湾 2 级黄玉米平均离岸价每吨 155.48 美元，同比跌 7.8%；芝加哥期货交易所（CBOT）玉米主力合约收盘月均价每吨 138.20 美元，同比跌 0.9%（图 7）。

2. 国际玉米供求形势依然宽松。受比较效益下降及天气等因素影响，2017 年美国玉米播种面积减少，同时中国继续调减玉米面积，使全球玉米播种面积较上年略有下降。同时，受南美干旱等气候条件影响，全球玉米单产有所下降，总产也有所降低，但仍为历史次高，全球玉米供求形势依然较为宽松。据美国农业部 12 月份供需报告预测，2017/2018 年度全

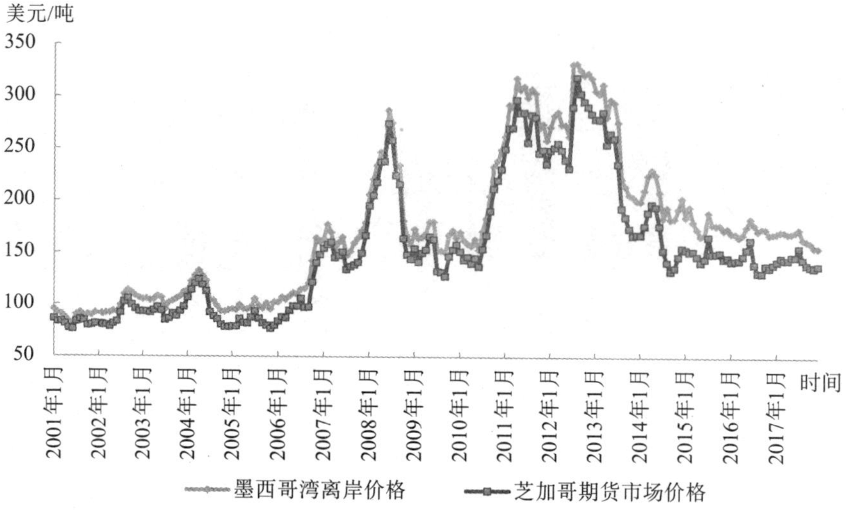

图 7　国际玉米价格走势

资料来源：根据中华粮网、中国玉米市场网等数据整理。

球玉米产量 10.45 亿吨，同比减 2.9%；总消费量 10.63 亿吨，同比增 2.7%；贸易量 1.52 亿吨，同比减 7.6%。预计全球玉米期末库存 2.04 亿吨，同比减 10.2%；库存消费比 19.2%，比上年度降 2.8 个百分点，但仍高于联合国粮农组织划定的 17%—18% 的安全线，库存水平仍处于较高水平，玉米供求维持宽松形势（见表1）。

表 1　2015/2016—2017/2018 年度全球及美国玉米供需平衡预测

单位：百万吨

地区	年度	期初库存	产量	进口	消费	饲料消费	出口	期末库存
全球	2015/2016	209.74	973.45	139.25	968.28	601.88	119.69	214.91
	2016/2017	214.91	1075.55	136.1	1063.12	632.38	164.08	227.34
	2017/2018	227.34	1044.75	146.48	1068.01	652.4	151.61	204.08
美国	2015/2016	43.97	345.51	1.72	298.79	129.91	48.29	44.12
	2016/2017	44.12	384.78	1.45	313.81	138.78	58.24	58.3
	2017/2018	58.3	370.29	1.27	317.77	141.61	48.9	63.19

数据来源：美国农业部网站。

二、2018 年玉米市场展望

(一) 玉米种植面积有望趋于稳定

我国玉米播种面积经过连续两年调减,已基本实现《"镰刀弯"地区玉米生产结构调整规划(2016—2020 年)》调减 5000 万亩的目标。同时,由于 2017 年新产玉米销售价格明显高于上年,生产成本稳中有降,农户玉米种植收益将显著提高,预计东北产区普通农户每亩玉米收益同比增加 100 元以上,规模种植户每亩收益增加 200 元以上。而大豆由于增产价格偏弱,种植收益总体不如玉米,其他替代作物如杂粮杂豆、马铃薯、花生等近年来面积增加,价格较低,且市场容量小,生产效益受到一定影响。在比较效益的作用下,2018 年农户种植意向将发生一些变化,玉米面积继续调减的动力不足,预计玉米种植面积将趋于稳定,甚至可能出现恢复性增长。

(二) 国内玉米价格将偏强运行

2017 年,国内玉米市场已完成筑底,呈现震荡向上的运行格局。2018 年,国内玉米价格重心将逐步抬升,总体价格将高于上年水平,优质优价特征明显。主要原因:一是国内玉米产需形势已发生明显变化。在生产调减和消费增长双超预期的情况下,市场普遍预计 2017/2018 年度国内玉米多年来将首次出现产需缺口,并且随着消费需求的进一步增加,今后产需缺口将逐步扩大。二是市场预期发生改变。2017 年新产玉米收购进度偏快,市场主体入市收购积极性高,甚至出现抬价抢粮现象,新粮收购成本明显高于上年,将使 2018 年国内玉米价格的底部抬升。三是东北、华北两大产区玉米质量差距大。东北产区玉米品质好,而华北玉米受持续阴雨影响质量较差,这使得华北及南方饲料企业纷纷转向东北采购玉米,后期优质饲用玉米市场将较为坚挺,优质优价现象明显。但同时也存在一些抑制国内玉米价格上涨的因素。一是国内去库存压力仍然较大。目前国内临储玉米库存仍有近 1.8 亿吨,2018 年国家将继续大规模抛售临储玉米，增加市场供应，从而抑制国内价格涨幅。二是国际玉米供求形势维持宽松的格局，价格短期内难以摆脱低位运行的态势，也将在一定程度上压制国内价格走势。三是国内市场价格累计涨幅较大，与国际市场的价差越来越大，继续上涨面临的风险也越来越大。因此预计后期进一步上涨的空间有限。

（三）玉米消费持续增长

深加工业方面，玉米收储制度改革后，市场活力明显增强，深加工企业经营状况和效益持续处于较好水平，新建扩建产能较多，预计2018年深加工盈利状况仍然较好，开工率将继续保持较高水平，同时部分新增产能将陆续投产，带动玉米深加工业继续保持较快增长。此外，国家发展和改革委员会、国家能源局等15部门联合印发了《关于扩大生物燃料乙醇生产和推广使用车用乙醇汽油的实施方案》，要求到2020年，在全国范围内推广使用车用乙醇汽油，基本实现全覆盖，将刺激今后玉米燃料乙醇成倍增长。预计2018年，国内玉米深加工消费仍将继续保持较快增长，但由于玉米成本较上年上升，企业加工利润将有所下降，预计深加工消费增速可能有所趋缓，玉米消费总量有望突破7000万吨，再创历史新高。从饲料消费来看，虽然规模化养殖进入门槛抬高，各地环保压力导致限养禁养范围逐步扩大，生猪存栏水平较低，但生猪生产结构调整加快，生猪养殖北移趋势明显，一批大型养殖企业在东北、华北及西南正投资新建生猪养殖业。同时，猪粮比价持续保持在盈利区间，预计生猪养殖将呈现稳中有增的态势，此外，畜禽及其他养殖业依然呈稳步发展势头，预计2018年畜牧业有望呈现全面发展的势头，带动玉米饲料消费较快增长。预计2018年国内玉米消费总量有望实现较快增长，并再创历史新高。

（四）玉米及替代品进口压力加大

由于国内玉米价格上涨，而国际价格维持低位，国内外玉米价差正呈现扩大的趋势，价差已达近300元/吨，进口玉米价格优势明显，玉米及杂粮进口利润增加，这使得国内对国外玉米及替代品的进口需求较为旺盛,进口订单再现增长态势。预计 2018 年,国内外玉米价差难以明显缩小,国外玉米将维持对国内玉米的价格优势,玉米进口量可能增加到 300 万吨左右,高粱、大麦、木薯等替代品的进口量仍将保持较高水平,DDGS 进口量则将维持较低水平。

专题 3 大豆[*]

一、2017 年国内大豆播种面积和产量继续增加

受益于农业供给侧结构性改革政策的持续推动,在继续调减玉米播种面积的情况下,2017 年我国大豆播种面积连续第二年增加。2016 年国家将玉米临时收储政策调整为玉米生产者补贴政策,玉米价格开始走向市场化,当年玉米价格大幅下滑,种植收益下滑。大豆种植比较收益的改善和政策引导使得 2017 年大豆面积继续增加。调查显示,2016 年黑龙江省租地种植玉米每公顷亏损 1000 元以上,而种植大豆每公顷能获得收益 1000 元以上。国家 2017 年公布在东北三省和内蒙古对玉米和大豆种植给予生产者补贴,原则上大豆生产者补贴要高于玉米[①];国家 2017 年继续在东北地区开展轮作补贴,也使得农民种植大豆的积极性提高。预计 2017 年大豆播种面积 819.4 万公顷(1.23 亿亩),较上年增加 13.8%。2017 年大豆生长期天气状况良好,单产好于上年,预计 2017 年全国大豆平均单产 1817 公斤/公顷,较上年增加 1.2%。单产提升的同时,大豆品质普遍较好,大部分产区大豆蛋白含量都达到 39% 以上,较上年提升 2—3 个百分点。预计我国大豆总产量 1489 万吨,较上年增加近 200 万吨,同比增加 15.1%[②](图 1)。

---

[*] 执笔人:张振、殷瑞锋、张璟。
[①] 财政部、国家发展和改革委员会、农业部《关于调整完善玉米和大豆补贴政策的通知》。
[②] 中国农业信息网:"2017 年 12 月中国农产品供需形势分析(CASDE – No. 18)",参见中国农业信息网:http://www.agri.cn/V20/SC/gxxs/201712/t20171212_5976961.htm。

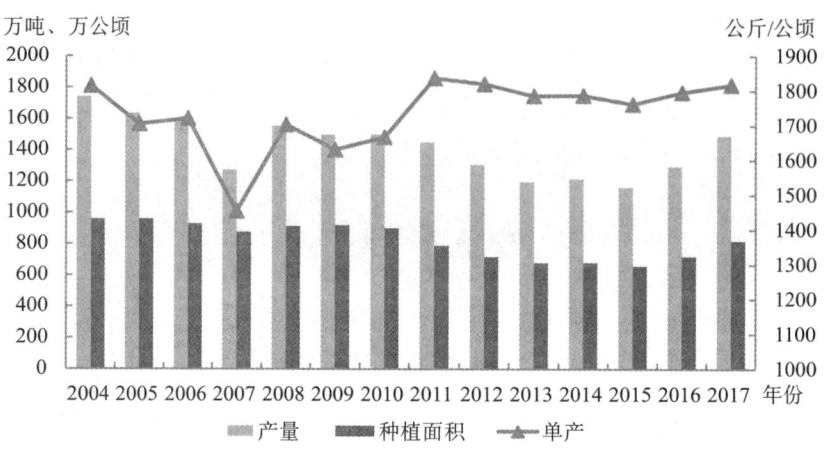

图1　2004—2017年中国大豆种植面积、单产及产量

数据来源：2005—2017年《中国统计年鉴》。

注：2017年数据为估计数。

二、2017年国内外大豆价格走势

（一）国内大豆产销区价格变化

2017年大豆市场价格基本呈季节性走势。在2017年10月新季大豆上市前，市场上所销售大豆多为2016年所产大豆。2016年10月当年所产大豆上市后，市场供应量增加，大豆价格下跌，由于当年内蒙古东部、黑龙江省西部在大豆生长季节受旱灾影响，大豆质量受损，优质大豆数量减少、供应偏紧，因此尽管2016年国产大豆总产量较上年增加，但大豆价格在2016年11月底即企稳并开始上涨，2017年1月继续延续前期涨势。经过3年的大豆目标价格补贴改革试点，农户逐步适应了大豆价格市场化的形势，因此大豆收获后销售比较积极，后期产区余豆数量，特别是优质大豆数量明显减少，致使2017年1—9月新季大豆上市前，产区大豆价格一直高位运行。10月新季大豆收获完毕，由于产量增幅较大，再加上9月30日临时收储大豆开始拍卖，大豆价格应声下跌，12月大豆价格继续下跌。2017年产区开秤价格3.7元/公斤，较上年同期下降，且开秤后价格迅速回落①。

2017年1—12月，山东销区国产大豆入厂价月均价4.46元/公斤，比上年同期（4.30元/公斤）上涨4.1%。从月度价格变化看，1—7月大豆价格从4.36元/公斤上涨至4.64元/公斤，涨幅6.3%，8月价格稳定在4.64元/公斤，9月大豆价格持平略降，10月价格快速下跌至4.37元/公斤，12月大豆价格继续大幅下跌至4.08元/公斤。总体来看，12月价格较1月下降6.4%（图2）。产销区大豆价格总体价差保持在0.2—0.5元/公斤，价格变化基本上同涨同跌。2017年1—12月国产大豆期货均价为3848元/吨，同比上涨3.5%（图2）。

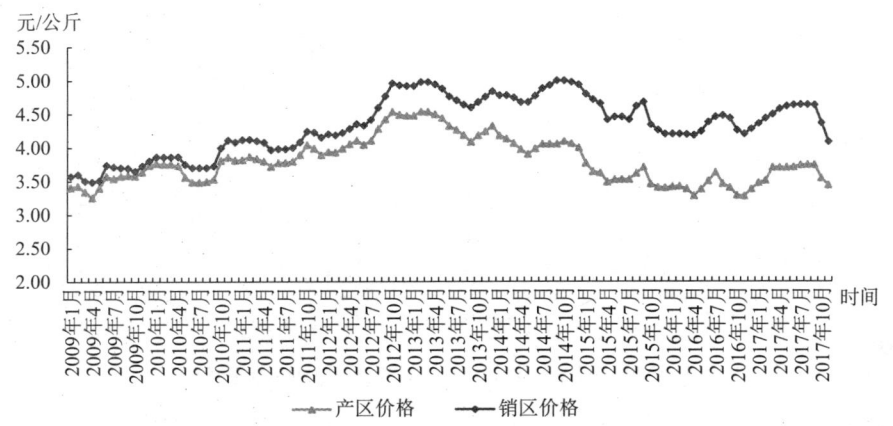

图2　2009—2017年11月国产大豆产销区价格变化

数据来源：农业部信息中心。

注：产区价格为黑龙江国产大豆收购价，销区价格为山东地区国产大豆入厂价。

（二）2017年国际大豆价格总体略涨

2015年1—12月，美国芝加哥期货交易所（CBOT）大豆月度平均价359.70美元/吨，比上年同期（359.15美元/吨）低0.55美元/吨，同比

---

① 殷瑞锋、杜宇、包立华："东北新豆上市　增收余地有多大"，《农民日报》，2017年11月6日。

持平略涨 0.15%。从月度价格变化看，1 月份大豆价格 373.60 美元/吨，延续上年 12 月的跌势，2 月份大豆价格小幅反弹至 382.23 美元/吨，从 3 月份开始大豆价格震荡下跌至 6 月份的 340.92 美元/吨，7 月份反弹至 371.09 美元/吨，8 月份有开始回落，9—12 月份连续企稳略涨，12 月价格上涨至 362.57 美元/吨。总体看，2017 年国际大豆价格基本已走出 2015 年的谷底，全年均价略高于 2015 年，但价格仍在低位徘徊。总体看，12 月国际大豆价格较 1 月下跌 3.0%（图 3）。

图 3 2009—2017 年 11 月 CBOT 大豆价格月度走势

数据来源：CBOT。

（三）国内大豆价格始终高于国际，国内外价差保持在高位

自 2012 年 10 月起，国内外大豆价格开始长期倒挂。2015 年 8 月，国内外大豆价格达到 1.56 元/公斤的最高值，此后价差开始逐步缩小[①]，2016 年国内外大豆价差尽管时有扩大，但总体仍延续继续缩小的趋势。2017 年上半年，由于国产大豆价格一路走高，同期进口大豆价格呈不断下跌趋势，国内外大豆价差再度扩大，直到 2017 年 10 月国产大豆价格下跌

---

① 张振、张璟、殷瑞锋、徐雪高："2017 年上半年中国大豆市场形势分析和下半年走势预测"，《农业展望》2017 年第 7 期。

后，价差才开始缩小。2017年1—12月份，国内外大豆价格保持在0.63—1.37元/公斤，平均价差为1.04/公斤，较上年扩大了0.08元（图4）。

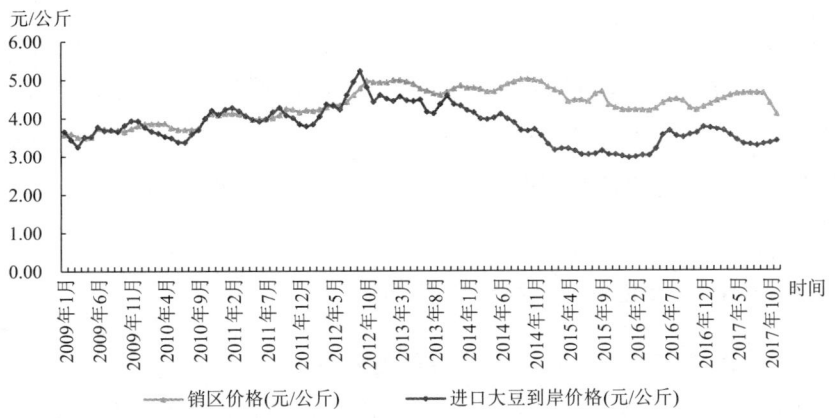

图4 2009—2017年11月国内销区大豆价格与进口大豆到岸价格变化

数据来源：农业部信息中心。

注：价差为国内价格减去进口到岸税后价。国内价格为山东国产大豆入厂价，进口到岸税后价为美国墨西哥湾2号黄大豆运到青岛港口的到岸税后价。

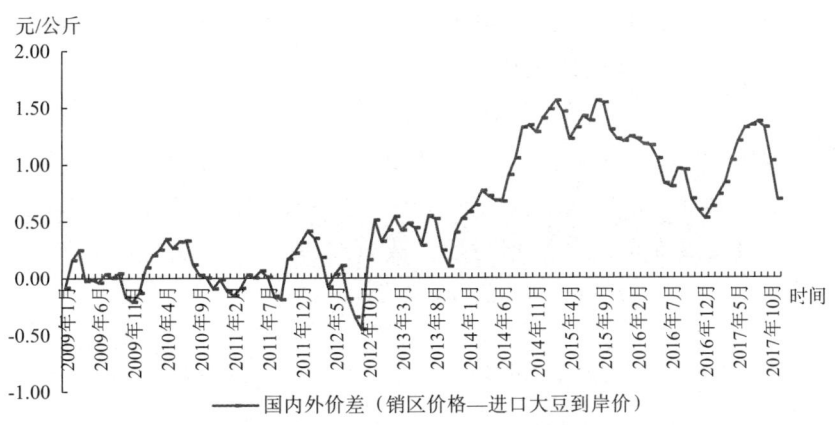

图5 2009—2017年11月大豆国内外价差变化

数据来源：农业部信息中心。

注：价差为国内价格减去进口到岸税后价。国内价格为山东国产大豆入厂价，进口到岸税后价为美国墨西哥湾2号黄大豆运到青岛港口的到岸税后价。

三、大豆进口量 9554 万吨，创下纪录最高位

据海关统计，2017 年 1—12 月，我国累计进口大豆 9554 万吨，同比增 13.9%，创历史最高纪录。分月来看，4 月、5 月、8 月、9 月、11 月、12 月单月进口量都达到了 800 万吨以上，主要原因是需求强劲。从进口来源看，进口自巴西的大豆占我国大豆进口总量的 59.8%，美国占 28.5%，阿根廷占 6.8%，俄罗斯进口大豆总量有了明显提升，已突破 50 万吨。

四、国内外大豆市场运行的主要特征

（一）新季国产大豆增产，价格迅速回落

2017 年大豆面积和产量增幅较大，新豆上市后，开秤价格低开低走。2017 年 10 月，由于国家开始轮换收购新季国产大豆以补充储备大豆库存，黑龙江省黑河、北安等地国储大豆收购价 3.8 元/公斤，由于市场收购量大，成为大豆市场主要的收购主体，支撑大豆市场价格。但与此同时，油厂和大豆蛋白加工厂的收购价都在下调，原因在于从基本面看，2017 年国产大豆总体增产，且预计后期还会进行临储大豆拍卖和国储大豆轮换等，国产大豆整体供应充裕，预计后期价格将走弱。此外，2017 年是大豆价格市场化改革的第四年，农民已逐渐适应市场环境，再加上黑龙江省 2017 年大豆生产者补贴标准为每亩 173.46 元，高于玉米每亩 133.46 元的标准①，且发放较及时，因此大豆收获后农户卖粮比较积极。据国家粮食局发布的统计数据显示，截至 11 月 5 日，黑龙江等 7 个主产区累计收购大豆 87 万吨，同比增加 61 万吨②。

---

① 《黑龙江省人民政府办公厅关于印发黑龙江省玉米和大豆生产者补贴工作实施方案的通知》，黑政办规〔2017〕13 号。参见 http://www.hlj.gov.cn/wjfg/system/2017/07/11/010837595.shtml。

② 国家粮食局："2017 年主产区秋粮收购进度（11 月 5 日）"，参见 http://www.chinagrain.gov.cn/n316630/n316660/n316745/n542000/c1152066/content.html。

(二) 全球大豆供需宽松，国际大豆价格弱势运行

2017年全球大豆市场"大供给、大需求"的格局进一步巩固。据美国农业部2017年12月供需月报估计①，2016/2017年度全球大豆产量创历史新高，当年度全球大豆总产量3.51亿吨，较上年大幅增加12%，消费量3.30万吨，较上年增加4.9%。当年产大于需2163万吨，再加上上年高达7792万吨的结转库存，年末库存达到9662万吨，接近1亿吨。2017/2018年度美国大豆已收获，产量再创新高；巴西前期干旱缓解并进入雨季，利于大豆播种和初期生长；2018年阿根廷政府开始下调目前为30%的大豆出口税率，或将止住国内大豆面积下滑的趋势。美国农业部12月预计2017/2018年度全球大豆总产量3.48万吨，为史上第二高的年度，消费量3.45万吨，当年度产大于需375万吨，年末库存量继续增加至9832万吨。全球大豆供应充足的局面延续。消费需求方面，美国农业部12月份预计，2016/2017和2017/2018年度，全球豆粕消费需求分别增加4.0%和5.2%，全球豆油消费需求分别增加3.2%和4.4%②。大豆下游需求旺盛对国际大豆价格形成支撑。

(三) 养殖业饲料需求拉动大豆进口量继续增加

2016年我国大豆进口量8323万吨，2017年9554万吨。拉动大豆进口量大幅增加的主要是饲料豆粕需求量增加。一是国内杂粮供应量减少，豆粕替代性消费量增加。2016年度我国DDGS进口量306.67万吨，而2017年1—10月进口量37.89万吨，预计全年进口量较上年大幅下降；此外，菜粕、棉粕供给量也有所下降，缺口需要豆粕来补充。二是2017年全年生猪养殖利润较好，豆粕在饲料中的添加比例仍处于较高水平，拉动大豆需求增加。三是养殖业规模化发展加速。2017年南方畜禽养殖业

---

① "美国农业部2017年12月全球农产品市场供需月报"，参见https：//www.usda.gov/oce/commodity/wasde/。

② "美国农业部2017年12月全球农产品市场供需月报"，参见https：//www.usda.gov/oce/commodity/wasde/。

环保治污力度不减,部分散户退出,畜禽养殖业规模化发展加速,工业化饲料用量增长,拉动大豆豆粕需求增加。四是生猪产能逐步恢复,拉动饲料消费需求增加。2017年我国生猪产能总体处于恢复状态。据国家统计局数据,前三季度猪肉产量3717万吨,增长0.7%。生猪存栏42797万头,同比下降0.8%;生猪出栏48224万头,增长0.6%[1]。2017年我国生猪存栏整体处于低位,根据400个监测县生猪存栏数据,仅在3月份和4月份出现环比增长,且增幅不大。10月末我国生猪存栏量同比减少6.6%。其中,能繁母猪存栏量同比减少5.3%[2]。

五、2018年大豆市场展望

(一)大豆面积预计保持稳定,有再度下滑的可能

在连续两年种植结构调整政策引导以及大豆生产性补贴和米豆轮作补贴的刺激下,预计2018年大豆面积将总体保持稳定。需要关注的是,当前2017年秋粮已经陆续上市,玉米在连年减产后,预计2017/2018年度首次出现产需缺口,各类收购主体入市积极,玉米收购价格远高于上年。且2017年玉米单产也较好,玉米种植收益预计较好。而大豆连年增产后价格下行压力大,且大豆市场容量远小于玉米,销售压力大,玉米、大豆的比较收益可能将再次向玉米倾斜,2018年我国大豆种植面积有再度下滑的可能。由此2018年大豆、玉米生产者补贴政策如何制定对稳定大豆面积将更加关键。

(二)国内大豆消费需求继续增长,大豆进口量继续增加,但增速放缓

据国家粮油信息中心监测,截至2016年年底,中国共有日压榨能力1000吨以上的大豆加工企业152家,山东、江苏、黑龙江省日压榨大豆能力分别为8.41万吨、6.6万吨、2.62万吨。2017年中国大豆压榨加工

---

[1] 国家统计局:"前三季度国民经济稳中向好态势持续发展",参见http://www.stats.gov.cn/tjsj/zxfb/201710/t20171019_1543751.html。
[2] 农业部网站:"2017年10月份400个监测县生猪存栏信息",参见http://www.moa.gov.cn/ztzl/nybrl/rlxx/201711/t20171115_5901622.htm。

产能继续扩大，预计新增产能超过3.85万吨/日，其中广东新增压榨产能0.8万吨/日，江苏新增日压榨能力1万吨，河北新增0.5吨，辽宁新增1吨，湖南新增0.15吨，四川新增0.4吨。上述大部分项目已经投产。经历了连续三年的南方畜禽养殖污染治理后，生猪产能布局逐步调整到位，巨型规模养殖企业的竞争将进入白热化，预计在养殖利润的拉动下2018年生猪存栏量将迎来高峰。压榨产能扩大和下游养殖行业的强劲需求将拉动2018年大豆消费量和进口量继续增加。考虑到2017年国产大豆增产，进入压榨领域的数量增加，以及国家储备大豆可能轮出并投放市场等因素，预计2018年大豆进口量增速放缓。

（三）国内价格保持稳定，国内外价差预计将保持在一定水平

从2014年大豆目标价格补贴试点到2016年大豆生产性补贴政策，大豆价格市场化改革态势已明朗，大豆价格将主要受供求因素决定。由于国产大豆主要用作食用，消费需求随人口增加而稳步增加；而在国家的贸易政策框架下，长期看种植玉米相较大豆仍具有优势，大豆面积难以大幅扩大；预计2018年国产大豆供需将保持稳定，大豆价格将稳定在一定水平，国内外大豆价格的联动性将增强。由于国产大豆种植成本较高，且有非转基因的特性，预计大豆国内外价差仍将长期存在。

参考文献

[1] 中国农业信息网："2017年12月中国农产品供需形势分析"，http://www.agri.cn/V20/SC/gxxs/201712/t20171212_5976961.htm。

[2] 殷瑞锋、杜宇、包立华："东北新豆上市 增收余地有多大"，《农民日报》，2017年11月6日。

[3] 张振、张璟、殷瑞锋、徐雪高："2017年上半年中国大豆市场形势分析和下半年走势预测"，《农业展望》2017年第7期。

[4]《黑龙江省人民政府办公厅关于印发黑龙江省玉米和大豆生产者补贴工作实施方案的通知》，黑政办规〔2017〕13号，参见http://

www. hlj. gov. cn/wjfg/system/2017/07/11/010837595. shtml。

［5］国家粮食局："2017年主产区秋粮收购进度（11月5日）"，参见 http：//www. chinagrain. gov. cn/n316630/n316660/n316745/n542000/c1152066/content. html。

［6］"美国农业部2017年12月全球农产品市场供需月报"，https：//www. usda. gov/oce/commodity/wasde/。

［7］国家统计局："前三季度国民经济稳中向好态势持续发展"，http：//www. stats. gov. cn/tjsj/zxfb/201710/t20171019_ 1543751. html。

［8］农业部网站："2017年10月份400个监测县生猪存栏信息"，http：//www. moa. gov. cn/ztzl/nybrl/rlxx/201711/t20171115_ 5901622. htm。

专题4 棉花[*]

2017年，国内棉花面积、产量"双增长"，棉花质量明显好于上年。由于国内外经济缓慢恢复、国内储备棉价格优势明显等因素影响，棉花消费稳中有增。全年市场形势供销两旺，较前两年明显恢复。棉花价格较为平稳，同比高于上年。

一、2017年国内棉花市场特点

（一）棉花供给较为充足

2017年我国棉花市场供给由三部分组成，包括国内产量、进口量和国内储备棉。从整个供给情况看，年度内棉花供给充足，满足了企业的市场需求。

1. 棉花面积、产量"双增长"。据国家棉花产业技术体系和农业部棉花全产业链监测预警分析，2017年，我国棉花播种面积为3420千公顷，较上年度增加10.3%。棉花单产预测为每公顷1687.1公斤，较上年度提高8.5%。2017年整个生产期间新疆、黄河流域光温条件较好，雨量适

---

[*] 执笔人：翟雪玲、原瑞玲。

中，病虫害轻度发生，棉花生产条件总体适宜，尤其新疆地区棉花生产条件是近些年最好的一年。黄河流域的河北、山东部分地区后期温度偏高，引起棉花早衰，产量受到一定的不利影响。长江流域生产条件一般，部分地区遭受了强降雨，影响棉花长势，但总体影响有限。2017年我国棉花产量预计为577万吨，较上年增加19.7%。

2. 棉花质量好于上年。由于2017年新疆、黄河流域等大部分棉区天气条件较好，利于棉花生长，整体棉花质量好于上年。从新疆统计数据看，2017年度新疆棉花加权平均长度值、平均断裂比强度、马克隆值A+B级占比等指标较上年同期有较大提高。其中加权平均长度值同比增加0.6%，平均断裂比强度同比增加1.4%，马克隆值A+B级占比同比增加0.65%，白棉三级以上占比同比降低0.2%。整体质量好于上年，也是近几年棉花质量最好的一年。

3. 储备棉抛储规模较大。2017年储备棉投放从3月6日启动，储备棉挂牌供应量充足。但从初期成交结果看，新疆棉成交率高，地产棉大量流拍，储备棉抛储的品质结构与市场需求之间出现一定的矛盾。后期国家及时调整了储备棉抛储规模和结构，较好地满足了市场需求。2017年8月31日原定的储备棉抛储结束后，针对国内棉花需求有较大缺口、棉花价格上涨势头较猛等特点，国家又发布延长储备棉抛储时间到9月30日。此举很好地缓解了市场恐慌情绪。截至9月30日储备棉累计成交322万吨，成交比例74%。其中，新疆棉成交183万吨，地产棉成交139万吨，平均成交价格14754元/吨，成交平均价格折标准级（3128B）价格15951元/吨。

4. 棉花进口继续维持低位。2017年我国正处于棉花去库存阶段，国家继续收紧滑准税配额，棉花总进口量保持低位。但由于国内高品质棉花供不足需，高品质外棉进口增长较快。据中国海关统计，1—11月，我国累计进口棉花105.30万吨，同比增39.8%。其中，美国、澳大利亚、印度、乌兹别克斯坦和巴西是我国主要的棉花进口国，进口量分别占进口总量的44.7%、24.0%、8.9%、8.5%和3.8%。预计全年我国棉花进口量达120万吨，较上年增加30%以上（见图1）。

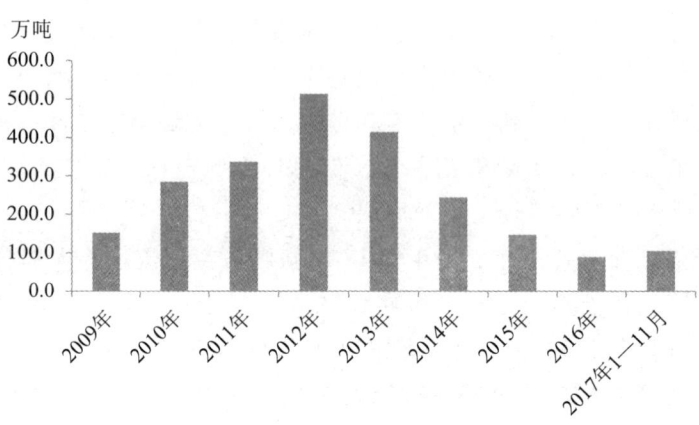

图 1　2009—2017 年我国棉花进口量

数据来源：中国海关。

（二）棉花需求略有恢复

2017 年国际经济缓慢增长，带动了纺织品服装出口。8 月份受人民币升值影响，国内纺织品服装竞争力下降，影响了纺织品服装的出口。但从国内看，目标价格改革后国内外棉花价格联动性增强，内外棉价差大幅缩小，国内纺织企业竞争力增强，棉纱生产能力回流国内，行业整体订单较为充足，棉花需求较上年略有恢复。2017 年 1—11 月我国纺织品服装累计出口 2432.57 亿美元，同比增 1.6%。纺纱量持续增长。据国家统计局数据，1—10 月我国累计纺纱量 3520.0 万吨，同比增长 4.3%。棉纱价格年度间先涨后跌，整体高于上年。2017 年 32 支纯棉普梳纱月均价从 1 月份的每吨 23215 元波动下降到 23159 元，降 0.2%；年均价每吨 23385 元，同比涨 12.3%。

（三）国内棉花价格稳中有涨，内外价差先缩小后扩大

2017 年棉花市场整体需求较旺，供给充足，棉花价格稳中有涨，均价高于上年。受 2016/2017 年度国内棉花产量下降，质量较好，国储棉质量难以满足市场需求等因素影响，2017 年上半年国内棉价整体维持在较

高水平。7月份以后,受新年度棉花增产预期增强、国储棉投放顺利和抛储时间延长、国际棉花增产明显国际棉花供需宽松等因素影响,棉花价格开始下降。2017年1—12月,国内3128B级棉花价格每吨从15783元波动至15790元,年均价为15925元,同比涨18.3%。国内外价差缩小后再拉大。2017年1月进口棉1%关税下折到岸税后价每吨14692元,比国内价格低1091元。4月,美棉出口增加和美元指数下跌导致国际棉价上涨,而国内棉价稳中略降,内外价差大幅缩小至380元。5月后,国内棉价相对稳定,外棉价格受主要产棉国增产影响大幅下跌,内外价差扩大。9月价差拉大至每吨2533元。11月以后,随着国际棉花价格上涨,内外棉价差又有所缩小(见图2)。

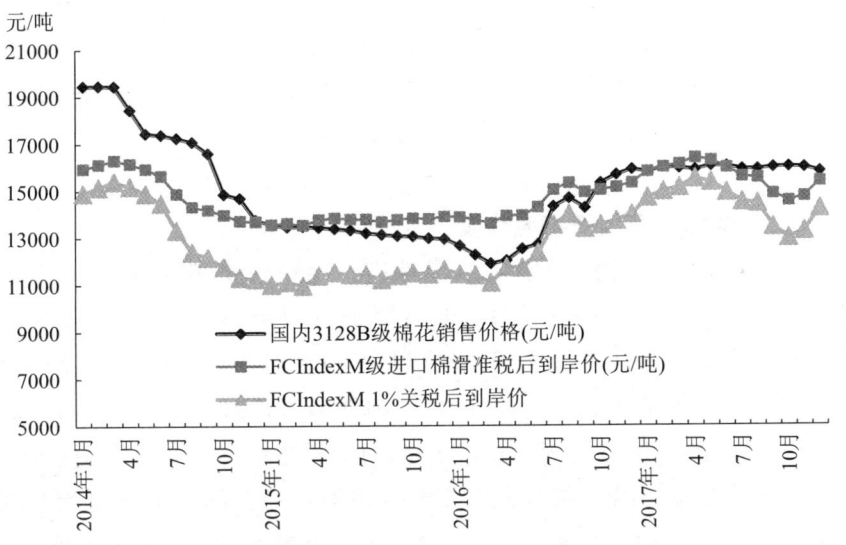

图2 2014—2017年国内外棉花价格走势图

数据来源:作者根据中国棉花信息网整理计算。

二、2017 年国际棉花市场特点

（一）棉花产量大幅增加

2017/2018 年度全球棉花种植面积和产量大幅增加，单产持平略增。据国际棉花咨询委员会（ICAC）2018 年 1 月预测，2017/2018 年度全球棉花总产量为 2543 万吨，同比增 10.6%。分国别看，世界主要产棉国棉花生产均呈现不同程度的增加。美国由于播种面积和单产均增加，产量增加至 467 万吨，同比增 24.9%。印度受棉红铃虫虫害影响，单产有所下降，但由于播种面积增加，棉花总产增加至 623 万吨，同比增 8.7%，占全球棉花产量的 1/4 左右。受益于棉花价格恢复和棉花比较效益提高，中国棉花播种面积大幅增加，产量同比增 7.1% 至 525 万吨。巴西和巴基斯坦棉花生产均表现为单产同比下降，面积同比增加，总产分别为 157 万吨和 185 万吨，同比增长 1.6% 和 11.5%。乌兹别克斯坦棉花产量为 80 万吨，同比增长 1.3%。

（二）全球棉花消费略有恢复

2017 年，世界经济回暖向纵深推进，全球经济增长速度达到 3%，全球约有三分之二的国家 2017 年的增长速度高于上一年，实现了自 2011 年以来的最快增长，好于之前预期。受全球主要经济体经济复苏影响，棉花消费略有恢复。据 ICAC 2018 年 1 月最新预测，2017/2018 年度，全球棉花消费量为 2522 万吨，同比增长 2.9%。中国、印度、巴基斯坦、孟加拉国、越南是世界主要的棉花消费国，消费量均呈现增加态势，分别为 812 万吨、530 万吨、223 万吨、144 万吨和 131 万吨。中国仍然是世界第一大棉花消费国，2017/2018 年度消费量占全球棉花消费的 32.2%。

（三）国际棉价受经济形势影响呈"N"字形波动

2017 年棉花价格涨幅明显，价格好于往年，Cotlook A 指数年均价为每磅 83.59 美分，同比上涨 12.6%，但月度间变化不一。整个年度，国际棉花价格波动呈"N"形,先上涨后下跌再上涨。1—5月,受美棉出口形势较好,中国和东南亚国家用棉需求增加,美元指数下跌等因素影响,国际棉价持续走高,Cotlook A 指数(相当于国内 3128B 级棉花)月均价从每磅 82.33 美分上涨至 88.64 美分,上涨 7.7%。进入 6 月以后,受新年度全球主要产棉国棉花普遍增产,全球棉花供求宽松影响,国际棉价连续 3 个月下降,8 月 Cotlook A 指数月均价下跌至每磅 79.43 美分,与 5 月相比下降了 10.4%。9 月份,市场担心"哈维"飓风对美棉生产造成影响,刺激国际棉花价格小幅上涨至每磅 80.6 美分。10 月份,北半球新棉集中上市,"哈维"飓风对美棉产量影响消退,全球丰产预期进一步加强,国际棉价维持弱势,下跌至每磅 78.60 美分。11 月份以后,受国际石油价格攀升,美棉出口签约量创年度新高,印度和巴基斯坦棉花质量和产量低于预期等因素影响,国际棉花价格大幅上涨,12 月 Cotlook A 指数月均价每磅 85.19 美分(见图3)。

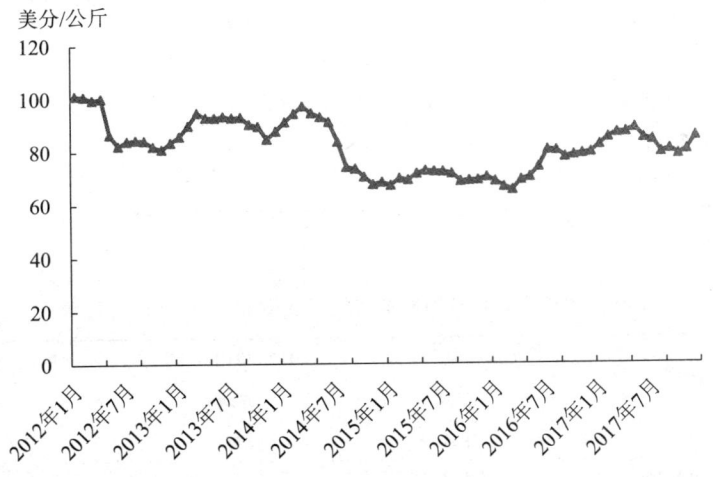

图3 2012 年以来国际棉花价格 Cotlook A 指数

数据来源:中国棉花信息网。

(四)国际棉花贸易小幅上升

据 ICAC 数据,2017/2018 年度全球棉花出口 835 万吨,同比增

3.5%，进口835万吨，同比增3.0%。美国、印度、巴西、澳大利亚和乌兹别克斯坦是世界主要棉花出口国，其出口量占世界出口总量的比重超过70%。2017/2018年度5个棉花出口大国中，澳大利亚、巴西和印度棉花出口增加，增长幅度分别为23.7%、6.6%和8.1%。美国和乌兹别克斯坦棉花出口有所下降，分别减少0.9%和2.9%。孟加拉国、越南、中国、土耳其和印度尼西亚是世界主要棉花进口国，其进口量占世界进口总量的比重为70.1%。2017/2018年度，除土耳其棉花进口减少10.0%外，孟加拉国、越南、中国和印度尼西亚棉花进口均有所增加，进口增幅分别为11.3%、19.2%、21.8%和5.3%（见表1、表2）。

表1　2016/2017—2017/2018年度棉花主要出口国棉花出口情况

国别	2016/2017年度（万吨）	2017/2018年度（万吨）	同比变化（%）
世界	807	835	3.5
澳大利亚	76	94	23.7
巴西	61	65	6.6
印度	99	107	8.1
美国	325	322	-0.9
乌兹别克斯坦	34	33	-2.9

数据来源：ICAC。

表2　2016/2017—2017/2018年度棉花主要进口国棉花出口情况

国别	2016/2017年度（万吨）	2017/2018年度（万吨）	同比变化（%）
世界	811	835	3.0
孟加拉国	141	157	11.3
中国	110	134	21.8
印度尼西亚	75	79	5.3
土耳其	80	72	-10.0
越南	120	143	19.2

数据来源：ICAC。

（五）国际棉花库存持平略增

2017/2018年度，世界主要产棉国棉花生产增加，消费略有恢复，棉花扭转了连续两年产不足需局面，全球棉花供应宽松。据 ICAC 数据，2017/2018 年度，全球棉花期末库存为 1898 万吨，较上年度上升 1.1%，库存消费比从上年度的 77% 下降到 75%，除中国外的库存消费比由 49% 上升到 58%。中国继续处于去库存阶段，占全球棉花库存的比重由 57% 下降到 48%，中国棉花的库存消费比为 112%，同比下降 21 个百分点。

三、2018 年棉花市场走势展望

（一）内地棉花生产有可能继续萎缩

展望 2018 年，全国棉花播种面积有可能稳中略降。主要原因如下：一是籽棉价格下降。2017 年，由于国内棉花增产明显，棉籽价格下降等原因，籽棉价格同比下降。国内 3 级籽棉价格每公斤 6—7 元之间，较上年降低 5%—10%。尽管 2017 年棉花单产增加，但由于价格下降，棉农收益下降，尤其是内地棉区棉农效益下降明显。二是内地棉区采收成本不断提高。从调研看，这几年内地棉区棉花采摘成本不断提高，而且多地出现"雇工荒"的情况。由于内地分散经营、土地规模偏小、间作套种模式普遍、机采棉加工设备缺乏等因素，机械化采收推广困难。在棉花价格下降、效益下滑、采收困难等因素的影响下，估计 2018 年内地棉花种植规模有可能下降。

（二）棉花消费略有恢复，棉花库存回归合理规模

据世界银行发布的《2018 年全球经济展望》预测，国际金融危机影响减弱，全球经济增长 2018 年将小幅加快至 3.1%，较 2017 年 6 月份的报告将全球经济增长提高了 0.2 个百分点。全球经济增长将带动棉花消费。从国内看，国内经济正处于转型升级阶段，经济增长速度下降，结构转型压力加大，带动棉花消费增长动力不足，棉花消费大幅回暖可能性不大，与上年基本持平。整体看，2018 年我国棉花消费较上年略有恢复。

此外，连续2年的棉花去库存后，目前我国棉花库存规模已经下降到500多万吨，再经过一年的抛储，国内棉花库存将有望回归至合理规模。

（三）棉花进口继续保持低位

2015年后我国进入棉花去库存阶段，对棉花进口政策进行了较大规模的调整，收紧了棉花滑准税配额发放，只发放1%以内的进口配额。2018年我国棉花库存规模仍然较大，仍处于去库存阶段。在去库存背景下，国家将继续实行从严的棉花进口政策，收紧棉花滑准税配额，预计棉花进口量仍将保持在100万吨左右。

（四）棉花价格很可能弱势震荡

一是从供给角度看，国内棉花供给充裕。新年度国内棉花产量大幅增长。2017/2018年度全国棉花产量达到577万吨，2017年国内抛储留在流通领域和纺织企业的尚有一定的余量，再加上100万吨左右的进口，国内棉花总供给在700万吨左右，当期供给量略小于市场需求量。但国内仍然有500多万吨的库存，而且国家发展和改革委员会已经明确新年度棉花抛储将于2018年3月6日开始。因此，从供给角度看，2018年国内棉花供给充足，且供给状况较上年明显好转，不具备支撑价格大幅上涨的可能性。从市场需求看，根据全球经济和国内经济状况，2018年预计棉花需求略有回复。但由于国内棉花增产明显，供求格局较上年宽松。根据国际棉花咨询委员会的预测，2017/2018年度全球棉花产量增幅大于消费量增幅，国际棉花价格下跌压力较大。在国内外棉花供求格局影响下，国内棉花价格下跌压力较大。但由于国内储备棉抛储规模、抛储结构等可以根据市场状况及时调整，因此新年度国内棉花市场和价格仍然以稳定为主，弱势震荡可能性较大。

四、政策建议

第一，完善内地棉区补贴政策，确保新年度国内棉花生产规模稳定。完善内地棉花补贴政策，明确补贴发放方式，完善棉田基础设施建设，推动社会化服务体系建设，促进机采棉全产业链试验示范，确保内地棉区的基本生产能力得以持续。

第二，完善储备棉投放政策，确保新年度国内棉花市场稳定。过去两个年度的储备棉投放进展顺利，超过50%的库存已经消化。2018年需要加强对国内外棉花市场的调研，合理确定储备棉投放规模。既要满足市场需求，但也要避免过度打压国内市场，确保2017/2018年度皮棉供应与市场稳定运行。

第三，适度发放滑准税配额，确保国内棉纺加工企业经营稳定。在目前全球棉花供大于求、价格低迷的形势下，适度发放滑准税配额，有利于降低国内棉纺企业运行成本，也利于全球棉价稳步回升，避免与棉花主产国发生贸易争端。

第四，大力推进棉花供给侧结构性改革，提高供给体系质量和效率。坚持问题导向，以"降成本、提质量、增效益"为核心，加大体制改革和机制创新，强化科技应用支撑，优化棉花产业体系、生产体系和经营体系，提高土地产出率、资源利用率和劳动生产率，促进棉花生产发展由过度依赖资源消耗、主要满足量的需求向追求绿色生态可持续、更加注重满足质的需求转变。从发展方向上看，加强资源整合，发展适度规模经营；大力推进机械化采收，提高机采棉综合效益；加强质量管理，调整棉花结构，切实提高棉花品质和品种结构的合理性；推广轻简栽培、化学调控等节本增效技术，建立残膜回收机制，促进可持续发展。

专题 5　油料和食用植物油[*]

一、全球油籽、食用植物油市场延续供需宽松格局,价格以震荡为主

(一) 全球油籽产量创历史新高,品种间差异较大

2016/2017 年度,全球油籽产量创下历史新高,供应总体充裕。美国农业部 (USDA) 数据显示,2016/2017 年度,全球油籽产量达到 5.73 亿吨,比上年度增加 10.14%。主要油籽中,大豆产量为 3.51 亿吨,比上年度增加 12.0%;油菜籽产量为 7206 万吨,比上年度增加 1.4%;葵花籽产量为 4761 万吨,比上年度增加 18.1%;花生产量为 4277 万吨,比上年度增加 5.8%;棉籽产量为 3901 万吨,比上年度增加 9.0%。由于大豆产量增幅较大,同时大豆占油籽总产量比重高达 61.2%,也成为全球油籽产量和供应增加的主要动力源。美国、巴西和阿根廷等主产国大豆种植面积和单产增加是全球大豆产量增加的主要原因[①]。油菜籽方面,2016/2017 年度,主要生产国欧盟和中国油菜籽产量分别比上年度下降 6.6% 和 5.6%,降至 2054 万吨和 1350 万吨,但加拿大、印度等国油菜籽产量增幅明显,增速分别为 6.7% 和 19.8%,产量分别为 1960 万吨和 709 万吨,带动全球油菜籽产量稳中略增。

(二) 全球油籽消费稳步增长,但增幅小于产量增幅

随着全球经济逐渐复苏,全球油籽消费规模稳步增加。2016/2017 年度,全球油籽加工消费量为 5.52 亿吨,比上年度增加 5.3%。主要油籽

---

* 基金项目:农业部、财政部现代农业 (特色油料) 产业技术体系建设专项资金 (CARS-14),农业部油料监测预警分析。执笔人:张雯丽、许国栋。张雯丽 (1982—),女,湖北十堰人,博士,副研究员,研究方向为农产品市场贸易与政策,油料产业经济。

① 王辽卫、郑祖庭:"2016/2017 年度国内外大豆市场回顾及 2017/2018 年度展望",《农业展望》2017 年第 11 期。

中葵花籽、棕榈仁和花生加工消费量增幅显著，2016/2017年度压榨消费量分别达到4315万吨、1838万吨和1835万吨，比上年度增幅分别为17.7%、8.2%和7.6%，大豆、油菜籽及棉籽加工消费量分别为2.88亿吨、6832万吨和2920万吨，增幅分别为4.6%、1.2%和2.9%。从增速比对来看，除花生消费增幅高于产量增幅外，其他油籽消费增幅均不及产量增幅，导致全球油籽期末库存显著增加。2016/2017年度，全球油籽期末库存由上年度的9053万吨增至1.08亿吨，增幅为19.7%。全球油籽库存消费比在上年度小幅回落后又增加至19.6%，同比增加2.3个百分点，创下自2004年以来库存消费比新高①，全球油籽供需格局继续维持宽松格局（图1）。

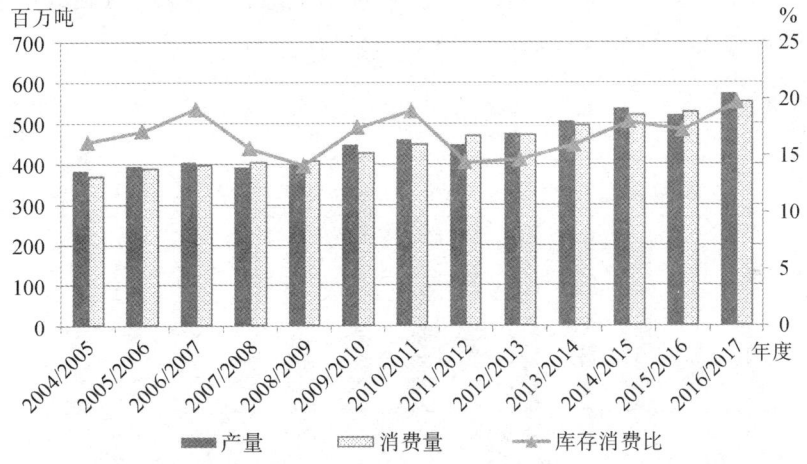

图1　2004/2005—2016/2017年度全球油籽供需形势及走势

（三）全球食用植物油生产、消费稳步增长，库存消费比继续下降

受全球油籽产量及压榨加工量同比增加影响，全球食用植物油产量也呈现稳步增加趋势。2016/2017年度，全球食用植物油产量1.89亿吨，

---

① 美国农业部："全球油籽供需平衡表"，https://apps.fas.usda.gov/psdonline/app/index.html#/app/downloads，2018年1月6日。

比上年度增加6.8%。其中，棕榈油产量为6480万吨，比上年度增加10.1%，为所有食用植物油中产量和增副均最大的种类。豆油产量为5386万吨，比上年度增加4.4%；菜籽油产量为2799万吨，比上年度增加1.0%；花生油产量为586万吨，比上年度增加7.7%；葵花籽油产量为1822万吨，比上年度增加18.5%。随着全球经济稳步增长，全球食用植物油消费继续增加。2016/2017年度，全球食用植物油消费总量1.84亿吨，比上年度增加3.6%。分类看，棕榈油消费量最大，为6130万吨，比上年度增加3.5%；豆油消费量次之，为5381万吨，比上年度增加3.2%；菜籽油消费量为2900万吨，比上年度增加2.9%；葵花籽油消费量1659万吨，比上年度增加9.4%。由于全球食用植物油出口量大于进口量，食用植物油期末库存较上年度显继续下降，至1953万吨，期末库存消费比由11.7%降至10.6%（见图2）。

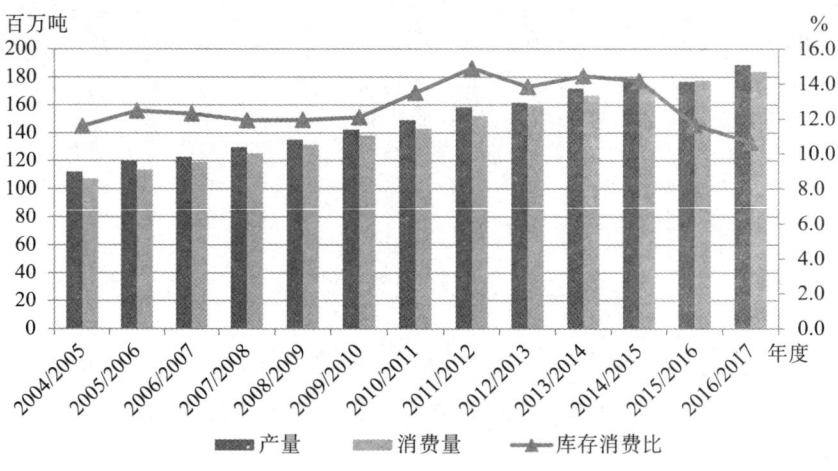

图2　2004/2005—2016/2017年度全球食用植物油供需形势及走势

（四）2017年全球油籽、食用植物油价格以震荡为主

受全球油籽丰产及库存消费比创历史新高影响，2017年全球主要油籽价格仍延续弱势，以震荡为主。除供需基本面影响市场价格走势外，2017年以来天气因素影响全球油籽产量预期频繁调整，也在很大程度上

影响了全球油籽价格频繁波动。油菜籽方面，2017年1—12月，加拿大油菜籽CNF价格累计上涨1.1%，年度内波动幅度较大，价格最高时达到487美元/吨，最低为451美元/吨。

食用植物油方面，2016/2017年度全球食用植物油库存消费比下降，受此影响全球食用植物油年度均价较上年度小幅上涨。但由于上年度全球食用植物油价格前低后高、涨幅较大，本年度内全球食用植物油价格走势呈总体小幅回落趋势。2017年1—12月，马来西亚24度棕榈油FOB价由每吨756美元降至624美元，累计下降17.5%，年内均价为673美元/吨，同比涨11.8%。南美豆油CNF均价由每吨869美元降至808美元，累计下降7.0%，年内均价为818美元/吨，同比涨2.8%；美国墨西哥湾豆油价格从每吨773美元降至727美元，累计下降6.0%，年内均价为727美元/吨，同比涨3.3%（图3）。此外，原油价格震荡也成为短期内影响国际市场食用植物油价格走势的因素之一。

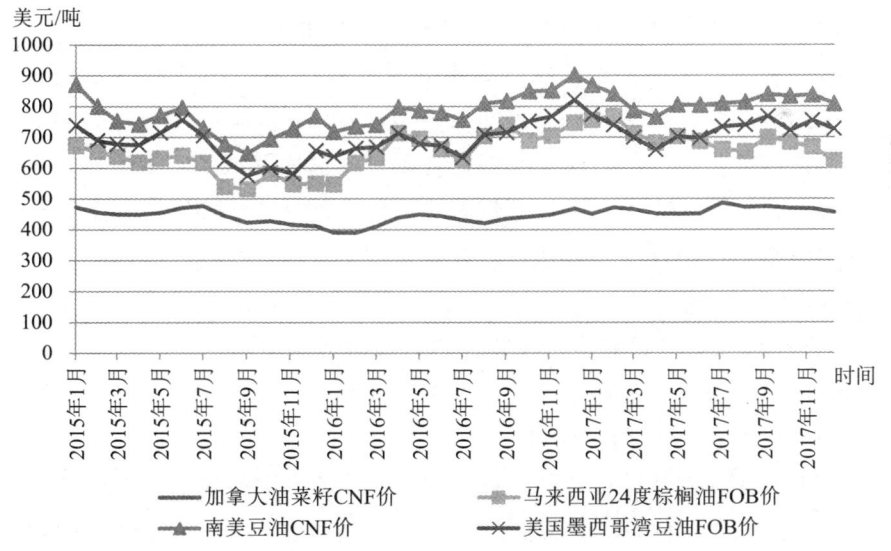

图3 2015—2017年国际食用植物油价格走势

二、国内油料、食用植物油供给总体偏紧

(一) 油菜籽面积、产量均稳中略降,花生产量小幅增加

2017年油菜籽受比较收益下降和上年秋冬种时寒潮天气影响,种植面积和产量较上年继续减少。农业部油料分析预警团队估计,2017年我国油菜籽播种面积为636万公顷,较上年度减少15.6万公顷,减幅为2.4;预计油菜籽总产量为1250万吨,较上年度减少5.5万吨,减幅为0.4%。受2016年花生价格高位运行和2017年玉米种植业结构性调整的综合影响,2017年全国花生播种面积增加;因生长时期气候条件良好,单产增加,预计总产为1788.4万吨,增加2.7%。但因收获季连续阴雨,水分增加、品质下滑,部分地区出现霉变,致使油脂企业采购优质花生困难。

(二) 食用植物油库存显著下降

2017年以来,为补充国内油脂供给、加快推进去库存,我国继续拍卖临时收储国产菜籽油,此轮拍卖至3月8日结束。1—3月,累计进行了8次拍卖,共计成交储备菜籽油79.08万吨。自2015年12月启动储备菜籽油拍卖近一年半的时间,我国储备菜籽油去库存成效十分突出,累积拍卖成交菜籽油426.4万吨,占临储总量比重高达45.8%[①]。目前,国内储备的国产菜籽油规模总体偏低,仅剩余2013年部分菜籽油在库。

(三) 油菜籽进口和食用植物油进口规模大幅增加

受国内储备菜籽油停止拍卖以及国产油籽产需缺口仍较大影响,2017年我国进口油籽和食用植物油呈现恢复性增长。据中国海关统计,2017年1—11月我国累计进口食用油籽9200.51万吨,同比增15.8%,进口额387.94亿美元,同比增17.8%;进口食用植物油666.95万吨,同比增

---

① 张雯丽:"供给侧结构性改革背景下油菜产业发展路径选择",《农业经济问题》2017年第10期。

12.2%，进口额 50.89 亿美元，同比增 17.0%。其中，油菜籽进口 441.89 万吨，同比增 32.9%，主要来自加拿大（占进口总量的 95.8%）；大豆进口 8599.03 万吨，同比增 15.8%；棕榈油进口 451.16 万吨，同比增 18.8%，主要来自印度尼西亚（占进口总量的 63.2%）和马来西亚（占 36.8%）；豆油进口 62.09 万吨，同比增 18.6%；菜籽油进口 69.79 万吨，同比增 9.3%；豆粕进口 5.95 万吨，同比增 3.0 倍；菜粕进口 90.9 万吨，同比增 1.1 倍。

三、国内油料价格走势分化，食用植物油价格年内震荡走低

（一）油菜籽价格均价同比上涨

2017 年，由于国产油菜籽供给总体偏紧，加之临储菜籽油陆续出库完毕、库存水平明显偏低，有力支撑了国产油菜籽现货市场价格。在国际市场油菜籽价格频繁波动的背景下，国产油菜籽价格走势总体稳中有涨。2017 年上半年，受新季油菜籽还未上市、国内现货供给偏紧影响，油菜籽收购价格保持稳中略涨。5 月份，油菜籽集中上市初期，收购价格小幅回落，但此后基本维持在 5.2—5.3 元/公斤的较高价格水平。2017 年 1—12 月，国产油菜籽月度收购均价累计上涨 0.5%，全年油菜籽收购均价为 5.2 元/公斤，同比上涨 24.6%。这是我国自 2015 年取消油菜籽临时收储政策以来，油菜籽收购年度均价首次在市场机制影响下高于临时收储价格，收购价格的走高及企稳在很大程度上有利于恢复国产油菜生产积极性。

（二）花生价格同比下跌

受花生产量连续增加，供给总体充裕影响，2017 年我国花生价格先抑后稳。1—4 月，花生市场成交清淡，总体有价无市，花生收购均价为 8.0 元/公斤；5 月，国内花生市场需求较为疲软，花生油、花生粕销售出货缓慢，加之油脂加工厂陆续停收影响，花生价格开始下滑，至 9 月份价格跌至 6.5 元/公斤。10 月份以来，国产新花生陆续上市，大部分地区持续阴雨天气影响，花生水分偏大，市场上货量减少，优质优价体现较为明

显,价格开始上涨。11月份均价涨至6.9元/公斤,较9月份上涨6.0%。总体上看,2017年花生价格总体下行,1—12月月均收购价格下跌1.4%,全年收购均价为7.3元/公斤,同比下跌6.4%(图4)。

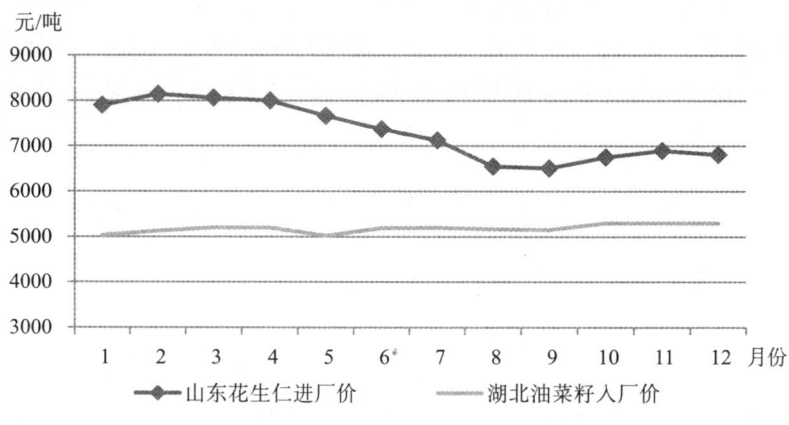

图4 2017年国内主要油料月均价走势

(三)食用植物油价格整体呈现弱势

2017年以来,我国食用植物油价格呈现下跌态势。其中,花生油价格下跌尤为突出,呈现持续下跌态势;菜籽油、豆油的棕榈油价格较为接近,呈现先抑后稳的特征。食用植物油市场价格弱势主要受两方面因素影响:一是全球油籽产量和库存量均有所增加,国际市场油籽油脂市场整体供应环境较为宽松,受国际市场价格弱势影响,国内食用植物油价格低位运行;二是我国油籽进口量再创新高,大豆、油菜籽和棕榈油的进口量大幅增长,弥补了国内油籽供应的不足,抑制了价格上涨。其中,豆油市场价格的持续弱势对菜籽油形成了一定的替代性,从而对菜籽油价格构成影响。

1. 棕榈油和豆油受国际市场影响较大。我国棕榈油完全依赖进口,大豆进口依存度持续保持高位,因此棕榈油和豆油价格主要受国际市场影响较大。2017年马来西亚和印度尼西亚棕榈油产量恢复性增长,库存不断走高,对国际市场棕榈油价格形成压制,我国到港棕榈油价格相应下行。1月，天津棕榈油到港价为6581元/吨，至12月降至5260元/吨，降幅达20.1%；全年均价为5863元/吨，同比涨2.0%。与此同时，全球大豆连续四年丰产，库存高企，市场供应总体宽松，进而对国际豆油价格构成影响。1月份山东国标四级豆油出厂价为7126元/吨，至12月降至5677元/吨，降幅为20.3%；全年均价为6134元/吨，同比跌1.6%。大豆和棕榈油是我国食用植物油中对外依存度较高的，豆油和棕榈油价格在食用植物油中相对较低，对其他油脂具有很强的替代作用，也是食用植物油价格下跌的主要源头和推动要素。

2. 菜籽油和花生油受原料价格走势影响较大。2017年以来，受压榨利润驱动，国产菜籽用于压榨加工四级菜籽油数量极少，四级菜籽油原料来源主要是国际市场进口油菜籽，另有部分为拍卖成交的临储菜籽油。总体上来看，国内四级菜籽油价格走势主要受进口菜籽影响较大。湖北四级菜籽油出厂价先抑后稳，2017年1—12月，湖北四级菜油月均出厂价下降1.1%；全年均价6716元/吨，同比涨4.0%。山东国标一级花生油价格主要受国内花生原料价格影响，年内跌幅在食用植物油中最大。2017年出厂均价达14327元/吨，同比涨5.6%；1—12月，月均出厂价跌4.3%（图5）。

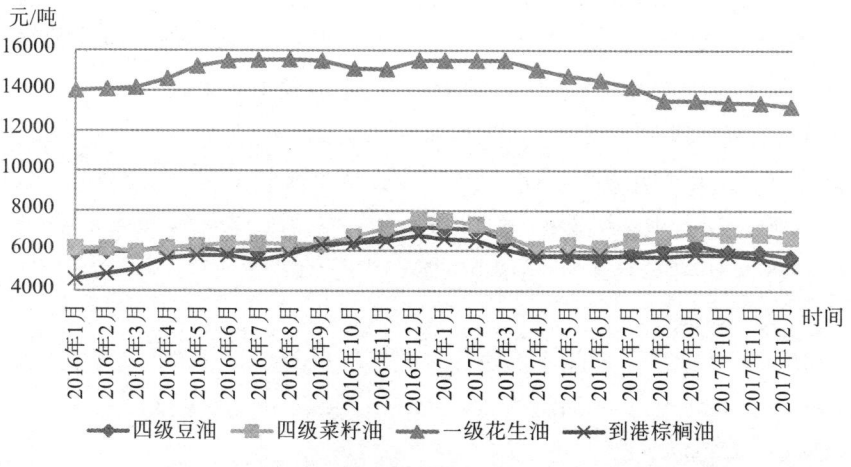

图5　2016—2017年国内食用植物油月均价走势

(四) 国内外油菜籽价差显著扩大，国际市场豆油价格高于国内

2017年，国内外油籽食用植物油价格均整体平稳，但内外价差仍存。国际市场油籽油脂价格总体低于国内，国内外油菜籽价格持续倒挂，价差不断扩大；国内豆油价格低于进口豆油到岸价格，国内外价差实现了逆转。1—12月，9%关税下的加拿大油菜籽到我国口岸的税后均价为3.9元/公斤，比国内油菜籽进厂价低1.3元/公斤，价差较上年同期扩大0.70元/公斤；美国墨西哥湾豆油离岸价为4.90元/公斤，比国内销区豆油价格低0.88元/公斤；山东进口豆油税后价6.44元/公斤，比当地国产豆油出厂价高0.30元/公斤。

四、后期展望

(一) 国际市场后期展望

国际市场，全球油籽继续呈供需宽松格局。国际粮农组织2017年11月份预测，2017/2018年度全球油籽产量5.85亿吨，较上年度增0.5%。食用植物油产量2.27亿吨，较上年度增1.4%；消费量2.26亿吨，较上年度增2.8%；贸易量1.25亿吨，较上年度增2.0%；库存消费比16.6%，较上年度下降0.2个百分点。美国农业部2017年12月份预测，2017/2018年度全球油籽产量5.80亿吨，较上年度增1.0%；消费量5.74亿吨，较上年度增4.0%；出口量1.76亿吨，较上年度增3.4%；期末库存1.11亿吨，较上年度增2.2%；库存消费比19.3%，较上年度减少0.3个百分点。全球食用植物油产量1.97亿吨，较上年度增4.4%；消费量1.90亿吨，较上年度增3.4%；出口量8141万吨，较上年度增1.1%；期末库存2073万吨，较上年度增6.1%；库存消费比10.9%，较上年度上升0.3个百分点。

由于全球油籽、油脂市场宽松的供需基本面继续延续，短期受气候等因素影响，2018年全球油籽、油脂价格延续弱势震荡格局[①]。分品种来

---

① 李淞淋："近10年世界油料生产分析与未来走势展望"，《农业展望》2016年第1期。

看：(1) 油菜籽。美国农业部预测数据显示，2017/2018 年度，欧盟和加拿大油菜籽生产规模继续增加，全球油菜籽产量预计达到 7285.5 万吨，比本年度增加 3.7%。根据加拿大官方的调查，2017/2018 年度加拿大油菜籽产量预计达到 2150 万吨，创历史最高纪录。供给增加将对国际市场油菜籽价格形成较大压力。(2) 大豆及豆油。近期南美迎来降雨天气来，打破了市场对干旱炒作的预期。另外，从 2018 年 1 月 1 日起，中国将降低进口美豆船货中所允许的杂质含量，若抵达港口的美豆含有杂质高于 1%，可能需要进行检测。新政策将对美豆出口带来影响，从而影响美豆出口量和出口价格。(3) 棕榈油。近期马来西亚棕榈油进入减产周期。出口方面，船运调查机构 SGS 公布的数据显示，马来西亚 2017 年 12 月 1—25 日棕榈油出口较前月同期增加 1.3%，至 110.8 万吨。受产量预估减少以及出口数据利好影响，国际市场棕榈油价格出现好转，但考虑到全球油脂市场仍以宽松为主，预计短期内国际市场棕榈油价格将继续震荡运行。后期国际市场油籽油脂价格走势主要受南美大豆生长情况以及马来西亚棕榈油产量和出口量影响。

(二) 国内市场后期展望

国内市场，受国产油籽、油脂产需缺口仍然较大以及全球大豆、棕榈油供大于需和国际价格低位运行等因素影响，预计 2018 年我国对食用油籽和油脂的进口量继续增加。据农业部油料全产业链团队 2017 年 12 月预测，2017/2018 年度中国食用植物油生产量为 2781 万吨，较上年度增加 45 万吨；进口量为 628 万吨（不考虑硬脂），较上年度增加 50 万吨。国内消费 3190 万吨，比上年度增加 22 万吨；出口 17 万吨，与上年持平[①]。

2018 年国内油籽油脂价格将继续受国际市场影响，品种走势差异仍较突出。油籽方面：(1) 油菜籽。自 2017 年油菜秋冬种以来，受 2017 年油菜籽上市以来价格总体保持高位运行影响，2017/2018 年度农户种植积

---

① 中国农业信息网："2017 年 12 月中国农产品供需形势分析"，http://www.agri.cn/V20/SC/gxxs/201712/t，2018 年 1 月 9 日。

极性略有恢复，油菜籽播种面积小幅增加。气候方面，江淮、江汉地区受阴雨影响稍明显，但后期气温总体偏高，土壤墒情适宜，总体利于油菜籽生长国内。预计2018年度油菜籽产量将同比增加。考虑到国产油菜籽总体供应仍偏紧，预计2018年国产油菜籽价格总体保持高位。（2）花生。受花生比较效益保持高位带动产量连续增加影响，2018年花生价格预计延续弱势震荡格局，均价同比继续走低。油脂方面：（1）菜籽油。国产油菜籽产能短期内难以明显恢复，在很大程度上继续支撑国产菜籽油价格。2018年我国继续启动储备菜籽油拍卖，受国外油菜籽以及油脂市场行情走势以及国内储备菜籽油拍卖出库影响，菜籽油价格将受到一定抑制。短期内价格走势受储备菜籽油出库规模和速度影响。（2）豆油方面，全球大豆供需宽松格局延续，大豆价格将继续受到抑制，从而影响豆油价格延续弱势震荡格局。随着USDA供需报告调高美豆年末库存，又加之南美大豆产区迎来降雨，同时国内豆油库存居高不下仍有压力，预计短期内豆油价格还将弱势运行。（3）棕榈油方面，近期棕榈油进口利润改善，国内贸易商新增买船，国内棕榈油库存上涨，预计短期国内棕榈油价格继续偏弱运行。

参考文献

[1] 王辽卫、郑祖庭："2016/2017年度国内外大豆市场回顾及2017/2018年度展望"，《农业展望》2017年第11期。

[2] 美国农业部："全球油籽供需平衡表"，https：//apps.fas.usda.gov/psdonline/app/index.html#/app/downloads，2018年1月6日。

[3] 张雯丽："供给侧结构性改革背景下油菜产业发展路径选择"，《农业经济问题》2017年第10期。

[4] 李淞淋："近10年世界油料生产分析与未来走势展望"，《农业展望》2016年第1期。

[5] 中国农业信息网："2017年12月中国农产品供需形势分析"，http：//www.agri.cn/V20/SC/gxxs/201712/t，2018年1月9日。

专题6 食糖[*]

一、2016/2017榨季中国食糖市场形势分析

(一) 产量恢复性增长

2016/2017榨季，中国食糖产量结束了连续两年减少的局面，实现恢复性增长。根据中国糖业协会数据，2016/2017榨季中国糖料种植面积2094万亩，与上榨季相比减少41万亩，减幅1.9%，其中，甘蔗种植面积1837万亩，与上年相比减少106万亩，减幅5.5%；甜菜种植面积256万亩，与上年相比增加64万亩，增幅33.3%。2016/2017榨季中国食糖产量929万吨，与上榨季相比增加59万吨，增幅6.8%，其中，甘蔗糖产量824万吨，与上榨季相比增加39万吨，增幅5%；甜菜糖产量105万吨，与上榨季相比增加20万吨，增幅23.5%。中国食糖产量实现恢复性增长的主要原因在于糖料单产提高导致入榨量增加。根据中国糖业协会的统计，2016/2017榨季中国甘蔗平均单产4.12吨/亩，甜菜单产3.68吨/亩，同比分别增加0.1吨/亩和0.09吨/亩；加工糖料7801.6万吨，同比增加283.1万吨。从结构上来看，甘蔗糖在中国食糖生产中仍占据主导地位（88.7%），但随着北方甜菜种植规模的迅速扩大，甜菜糖的比重也不断上升，由2015/2016榨季的9.8%上升到2016/2017榨季的11.3%，增加了1.5个百分点。

(二) 消费量稳中略降

2016/2017榨季中国食糖消费量1490万吨，与上榨季相比减少了30万吨，减幅2%，结束了连续4年的持续增长势头。食糖消费量的减少主要是由于受到低价淀粉糖的竞争，部分食糖消费市场被淀粉糖挤占；加之轻甜快消产品趋于流行，食糖消费市场有所疲软。

---

[*] 执笔人：马凯、徐雪、朱亚伟。

从消费结构上看，仍以工业消费为主，但民用消费占比提升。2016/2017榨季中国食糖工业消费量879万吨，与上榨季相比减少48万吨，减幅5.2%，其在中国食糖消费中的占比由2015/2016榨季的61%下降到2016/2017榨季的59%；民用消费611万吨，与上榨季相比增加18万吨，增幅3%，其在中国食糖消费中的占比由2015/2016榨季的39%提升至2016/2017榨季的41%。

（三）进口量大幅减少

2016/2017榨季，中国进口食糖229万吨，同比减少144吨，减幅38.6%；出口12万吨，同比减少3万吨，减幅20%。进口来源国以巴西、古巴、泰国为主，分别进口了93.64万吨、43.12万吨、29.61万吨，占当年中国食糖进口总量的40.9%、18.8%、12.9%。食糖进口量大幅减少的原因：一是商务部于2017年5月22日发布2017年第26号公布，裁定进口食糖数量增加与中国食糖产业受到严重损害之间存在因果关系，决定对关税配额外进口食糖征收保障措施关税，实施期限为3年，自2017年5月22日至2020年5月21日，实施期间措施逐步放宽，2017年5月22日至2018年5月21日，保障措施关税税率为45%，2018年5月22日至2019年5月21日，保障措施关税税率为40%，2019年5月22日至2020年5月21日，保障措施关税税率为35%，此举提高了食糖进口成本，削弱了进口糖的竞争力。二是食糖自动进口许可管理、行业自律等调控政策继续实施，从而有助于规范市场主体进口行为，调控食糖进口总量与节奏。

（四）国内糖价快速上涨

2016/2017榨季，国内食糖年度均价6570元/吨，同比每吨涨1113元，涨幅20.4%。价格上涨的原因是多方面的：一是虽然国内食糖产量增加、消费减少，但受食糖进口量大幅减少的影响，国内食糖供需缺口同比扩大，为糖价上涨提供了有力支撑。二是作为制糖主要原料的甘蔗收购价提高，导致制糖成本增加，推动了糖价上涨。据统计，2016/2017榨季甘蔗平均收购价格497元/吨，同比每吨增加了49元。三是国际糖价同比上涨，为国内价格上涨创造了空间，2016/2017榨季国际食糖均价17.39美分/磅，同比上涨5.3%。四是国内宏观调控力度进一步加强，有效维护了国内食糖市场秩序，提振了行业信心。

糖价上涨带动行业效益增加，根据中国糖业协会的统计，2016/2017榨季中国制糖行业销售收入658.2亿元，实现利润32亿元，农民种植糖料收入比上一年增加38.5亿元（见图1）。

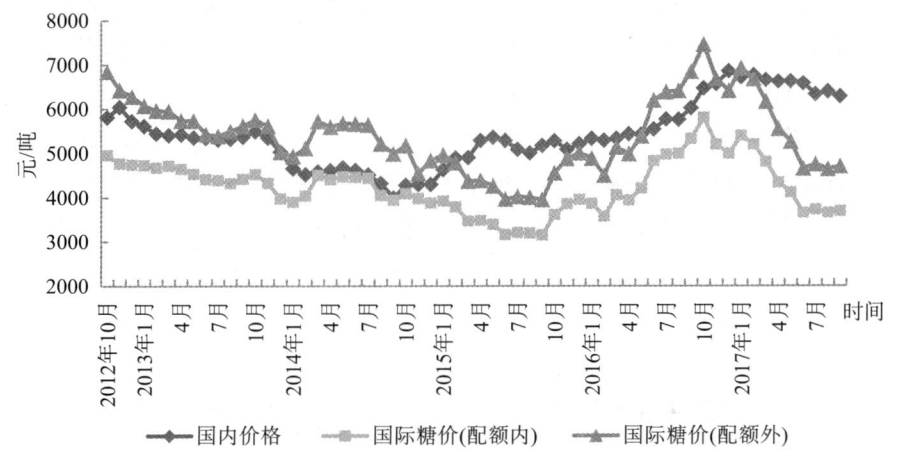

图1　2012—2017年国内外食糖价格比较

数据来源：农业部糖料市场预警小组监测数据。

注：2013年9月之前国际食糖价格为泰国进口糖到岸税后价，之后为巴西进口糖到岸税后价。

二、2017/2018榨季中国食糖市场形势展望

（一）产量稳中有增

国内食糖价格和糖料收购价格的上升有助于提高糖农种植积极性，增加糖料种植面积和食糖产量，预计2017/2018榨季中国糖料种植面积和食糖产量分别为2184万亩、1030万吨，分别比上年增加4.3%、10.9%。分产区来看，截至2018年2月底，北方甜菜糖已经全部收窄，甜菜糖产

量约115万吨,同比增加10万吨,增幅9.5%;南方甘蔗糖产区已有9家糖厂收榨,广西部分蔗区受前期低温雨雪天气影响,甘蔗糖分有所损失,对食糖产量有所影响,云南食糖生产总体正常。预计2017/2018榨季中国甘蔗糖产量915万吨,同比增加73万吨,增幅8.7%。

(二) 消费量持平略增

当前,我国人均食糖消费量不及世界平均水平的一半,未来仍有较大增长潜力。尤其是随着人口规模的扩大和城镇化水平的提升,中国食糖消费需要将进一步提升,根据中国农业科学院信息研究所农业监测预警团队的测算,2018年中国人口规模和城镇化水平将继续保持增长,分别达到13.97亿人、59.55%,同比增加667万人、1.03%。与此同时,进入新榨季以来,国内食糖价格有所回落,同期玉米价格大涨,食糖与淀粉糖之间的价差缩小,这也有助于提升食糖在甜味剂市场上的竞争力,减少淀粉糖对食糖的替代。总的来看,预计2017/2018榨季中国食糖消费量1500万吨,同比持平略增。

(三) 食糖进口量大幅增加

根据前文的分析,2017/2018榨季中国食糖产不足需的现状仍将持续,预计产销缺口将近500万吨,加之当前糖价下行,不利于储备糖及时投放弥补市场缺口,从而导致中国对进口食糖存在刚性需求。与此同时,按照商务部发布的2017年第26号公告要求,自2018年5月22日至2019年5月21日,关税配额外进口食糖征收保障措施关税将由45%降低至40%,这将在国内外食糖价差长期存在的基础上进一步提升进口糖的竞争力,从而增加食糖进口压力和过量进口风险。预计2017/2018榨季进口食糖320万吨,同比增加39.7%。

(四) 国内糖价下行风险增大

2017/2018榨季,国内食糖价格走势受到多重因素的影响。一方面,国内食糖产不足需的基本面、贸易保障措施继续实施等因素为糖价上升提供了一定支撑，国内糖料收购价格的提升抬高了制糖成本，也将推动糖价上涨；另一方面，国内食糖价格上涨的空间受到国际糖价走低的影响，随着世界主要食糖生产国增产预期增强，国际食糖供给充分，造成新榨季以来国际糖价持续下跌，进而会波及国内糖价。

三、当前中国食糖产业存在的问题

（一）产业竞争力偏弱

中国是世界食糖生产大国、消费大国、进口大国，但与巴西、泰国等世界主要产糖国相比，中国食糖产业基础偏弱，诸多瓶颈亟需突破。一是糖料种植成本居高不下，缺少经济适用的农机具，糖料种植整体机械化程度较低；二是甘蔗品种单一且老化，综合性状下降，甜菜品种高度依赖国外种业集团；三是制糖企业生产技术与装备水平落后，管理水平与经营方式较为粗放，生产效率低下。产业竞争力弱的最直接表现就是国内外糖价严重倒挂，2016/2017 榨季中国食糖均价比配额内（15% 关税）进口食糖到岸税后均价每吨高 2022 元，高 44.5%，比配额外（50% 关税）进口均价每吨高 745 元。

（二）调控政策缺乏可持续性

为了支持食糖产业发展，近年来国家先后出台了自动进口许可管理、贸易保障措施等政策，并支持中国糖业协会开展行业自律，为糖业发展提供了有力支撑，但这些政策缺乏可持续性，执行过程中面临较大压力。2017 年出台的贸易保障措施，虽然分 3 年对配额外进口食糖征收 45%、40%、35% 的保障措施关税，但据测算，只有在国际糖价高于 15 美分/磅的时候，保障措施关税才能有效弥补国内外食糖价差，遏制低价糖涌入。目前国际糖价已经跌破 15 美分/磅，从理论上讲贸易保障措施已无法有效发挥作用。

（三）食糖走私威胁依然存在

由于国内外食糖价差大，食糖走私有进一步抬头的现象，走私行为也不断变异。前期食糖走私多集中在云南、广西等边境地区，通过陆地进入我国，但在国家严打走私之下，走私分子开始驾船到福建、广东等东南沿海地区，通过海路进入我国。如果走私糖无法有效遏制，将对我国食糖市场秩序造成极大干扰，使有关调控政策的效果大打折扣。

四、有关对策建议

（一）综合施策提升产业基础竞争力

一是支持加快糖料机械研发和应用，引导土地流转，提升糖料种植机械化和规模化水平。二是加大糖料良种研发和推广的支持力度，加强良种繁育体系建设，并开展技术培训服务，促进新品种推广应用。三是推动制糖行业合并重组，淘汰落后产能，促进行业提质增效。

（二）加强调控政策落实与衔接

一是贯彻落实好食糖保障措施，做好食糖自动进口许可管理工作，坚持并完善行业自律，加强部门协调，发挥政策合力。二是强化国内外市场监测预警，及时研判市场运行中的苗头性、倾向性问题，提前制定应对措施。三是适时开展政策效果评估，不断修订和完善调控政策。

（三）继续严厉打击食糖走私行为

加强对非设关地走私的打击力度，实行地方政府责任制。在主产省区和东南沿海地区加强边防、公安、铁路、质检等部门的联合执法工作。加大对销售、使用走私糖企业的处罚力度，支持推进糖业防伪溯源体系建设，为政府执法提供有力技术支撑。

专题7　肉鸡[*]

2017年受"H7N9"流感疫情的影响，我国肉鸡业消费下滑，产品价

---

[*] 执笔人：蒋芳。

格同比下降，养殖效益下降。国际市场美国鸡肉价格上涨，出口减少。预计2018年我国鸡肉产量下降，市场价格将呈现上涨的趋势，出口形势仍不容乐观；国际方面，全球鸡肉产量、贸易均增加。

一、肉鸡市场低迷，养殖效益下降

（一）产能收缩

白羽肉鸡行业的去产能化使得行业供给得到收缩。目前我国白羽祖代肉种鸡全部依赖进口，主要来源于美国和法国，其中97%的份额来自美国。2014年起，由于产能过剩，肉鸡市场低迷与养殖亏损，加之种鸡出口国美国和法国因疾病封关，国内祖代肉鸡引种规模进入收缩周期，行业主动去产能。据中国畜牧业协会监测数据显示，2014—2016年连续3年祖代种鸡进口量下降，2016年祖代鸡引种量为63.86万套，同比减少42.86%，持续地去产能使行业供给收缩。2017年英、法、美等国禽流感形势严峻，依旧处于封关状态，西班牙、波兰因禽流感虽然已经结束，但仍未复关，新西兰间断性进口，据统计，2017年全年引种45万套，同比减少27.89%。

鸡肉产量减少。2017年肉鸡产量小幅下降，主要受"H7N9"疫病侵扰、消费市场不景气、生产端面临的环保压力持续增大等因素影响。据行业统计，2017年全国白羽肉鸡出栏量为42.6亿羽，同比下降5%，产量763万吨，同比下降6.4%；黄羽肉鸡出栏量32.9亿只，同比下降4.5%，产量352.6万吨，同比下降3.5%。其中2017年前三季度，主产省广东家禽出栏和禽肉产量分别下降2.6%、2.2%。

（二）消费减少

2017年以来，受人感染H7N9流感的影响和冲击，消费信心下降，南方活禽市场大量关闭，黄羽肉鸡进冷库，导致学校、机关和饭店等团体需求低迷，家庭消费减少，快餐消费重回增长趋势。另外，政府管控严格，多地发现H7N9流感病例后南方很多省市暂停活禽交易，特别是黄羽肉鸡消费量同比下滑明显，而库存供应充足，替代品猪肉价格处于近些年来的历史低位,肉鸡价格持续低迷。据测算,2017年家庭和集团消费降幅达10%以上。目前我国鸡肉消费仍待复苏,需扩宽消费渠道,提升产品多元化。

(三)养殖成本下降

自2015年9月份以来,饲料原料玉米和配合饲料价格的持续下降,致使肉鸡养殖成本减少。我国肉鸡饲料中玉米所占比重为55%—60%,2017年全国玉米平均价格为1.91元/公斤,同比下降5.8%,其中12月份全国玉米月平均价格1.95元/公斤,环比增长0.5%、同比基本持平;玉米原料价格的下降带动了饲料价格的下降,2017年全国肉鸡配合饲料价格为3.08元/公斤,同比下降0.7%,其中12月份肉鸡配合饲料3.1元/公斤,环比上涨0.7%、同比基本持平;2017年全国雏鸡价格为2.5元只,同比下降19.4%。因此,2017年全年养殖成本整体下降。

(四)养殖利润下降

2017年肉鸡养殖效益回落,上半年亏损,下半年盈利。我们通常用鸡料比来衡量规模养殖盈亏情况,盈亏平衡点为1:5.5,2017年鸡料比价为1:5.3,规模养殖亏损。2017年上半年,我国肉鸡业再次陷入亏损状态,白羽肉鸡上市企业的营业利润出现不同程度下滑;2017年先后有24省市发生人感染"H7N9"病例,面积大影响深,南方很多地方关闭活鸡市场,黄羽肉鸡销售困难,据统计,上半年黄羽肉鸡养殖行业损失超过60亿元。上半年一些肉鸡企业纷纷主动减产,供过于求的局面有所改变,下半年疫情减弱,"H7N9"家禽疫苗的普免,行业逐渐摆脱阴影。第三季度,市场行情好转,价格回到成本线以上,行业止亏,养殖盈利。2017年养殖利润整体下降,白羽肉鸡养殖利润基本盈亏平衡;黄羽肉鸡养殖全面亏损,快、中、慢速盈利均为负。2017年肉鸡上市公司公布前三季度业绩,其中益生股份前三季度亏损1.85亿元、仙坛股份前三季度净利6526万元、圣农发展前三季度净利9495万元、民和股份预计前3季度亏损加大至2.85亿元以上。

二、国内外肉鸡市场价格

（一）国内集市价格

2017年我国肉鸡价格呈现先降后涨趋势，总体仍低于上年水平。1—12月份全国活鸡、白条鸡集市均价分别为17.29元/公斤和17.89元/公斤，同比分别下降7.9%和6.1%。

2017年上半年肉鸡市场价格大幅下降（参见图1），1—6月份全国活鸡、白条鸡集市均价为16.73元/公斤和17.47元/公斤，同比分别下降11.18%和8.53%。由于2016年肉鸡养殖利润较好，养殖行业增加养殖量，导致春节过后市场肉鸡供应充足；同时由于人感染"H7N9"流感病例出现，影响消费者的信心，市场供大于求；另外，春节过后，鸡肉消费进入淡季，肉鸡出栏量增加，价格呈季节性下降。2月份，主产省山东、河南、河北等局部地区的白羽肉鸡价格跌至6.2—6.4元/公斤，创2013年以来的新低；南方活鸡市场大量关闭，活鸡销售甚至出现停滞。据农业部监测，6月份活鸡和白条鸡集市价格分别为15.8元/公斤和16.7元/公斤，分别比1月份下降15.9%和11.8%。

下半年肉鸡价格持续上涨。随着"H7N9"事件影响的消退及市场供求关系的变化，下半年整体需求好于上半年，产业调减产能加大，市场供应偏紧，且下半年传统节日较多，再加上替代品猪肉价格有所上涨。从7月份开始，鸡肉价格稳步回升，9月份活鸡和白条鸡集市价格分别比6月份累计上涨13.3%和10.3%。进入第四季度供应量的减少，库存下降，价格明显上涨，其中12月活鸡集市价格为18.9元/公斤，环比上涨0.3%，同比上涨1.2%；白条鸡集市价格为19.2元/公斤，环比、同比分别上涨1.1%和0.8%，12月活鸡、白条鸡价格均为全年最高值。全国各地肉鸡价格均有不同程度的上涨，由于产能调减的力度较大，黄羽肉鸡价格上涨幅度比白羽肉鸡快。

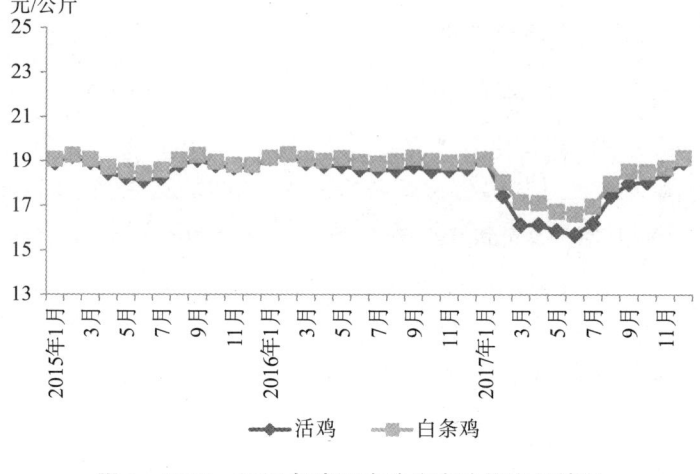

图 1　2015—2017 年我国肉鸡集市价格变化情况

数据来源：农业部畜牧兽医信息网。

（二）美国肉鸡产品批发价格

2017年美国鸡肉批发价格上涨（见图2），分品种来看，鸡胸肉（无骨无皮）批发价格先涨后跌，总体高于上年平均水平。1—12月鸡胸肉平均价格为23.4元/公斤，同比上涨10.0%。其中上半年价格逐月上涨，1—6月鸡胸肉平均价格为23.8元/公斤，同比上涨14.2%。其中6月份鸡胸肉为29.9元/公斤，同比上涨37.7%，比年初上涨62.3%，达到全年最高值。进入下半年鸡胸肉批发价格逐月下跌，12月份鸡胸肉为18.9元/公斤，环比下降0.52%，同比上涨5.9%。1/4鸡腿批发价格大幅上涨，1—12月鸡腿平均价格为7.1元/公斤，同比上涨24.3%。

美国鸡肉价格上涨原因：美国爆发高致病性禽流感疫情，但对其家禽生产影响有限，消费同比增长，美国家禽产量增加，但增速缓慢，2017年美国肉鸡产量同比增长2%。受禽流感的影响，美国肉鸡出口下降，2017年美国肉鸡出口309.1万吨，同比小幅下降；出口额大幅下降，仅33.6亿美元，而2014—2016年美国鸡肉出口额均达到45亿美元左右。2017年美国肉鸡市场供大于求，鸡腿价格大幅上涨。

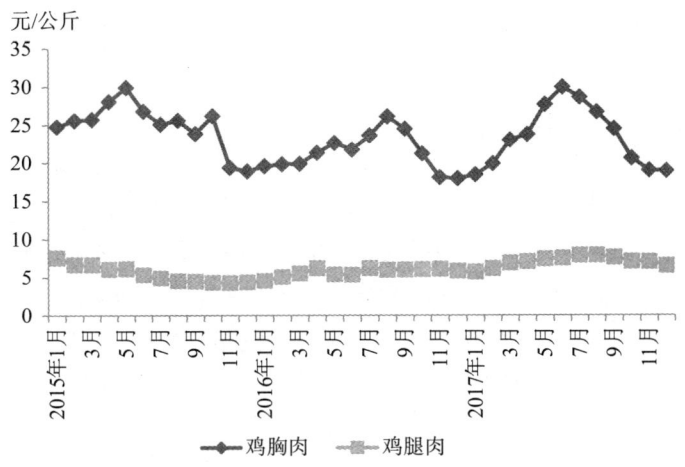

图 2　2015—2017 年美国肉鸡批发价格变化情况

数据来源：AMS/USDA。

三、进口减少、出口增加

2017 年 1—11 月我国禽肉进口量为 40 万吨，同比减少 25.1%，其中进口鸡肉及杂碎占进口总量的 95% 以上，主要从巴西和美国进口。由于许多国爆发了禽流感，中国扩大了从巴西进口肉鸡制品，从美国进口减少；2009 年之前，每年从美国的进口量占进口总量的近 75%，从 2010 年开始，巴西超过美国成为我国主要鸡肉供应国，占近 40% 的份额，到 2016 年，巴西在中国鸡肉进口总量中的份额翻番，达到近 90%，并预计还将在未来继续增长。自 2016 年 9 月 27 日起，我国对原产于美国的进口白羽肉鸡产品继续征收反倾销税，时间为 5 年。2017 年，冷冻禽产品的进口量大幅下降，受巴西"问题肉"事件影响，国内消费市场对进口禽产品需求下降。

2017 年 1—11 月禽肉出口量将达 45.8 万吨，以鸡肉熟食和调理品为主，出口额占比为 60%，其中禽肉及杂碎出口量为 21.5 万吨，同比增 6.4%，主要出口中国香港地区；加工家禽出口量为 24.3 吨，同比增 14.3%，主要出口日本，出口省份主要是辽宁、广东、山东和湖南。2017

年6月，经过多方努力，我国首批禽肉熟制品出口美国市场，实现了零的突破。

四、国际市场形势分析

据美国农业部最新数据：尽管禽流感的暴发限制了生产的扩大，但全球产量仍有小幅增长。2017年全球鸡肉产量将达到9017.5万吨，同比增长1.2%，巴西、美国、欧盟和印度的生产增长抵消中国生产缩减带来的影响，其中主要生产国巴西和美国同比分别增长2.6%和1.8%，而中国鸡肉产量下降5%，巴西连续第三年取代中国成为世界第二大鸡肉产地；2017年全球鸡肉消费量为8813.5万吨，同比增长0.87%，主要由于全球市场对低成本动物蛋白质的需求依然强劲，特别是发展中国家由于人口增加、收入提高和消费喜好，鸡肉需求将继续增加；2017年全球鸡肉进口总量达905.5万吨，同比增加1.3%。其中中国和日本进口均有增加，墨西哥略有减少；2017年全球肉鸡出口1107.9万吨，同比增加3.7%，美国、巴西、中国和泰国出口均有增长，欧盟出口则有小幅减少。

五、后期展望

（一）国内市场

1. 供需方面。2014年起，国内白羽肉鸡祖代种鸡的引种量持续下降，有效降低了行业过剩产能。由于受国内白羽肉鸡祖代种鸡引种量连续3年下降的影响，在产父母代存栏量持续下滑，虽然企业采取了强制换羽措施，在一定程度上能缓解引种量不足的影响，但毕竟基础数减少太多，目前在产祖代肉种鸡存栏处于较低水平。另外，由于国际禽流感疫情不定，2018年祖代引种回升受限，后市商品鸡供应下降。因此，2018年父母代种鸡和商品鸡供应均会有所减少，预计鸡肉产量略有下降。由于祖代鸡引种量的减少，会影响2年后商品鸡的出栏量，商品肉鸡的正常供给最快要到2019年才能恢复。预计2018年肉鸡行业整体价格将有所回升，同时随着消费者对肉鸡健康食品认识逐步提高，消费量也会逐步回升。

2. 价格方面。随着"H7N5"流感疫情影响的消退，消费需求复苏，产能持续收缩，供不应求的格局将带动价格的上涨，随着2018年春节逐渐临近，对肉鸡市场或有小幅提振作用；当前鸡肉需求仍无大幅回升迹象，受最严环保影响，北方多地工厂停工，屠宰场鸡肉销售渠道不畅，鸡肉价格上涨缓慢。因此，预计2018年肉鸡价格仍然存在一定的上涨空间，但要考虑终端市场接受能力，涨幅不大。

3. 出口方面。由于全球经济不景气，贸易保护主义抬头，增加了肉鸡出口贸易的难度。我国鸡肉对日本出口下降，因为食品安全顾虑导致日本的进口商开始寻求其他的家禽出口商，比如泰国。自2014年至今，日本对中国家禽的进口量已下滑20%；欧盟对中国禽肉的出口设定限制具有歧视性，欧盟的进口配额对固定量的进口家禽设定了较低的关税税率，把96%的低关税配额分配给了巴西和泰国，而给中国及其他国家和地区只有4%，配额之外的家禽产品需要征收约40%的高额关税。因此，预计2018年我国出口形势仍不容乐观。

（二）国际市场

世界鸡肉产量、贸易均增加。据美国农业部最新数据，预计2018年全球鸡肉产量将达到9127.8万吨，同比增长1%，主要生产国美国和巴西同比分别增长2.6%和2.3%，欧盟和印度产量增加是由于国内鸡肉消费稳定上升，中国肉鸡产量连续第三年下降5%；2018年全球鸡肉消费量预计在8909.1万吨，同比增长1.1%；2018年全球鸡肉进口总量达927.4万吨，同比增长2.4%。日本进口量将萎缩，由于国内供应量充足；2018年全球鸡肉出口总量为1144.4万吨，同比增长3.0%，巴西、泰国出口有明显增长，其中美国鸡肉出口量320万吨，同比增长3%；中国鸡肉出口预计小幅增加。

五、政策建议

（一）提高国家对肉鸡产业发展的重视程度

2016年，《全国生猪生产发展规划（2016—2020年）》和《全国草食畜牧业发展规划（2016—2020年）》先后发布，从国家层面为生猪、肉牛、肉羊发展做出规划指导，但肉鸡产业发展规划一直处于缺失状态。我国肉鸡产业发展对于转变农业发展方式，调整农业和农村经济结构，增加农民收入，保障重要农产品供给等方面具有重大意义。国家应大力提升肉鸡产业的战略地位，给予肉鸡产业与草食动物同等的重视。尽快制定全国肉鸡产业发展规划，对肉鸡产业实行倾斜政策，加大财政和金融支持力度，促进我国肉鸡产业的发展。

（二）加快培育白羽肉鸡品种

目前我国白羽肉鸡品种完全依赖于国外进口，以引进祖代鸡为主，产业风险大。特别是近年来，由于世界大范围禽流感的暴发，我国祖代鸡引种受阻，自主培育白羽肉鸡品种势在必行。鼓励科研机构和相关企业加快白羽肉鸡育种的本土化进程，加快推进实施2014年制定的《全国肉鸡遗传改良计划（2014—2025）》。设立国家白羽肉鸡遗传育种重点研发计划项目，充分利用国内丰富的遗传资源，培育出适合我国肉鸡消费市场的品种，逐步提高国产白羽肉鸡品种占有率。

（三）降低企业环保成本

随着国家对环保越来越重视，环保治理成本加大肉鸡企业压力。据调查，出于治理大气污染的需要，多地已相继出台规定，养殖取暖必须由燃煤改为燃气，仅此一项企业每只鸡成本就增加了0.4—0.5元；国家和地方政府应统筹考虑肉鸡产业发展和环境保护需要，适度加大对养殖企业污染防治的政策支持力度，建议通过调控气价或对企业给予补贴的方式，降低肉鸡企业环保成本，减轻企业压力，保障肉鸡养殖企业收益。

（四）转变传统消费习惯

大力开展肉鸡消费科普宣传，有很多消费者将肉鸡视为"激素鸡"，白羽肉鸡生长得快，是来源于遗传选育、科学配方、防病防疫、标准鸡场、科学管理五大因素改善的结果。同时，引导消费者转变消费观念，大力推广"冰鲜鸡",确保食品安全,冰鲜产品以营养、美味、卫生等特点,在欧美国家已成为消费主流。另外,通过推广冰鲜鸡产品,减少活禽宰杀可能带来的疫病传播风险和污染环境,建议尽快出台彻底关闭活禽交易的时间表。

专题8 水产品[*]

2017年全国水产品批发市场运行总体平稳,市场交易呈现量减价涨格局,淡水鱼价格处于近几年来的高位,渔业"减量增收"成效初显。产业、产品结构调整和政策因素造成的供给减少是水产品价格上涨的主要原因。

一、国内水产市场特点

(一)渔业生产形势稳定,减量增收成效初显

2017年,渔业供给侧结构性改革深入推进,渔业养殖结构加快调整。随着海洋渔船"双控"制度、海洋渔业资源总量管理制度的实施和伏季休渔制度的完善,水产品产量增速有所放缓。据全国20个渔业主产省统计,2017年1—11月,全国水产品总产量5741.32万吨(不含远洋渔业产量),涨幅同比回落2.7个百分点。其中,捕捞产量下降4.72%,同比回落6.72个百分点。各地结合自身优势积极推进养殖结构调整,大力推广名优水产品养殖和稻渔综合种养,池塘工程化、工厂化循环水、集装箱养殖等养殖方式发展迅速。

(二)供求关系调整致水产品价格上涨

近几年水产品市场价格持续上扬。2014—2017年,水产品批发市场月均价(综合加权平均价)分别为15.45元/公斤、15.58元/公斤、17.40元/公斤和22.31元/公斤,分别较上年增长2.78%、0.84%、

---

[*] 执笔人:刘景景、张静宜。

11.68%和28.2%。随着渔业供给侧改革深入推进，大宗水产品供给基本饱和而优质产品供给不足的结构性过剩矛盾有所缓解，2017年水产品价格创近几年来最大涨幅。

中国农业信息网监测数据显示，2017年监测的所有产品大项同比均有上涨。其中，淡水鱼加权平均价格为每公斤14.80元，同比涨9.4%；海水鱼加权平均价格为每公斤41.82元，同比涨15.5%；虾蟹类加权平均价格为每公斤143.31元，同比涨16.2%；贝类加权平均价格为每公斤15.76元，同比涨15.3%。30个品种中，23个产品的价格同比上涨，1个品种价格与上年基本持平，6个产品价格同比下跌。其中，小黄花鱼涨幅最大，达24.4%，大平鱼、养殖鲶鱼、活草鱼、对虾、基围虾、大带鱼等产品的价格同比涨幅都在10%以上。

供给减少是水产品价格上涨的主要原因。具体而言，一是2016年洪灾过后养殖水产品存塘量减少的后续效果在2017年得到显现。二是各地以中央环保督察为契机，加大了水产养殖污染的治理力度，部分主产区河湖及近岸海域被纳入水污染整治范围，网箱养殖大面积压缩，养殖环保成本上升，部分地区水产品集中上市，而另外的一些地区水产品上市量随后减少。三是由于前几年大宗淡水鱼价格持续低迷、养殖效益不佳，许多养殖户压缩养殖面积、调整养殖结构，调减了大宗品种、扩大名优特品种的养殖和综合种养，大宗产品的供应减少。四是"史上最严"的休渔期对水产品供应和价格的影响加深，扩大了供需缺口。此外，从外部管理措施上看，水产品质量安全监管力度和打击走私力度均有加大，对压缩供给、提升价格起到助推作用。

（三）月度价格波动呈阶梯式上升

2017年水产品各月价格总体呈现阶梯式上升态势。受春节消费带动和"H7N9"流感高发导致的消费替代影响，2—4月国内水产品市场价格连续上涨，水产品加权平均价分别为每公斤21.3元、21.58元和22.35元。之后随着气温上升，上市品种逐渐增多，5—10月，水产品价格波动上升，由5月的22.25元/公斤涨至10月的23.11元/公斤，受中秋、国庆节日消费的带动，10月水产品价格达到年内峰值。休渔期的延长助推了水产品价格上涨和波动，而淡水鱼的供应起到一定平抑作用。10月份以后，天气开始转凉，气温偏低，养殖户增加出塘量，市场供应进入较为充足的周期，水产品价格开始下行，11月份水产品加权平均价格为22.51元/公斤。随着元旦和春节节日消费的支撑作用加强，水产品市场供需两旺，12月水产品价格再度回升，达到22.76元/公斤（图1）。

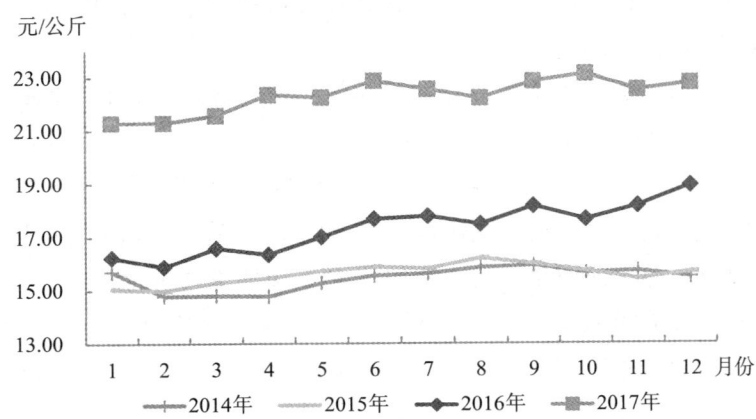

图1　2014—2017年水产品批发市场月均价（综合加权平均价）

（四）大宗淡水鱼价格呈补涨态势

2017年上半年大宗淡水鱼价格连续小幅上涨，处于近几年来的高位，对水产品整体价格发挥了提振作用。大宗淡水鱼在连续几年低迷后，2017年价格恢复性上涨，呈补涨态势。在14个监测淡水鱼品种中，9个品种价格高于上年，其中以养殖鲶鱼的涨幅最大，同比涨17.0%。6个大宗淡水鱼品种中，4个品种价格高于上年，其中以活草鱼的涨幅最大，同比涨14.7%。

草鱼作为全国范围内养殖规模最大、消费量最大的淡水鱼品种，2017年行情表现尤为强劲，归结起来主要有几方面因素：一是产区受到环保整治影响，大量养殖网箱被拆除，水库禁养，主产区产量有所减少；二是前几年大宗淡水鱼行情低迷，其中以草鱼养殖利润最为微薄，养殖户主要是调减草鱼产量、转养其他品种，如转养河蟹、小龙虾等，造成草鱼养殖面积和养殖量缩减，身价上涨；三是受暴雨洪涝等自然灾害和疾病因素影响，湖南、广西等地养殖水面受灾，湖北、江西等主产区发现细菌病、出血病疫情，养殖产量受损，推高了草鱼价格。此外，休渔期延长进一步提升了淡水鱼价格，淡水鱼在休渔期间的价格处于年度高位。2017年春季"H7N9"流感病例增多，禽产品消费明显下降，同期猪肉和牛羊肉价格较高，而淡水鱼价格相对实惠，消费替代效应扩大了淡水鱼的市场需求，对推动淡水鱼价格上涨也有一定作用。

2017年大宗淡水鱼价格创新高，提振了养殖户信心和养殖效益。据2018年1月《重庆日报》记者调查①，2017年下半年当地市场上常规鱼苗全部被抢购一空，可以预见未来一段时间淡水鱼供应相对充足。2017年养殖效益比较乐观，据大宗淡水鱼产业技术体系产业经济专题调研，体系养殖户效益好于前两年，33.3%的体系综合试验站示范户认为2017年大宗淡水鱼的养殖效益好，61.5%的综合试验站示范户认为养殖效益一般，仅有5.1%的综合试验站示范户认为养殖效益差（见图2）。

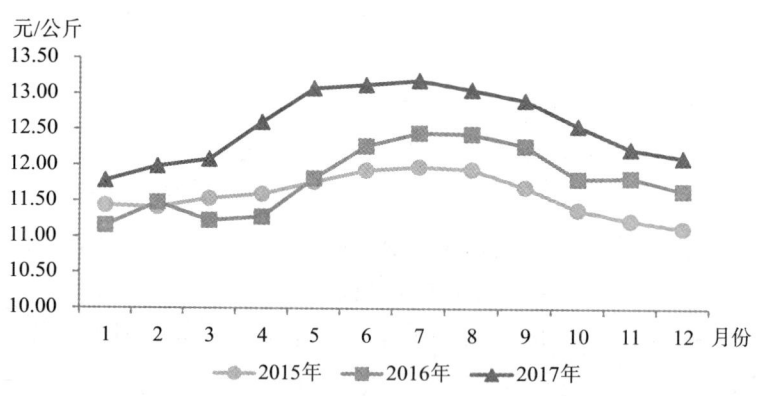

图2　2015—2017年淡水鱼价格走势

---

① 记者赵伟平："淡水鱼行情去年卖得火今年看涨难"，《重庆日报农村版》，2018年1月11日。

二、水产品贸易形势

(一)水产品进出口同比继续增长,贸易顺差收窄

2017年我国水产品对外贸易再创历史新高。据海关统计,1—11月我国水产品进出口总量846.21万吨,进出口总额293.02亿美元,同比分别增12.2%和7.4%。其中水产品出口389.52万吨,同比增2.3%,出口额189.63亿美元,同比增1.3%,水产品进口456.69万吨,同比增22.1%,进口额103.39亿美元,同比增20.8%。贸易顺差86.24亿美元,较上年同期减15.1%。2017年度水产品贸易总体保持稳中有增,水产品出口贸易呈现波动增长、以增为主的趋势。从月度变化看,2月水产品出口降幅较大,3—9月出口波动增长,10月以来,出口明显增长,我国水产品出口保持整体继续稳定向好的局面。水产品进口总体快速增长,各月间波动较大,其中2—3月、6—9月增长显著。根据贸易数据测算,1—11月水产品出口平均价格同比降0.9%,进口平均价格同比降1.1%(见图3)。

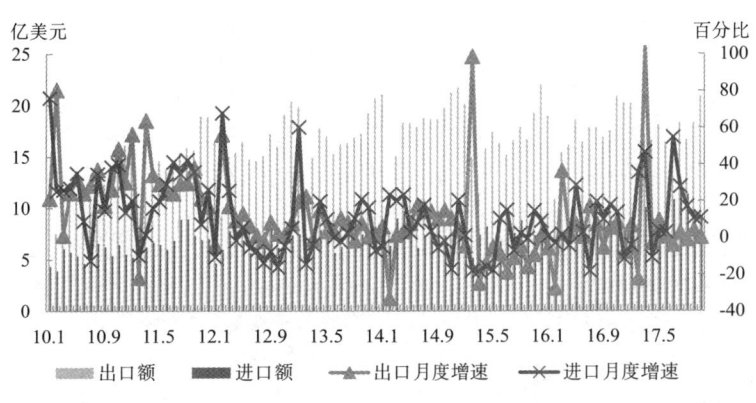

图3 2010年至今水产品进出口月度增速(同月比)

(二)对主要市场出口稳中有增

据海关统计,1—11月我国向188个国家和地区出口水产品。受外贸市场和政策环境利好的影响,3月以来我国水产品出口逐步企稳回暖,全年对日本、美国、东盟等主要市场的出口稳中有增。1—11月我国对日本

出口量和出口额分别增 2.8% 和 3.6%，对美国的出口量和出口额分别增 1.9% 和 6.2%。2017 年我国对东盟的出口量增额减，出口量增 8.9%，出口额减 2.3%，这不同于 2016 年我国对东盟出口的量额双增态势。对欧盟、中国台湾的出口量减额增，对欧盟的出口量减 1.3%，出口额增 1.5%。对韩国的出口量额分别减少 10.9% 和 5.9%。对我国台湾的出口量减 2.5%，出口额增 5.9%。对我国香港的出口大幅减少，出口量和出口额分别减 14.8% 和 9.9%（表 1）。

表 1　2017 年 1—11 月水产品出口市场结构（按国家和地区）

出口市场	出口量（万吨）	同比变化（%）	占总出口量的比重（%）	出口额（亿美元）	同比变化（%）	占总出口额的比重（%）
国家地区合计	389.52	2.29		189.63	1.33	
其中：日本	57.51	2.75	14.76	35.17	3.56	18.55
美国	49.50	1.88	12.71	28.72	6.18	15.14
东盟	61.13	8.86	15.69	24.81	-2.32	13.08
欧盟	49.88	-1.29	12.81	21.40	1.49	11.29
中国香港	16.59	-14.82	4.26	16.48	-9.88	8.69
中国台湾	12.25	-2.47	3.15	15.93	5.92	8.40
韩国	41.81	-10.91	10.73	13.73	-5.94	7.24

数据来源：中国海关。

（三）进口贸易增幅扩大

1—11 月我国水产品进口量同比增 22.2%，进口额同比增 20.8%，进口量同比大幅增长。1—11 月，我国自秘鲁的水产品进口大幅增长，进口量和进口额同比分别增 99.6% 和 14.4%，主要是鱼粉等产品进口大幅增长，自俄罗斯的进口量增额减，进口额同比增 10.0%，进口额稳中略降。自美国进口量和进口额同比分别增 8.6% 和 20.7%。我国自东盟进口水产品进口量和进口额分别增 1.9% 和 12.4%。自加拿大进口量、进口额分别增长 18.9% 和 23.4%。我国自加拿大、智利、挪威的进口均有所增长，且进口额增长更快。我国自新西兰的进口量和进口额同比分别减11.4% 和 7.8%。经过近几年水产品市场特别是进口生鲜电商的大发展，我国消费者对加拿大北极虾、阿根廷红虾、厄瓜多尔虾、智利帝王蟹、阿拉斯加鳕鱼等高品质进口水产品的需求逐步扩大，冷冻水产品的产品形式也逐渐得到了国内市场的认可，进口海鲜水产的销量保持增长趋势（见表2）。

表2　　2017年1—11月水产品进口市场结构（按国家和地区）

进口市场	进口量（万吨）	同比变化（%）	占总进口量的比重（%）	进口额（亿美元）	同比变化（%）	占总进口额的比重（%）
国家地区合计	456.69	22.21		103.39	20.82	
其中：秘鲁	98.23	99.62	21.51	14.88	81.56	14.39
俄罗斯	100.20	9.98	21.94	14.07	-0.02	13.61
美国	49.37	8.60	10.81	13.77	20.65	13.32
东盟	58.13	1.92	12.73	12.61	12.41	12.20
加拿大	10.48	18.89	2.30	6.87	23.35	6.65
智利	17.58	13.16	3.85	5.49	16.81	5.31
挪威	16.48	28.47	3.61	3.92	31.90	3.79
新西兰	7.09	-11.43	1.55	3.85	-7.77	3.72

数据来源：中国海关。

（四）主要品种出口以增为主

1—11月海关统计的9大类出口水产品中，冻鱼、鲜、冷冻鱼片和制作保藏的鱼是主要大类，三者出口量占我国水产品出口总量的66.0%。各类品种中，活鱼、鲜、冷鱼、甲壳动物、软体动物的出口减少，出口的总量不大。冻鱼、制作保藏的鱼，干、盐腌、熏鱼，制作或保藏的甲壳动物出口形势较好。其中，冻鱼出口量、出口额同比分别增10.0%和0.1%，制作保藏的鱼出口量、额分别增6%和5.3%，干、盐腌、熏鱼出口量和出口额分别增长20.5%和4.4%，制作或保藏的甲壳动物出口量和出口额分别增长 11.72% 和 18.1%。鲜、冷冻鱼片量减额增,出口量减少 0.2%,出口额增长 3.2%(见表 3)。

表 3   2017 年 1—11 月水产品出口结构(按 HS 编码前四位统计)

品种	出口数量(万吨)	同比变化(%)	出口金额(亿美元)	同比变化(%)
活鱼(0301)	7.22	-9.40	4.42	-15.00
鲜、冷鱼(0302)	1.74	-28.39	0.92	-36.71
冻鱼(0303)	105.68	9.96	24.63	0.13
鲜、冷冻鱼片(0304)	88.67	-0.22	39.49	3.21
干、盐腌、熏鱼(0305)	8.56	20.52	4.61	4.35
甲壳动物(0306)	14.47	-6.57	13.31	-13.17
软体动物(0307)	52.21	-8.58	30.41	-7.77
制作保藏的鱼(1604)	62.84	6.00	27.63	5.33
制作或保藏的甲壳动物(1605)	35.44	11.72	36.46	18.13

数据来源:中国海关。

(五)一般贸易进口和食用水产品进口增长

1—11 月水产品一般贸易进口量和进口额分别增 39.6% 和 26.6%。而进料加工和出料加工贸易下滑。其中,进料加工的进口量和进口额分别减 5.9% 和 7.3%,出料加工贸易进口量和进口额分别减 60.9% 和 63.3%。来料加工装配贸易量减额增,进口量减 5.4%,进口额增 13.2%。其他类别的进口均有较大幅度的增加。在保税区仓储物流的发展带动下,保税区仓储转口货物进口量和进口额分别增 25.1% 和 19.8%,保税仓库进出境货物进口量和进口额分别增 17.4% 和 18.5%。1—11 月一般贸易进口中饲料用鱼粉进口量 151.56 万吨,同比增 53.9%,进口额 21.4 亿美元,同比增 39.1%,鱼粉进口增速较快。直接食用水产品进口量 88.89 万吨,同比增 20.5%,进口额 37.32 亿美元,同比增 20.4%(见表 4)。

表4　　2017年1—11月水产品主要进口类别

进口类别	进口量（万吨）	同比变化（%）	进口额（亿美元）	同比变化（%）
一般贸易	240.45	39.60	58.76	26.57
进料加工	77.66	-5.89	16.78	7.29
保税区仓储转口货物	52.30	25.11	12.12	19.76
保税仓库进出境货物	62.16	17.37	8.97	18.45
来料加工装配贸易	18.25	-5.42	5.76	13.18
边境小额	3.10	57.92	0.63	75.96
其他	2.44	18.45	0.32	24.55
出料加工	0.33	-60.92	0.04	-63.32

数据来源：中国海关。

三、2018年市场展望

2018年水产品供给的基本面没有太大变化，价格预计总体呈温和上涨趋势。主要有两个判断：一是养殖形势总体稳定，面积、产量和品种预计有所调整，产业转型升级加快。随着渔业供给侧改革深入推进，绿色生态健康养殖和综合种养模式得到积极推广，水产养殖进一步向优质、高效、生态、安全的健康养殖方式迈进。近几年名特优水产品备受市场推崇，绿色、优质、特色水产品养殖有所扩大，常规水产品的养殖略减。以大宗淡水鱼为例，2018年大宗淡水鱼养殖户的养殖意向调查显示，主产县75.7%的养殖户会继续养殖大宗淡水鱼，13.5%的养殖户会减少养殖数量和面积，21.6%的养殖户会养殖其他品种。二是产品供应增幅放缓，养殖的生产和环境成本上升，价格或温和上涨。在减量增收政策目标的引导下，2018年水产养殖的规模缩减，大宗水产品供应量增幅放缓的态势不变。成本方面，据海大集团报告，2017年11月起进口鱼粉价格涨势明显，12月价格每吨上涨1500元/吨左右，水产饲料提价在即。此外，人工成本继续攀升。2017年下半年，继环保风暴之后，海洋督查风暴来袭，海洋督查风暴重点督查领域是填海占海，水产养殖的环境约束更加刚性。

受生产、成本、环保等因素影响,2018年水产品供应量增幅放缓的趋势已定,水产品价格或相应提高。

国际市场方面,新的一年水产品出口将延续稳中有增的态势,预计进口增长速度快于出口。2017年全球经济和消费复苏好转的迹象进一步强化,利好2018年水产品消费市场。2017年12月,联合国发布了《2018年世界经济形势与展望》,指出全球经济增长趋强,2017年全球经济增长速度达到3%,这是自2011年以来的最快增长,全球2018年和2019年经济增长预期也将稳定在3%左右。在国内稳增长、调结构、促外贸政策效应进一步显现的利好下,水产品出口向好的形势将继续。此外,水产品进口增长仍有较大潜力。2017年11月,财政部关税司发布了《我国将调整部分消费品进口关税》的通知,降税将于2017年12月1日开始实施,具体海产品涉及冷冻三文鱼、蟹类、龙虾、鲍鱼以及北极甜虾等近年来活跃在中国市场的高价值水产品。这是自2015年6月以来,我国第四次降低消费品进口关税,将进一步刺激食用水产品的进口。因此,水产品进口有较大增长空间,且进口增长速度仍将快于出口。

专题9　农资[*]

2017年,我国化肥供应比较充足,市场运行总体上涨,为全年粮食丰收奠定了良好基础。同时,由于原料价格不断上涨,行业优惠政策陆续取消,化肥企业生产运输成本持续上升,再加上国家"互联网+"战略的持续推动以及化肥"零增长"战略目标,化肥行业结构面临深度调整。2018年的化肥价格将呈现上涨态势,国内化肥价格略有上升。需要警惕部分时间和部分地区可能出现因集中需肥而产生供不应求的情况。

---

[*]　龙文军、姜楠、张莹。

农产品市场与贸易

一、2017 年农资市场形势回顾

(一) 化肥供应总体充足

2017 年我国化肥供给总体充足。据中国资讯网统计，2017 年 1—12 月我国化肥总产量达到 6065.2 万吨，同比减少 2.6%；其中，氮肥、磷肥、钾肥产量（折纯）分别为 3834.9 万吨、1627.4 万吨和 599.7 万吨，同比分别增长 -4.4%、0.7% 和 0.3%。近年来，我国化肥产量比较稳定，市场供应充足。

(二) 化肥价格总体上涨

根据资讯网数据，2017 年 1—12 月国产尿素平均出厂价每吨 1634 元，同比上涨 24.3%；磷酸二铵平均出厂价每吨 2371 元，同比上涨 5.0%；氯化钾平均出厂价每吨 1939 元，同比下跌 3.6%；复合肥平均出厂价每吨 2098 元，同比下跌 2.4%。进入 10 月份以来，尿素、磷酸二铵价格明显上涨，10 月环比分别上涨 7.7% 和 3.5%，11 月环比分别上涨 1.2% 和 7.1%，12 月环比分别上涨 20.6% 和 3.9%。这一阶段价格上涨的主要原因：一是煤炭、硫磺等原料价格上涨。目前无烟煤主流到厂价格 1190 元/吨，同比上涨 46.9%；烟煤主流到厂价格 730 元/吨，同比上涨 12.3%；硫磺到厂价格 1100 元/吨，同比上涨 46.7%；合成氨到厂价格 3300 元/吨，同比上涨 50%。二是国际市场价格拉动。国际原油价格上涨推高了国际尿素成本，再加上国际化肥生产商纷纷减产导致国际尿素价格上涨，一定程度上拉动了国内尿素市场价格的上涨。三是尿素供给量减少。由于行业不景气，有些企业因连续亏损而关停，还有企业调整产品结构，减少尿素生产量转而生产其他效益更好的化工产品，导致尿素供给量减少，进而造成尿素价格的上涨。四是工业需求增加。人造板、火电水泥烟气脱硝、车用尿素等工业需求的增加带动了尿素价格的上涨（见图 1）。

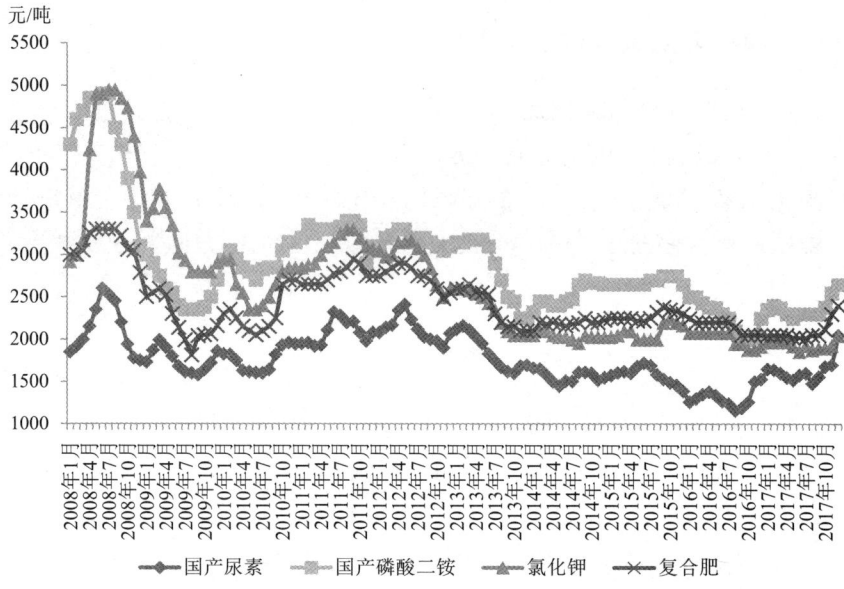

图 1　2008—2017 年国内化肥市场价格走势

资料来源：农业部监测数据。

（三）化肥出口减少，进口增加

据中国海关统计，2017 年全国进口化肥 916 万吨，同比增长 10.2%，进口额 23.4 亿美元，同比减少 3.0%；出口化肥 2475 万吨，同比减少 10.4%，出口额 59.6 亿美元，同比减少 9.9%。其中，尿素出口量同比减少 47.5%，磷酸二铵出口量同比减少 5.9%。我国化肥国内市场价格明显高于国际市场价格，化肥国际竞争力较弱，出口形势不容乐观。

（四）国际市场价格总体上涨

2017 年 1—12 月波罗的海地区小颗粒散装尿素离岸平均价格为 219 美元/吨，同比上涨 12.2%；美国海湾地区磷酸二铵离岸价格为 353 美元/吨，同比上涨 1.4%；以色列氯化钾离岸价为 243 美元/吨，同比上涨 4.7%；独联体 48% 含量复合肥离岸价格为 265 美元/吨，同比下跌 10.0%（见图 2）。

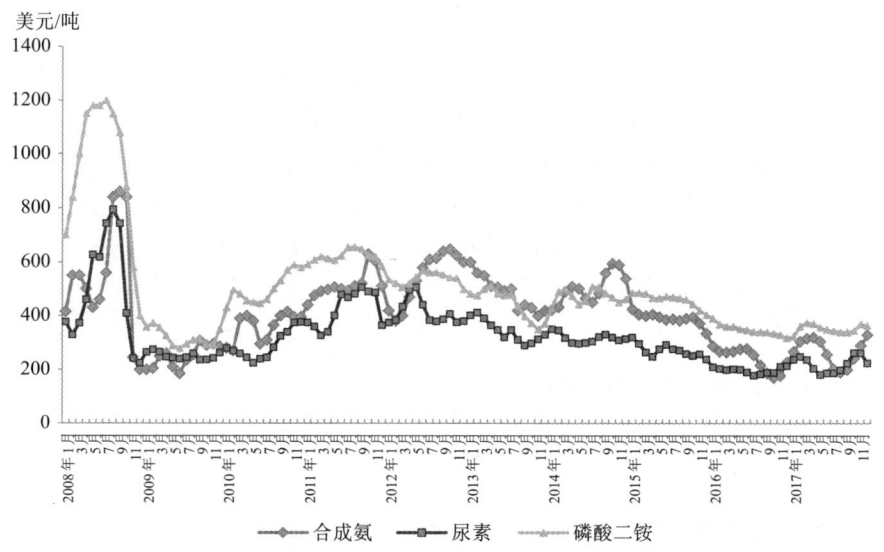

图 2　2008—2017 年国际化肥市场价格走势

注：以上价格分别为合成氨尤日内离岸价（美元/吨）、尿素尤日内离岸价（美元/吨）、磷酸二铵美国离岸价（美元/吨）。

二、2018 年市场走势预测

2017 年我国化肥产量总体变化不大，而农业需求略有减少，化肥出口整体减少，化肥市场呈恢复性上涨态势，但短期内产能过剩的形势仍难以改变，整个行业仍是供大于求、亏损严重的局面，化肥出口整体减少，化肥市场呈恢复性上涨态势，但受原材料价格上涨、环保督查、冬储量少等影响，国内化肥价格略有上升。由于目前基层经销商不储肥已成为常态，需要警惕部分时间和部分地区可能出现因集中需肥而产生的供不应求的情况。

三、值得关注的问题

（一）化肥企业生产成本大幅增加

第一，原料价格大幅上涨。目前无烟煤主流到厂价格 1190 元/吨，同比上涨 46.9%；烟煤主流到厂价格 730 元/吨，同比上涨 12.3%；硫磺到厂价格1100元/吨，同比上涨46.7%；合成氨到厂价格3300元/吨，同比上涨50%。第二，化肥行业优惠政策陆续取消，经营成本和风险加大。2015年以来化肥行业优惠电价、气价、运价相继取消，增值税恢复征收，企业成本大幅度增加。据有关企业介绍，仅增值税一项，支出将增加三四千万元。第三，环保压力加大，处理伴生资源等环保成本不断增加。此外，2017年国家开始对磷肥、钾肥企业征收资源税，肥料企业生产成本压力进一步加大。

（二）化肥还有涨价空间

近期，氮肥、磷肥等化肥价格看涨。受原料价格上涨、优惠政策取消、环保压力加大等因素的影响，化肥涨价趋势不可逆转。考虑到国内化肥企业成本持续加大、化肥市场供给有所减少、化肥工业需求稳步增加、国际市场逐渐向好的形势，化肥价格在未来一段时间可能还会上涨。

（三）化肥出口竞争力减弱

2017年我国取消了除含钾肥料之外的所有化肥出口关税，国内外市场联动趋势明显，但中国化肥出口竞争力减弱，竞争优势正逐步丧失。由于成本劣势，我国只有在国际市场供给偏紧价格上涨时才有机会出口，但也因此会平抑价格。我国正在经历"出口大国"向"价格调节者"的身份转型。尿素方面，受国际尿素产能过剩、成本低廉等因素影响，国际尿素价格始终远远低于中国价格。如9月15日，中国小颗粒尿素离岸价为240美元/吨，而黑海、波罗的海的价格分别为223美元/吨、217美元/吨。2017年印度截至7月20日的前4次招标采购尿素中，总招标数量为202.4万吨，中国中标18.3万吨，占比仅为9%。磷肥方面，2017年1—7月份，尽管出口数量高于上年同期，但出口均价低于上年；磷酸二铵1—7月份出口均价为345.29美元/吨，低于上年同期的356.83美元/吨。此外，钾肥和含钾复合肥仍分别征收从量600元/吨、从价20%的出口关税，导致我国产能严重过剩的加工型硫酸钾、硝酸钾以及三元复合肥难以出口，在一定程度上也影响了农资行业的出口竞争力。

四、有关政策建议

（一）为农资企业提供支持

要从源头遏制涨价，就应该为化肥企业提供相关支持，降低生产成本。一是为化肥企业提供优惠电价；二是为化肥企业的化肥运输提供优惠铁路运价；三是减免化肥生产和流通企业的税收，避免增加农民的种植成本。

（二）加大化肥淡储支持力度

供销社系统是化肥淡季收储的主力军，是淡季收储工作的主要抓手。要适当增加淡季收储规模，加大对承储企业的支持力度，优化淡季收储品种结构，提高贴息补贴标准，建立淡季收储风险管理机制。淡季收储要向生产企业和供销社农资企业倾斜，以发挥其农资流通主渠道的作用。对因淡季收储而出现市场风险的情况，建议建立风险管理机制，以免因价格倒挂而给承储企业带来损失。加大对淡季收储企业的监管力度，对于虚报淡季收储库存，套取补贴的行为，一经查实，应给予相应的惩罚。

（三）提高购买农资补贴标准

按照"价补统筹、动态调整、只增不减"的基本原则，提前作出中央财政预算安排，增加农民购买农资的补贴，尽快确定补贴规模和资金分配方案，在次年初将资金拨付到地方，并在春耕前将补贴兑付到农户，给农民种粮吃上"定心丸"。

（四）鼓励生产企业改进装置

环保督查要求的提高迫使化肥生产企业加快设备更新和升级换代。要加大资金支持力度，支持化肥生产企业淘汰老旧设备，引进和购置先进设备，增加更新补贴的数量，优化补贴程序，完善补贴制度，加快提升装置装备水平。要加快出台相应的规定，切实保障环保达标企业的生产。

（五）大力推进农业社会化服务

化肥价格的上涨必然影响化肥的施用量，推进农业社会化服务能提高化肥的综合利用效率。供销社农资流通企业作为农资供应的前沿阵地，应鼓励基层供销社、农资供应商、农技部门等传统农资经销商向提供农业社会化服务的农业综合服务商转型升级，尤其是在测土配方的技术应用方面，为农户提供详细的技术指导，节约农业生产成本，增强农业的竞争力，促进传统农业向现代农业转变。

中国小麦生产的现状与问题：
以河南省为例

高 鸣 习银生 吴天龙

2004年，河南省正式全面实行粮食直接补贴政策。2004年，河南省粮食直接补贴额为11.64亿元。随后，中央政府和河南各级政府相继扩大了粮食直接补贴规模。2010年，河南省粮食直接补贴额达到了63.36亿元。随着国家财政对粮食生产的继续扩大，2014年，河南省的粮食直接补贴总额达到了150亿元。2004—2014年，河南省粮食直接补贴额的年均增长率达到了108.06%。由此可知中央政府和河南省政府非常重视粮食生产。因此，在粮食直接补贴政策的开展过程中，河南省粮食生产取得了不错的成绩，主要表现在以下几个方面。

一、小麦生产的现状

（一）河南省粮食产量连续增长

河南省粮食产量呈现"十二连增"的盛况。全国农业补贴额由2004年的145亿元增长到2014年的1535亿元，与此同时，中国粮食总产量由2004年的46946.95万吨增长到2014年的60702.61万吨。而河南省2014年的粮食产量达到了5772.3万吨，接近全国总产量的10%。

河南省作为中国粮食的主产区，对粮食有效供给提供了保障。据统计，2015年河南省粮食总产量达到了606.71亿公斤，比2014年增产5.1%。其中，夏粮增产5.2%，达到351.18亿公斤，居全国首位，而秋粮增产5%，达到了255.53亿公斤①。这主要是由于：第一，河南省各级重视粮食生产的基础设施等，在2014年里新建了高标准粮田，达952万亩。第二，为了提高农民的种粮积极性，还对农民发放了粮食直接补贴，共达150亿元。第三，采取奖励措施，对产量大县进行现金奖励，据统计，2014年共奖励产粮大县达40.6亿元。第四，河南省粮食生产实行机械化，河南省的农业机械总动力由1999年的4764.4万千瓦增长到2015年的11476.8万千瓦，年均增长率为5.65%。此外，大中型农用拖拉机也由1999年的5.86万台增长到2015年的37.81万台，年均涨幅达12.3%。

从国家统计局提供的1995—2014年的河南省粮食产量变化图（图1）中可知河南省粮食产量持续增长。

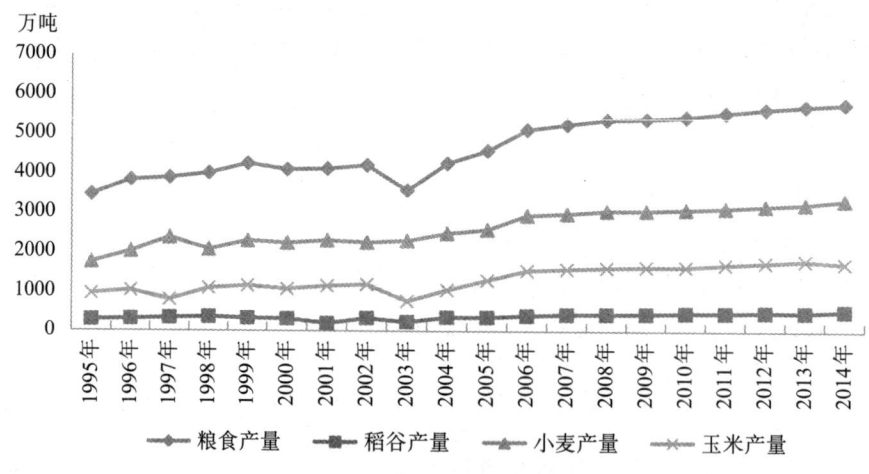

图1　1995—2014年河南省粮食产量及其构成

注：数据均来自于历年《中国统计年鉴》。

---

① http://society.people.com.cn/n/2015/1209/c136657-27907764.html。

从图 1 中可知：

（1）1995—2014 年间，河南省的粮食产量间接性增长。2003 年，河南省的粮食产量骤降。稻谷和玉米产量的下降是导致粮食总产量下降的原因。据统计，2003 年，小麦总产量为 2292.5 万吨，相比 2002 年增长了 44.11 万吨；稻谷总产量为 240.17 万吨，相比 2002 年下降了 96.28 万吨；玉米产量为 766.31 万吨，而 2002 年的产量为 1189.76 万吨。因此，河南省的小麦产量较为稳定。

（2）1995—2014 年间，河南省的小麦产量比玉米和稻谷的量产高。从图 1 中可知，河南省小麦产量远比玉米和稻谷产量高。以 1995 年为例，河南省小麦产量为 1754.2 万吨，高于玉米产量 957.8 万吨和稻谷产量 295.8 万吨。随后，小麦产量持续增长，其与稻谷和玉米产量的差距越来越大。以 2014 年为例，河南省小麦产量为 3329 万吨，远远高于玉米产量 1732.05 万吨和稻谷产量的 528.6 万吨。据统计，河南省小麦的单产为全国首位，比位于第二位的山东省单产高出了 18.5 公斤/亩，且河南省的小麦总产量占全国的 25% 左右。

（二）河南省粮食播种面积持续扩大

随着粮食直接补贴政策的开展和实施，粮食播种面积也随之扩大。河南省长期坚持耕地红线政策。以小麦播种面积为例，2003 年河南省小麦播种面积为 7206 万亩，增长到 2014 年的 8110 亩，年均增长率达 1.08%，确保了小麦的增产。据统计，2015 年河南的粮食播种面积达到了 15400.73 万亩，比 2014 年增加了 0.6%（表 1）。

表 1　　　　　　　　河南省粮食播种面积及其构成

指标	粮食作物播种面积（千公顷）	夏收粮食播种面积（千公顷）	秋收粮食播种面积（千公顷）	稻谷播种面积（千公顷）	小麦播种面积（千公顷）	玉米播种面积（千公顷）
1995 年	8810	4888.5	3921.5	450.5	4814	1957.5
1996 年	8965.33	4943.38	4021.95	479.85	4868.17	2150.18

续表

指标	粮食作物播种面积（千公顷）	夏收粮食播种面积（千公顷）	秋收粮食播种面积（千公顷）	稻谷播种面积（千公顷）	小麦播种面积（千公顷）	玉米播种面积（千公顷）
1997 年	8879.87	4997.46	3882.41	489.5	4927.32	1952.42
1998 年	9101.98	5035.65	4066.33	498.4	4963.98	2152.7
1999 年	9032.27	4957.52	4074.75	508.47	4884.59	2193.74
2000 年	9029.6	4997.97	4031.63	459.59	4922.33	2201.33
2001 年	8822.79	4882.44	3940.35	415.93	4801.57	2200
2002 年	8975.1	4947.8	4027.3	469.4	4855.7	2319.9
2003 年	8923.33	4896.67	4026.66	503	4804.57	2386.7
2004 年	8970.07	4938.67	4031.4	508.53	4856	2420
2005 年	9153.41	5027.33	4126.08	511.07	4962.67	2508.31
2006 年	9455.94	5242.71	4213.23	571.33	5208.47	2751.67
2007 年	9468.03	5246.67	4221.36	600	5213.33	2779.22
2008 年	9600	5286.67	4313.33	604.67	5260	2820
2009 年	9683.61	5290	4393.61	611.3	5263.3	2895.42
2010 年	9740.17	5306.67	4433.5	628	5280	2946
2011 年	9859.87	5353.33	4506.54	638	5323.33	3025
2012 年	9985.15	5366.67	4618.48	648.16	5340	3100
2013 年	10081.81	5393.3	4688.5	641.33	5366.66	3203.33
2014 年	10209.82	—	—	649.67	5406.67	3283.86

注：数据均来自于《中国统计年鉴》历年。

从表 1 中可知：

（1）1995—2014 年，河南省粮食播种面积稳步扩大。1995 年河南省粮食总播种面积为 8810 千公顷，增长到了 2014 年的 10209.82 千公顷，年均增长率达到了 0.79%。从表中值得注意的是 2001—2004 年间，河南省粮食播种面积相比减小。但是，自 2005 年开始，河南省粮食播种面积持续增长。

（2）夏收粮食播种面积高于秋收粮食播种面积。以 1995 年为例，夏收粮食播种面积为 4888.5 千公顷,高于秋收粮食播种面积的 3921.5 千公顷。即使 2001 年粮食播种面积下降较快,但是夏收粮食播种面积为 4882.44 千公顷,远远大于秋收粮食播种面积的 3940.35 千公顷。2013 年,夏收粮食播种面积增长到了 5393.3 千公顷,而秋收粮食播种面积增长到了 4688.5 千公顷。

(3) 从粮食结构来看,小麦播种面积远远高于玉米播种面积,播种面积最小的为稻谷面积。以 1995 年为例,小麦播种面积为 4814 千公顷,稻谷播种面积仅为 450.5 千公顷,而玉米的播种面积为 1957.5 千公顷。而 2014 年,小麦播种面积为 5406.67 千公顷、玉米播种面积为 3283.86 千公顷,稻谷为 649.67 千公顷。

(三) 河南省农民收入水平提高

粮食直接补贴政策又被称为脱钩类收入补贴,对增加农民收入具有积极意义。改革开放至今,河南省农村居民收入水平提升较快。1978 年,河南省农村居民纯收入为 104.71 元,而 2014 年的农村居民纯收入达到了 9350 元。

从表 2 的结果可知:

(1) 河南省的农村居民人均收入增长较快。从表中可知,2002 年河南省农村居民人均纯收入为 2215.7 元/人增长到 2014 年的 9350 元/人,年均增长率达到了 28.35%。进入 21 世纪以后,河南省政府重视农业的发展。在顺应"中央一号文件"的背景下,河南省政府还提出了加快转变农业发展方式,推进河南省农业现代化进程,进一步提高农村居民收入的政策。

(2) 河南省农村居民收入主要来源为家庭经营性收入。在 2002 年,河南省农村居民的人均工资性收入为 567.1 元、人均财产性收入为 32.5 元、转移性收入为 67.4 元,但是家庭经营性收入为 1548.8 元,反映了河南省的农业经营是农民主要的收入来源。随着剩余劳动力的迁移和经济的发展,2012 年工资性收入增长到了 2989.4 元、财产性收入增长到 135.5 元、转移性收入增长到 426.7 元,但经营性收入仍然占最大部分,共

3973.4元，也进一步表明了河南省是中国的农业大省。

表2　　　　　　　河南省农村居民收入水平及其构成

指标	农村居民家庭人均纯收入（元）	农村居民家庭人均工资性纯收入（元）	农村居民家庭人均家庭经营纯收入（元）	农村居民家庭人均财产性纯收入（元）	农村居民家庭人均转移性纯收入（元）
2002年	2215.7	567.1	1548.8	32.5	67.4
2003年	2235.7	635.6	1487.8	38.6	73.7
2004年	2553.2	754	1716.7	28.2	54.2
2005年	2870.6	853.9	1913.7	35.8	67.1
2006年	3261	1022.7	2108.3	40.4	89.7
2007年	3851.6	1267.7	2398.2	52.7	133
2008年	4454.2	1499.9	2699.3	53	202
2009年	4807	1621.8	2890.6	56	238.6
2010年	5523.7	1943.9	3240.4	59.3	280.1
2011年	6604	2523.8	3601.1	108.1	371
2012年	7524.9	2989.4	3973.4	135.5	426.7
2013年	8475	—	—	—	—
2014年	9350	—	—	—	—

注：数据均来自于《中国统计年鉴》。

（四）河南省粮食产业化和粮食科技水平提高

1. 河南省粮食产业化水平发展较快。截至2013年，河南省的农业产业化经营组织有2.3万个左右，涉及660多万户农户，约占全省的三分之一，固定资产总额达到了100多亿元，反映了河南生农业产业化取得了一定的成绩（党耀国等，2000）。这主要是得益于几个方面：第一，流通效率提高。为了倡导河南省粮食的产业化发展，政府提出依照"生产基地支持、龙头企业带动、流通体系服务、实现特色高效"为原则，使得河南省农户生产的粮食可以急速地达到粮食企业等，使得粮食流通的成本得到了降低，并进一步提高了流通效率。第二，促进农业功能的进一步拓展和完善。河南省倡导发展绿色生态农业、观光农业和旅游农业等，建立了一个多元化、多层次和多角度的农业产业化，政府还对休闲农业的发展进行补贴和扶持。例如，旅游者在利用闲暇时间农家乐时，可以摘玉米、钓鱼等活动，使得休闲农业进一步的发展，进一步提高了农户的收入水平。第三，对产业化发展进行空间布局。河南省结合当地的资源禀赋条件和国内外产业化发展的经验，构造了产业化发展的核心层、紧密层和周边层。每一个层面都有不同的作用，例如，核心层主要是负责粮食科技的开发和粮食物流管理等，紧密层主要是负责粮食规模生产，周边层是通过产业化辐射带动周边粮食产业发展。

2. 河南省粮食科技水平进一步提高[①]。农业科技在粮食生产中的贡献率仍较低。据计算，2014年的中国农业科技贡献率为0.58%，而美国的农业科技贡献率达到了0.95%。和发达国家相比，农业科技贡献率较低约束了粮食生产效率值的提高。对于产量大省河南而言，河南省非常重视粮食科技的发展，省政府提出了"科技支撑行动计划"的项目。该项目旨在引进和推广粮食新品种，并将最新的粮食科技成果运用到生产过程中，促使小麦生产率提高。此外，该项目还进一步扶持新型农业经营组织和主体，并对农民进行技术培训和训练，提高农村的人力资本水平。据统计，2010—2014年，河南省共投入农业科研研发和推广经费共达9000万元，示范推广面积达135万亩左右，对51.5万人次进行了农业科技和技能培训。此外，河南省还投入了1200万元进行了粮食科技研发，并建立农业综合开发的科技推广示范田。该项目自实施以来，小麦等主粮平均能增产90公斤/亩，使粮食总产量增产1.8亿公斤。此外，河南省农业委员会也重视粮食生产中的科技应用，委派农技人员进行技能培训等，使得河南省粮食产量持续增长。

---

① http://www.prcfe.com/web/cjb/2015-05/25/content_1188291.htm。

二、河南省小麦生产面临的问题

(一) 补贴资金较为分散，农户获得的补贴额较少

1. 粮食直接补贴政策为脱钩类补贴，由于普惠性质，导致额度较小。河南省粮食直接补贴在实际操作中主要是依据二轮承包面积进行补贴，因此，农户的粮食直接补贴额并没有按照农户的实际播种面积，即在二轮承包面积登记过的农户都享有粮食直接补贴。粮食直接补贴政策正式成为脱钩类补贴，即不与农户当期的种植面积、产量等有关。这导致了粮食直接补贴不能集中给种粮农户。

2. 河南省为中国的农业大省，人口数量已居全国之首。由于人口基数大，粮食直接补贴额总量被均分，导致人均获得的粮食直接补贴额较少。当前，中国财政给予的农业补贴已占农民总收入的3%左右，虽然仅仅占农户人均收入的很微小的比例，但是对进一步提高农民收入还是具有积极意义的。按照WTO的补贴准则，粮食直接补贴额还可以进一步的提高。

3. 除了粮食直接补贴外，当前粮食补贴还包括了农资补贴和良种补贴等。由于补贴种类较多，财政补贴总额被分散。此外，农资补贴和良种补贴等属于"黄箱"补贴政策，对扭曲农产品价格起到了作用，也受到WTO的补贴准则限制。由于补贴种类多，导致粮食直接补贴额分散。

(二) 粮食生产资料价格上涨，补贴额不足以起到激励作用

1. 粮食生产资料价格上涨。据《全国农产品成本收益资料汇编》统计，2004—2009年中国小麦、稻谷等粮食生产的农资成本占总成本的52%—60%。近年来，河南省的化肥、农药、农膜、柴油和粮食种子等生产资料价格上涨幅度较大，粮食直接补贴额也在逐年加大，虽然粮食直接补贴额基本能抵消由于价格上涨导致的成本增加，但是打消了农民种粮的积极性。也就是说，种粮农户的粮食直接补贴额都用于了价格上涨的生产资料，而不种粮农户的粮食直接补贴额转化成了农民的收入。这对提高农民种粮积极性不利。

2. 粮食生产资料的供求问题。种植规模越大,所需要的粮食生产资料就越大,则需求越多,使得农资价格提高。中国的粮食生产资料不仅有国内生产,而且还有进口的生产资料。又由于中国是农业大国,对生产资料的需求较大、市场较大。据统计,农资市场的年销售额达到 4000 亿元。但是国家给予的粮食补贴额较少,粮食直接补贴相对更少。补贴额无法促进农民种粮积极性。导致粮食直接补贴政策改善农业生产条件和提高种粮积极性的效果不明显。

(三) 粮食直接补贴政策调整频繁,补贴操作难度较大

1. 粮食直接补贴政策属于农业补贴中的一项补贴政策,调整和改革的次数较多。根据前文的政策演变和改革过程可知,粮食直接补贴政策的调整幅度较大,由过去的间接补贴改革成当前的粮食直接补贴。由于政策的变化较快,农民对粮食直接补贴政策的依赖度较小。农民不会因为该年度有粮食直接补贴,下一年度因为补贴而种植粮食。

2. 按照国家公布的粮食直接补贴的工作程序可知,首先需要对补贴面积进行调查,然后对补贴面积进行公示,此后将无异议的补贴面积核算汇总,再将所有补贴面积录入补贴系统,然后将补贴面积上报财政部和农业部,最后按照上报面积进行补贴金额的发放。由此可知,补贴工作繁琐,导致了补贴的运行成本较高。此外,在现行的财政支农的管理体系中,没有专门负责的支农资金核发机构,主要是依靠不同的农业部门或单位对不同的补贴进行发放,导致涉及的机构较多,协调各机构或部门的难度加大。

(四) 粮食直接补贴的政策目标有所偏移,导致激励种粮的效果减弱

1. 粮食直接补贴政策的原始初衷是提高农民的种粮积极性,给予种粮农户的补贴。目前,由于补贴工作的难度较大,河南省采用的二次承包面积进行补贴,使得所有农户都能获得粮食直接补贴额,无法对种粮农民起到积极作用。此外,粮食直接补贴政策无法改变农户的抛荒行为,加上农业补贴的种类多,导致了农业补贴资金的聚集效应和激励作用减弱。最终使得粮食直接补贴政策的目标偏移，转向了增加农民的收入水平。

2. 补贴缺乏监管部门和法制规范。首先，当前的补贴方法没有正式的监管部门，虚报粮食计税面积、挪用粮食直接补贴资金、冒领补贴资金等行为也时常发生，这不仅损害了农民的既得利益，还不利于农村的稳定。其次，河南省没有正式建立相关的法律法规制度来管理补贴体系，更没有正式的法律去规范落实情况。在粮食直接补贴政策的实施中又涉及多个部门的协调，由于没有法规制度的约束，工作人员不负责任等问题难以解决，此外，没有法规来约束谎报和冒领补贴等行为的农户。

农产品市场与贸易

庆安县水稻收储和补贴制度改革研究*

高 鸣 宋洪远 吴 比 侯国庆

庆安县位于黑龙江省内，小兴安岭和松嫩平原交汇处，幅员5469平方公里，辖14个乡镇，93个行政村，766个自然屯，总人口41.2万人。庆安县属寒温带大陆性季风气候。年平均日照2599小时，年平均气温1.69℃，无霜期128天左右，每年有三分之二时间土壤处于休耕期，年平均积温2604.6℃，年平均降雨量577毫米。农业区平均海拔200米左右，耕地主要是草甸土和黑土，土质肥沃，适宜种植水稻、玉米、大豆、瓜菜等作物。庆安是国家级生态示范区、国家级现代农业示范区、全国粮食生产先进县、好粮油示范县、国家级现代农业产业园创建县之一。

2016年，全县地区生产总值实现88.2亿元，同比增长8.3%；城镇居民人均可支配收入21894元，增长6.9%；农民人均纯收入13418元，增长9.9%。各类新型经营主体发展达3164户，其中，农民专业合作社1112个，家庭农场583个，全县适度规模经营面积发展到104.9万亩，土地流转面积发展到132.7万亩，分别占耕地面积的36.87%和46.64%。

---

* 本文为清华大学中国农村研究院重点项目"稻谷最低收购价制度改革与补贴政策研究"（编号：CIRS2017-8）的阶段性成果。高鸣、宋洪远、吴比，农业部农村经济研究中心；侯国庆，内蒙古农业大学经济管理学院。

此外,"公司+基地+合作社+农户+市场"成为主要经营模式,21家龙头企业流转土地自建基地20万亩,"订单农业"模式引领庆安大米走向高端。

一、庆安县水稻收储和补贴情况

2017年作物种植面积284.6万亩,其中水稻面积155万亩,水稻平均单产505.4公斤/亩。2017年水稻平均种植成本是695元/亩,销售价格3.16元/公斤,平均亩效益1120元。2017年有机方式种植水稻面积超过10万亩,主要种植模式是鸭稻共育和覆膜稻。2017年,全县米业加工企业年加工能力可达240万吨,实际加工量在100万吨左右。

(一)水稻最低收购价执行情况

2014年水稻最低收购价格为每市斤(标准品,三等)1.55元,2015年、2016年与2014年水平不变水稻最低收购价格为每公斤(标准品,三等)3.2元。2017年降价为每公斤(标准品,三等)3元。庆安县的水稻加工能力远远大于水稻生产能力,加工企业为了保障粮源,企业多数都是采取订单的形式进行回收,订单价格都高于最低收购价格,最高的有机种植订单价格达到7元/公斤以上。没有签订订单的农户在销售水稻时,受企业水稻需求量刺激,价格也都高于最低收购价格。

(二)水稻储备执行情况

其一,关于粮食储备库。庆安县没有国家仓储库和地方储备库,但是拥有鑫利达、东禾、庆翔、博林、海源和绿都源6家中储粮租库点,还有聚丰明远1家中粮租库点。收购价格执行国家标准,租库费用每吨50元。其二,关于仓储容量。2017年,庆安县存储粮食145万吨,其中水稻122万吨。此外,还有94万吨的仓容闲置。其三,关于倒库。近几年,庆安县收储库没有发生倒库现象。这主要是因为在入库时,严格控制了入库质量(水分14.5%、杂质不超标准1%),而且各收储库点的形态都按有机械通风和电子检温,坚持按规定通风。另外,按照保管规程进行保存,发现粮情及时处理,所以一直没有出现倒库的现象。其四,关于倒库损失。往年出现倒库的现象造成了粮食损失,根据倒库原因不同,出现减量的数量也不同,一般倒库损失在0.2%—0.5%之间。

(三) 水稻补贴执行情况

当前,庆安县种植水稻的补贴仅限于农业支持保护补贴,即"三补合一"补贴。2016年,水稻"三补合一"补贴总额约1.51亿元,补贴农户78943户,平均每户补贴额约为1916元,评估每亩补贴额约为71.5元。第一,补贴依据。经省政府批准,暂以2003年农业税纳税面积和二轮承包耕地面积为依据分配发放补贴。待土地确权工作全面完成后,以确权面积为依据分配发放耕地地力保护补贴,保证合理合法耕地均能享受地力保护政策。第二,补贴对象。凡是承包(租赁)双方在合同(协议)中对补贴归属有明确规定的,按照双方合同(协议)执行;没有合同(协议)的,补贴给拥有耕地承包权的农民(集体、单位)。第三,补贴标准。根据省下达庆安县实际应补贴面积为2116783.91亩,2016年全县补贴标准为每亩71.454元,2017年为每亩71.5469元。第四,发放方式。由县财政部门将资金拨付到乡镇,然后由乡镇财政所通过"一折(卡)通"兑付到农民手中,在"一折(卡)通"的摘要中注明"地力保护补贴"。

二、庆安县水稻收储和补贴存在的问题

第一,短期农户卖粮难的问题。收储企业开库较晚,且收购点较少,农户水稻收获后不能及时销售,出现短期农户卖粮难的问题。

第二,水稻阶段性过剩的问题。由于最低收购价格的实施,农户会按照收购价格计算自身收益,追求高产品种,造成了水稻阶段性过剩,在一定程度上影响了优质水稻品种发展,企业在制定回收价格时也会按照最低价格作为参考,不利于优质品种价格体现,不能体现优质优价。

第三,水稻收益下降的问题。随着国家稻谷保护价的降低,普通农户收益将下降,农民利益无法保障,还没有全面建立起农民参与稻米加工销售的利益联结机制。

第四，水稻储备的问题。随着本地国家储备粮数量的减少，存在一方面本地库容大量闲置，一方面农户在家储粮困难的局面。

三、关于完善水稻收储和补贴制度的建议

第一，逐步推进水稻市场化改革。首先，水稻继续实行最低收购价，但是最低收购价逐渐与市场价接轨。其次，在最低收购价的基础上实行水稻"生产者补贴"，可根据水稻种植面积进行补贴，提高农民收入水平，减少市场风险对农民收入的冲击。另外，构建水稻秸秆回收补贴，不仅保障农民收入，还可以解决秸秆焚烧带来的环境污染问题。

第二，鼓励多元主体进行粮食收储。建立更多的粮食收储点，加大粮食收储力度，鼓励更多的社会化组织进行粮食收储，并同样享受国家粮食收储补贴，进而形成良性竞争，将粮食收储推向市场化运营。

第三，构建优质水稻生产补贴和水稻加工补贴体系。按照国家出台的优质米标准，研究制定优质稻米生产者补贴，用政策手段刺激农户根据市场需求种植优质品种，顺应农业供给侧改革需求。此外，鼓励水稻加工企业收购水稻，按加工数量与质量，发放水稻加工补贴。

农产品市场与贸易

深化国家化肥和农药储备制度改革

吴 比 龙文军

近日，发展和改革委员会联合农业部、财政部及供销总社，赴湖北和四川就国家化肥、农药储备执行情况进行了调研。调研组通过走访基层农资商店、与省级相关部门座谈，了解两省现行储备制度运行现状，探讨了未来改革方向。

一、国家化肥和农药储备发挥了重要作用

化肥和农药国家储备体系包含3项化肥储备，分别是国家化肥淡季商业储备、中央救灾化肥储备和国家钾肥储备；2项农药储备，分别是国家农药储备、中央救灾农药储备。储备工作由国家发展和改革委员会牵头，会同财政部确定承储主体、储备品种和数量。5项储备制度相互独立，相互补充，对缓解化肥、农药常年生产、季节性使用的矛盾，应对农业生产重大灾情，平抑化肥、农药市场价格，保障春耕用肥用药供应等方面发挥了重要作用。

一是淡季商储等制度的建立，增强了农业生产宏观调控能力。由于化肥是常年生产、季节性使用的产品，占压资金量大，农资流通企业淡季经营和储备都没有积极性。中央一级统一建立淡季商储等制度，各地也陆续

建立了地方化肥淡储制度，在平抑农资市场价格稳定发挥了重要作用。据湖北省价格监测中心在全省粮棉主产区20个农资信息监测点监测数据显示，近几年湖北省春耕期间化肥市场价格稳定，且比周边省份低80—100元/吨。通过化肥淡季商业储备来调控化肥市场，平抑春耕生产用肥价格，为农民安心种粮提供了保障。

二是救灾储备制度的配套实施，促进了农业生产和农村地区稳定。中央救灾化肥、中央救灾农药储备制度以及地方政府建立的地方救灾储备，对农资流通发挥了蓄水池的功效，保障了国家农业生产稳定。同时，该制度的配套实施，对部分"老、少、边、穷"地区扶贫，保护农民利益等方面发挥了积极作用。据四川省农资公司同志反映，2008年汶川地震、2011年冰雪灾害等均造成了局部农资市场供应短缺。灾后相关部门通过调用救灾储备化肥和农药，打开物流通道，及时保障灾区农资供应，对促进当地的农业生产和农村地区稳定产生了重要影响。

三是钾肥国家储备的战略部署，保障了国家农业生产安全。我国氮磷钾三大肥中，钾肥的对外依存度最高，绝大部分省份不产钾肥。"钾肥国家储备"不仅担当调节国内钾肥市场的"蓄水池"，更深远的意义在于平衡国内资源与进口资源，进而保证国内钾肥市场的平稳供给。在特定情况下，"钾肥国家储备"的战略意义更加突显。2011年湖北省发生60年一遇的秋冬春三季连旱，省农资公司通过救灾肥和钾肥储备，将0.5万吨钾肥及时送达灾区，有力地保障了灾区农业生产的需要。

二、化肥和农药国家储备制度的问题

当前，我国农业农村形势发生了翻天覆地的变化，新型农业经营主体发展迅猛，农业种植结构不断优化调整，现行的储备制度已经与新形势、新环境不适应。目前化肥、农药的国家储备制度存在诸多问题，有的已经不适应当下的农业生产经营环境；有的由于制度僵化、政策"一刀切"，无法满足各地用肥用药需求。

一是化肥、农药的国家储备品种结构不够优化。《化肥淡季商业储备管理办法》已经执行10多年了，随着农业供给侧结构性改革的深入推进，新型农业经营主体不断发育，农民用肥习惯也发生了较大改变。化肥消费结构已由单一低效品种向复合高效品种发展；农药品种由低效、高毒、高残留向高效、低毒、低残留方向发展。化肥储备的品种以单质肥为主，但近年复合肥、钾肥、有机肥、水溶肥等肥料的需求已经大大超过尿素，现有承储品种与市场需求存在脱节的问题。

二是各地对化肥、农药储备制度认识不够充分。主要表现在两方面：其一是对化肥、农药储备的重要性认识不足。在调研中发现，部分市县政府及相关部门认为农资市场放开了，应该由市场去调节，政府没必要参与储备。其二是对化肥、农药储备的有效利用认识度不够。有的省级农业部门相关工作人员不知道化肥淡季储备制度是如何运作的，甚至刚刚听说有储备制度的存在。还有的农资部门工作人员表示，不清楚国家农药储备具体的调用程序。

三是农业生产管理与储备制度制定、执行的协调性不足。农业部门对储备政策制定和储备肥药的调用参与度不足。据了解，无论国家储备还是地方储备，化肥淡储品种、数量的选择和确定均由发展和改革部门牵头，会同财政部门制定，农业部门只有相关建议权。在调研中，不少基层农资经销部门和农业部门工作人员反映，有必要把有机肥纳入肥料淡季储备品种中，这也符合国家"有机肥替代化肥"的要求，但农业部门无法直接参与承储品种的选择。淡季商业储备按照市场化操作方式，由供销社下属的农资公司作为承储主体，具体农资产品的市场投放量主要由农资公司根据市场行情来决定。救灾储备农资的投放则由地方发展和改革部门向上级逐级申请投放，农业部门并无决定权。

三、深化化肥、农药储备制度改革的建议

化肥、农药国家储备制度的建立为保障农资市场价格稳定，促进农业生产，维护农民利益发挥了重要作用。

随着农业供给侧结构性改革不断深入，化肥、农药储备制度改革要以科学引导农民种植，保护资源环境，维护农民利益的目标，提升农业部门参与储备制度制定和执行的话语权，确保储备与农业生产用肥、用药实际

需求相匹配,全力服务好农业供给侧结构性改革,发挥出农业生产"全国一盘棋"、高效执行的优势。

(一) 处理好政府与市场的关系

一方面要使市场在农资行业的资源配置中起决定作用。在政策制定上,要强调化肥、农药定价的市场原则,减少行政干预,简化审批流程,提高企业产品竞争力,最大限度发挥市场机制作用。另一方面要发挥好政府的引导作用。政府主要职能在于加强市场体系建设,制定好规则,规范化肥、农药市场秩序,引导农资产业良性发展,确保农业生产安全,降低农业生产成本,维护农民利益。

(二) 将政策性储备与商业性储备相结合

按照储备目的区别,可分成政策性储备和商业性储备。化肥、农药的政策性储备主要目的在于维护我国农业生产安全,促进农村地区稳定,更加着眼于长远发展,侧重于战略意义。可参照粮食储备制度,把"钾肥国家储备"建设成政策性储备,增加我国钾肥产品定价权,保障农业生产稳定。商业性储备主要目的在于维护我国农资市场稳定,平抑农资市场价格,引导企业合理生产和销售,着眼于补充市场机制不足,侧重于现实意义。

(三) 将中央储备与地方储备相结合

明确化肥、农药储备制度的分级储备体制,实行政策性储备以中央储备为主、地方储备为辅;商业性储备以地方储备为主、中央储备为辅的分级储备机制。中央储备权可由发展改革委、农业部和财政部共同制定措施,供销总社具体负责运营,调节全国化肥、农药的供求,根据农业种植结构调整,适时适地调配储备;地方储备权主要维护区域内农资物价稳定,因地制宜科学制定承储品种,降低农业生产成本,提高地区内农产品竞争力。

扩大农业对外开放

我国农业利用外资现状、问题及建议

姜 楠 杭 静

开放是农业现代化的必由之路。在我国经济进入新常态和深化农业供给侧改革的大背景下,促进要素有序流动、资源高效配置、市场深度融合,增强企业国际竞争力,必须要坚持双向开放,引进来和走出去更好结合,统筹用好国内国际两个市场两种资源。同时,我国农业现代化发展需要加快提高农业生产效率和农业产业化水平,需要促进国际投资进入我国农业带来更多的资本投入、管理经验、先进的技术和更广阔的市场,需要提升农业利用外资的质量和水平,加快发展动力升级、发展方式转变、发展结构优化。

一、我国农业利用外资现状

农业是我国较早对外开放的产业,也是我国政府鼓励外商投资的重点领域。改革开放以来,我国农业利用外资(Agricultural Foreign Direct Investment,简称 AFDI)从无到有,由少到多,总体呈现出不断增加、日益优化的趋势。随着外资的流入,在一定程度上缓解了我国农业投入不足,带动了国外先进技术设备、优良品种和先进管理经验的引进,并在增加农业资本存量、促进农业经济总量和农产品进出口的增长、优化农产品出口结构、提高农业产业化发展水平以及延伸农业产业链等方面发挥了重要作用。

（一）农业利用外资存量不断增加并主要集中在沿海地区

改革开放以来，我国逐渐出现外商直接投资，特别是一些国际大型跨国公司开始涉足我国农业，并进行试探性的投资。当时投资项目数量非常有限，规模也不大，协议金额不足1亿美元。随后，农业外商直接投资的规模逐年增加，尤其是20世纪90年代以来，我国农业利用外资快速发展，规模逐年增加。2015年，我国农业利用外资项目达到609个，实际利用外资金额达到15.34亿美元。截至2015年，我国农业累计利用外资项目24094个，占比2.88%；实际利用外资197.42亿美元，占比1.53%。与我国庞大的吸收外资总量相比，农业的比重明显偏低。2015年农业外资占比只有1.21%，远低于制造业和房地产业。

改革开放之初，外商投资主要集中于广东、福建两省，随后逐步辐射到山东、江苏、辽宁、浙江等东部沿海省份，并进一步向中西部地区蔓延。目前，农业利用外资已遍布我国所有省市，但地区分布极不平衡，东部地区占90%以上，中西部地区不足10%。这与全国利用外资的总体布局一致，带有明显的地区集聚效应（见图1）。

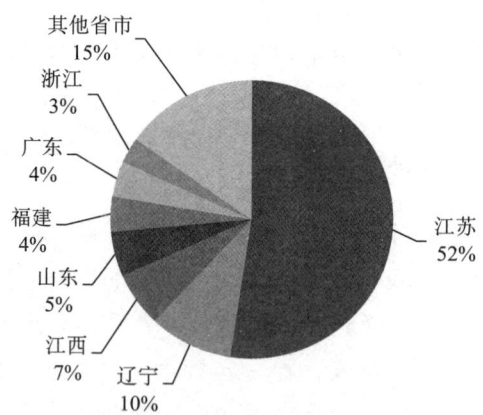

图1　当前外商投资农业地区分布

扩大农业对外开放

（二）农业利用外资的来源地日益多元

改革开放之初，我国港澳台地区及日本、泰国和韩国等周边国家是我国农业利用外资的主要来源地，这些国家或地区的外资企业多为中小企业。近年来，随着我国对外开放水平的快速提升，农业利用外资主要来源地日益多元化，主要国家和地区包括：中国香港、中国台湾、英国、新加坡、美国、日本、加拿大等，他们各自的企业数量、分布行业或环节以及代表性企业各不相同。总体看，欧美企业数量上相对港台企业要少，但在规模上却稍胜一筹，港台企业的投资规模一般不超过100万美元。近年来，欧美一些大型跨国公司开始对我国农业进行全方位渗透，无论是农药、化肥、种子、农业机械等主要农业生产资料行业，还是农产品加工、批发和零售等领域，都不乏世界500强等大型农业跨国公司，且大有后来者居上之势。目前世界排名前20位的食品类跨国公司，以及全球主要的农药巨头杜邦（Dupont）、诺华（Novartis）、捷利康公司（Zeneca）、拜耳公司（Bayer），主要的种子公司孟山都（Monsanto）、先正达（Syngenta）、杜邦先锋（Pioneer）等都已在我国布局。我国农业利用外资的来源地和企业类型日益多元化（见图2）。

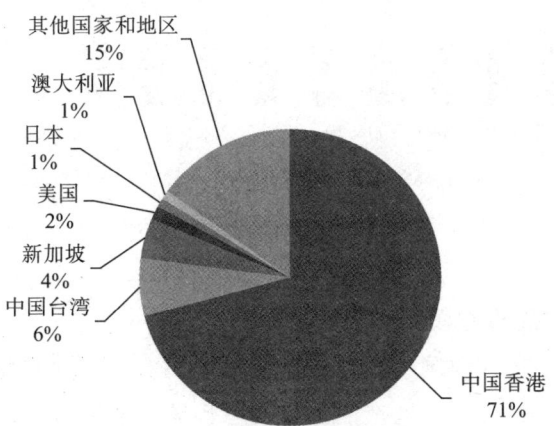

图2 当前AFDI主要来源地占总额百分比

(三）独资和并购已成为外商投资我国农业的主要方式

外资企业作为外商投资我国农业的最重要载体，通过资本优势、技术优势以及全产业链优势，以参股、控股、并购等方式，迅速扩大在我国的市场规模，打通上下游的产业链条。从进入形式来看，独资与并购成为外资进入农业的主要方式。外国投资者通过兼并或收购东道国的经济实体，可以缩短项目建设周期或投资周期，迅速扩大规模，快速战胜竞争对手，在很短的时间内即获得在东道国的市场地位。近年来，有关外资并购我国农业龙头企业的现象已屡见不鲜，尤其是在乳业、大豆等行业，如可口可乐并购汇源、美国高盛控股双汇、法国达能并购汇源果汁、比利时英博收购福建雪津啤酒、跨国公司并购国内大豆压榨企业等，并有进一步向农业生产资料市场、粮食加工和流通领域蔓延的趋势（图3）。

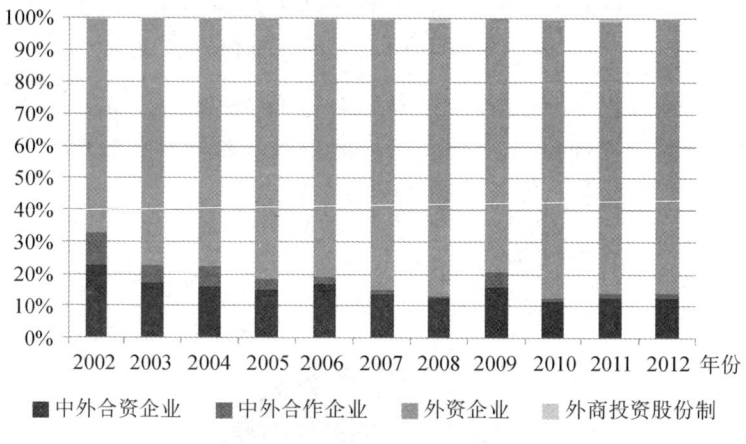

图3 农业外商投资企业类型

（四）外资逐步在农业全产业链开展投资

改革开放之初，我国外商投资主要集中在农业生产和加工环节，很少投资农业生产资料行业、农产品批发或零售等流通环节。中国加入世界贸易组织（WTO）后，随着我国农业对外开放步伐加快，外商投资的领域也不断拓宽。除少数限制和禁止外商投资的行业外，外商投资几乎涵盖了农、林、牧、渔所有领域以及我国农业产业链的所有环节,包括农药、化肥、种子、农业机械等农业投入的研发和生产、农产品精深加工、主要农业生产资料和农产品的批发和零售业、农村金融和农业保险等。根据《外商投资产业指导目录（2015年修订）》,目前限制外商投资的行业包括:农作物新品种选育和种子生产（中方控股）;禁止外商投资的行业包括:我国稀有和特有的珍贵优良品种的研发、养殖、种植以及相关繁殖材料的生产（包括种植业、畜牧业、水产业的优良基因）;农作物、种畜禽、水产苗种转基因品种选育及其转基因种子（苗）生产;我国管辖海域及内陆水域水产品捕捞等。根据我国各省对农业利用外资的不完全统计,有12个省农业外资投入重点包括养殖业与加工业,11个省AFDI重点包括种植业,7个省AFDI重点涉及技术与服务,此外特别有2个省的重点涉及休闲农业（见图4）。

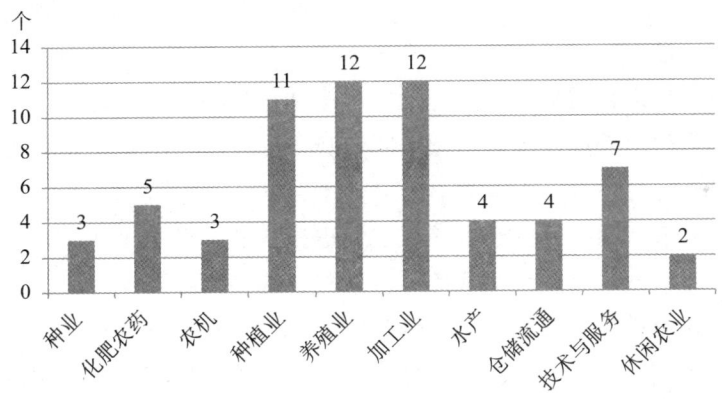

图4 农业利用外资重点产业与环节分布

数据来源：地方政府负责人访谈（不完全统计）。

二、农业利用外资存在的主要问题及发展趋势研判

尽管我国农业对外开放取得了显著成绩,但农业往往难以获得投资者的青睐,存在农业利用外资的总体水平和技术含量不高、资金利用效率低下、占利用外资总规模的比重偏低等一些问题,这与我国农业的基础地位

和农村经济发展的需要明显不相适应。当今世界是一个变革的世界，是一个新机遇新挑战层出不穷的世界，是一个国际体系和国际秩序深度调整的世界，更是一个国际力量对比深刻变化并朝着有利于和平与发展方向变化的世界。目前我国仍然处于可以大有作为的重要战略机遇期，更要准备把握农业利用外资的发展形势和未来趋势，促进农业利用外资的规模和质量不断提高，同时积极应对世界经济风险和挑战，保障国内农业产业安全，善于化危为机、转危为安。

（一）农业利用外资的比较优势持续下降，但未来有利因素将为吸引外资提供了新增长点

多年来，廉价劳动力和较低的土地成本一直是我国农业吸引外商投资的重要"资本"，而农业也一直被视为传统的劳动力密集型产业。但近年来，随着沿海地区劳动力成本上升，许多跨国公司开始大量增加机器设备等资本品的投入以替代劳动力，而土地资源日益稀缺，特别是经济发达地区土地约束越来越明显，我国劳动力成本和土地成本优势逐渐弱化，使得近年来农业利用外资规模呈持续下降趋势，这让很多人都不禁怀疑，我国农业利用外资是不是已无潜力。

展望未来，国际投资政策趋向于促进投资和投资自由化，对我总体有利；我国劳动力素质提升和营商环境改善，能够部分抵消了失去人口红利带来的不利影响；我国高度重视农业发展，连续发布"中央一号文件"以及配套出台一系列政策措施，为我国农业改革创新与现代化发展创造了良好的政策环境；同时，我国坚持对外开放，"一带一路"的区位优势会逐步显现，特别是我国城镇化发展和人民生活水平不断提高，农业产品市场需求将更加多元和广阔，可以预见，我国农业领域仍将保持全球最受欢迎的投资国之一，未来预期长期向好。

（二）农业利用外资结构不够合理，为进一步吸引外资拓展了新空间

外商投资是利益目标驱动的，这符合市场经济下的行为逻辑。尽管在发展现代农业方面国外拥有许多先进经验，但是例如基础设施与农业生态治理等项目需要投资金额大、回收周期长、经营风险高，所以并没有得到外商直接投资的技术经验与资金支持等，这对于我国农业的长期发展具有一定局限性作用。与此同时，我国农业外资地区分布不均衡，目前我国农业外资的主要分布区域仍然是东部与中部地区，且均呈快速增长态势，相比而言西部地区增长缓慢，东西部区域不均衡加剧。如何发挥中西部地区的劳动力成本优势和农业资源优势，实现农业外资的地区转移，促进农业外资结构不断优化，将是我国农业利用外资的重要问题。

2017年，中央提出要着力加强农业供给侧改革，提高农业供给体系质量和效率，这为改善和优化农业产业投资结构带来了新的发展机遇。从供给角度，外商直接投资进入农业，一方面可直接改变农业的竞争格局，提升农业竞争力；另一方面，通过关联效应还会引起农业及其上下游产业供求关系的变化，通过产业链的作用进一步扩散到其他产业，从而引起产业结构的整体变动，推动国内农业产业结构的升级完善。

（三）农业利用外资仍停留在初级阶段，为提高引资质量和水平注入了新动力

农业投资前期投入较大，回收期较长，外商投资农业领域的积极性并不高，为此在我国农业利用外资的初级阶段，各地政府、产业园区为了能够招商引资，均给予多项优惠政策，但主要表现在土地、税收等方面的"超国民待遇"。目前这些政策虽已全部取消，但一些过去承诺的长期优惠政策仍需兑现，造成政策不能一视同仁。面对进一步吸引外资的压力，地方政府感到无牌可打。

实际上，我国大多数农业产业技术水平低，集中程度不高，农业企业规模小、散、弱的特征明显。引进外资往往能够显著提升企业的技术和管理水平，比较容易形成竞争优势。为了防止外资在行业中取得市场垄断地位，或形成国内产业对国外资源和技术的依赖，维护农业发展和产业安全，相关政府部门往往采取了一定保护措施和准入限制，负面清单往往比正面清单还长。入世的实践告诉我们，只有"与狼共舞"，才能在竞争中发展壮大。开放的大门一旦打开就不会再关闭。未来随着经济全球化与区

域一体化的不断深化，我国农业在贸易、投资与技术交流等方面将更加开放，外资将带来更多的资本投入、管理经验、先进的技术和更广阔的市场。唯有发挥市场在配置资源的决定性作用，允许看到行业洗牌，忍受利益调整带来的阵痛，才能真正使我国农业企业强大起来，提升我农业国际竞争力。

（四）外资并购对产业安全造成影响，趋利避害对加强监督规范服务提出了新要求

农业既是我国亟待吸引外资以提高农业规模化、现代化的传统领域，又是敏感而常容易对国家基础经济安全形成威胁的战略领域。入世以来，部分农产品新增需求市场被进口产品过度挤占，在很大程度上抑制了国内生产的发展，加之我国农业发展正面临"成本地板"和国际农产品"价格天花板"的双重挤压，进而导致我国农业的生产效益和农民生产积极性受到一定程度的影响。同时跨国资本对特定农业产业的进入，排斥了国内中小企业和资本的投资，削弱了对部分产业的控制权和对部分农产品的定价话语权，进一步加剧国内农产品供需波动和市场风险。在此背景下，必须承认，过去十多年来，我国农业期望加快利用外资以及同时害怕外资对国内产业的控制这种悖论普遍存在。

未来更需要准确把握利用外资与产业安全之间的关系，既要积极促进农业利用外资，为我国农业发展带来更多的资本投入、管理经验、先进的技术等，又要不断健全外资利用的制度体系，建立外资监管机制，有效防范外资进入我国农业领域的系统性风险。

（五）推动实施农业走出去战略，同时也为农业利用外资带来新机遇

近年来，我国大力实施农业走出去战略，通过统筹利用境内境外两种资源、两个市场，在境外形成可供调配的权益产能，调剂国内余缺。由于农业走出去发展迅猛，学者热衷研究，企业竞相附庸，一定程度上造成走出去"热"，引进来"冷"，对农业引进来特别是对 AFDI 有所忽视。有一种言论甚至认为，未来我国已经不太需要农业引进来了，国家补贴政策应重点给予走出去。

然而，纵观全球农业投资发展规律，由于引进外资能够直接增加本国税收和就业，各国政府都更加重视利用外资并提出一系列的鼓励和支持政策。同时，应该深刻的认识到，在全球化背景下，无论是引进来还是走出去，最终都是要紧紧围绕"提升我国农业（企业）在全球供应链和价值链中的地位为核心目标"，而且走出去能够带动引进来，引进来是为了更好地走出去。这是因为，一方面国外企业到中国投资，为中国企业走出去提供了模板和借鉴；另一方面企业走出去通过并购国外企业，能够掌控其核心技术装备为我所用。中国粮食集团并购澳大利亚糖业企业，中国化工集团收购先正达就是很好的例证。因此，要正确认识和把握农业"引进来"与"走出去"的关系，使两者相互协调，相互促进。

总之，在经济新常态下，开放型经济发展正在进入一个增长动力重构和发展方式转换的新阶段，我国将进一步加快对外开放步伐、稳步推进外商投资管理体制改革，农业利用外资也将进入一个更加注重改善外商投资环境，促进农业产业的升级与转型发展，提升利用外资质量和水平的新的发展阶段。

三、提升我国农业利用外资水平的政策建议

随着我国进入双向投资平衡新常态，利用外资将朝着更高水平和更好质量的方向发展，未来关键还是要加大力度、健全制度，通过制定更有力的支持政策增强我国农业科技创新的能力，引导外资投向鼓励类的农业产业和产品，同时更要建立农业并购审查机制，有效防范外资进入我国农业领域的系统性风险。

（一）完善政策，支持鼓励农业利用外资

依法制定财政、税收、金融、人才、产业、培训、研发等方面的促进农业利用外资政策措施。通过税收减免、本地金融支持、通关便利、人才优待等政策，鼓励拥有先进技术、管理经验、种质资源和高层次科研人才等方面资源的外商对我国农业进行投资，以满足现代农业发展在要素质量

提升方面的需要。在这一过程中，要重点引导外资朝着现代农业发展所急需解决的"效率"和"效益"两端发展，通过外资促进农业科技创新能力的提升，转变农业"效率"过于依赖传统资源和人力的现状；通过外资投入农业基础设施及价值链提升，转变农业"效益"存在的基础不牢和延伸不足的问题，进而有效提高农业价值和农民收入。同时，根据国内经济社会发展和产业转移形势需要，促进外国投资者在国家鼓励的行业领域，以及特殊经济区域、民族自治地方和经济不发达地区进行农业投资，举办产品、服务或者技术先进的涉农外国投资企业。

（二）顶层设计，制定总体规划和具体实施方案

全面构建"新常态"下立足促进农业现代化发展和农业产业升级的农业利用外资发展战略，建立和完善"中央—地方"联动的农业利用外资促进机制，制定农业利用外资的总体规划和具体实施方案，引导外资与我国农业农村经济发展及农业产业结构相适应，提升利用外资的质量和水平。结合各投资国投资中国农业的特点，有方向、有计划地引进。如韩国和日本，可积极吸引他们对我国农产品加工业的投资，争取成为他们的"农产品生产基地"；而对于其他发达国家和地区如欧美等，可鼓励其对我国先进技术性农业项目的投资，从而带动我国农业及产业技术水平的提高。

（三）健全法律，强化农业利用外资公共服务体系建设

实现《中华人民共和国中外合资经营企业法》《中华人民共和国外资企业法》和《中华人民共和国中外合作经营企业法》三法合一，废除逐案审批制度，实施准入前与国民待遇加负面清单管理模式相适应的外资准入管理制度。建立农业利用外资公共服务体系，向外国投资者和其他社会公众提供与外国投资相关的法律法规、政策措施、涉农投资项目和信息等方面的投资促进服务。同时，建立农业国际投资交流平台，推动和促进跨国农业投资；建立和完善农业国际投资促进网站和农业投资项目数据库，为外国投资者提供基础性服务并在中外农业投资间、在国外投资——国内

地方——国内农业产业等环节之间建立有效的联结纽带。

(四) 加强监管，防范产业损害风险

进一步健全制度体系，建立外资监管机制，有效防范外资进入我国农业领域的系统性风险。一是建立外资进入农业国家安全审查制度。充分研究农业领域投资安全审查的体系与方法，加强事中监管与事后防范，进一步设计并提出有关安全审查规则，对建立产业安全的分析方法、指标体系，对外资进入进行个案安全审查。重点是加强对种业问题、动植物种质资源保护问题、农村土地问题、农业合作社问题、转基因问题、涉农补贴问题等领域的安全审查。二是建立外商投资农业信息报告与评估机制。建立起完备的外商投资农业信息报告制度，并以此为基础及时、准确、全面掌握外国投资农业的情况和外国投资企业运营状况，为制定和完善外国投资法律法规及政策、促进和引导外国投资我国农业提供依据。

(五) 加强指导，合理引导外资流向

一是合理引导外资产业投向。根据我国现阶段的农业生产特点，结合不同地区的实际情况，对农业投资进行分类，加强产业引导，优化外资投向。鼓励外来资金投资农业综合利用开发项目，改善荒地、滩涂、浅海、盐碱地等中低产田，进一步提高林业尤其是果树种植业以及乳畜养殖业在我国农业生产结构中的比重，促进农业投资多元化。二是积极调整外资区域投向。有序引导农业外资向中西部地区转移，充分利用中西部地区丰富的农业资源，促进中西部农业发展，实现农业外资在区域布局上的均衡发展。三是多方拓宽资金引入渠道。在利用好现有国际项目资金的同时，拓宽资金来源渠道，引入民间资本和社会力量。农业开发项目，尤其是一些高科技含量、高附加值项目，可以采取跨国采购、项目融资等方式。各级招商部门建立项目库，加大对项目的储备、包装和推介。

"一带一路"倡议下我国农业对外投资发展状况与未来思路

翟雪玲

20世纪80年代以来,我国农业"走出去"已经走过了30多年的历程。进入21世纪,在我国经济高速增长的带动下,农业"走出去"获得了长远发展:农业对外直接投资规模不断扩大,领域不断拓展,投资模式和方式不断创新。农业"走出去"已经成为我国对外直接投资的重要领域。

一、我国农业对外直接投资发展状况

(一)规模扩大,速度加快

我国农业对外投资规模与我国农业的发展水平紧密相关。20世纪80年代以前,我国农业对外投资规模很小。加入世界贸易组织后,随着经济的快速发展和企业实力的不断增强,我国农业由长期的"引进来"开始逐渐转变为"引进来"与"走出去"相结合的共同发展阶段。进入21世纪,我国先后出台了多项措施支持农业"走出去",农业对外直接投资的规模不断扩大。2003—2015年,流量从0.81亿美元增长到25.72亿美元,增长了31倍,年均增长33.3%。2004—2015年,存量从8.37亿美元增长到114.76亿美元,增长了12.8倍,年均增长24.4%。近些年农业对外直接投资速度高于全国对外直接投资增长速度。2007—2015年,全国对外直接投资流量、存量年均增长分别为22.2%和27.9%,同期,农业流量、存量年均增长分别为31.1%和29.0%。截至2015年年底,我国共有600多家境内投资机构在全球90多个国家和地区开展农业投资合作,成立了约1300多家企业,占总在外企业数量的4.6%,对外农业累计投资总额114.76亿美元,占全国对外直接投资总额的1.1%。2015年我国农业对外直接投资流量占全国的1.8%(见图1)。

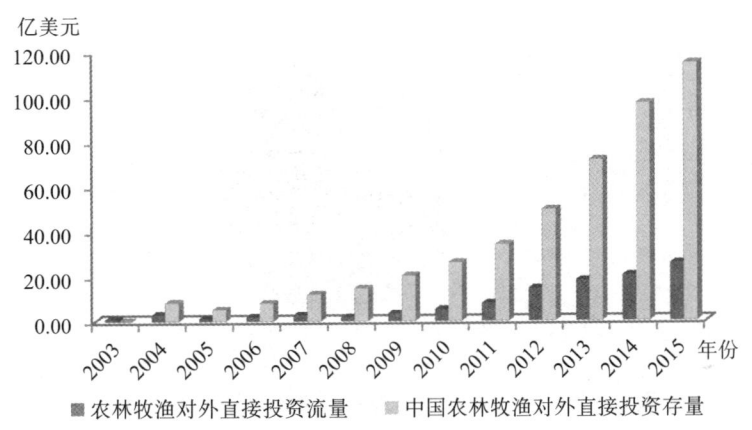

图1 2003—2015年中国农林牧渔直接对外投资流量和存量

数据来源:《国际统计年鉴》。

(二)投资领域及地区更加广泛

目前我国农业"走出去"投资领域已经从最初的渔业发展到多个行业和领域,包括粮食及油料作物种植、农畜产品养殖和加工、仓储和物流体系建设、森林资源开发与木材加工、园艺产品生产、橡胶产品生产、水产品生产与加工、设施农业、农村能源与生物质能源及远洋渔业捕捞等。2015年,我国农业对外直接投资存量结构中以种植业和农林牧渔服务业为主。其中,种植业、农林牧渔服务业、渔业、畜牧业、林业和农副产品加工业投资所占比重分别为58.6%、26.3%、4.5%、3.9%、3.7%和

3.0%。种植业产品主要包括大豆、玉米、水稻、天然橡胶、棕榈油、木薯等产品。从区域分布看,农业"走出去"已经遍及全球五大洲,但以亚洲为主。2015年,我国农业对外直接投资存量在亚洲、大洋洲、欧洲、非洲、北美洲和南美洲所占比例分别为70.1%、10.4%、9.6%、5.7%、2.4%和1.8%。从当年流量看,亚洲、大洋洲、欧洲、非洲、北美洲和南美洲所占比例分别为49.7%、18.0%、7.9%、19.9%、3.0%和1.5%。2015年我国农业对外直接投资存量前十大国家包括澳大利亚、新加坡、以色列、荷兰、印度尼西亚、俄罗斯、老挝、新西兰、泰国和柬埔寨(见图2-图5)。

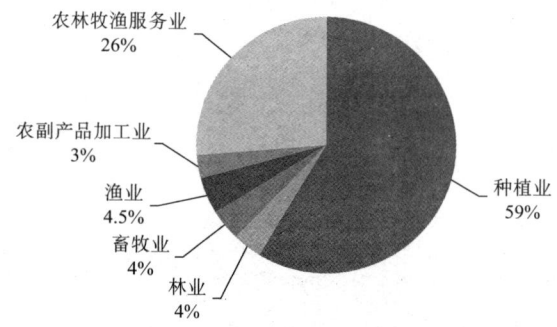

图 2 2015 年中国农业对外直接投资存量产业分布图

数据来源:《中国对外农业投资合作分析报告》(2016 年度)。

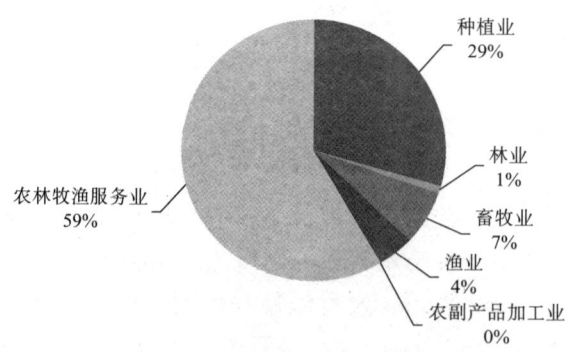

图 3 2015 年中国农业对外直接投资流量产业分布图

数据来源:《中国对外农业投资合作分析报告》(2016 年度)。

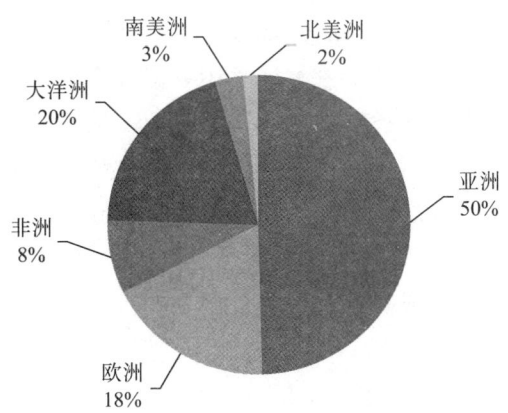

图 4　2015 年中国农业对外直接投资流量区域分布图

数据来源：《中国对外农业投资合作分析报告》（2016 年度）。

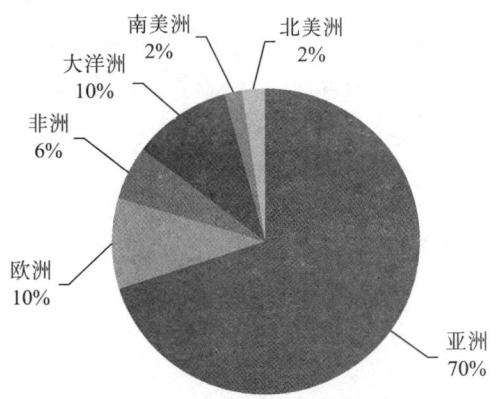

图 5　2015 年中国农业对外直接投资存量区域分布图

数据来源：《中国对外农业投资合作分析报告》（2016 年度）。

（三）投资主体多元、模式多样

20 世纪 80 年代以前，我国农业"走出去"大多以承担国家对外援助项目为主，主要由国有企业承担。随着农业"走出去"战略的实施，农业直接对外投资快速增加，"走出去"的主体也呈现多元化趋势。近年来，民营企业的综合实力不断增强，逐渐成为我国农业对外直接投资的新生力量。目前，不仅有中国粮食集团、中国农业发展集团、上海光明集团等大型国有企业，也有浙江卡森集团、中兴能源有限公司、江苏牧羊控股有限公司、天津聚龙嘉华投资集团等民营企业。从投资方式看，我国企业最初大多以独资形式进行境外投资开发活动，目前已经摸索出了合资、合作等多种形式。从具体经营模式看，企业根据不同国家特点探索出了不同模式，有"公司+农户"的，有直接新建、收购或租用生产基地或加工厂的，有直接利用当地成熟的生产服务体系的等等。

（四）投资层次逐渐升级

"走出去"企业经过多年的摸爬滚打，"走出去"的合作层次逐渐升级，从最初的合作开发资源逐渐向资本合作经营转变，推动国际产业并购。目前，上海农垦集团已在澳大利亚、新西兰、法国、英国、意大利、中国香港、以色列和西班牙等国家和地区成功并购境外企业8家，涉及知名品牌、营销网络、原料基地和加工企业等。据统计，2015年农业领域的并购案例37起。通过直接到海外并购公司，能够快速融入国际市场，同时充分利用国内市场发展潜力，提高企业竞争力。

二、我国农业对外直接投资存在的突出问题

尽管近些年我国农业对外直接投资发展较快，但总体来看，当前我国农业对外直接投资仍然处于初级成长阶段。2014年我国农业对外直接投资净额首次由负转正，2015年投资净额为10.38亿美元，2015年我国人均农林牧渔增加值为1561美元。根据投资发展周期理论分析，当前我国农业对外直接投资仍然处在初期成长阶段。在这一阶段，我国农业对外投资在区域布局、投资模式等方面还存在很多问题，严重制约了农业"走出去"的发展质量。

（一）企业规模小，投资能力弱

根据邓宁的投资发展理论，伴随着人均GDP的增加，人均资本流动也不断增加。从国际经验看，人均GDP超过4750美元，对外直接投资会

快速增长。目前我国正处于这一快速增长阶段，但由于我国"走出去"的时间晚，对外直接投资规模还比较小。2015年我国对外农业累计投资总额占全国对外直接投资总额的1.1%，农业对外直接投资流量仅占全国的1.8%。按照2014财年境外资产排名的2015年全球最大100位非金融类跨国公司，境外资产平均值为810亿美元；入选的中国内地企业只有中信集团、中国远洋集团和中海油集团，其境外资产分别为786亿美元、434.5亿美元和342.7亿美元。2015年发展中国家和转轨经济体排名前100位的非金融类跨国公司的平均国际化指数为54.2%，而入选该榜单的12家中国内地企业的平均国际化指数仅为19.9%。相比其他类别的企业，农业对外投资企业规模更小。根据《中国对外农业投资合作分析报告》（2016年度）数据显示，2015年我国有农业投资的境外企业的资产总额500万美元以下的企业占52.3%，500万—1000万美元的占16.0%，1000万—5000万美元的占24.7%，5000万美元以上的仅占6.8%。由于规模小，企业在投资区域、投资行业的选择上会受诸多限制，同时抗御各种自然风险和市场风险的能力也比较弱。

（二）"走出去"的层次较低

由于我国农业对外直接投资规模偏小，集约化程度偏低，不具备规模经济优势，无法与大型跨国公司竞争，因此在对外投资行业和区位选择上受到很大限制。从国际情况看，大型跨国投资企业的发展和壮大，很大程度上都依靠高科技产品和资本、知识、技术密集型产品。农产品深加工、新产品培育等领域在现代国际农业直接投资企业中逐渐成为支柱产业。但我国的情况截然相反，由于多数企业还没有建立起完整的自主技术研发和推广体系，企业在技术应用上成本较高且适应能力较差，农业对外直接投资项目主要集中在附加值不高、技术含量较低的劳动密集型行业和传统领域，很多企业"走出去"的目的就是单纯的种地。这造成了我国农业企业海外竞争力弱的特点。反过来，观念陈旧、资本技术缺乏也使得企业在具体投资产业和区位的选择上受到限制，影响对农业投资行业的扩张和区位的扩散。

（三）对国内农产品出口的促进作用不明显

从农业对外直接投资与贸易的联系机理看，随着农业对外投资规模的扩大，会通过直接在海外销售、增加对母国农产品原料的需求等方式扩大母国的出口贸易。而从发达国家经验看，农业对外直接投资的扩大能够明显促进本国农产品贸易包括出口规模的增长。但目前我国农业外商直接投资主要以直接进口贸易模式为主，对国内农产品的替代作用较强，对国内农产品出口的促进作用不明显。如奶制品、葡萄酒、畜产品、粮食产品等的对外投资都表现为这一特点，农业对外直接投资的目标市场都是国内市场，而非面向全球市场竞争。分析其原因，主要与我国当前国内外农产品价格倒挂、国内农产品质量不高等有直接的关系。

（四）农业对外直接投资企业的风险越来越大

当前我国农业"走出去"战略不断深入，企业"走出去"模式诸如资本并购、海外控股等多种模式纷纷出现，但是随着投资规模的扩大和投资模式的多样，各种风险也随之增加。海外投资风险主要包括东道国的政局动乱与社会动荡风险、文化差异而导致的规则习俗冲突风险以及企业的经营风险和融资渠道单一引起的财务风险等。目前，我国农业对外直接投资很大一部分集中在与我国地缘较近且外交关系较好的亚非地区，这些地区相当一部分存在国内经济发展落后、基础设施欠缺、政府官员贪腐严重、国内居民收入悬殊、社会矛盾突出等问题，政治社会动荡的风险较大。另外，从企业海外投资模式分析，当前部分企业逐渐转型，开始直接到海外并购。但从国内外实践看，并购这种方式表面上看可以较快扩大企业规模，实现资本、技术等的快速提升，但在具体运营中，由于双方在经营理念、文化习俗、债务处理、人员融合、企业文化等多方面差异经常导致并购后遇到难以跨越的经营障碍。还有一些企业在投资并购过程中过于盲目，对未来估计过于乐观，对各种风险估计不足，常常导致决策失误，损失巨大。目前，这种由盲目并购引发的投资失误案例呈增加趋势。

(五) 对外投资企业与投资国之间的矛盾更加凸显

农业"走出去"涉及的项目一般都与环境、生物多样性等紧密相关。部分企业在投资开发中往往存在过于注重经济利益和商业目标，不注意当地环境保护、当地社会进步、增加当地居民就业机会和民众生活改善，造成和当地居民较为严重的矛盾冲突。有些企业去海外投资还是以国内的思维行事，往往只是和当地政府接触开展项目，并不注重和善于与当地社区、非政府组织（NGO）及媒体进行必要的沟通协调，一些项目经常招致媒体的批评，被指责为破坏当地自然环境和生物多样性、剥夺当地居民就业机会等等。近些年由于和东道国民众、政府之间的矛盾导致的投资失败现象比比皆是。以我国在缅甸、老挝等开展的替代种植为例，由于不善于处理与投资国民众、各种 NGO 和媒体之间的关系，不注重企业社会责任的履行，我国替代种植项目屡屡受到国际社会的指责和批评，给我国海外投资造成极不利的国际影响。

三、新阶段我国农业对外直接投资的思路、主要任务及政策建议

目前我国农业对外直接投资已经从最初企业的自发行为发展到了一定水平，具备了进一步发展的基础和条件。明确现阶段农业对外直接投资的发展思路及主要任务，对于促进农业有规划、有重点、有步骤地"走出去"、提升对外投资的层次具有重要意义。

（一）思路

农业"走出去"要以科学发展观为指导，紧紧抓住"一带一路"倡议带来的巨大机遇和各种便利条件，按照优势互补、互惠共赢的原则，以市场为导向、以企业为主体、以政府支持服务为保障，优化国内支持政策体系和投资环境，培育一批大型涉农跨国企业，不断提高对外投资层次和投资效益，在国际农业竞争与合作中深度调整我国农业结构，提高企业和农业产业的竞争力。

（二）主要任务

一是构建全球农产品产业链。从当前我国国内资源状况、供求形势来看，今后必须从全球的角度深度调整我国农业产业结构，依靠国内外多种资源满足国内农产品需求。要在全球范围内构建起包括生产、加工、物流、贸易、消费的全产业供应链，在满足国内农产品需求的同时，促进国内优势农产品出口。

二是加强对大型跨国涉农企业的培育，增强企业国际竞争能力。根据我国涉农企业现状，应当尽快选择一批"具有一定规模，发展基础较好，有从事对外农业投资开发的经验和基础，并有较强经济实力"的跨国涉农企业进行重点支持，培育一批具有一定国际竞争力的大型跨国企业。

三是提升对外投资层次，优化投资结构，提高投资效益。鼓励企业向加工、物流、仓储、码头等资本和技术密集型行业以及研发等科技含量较高的关键领域投资，提升投资层次，增强企业境外竞争力，扩大投资收益。

（三）政策建议

加强国家对农业对外直接投资的宏观指导和服务能力。建立统一的管理协调机制，建立境外农业投资预警机制，进一步强化公共信息服务功能。引导和鼓励企业提升投资层次，从产业链前端向加工、物流、仓储、码头等资本和技术密集型行业以及研发等科技含量较高的关键领域倾斜。重点支持具有较强实力的跨国企业，培育一批具有一定国际竞争力的跨国企业集团。深层次调整国内农产品市场调控政策，使其符合开放环境下的要求。构建政府、企业、社会团体等多方的沟通交流机制，对"走出去"企业做好各种宣传工作，引导企业严格遵守东道国的法律法规经营生产，妥善处理好与社会各个层面的利益关系，关注当地的社会公益、税收、环保等事业，提高企业履行社会责任的意识和能力。

中国与中亚五国农业合作的潜力研究

王慧敏　翟雪玲

中亚五国作为连接"一带一路"东端活跃的东亚经济圈和西端发达的欧洲经济圈的关键区域,在新亚欧大陆桥、中国—中亚—西亚两条国际经济合作走廊中均处于重要枢纽。中亚五国均为上合组织成员,与中国经济联系密切。研究我国与中亚五国农业合作现状,分析投资环境、探寻未来农业合作潜力,对于促进地区间农业和经济持续稳定发展具有重要意义。

一、中国与中亚五国农业合作现状

经过多年发展,中国与中亚五国农业合作已经从自发分散的区域传统农产品贸易发展到贸易、投资、科技交流等多层面、多方位的经济合作。

(一) 农产品贸易总量较小,互补性较强

1. 近年来中国与中亚农产品贸易呈现先增长后下降的趋势,贸易总量较小。2015 年,中国与中亚农产品贸易总额 10.3 亿美元,较 2006 年增长 35.2%,但比 2012 年的最高值降低 2.6 亿美元。2015 年,中国与中亚农产品贸易总额占中国农产品贸易总额的 0.5%。总体看,中国对中亚

农产品进口额大于出口额,处于贸易逆差地位,但逆差越来越小。

2. 中国与中亚农产品贸易的商品结构较为集中,互补性较强。中国对中亚出口以水果、畜产品、蔬菜为主。2015 年,三类产品出口额为 1.8 亿美元、1.0 亿美元和 0.8 亿美元,分别占中国对中亚农产品出口总额的 35.2%、19.1% 和 15.1%,主要出口国是哈萨克斯坦和吉尔吉斯斯坦。中国自中亚主要进口棉麻丝、油籽、谷物、坚果等产品。2015 年,四类产品进口额是 3.2 亿美元、0.4 亿美元、0.3 亿美元和 0.3 亿美元,分别占中国对中亚农产品进口总额的 61.1%、7.0%、5.4% 和 5.0%,进口产品主要来自乌兹别克斯坦和吉尔吉斯斯坦(见图 1、表 1)。

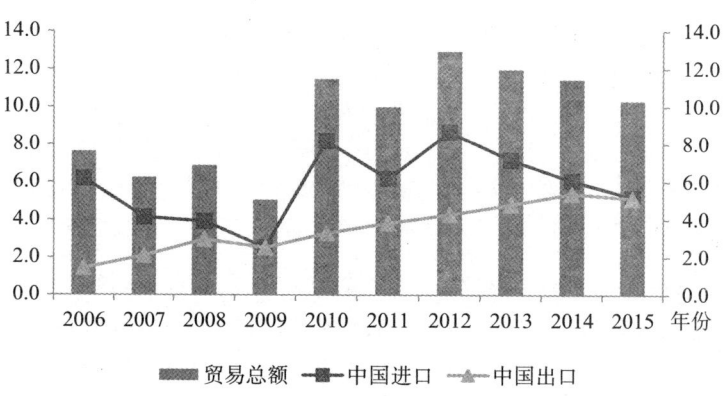

图 1　中国与中亚农产品贸易量(单位:亿美元)

资料来源:comtrade 网站。

表 1　2015 年我国和中亚五国主要农产品贸易结构　　单位:亿美元

产品	出口额	产品	进口额
水果	1.8	棉麻丝	3.2
畜产品	1.0	油籽	0.4
蔬菜	0.8	粮食(谷物)	0.3
饮品	0.6	药材	0.3
其他	0.5	畜产品	0.3
油籽	0.1	坚果	0.2

扩大农业对外开放

续表

产品	出口额	产品	进口额
坚果	0.1	水果	0.2
水产品	0.1	水产品	0.2
花卉	0.1	植物油	0.1
粮食（谷物）	0.0	其他	0.1

资料来源：comtrade 网站。

（二）投资规模总体较小，投资领域相对集中

截至 2014 年年底，中国在中亚国家开展农业及相关领域投资的企业有 57 家，其中哈萨克斯坦有 21 家，乌兹别克斯坦有 27 家。中国的边境贸易企业、大型粮农企业，通过在中亚独资成立新企业、入股投资国企业的方式，进行农业劳务合作，在边境经济开发区开展农产品加工贸易，在投资国进行粮食、番茄等水果、畜产品等农产品生产加工。

（三）农业科技合作范围广泛，成果显著

中国与中亚各国农业科技合作领域包括种质资源保护开发、农业生产技术、病虫害防治技术、牧草选育和草场改良方法、牛羊饲养技术、畜病防治动物疫病防控等方面。中国与中亚通过科研机构交流、合作研究、专家互访、人员培训等方式建立了农业科技合作机制。中国与中亚在品种选育、农业生产技术应用方面成果突出。中国选育出了新疆小麦"新冬""新春"系列主栽品种。中亚从我国学习了棉花地膜种植、病虫害的生物与机械防治等技术，提高了中亚棉花产量。

（四）经济援助不断深入，援建领域不断拓宽

自 1991 年中亚五国独立以来，我国对中亚五国的经济援助不断深入。贴息优惠贷款规模不断扩大，无偿援助比例不断提高。中国对中亚五国农业援助致力于基础设施改善和生产技术提高，也包括受援国遭遇困难年份为其提供农业物资。援建项目包括农业示范园区建设、农田水利设施建

设、农业机械装备赠送、农业技术人才培养、农业技术培训等。

二、中亚农业投资环境分析

对一国农业投资环境的了解是判断未来投资潜力的基础，根据经验，本部分通过详细分析中亚五国政治文化环境、经济发展情况、农业资源特点、农业生产条件、农业投资政策，以期对中亚五国农业投资环境进行整体描述和判断。

（一）经济增速较快，产业发展单一

中亚五国自独立以来，坚持政治民主化和经济市场化方向，确立了三权分立的政治体制，目前，中亚地区的政治形势基本稳定。近几年来，中亚五国宏观经济发展状况较为乐观，但经济增速波动较大。2015年，中亚哈、土、乌、塔、吉五国国内生产总值（GDP）分别是1843.6亿美元、373.3亿美元、667.3亿美元、78.5亿美元和65.7亿美元，经济增速分别为1.2%、6.5%、8.0%、4.2%和3.5%。中亚五国人均国内生产总值总体水平不高，五国间差距较大。其中乌、塔、吉三国人均国内生产总值不足2500美元，土、哈两国较高，分别为10534.8美元和6951.6美元。近年来中亚五国稳步向市场经济转轨，物价水平逐渐稳定，通货膨胀率也逐步降低。中亚五国经济结构单一，采矿业、矿产加工业和农业是支柱产业。第一产业占GDP的比重最高的是乌兹别克斯坦，为35.1%，然后是塔、吉两国，分别占27%和14.8%，哈萨克斯坦第一产业占GDP比重最低，为4.3%（见表2）。

表2　　　　　　　　2015年中亚五国主要经济指标

主要经济指标	哈萨克斯坦	土库曼斯坦	乌兹别克斯坦	塔吉克斯坦	吉尔吉斯斯坦
国内生产总值（亿美元）	1843.6	373.3	667.3	78.5	65.7
经济增速（%）	1.2	6.5	8.0	4.2	3.5
人均GDP（美元）	10534.8	6951.6	1987.0	2131.9	1102.9
外汇储备（亿美元）	1024.8	—	—	12.0	19.6
财政收入（亿美元）	409	—	—	27.1	22.3

续表

主要经济指标	哈萨克斯坦	土库曼斯坦	乌兹别克斯坦	塔吉克斯坦	吉尔吉斯斯坦
第一产业比重（%）	4.3	—	25.5	27.0	14.8
第二产业比重（%）	33.5	—	35.1	23.0	23.0
第三产业比重（%）	62.2	—	40.4	50.0	48.2
通胀率（%）	7.4	6.0	6.1	7.4	10.5

数据来源：国内生产总值、经济增速、人均GDP为世界银行2015年数据；外汇储备、财政收入以及第一、第二、第三产业比重为商务部《2015国别投资指南》数据。

（二）农业资源总量丰富，农业投入不足

1. 中亚农地、光热和种质资源丰富，水资源和劳动力短缺。中亚五国农业用地2.9亿公顷，占五国国土总面积的74.7%，耕地面积约0.4亿公顷，人均耕地面积0.6公顷，是世界平均水平3.75倍，其中哈萨克斯坦人均耕地面积达1.7公顷，是我国的18倍。中亚农业农地大部分为牧场和草地，永久草场面积2.5亿公顷，占农业农地的85.7%。中亚五国光热资源丰富，光热同季，粮棉、果品、花卉等优良品种和优良畜种资源丰富，野生物种保存完整。中亚五国水资源短缺，整体上看属于缺水地区，且中亚地区地表水分布不平衡。中亚五国农村人口多，但劳动力短缺。2015年五国农村人口4084.4万人，占总人口的59.5%（见表3）。

表3　　　　　　　　2015年中亚资源情况

	哈萨克斯坦	土库曼斯坦	乌兹别克斯坦	塔吉克斯坦	吉尔吉斯斯坦	五国合计
国土面积（万平方公里）	270.0	47.0	42.5	14.0	19.2	392.7
农业用地（万公顷）	21699.4	3383.8	2677.0	487.5	1058.6	29306.3
耕地面积（万公顷）	2939.5	194.0	440.0	86.0	127.6	3787.1
总人口（万人）	1754.4	537.3	3130.0	848.2	595.7	6865.6
农村人口（万人）	820.2	268.5	1991.7	621.0	383.0	4084.4
森林面积（万公顷）	330.9	412.7	322.0	41.2	63.7	1170.5
永久草场（万公顷）	18510.0	3070.0	2285.0	320.0	939.0	25124.0

数据来源：世界银行数据库，其中农业农地为2013年数据，耕地、永久草场从文献获得。

2. 农业优势产业突出，生产结构单一。中亚五国种植业主要以粮食、棉花等土地密集型产品为主，另外还有少量的油料和糖料作物。除塔吉克斯坦和吉尔吉斯斯坦外，其余三国粮食能够基本自给。哈萨克斯坦是世界第六大粮食出口国，第一大面粉出口国。棉花是中亚五国最主要的经济作物，2014年中亚五国皮棉产量154.0万吨，为我国皮棉产量的24.9%。乌兹别克斯坦是世界第五大产棉国、第二大出口国，以中绒陆地棉和长绒棉为主。中亚五国油料作物主要是油菜、葵花，五国油料基本不能自给。近几年中亚五国主要农作物单位面积产量有明显提高，但除玉米外均低于世界平均水平。中亚五国畜牧业以养羊、养牛、养马为主，养蚕和养禽也占有一定的比例。乌兹别克斯坦是世界第2大卡拉库尔羔皮产国，乌兹别克斯坦年产蚕茧量达到1.6万吨，是世界第6大养蚕国（表4、表5）。

表4　　　　　　　　2014年中亚种植业情况

单位：万吨	小麦	大米	大麦	玉米	马铃薯	皮棉
哈萨克斯坦	1299.7	37.7	241.2	66.4	341.1	9.3
土库曼斯坦	120.0	13.0	8.2	2.0	26.0	19.5
乌兹别克斯坦	695.6	35.1	14.0	36.8	245.2	110.7
塔吉克斯坦	86.8	8.0	11.3	18.6	85.4	12.3
吉尔吉斯斯坦	57.3	2.8	19.7	55.6	132.1	2.3
合计	2259.4	96.6	294.4	179.4	829.8	481.2

数据来源：FAO数据库。

表5　　　　　　　　2014年中亚种植业生产水平

单位：公斤/公顷	小麦	稻谷	玉米	大麦	马铃薯	皮棉
哈萨克斯坦	1090.1	3960.1	5257.3	1260	18677.4	408
土库曼斯坦	3333.3	2166.7	1142.9	1064.9	6500	609
乌兹别克斯坦	4782.1	9619.6	9684.2	1555.6	30693.4	661
塔吉克斯坦	2968.1	7180.8	12750.4	1542.7	24019.9	611
吉尔吉斯斯坦	1689.3	3501.6	6046.2	1268.3	16740.6	—
中亚平均	1568.2	3731.1	6565.2	1283.6	19985.1	—

扩大农业对外开放

续表

单位：公斤/公顷	小麦	稻谷	玉米	大麦	马铃薯	皮棉
世界平均	3307.4	4556.9	5615.7	2923.3	20051.1	—

数据来源：FAO 数据库，其中皮棉产量来自美国农业部网站。

3. 农业投入不足，技术装备落后。中亚国家农业生产总体上仍处于低投入、低产出的粗放经营状态。农业生产资料供应紧张、机械化水平低、技术进步缓慢、加工技术落后。

（三）农业投资政策环境总体呈趋好态势，五国间差异较大

2008 年以来，中亚五国农业投资法律法规不断完善，投资环境总体上呈现趋好态势。一是投资政策法规日益完善。中亚五国先后颁布本国宪法，并在此基础上相继制定了关于外商投资的海关、外汇、税收等方面的一系列法律法规，并推出吸引外资的优惠政策。二是贸易便利化程度低，税赋较高。五国中哈萨克斯坦贸易便利化程度较高，其他四国贸易便利化程度较低，五国对外商的限制较多且其税费较重。在哈、吉、塔、乌境内开办企业的外商需缴纳的税款分别为毛利润的 8.6%、33.4%、86%、99.3%（汪晶晶，2015）。三是土地和劳工政策严格。中亚五国土地多属于国有性质，对外国投资者使用本国土地限制较多。哈萨克斯坦规定外国个人和企业只能租用土地，且期限不得超过 10 年。中亚各国针对外籍劳工的申请许可等的规定严格。

1. 投资政策法规日益完善。中亚五国先后颁布本国宪法，并在此基础上相继制定了关于外商投资的海关、外汇、税收等方面的一系列法律法规，并推出吸引外资的优惠政策。其中，《哈萨克斯坦投资法》规定，国家对外资无特殊优惠，内外资一视同仁，鼓励外商向优先发展领域投资，包括农业，林业，捕鱼、养鱼业，食品等行业。《吉尔吉斯斯坦投资法》规定，外国投资者享受国民待遇，可自由支配一切合法所得，并且投资不受行业限制，对在国家发展规划项目下的特定区域进行投资可享受优惠。《塔吉克斯坦投资法》规定，鼓励外国投资者参与国民经济私有化进程，并且外商可按法律程序购买国有资产，同时给予外资税收优惠，农业等领

域仍为重点投资领域。《乌兹别克斯坦投资法》规定，鼓励外商投资，允许建立独资企业，并给予与投资额成正比的税收优惠，同时保证外国投资和投资者在乌境内的资产不被征收，且外商可独立和自由支配所获收入。《土库曼斯坦投资法》规定，外国投资者、外商投资企业享受国民法律待遇，享受一定海关优惠，合法外币自由汇入汇出，没有限制。

2. 贸易便利化程度低，税赋较高。独立以后，中亚五国坚定不移地实行经济体制改革，不断加大对外开放程度。其中，哈萨克斯坦以其丰富的油气资源为媒介，不断改善投资环境吸引外国直接投资，贸易便利化程度较高。其他四国贸易便利化程度较低，这可能与各国对外商的限制较多且其税费较重有关。

哈萨克斯坦实行有管理的浮动汇率，哈萨克斯坦外汇管理制度执行欧洲国家标准，取消外汇业务许可制度，实行通报制度。企业在缴纳了各项应缴税费后，可以自由汇出利润。

乌兹别克斯坦实行较严格的外汇管制，在购汇及汇出方面存在一定的困难。外资企业利润汇出时需缴10%的所得税。乌兹别克斯坦政府实行"强行结汇"制度，即对入账的外汇仅允许50%提现，另50%必须卖给国家，且不得随意提取，导致中国企业应收账款难以收回。

塔吉克斯坦《投资法》规定，投资者有权在塔开立本币及外币账户，完税后有权将塔本国货币自由兑换成其他货币，同样可认购其他外币用于支付塔境外业务。外汇汇进汇出自由，无需缴纳特别税金。携带3000美元以上现金出入境需要申报。

土库曼斯坦规定，外国公司可在土银行开设外汇账户，但不允许提取大额现金，需用美元缴费时只能通过银行转账。外汇可自由汇进汇出，外汇汇出土无需缴纳特别税金。在土工作的外国人，其合法税后收入可全部转出国外。

哈萨克斯坦已经完全放开贸易权，除去武器、弹药等限制产品外，其余产品进口不受配额及许可证限制，对出口实行鼓励政策，但有时也会根据国家需要，暂时禁止某些商品的出口，如粮食、菜籽油、白糖等。哈萨克斯坦商品平均税率为10.3%，农产品平均税率为15.6%，入世后将分

扩大农业对外开放

别降至 7.1% 和 11.3%。投资者进口生产用设备免关税。

乌兹别克斯坦政府实行有计划的贸易自由化政策。1998 年 1 月 1 日生效的《关税税率法》规定采取从价关税、从量关税、组合关税 3 种税率。平均税率约 14.81%。对进口用于经营发展畜牧业育种的商品免征进口税。粮食、面包类食品、肉类、糖等禁止出口。

塔吉克斯坦实行较为宽松的对外贸易政策，一般商品均放开经营，受许可证、配额限制的商品包括棉花、小麦、面粉、农业经济作物、蚕种。对动植物实行进出口检疫。免征关税商品包括进口自欧亚经济共同体成员国的商品、进口自较不发达国家的商品。为鼓励外国投资，对外资企业进口的生产技术设备和与之配套的产品及外籍工作人员为了满足个人直接需要而进口的商品免缴关税。塔吉克斯坦进口关税税率为 0—15%。

哈萨克斯坦的税收制度遵循属地原则，依据纳税人的所得是否来源于哈国境内来确定其纳税义务，而不考虑其是否为哈萨克斯坦公民或居民。

《哈萨克斯坦税法典》是调节税收的基本法律，经多次修订，新《税法》已于 2009 年 1 月 1 日起实行。新税法减轻了非原料领域税负，增加原料领域税收，给予中小企业较多优惠措施。企业所得税（20%），增值税（12%）。自然人个税税率为（10%），社会税（11%）。农业用地税率根据土地品质分级纳税，税率从 0.1%—0.5% 不等，对从事农业生产的法人减少 70% 的税收，对农产品加工企业的增值税减征 70%。

乌兹别克斯坦实行属地税制。乌兹别克斯坦主要税赋种类包括法人利润税（7.5%）、法人财产税、增值税（20%）、消费税（39%）、公共事业和社会基础设施发展税（8%）、道路基金、退休基金、中小学教育基金等。对丝绸制品、禽肉及蛋类生产、食品工业、肉乳业、渔产品加工等行业免除法人利润税、财产税、社会基础设施营建税、共和国道路基金强制扣款及小微企业统一税等优惠政策。

塔吉克斯坦全国实行统一的纳税制度，各类企业目前所涉及的税种共有 10 项，其中国税 8 项、地税 2 项，实行属地税制。国税包括个人所得税（8% 和 13%）、法人利润税（15%）、增值税（18%）、社会税（25%）、自然资源使用税（0.5%—10%）、公路使用税（0.5%—2%）、皮棉和铝锭销售税（皮棉10%、铝3%）、消费税。地税包括不动产税，税率3%—15%、交通工具税，税率1%—14.5%。为鼓励生产投资，对新建企业给予免缴利润税的规定。

据世界银行"营商环境"数据库的资料显示，哈、吉、塔、乌四国的跨境贸易便利度（0=最好，1=最差）处于较低水平，均接近于1，在全球189国中分别位于第186、182、188和189位。

从缴纳税款领域看，哈萨克斯坦优势明显，便利度（0=最好，1=最差）为0.22，排名第18位，而吉、塔、乌三国的便利度均在0.5以上，排名分别为第127、178、168位。其中，在应税总额方面，在哈、吉、塔、乌境内开办企业的外商需缴纳的税款分别为毛利润的8.6%、33.4%、86%、99.3%，而在纳税次数方面，分别为7、51、69、41次（汪晶晶，2015）。

3. 土地和劳工政策严格。中亚五国土地多属于国有性质，对外国投资者使用本国土地限制较多。例如，哈萨克斯坦2003年《土地法》规定，本国公民可以私人拥有农业用地、工业用地、商业用地和住宅用地，但是外国个人和企业只能租用土地，且期限不得超过10年。中亚各国针对外籍劳工的申请许可等的规定是阻碍外国投资的主要因素。例如，哈萨克斯坦自2001年起建立了外国员工申请劳动许可的配额体系，每年根据全国总经济活动人口数量制定发放许可的配额。

哈萨克斯坦规定外国个人和企业只能租用土地，承包经营农业土地，但租用期限不得超过10年，不允许外国人购买土地，不能拥有土地的所有权。

乌兹别克斯坦当地不允许外资获得农业耕地所有权和承包经营权。

塔吉克斯坦《土地法》规定外国投资者和外国投资企业依法可以在一定期限内使用（包括租赁）土地，现行法律规定土地使用期最长为50年。受特别保护的地区不向外资企业和外国公民提供。土地使用每年缴纳土地税和土地租金。

外籍劳务人员雇佣严格，哈萨克斯坦对引进一般外籍劳务人员有严格的限制，不但规定了配额数量，而且从2008年起，对外籍劳务的受教育程度、专业水平、工作年限等提出了更高的要求。原则上，只有本国劳动力市场上没有适合某些工种技能的情况下，才允许雇用外籍劳务。因此，哈对使用外国劳务有严格的配额制度，且获取签证十分困难。

塔吉克斯坦对外来劳工实行工作许可证制度，2014 年以来对外国工作人员比例进行进一步限制，基本达到 2:8 的用工比例。

4. 投资优惠政策。哈萨克斯坦投资委员会对签订了投资合同的外国投资者可以享受的特惠包括：一是投资者进口生产用设备免关税；二是国家可以给予外国投资者以土地使用、房产、机械设备、计算机、测量仪器，交通工具（小汽车除外）等方面的一次性实体资助，但外国企业必须在哈境内注册法人。此外还有行业鼓励政策、地区鼓励政策和特殊经济区域规定。

乌兹别克斯坦吸引外资政策的重点是欢迎外国投资者利用当地资源和原材料，建立大型生产企业和对中小企业投资，尤其是被列入国家投资计划的企业，进行深加工、生产国内短缺产品，补充国内市场，出口创汇。企业的法定资金、投资所占比例越大，乌方提供的优惠政策和待遇就越多。

塔吉克斯坦对特殊经济区和自由经济区均有投资优惠政策。

三、中国与中亚农业合作面临的挑战和制约因素

目前中亚五国仍处于市场经济体制改革转型期，在吸引外资方面仍存在较多问题和瓶颈，主要包括政局动荡，农业生产基础设施落后，监督管理和仲裁机制缺乏，政策环境不稳定等。

（一）投资的政治风险较大

中亚地区是冷战结束后出现的一个独立地缘政治空间，该地区能源经济价值重要，宗教文化特征敏感，地缘政治地位独特。近年来美国等西方大国在科技、能源、贸易领域对中亚地区进行牵制，在军事和安全领域进行干预，使得该地区政治形势复杂。同时西方发达国家对中亚地区的贷款援助和大规模投资降低了中亚国家与中国开展农业合作的积极性，削弱了

上海合作组织在中亚地区的影响力。此外，中亚地区经济不发达，恐怖主义活动和国内动乱时有发生，投资和贸易环境不稳定。

但是由于哈萨克斯坦独立时间不长，部分法律法规制定过程较仓促，经济社会发展较快，法律法规调整也较为频繁。

（二）农业生产基础设施较差

中亚地区农地资源丰富，但生产基础设施较差，加工物流等服务业发展落后。中亚五国交通运输方式单一，运力有限。目前中亚以铁路、公路运输为主，空运为辅，也有管道运输，但整体运力不足。从铁路货运量来看，2012年哈、吉、塔、乌、土的铁路货运能力分别为每公里2358.46亿吨、9.23亿吨、5.55亿吨、224.82亿吨、119.92亿吨。中亚五国农业基础设施薄弱，尤其是农田灌溉系统缺乏，且无力投资改善灌溉体系，主要依靠世界银行等国际机构有限的援助和贷款实施水利规划和建设。例如2007年，吉尔吉斯斯坦农田灌溉用水4.51亿立方米，占实际所需的69.5%，仅有28%的灌溉设施（汪晶晶等，2015）。自1993年以来，哈萨克斯坦灌溉面积减少近一半。

（三）通关费用高且程序复杂

中国与中亚农产品和生产资料主要通过陆上口岸进出，目前在检验检疫方面存在技术壁垒、通关程序上便利度较低，时间长、费用高的问题。例如中国新疆农产品进入中亚地区入关时需要缴纳运输费、过磅费、入场费、检验检疫费、关税等多种税费，降低了产品竞争力。中国与中亚国家技术标准相互认可度很低。在检验单证方面，中亚各国要求多且重复性高。以进口为例，吉尔吉斯斯坦需要单证达13份，哈萨克斯坦需14份，乌兹别克斯坦11份（中国是6份，德国是5份，新加坡是4份），过多的检验单证要求，增加了进出口企业的检验费用。此外，中国与中亚国家海关没有建立适应国际贸易标准化规则的合作机制，难以依托规范化的程序处理贸易摩擦和争端问题（阿布都伟力·买合普拉，2014）。

（四）中亚政策环境不稳定

中亚五国政策不稳定、不一致且灰色地带多。一是政府腐败程度较高，权力寻租现象屡禁不止，给外商投资带来困难。二是政府办事效率较低，据世界银行商业环境调查数据显示，中亚五国政府办事效率评级均处于较低水平，其中，吉尔吉斯斯坦政府监管质量指数为 -0.346（-2.5 至 2.5 之间，越大表示质量越高），在中亚五国中最高，哈萨克斯坦（-0.387）次之，而其他三国监管质量评级更差。三是法制环境也不容乐观，中亚五国处于经济转轨阶段，法律制度不健全，有关国际间经济合作与开发的相关文件约束性不强，政府职能部门在执法过程中表现出很大的随意性。

土库曼斯坦仍处于计划经济向市场经济过渡的转型期，法律法规变化较大，商务运作规则与国际惯例差别较大，市场环境比较特殊。

（五）土地和劳工政策严格

中亚五国劳动力资源丰富，属劳务输出国，对外籍劳务需求有限，且限制严格，签证困难，费用较高。乌兹别克斯坦对外资企业中投资方员工与当地员工的比例规定为 1:7，实际操作中甚至要求投资方员工所占比例保持在 10%—20%。塔吉克斯坦对外籍工作人员居留政策严格，实行工作许可证和签证双重制度。

投资限制条件苛刻。2013 年年全球清廉指数显示，哈萨克斯坦在 170 多个国家中名列第 140 名，仅得 26 分。

哈萨克斯坦外资企业人员难以及时、足额获取外国劳务许可和签证，审批时间一般需要 4—5 个月以上，办理成本高。商务签邀请函注明停留期在哈萨克斯坦驻华使领馆办理签证时常被"自动缩水"，赴哈萨克斯坦人员学历、职业资格和无犯罪记录证明等审批程序复杂、时间长，商务签入境后在哈萨克斯坦连续停留时间受限，附加条件苛刻等。持工作签在哈萨克斯坦人员工作常驻场所受限。

四、中国与中亚农业合作发展方向与潜力

基于中国与中亚地区宏观环境、经济增长趋势、农业资源、生产潜力以及经贸合作现状的分析，中国与中亚农业合作目前仍处于发展的初期和低级阶段，未来中国和中亚农业合作空间和潜力较大。

（一）农业合作的基础

1. 良好的政治外交环境。中亚五国独立后，最早得到中国的承认，1992年先后与中国建立外交关系，并分别签署了睦邻友好合作条约。2012年6月，中国与哈萨克斯坦、中国与乌兹别克斯坦分别签署《中哈关于建立和发展战略伙伴关系的联合声明》《中国和乌兹别克斯坦关于建立战略伙伴关系的联合宣言》。为开展农业合作提供良好的政治外交环境。

2. 农业资源和生产要素优势互补。中亚地区在耕地资源上占有优势，中国在劳动力资源方面有优势。中亚地区人均可耕地面积0.6公顷，是中国的6倍，目前仍有不少可农用地未被利用。例如哈萨克斯坦农作物播种面积为1500万公顷，未利用耕地占一半。中亚地区人均草场面积3.6公顷，是中国的15倍。中亚地区有农村人口0.4亿人，中国是中亚的15.8倍。中国在农业科技贡献、农业机械化水平和水利建设上占有优势。2013年中国农业科技进步贡献率达55.2%，农作物耕种收综合机械化率达57.0%。由于科技投入严重不足，中亚农业科技水平整体不高，机械化水平低，水利设施欠账较多。中亚地区在棉花育种上具有优势，中国在棉花种植加工方面具有优势。中亚五国收集的棉花品种有上千份，在全球占有重要的地位，品种培育有全球最好的人工气候室、育种研究团队和技术。我国在棉花种植与推广技术，病虫害的生物和机械防范技术，轧花技术，纺织技术等方面有明显的优势（见表7）。

3. 农产品生产结构和市场需求互补。农产品生产结构不均衡为中国与中亚农业合作提供了市场空间。中亚特殊的农业资源禀赋使得中亚以旱作农业为主，出口的农产品比较单一，其中小麦、棉花、羊毛、皮革、丝

表7　　　　　2014年中国与中亚五国农业资源对比情况

	中国	中亚五国
国土面积（万平方公里）	960	392.7
农业用地（亿公顷）	6.6	2.9
耕地面积（亿公顷）	1.4	0.4
永久草场（亿公顷）	3.3	2.5
总人口（亿人）	13.6	0.7
农村人口（亿人）	6.3	0.4
人均耕地面积（公顷）	0.1	0.6
人均草场面积（公顷）	0.24	3.6

数据来源：《2015中国统计年鉴》，世界银行数据库。

等是其出口的最重要的农产品。中亚主要进口产品有水果、坚果、蔬菜、水产品、油籽、粮食制品等，特别是果蔬等鲜活农产品和加工农产品主要依靠进口，而且价格较高，主要果蔬品种的批发价格是新疆同期价格的2—5倍。中国气候条件和自然资源丰富，能够生产各种类农产品，满足中亚地区市场需求，尤其是在设施农业和反季节蔬菜种植方面，在中亚市场潜力广阔。

4. 地缘接壤口岸相通。中国与中亚地区接壤且边境线较长。中国新疆与中亚地区的哈萨克斯坦、塔吉克斯坦和吉尔吉斯斯坦接壤，边境线分别长达1700多公里、497公里和1096公里。中国与中亚地区边贸口岸为两国农业合作提供了通道和便利。中国已在新疆与中亚五国开通了2个航空口岸和10个陆路边境口岸。中国与中亚五国铁路与公路口岸均与中俄两国国内公路网和铁路网相连，为农产品进出口提供物流便利。

（二）农业合作的重点领域和方向

1. 中国与中亚五国农业合作的发展趋势。基于中国与中亚五国农业资源状况、农业生产水平、地区政治环境、已有的合作基础判断，未来中国与中亚五国农业合作潜力较大。主要的合作领域包括农业基础设施建设、农产品贸易、农产品深加工等。

2. 产能合作的重点领域。

（1）农业基础设施建设。中亚五国农田生产基础设施落后，交通运输条件较差，物流仓储设施不足，未来中国与中亚五国在农业农田水利、农用道路、仓储加工设施建设等方面具有较大的合作空间。同时在农业机械、边境口岸建设、物流加工体系建设等方面都有较大合作空间。

（2）农产品贸易。中国与中亚地区农产品贸易互补性较强，进口与出口的农产品差异较大。未来中国继续扩大对中亚地区紧缺的水果、蔬菜等鲜活产品和畜产品、深加工产品的出口，同时增加从中亚五国进口具有比较劣势的粮食、棉花和畜产品。可大力发展现代服务贸易，把投资和贸易有机结合起来。同时创新贸易方式，发展跨境电子商务等新的商业业态。

（3）部分重点农产品的种植加工。中国与中亚农业生产要素互补性强，考虑到中亚五国农业资源丰富、中国国内生产水平高，小麦产业、棉花产业、水果蔬菜、畜产品是当前及未来合作的重点领域。

①小麦产业。哈萨克斯坦种植的小麦与中国新疆小麦生产条件相似，农作物播种面积只占耕地面积的一半，小麦单产仅为我国小麦单产的五分之一。因此，双方可加强在小麦产业方面的合作。在小麦种植方面，充分利用两国种质资源，加强小麦新品种培育的合作研究；加强节水灌溉技术、病虫害防治等方面的交流；加强在小麦机械、农药、化肥等生产工具和生产资料的研发。在小麦深加工方面，利用中国成熟的小麦深加工技术和产业化发展经验，与哈方在小麦深加工领域开展合作，延伸产业链。

②棉花产业。中国和中亚地区棉花产业优势互补。在棉花育种方面，利用中亚尤其是乌兹别克斯坦的种质资源和选育技术，加强新品种培育。在棉花种植方面，加强双方在棉花病虫害生物和机械防治技术、棉花的机械播种与收割等方面的交流。在棉花加工方面，利用中国在棉花轧花技术、加工工艺方面的优势，进行棉花加工领域的合作。

③蔬菜水果产业。蔬菜、水果种植是典型的劳动密集型产业，中国劳动力丰富，种植技术成熟，中亚五国蔬菜水果进口量较大，可加强在五国国内蔬菜种植合作。中方企业通过在中亚五国境内租地、共建园区等方

式，考虑不同蔬菜品种特点，进行大棚种植和温室栽培。品种选择方面，露地种植以洋葱、马铃薯为主，大棚和温室种植以番茄、彩色辣椒和黄瓜为主。

④畜产品方面。中亚五国草场面积较大，畜牧业生产条件较好。但畜禽良种比例低，畜产品加工缺口大。在畜禽养殖方面，中国可加强与中亚国家合作，加强羊、牛等畜禽良种繁育，改善中亚畜群结构。另外，中国新疆可与塔吉克斯坦合作发展养蚕业。在畜产品深加工方面，进一步发挥中国在食品加工方面的优势，与中亚五国合作建立农副产品深加工园区，促进中亚五国食品工业和饲料工业发展，延长农业产业链，进而带动中国食品加工机械出口。

3. 农业合作的优先地区。中亚各国农业资源环境，经济发展水平差异较大，农业合作应有优先次序。综合评价看，哈萨克斯坦农业投资环境在五国中最好，塔吉克斯坦和乌兹别克斯坦农业投资环境次之，吉尔吉斯斯坦和土库曼斯坦农业投资环境最差。中国与中亚农业合作需要根据五国不同的市场需求，在贸易、投资、技术合作领域各有侧重。适宜与哈萨克斯坦开展农产品精深加工等延长产业链合作项目和大规模农业综合开发项目。与塔吉克斯坦、吉尔吉斯斯坦等面临粮食安全危机的国家开展农业技术交流合作，开展目标国缺口较大的农产品贸易与投资合作。

4. 农业合作的重点省份。未来与中亚农业合作新疆将是重点省份。一是新疆与中亚地域毗邻。新疆有7个沿边地（州）与中亚国家接壤，有11个陆路口岸与中亚相通，与哈萨克斯坦最大城市阿拉木图的距离仅380公里，其他口岸与相对应的较大城市也均在200—500公里的范围。二是新疆与中亚文化基础好。新疆生活着不少与中亚国家相同的民族，他们语言文字相通，风俗习惯相近，宗教信仰一致，相互理解和信任，农业合作的文化基础好。三是新疆特色农业优势突出。2013年新疆棉花产量超过全国1/2，羊肉、牛肉、牛奶总产分别位居全国第2位、第5位和第6位，农业生产基础好，加工技术先进。四是新疆是与中亚五国农业合作基础好，前景广阔。2015年我国发布《推动共建丝绸之路经济带和21世纪海上丝绸之路的愿景与行动》，要求发挥新疆独特的区位优势和向西开放重要窗口作用，打造丝绸之路经济带核心区。

参考文献

［1］汪晶晶、马惠兰："基于'冷热'国对比法的中亚农业投资环境评价"，《商业经济研究》2015年第21期。

［2］李豫新、朱新鑫："农业'走出去'背景下中国与中亚五国农业合作前景分析"，《农业经济问题》2010年第9期。

［3］卡比努尔·库拉西："新疆与中亚五国农业经济合作研究"，新疆农业大学毕业论文，2013年。

［4］阿布都伟力·买合普拉、李婷、潘浩："面向中亚的新疆外向型农业发展的思考与建议"，《亚太经济》2014年第5期。

［5］李芳芳、李豫新、李婷："中国新疆与中亚国家农业区域合作存在的问题及制约因素分析"，《世界农业》2011年第11期。

扩大农业对外开放

中国与俄罗斯农业合作潜力研究

王慧敏 翟雪玲

中国和俄罗斯都是农业大国，两国农业合作历史悠久，基础深厚。近年来，中国与俄罗斯在农业领域的合作不断深化，从自发分散的区域传统贸易发展为规范有序的贸易、投资、科技交流等多层面、多方位的经济合作，两国农业合作的双边机制也正式建立，加强农业合作的需求强烈，未来农业合作前景广阔。

一、中国与俄罗斯农业合作现状

中俄农业合作的领域主要包括农产品贸易、投资和科技合作。

（一）农产品贸易总量不断增长，互补性较强

俄罗斯农产品贸易波动中增长，整体处于逆差。2015年俄罗斯农产品贸易总额为432.6亿美元，比2006年增加174.1亿美元，年均增长10.6%。其中农产品进口波动较大，2006年为208.6亿美元，2013年增长至438.4亿美元，2015年又下降至269.6亿美元。农产品出口大幅增长，2015年为163.0亿美元，比2006年增加113.1亿美元，增长2.3倍，贸易逆差不断缩小（见图1）。俄罗斯农产品贸易结构相对集中。主要进

口畜产品、饮品类和水果，2015年三类产品进口额占农产品进口额的比重超过50%。主要出口粮食（谷物）、水产品和其他类农产品，2015年三类产品出口额分别占比为35.5%、17.9%和10.7%（见表1）。

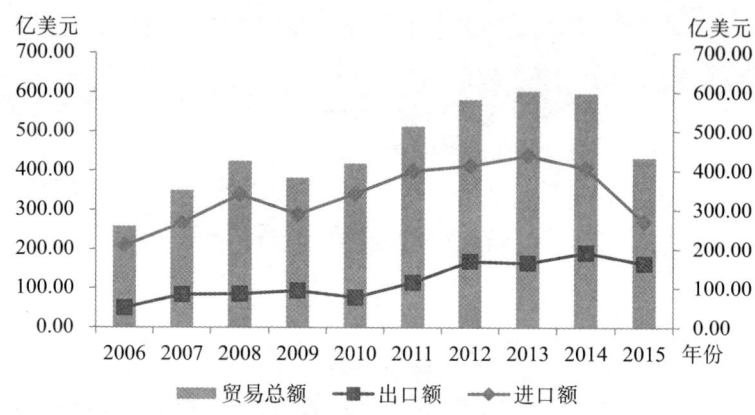

图1 俄罗斯农产品贸易量

资料来源：comtrade网站。

表1　　　　　2015年俄罗斯主要农产品贸易结构　　　　单位：亿元,%

	进口额	占比		出口额	占比
畜产品	56.3	20.8	粮食（谷物）	58.3	35.5
饮品类	43.1	16.0	水产品	29.4	17.9
水果	42.7	15.8	其他	17.6	10.7
其他	35.9	13.3	植物油	17.0	10.4
蔬菜	25.0	9.3	饮品类	11.0	6.7
水产品	16.3	6.1	饼粕	6.5	4.0
油籽	13.2	4.9	畜产品	5.9	3.6
植物油	8.5	3.1	粮食制品	5.1	3.1
花卉	7.2	2.7	油籽	3.8	2.3
糖料及糖	6.7	2.5	干豆（不含大豆）	3.2	2.0

资料来源：comtrade网站。

近年来中俄农产品贸易增长迅速。2015年，中俄农产品贸易总额

35.4亿美元，较2006年增加13.6亿美元，年均增长5.5%。俄罗斯在中国农产品出口国中排第8位，进口国中排第12位。自2010年起，中国对俄罗斯农产品出口额大于进口额，由贸易逆差转为顺差，且呈扩大趋势，2014年顺差达7.8亿美元，2015年缩减至1亿美元。中俄农产品贸易的商品结构较为集中，互补性较强。中国对俄出口以蔬菜、水果、水产品为主。2015年，三类产品分别占中国对俄农产品出口总额的29.4%、25.4%和20.0%，中国已成为俄罗斯最大的水果进口国之一。中国自俄罗斯主要进口水产品、油籽和坚果。2015年，三类产品分别占中国对俄农产品进口总额的75.4%、8.5%和4.8%。目前，中国约80%的进口水产品为冷冻鱼，俄罗斯出口到中国的冷冻鱼大约占中国冷冻鱼进口总额的50%（图2、表2）。

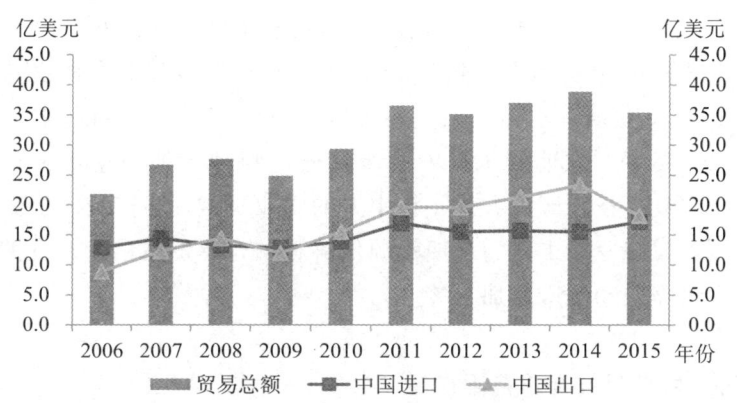

图2　中俄农产品贸易量

资料来源：comtrade网站。

表2　　　　　2015年我国和俄罗斯主要农产品贸易结构　　　　单位：%

中国对俄出口	出口额	占比	中国对俄进口	进口额	占比
蔬菜	5.4	29.4	水产品	13.1	75.4
水果	4.6	25.4	油籽	1.5	8.5
水产品	3.6	20.0	坚果	0.8	4.8
其他农产品	2.9	15.7	植物油	0.7	4.3

续表

中国对俄出口	出口额	占比	中国对俄进口	进口额	占比
饮品类	0.5	2.9	畜产品	0.4	2.6
糖料及糖	0.4	2.0	粮食（谷物）	0.2	1.3
畜产品	0.2	1.3	其他农产品	0.2	1.1
坚果	0.2	1.2	饮品类	0.2	1.0
粮食（谷物）	0.1	0.8	水果	0.1	0.4
油籽	0.1	0.6	棉麻丝	0.0	0.3

资料来源：comtrade 网站。

（二）农业投资主要集中在种养环节

根据中国商务部统计，2015 年，中国企业在俄农林牧渔业直接投资流量 3.5 亿美元，占中国对俄直接投资流量的 11.7%，占我国对外农林牧渔业投资流量的 13.6%。截至 2015 年年底，中国对俄农林牧渔业直接投资存量 24.6 亿美元，占对俄直接投资存量的 17.6%。目前中国对俄农业投资主要集中在农业资源开发领域，通过租种土地、建立农业合作园区、建立农业科技园区等方式，将中方的农业机械、生产技术、劳务等优势生产要素与俄罗斯丰富的土地资源优势相结合，发展粮食、豆类、蔬菜种植、畜牧养殖和农产品加工等。

（三）农业科技合作范围广泛

目前中俄两国农业科技合作领域包括种质资源保护开发、农业技术培训、动物疫病防控、农业机械研发应用、农产品质量安全控制和生态农业发展等方面。两国通过科研机构交流、合作研究、专家互访、人员培训等方式建立了农业科技合作机制。两国在品种改良、新品种选育等方面合作成果较多，例如通过引进和利用俄罗斯野生大豆资源培育了一批高油、高蛋白的新大豆品种。

二、俄罗斯农业投资环境分析

对一国农业投资环境的了解是判断未来投资潜力的基础，本部分通过详细分析俄罗斯政治文化环境、经济发展情况、农业资源特点、农业生产条件、农业投资政策,以期对俄罗斯农业投资环境进行整体描述和判断。

(一)经济规模较大,结构单一

目前,以普京和梅德韦杰夫为核心的政治领导保持对俄罗斯政治的较强控制,俄罗斯政局为苏联解体以来最为稳定的阶段。俄罗斯自然资源丰富,重工业发达、科技基础雄厚。2015年,俄罗斯国内生产总值(GDP)按汇率计算约为13247.3亿美元,是中国的12.1%,位居世界第12位。人均国内生产总值约为9055美元,是中国的1.1倍,位居世界第69位①。2015年俄罗斯经济萎缩3.7%,陷入深度衰退。20多年来俄罗斯一直没有摆脱对能源、原材料部门的依赖,工业产能不足,金融体系比较脆弱。制度转型、经济增长、结构调整三位一体的转型任务远远没有完成。

(二)农业资源总量丰富,生产力水平不高

1. 农业资源总量丰富,结构不平衡。

(1)俄罗斯农地、水资源和种质资源丰富。俄罗斯国土总面积1709.8万平方公里,农业用地占国土面积的13.0%,耕地面积约1.2亿公顷。俄罗斯拥有世界上面积最大的黑土带,人均耕地面积0.9公顷,位列世界人均可耕地面积的前五位,超出世界平均水平4倍。但受气候和地理因素的限制,俄罗斯农业活动的范围大约仅占全国土地面积的五分之一,且大部分为牧场和草地。俄罗斯水资源总量达4.3亿立方米,位居世界第2位。俄罗斯农作物种质资源丰富,本土的植物群由超过500个野生作物近缘种组成。

(2)俄罗斯劳动力资源匮乏,目前从事农业的劳动力仅为840万人,每个农业劳动力占耕地13.7公顷,农业人力资本面临短缺。

2. 农业生产增长较快,单产水平不高。近年来俄罗斯政府加大对农业的扶持力度,农业特别是谷物生产迅速恢复,呈现较快发展势头。

---

① 数据来源:国际货币基金组织《世界经济展望》,2016年4月。

2001—2006年,俄农业产值年均增长1.4%,位居东欧前三名;2006—2011年,年均增长2.7%,位居东欧前两名。2014年俄罗斯谷物总产10315.4万吨,谷物种植以小麦和玉米为主,小麦产量5971.11万吨,是世界主要的小麦主产国和出口国,在世界粮食市场中占有重要地位。经济作物中甜菜、向日葵的种植面积和产量较大。近年来俄主要农作物单位面积产量也有明显提高,与1999—2003年相比,2009—2013年谷物、玉米、甜菜、向日葵、土豆和露地蔬菜的单产分别增长22.6%、66.4%、78.6%、43.2%、63.1%和57.1%。虽然单产增长较快,但农作物单位面积产量整体水平仍然低于世界平均水平。俄罗斯畜牧业发展迅速,但不能自给,2013年俄罗斯肉类产量847.0万吨,是中国的9.9%,鲜牛奶产量3028.6万吨(表3)。

表3　　　　　　　　　　2014年俄罗斯种植业情况

品种	总产 (万吨)	品种	单产 (公斤/公顷)	世界平均 (公斤/公顷)
小麦	5971.1	小麦	2497.6	3289.3
玉米	1133.2	玉米	4359.3	5663.8
甜菜	3351.3	甜菜	37014.7	59600.8
向日葵	903.3	向日葵	1402	1669.3
土豆	3150.1	土豆	14990.2	20051.1

数据来源:FAO数据库。

3. 农业生产资料供应能力有限。俄罗斯农业面临机械化水平低、创新发展水平不高、生产组织方式转变缓慢等问题。由于农业机械化水平较低,近10年来俄罗斯约有1400万公顷耕地荒废闲置(张金萍、高子清,2014)。根据俄罗斯农业科学院统计,由于物流、仓储、运输体系发展滞后,技术和设备不足,每年造成谷物损失1500万—2000万吨、肉类100万吨、牛奶700万吨。完成全部谷物收获,俄罗斯还需要28万台拖拉机和9万台收割机。俄罗斯农产品种子严重依赖国外,2013年,国外种子在俄甜菜生产中占比达96%、蔬菜为66%、向日葵为46%、玉米为

43%。俄罗斯主要有三种农业生产主体,分别是农业企业、私人农场和家庭农户。

(三)农业投资政策总体较好,投资优惠政策多

1. 投资准入政策规范。俄罗斯有专门的投资管理机构,规定了禁止投资的领域和限制投资的行业,鼓励外商直接投资领域大多是传统产业,涉及农业的是食品加工。外国投资者有权购买俄罗斯联邦境内企业的股份、股金、股票和其他有价证券。允许外资并购本地企业,但对地下资源等战略性企业的并购持股比重有明确的法律限制。

2. 外汇管理限制较少。俄罗斯规定,外国人可以在指定银行自由开立外汇账户,存入带进、汇进的资金,接受经营或投资收益、利息等。账户内的资金可不受限制的汇出境外。2010年,中俄先后在两国外汇市场启动人民币和卢布挂牌交易,俄罗斯成为中国境外首个有组织的人民币交易市场。

3. 贸易管理规定较多。俄罗斯对农产品进出口实行许可证、出口配额、浮动关税和产地要求管理制度,进口检疫严格。进口关税方面,俄罗斯对与其签有自由贸易协定的独联体国家及最不发达国家的商品、发展中国家商品、最惠国待遇的国家商品、不享有最惠国待遇的国家商品分别免征进口关税、按基本税率的75%计征关税、按基本税率计征关税、按基本税率2倍计征关税。2010年1月1日,俄罗斯、白俄罗斯、哈萨克斯坦关税同盟实行统一的关税税率。2012年8月俄罗斯加入世贸组织,90%以上的税率将大于或者等于关税同盟现行的统一海关关税的税率水平,过渡期结束后,大约50%的边际税率不低于现行的关税同盟统一海关关税。

4. 税收管理体系复杂。俄罗斯实行联邦税、联邦主体税和地方税三级税收体制。主要税种有企业利润税、增值税、消费税、有价证券发行税、矿产资源开采税、个人所得税等。俄罗斯企业利润税2008年之后降至20%。增值税有3种,包括一般商品增值税,税率18%,食品和儿童用品增值税,税率10%,个别商品增值税,税率为0。个人所得税税率统一为13%。此外,俄罗斯还征收不动产税、资源税等。

5. 土地和劳工政策严格。

（1）土地政策方面。2001年，俄罗斯国家杜马通过《土地法》，对土地私有化采用国家调节的总原则，准许俄罗斯人和外国人自由购买及出售该国都市及乡镇商业和住宅用地。《土地法》规定通过拍卖方式获得土地的使用和所有权，拍卖所得归国家和地方所有。《土地法》仅适用于俄罗斯2%的土地，另外98%的农业用地买卖使用《农用土地流通法》规范，禁止外国公民和公司以及外资股份超过50%的俄罗斯公司拥有俄罗斯农业用地。《土地法》同时规定，商业及住宅用地如果具有战略重要性，也可以禁止外国人或外国机构购买。

（2）劳工政策方面。俄罗斯劳工政策主要包括国内雇工和外来劳工两个方面。2001年12月颁布的《俄罗斯联邦劳动法》是俄罗斯调节劳动关系的基本法。在工作合同签订、解除、劳工报酬、工作时间、社会保险等方面均有明确详细的规定。需要注意的是，俄罗斯规定了员工最低工资标准，2009年1月1日开始实施的最低工资标准为4330卢布。最低工资标准中不包括补助、补贴、奖金和其他奖励。雇主按工资总额的不同比例为员工缴纳养老保险、医疗保险和就业基金。

（3）外来劳工方面。俄罗斯用工企业和部门每年向当地劳动就业部门及移民局申请下一年度使用外来劳务的数量，次年5月之前，使用外来劳务配额（许可证）发放完毕（补充配额除外）。但来自独联体国家的劳务人员不需要办理劳务邀请及签证。为保证国内就业，俄罗斯的外来劳工政策越来越严格。一是对外来劳务实施行业性禁止措施，例如禁止外来劳务从事零售业。二是不断缩减外来劳务配额并进行外来劳工"准入"考试。

三、中俄农业合作面临的挑战和制约因素

中俄虽然是睦邻大国，但两国农业合作进程中仍存在诸多问题亟待解决，主要集中在政治风险、基础设施、生产资料通关、投资成本、政策稳定性等方面。

（一）对俄投资存在政治舆论压力

我国农业对外投资面临国际舆论的多重压力，"新殖民主义""中国

威胁论""资源掠夺论"等标签严重影响我国农业对外合作的进程。例如，俄罗斯一些媒体和政客恶意宣传中国农业"走出去"战略就是"人口扩张"，正是在这样一种社会心理的影响下，俄罗斯排外心理非常严重，对我国企业尤其是国有企业高度警惕并严格审查，采取严格措施限制中国对俄劳务输出。

（二）农业生产基础设施较差

俄罗斯农业生产基础设施较差，加工物流等服务业发展落后。以俄罗斯远东地区为例，远东地区土地多属于荒地，缺乏水利灌溉设施，土地开垦成本高，企业基础设施建设投资大。俄罗斯地广人稀，本地市场容量有限，中国企业在俄罗斯本土生产的农产品需要出口外销。远东地区公路和港口设施不完善，物流通道不畅，外运农产品困难。同时农产品在俄罗斯境内运输成本高、运输效率低。俄罗斯每吨货物的铁路运输成本每千米约1.7元，公路每千米约7.4元，而中国国内铁路、公路则分别为每千米0.15元和0.2—0.4元。

（三）农业生产资料出关难

俄罗斯海关、质检和环保等部门对跨境输送种子、农药、农机具及维修配件等方面限制较多。例如种子出关方面，由于中国和俄罗斯均严格限制种子进出口，中国企业所需种子大部分在中国采购，然后通过灰色通关进入边区。使用未经许可的种子对中国企业经营构成巨大的潜在风险。再如，为鼓励使用俄罗斯本国机械，俄罗斯对中国农机跨境作业收取较高的费用，对直接进口的农机和配件征收较高的关税。加入WTO后俄罗斯农机具进口关税大幅下降，但为了保护本国农机工业，2013年开始对进口农机具征收27.5%的临时性关税，大大增加了我国在俄投资企业的经营成本。

（四）企业投资成本高

一是土地使用成本不断上涨。一方面，租地费用上涨较快。2005—2012年，俄罗斯土地租赁成本增长近5倍。另一方面，租地合同稳定性差。中国企业在俄租种土地多是一年一签合同,中国企业种养3年以上较好的土地经常被俄罗斯土地所有者调换,致使中国企业不断开荒种地,物耗过大。此外,外方独资企业在俄罗斯投资农业不允许买地,中国很多企业被迫与俄方合作以俄罗斯人名义买地后再有偿使用,造成企业的经营用地得不到法律保护。二是税种复杂。俄罗斯各地税种不一,规则多变,有的地区税费多达几十种,甚至可达经营收入的40%左右(杨凌,2014)。三是俄罗斯信用体系不完善。存在债务拖欠严重、买空卖空、违背合同、不讲信誉等现象,严重阻碍了中俄农业贸易的发展。

(五)俄罗斯政策环境不稳定

主要表现在国际外交环境和国内政策环境两个方面。国际方面,投资贸易环境恶化。乌克兰危机以来,美国和欧盟正试图通过经济、能源和军事手段制裁俄罗斯,已造成俄罗斯经济下滑、本币贬值、产品出口欧美受阻,对中国企业在俄罗斯投资带来较大负面影响。国内方面,俄罗斯政策不稳定、不一致且灰色地带多。俄罗斯联邦及地方政府经常出台各类临时性政策,企业往往措手不及,给正常的经营活动带来困难(张忠明等,2015)。俄罗斯国内银行结算、法律仲裁、信用保险、质量监控等制度仍不完善,增加了经营风险。同时,俄罗斯地方官员腐败问题突出,执法随意性较大,增加了中国企业经营的压力。

四、中俄农业合作发展方向与潜力

保障粮食安全、发展现代农业是中俄两国的共同关切,未来中俄农业合作前景广阔。

(一)中俄农业合作的基础

1. 中俄农业合作区位优势突出,基础较好。经过20多年的发展,中俄关系达到前所未有的高度,两国外交关系不断紧密,建立了农业合作高层会晤机制。中俄绵长的边境线为两国农业合作提供了较强的地理区位优势,两国边贸口岸为两国农业合作提供了通道和便利。

扩大农业对外开放

中俄农业合作历史悠久，中国积累了对俄农业投资的丰富资料和宝贵经验，两国农业合作基础较好。

2. 中俄农业生产要素优势互补。农业生产要素禀赋差异是中俄两国农业合作最重要的基础。在农业基本生产要素中，俄罗斯在耕地和水资源上占有优势，中国在劳动力资源方面有优势。俄罗斯人均可耕地面积0.9公顷，是中国的9倍；水资源总量是中国的1.6倍，人均水资源占有量是中国的15.5倍；俄罗斯有农业劳动力840万人，中国是俄罗斯的32.2倍；俄罗斯化肥产量占世界产量的8%，中国是俄罗斯钾肥的主要进口国。在农业技术生产要素中，中国在农业科技贡献、农业机械化水平和水利建设上占有优势。据中国科技部统计，2015年中国农业科技进步贡献率达56%以上，俄罗斯农业科技进步对农业增长的贡献率约为22%左右（见表4）。

表4　　　　　　　　　　2015年中俄两国农业资源对比情况

	中国	俄罗斯		中国	俄罗斯
国土面积（万平方公里）	960	1709.8	农村人口（亿人）	6.1	0.4
农业用地（亿公顷）	6.5	2.2	农村劳动力（亿人）	2.7	0.08
耕地面积（亿公顷）	1.4	1.2	人均耕地面积（公顷）	0.1	0.9
水资源总量（万亿立方米）	2.7	4.3	人均水资源占有量（立方米）	0.2	3.1
总人口（亿人）	13.7	1.4			

数据来源：世界银行数据库，商务部《2016国别投资指南—俄罗斯》，《2015中国统计年鉴》，《2014中国国土资源公报》，其中农业用地、耕地面积、水资源总量为2014年数据。

3. 中俄均面临农产品总量不足和结构不平衡问题。共同应对粮食危机为中俄农业合作提供动力。中国是粮食生产和消费大国，2011年三大主粮全面净进口，如何养活超过13亿的人口，确保粮食安全是重中之重的问题。俄罗斯已经成为世界第二大小麦出口国，俄政府高调宣布参与解决全球粮食危机进程。中俄双方在粮食生产领域的成功合作将是世界粮食安全的重要"稳压器",农业将成为两国未来最有潜力的合作领域。农产品结构不均衡为中俄农业合作提供了市场空间。俄罗斯农产品生产结构单一,蔬菜、水果、肉类、加工食品等仍需大量进口。而中国在大豆、油料、食糖等产品需要大量进口。满足国内农产品总量和结构平衡是中俄两国开展农业合作的现实基础。俄罗斯"入世"为中俄加强农业合作提供了良好条件。2012 年入世后俄罗斯对外贸易秩序逐步规范,农产品关税会相应下调,最终农产品总体关税水平将由 13.2% 降至 10.8%。世贸组织有关贸易投资的措施协议和服务贸易总协定,也将推动俄罗斯为外国投资创造一个更加透明和便利的商业投资环境。

(二) 未来中俄农业合作的趋势和产能合作的重点领域

基于中俄两国农业资源状况、农业生产水平、政治环境、已有的合作基础判断,未来中俄两国农业合作前景广阔,合作规模将不断扩大、合作领域将日益广泛,合作层次将不断提高。主要的合作领域包括农业科技交流、农产品种植加工、农业基础设施建设、远洋渔业等。

1. 产能合作的重点领域。

(1) 农业基础设施建设。俄罗斯农田生产基础设施落后,交通运输条件较差,物流仓储设施不足,未来中俄双方在农业农田水利、农用道路、仓储加工设施建设等方面具有较大的合作空间。同时在农业机械、边境口岸建设、物流加工体系建设等方面都有较大合作空间。

(2) 部分重点农产品的种植加工领域。中俄两国农业生产要素互补性强,考虑到俄罗斯农业基础资源丰富、中国国内生产水平高(见表 5)、对俄投资基础好、市场需求旺盛等因素,小麦产业、大豆产业、水果蔬菜、畜产品、水产品、有机食品生产加工是当前及未来合作的重点领域。

①小麦产业。2014 年俄罗斯小麦产量 5971.1 万吨,占谷物产量的 57.9%。目前俄罗斯已成为世界第三大小麦出口国,并计划继续扩大小麦出口。俄罗斯种植的春小麦与中国黑龙江、内蒙古等省自治区春小麦生产条件类似,种植的冬小麦与河南、河北等省冬小麦生产条件相似。因此,

表 5　　　　　　　　　　2014 年中俄种植业情况

类别	总产（万吨）		单产（千克/公顷）	
	俄罗斯	中国	俄罗斯	中国
小麦	5971.1	1262.2	2497.6	5048.1
玉米	1133.2	21581.2	4359.3	5997.9
大豆	259.7	1220.1	1355.3	1812.8

数据来源：FAO 数据库。

中俄双方可加强在小麦产业方面的合作。在小麦种植方面，充分利用两国种质资源，加强小麦新品种培育的合作研究；加强栽培技术、病虫害防治等方面的技术交流；加强在小麦机械、农药、化肥等生产工具和生产资料的研发使用。在小麦深加工方面，利用中国成熟的小麦深加工技术和产业化发展经验，与俄方在小麦深加工领域开展合作，延伸产业链。

②大豆产业。中国是大豆的主要进口国和消费国，2015 年大豆进口总量 8159 万吨，占国内大豆消费量的约 87%，未来中国大豆消费量将持续增加，自给率进一步降低。为保障国内供给稳定，拓宽贸易伙伴，加强与俄罗斯大豆产业合作潜力巨大。在大豆育种方面，中俄科研机构可进行高产非转基因高蛋白大豆、非转基因高蛋白高油"双高"大豆优质品种研发。在大豆生产方面，中国企业和农产可在俄罗斯租地种豆，同时加强高产栽培技术的交流合作，提高大豆单产。在大豆加工方面，传统食用油、生态安全食品、保健品、医药品开发都具有广泛的合作前景。

③蔬菜水果产业。蔬菜、水果种植是典型的劳动密集型产业，中国劳动力丰富，种植技术成熟，借助俄罗斯丰富的耕地资源，可加强在俄国内蔬菜种植合作。中方企业通过在俄境内租地、共建园区等方式，考虑不同蔬菜品种特点，露地种植以洋葱、甘蓝、马铃薯为主，大棚和温室种植以番茄和黄瓜为主。在俄罗斯境内进行蔬菜水果生产销售既可以满足俄罗斯国内市场需求，又能实现中国农村富余劳动力转移、带动农业生产资料出口，实现互利共赢。

④畜产品方面。俄罗斯的畜禽养殖业发展缓慢，国内肉类和奶类产品

供求缺口较大。中国企业可以通过与俄方合作，在种植饲料粮基础上，实现饲料种植和畜禽养殖业一体化发展，企业将种植的饲料粮加工成饲料进行肉牛、生猪、鸡等的养殖。同时，进一步发挥中国在食品加工方面的优势，与俄方合作建立农副产品深加工园区，促进俄方食品工业和饲料工业发展，带动中国食品加工机械及零部件出口。

⑤水产品方面。俄罗斯是中国水产品的主要进口来源国。未来双方在水产领域的合作范围将从水产养殖扩展到水生环境保护。一是扩大中国东北沿海地区与俄罗斯远东地区的水产品贸易。二是投资俄罗斯水产品深加工领域，特别是增加对俄罗斯鱼粉生产的投资。三是中方租赁或承包俄方渔场、渔船，双方合作捕鱼，开展船舶维修等方面的合作（张新颖、李淑霞，2012）。

3. 合作的优先地区。中国与俄罗斯农业合作的优先选择地区是中俄远东地区。原因主要有以下几点：一是中国和俄罗斯远东地区农业合作基础好。自2003年起，中国黑龙江垦区率先在俄罗斯远东地区探索境外农业开发，大力发展粮食、蔬菜种植，畜牧养殖和农产品加工，积累了丰富资料和宝贵经验。二是远东地区土地资源丰富。俄远东联邦区总面积620多万平方公里，占俄罗斯总面积的36.4%，人口600多万人，占俄罗斯总人口的4.9%。远东地区经济发展水平相对落后，农业基础薄弱、农村劳动力严重不足、土地大量闲置，导致农产品自给率低，这为中俄农业合作提供广阔的市场空间，中俄农业合作也是俄罗斯远东地区摆脱发展困境的有效途径之一。三是俄罗斯大力开发远东地区。俄罗斯实施远东大开发战略，将在远东成立14个经济特区，颁布税收、投资、进出口等一系列优惠政策，为中俄远东该地区农业合作提供了新的发展机遇。双方可在远东地区就小麦、豆类、水稻及各种谷物栽种、畜禽养殖、农产品深加工等领域开展广泛合作。

参考文献

[1] 李建民："俄农业合作新论"，《欧亚经济》2015年第1期。

［2］邹春燕："俄罗斯加入世贸组织后黑龙江省对俄农业合作发展问题研究",《西伯利亚研究》2013年第6期。

［3］佟光霁、智建伟："中俄农业合作的政府政策问题研究",《求是学刊》2013年第3期。

［4］于敏、姜明伦、耿建忠："中俄农业合作新机遇及对策研究",《世界农业》2015年第8期。

［5］徐丽、陈新、魏海蓉、张力思、崔海金、刘庆忠："俄罗斯粮食和农业植物遗传资源保存状况",《山东农业科学》2014年第4期。

［6］"俄罗斯的农业机械化",《湖南农机》2014年第2期。

［7］张金萍、高子清："中俄农业深度合作的基础与路径选择",《求是学刊》2014年第6期。

［8］张新颖、李淑霞："中国与俄罗斯农业合作的三大趋势",《中国农村经济》2012年第5期。

［9］崔丽莹："中俄农业合作的条件与方向",《俄罗斯中亚东欧市场》2012年第1期。

中国与美国农业投资合作及发展方向研究

原瑞玲　张雯丽　王慧敏　翟雪玲

美国位于北美洲中部,北与加拿大接壤,南靠墨西哥湾,西临太平洋,东濒大西洋,是世界最大的发达经济体,政治社会稳定,法律制度健全,市场体系完善,基础设施发达,在市场容量、科技实力、劳动生产率等方面均居于全球领先地位,已连续多年成为吸引外资最多的国家。"一带一路"倡议背景下,中国企业"走出去"步伐明显加快,美国是中国企业海外投资的重要目的地,研究我国与美国农业合作现状,分析投资环境和未来农业合作潜力具有重要意义。

一、中国与美国农业合作现状

中美经贸关系是中美关系的重要组成部分,在两国双边关系中发挥着"压舱石"和"推进器"的作用。由于农业资源禀赋的差异,特别是人均耕地与淡水拥有量的差异,中国与美国农业生产与贸易的互补性较强,农产品贸易在双边市场占有重要地位,农业投资规模总体较小,农业投资尚未进入美国核心区域,对美国农业投资的主力是民营企业和大型国企。

(一)中美农产品贸易在双边市场占有重要地位,产品结构稳定

中国是美国农产品第二大出口市场,第三大进口来源国。2015年,

扩大农业对外开放

美国对中国的农产品出口额214.1亿美元，占其农产品出口总额的15.1%；从中国进口农产品额74.9亿美元，占其农产品进口总额的5.2%，仅次于加拿大和墨西哥。美国是中国农产品的第五大出口市场，农产品进口的最大来源国。2015年，中国内地对美国的农产品出口额占到农产品出口总额的10.5%，仅次于日本和中国香港；从美国进口的农产品额占到农产品进口总额的21.3%，高居各进口国榜首。

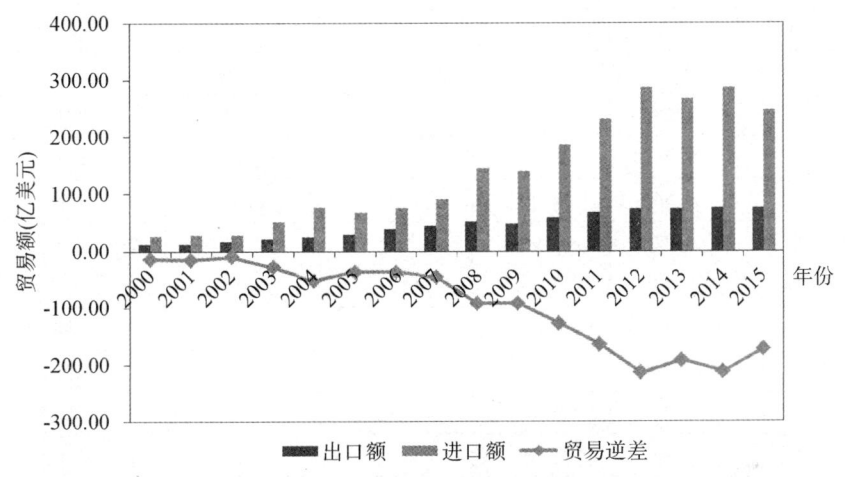

图1 中美农产品贸易规模（1996—2015年）

从产品结构看，中美农产品贸易具有较强的互补性，贸易产品结构相对稳定，符合双边的比较优势，中国主要从美国进口土地密集型农产品，向美国出口劳动密集型农产品。中国从美国进口的农产品，主要是大豆、谷物、棉花、畜产品等。2015年，这四类产品占进口额的比例超过了70%。中国向美国出口的农产品，主要是水产品、水果和蔬菜。2015年，这三类产品占对美农产品出口额的比例近50%（见表1）。

表1　　　　2015年中国对美农产品贸易结构　　　　单位：亿美元,%

产品	出口额	份额	进口额	份额	贸易逆差
畜产品	3.14	4.20	23.48	9.49	-20.33
水产品	32.03	42.77	12.81	5.18	19.22

续表

产品	出口额	份额	进口额	份额	贸易逆差
饮品	2.06	2.75	3.36	1.36	-1.30
谷物	0.07	0.09	27.79	11.23	-27.72
粮食制品	1.65	2.20	0.53	0.21	1.12
棉麻丝	0.00	0.00	9.90	4.00	-9.90
干豆	0.34	0.45	0.33	0.13	0.01
精油	0.60	0.80	0.66	0.27	-0.07
调味制品	0.05	0.06	0.00	0.00	0.04
花卉	0.28	0.38	0.07	0.03	0.21
水果	9.20	12.28	4.15	1.68	5.05
药材	0.36	0.48	0.11	0.04	0.25
坚果	2.22	2.96	2.15	0.87	0.06
植物油	0.19	0.25	0.31	0.13	-0.12
油籽	0.57	0.76	124.71	50.40	-124.14
其他产品	11.89	15.87	34.30	13.86	-22.42
薯类	0.02	0.03	0.10	0.04	-0.08
饼粕	0.46	0.61	0.00	0.00	0.46
糖及糖料	2.03	2.72	0.90	0.36	1.13
蔬菜	7.89	10.54	1.99	0.81	5.90

数据来源：中国海关数据库。

（二）投资规模总体较小，投资主要集中在贸易领域

中国赴美投资的农业企业，投资规模和经营规模相对都比较小。中国在美投资平均规模为184万美元，总体上仍处于小微企业阶段。2015年，中国在农林牧渔业领域对美国的直接投资流量为8651万美元，存量资金为22122万美元，占中国农林牧渔业对外直接投资流量和存量的1.1%和0.5%，占中国对美直接投资流量和存量的比例分别为1.08%和0.54%。从投资领域看，绝大多数对美农业投资企业的主营业务是贸易，其中，约有50%的企业单纯地从事贸易业务，其他企业从事实体性经济活动包括

林业砍伐、渔业捕捞和产品加工、作物育种、物流等。

(三) 民营企业和大型国企是在美农业投资主力

中国对美国农业投资的主力是民营企业,大型国企也是重要的参与力量。民营企业中多数又是私人企业,也有部分股份制企业。例如,在美投资的隆平美国公司是安徽隆平公司的全资子公司,安徽隆平公司则是上市公司隆平高科的全资子公司。尽管双汇并购史密斯菲尔德是通过国际资本运作的,但其决策者仍然是民营公司的创始人。中粮集团、中纺集团等大型国有企业也在美国有农业投资项目。中粮集团通过荷兰粮食贸易商尼德拉,在美国密西西比河沿岸间接控制了两个港口。还有少量在华外国投资企业,对美国进行了再投资。例如,莒县华腾有机生姜有限公司是一家阿联酋在中国投资的农业公司,该公司又在美国洛杉矶注册了分公司。

(四) 投资方式以"绿地投资"模式为主

目前,中国对美国农业投资的企业中有70%以上采取"绿地投资"模式,即新注册企业;另有不到30%采取"并购投资"模式,即收购部分或全部股权的方式,有些企业在并购完成后很快放弃并购项目,重新注册了企业。在并购投资模式中,并购对象一般都是中国国内企业从前的贸易或技术合作伙伴。贸易先行带动投资加工和物流,也是中国企业在美农业投资的重要模式。这种模式以九三油脂、北大荒商贸集团、北大荒马铃薯集团等为代表。主要做法是成立境外机构在先、投资活动在后,贸易活动在先、投资活动在后。通过成立境外机构和开展贸易活动了解掌握行业信息,逐渐向加工、物流领域发展。如九三油脂集团在美国先设立海外公司,通过海外平台与国际粮商进行农产品贸易和融资,在贸易活动中逐渐将投资重点向港口码头等领域转移。目前公司重点关注的是港口项目,未来如果条件合适就展开收购行动。双汇国际收购的史密斯菲尔德项目属于比较纯粹的资本运作项目,除了投资方的变更外,该公司目前基本上还是地道的美国公司,从事生猪养殖、屠宰、加工等全产业链经营。

(五) 农业投资尚未进入美国农业核心区

中国对美农业投资的项目多数集中在美国西海岸，还有少部分分布在东海岸。在农业发达的美国中部各州，中国农业投资很少。这种情况表明，中国对美国农业投资迄今尚未进入美国农业核心区域。

二、美国农业投资环境分析

对一国农业投资环境的了解是判断未来投资潜力的基础，通过分析美国经济发展状况、农业资源特点、农业生产条件和农业投资政策等，可以对美国农业投资环境做出整体描述和判断。

(一) 经济持续稳定增长，营商环境良好

美国是世界上最发达的市场经济国家，其国内生产总值居世界首位，2015年美国GDP规模达到180366.48亿美元，人均GDP为5.6万美元。2010年以来，美国GDP逐步复苏，2015年年度经济增长率达到2.6%，已经走出金融危机的影响。制造业、金融保险和房地产租赁、专业和商业服务是美国国民经济的支柱产业，农林牧渔业增加值占美国GDP增加值的1.4%左右（见图2）。美国市场体制、规章制度和税收体系完善，为外国投资者提供充分的经营自由，世界经济论坛发布的《全球竞争力报告》显示，美国一直是世界上最具竞争力、最具创新和最开放的经济体之一，在世界经济论坛全球竞争力指数中，美国在创新、市场效率以及综合经商方面名列前茅。

(二) 农业资源丰富，农业生产率高

美国是世界上最大的农业发达国家，耕地、草原和森林资源的拥有量均位于世界前列，农业用地面积4.08亿公顷，其中可耕地面积1.55亿公顷。70%的耕地以大片方式集中于平原和内陆平原地区，雨量充沛且分布比较均匀，适宜农作物生长。美国是世界主要农产品生产国，农作物以玉米、小麦、棉花、大豆为主，其中大豆、玉米和小麦产量在世界农业中占

扩大农业对外开放

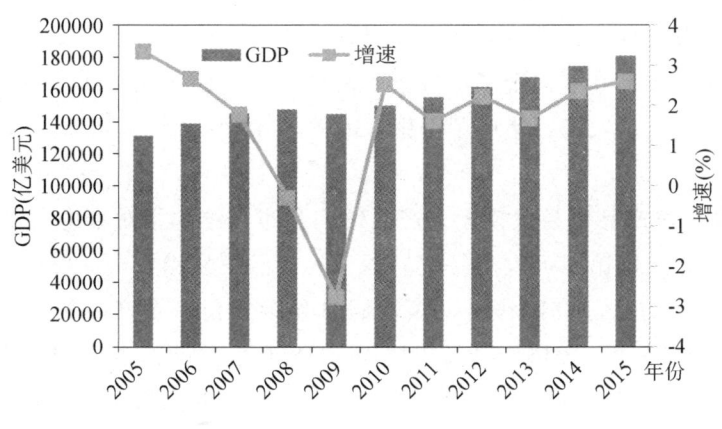

图2 美国GDP发展情况（2005—2015年）

重要地位。粮食总产量约占世界产量的近1/5，玉米和大豆产量均居世界榜首，小麦产量居世界第五位，棉花的产量居世界第三位（见表2）。

表2　　　　　美国农业生产（2015年）　　　　单位：万吨,%

产品	产量	占世界比重
小麦	5612	7.63
玉米	34549	35.95
大豆	10686	34.11
油菜籽	131	1.87
棉花	281	13.36
大麦	475	3.20
猪肉	1112	10.08
乳品	10191	19.15

数据来源：美国农业部。

（三）农业生产专业化、商品化和机械化程度较高

美国农业地域分布明显，实现了农产品属性与地区地理特性的有效结合，有利于进行规模化和专业化种养殖。农业生产单位主要是家庭农场，2014年，美国共有农场208.5万个，农场经营可耕地面积平均为438公

顷；全国农业从业人员较少，人均经营面积一般超过110公顷，农作物生产的各个环节都基本实现了机械化。其中，经营面积在600公顷以上的大型农场和特大型农场，集中了全国75%的可耕地。

（四）农产品贸易规模大，产品结构和市场结构相对集中

美国是全球第二大农产品贸易国，农产品贸易额占全球农产品贸易总额的10%左右，进口额和出口额均居世界第二位，农产品贸易整体表现为顺差。2015年，美国农产品出口额1418.6亿美元，占全球农产品出口额的10.8%；农产品进口额1455.3亿美元，占全球农产品出口额的10.4%；农产品贸易逆差36.7亿美元。从产品结构看，美国农产品进出口结构基本稳定，产品相对集中，主要出口产品为畜产品、油籽、谷物，这三类产品占美国农产品出口总额的40.3%。主要进口饮品类、水产品、畜产品、水果和蔬菜，2015年五类产品进口额合计约占进口总额的69.8%。美国农产品进出口市场均较为集中，北美自由贸易协定（NAFTA）相互间的市场开放促进了区域内贸易的增加，区内贸易在北美农产品贸易中占较大份额。美国农产品的主要出口市场为中国、加拿大、墨西哥、日本和韩国，五国合计占美国农产品出口总额的一半以上。美国前五大农产品进口来源地为加拿大、墨西哥、中国、法国和智利，2015年从五国的进口额合计占美国进口额的46.0%，其中从墨西哥和加拿大的进口额占进口总额的33.7%。

（五）投资政策体系完善

1. 对外商投资实行中立政策。美国对外资政策没有特殊优惠，实行中立政策，即美国联邦政府既不反对外国资本流入美国，也不以任何方式对外资进入美国实行倾斜和优惠政策。美国的中立政策包括两个基本原则：一是创设的权利，即外国企业在美国创设新的公司或扩大经营，不会因为外国企业身份面临国内企业所不会遇到的特殊待遇；二是国民待遇，即外国投资者的待遇等同于美国国内的投资者。

2. 联邦政府土地政策相对宽松，各州有所限制。美国实行多元化的

扩大农业对外开放

土地所有制,私人所有的土地占58%,联邦政府所有的土地占32%州及地方政府所有的土地占10%。依照美国法律,美国联邦政府土地管理局所持有的土地不出售给外国企业或外国人,美国半数以上州的土地法都限制外国人拥有美国政府和农业土地,但限制程度不同,外国人可以购买美国私人拥有的土地,手续比较简单,买卖双方自愿签订协议后,只需要向政府缴足税金,进行注册登记即可。美国大部分州都对外国人持有包括土地在内的不动产进行程度不同的限制,尤其是美国中西部的艾奥瓦州、明尼苏达州、密苏里州、内布拉斯加州、北达科他州、南达科他州、俄克拉何马州、威斯康星州等8个州,都限制外国人购买或实际拥有耕地。从地理区位上看,这8个州都处于密西西比河及其较大支流的沿岸,是美国农业生产资源条件最好、内河运输最便利的州。即使在对外国农业投资比较开放的加利福尼亚州,近年来也由于水资源短缺,而倾向于限制外资拥有土地。

3. 外汇管理宽松。美国财政部负责制定资本和外汇的相关规定,美国对非公民的利润、红利、利息和费用的汇出没有限制;对部分列入名单的国家实施贸易制裁和禁运,限制包括贸易支付、汇款和其他类型的合同和交易,所有美国公民、在美国永久居住的外国人、企业及美国公司的海外分支机构,都要遵守上述制裁和禁运规定。按照美国法律规定,外国人个人携带现金进出美国是合法行为,但超过1万美元的现金入关时必须申报。

三、中国与美国开展农业合作面临的挑战和制约因素

美国营商环境整体领先,经济持续稳定增长,中美经贸互补性不断加强,中国对美投资前景广阔,但中国企业在美也面临劳动力成本高、国家安全审查制度严格和中美文化差异大等挑战。

(一)劳动力成本高

劳动力成本是投资成本高的主要原因,据美国劳工部统计,截至2016年1月,美国联邦政府规定的最低工资标准为每小时7.25美元,远

高于在中国本土雇工的正常工资水平,按照中国政府规定的最低标准,小时最低工资中最高的北京也仅为21元人民币。

(二)国家安全审查制度严格

国家安全审查制度是美国外国投资的防火墙。美国的外国投资安全审查,采取具体个案具体管理的策略。绝大多数外国对美投资的安全审查,在申报后30天内进行初审就可结束。但是,如果外国投资委员会认为一项外国投资会对"国家安全"产生威胁,那么就要对该项目进行为期45天的调查取证。美国政府对"国家安全"并无明确定义,美国参众两院则倾向于对国家安全审查进行更宽泛的理解。因此,农业领域外国投资也会遭遇严格的安全审查。以双汇收购史密斯菲尔德为例,双汇国际于2013年6月主动向外国投资委员会申报并购案,到了7月,外国投资委员会组成成员并没有提出质疑,但是在该委员会不占席位的美国参议院农业委员会主席却以双汇在食品安全方面有不良记录为由,要求继续审查,直接导致安全审查拖入了调查取证阶段。尽管后来并购成功,却开了食品安全纳入"国家安全"审查的先例。

(三)文化差异大

中美文化存在很大的差异。例如,美国员工非常重视休假,一般不认同带薪加班;另外,美国员工对工作的放松场所要求很高,往往会要求在工厂添加咖啡屋、休息室等。这种差异,是中国赴美农业投资企业管理者面临的新课题。2013年,《中国日报》美国分社与美国安可咨询公司联合发布的一项调查显示,超过90%的中资企业高管认为克服中美文化差异对其公司是一项挑战,45%的受访者将文化障碍视作在美经营的主要挑战。

四、中美农业合作发展方向与潜力

(一)中国与美国农业贸易的发展前景

从贸易结构看,中国农产品的出口结构与美国农产品的进口结构、中国农产品的进口结构与美国农产品的出口结构，虽存在一定的波动特征但正在趋向一致，互补性日益上升。伴随中国与美国在世界农产品市场上专业化分工程度不断上升，未来农业双边贸易中优势产品的贸易量将进一步放大，贸易结构将更加稳定。

未来美国仍将是世界上重要的玉米、大豆、小麦生产国和贸易国，主要农产品生产和贸易将基本保持稳定，来自其他国家的竞争，难以对美国农业贸易份额构成实质性冲击。中美双边农产品贸易结构符合各自的比较优势，未来中美农产品贸易额仍将继续增长，双边现有贸易格局不会出现大的变化，从美国进口的农产品主要仍为油料（大豆）、谷物（玉米）、棉花和畜产品（奶制品、牛肉、猪肉等），出口产品主要是蔬菜、水果。中美农业贸易有利于充分利用双方的农业资源，互通有无、调剂余缺，更好地满足人民多样化的农产品消费需求，对双边政治、经济、外交发展都有很大的好处。

（二）中国对美国农业投资方向分析

美国农业投资环境总体较好，投资政策体系完备，基础设施建设以及物流体系等较为成熟，为中国开展农业对外投资与合作奠定了良好基础。结合中美两国资源禀赋、经济发展和贸易情况，未来中国对美农业投资规模有望增长，投资领域以土地密集型同时国内供需缺口较大的农产品如大豆、畜产品等生产、加工为重点。

1. 中国对美国农业投资规模有望稳步增长。一是投资规模尚小，未来增长空间较大。目前，美国是中国第三大投资对象国，但农业投资占比仅为总投资额的1.2%，未来随着中国经济结构调整和企业整体实力的增加，中国企业对美国地区的农业类直接投资规模会保持一定规模的增加。二是中美双边投资协定（BIT）为中国对美农业投资提供更广阔的空间。自2007年1月以来，中美双方举行了10轮投资对话，为正式启动双边投资协定谈判奠定了基础。2012年4月20日，美国贸易代表办公室与国务院联合发布了《2012年版双边投资协定示范文本》。2013年7月第五轮中美战略与经济对话上，双方同意以"准入前国民待遇+负面清单"模式为基础开展中美双边投资协定（BIT）谈判。截至2014年3月底，中美投资协定谈判共进行了12轮谈判。随着谈判的推进，将对中美两国的双边投资产生深远影响，中国对美农业投资也将面临更好的机遇。

2. 投资领域以土地密集型且国内供需缺口较大的农产品等生产加工为重点。美国的农业总体上是一种过剩的生产，无论是联邦政府还是州政府都不鼓励外国投资直接进入种养环节，因此，外国投资在美国购买土地、直接养殖畜禽等行为都受到禁止或严格控制。对美农业领域投资的重点可以放在农产品加工和农业机械制造等行业上。在农产品加工行业，给予企业财政和技术扶持，支持其形成从美国产地到世界销售地的质量安全可追溯体系，积极向农资、储运、物流、加工、储藏、销售等产前产后环节延伸，投资美国的农产品交易场所、仓库、码头等物流基础设施。在农业机械制造行业，与机械行业发展规划相结合，建立农业机械行业市场开发基金，支持农机企业并购或联合美国农机企业，花大力气布局全球化的售后服务网络，打造具有国际竞争力的农机企业。即使投资从事种养业，也建议最好与美国当地农场合作，或者采取土地租赁的方式，降低企业经营成本，减少与美国政策法律的抵触和摩擦。

3. 中国企业在美国可以采取多种方式进行投资。美国法律体系复杂，对农业投资的规定更加繁杂，直接进入美国农业领域会面临极大的风险。建议企业采取"贸易现行，投资在后"策略，先通过贸易了解目标投资国法律体系、投资规定以及拟投资领域产业发展状况和产业市场格局，然后再伺机进行投资。按照美国法律，联邦政府土地管理局的土地不出售给外国人，但外国人和企业可以购买私人拥有的土地。对于土地密集型产品的生产领域投资，可以通过购买当地私人拥有的农场和土地来实现。美国本土企业在资源配置、管理技术、人才以及市场营销网络构建等方面具有明显优势，中国企业也可以采取合资合作等方式，与美国当地农业类企业合作实现共赢。部分规模较大，发展较为成熟的大型企业也可以采取并购等形式在美国开展投资合作。从投资领域看，通过对重要农产品、畜产品的种养、加工、流通等领域的直接投资进一步拓展海外市场，出口至国内弥补重要农产品供需缺口的同时带动国内农业企业做大做强，推进全球农业产业链布局。

参考文献

［1］韩啸、周云："中美农业合作空间研究——基于农业互补性分析",《西北工业大学学报（社会科学版）》2016 年第 3 期。

［2］路亚洲："中美农业科技合作模式分析",《世界农业》2012 年第 8 期。

［3］汪巍："中美农业合作展望",《国际工程与劳务》2017 年第 5 期。

推动农业绿色发展与减贫

农膜使用情况和减量思路

王 莉 张 斌

自20世纪60年代采用农膜覆盖技术以来,特别是改革开放引进地膜覆盖技术之后,我国农膜使用量实现了快速增长,带来了生产方式的转变和生产力的显著提高。但是,由于农膜使用中的产品质量不高、回收意识不强等问题,造成残膜积累,对土地质量和生态环境造成了影响。当前除了促进农膜回收资源化利用,还应该尽快转变发展思路,推行农膜的减量高效使用,以全面降低残膜污染,实现农业绿色发展。

一、农膜使用情况

(一) 总体概况

20世纪60年代,我国开始将自己生产的厚度为0.12毫米的农用聚氯乙烯薄膜,大规模用于覆盖小拱棚水稻育秧,之后在北京、上海等大城市尝试将小拱棚覆盖栽培技术应用于蔬菜的早熟及延后栽培,取得了早熟、优质、高产等良好效果。但由于经济体制影响,蔬菜、粮食等农产品和农业生产资料实行统购包销,农膜覆盖技术的推广应用较为缓慢。1979年,我国从日本引进地膜覆盖技术,在全国选择了10种蔬菜进行试验,覆盖面积仅 44 公顷，但获得了增产 30%—50% 的显著成效①。经过 1980—1982 年 3 年时间的进一步试验研究，农膜覆盖逐渐拓展到棉花、花生、水稻、瓜果、糖料等各种类型作物。

凭借适用范围广、增产幅度大、经济效益高等优点，加上经济体制改革后农膜生产供应能力的快速提升，农膜覆盖技术迅速在全国得到推广和应用。1990 年我国农膜使用量仅为 48.2 万吨，2015 年达到了 260 万吨，成为世界农膜生产消费第一大国②。从 1990 年到 2015 年期间，我国农膜使用总量增长了 4 倍，年均增速达到 7%。2013 年之前，农膜使用总量呈现出持续较快增长的态势，但 2013 年之后，农膜使用总量增速出现了明显下降，特别是 2015 年仅比 2014 年增长 0.9%，增速跌破了进入 21 世纪以来 3.5% 的增长底线。这可能与我国总体经济增速放缓、农业结构加快调整以及更加重视生态环境保护有关。随着我国农业供给侧结构性改革的持续深入推进以及农膜污染防治强度力度的加大，预计未来农膜使用总量将减速增长。

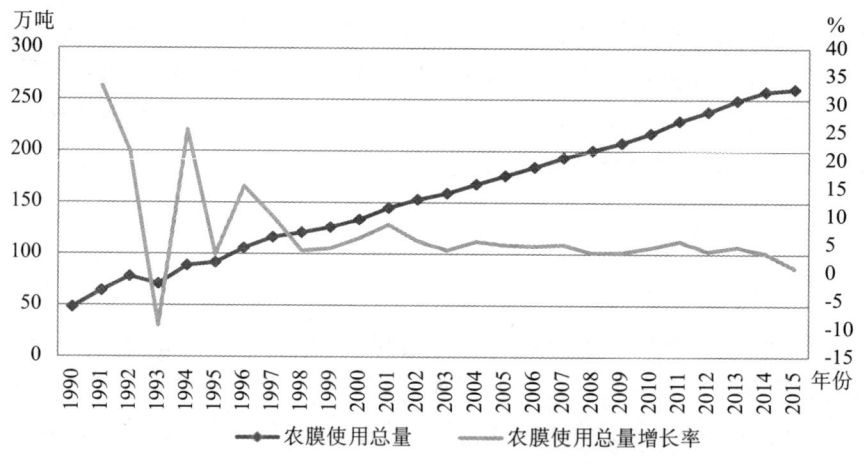

图 1　1990—2015 年农膜使用总量及其增长率情况

数据来源：历年《中国农村统计年鉴》。

---

①　李杰、何文清、朱晓禧主编：《地膜应用及污染防治》，中国农业科学技术出版社 2014 年版，第 5 页。

②　周大纲："我国农膜行业的现状及发展对策"，《塑料助剂》2015 年第 6 期。

自20世纪90年代以来，农膜承接化肥、农机等生产资料，使用量快速增加，成为我国农业生产中的一项重要物质投入要素，为我国农业发展作出了重大贡献。1990年到2015年期间，化肥、农药和农用柴油使用量年均增长3.5%左右，仅为农膜使用总量增速的一半；农用机械总动力的年均增速为5.59%，也远低于农膜增速。

表1　　　　1990—2015年我国农业物质生产投入情况

年份	农用机械总动力（亿瓦）	化肥施用量（万吨，折纯量）	农药使用量（万吨）	农用柴油使用量（万吨）	农用塑料薄膜使用量（万吨）
1990	2870.8	2590.3	73.3	—	48.2
1995	3611.8	3593.7	108.7	1087.8	91.5
2000	5257.4	4146.4	128	1405	133.5
2005	6839.8	4766.2	146	1902.7	176.2
2010	9278	5561.7	175.8	2023.1	217.3
2015	11172.8	6022.6	178.3	2197.7	260.4
1990—2015年均增速（%）	5.59	3.43	3.62	3.58	6.98

数据来源：国家统计局网站。

（二）作物结构

由于缺乏分作物类型的农膜使用总量统计数据，这里主要利用各年份《全国农产品成本收益资料汇编》中不同类型作物的单位播种面积的农膜投入数据，即农膜使用强度来分析不同作物农膜使用情况。

2015年的最新统计数据结果显示，不同作物的农膜投入强度差异较大。其中，农膜投入强度最高的是设施西红柿，全国平均每亩需要投入37.11公斤；其次是设施茄子、设施黄瓜和设施菜椒，均超过了每亩25公斤；然后是露地菜椒、西红柿等蔬菜以及烤烟、棉花、苹果等作物，全国平均每亩投入农膜量在1—5公斤左右；最后是花生、玉米、稻谷等作物，每亩平均农膜投入强度不到1公斤（见图2）。

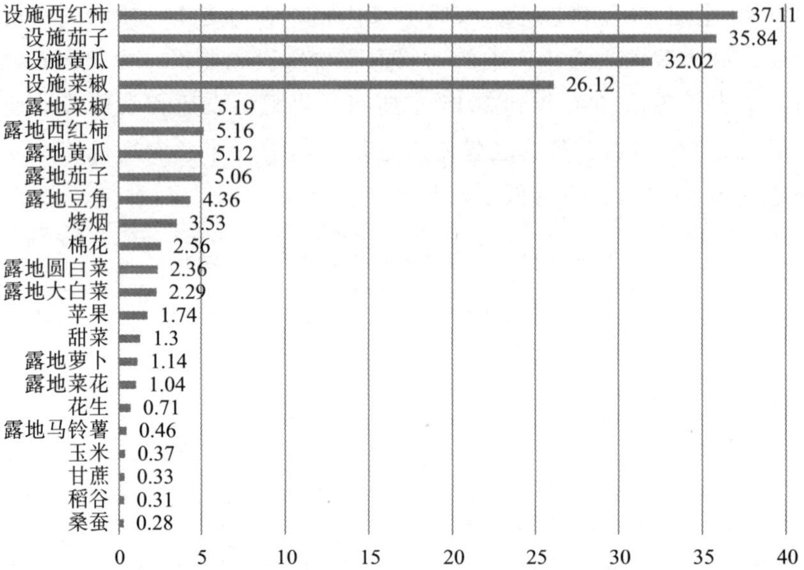
设施西红柿 37.11
设施茄子 35.84
设施黄瓜 32.02
设施菜椒 26.12
露地菜椒 5.19
露地西红柿 5.16
露地黄瓜 5.12
露地茄子 5.06
露地豆角 4.36
烤烟 3.53
棉花 2.56
露地圆白菜 2.36
露地大白菜 2.29
苹果 1.74
甜菜 1.3
露地萝卜 1.14
露地菜花 1.04
花生 0.71
露地马铃薯 0.46
玉米 0.37
甘蔗 0.33
稻谷 0.31
桑蚕 0.28
0 5 10 15 20 25 30 35 40

图 2　2015 年全国主要作物的农膜投入强度（单位：公斤/亩）

数据来源：《全国农产品成本收益资料汇编（2016 年）》。

根据作物类型，采用农膜覆盖技术的作物总体上可以分为蔬菜和非蔬菜两大类。其中，蔬菜类包括设施蔬菜和露地蔬菜，设施蔬菜通常采用棚膜覆盖，因此农膜投入量较大；露地蔬菜和非蔬菜类则通常采用地膜覆盖技术，虽然实际种植过程中每亩的地膜投入量在 4—5 公斤左右，但由于不同作物的覆盖面积差异较大，因此其平均地膜投入强度差异较大。

从蔬菜类作物的农膜投入强度来看，设施蔬菜的农膜使用强度在每亩 25—35 公斤左右，露地蔬菜的农膜使用强度在每亩 1—5 公斤左右。设施蔬菜通常采用的都是厚度较高的塑料棚膜作为大棚覆盖材料，同时大棚内还使用地膜，因此农膜投入量非常高。设施蔬菜的农膜覆盖强度远高于露地蔬菜，如设施西红柿、设施茄子、设施黄瓜的每亩农膜使用量超过了 30 公斤，约为露天西红柿和茄子农膜覆盖强度的 5 倍（见表 2）。

从非蔬菜类作物来看，不同类型作物的农膜使用量差异较大。其中，烤烟、棉花和苹果三类作物的农膜使用强度较高，而玉米、稻谷等粮食作

表 2　　2010—2015 年各类型蔬菜的农膜使用强度情况　　单位：公斤/亩

年份	2010	2011	2012	2013	2014	2015	2010—2015 年平均
设施西红柿	27.44	33.38	36.38	36.07	38.05	37.11	34.74
设施茄子	20.2	29.07	36.75	37.19	34.35	35.84	32.23
设施黄瓜	25.67	28.91	35.27	31.75	36.95	32.02	31.76
设施菜椒	18	28.1	31.25	31.43	26.55	26.12	26.91
露地菜椒	4.16	7.69	5.74	6.36	5.56	5.19	5.78
露地西红柿	6.06	9.29	5.41	5.37	4.56	5.16	5.98
露地黄瓜	3.94	8.32	5.77	5.38	4.5	5.12	5.51
露地茄子	4.72	8.5	5.77	5.5	5.42	5.06	5.83
露地豆角	2.81	6.17	2.7	4.17	4.03	4.36	4.04
露地圆白菜	0.67	5.52	1.63	2.11	1.91	2.36	2.37
露地大白菜	0.72	7.03	3.85	3.22	1.85	2.29	3.16
露地萝卜	0.6	3.2	1.73	1.16	0.45	1.14	1.38
露地菜花	2.11	0.59	0.92	0.86	0.9	1.04	1.07
露地马铃薯	0.22	0.45	0.42	0.43	0.34	0.46	0.39

数据来源：各年份的《全国农产品成本收益资料汇编》。

物的农膜使用强度较低。2010 年到 2015 年期间，烤烟、棉花和苹果每亩投入的农膜总量分别为 2.93 公斤、2.31 公斤和 1.99 公斤，玉米和稻谷分别为每亩 0.32 公斤和 0.30 公斤。甜菜、花生和甘蔗的农膜使用强度略高于两大粮食作物，但远低于烤烟、棉花和苹果，其 2010 年到 2015 年期间每亩平均投入量分别为 0.96 公斤、0.75 公斤和 0.46 公斤。另外，从时间维度来看，烤烟、棉花、甜菜、玉米、稻谷等作物的农膜使用强度具有明显的增长趋势，尤其是烤烟从 2010 年的 2.52 公斤每亩上升到了 2015 年的 3.53 公斤每亩。

表 3　　2010—2015 年非蔬菜类主要作物的农膜使用强度情况　单位：公斤/亩

年份	2010	2011	2012	2013	2014	2015	2010—2015 年平均
烤烟	2.52	2.62	2.79	2.91	3.21	3.53	2.93
棉花	2.18	2.21	2.23	2.26	2.40	2.56	2.31

续表

年份	2010	2011	2012	2013	2014	2015	2010—2015年平均
苹果	1.99	1.79	2.26	2.24	1.90	1.74	1.99
甜菜	0.71	0.71	0.84	1.01	1.17	1.30	0.96
花生	0.74	0.79	0.77	0.73	0.73	0.71	0.75
甘蔗	0.35	0.37	0.58	0.69	0.46	0.33	0.46
玉米	0.24	0.29	0.31	0.36	0.36	0.37	0.32
稻谷	0.28	0.29	0.30	0.30	0.31	0.31	0.30

数据来源：各年份《全国农产品成本收益资料汇编》。

（三）地区结构

农膜覆盖技术在全国各省区都得到了普遍应用。2015年各省区的农膜使用量统计结果显示，山东、新疆和甘肃是全国农膜使用量最高的省区。这3个省自治区的农膜使用量之和占全国使用总量的29%，其中地膜使用量比重更高，达到了32%。山东作为我国的蔬菜生产主产区，一直以来都是全国农膜使用量最大的省份，2000年使用总量就达到了22.5万吨，2015年增长到30.16万吨。新疆是我国棉花生产主产区，其农膜使用量增长迅速，2000年使用量为8.8万吨，到2015年是上升到26.89万吨，增长了约3倍。甘肃位于我国西北干旱区，也是全国农膜使用大省，2000年使用量为6.43万吨，2015年达到了18.37万吨，增长了11.94万吨。

另外，河南、辽宁、四川、江苏和云南的农膜使用量也较高，均超过了10万吨，农膜使用量居全国前列。北京、上海、天津3个直辖市和西藏、青海、宁夏3个西部省自治区的农膜使用量最低，均不超过2万吨，其中西藏是全国农膜使用量最低的省自治区，2015年使用量为0.19万吨，仅占全国总量的0.07%（见表4）。

从农膜增量情况来看，新疆和甘肃是全国农膜使用量增长最为迅速的地区。另外，山东、河北和河南3个省的农膜使用增量也较大，从2000年到2015年期间，增量超过了7万吨；云南、辽宁、内蒙古和四川4个

表4　　　　　　　　2015年各省区农膜使用量情况

序号	地区	农膜使用量（万吨）	序号	地区	农膜使用量（万吨）
1	山东	30.16	17	吉林	5.92
2	新疆	26.89	18	江西	5.4
3	甘肃	18.37	19	贵州	4.94
4	河南	16.2	20	山西	4.79
5	辽宁	14.19	21	广东	4.68
6	河北	13.8	22	广西	4.63
7	四川	13.22	23	重庆	4.52
8	江苏	11.32	24	陕西	4.31
9	云南	11.31	25	海南	3.24
10	安徽	9.79	26	上海	1.8
11	内蒙古	9.5	27	宁夏	1.56
12	湖南	8.4	28	天津	1.06
13	黑龙江	8.31	29	北京	1.04
14	湖北	7.13	30	青海	0.74
15	浙江	6.75	31	西藏	0.19
16	福建	6.21			

数据来源：2016年《中国农村统计年鉴》。

省自治区的农膜增量较大，增量均超过了5万吨；北京、上海、天津3个直辖市和西藏、青海、宁夏3个西部省自治区的农膜使用量增长最低，其中上海还下降了0.33万吨。3个直辖市农膜使用量增长低一方面是基数小；另一方面是由于城镇化发展，农作物的播种面积日益下降。3个西部省自治区增量低则主要是因为其基数较低，即2000年时这3个地区的农膜使用量非常低，如果从增速来看，这3个省自治区的增速要远高于很多其他省自治区（见图3）。

二、农膜减量的思路

农膜的广泛使用促进了农作物增产及作物适作区扩大，带动了农业生

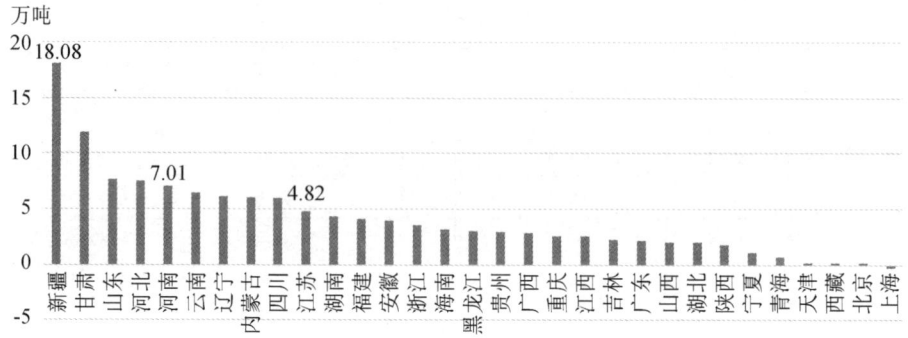

图 3　从 2000 年到 2015 年各省区农膜使用增量

数据来源：2001 年和 2016 年《中国农村统计年鉴》。

产方式的改变和农业生产力的提高，对我国农业的快速发展作出了巨大贡献，但是也带来了一些问题。超薄地膜广泛使用，回收资源化利用比例小，农膜残留现象突出，对农业可持续发展和资源环境造成不利的影响。根据笔者对山东、新疆和甘肃的调研，证实了这些问题的严峻性。

降低残膜污染的途径大致有三种：一是农膜减量使用；二是加强农膜的捡拾和收集；三是促进农膜回收资源化利用。其中，少用或不用农膜可以最直接地减少农膜残留，降低污染程度，同时政策执行成本相对较小。

（一）减量的重点

1. 减量的重点产品。农膜是应用于农业生产的塑料薄膜的总称，根据不同的标准可以对农膜进行不同的分类。根据农膜的使用功能，可以分为防虫薄膜、防病薄膜、除草薄膜以及多用途薄膜等；根据农膜颜色，可以分为白膜、黑膜、灰色膜、蓝膜、双色膜等；根据使用对象，主要分为棚膜和地膜，这也是农膜统计中的分类项目。

棚膜主要用于塑料棚即温室大棚的搭建，塑料温室通过控温、节水等作用能够改变作物上市时间，实现提前上市、反季节栽培。我国常用塑料棚膜主要包括聚氯乙烯（PVC）棚膜、聚乙烯棚膜、乙烯-醋酸乙烯聚物（EVA）棚膜三类，厚度要求均在 0.080 毫米以上，但实际都高于 0.140 毫米，可连续使用 24 个月以上（见表 5）。地膜主要用于作物的地面覆盖，利用其增温、保墒等作用促进作物的早期生产。我国常用的地膜主要是聚乙烯（PE）地膜，具体包括无色透明塑料地膜、黑色塑料薄膜、双色塑料地膜、银灰反光膜、转光膜等多种类型。目前，我国地膜主要用于露天蔬菜、玉米、水稻、棉花、烤烟等各类作物，覆盖范围非常广泛。

表 5　　　　　　　　农膜厚度与回收率关系的试验结果

农膜膜厚度（mm）	抗拉强度（Mpa）	地膜拉伸率（%）	残膜人工捡拾率（%）	残膜机械回收率（%）
0.007	4.92	50	80.0	76.0
0.008	7.13	88	90.5	82.8
0.009	7.52	100	90.5	83.4
0.010	9.10	120	95.3	91.0
0.012	10.88	138	97.2	92.5
0.014	14.45	145	97.8	94.8

数据来源：甘肃省农业机械鉴定站。

农膜减量主要是为了减少农膜残留土地带来的环境影响，因此并不是所有的农膜都需要减量，主要是减少难以回收、容易残留土地的农膜。由于棚膜厚度较高、任性好，通常不会残留在农地里，所以残留农膜主要是地膜，这也就是农膜减量的重点，特别是超薄地膜。

2. 减量的主要方向。我国地膜使用总量保持较为稳定的增长。从1993 年到 2015 年，地膜使用量由 37.46 万吨增长到了 2015 年的 145.48 万吨，增长 3.88 倍。使用面积的扩大和单位面积使用量的提高是地膜使用总量增长的双动力。地膜覆盖面积从 1993 年的 572.19 万公顷增加到 2015 年的 1831.84 万公顷，增长 3.2 倍；地膜单位面积使用量从 4.36 公斤增加到 5.29 公斤，增长 1.21 倍。因此，控制地膜覆盖面积和降低单位使用强度，都能够起到农膜减量的作用（见图 4）。

从历史数据看，使用面积扩大对地膜使用增长的贡献大于使用强度的提高，因此，控制地膜使用面积的扩大对地膜减量的效果更为显著。同时，应该将覆盖面积与使用总量两个考核指标并行，衡量减量效果。因为

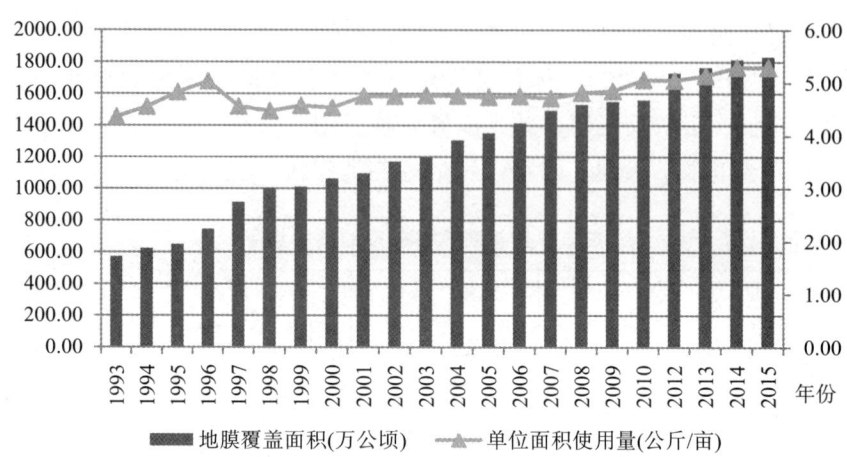

图 4　地膜使用量增长的动力

数据来源：历年《中国农村统计年鉴》。

提高农膜厚度，可以提升残膜回收可行性，降低农膜污染，因此可能会出现农膜使用总量增加而农膜残留降低的情况。不过，也不能仅将地膜覆盖面积作为考核目标，地膜覆盖面积数据的准确性较低，有些地区是根据地膜总量反推过来的，另外采用全膜覆盖、半膜覆盖等差异化技术手段也会增加覆盖面积的统计难度。此外，在降低农膜单位面积使用量方面，应该以一膜多用、一膜的多年用等地膜高效利用技术推广为主。

3. 减量的重点地区。从地膜使用量来看，新疆是全国地膜使用量最高的省自治区，2015 年地膜使用量达到了 23.15 万吨，占全国地膜总量的 18% 左右；第二位是山东，2015 年使用量为 12.34 万吨；甘肃居第三位，达到了 11.43 万吨。另外，四川和云南的地膜使用量也很高，分别达到了 9.19 万吨和 9.09 万吨。从地膜覆盖面积来看，新疆、山东、甘肃、内蒙古、河北等北方地区的使用面积较大（见图 5）。

（二）减量的难点

长期以来，农膜使用对提高农业生产力的显著效果，得到农业生产经营者和管理部门的广泛认可。尽管当前农膜残留所带来的环境生态问题也

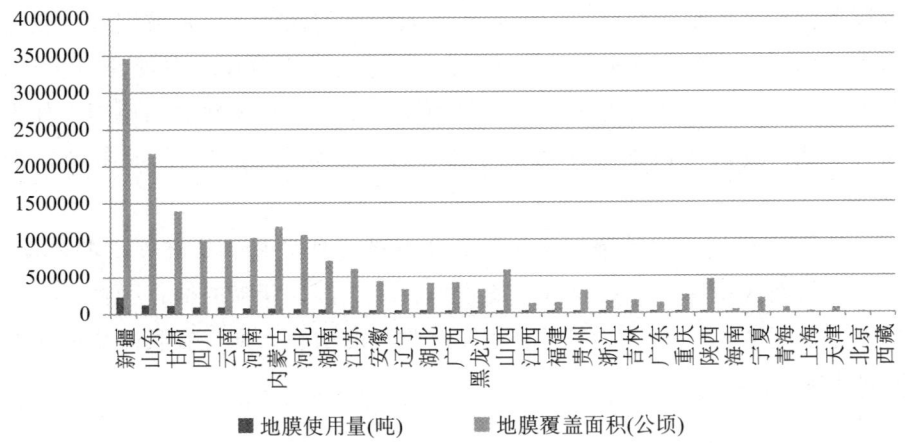

图 5　各省地膜使用量和面积排序（2015 年）

数据来源：2016《中国农村统计年鉴》。

逐步被重视，但是要真正实施农膜减量使用的难度还是比较大。减量使用可能面临以下几方面冲突：

1. 与产品供给的冲突。在甘肃、新疆等西北干旱地区以及西南高冷地区，地膜覆盖使用，充分发挥了抗旱节水和增温保墒的作用，扩大了农业生产区域，稳定和提高了农业产出，增强了这些地区的农产品供给能力。以甘肃省为例，因缺水每年都有部分耕地荒漠化，自从地膜技术的应用，不仅耕地保住了，而且还有所增加。如海拔在1800米以上的土地气温常年低于8℃，不宜作物生长，而地膜栽培技术可以让膜下温度提高4℃—5℃，让作物生长海拔提高到2300米，全省增加有效耕地700万亩，相当于全省耕地总面积的10%。此外，地膜使用起到了保墒、保水和保肥的作用，对当季作物的增产效果非常明显。据统计，随着地膜技术应用，甘肃粮食增产幅度保持在20%—30%以上，玉米增产51.8%，小麦增产106.4%，全省再未出现过绝收现象。减少地膜的使用，如果没有相应的技术替代，势必会对这些地区的农业生产和产品供给产生一些的不利影响。

2. 与脱贫攻坚的冲突。西北、西南等地膜使用的地区，往往是农业资源条件较差、农业产业单一、农民收入较低的地区，也是贫困人口较为集中的地区，扶贫攻坚的难度比较大。通过地膜覆盖技术发展农业生产，增加农民收入，是这些地区脱贫攻坚的主要手段。减少地膜的使用，如果没有其他产业扶持和收入补偿，势必会进一步增加这些地区脱贫致富的难度。

3. 与农民增收的冲突。除了政府主导的旱作项目、扶贫项目的带动，大部分的地膜使用都是农户自主的市场行为，例如新疆的棉花种植、山东的反季节蔬菜生产等，以实现家庭经济收入的增加。推行农膜减量使用的难度非常大。

（三）减量的思路

1. 重新审视生产目标。当前，国民经济和农业发展进入新阶段，农业供给出现结构性问题，需要重新调整农业生产目标，不能再简单追求产量单一目标，必须兼顾质量、效益、可持续发展等目标。供给侧改革不仅包括产品结构调整，而且包括区域结构调整。根据粮食等产品的供求状况和发展趋势，及时调整各地区的生产目标，保留和着力发展优势区域，对资源条件较差、生态较为脆弱的地区适当调低产量目标，退出部分农业生产或者选择粗放自然生产，实行生态休养生息。通过区域调配，保障产品供给。

2. 创新和推广生产技术。通过示范推广一膜多用、行间覆盖等技术手段，在确保增产效果不下降的前提下，尽可能提高农膜利用次数、降低农膜使用量、减少农膜残留。由于一些农户在农膜使用过程中已经形成了习惯，对于减量的实际影响可能缺乏理性认识，需要政府部门科学宣传引导。

3. 增加转移支付和收入补偿。对一些农业资源条件比较恶劣的地区，加大财政转移支付的力度，全面改善农村环境和条件，深入挖掘农村发展新动能，通过培育观光旅游、农事体验等第二、第三产业，扶贫脱贫，增加农民收入。对极端贫困人群，给予一定的收入补偿。从而，摆脱对使用农膜、发展农业、增加收入的依赖。

4. 提高农膜使用成本。提高农膜厚度等生产标准，规范农膜行业竞争环境，杜绝廉价劣质农膜的生产和流通。强化农膜使用者的生态意识和法律责任。通过增加农膜生产和使用的成本，引导农户正确购买、合理使用农膜的行为，减少农膜滥用的现象。

生产者责任延伸制度在地膜回收中的应用[*]

张 斌 金书秦 王 莉

2017年农业部实施了农膜回收行动,提出要在甘肃、新疆两地选择4个县进行"谁生产、谁回收"的地膜生产者责任延伸制度试点。生产者责任延伸制度已成为当前国际上解决包装废弃物、报废汽车、废弃电子电器产品等废弃物回收利用问题的主流政策。加快推进和完善地膜生产者责任延伸制度,不仅有利于缓解地膜污染问题,更有助于为治理农业面源污染乃至全国环境污染探索更加有效的治理模式积累经验。通过对我国地膜生产、使用、回收各环节的深入调查,并基于生产者责任延伸制度的概念内涵和适用条件,本文对其在地膜回收中的适用性、可行操作模式和需关注问题进行了探讨,以期为推进我国农业绿色发展提供决策参考。

一、生产者责任延伸制度在地膜回收中具有很高适用性

生产者责任延伸制度,就是将生产者对其产品所承担的资源环境责任由生产环节延伸到产品设计、流通消费、回收利用、废物处置等全生命周

---

[*] 本文为农业部软科学课题"农膜减量利用可行性与废旧农膜回收利用机制研究"(编号:D201731)和农业部科教司课题"农业环境决策支持系统研究"(编号:487517)的阶段性研究成果。

期的制度设计，确保产品来源于自然，回归于自然，是源头控制和末端治理相结合的环境保护政策。通过将生产者的责任由传统的生产、销售责任延伸到产品的整个生命周期，特别是消费后的回收处理和再生利用阶段，可以促使企业从生产的初始设计环节就关注和改善产品的环境影响，实现将外部环境成本内部化。

国内外大量研究表明，实施生产者责任延伸制度需满足四方面的条件，即产品回收再利用的必要性、产品技术设计的可行性、政府量化考核监督的可行性和回收再利用操作模式的可行性。生产者责任延伸制度在地膜回收中具有很强的适用性，实现废旧残膜回收再利用，不仅十分必要，而且在技术、政策、操作等方面具有很高的可行性。

一是实现废旧农膜回收再利用十分必要。一方面，地膜残留危害正逐渐显现。残留农膜既会通过破坏土壤结构等物理方式影响农作物生长，也会影响周围环境，形成视觉污染，并增加农业生产作业成本，还有可能通过释放塑化剂等化学物质影响农产品质量。新疆地区的研究结果显示，当土壤中地膜残留量达到每亩 3.5 公斤后，棉花会减产 12%—22%；同时我国地膜残留污染国控监测点数据表明，新疆地膜平均残留量已达到每亩 7.3 公斤，这说明地膜残留对作物产量的负面影响在局部地区已经非常突出。另一方面，残膜具有一定的回收价值。我国塑料回收加工市场前景广阔，2000 年以来每年从国外进口的废旧塑料都在 200 万吨以上，并以每年高于 10% 的速度增长。我国废旧棚膜由于易回收、含杂质少，回收再利用的经济效益十分可观，目前基本都实现了资源化再利用。

二是改进产品技术设计可以显著提高回收率。地膜生产的技术要求较低，通过采购简单吹塑设备，一般塑料制品加工企业都能进行生产，而且地膜的厚度越高其生产技术要求越低。因此，要求地膜生产企业承担使用后残留所造成的环境责任，能够激励其生产厚膜，提高地膜质量标准，以降低回收成本。甘肃地区的试验结果表明，当地膜厚度增大到 0.010 毫米时，废旧残膜机械回收率可以达到 90% 上，能够很好地满足机械回收。另外，很多农膜生产企业除了生产地膜外，往往还生产其他塑料制品，这为生产者承担残膜再利用的具体行为责任提供了可能。

三是政策目标量化考核与监督已基本可行。在政策目标上，地膜使用量、残留率、残膜回收率和资源化利用率等指标均已能够量化考核。地膜作为重要的农业生产投入资料，对其使用量一直以来都有十分完善的监测统计。2013年农业部启动全国地膜残留国控监测网建设，在新疆、甘肃等重点区域建立了210个农膜残留国控监测点，实现对主要覆膜区域、主要覆膜作物的农膜残留量进行动态监测。根据新疆、甘肃等地的地膜回收试点情况来看，企业残膜回收量和资源化利用量可以通过报税票据、用水用电量等多种方式进行监测。另外，在责任主体监管上，地膜生产涉及的中间环节较少，能够对其生产主体进行有效界定和监管。近年来，我国农膜行业规模和产业集中度的大幅度提高，对农膜生产者监管难度逐渐下降，全国规模前200家的农膜生产量已达到全国总量的85%。只要对这200家规模以上企业进行有效监管，农膜污染问题将基本得到有效控制。

四是回收再利用的操作形式可以多样化。我国不同地区的地膜回收再利用市场发展程度也存在较大的差异，要求多样化的延伸责任实现形式。同时，地膜在我国使用范围广、覆盖作物类型多，目前在新疆、山东、山西、内蒙古、甘肃等高寒冷凉、干旱及半干旱地区，地膜覆盖技术已经推广到40多种农作物的种植上，这也要求探索不同形式的操作模式。对于废旧地膜的回收再利用形式，既可以是生产者自己实际负责回收再利用，即"谁生产、谁回收"的所有权责任形式，也可以通过付费请第三方进行回收再利用，即产品废弃处理基金等经济责任形式，不同的市场条件可以因地制宜选择具体操作形式。

二、生产者责任延伸制度在地膜回收中的三种可行操作模式

农膜生产者责任延伸机制具有很强的适用性，但废旧农膜回收利用过程还涉及使用者、政府、技术服务主体等其他利益相关者。因此，地膜生产者责任延伸制度具体能够发挥多大作用，还有赖于不同主体之间的分工与合作。根据不同主体所承担的具体范围差异，大体上可以将地膜生产者延伸责任延伸制度分为3种类型。

一是以农膜生产企业为核心的完全市场化农膜污染治理模式，政府主

要参与市场秩序的维护和监管。具体回收再利用方式上,可以是由使用者付费购买服务、生产企业统一供膜并回收残膜的形式,也可以是生产者供膜、回收企业回收、生产者再加工的形式,还可以是由生产者纳税或缴纳处置基金、第三方企业负责废旧农膜回收再利用处理的形式。该模式下,主要是由生产企业承担了农膜使用的环境责任,这将激励生产企业通过提高农膜标准、主动参与回收再加工等方式降低废旧农膜的处置成本,从而提升废旧农膜的回收率和资源再利用率。

二是需要技术服务主体提供关键支撑的"生产企业+技术研发/服务主体"农膜污染治理模式。由于农膜作为重要的农业生产资料,其销售价格往往受到一定的限制,当前我国农膜生产企业的利润水平并不高,在缺乏技术研发推广能力和资金支持的情况下,农膜生产者责任延伸制度的作用可能会受到一定影响。由此需要引入政府和其他技术服务主体,以确保生产者延伸责任得到落实。通过第三方技术研发主体提供技术支持,第三方服务主体提供回收或再利用服务,都可以在一定程度上降低生产企业的环境治理成本,从而生产企业仅部分承担经济责任或行为责任。

三是长期需要政府补贴支持的"生产企业+技术服务主体+政府补贴"农膜污染治理模式。由于农膜残留具有较大的环境外部性,而政府一方面需要承担环境责任;另一方面需要承担保障农产品供给的责任。因此,政府可通过补贴使用者实现保供给,补贴回收利用者实现保生态,从而进一步降低生产企业的环境责任承担成本。

因此,仅仅依靠法律规定由生产者来承担农膜使用所造成的环境责任,可能难以真正解决污染问题,构建有效的废旧农膜回收加工体系还需要政府、技术研发和服务等其他主体的配合。特别是对于农膜使用量大、回收加工市场不发达的地区,在农膜污染治理早期尤其需要政府扶持,以遏制农膜污染的蔓延和扩散。同时,不同地区由于农膜市场规模和地理环境等要素差异,可能需采用不同的回收加工模式,也都离不开政府的指导和监管。

三、需处理好的三大关系及几点建议

充分发挥生产者责任延伸制度在农膜回收中的作用,需处理好各主体之间的关系,达到责任共担、利益分享,构建高效便捷的地膜回收再利用体系。其中,特别需要处理好生产者与农户、政府、现有回收加工企业之间的关系。

地膜生产者和农户之间需合理分担环境治理成本。实施农膜生产者责任延伸制度,虽然名义上由生产者承担了农膜使用后的环境责任,但从行业整体来看,实际上是由生产者、销售者和消费者等相关利益主体共同分担了污染防治成本。因此,随着农膜生产者总成本的上升,很有可能导致农膜使用成本上升,从而降低农膜使用量,给农业增产、农民增收带来一定的影响。

地膜生产者和政府之间需理清长期与短期关系。生产者延伸责任的落实,主要是通过市场机制来发挥作用,但是在农膜回收利用体系尚未健全的地区,还需要更好发挥政府作用。因此,农膜生产者责任延伸机制在前期试点阶段需抓大放小,重点扶持县域内较大生产企业,充分发挥项目资金的撬动作用,通过项目试点,提升农膜企业进入门槛,将环境行为转化为企业竞争力。但长期来看,还是需要依靠技术改进和企业自身竞争力的提升,政府需要设定明确的退出机制,以引导生产企业朝着正确的方向发展。另外,前期也需特别注意公平和效率问题,扶持企业选择、补贴标准确定都要坚持公平原则,避免生产者之间的不公平竞争。

地膜生产者和现有回收加工主体之间需明确合作与竞争关系。由生产者同时承担废旧农膜污染治理的经济责任和行为责任是较为理想的模式,但也要充分利用好已有的回收和再利用主体,通过市场机制筛选出更符合地方实际的回收再加工模式。

为完善农膜生产者责任延伸制度,加快推进农业绿色发展,下一步需做好以下三方面工作:一是压实地膜生产者环境责任。由于我国不同地区的废旧农膜加工市场发展差异较大,建议将承担污染治理的经济责任作为其第一延伸责任,将回收再加工的行为责任作为第二延伸责任。特别是重

点推进农膜产量前 200 家企业的延伸责任考核。二是加强地膜回收再利用监测统计。无论是中央政府对地方政府的财政支持，还是地方政府对生产者的财政补贴，都应以废旧农膜回收再利用率为考核指标，需将提高资源利用率作为延伸责任承担结果考核的标准，以扶持主体对资源利用率提高的贡献来确定财政补贴力度。三是因地制宜探索延伸责任实现形式。为实现农膜回收再利用成本的最小化，建议环境责任实现形式多样化，既允许生产者通过付费找第三方回收的方式承担其延伸责任，也可以通过自建回收再利用体系承担其责任。鼓励各地以构建市场化残膜回收再加工体系为目标，因地制宜，从生产、使用、回收、加工等循环利用链中的薄弱环节入手，通过政策扶持补齐短板。

改革开放 40 年中国农村减贫的发展历程[*]

冯丹萌

改革开放以来中国经济和社会发展取得了惊人的进步，尤其是中国农村的发展更是整个改革开放中的中流砥柱，而在这个发展成效中最直观的表现就是人民生活水平的普遍提升，贫困人口数量的大规模减少，可谓是全球人类发展中的重要奇迹。这种奇迹不仅体现在中国人口规模巨大、区域差异性特别明显、自然社会经济发展及其脆弱情况下取得，更表现在中国综合实力显著增强进程中，减贫成效和实践中创新性探索同样也是世界性奇迹，毫不夸张地说，中国 40 年减贫的成功经验已经为世界各国所推崇，对此也毋庸置疑。因此，系统回顾和总结中国改革开放 40 年的减贫成效、历程和经验，不仅对未来中国加快实现全面建成小康社会目标很有必要，对世界减贫发展和 2030 年可持续发展议程新目标推进也有这重要的意义。

---

[*] 冯丹萌，农业部农村经济研究中心。

推动农业绿色发展与减贫

一、中国农村贫困的历史背景

（一）改革开放初期经济整体落后，贫困面较大，贫困人口较多

伴随着我国改革开放的初步启动，全国发展水平仍滞留在建国初期整体较落后的水平，1978年我国国内生产总值仅为3645亿元，人均国内生产总值仅为381.75元/人，与此同时，农村发展情况落后，全国农村绝对贫困人口达2.5亿人，占农村居民的90%以上。1977年底安徽省凤阳县首次"大包干"的成功实施，是我国农村经济体制进行松动并进一步改革的开端，随后1978年党的十一届三中全会提出实行改革开放新举措，主要针对大力发展农业生产制定了一系列政策，拉开农村改革的新篇章。

（二）城乡二元结构导致农村发展受限

经过1978—1985年这一阶段的农村优先减贫，农村改革成效显著，大大缓解了农村贫困。但是，市场化经济改革的推进也逐渐引起农村贫困的新问题，全面改革使农村发展失去其优先效应，农村经济增长对减贫的拉动作用日益趋减，原先的经济拉动式扶贫模式的优势已不再，中国减贫工作面临新挑战。20世纪80年代中期，全面开放使城市发展突飞猛进，大大拉开了城乡间、地区间和农户间收入差距，一部分农村地区由于地理位置偏僻、自然环境较差、交通等基础设施落后等因素，未能跟上改革的步伐。从此中国区域间差距开始一步步拉大，贫困问题也从千篇一律的大范围模式开始分层、分块，变得不均匀，也更复杂化。在此情况下，依靠整体经济增长拉动的扶贫方式已显得杯水车薪，中国贫困面临着新一轮的瓶颈和挑战。

（三）在经济全面发展下，农村贫困内容发生质的变化，农村人口需求结构不断升级

在1995年后国民经济延续了前一阶段的增长，农村经济的发展保持了持续动力。在区域反贫困政策的作用下，大规模、连片区域地区的贫困现象得到缓解，但是前一阶段遗留的问题开始突出地表现出来，东部、中部、西部的差距不断扩大。在经济持续增长和区域间差距不断扩大的发展格局下，贫困类型和贫困成因也随之产生本质性转变。若干自然环境条件恶劣的地区的贫困地区在全国贫困总人口中占据了相当比重。扶贫面临的不再是由制度引起的贫困，而是在发展过程中逐渐处于劣势的拥有较差自然条件、落后基础设施和发展条件的贫困地区，如分布在"老、少、边、穷"地区和自然环境极其恶劣的地区的贫困人口，贫困特征由区域连片式分布转向散点式分布。

二、中国农村减贫的历史发展阶段

（一）1978—1985 年：农村率先的制度性变革减贫效应集中释放

1978—1985 年是我国改革开放最初期的重要 8 年，也是我国减贫工作奠定基础的关键 8 年。这 8 年可谓是我国经济体制改革的重要突破阶段，也是农村制度率先改革的阶段，更是我国减贫效应集中释放的阶段。

1. 扶贫政策。改革开放后，党的十一届三中全会作出把党和国家中心工作转移到社会主义现代化建设上来重要决定。对农村而言，主要释放出四个有力政策：第一个是家庭承包制的逐步实施和推行，打响了我国开拓农村新的生产方式之路，标志着现代意义上的中国扶贫政策开始形成。第一阶段从 1979—1981 年是家庭联产承包责任制的试验阶段[①]，通过凤阳县等一些地区通过实践的成功，1979 年党的十一届四中全会对"不许包产到户"改为"除某些副业生产的特殊需要和边远山区、交通不便的单家独户外，也要包产到户"，从完全限制性过渡到允许一部分人或地区可以实施"包产到户"。第二阶段：随着"包产到户"逐步放开，1980 年 9 月《关于进一步加强和完善农业生产责任制的几个问题》中再一次放宽政策，由边远山区和贫困落后地区仅可以"包产到户"到也可以"包干到户"，从而对农村制度改革又突破了一步。第三阶段对家庭联产责任承包制的实施进一步扩大范围，1982 年的《全国农村工作会议纪要》

---

① 张磊：《中国扶贫开发政策演变（1949—2005 年）》，中国财政经济出版社 2007 年版。

明确提出家庭联产责任承包制可以在全国范围内实施,正面肯定了家庭联产责任承包制对农村发展的必要性。第四阶段时对家庭联产责任承包制的鼓励和推动阶段,在1983年《当前农村经济政策的若干问题》中进一步推动家庭联产责任承包制在农村的实施,随后《中共中央关于一九八四年农村工作的通知》中提出进一步稳定和完善联产承包责任制,高度肯定其对于农村生产发展的重要性。

第二个重要政策农产品价格政策。在此阶段,中央政府通过大幅度提高农产品价格、改善农业的交易条件来提高农民收入,1985年中共中央、国务院提出《关于进一步活跃农村经济的十项政策》,进一步对农村经济管理体制进行改革,共发布10项扩大市场调节、促进农业生产的经济政策。

第三个主要政策是农村市场化制度的建立,改革开放后农村逐步改变以往以计划经济为主导的经济政策,在农产品交易上逐渐建立起以市场化为导向的资源配置体制,从完全限制到鼓励农村劳动力进城务工、经商,不仅使劳动力资源得到更有效的配置,同时增强了农民对外出务工的兴趣和积极性,从而促进农村整体收入水平,也带动了农村地区减贫成效。

第四个主要政策是1984年中共中央和国务院联合发出的《关于帮助贫困地区改变面貌的通知》,这也是我国对贫困地区减贫首次提出的针对性政策,主要包括几方面内容:明确扶贫理念和思想,由原先救济式的扶贫理念转变为增强地区内部发展的扶贫理念;进一步放宽政策,实行比一般地区更灵活、更开放的政策;减轻负担,给予优惠;加强领导,督促各项措施的落实。在此期间,我国也开始实施"以工代赈""三西"农业建设等专项扶贫政策。

2. 减贫成效。通过政府大幅度地对农村实施政策性的率先变革,通过经济改革和提高农产品价格等一系列措施,中国农村经济增速较快,使农村减贫具有较高的优先性;加上当时中国大量的贫困人口,农村的减贫效应得以集中释放,在短时期内农村经济有了大幅度提升,减贫效应强。截至1984年年底,我国农业生产总值达到3214亿元,与1978年相比提高1.3倍之多。其中农村人均粮食产量增长了14%,棉花增长了73.9%,

油料增长了176.4%，肉类增长了87.8%，农民人均纯收入增长了2.97倍①。根据估计，因价格提升因素的收入占此阶段农民新增收入的15.5%。同时，农村居民消费水平也有大幅度提高，1978—1985年之间，农民家庭人均收入和消费分别增加了264元和192元。农村生产的发展与收入、消费的增长，直接拉动了贫困人口发展，使农村贫困人口大幅度减少。据统计，这一阶段，农村贫困人口由2.5亿人减少到1.25亿人，贫困人口规模下降整整50%，贫困人口占农村人口的比例因此也从33%下降到14.8%，下降幅度惊人。

（二）1986—1994年：全面改革冲击下的贫困县减贫试验

1. 扶贫政策。前一阶段的农村扶贫工作虽然成效显著，减少了大量的贫困人口，提升了贫困地区的整体发展水平，然而又出现了多个区域型重点贫困县，农村贫困情况亟待解决。在此阶段，我国开始对扶贫开发政策进行大幅度的调整，从减贫思路、理念、方式上全面改革，扶贫工作更有目标性和系统性。

首先，我国通过建立组织性的扶贫机构对减贫工作规范化。1986年5月16日，国家成立了国务院贫困地区经济开发领导小组，就此扶贫工作第一次有了专门的组织机构，标志着现代意义上的中国扶贫政策开始形成。

其次，我国通过一系列政策对扶贫对象进一步明确。1986年国家根据贫困程度在全国范围确定了331个国家重点扶持贫困县，同时在各省区另确定368个省重点贫困县，安排专项扶贫资金并实行开发式扶贫；1987年，中央发出《关于加强贫困地区经济开发工作的通知》，在18个集中连片的贫困带划定了592个国家重点贫困县，确立以县级行政单元为地域单元的扶贫标准和贫困县出台了一系列优惠政策，安排了一批专项资金，通过基础设施建设和特色产业培育等方式，增强贫困地区和贫困人口的内

---

① 中共江苏省委党史工作办公室、江苏省中共党史学会编：《总结经验继往开来纪念中国共产党成立90周年理论研讨会论文集》，中共党史出版社2011年版，第367页。

生发展能力。

最后，我国对扶贫工作进行明确目标，推进减贫进程。1994年3月，国家针对我国未解决温饱人口制定了《国家八七扶贫攻坚计划》，用7年时间（从1994年到2000年）基本解决8000万贫困人口温饱问题。

2. 减贫成效。经过区域性、侧重性的由"面"到"块"式的扶贫战略转换，我国贫困程度有一定的缓解。经过1986年到1994年9年的扶贫攻坚，我国农村贫困人口减少到8000万人，平均每年减少640万人左右，贫困人口占农村人口比例也从14.8%下降到8.7%，下降近一半。同时，贫困人口收入也有一定提升，1986—1993年间，国家重点贫困县农民人均纯收入从206元提高到484元；此外，贫困人口的分布面积也由面状的大范围缩小，从全国各地大面积的贫困状况缩小到699个县，其中国家重点扶贫县331个，这是这段时期我国减贫过程中产生的宏观成效。

（三）1995—2000年：非均衡新格局下的专项扶贫政策创新

1. 扶贫政策。这一阶段的扶贫政策主要针对贫困地区专项扶贫进行完善创新：一是对扶贫精准度进一步提高；二是对区域均衡扶贫进行创新；三是扶贫监测系统初步建立；四是开始关注特殊群体扶贫。

首先，我国对扶贫力度进一步加大，扶贫精确度进一步提高。1996年9月中央出台了《关于尽快解决农村贫困人口温饱问题的决定》，确定了一系列加快扶贫攻坚进度的重大政策措施，在进一步增加扶贫投入、加大扶贫工作力度的同时，突出强调扶贫攻坚到村到户等精确扶贫对象的政策。

其次，为了加快缩小东西部之间的差距，国务院领导小组1996年在全国扶贫工作会议上确定了东西协作扶贫模式，建立东部13省与西部10个贫困省、自治区的帮扶扶贫模式，期间共投资近40亿元左右，大大推动了区域间的扶贫机制建立。

最后，我国在这个时期开始初步建立扶贫监测系统。1992年国务院扶贫开发领导小组、原国家计划委员会、财政部、国家统计局、中国农业银行5部门联合制定下达了《贫困县经济开发统计报表》；1995年根据国家统计局计算确定了解决贫困人口温饱的贫困标准，1997年增加对贫困县的农户抽样调查，对我国扶贫政策及减贫情况进行监测。

2. 减贫成效。经过前几阶段的大力扶贫，我国扶贫体系已基本形成，减贫成效明显，截至2000年年底，农村绝对贫困人口从8000万人减少到3209万人，农村贫困人口比例从8.7%下降到3.4%，多一半农村贫困人口脱离贫困。

此外，在此阶段也开始涌现一些国内外民间机构，为活跃我国扶贫开发机制作出了重要贡献，如国内的"希望工程""春蕾计划"等针对不同贫困群体设立的民间扶贫机构，同时，一系列国际组织如"联合国开发计划署""联合国难民署""联合国人口基金""联合国环境规划署"等等，通过在中国设立扶贫项目，向中国扶贫减贫提供贷款资金等形式为中国减贫事业作出较大的支持和贡献。

（四）2001—2010年：多元发展下的扶贫开发纲要与整村推进扶贫新模式

1. 扶贫政策。面对我国此阶段面临的贫困特征，在我国刚完成"八七扶贫攻坚计划"之后，我国扶贫工作面临新的政策指引。2001年5月，党中央颁布了《中国农村扶贫开发纲要（2001—2010年）》，这是继"八七扶贫攻坚计划"之后又一个指导全国扶贫开发的纲领性文件，取消了沿海发达地区的所有国家级贫困县，增加了中西部地区的贫困县数量，但总数不变。同时，将国家级贫困县改为扶贫开发重点县。虽然还叫"扶贫开发"，但是扶贫工作重点与瞄准对象已经做了重大调整。扶贫工作重点县放到西部地区。同时，确定贫困村成为基本瞄准对象，扶贫资金覆盖到非重点县的贫困村。此外，注重发展贫困地区的科学技术、教育和医疗卫生事业，强调参与式扶贫，以村为单位进行综合开发和整村推进，并承认城乡间人口流动是扶贫一个重要途径。2001—2010年的扶贫目标是尽快解决极少数贫困人口温饱问题，进一步改善贫困地区的基本生产生活条件，巩固温饱成果，逐步改变贫困地区社会、经济、文化的落后状态，为达到小康水平创造条件。

2. 减贫成效。2000—2005 年之间，全国农村贫困人口继续逐渐减少，由 9422 万人下降到 6432 万人，下降 31.73%，农村贫困发生率从 10.2% 下降到 6.8%，下降 3.4 个百分点。但是从减贫速度来看，与上一阶段相比呈减缓态势，尤其是 2011 年、2012 年、2013 年 3 年的减贫速度均未突破 5%。说明随着贫困标准的不断提高，减贫难度越来越大，造成减贫速度出现一定程度的下降（见表 1）。

表 1　　　　　　　2000—2005 年贫困人口变化情况

年份	贫困线（元）	贫困人口（人）	贫困发生率（%）	减贫速度（%）
2000	865	9422	10.2	
2001	872	9030	9.8	4.2
2002	869	8645	9.2	4.3
2003	882	8517	9.1	1.5
2004	924	7587	8.1	10.9
2005	944	6432	6.8	15.22

数据来源：中国农村贫困监测报告。

（五）2010—2015 年：共享发展理念下的精准脱贫攻坚战

1. 扶贫政策。2010 年到 2015 年是我国扶贫攻坚的关键时期，是我国扶贫改革"啃硬骨头"的决胜时期。在此阶段，国家对贫困标准、扶贫内容以及扶贫战略又做了新一轮的政策制定，主要包括：

在扶贫理念上，我国 2011 年对新时期扶贫任务和目标制定了宏观性政策——《中国农村扶贫开发纲要（2011—2020 年）》，这是我国农村扶贫开发未来十年具有指引性的重要政策，标志着我国在上一阶段扶贫工作圆满完成下进入一个新的起点。该纲要对区域发展与扶贫攻坚进行充分结合，从扶贫理念、扶贫内容、扶贫方式以及扶贫对象进行新一轮的调整和改革，以 2020 年全面建成小康社会为目标，对我国贫困地区和贫困人口实施扶贫攻坚计划。

在扶贫标准上，我国进一步提高贫困标准线，同时考虑价格指数等客观原因和提高贫困人口扶持力度,在2011年的中央扶贫开发工作会议上将1274元的中国扶贫标准提高到2300元,提升幅度近一倍,将更多人口纳入贫困人口行列,也预示着扶贫的任务更加艰巨;同时,我国贫困标准进一步多元化。首先,在该纲要中我国首次提出"两不愁,三保障"的扶贫目标,同时兼顾衣、食、住、医等基本生活条件,从单维的收入标准拓宽到整体生活水平上;其次,在2014年中共中央办公厅、国务院办公厅印发的《关于创新机制扎实推进农村扶贫开发工作的意见》中取消GDP作为考核贫困标准的唯一指标,打破了GDP高于一切的片面扶贫思想,增加了扶贫标准的内涵。

2. 减贫成效。经过2010—2015年集中连片特困地区与扶贫攻坚的紧密结合,通过精准扶贫的大力推动,我国贫困人口进一步减少,截至2015年年底,我国贫困人口减少为5575万人,比2010年的16567万人减少10992万人,贫困发生率为5.7%,比2010年降低11.5个百分点。贫困人口生产生活条件也明显提高,文化、教育、卫生、饮水等生活指标都明显改善。据统计,截至2014年年底,贫困地区农户使用照明电的比重达到99.5%,饮水无困难的农户比重为82.3%,贫困地区有文化活动室的行政村比例达到81.5%,有卫生站(室)的行政村比重达94.1%①。

(六) 2015—2018年:共享发展理念下的精准脱贫攻坚战

2015—2018年是我国改革开放40年的最后4年,也是全面建成小康社会的最后冲刺期,对于我国贫困人口是否能全部脱贫具有关键性的作用。2015年10月召开的《中共中央关于制定国民经济和社会发展第十三个五年规划的建议》,将创新、协调、绿色、开放、共享五大发展理念作为未来我国全面发展的核心理念,对我国扶贫发展思路具有指引意义。其中共享理念的提出是新时期我国扶贫攻坚的理论依据,共享发展充分体现了"十三五"发展目标的重要特点,强调非贫困人口与贫困人口同样享受平等的社会保障和权益。截至2015年年底,我国仍有5755万人的贫困

---

① 国家统计局住户调查办公室:《2015中国农村贫困监测报告》,2015年12月。

人口，在5年时间全部完成脱贫任务，相当于平均每年减贫1150万人，每个月减贫将近100万人口，减贫任务困难度可想而知，也注定未来几年是我国扶贫攻坚最为困难的几年。

三、中国农村减贫的启示

（一）坚持正确指南，实施扶贫"精准性"

习近平同志2012年12月在河北阜平考察时进一步指出，"各级党委和政府要高度重视扶贫开发工作，把扶贫开发列入重要议事日程，把帮助困难群众特别是革命老区、贫困地区的困难群众脱贫致富列入重要议事日程，摆在更加突出的位置"。"推进扶贫开发、推动经济社会发展，首先要有一个好思路、好路子。要坚持从实际出发，因地制宜，理清思路、完善规划、找准突破口"。2013年11月在湘西考察时进一步明确提出，"抓扶贫开发，既要整体联动、有共性的要求和措施，又要突出重点、加强对特困村和特困户的帮扶"。"扶贫要实事求是，因地制宜。要精准扶贫，切忌喊口号，也不要定好高骛远的目标"。2014年3月8日"两会"期间，习近平同志参加贵州代表团审议时强调，干部要看真贫、扶真贫、真扶贫，使贫困地区群众不断得到实惠。这些重要论述，明确要求扶贫工作要"普惠（整体联动）"和"特惠（突出重点）"相结合，要"实事求是""因地制宜""精准扶贫"，这就为新时期扶贫开发指明了方向。

可见，在扶贫新时期内实施精准扶贫是贯彻落实新一届中央领导集体对扶贫开发新思想新战略新部署的必然要求，是科学扶贫的重要基础，是实现真扶贫扶真贫的有效途径。

（二）坚持问题导向，因地制宜探索扶贫开发新机制新模式

人类认识世界、改造世界的过程，就是一个发现问题、解决问题的过程。习近平总书记指出，要学习掌握事物矛盾运动的基本原理，不断强化问题意识，积极面对和化解前进中遇到的矛盾。关于新时期的脱贫攻坚，总书记指出，我国扶贫开发工作仍面临精准扶贫机制还不健全、扶贫开发责任还没有完全落到实处、扶贫合力还没有形成、扶贫资金投入还不能满足需要、贫困地区和贫困人口主观能动性还有待提高、因地制宜分类指导还有待加强等六个方面问题，脱贫攻坚必须坚持问题导向，以改革为动力，以构建科学的体制机制为突破口，充分调动各方面积极因素，用心、用情、用力开展工作。

与破解难题驱动扶贫开发体制机制创新一样，我国经济社会全面进步也需要通过改革创新来破解发展中面临的矛盾和制约。党的十八大以来，习近平总书记关于改革发展的系列重要讲话，科学指出了新的历史条件下经济社会发展的思路和方向，贯穿着强烈的问题意识、鲜明的问题导向，体现了共产党人求真务实的科学态度，展现了马克思主义者的坚定信仰和责任担当。在新形势下全面深化改革、开创事业发展新局面，我们必须始终坚持问题导向，必须有发现问题的敏锐、正视问题的清醒、解决问题的自觉，以改革创新的勇气和实干推进社会主义现代化建设伟大征程。

（三）聚焦公共服务，重点强化农村贫困地区内生性

扶贫之所以有利于贫困地区持续、稳定脱贫，关键在于其可持续发展成果的共享，而共享机制中的公共服务机制尤为关键。特别是就目前连片特困地区脱贫障碍来看，急需提升的公共服务是教育和基础设施建设。一方面，需要广泛宣传各片区农户脱贫致富的典型，让其他贫困户从身边那些脱贫致富的农牧民身上寻找自己贫困的原因，找到一条适合自身"发家致富"的道路，实现扶贫工作从"要我富"到"我要富"的转变，从根本上激发贫困人口的内生动力，增强贫困人口自身的"造血功能"。另一方面，要高度重视片区与发达地区交通联通以及区域内部交通网；注重继续实施投资基础设施建设的政策，在片区内修建通县公路、通乡公路和村村通等，实现区内部经济一体化，降低区域内部以及与发达地区间的交易成本，为片区脱贫攻坚奠定坚实基础。因此，绿色减贫应重点瞄准公共服务，特别要注重政府政策调控与服务，将生态补偿等绿色经济成果转化为良好的公共服务，特别是要提升教育与基础设施建设水平。

（四）聚焦可持续发展，重点强化扶贫包容性

贫困地区能否全面建成小康社会关键在贫困地区、贫困人口能否脱贫，关键在于能否走可持续的包容性发展的脱贫之路。包容性扶贫是通向可持续发展之路，其本质是强调机会平等的增长，为贫困人口创造越来越多的机会，为贫困人口提供创造或提升其能力的方式，为贫困人口提供免遭暂时或持久的生计损失的方法。因此只有使农村贫困地区资源发展成果为贫困地区、贫困人口共享，才能进一步坚定贫困地区包容性发展的道路。现行资源开发机制的不公，客观上导致了资源开发过程中利益分配的失衡，积极创新收益补偿机制，建立健全资源补偿制度，完善税收制度，是实现包容性扶贫机制的关键一步。因此，通过减税和加大税收返还力度，增加中央政府对资源所在地的地方政府以及居民的经济补偿；建立自然资源的折旧补偿制度，避免资源在开发与利用过程中的流失和消减。通过建立资源耗减及补偿账户，加大对资源开发与利用企业的资源折旧与耗减核算，实现资源的资产化管理，帮助片区将"资源优势"转化为"经济优势"，使资源收益实现共享，最终在各贫困片区内实现包容性发展。

参考文献

[1] 黄荣华、冯彦敏、路遥："国内外扶贫理论研究综述"，《黑河学刊》2014年第10期。

[2] 王小林：《贫困标准及全球贫困状况》，社会科学文献出版社2012年版。

[3] 李小云、李周、唐丽霞等："参与式贫困指数的开发与验证"，《中国农村经济》2005年第5期。

[4] Undp N Y E. *Human Development Report 2010. The Real Wealth of Nations：pathways to Human Development, 20th Anniversary Edition.* 2010.

[5] 蓝红星："贫困内涵的动态演进及发展趋势"，《重庆科技学院学报（社会科学版）》2012年第23期。

[6] 汪三贵：《贫困问题与经济发展政策》，农村读物出版社1994年版。

[7] 吴忠："贫困与反贫困的理论探讨（下）"，《开发研究》1991年第4期。

[8] 林闽钢："中国农村贫困标准的调适研究"，《中国农村经济》1994年第2期。

[9] 康晓光："90年代我国的贫困与反贫困问题分析"，《战略与管理》1995年第4期。

[10] 倪瑛："贫困、生态脆弱以及生态移民——对西部地区的理论与实证分析"，《生态经济（中文版）》2007年第10期。

[11] 席恒、郑子健："秦巴山区区域社会可持续发展的问题与对策"，《西北大学学报（哲学社会科学版）》2000年第1期。

[12] 迪顿安格斯、Angusdeaton、迪顿等：《逃离不平等：健康财富及不平等的起源》，中信出版社2014年版。

[13] 本社：《中国农村扶贫开发纲要2011—2020》，人民出版社2011年版。

[14] 曲玮："贫困地区新农村建设困境及破解路径探析——以甘肃省为例"，《开发研究》2008年第4期。

[15] 刘刚、沈镭、刘晓洁等："资源富集贫困地区经济发展与生态环境协调互动作用初探——以陕西省榆林市为例"，《资源科学》2007年第4期。

[16] 侯一蕾、温亚利、金旻："林业生态建设对山区减贫的影响研究——以湖南湘西土家族苗族自治州为例"，《湖南大学学报社会科学版》2014年第4期。

[17] 蔡典雄：《中国生态扶贫战略探究》，科学出版社2011年版。

[18] 生态文明与反贫困论坛：《反贫困：社会可持续与环境可持续：生态文明与反贫困论坛（2014）》，社会科学文献出版社2015年版。

[19] 戴旭宏："绿色扶贫：中西部地区现阶段财政支持政策的必然选择——基于四川财政政策支持的视角"，《农村经济》2012年第12期。

［20］刘可文、刘艳强、刘桂菊："绿色发展理念与西部贫困地区发展"，《云南地理环境研究》2005年第4期。

［21］葛宏、吴宝晶、欧阳放："绿色扶贫是环境与经济的双赢选择"，《经济问题探索》2001年第10期。

［22］王亚娟：《基于行动者中心的旅游减贫研究：以漓江杨堤—兴坪段为例》，南开大学出版社2015年版。

［23］齐子鹏、胡柳："乡村旅游经济增长与我国农村减贫——基于亲贫困增长的视角"，《商业经济研究》2014年第2期。

［24］彭建：《贵州石漠化片区经济社会发展与旅游减贫研究》，中央民族大学出版社2014年版。

［25］杨友孝、蔡运龙："陕西榆林地区的脱贫对策与制度创新"，《地理研究》2000年第4期。

［26］黄泽海、侯春娥："自组织理论视阈下构建扶贫开发与生态建设协同创新的组织模式研究"，《湖南省社会主义学院学报》2015年第1期。

［27］冬唯："以'产业扶贫'破解天津市贫困乡村造血难题"，《中国商贸》2014年第31期。

［28］郭君平、吴国宝："社区综合发展减贫方式对农户生活消费的影响评价——以亚行贵州纳雍社区扶贫示范项目为例"，《中国农村观察》2013年第6期。

［29］胡兵、赖景生、胡宝娣："经济增长、收入分配与贫困缓解——基于中国农村贫困变动的实证分析"，《数量经济技术经济研究》2007年第5期。

［30］杨颖："经济增长、收入分配与贫困：21世纪中国农村反贫困的新挑战——基于2002—2007年面板数据的分析"，《农业技术经济》2010年第8期。

［31］万广华、张茵："收入增长与不平等对我国贫困的影响"，《经济研究》2006年第6期。

［32］李瑞华：《贫困与反贫困的经济学研究：以内蒙古为例》，中央

编译出版社 2014 年版。

[33] 北京师范大学中国扶贫研究中心课题组张琦、胡田田："中国绿色减贫指数研究：绿色减贫理论综述"，《经济研究参考》2015 年第 10 期。

[34] 郭佩霞："民族地区扶贫效益评价体系的构建"，《西南民族大学学报人文社科版》2009 年第 9 期。

[35] 付英、张艳荣："兰州市扶贫开发绩效评价及其启示"，《湖南农业大学学报（社会科学版）》2011 年第 5 期。

[36] 毛婧瑶、葛咏、赵中秋等："武陵山贫困片区扶贫成效评价与空间格局分析"，《地球信息科学学报》2016 年第 3 期。

绿色减贫：可持续扶贫脱贫的理论与实践新探索（2013—2017年）*

张 琦　冯丹萌

绿色发展与消除贫困是中国政府提出的2020年建设全面小康社会的宏伟规划的任务要求。改革开放以来，我国在经济增长方面取得了举世瞩目的成就，GDP的年均增长率超过9%，居民收入也得到大幅提升。但是，过度追求经济增长，忽视经济增长的可持续性和成果的共享性，导致在一段时期内一些地区出现了环境恶化、污染严重的问题，同时由于收入差距和城乡差距的扩大，仍有很大一部分农村人口长期处于贫困状态。消除贫困最有效的手段是发展经济，但经济发展又不能不顾及环境保护，因此，通过绿色发展来实现减贫成为现阶段的必然选择。打赢脱贫攻坚战、实现贫困地区的可持续发展必须以五大发展理念为统领，必须把扶贫开发促进减贫和绿色增长结合起来，推进绿色减贫。绿色减贫是生态文明建设

---

* 论文属于国家社科基金重点项目"精准扶贫精准脱贫机制路径和创新模式研究"（项目号：15AZD074）。

张琦（1963— ），北京师范大学中国扶贫研究院主任，教授，主要研究方向为扶贫开发、精准扶贫和绿色扶贫。冯丹萌（1988— ），农业部农村经济研究中心，博士，主要研究方向为农村发展和绿色减贫。

中减贫方式的创新,是一种符合生态文明发展、实现绿色增长和发展新方式的减贫新理念,是把生态文明与反贫困有机结合起来的减贫新战略,体现了我们党对我国经济社会发展阶段性特征的科学把握。

一、党的十八大以来绿色减贫的发展背景和理论实践

随着经济的快速发展,经济发展与环境保护之间的矛盾越来越突出。绿色发展逐渐成为世界各国以及国际性组织关注和研究的热门话题,也是我国经济社会发展及各行业适应新形势新发展的重要战略议题,逐步成为研究讨论创新扶贫开发方式的关注点。

(一)发展背景

1. 经济发展的"非绿色化"愈加凸显,生态环境对经济的负担逐年增大。进入20世纪80年代以来,环境问题日益突出,对全球经济发展的影响度逐渐提升。生态环境发生了区域性的污染和大规模的生态破坏,温室效应、臭氧层破坏、全球气候变化、酸雨、物种灭绝、土地沙漠化、森林锐减、越境污染、海洋污染、野生物种减少、热带雨林减少、土壤侵蚀等大范围的全球性环境危机发生率不断上升。以中国为例,1978年以来,中国经济在短短30年中跃居世界第二,然而付出的代价是生态环境遭受到严重的破坏,GDP发展面临着严重的"非绿色化"。因此,粗放式的发展方式使中国环境承载力面临巨大压力,部分地区的环境容量已经逼近甚至是超过了临界点,环境、经济和社会发展之间存在较大的内部不一致性。据统计,中国70%的城市空气质量没有达到新的空气质量标准;酸雨区面积约占国土总面积的12.2%。地表水系中,70%的江河湖泊受到不同程度的污染,75%的湖泊出现了不同程度的富营养化情况,流经城市的河段有90%面临严重污染;在地下水中,在2012年的地下水质检测中,57.3%的监测点水质为"差"和"极差",其中16.8%的监测点水质呈现极差级别。我国有2000万公顷耕地受到重金属污染,约占耕地总面积的1/6。生态环境的严重破坏使得生态环境效益处于0甚至负值,GDP的发展与环境状况背道而驰,经济与生态之间的内部矛盾愈加突出,整体

经济的绿色可持续发展受到严重制约。

2. 贫困与生态恶化具有较强的区域耦合性。从相关研究中可以发现，贫困与生态并非两条平行线，相反两者之间具有较强的相关性，贫困地区往往面临着生态恶化的险境。在我国的生态脆弱区中，76%的县为国家扶贫开发工作重点县，这些县的土地面积、耕地面积和人口数量，分别占到生态脆弱地区土地面积的43%、耕地面积的68%、人口数量的76%。可以看出，贫困地区和生态脆弱地区具有较高的重叠性。根据2010年印发的《全国主体功能区规划》划分，重点生态功能区基本上覆盖了14个集中连片特困地区，国家禁止开发区域中有42.9%的区域位于国家扶贫工作重点县。可以看出，我国大部分贫困地区和生态脆弱地区在地理分布上存在很强的耦合性，贫困地区往往是自然资源富集区，又是重要的生态屏障区和生态脆弱区；既是经济发展、生态保护战略区，又是经济社会相对落后和贫困人口聚集区，具有一般性贫困和生态性贫困叠加的特征。因此，要使贫困地区彻底摆脱贫困，就要首先从缓解生态恶化为出发点，而绿色减贫恰恰结合了生态环境和贫困，是贫困地区可持续发展的必然之路。

3. 积极探索绿色减贫成为世界各国共识。伴随气候变化带来自然社会经济发展的历史性新变化，绿色经济作为应对措施受到国际社会广泛关注。早在2005年召开的第五届亚太环境与发展部长级会议上就通过了"关于绿色增长的首尔倡议"。以此为契机，韩国开始大力推进绿色经济与绿色增长，将"低碳绿色增长"作为国家的长远构想。日本也在2007年将建设"低碳社会""循环型社会""自然共生社会"作为环境立国支柱。联合国环境规划署从2008年开始实施绿色经济倡议，绿色经济便成为一大全球性课题，美国、欧洲、日本、韩国等国家和地区相继推出了"绿色新政"，其核心在于通过对再生能源产业等绿色产业的大规模投资，刺激经济，创造就业。经济合作与发展组织从2008年开始制定绿色增长战略，并将绿色增长作为其成立50周年的纪念主题。联合国环境规划署2011年2月发表了绿色经济报告书，其中绿色发展与减贫战略是其核心。联合国环境计划署发表的《面向政策制定者的综合报告》中专门强调了迈向绿色经济，通向可持续发展和消除贫困的各种途径。2012年里约召开的联合国可持续发展大会的主题之一就是"可持续发展和消除贫困背景下的绿色经济"。可以说，绿色经济、绿色发展与减贫新战略已经成为世界进行政治、经济和外交等关注、交流与合作的热点，日益受到各国所重视。各种研究表明，目前全球正面临着较为严重的环境危机，集中体现在全球气候变暖。为了控制全球变暖的步伐，各国纷纷提升资源利用效率，保持能源消耗和二氧化碳排放处于低水平。强调绿色发展，正是在经济发展的基础上，更加注重生态文明和环境保护，实际上也是全球共同认定的、解决地球资源和环境可持续的问题的一种必然选择。而绿色减贫正是低碳的扶贫方式，符合绿色低碳这一新的世界规则的发展方向和大趋势。

（二）理论创新

1."两山理论"创新。在经历了用绿水青山去换金山银山，即以牺牲生态环境为代价换取经济增长之后逐渐意识到了生态环境的重要性，所以在对待生产发展和生态环境的关系上更加倾向于探寻两者之间的平衡点，从而促进人与自然的和谐发展。早在2005年，习近平总书记首次提出"两山理论"，即"既要绿水青山，又要金山银山""绿水青山就是金山银山。""两山理论"从生态和经济发展的双重角度阐述了两者之间的辩证关系，其本质也体现了绿色减贫的内在机制。首先，对于"既要绿水青山，又要金山银山"，强调在经济发展的同时，要提升对绿色资源的保护意识，经济与绿色发展缺一不可。其本质是突破了以GDP为核心的单维度发展意识，正视绿色发展维度对于整体发展的重要性。绿色资源具有一定的自然生产力，如土地、山川、河流、气候以及生物多样性等都属于自然生产力，其完整性和丰满程度决定着生产力总体的容量、空间和潜力。保护生态环境就是保护生产力，相反破坏环境就是在破坏生产力。因此，决不能以牺牲环境为代价发展经济。其次，"绿水青山就是金山银山"从内部将经济发展与绿色资源连接起来，挖掘出绿色资源的经济价值，使其生态优势变成经济优势，形成了一种浑然一体、和谐统一的关系，这一阶段是一种更高的境界，体现了发展循环经济、建设资源节约型和环境友好型社会的理念。这一理论将生态环境纳入了"生产力"范畴，破解了发展中环境、生态与生产力之间的内部矛盾。在"两山理论"的指引下，以"绿水青山"为基点实现经济发展方式的转型，自觉开发绿色经济增长的新动力、新市场和新环境，创建"绿水青山"型经济，为全面建成小康社会提供扎实的绿色根基。

2. 产业绿色化扶贫理论创新。绿色产业化是指通过包容可循环的机制形成绿色资源的长效发展，其本质是通过在绿色资源承载范围内达到效用最大化利用。具体而言，可以通过积极采用清洁生产技术，无害或低害的新工艺、新技术，大力降低原材料和能源消耗，实现少投入、高产出、低污染，尽可能把对环境污染物的排放消除在生产过程之中的减贫理念。产业扶贫的绿色化转型主要体现在以下两个方面：（1）绿色资源理念扶贫。绿色资源理念融合主要指在扶贫开发过程中注重对当地绿色环境的包容性发展，提升当地政府、企业以及贫困人口自身的绿色资源保护意识。（2）生态补偿扶贫。生态补偿是将生态环境保护与贫困人口减贫完美结合的有效路径。生态补偿主要包括几方面内容：一是从生态系统自身角度出发，对恢复或破坏生态环境系统所产生的费用进行补偿；二是通过各种渠道使生态环境产生的外部经济效益内部化；三是对一个区域或个人在生态环境保护方面所投入的真实成本和机会成本进行补偿；四是对于一些具有显著生态价值的生态环境区域进行投入。生态补偿扶贫主要依靠以上途径对贫困地区或贫困人口倾斜，使生态环境受到直接或间接保护的同时，促进贫困人口减贫，同时，提升当地企业和个人对于生态环境可持续发展的意识。

3. 绿色产业化扶贫理论创新。绿色产业化扶贫理论的本质是绿色资源价值的转化利用。绿色资源不同于一般其他资源，其具有共享性、可持续性和循环性，而绿色产业化是指通过有效利用绿色资源的多重属性，完成绿色资源本身价值向绿色减贫价值的体现以及绿色资源价值向经济、社会和生态价值的转化，形成贫困地区核心内源驱动减贫动力。绿色资源除了本身具有的生态属性之外，同时还具有消费性。对人类发展而言，生态资源具有除了自然价值外的经济价值，人类在对生态资源利用开发时产生的利益就是生态资源的价值。首先，绿色资源具有一定的观赏属性，人类通过付出一定的经济支出来获取这种观赏需求，从绿色资源来看，就完成了一轮生态资源到经济资源的转化，从而对拥有绿色资源的贫困地区具有一定的经济带动，达到扶贫作用，最典型的例子就是旅游扶贫。其次，绿色资源具有一定的实用价值，通过提升绿色资源的结构从而延长其产业链，提升其经济效益，比如对于农业而言，可以通过有效结合生产——加工——销售为一体，延长农业产品的产业链，降低成本，提升农产品获得的整体经济效益；同时，可以通过拓宽农业产品的消费属性，结合生态环境、地理条件、现代信息科技等因素，形成具有休闲性质的观光体验农业等模式，第一、第二、第三产业融合，使农产品突破仅靠第一产业带来的经济效益，扩大第二产业、第三产业在农产品中的适用性，增加当地贫困人口的经济来源，从本质讲同样达到绿色资源的价值转化。除此之外，绿色资源具有一定的精神属性，比如不少少数民资贫困地区具有较为鲜明的文化习俗等绿色资源，为贫困地区与外界搭建一个互相交流和沟通的平台，同时也为绿色资源的转化构建一个高效渠道，通过发展文化节、文化展以及各种周边产品，使贫困地区达到文化资源输出的同时，也依靠其他产品获得更高的经济效益。而在此同时，当地文化资源也因更多人的关注得到进一步的保护和延续，达到绿色资源的可持续性利用。

4. 绿色减贫评价机制创新。关于减贫成效的评价，长期都处于以经济为标准的阶段，然而实践表明经济并不能准确体现贫困人口的减贫水平。绿色减贫评价从理念上打破了以经济为衡量减贫成效的单维度标准，而从可持续发展角度出发，结合生态承载能力、社会保障、教育、文化等多维度因素，对绿色减贫成效进行综合全面的评价。北京师范大学中国扶贫研究中心从2013年开始进行了深入研究，并构建一套中国绿色减贫指数和指标体系，及时呼应了联合国2030可持续发展议程和中共十八届五中全会提出的"创新、协调、绿色、开放、共享"的发展理念以及《中共中央国务院关于打赢脱贫攻坚战的决定》所包含的精神，体现了精准扶贫的绿色路径和绿色减贫的精准化方略，是一套绿色减贫成效评估参照标准，从中可以对各地的绿色减贫效果作出评估和比较，衡量绿色减贫进程进而揭示其中问题，具有非常重要的政策含义和实用价值。绿色减贫指数包含了发展的三个维度：第一是可持续的维度，在发展的同时要保护资源环境；第二是人民福祉的维度，发展和减贫主要不是体现在经济增长，尽管经济增长对减贫有重要贡献，但是发展的目标是改善人民的福祉；第三是公平的维度，发展要缩小差距，实现公平。指数很好地反映了绿色减贫的核心。绿色减贫指数最大的用途在于进行比较，指数提供了三种比较：第一，纵向的比较，以反映进步的速度。第二，横向的比较，反应不同地区的差异。第三，各部分的比较，反应一个地区的发展短板。指数的设计能够较全面、客观、科学地描述各个贫困片区的绿色减贫总体水平，并且可从各个分项指标的高低比较中得出不同片区的不同特点和优劣势，从而揭示出各个片区在绿色减贫进程中面临的问题以及有待改善的方向。指数的设计不仅是从理念上进行创新，更是对未来绿色减贫工作的一种尝试性的新探索、新举措。在不以GDP论英雄的时代，绿色减贫指数为决策者，特别是地方的决策者提供了新的目标。贫困地区不再以经济增长速度为目标，绿色减贫指数可以替代GDP成为贫困地区的发展的目标。

二、党的十八大以来绿色减贫的实践创新和主要特征

（一）绿色减贫的实践创新

1. 生态补偿扶贫实践。对于生态补偿的概念，国内还未形成统一共识，目前主要有两种观点：一是以提供者为侧重，仅对提供生态服务提供者进行补偿；二是奖惩并用，在对保护生态环境行为进行补偿同时，也对破坏生态环境的行为进行干预并采取收费。一个地区的贫困不仅仅体现在贫困人口自身的贫困上，同样也体现在这个地区外部环境的贫瘠，主要指绿色生态环境的脆弱性，目前中国较多贫困地区生态环境破坏严重。因此减贫和生态环境保护都是同样重要的两大任务，更确切来说，生态环境的"减贫"也是贫困人口减贫中的一项重要内容。生态补偿是将生态环境保护与贫困人口减贫完美结合的有效路径。根据定义，生态补偿主要包括几方面内容：一是从生态系统自身角度出发，对恢复或破坏生态环境系统所

产生的费用进行补偿；二是通过各种渠道使生态环境产生的外部经济效益内部化；三是对一个区域或个人在生态环境保护方面所投入的真实成本和机会成本进行补偿；四是对于一些具有显著生态价值的生态环境区域进行投入。由此可知，生态补偿扶贫主要依靠以上途径对贫困地区或贫困人口倾斜，使生态环境受到直接或间接保护的同时，促进贫困人口减贫，同时，提升当地企业和个人对于生态环境可持续发展的意识。具体来看，生态补偿扶贫主要通过几种形式对贫困人口进行扶持：第一类是以中央政府为主导的生态补偿扶贫机制，主要是政府实施生态补偿政策，通过对贫困人口进行一定经济补助达到减贫效果。在中国最典型的也是减贫力度和生态环境保护均较突出的政策当属退耕还林政策。1999年由四川、陕西、甘肃3省率先开展退耕还林试点后，2003年中国正式实施退耕还林补助政策。对退耕还林的农户，国家按一定标准补偿粮食，保障农户的粮食来源。在20世纪90年代西部退耕还林还草的试点工作中，现金补助标准为每亩退耕地每年补助20元。2007年在20元的基础上，再根据地区划分分别额外补助每亩105元（长江流域及南方）和70元（黄河流域及北方地区）。2016年补助调整为退耕还林每亩补助1500元，退耕还草每亩补助1000元。第二类主要通过地方政府参与设立专项基金进行扶贫，比如农业部对沼气工程项目的补助基金，林业部对森林生态补助基金等。第三类形式主要是依靠国际生态补偿机构进行合作扶贫，生态补偿在国际上发展实践较长，机制较完善，通过长期合作对贫困地区减贫效果显著。生态补偿对于中国生态系统保护以及贫困人口生活水平提高具有显著成效，以退耕还林为例，截至2011年年底，工程区退耕还林面积保存率达到98.9%。

2. 新型能源扶贫实践。新型能源扶贫是中国近年来实施的创新扶贫模式，主要通过利用新型能源拓宽贫困人口的增收渠道，同时又保护当地的生态资源环境，具有较强的可持续性。其内容主要包含两方面：第一，光伏扶贫。光伏扶贫开始于2013年，在2016年时效果逐渐凸显，并在各种产业扶贫的模式中脱颖而出，成为推进脱贫攻坚战中精准扶贫、精准脱贫模式之一。从各地的实践看，目前光伏扶贫主要有4种类型：一是户用光伏发电扶贫,利用贫困户屋顶或院落空地建设的3—5千瓦的发电系统,产权和收益均归贫困户所有;二是村级光伏电站扶贫,以村集体为建设主体,利用村集体的土地建设100—300千瓦的小型电站,产权归村集体所有,收益由村集体、贫困户按比例分配,其中贫困户的收益占比在60%以上;三是光伏大棚扶贫,利用农业大棚等现代农业设施现有支架建设的光伏电站,产权归投资企业和贫困户共有;四是光伏地面电站扶贫,利用荒山荒坡建设10兆瓦以上的大型地面光伏电站,产权归投资企业所有,之后企业捐赠一部分权益,由当地政府将这部分收益分配给贫困户。第二,低碳减贫。低碳减贫是指通过在贫困地区梳理低碳理念和消费方式,从而构建低排放、低污染的生产机制,进而实现可持续发展的良性减贫路径。低碳发展的理解具有狭义和广义之分。狭义的低碳扶贫是指,依靠对碳排放的控制,降低温室气体排放量,从而降低各国人民因为气候变化受到的消极影响,营造全球长期良好的生活环境。广义的低碳发展强调的是人与人之间、人与自然之间的共同发展,过构建一种低能耗、低排放、低污染、高效能、高效率和高效益为特征的经济增长模式,大力发展低碳产品、低碳技术、低碳能源、创新和低碳绿色消费方式,实现对温室气体排放总量的有效控制,推动经济产出增长与温室气体排放增长逐步脱钩,最终走出一条经济、社会、生态三位一体的新型发展道路。低碳扶贫主要依托广义的低碳发展内容、模式及特征,对贫困人口倾斜,因地制宜,发展低碳产品、低碳技术、低碳能源等,进而建立贫困人口的低碳观念和低碳消费方式,最终达到低消耗的良性生态环境以及高效率的贫困人口收入水平"共赢"目标。

3. 绿色农业扶贫创新实践。农业是贫困农村地区的主要产业支柱,是绿色、环保、有机的生态产业,与生态资源发展相结合的生态农业是贫困地区生态资源生产价值的有效体现。生态农业是指在保护、改善农业生态环境的前提下,遵循生态系统发展规律的集约化经营的农业发展模式,是农、林、牧、副、渔等综合起来的农业,是以经济发展为动向,结合农业生产、加工、销售为一体的现代农业,是贫困地区绿色减贫的动力来源之一。农生态农业从本质上看就是生态资源的循环过程,从生产到产出再到销售，再到新一轮的投资生产，完成了从资源到资本的自然转化，贫困人口从中获得经济效益，促进减贫成效。同时通过结合生态资源发展高效生态农业，通过林下经济、种养结合等方式有效结合生态资源与农业协同发展，在提高单位耕地面积产量的同时，也保障了林地的生态保护，完成生态资源的经济和生态价值双向转化。此外在生产过程中注重生态资源的长期保护，如土地的限制开发保护、农药化肥用量控制等，适当提高当地耕地质量，提高农产品长期种植水平及产值。

4. 旅游扶贫创新实践。旅游扶贫是近年来农村实施绿色减贫的主要模式，也是减贫成效的重要贡献模式之一。旅游扶贫主要采取依托贫困地区当地特色资源，结合旅游产业的开发和运行模式，形成具有减贫效应的贫困内生性发展模式。归纳起来主要可以分为几种类型。第一，景观旅游扶贫。主要针对于自然景观较好的一些贫困地区，充分利用良好的生态资源为条件进行可持续的旅游开发，将生态资源的景观属性转换为经济价值，从而拓宽贫困地区的增收渠道，提升减贫效率。第二，文化旅游减贫。主要是指结合农村地区的历史文化、红色文化以及民俗文化几种类型进行旅游产业开发，比如利用少数民族分布较多的贫困地区开发民俗小镇，通过吸引游客数量带动贫困人口收入水平。第三，休闲农业旅游减贫。此类减贫主要通过有效结合农业和旅游产业，形成可参与的休闲农业旅游模式，通过休闲采摘、休闲种植、休闲垂钓、休闲自主性家庭旅馆等形式提升消费者对于乡村生活的参与感，达到内心体验满足，进而对贫困地区带来经济效益。这种模式也是目前较为兴起的农村旅游模式。

（二）党的十八大以来绿色减贫的主要特征

1. 绿色减贫内容多维度化。党的十八大以来，随着生态文明建设的推进，绿色减贫理念在中国逐渐凸现出来，从以往单纯的以经济维度为目标的单维度减贫逐渐向绿色减贫转变。从内容来看，绿色减贫主要以可持续发展为原则，以提升贫困人口生活水平为目标，根据"两不愁三保障"的建设目标而制定的多维度内容。根据北京师范大学中国扶贫研究中心所研究的《中国绿色减贫指数报告》，绿色减贫内容主要包括经济增长绿化度、资源利用与环境保护程度、社会发展能力和扶贫开发与减贫效果四项内容。与以往仅依靠经济为标准的减贫模式相比，绿色减贫多维度内容主要有几点优势：第一，内容更全面。更能较为准确地衡量贫困人口的生活状态和需求，从根本审视贫困问题，更有助于精准扶贫精准脱贫。第二，更可持续性。绿色减贫从生态保护为原则进行减贫，为贫困地区提供较好的外部环境，可以更长效地保证当地的发展条件。同时，绿色减贫从社会保障、健康等多方面对贫困人口进行扶持，降低仅靠经济扶贫造成的返贫现象出现，因此减贫效应较为长效。

2. 绿色减贫机制可持续化。绿色减贫机制中主要包含两层意思：第一层意思就是所谓的"既要金山银山，也要绿水青山"，其本质是站在生态环境保护的角度进行减贫，为减贫工作确立了一个生态红线。因此，在这样的原则下绿色减贫保证了贫困地区的生态环境的承载能力，为贫困地区整体的可持续发展奠定一个较好的外界条件。第二层意思是"绿水青山就是金山银山"，本质是通过合理开发贫困地区生态资源的生态价值，使其转化为经济和社会价值，惠及于贫困地区。同时，产生的价值可以再一次投入当地的绿色资源上，形成新一轮的转化，形成贫困地区内部的可持续发展动力。因此，绿色减贫机制实现了绿色资源向经济和社会价值转化的循环，具有较高的可持续性。

3. 绿色减贫方式多元化。基于多维度的绿色减贫内容，在绿色减贫过程中，突破了以往政府主导的减贫方式，采取的方式也比较多元化。如绿色企业带动扶贫。贫困地区的绿色企业拉动是贫困人口脱贫的又一个重要路径。企业通过对贫困人口采取绿色项目倾斜支持、减缓贫困人口就业压力等方式对贫困人口进行直接和间接的经济带动作用，主要表现为以下几方面：（1）对贫困户进行优先务工，促进贫困户脱贫。企业对于贫困人口的最直接带动渠道，由于大多数贫困人口收入水平低，没有能力和资金进行自主创业，或者有一部分贫困人口因为子女、老人以及自身原因无法外出务工，因此，企业针对于这部分人群采取直接务工的方式进行扶持。首先，在投入方面无需贫困人口负担资金，并通过打工支付其一定的经济酬劳，减轻贫困人口及家庭的经济压力。其次，企业可以就近为贫困人口安排就业，解决了外出打工所带来的家庭问题及成本问题对贫困人口生活质量提高具有很大影响，也缓解了贫困村因为外出劳动力过多而造成的乡村空心化现象。最后，企业通过对贫困人口进行观念上的培训和技术上的指导等综合培训扶持提升贫困人口的发展意识和专业技术水平，使贫困人口在提升专业知识的同时，也逐渐形成减贫的主动性和积极性，为今后贫困人口自主发展产业提供内在基础。（2）入股分红，通过对贫困户创业资助。除了直接务工以外，企业还会对贫困人口提供一定的投资机会，贫困人口可以用一部分扶贫资金入股，由农民变为股民，享受到企业带来的红利，按股分红，使贫困人口不仅获得务工带来收入，同时通过入股也能得到的经济效益，获得双向收入。（3）通过与贫困村专业合作社及大户开发项目直接和间接带动贫困户。由于贫困人口分散，贫困类型多样化，因此企业对贫困人口"一对一"式的扶贫毕竟规模小，拉动能力有限。因此，对于部分贫困人口比例较多的贫困村，企业可以通过直接与当地大户以及专业合作社进行项目合作从而带动贫困人口脱贫。企业对大户或者专业合作社提供产业贷款资金、技术培训、产品销售等全方位的扶持，保障了整个产业的经济效益，而在整个扶持过程中，为了进一步带动当地贫困人口脱贫，使经济效益尽可能的进准到贫困人口上，企业和政府对大户和专业合作社都有一定的要求，比如分配贫困人口一定的参与比例、给大户或者专业合作社一定的扶贫脱贫任务，从而激励对贫困人口的倾斜扶持。

三、绿色减贫形成的启示和思考

第一，聚焦转型发展，重点强化绿色性。生态文明建设与经济发展并不矛盾。虽然生态文明建设的提出正是基于对高投入、高消耗、高污染和低产出、低效益、低品质的传统发展方式的系统反思。然而，生态文明建设不是不要发展，而是要高产出、高效益、高品质的发展。发展也不仅仅是指经济发展，更不能简单地等同于GDP增长。资源节约、环境保护、生态保育、科技创新、文化繁荣和社会进步等都是发展的重要内容。"绿水青山就是金山银山"，破坏了绿水青山的金山银山，宁可不要；以贫困地区人身健康为代价的发展，宁可不要；损害贫困地区根本利益的发展，宁可不要。因此，应尽快促进连片特困地区转型发展，不要走先污染后治理的老路，应以新型工业化、新型城镇化建设为契机，充分挖掘连片特困地区有各自特色的绿色资源，形成持久发展动力。

第二，聚焦理念引导，重点强化文化性。绿色减贫强调在发展中要尊重自然、顺应自然、保护自然，特别强调转变发展理念，同时也强调体制创新、机制创新、科技创新，强调转变生产方式和生活方式，要求从每个人做起、从现在做起。要实现绿色减贫，就必须将相关理念和顶层设计相融合。特别是在发展观念、环境意识上，需要落实到每个公民、每个家庭、每个单位、每个组织的资源节约、环境友好、生态保育等行为上。将生态文明建设理念、可持续发展理念，向基层干部、向群众解释，需要基层政府以具体举措贯彻落实，需要基层政府鼓励和引导。只有基层干部、广大群众认识到绿色发展的好处，才能从根本上促进绿色减贫战略的成功实施。因此，贫困地区绿色减贫不能忽视价值、文化层面的影响，重点应把培育绿色发展和生态文化作为重要支撑，将绿色发展、生态文明纳入社会主义核心价值体系宣传当中，加强绿色发展、生态文化的宣传教育，倡导勤俭节约、绿色低碳、文明健康的生活方式和消费模式，提高全社会生态文明意识。

第三，聚焦脱贫奔小康，重点强化包容性。贫困地区能否全面建成小康社会关键在贫困地区、贫困人口能否脱贫，关键在于将绿色发展与包容性减贫相结合，走包容性绿色发展的脱贫之路。包容性绿色发展是通向可持续发展之路，其本质是强调机会平等的增长，为贫困人口创造越来越多的机会，为贫困人口提供创造或提升其能力的方式，为贫困人口提供免遭暂时或持久的生计损失的方法。只有使绿色发展的成果为贫困地区、贫困人口共享，才能进一步坚定贫困地区绿色发展的道路。现行资源开发机制的不公，客观上导致了资源开发过程中利益分配的失衡，积极创新收益补偿机制，建立健全资源补偿制度，完善税收制度，是实现绿色减贫的关键一步。因此，绿色减贫必须强化绿色发展的包容性，通过减税和加大税收返还力度，增加中央政府对资源所在地的地方政府以及居民的经济补偿；

建立自然资源的折旧补偿制度，避免资源在开发与利用过程中的流失和消减。通过建立资源耗减及补偿账户，加大对资源开发与利用企业的资源折旧与耗减核算，实现资源的资产化管理，帮助片区将"资源优势"转化为"经济优势"，使资源收益实现共享，最终在各贫困片区内实现包容性发展。

第四，聚焦公共服务，重点强化内生性。绿色减贫之所以有利于贫困地区持续、稳定脱贫，关键在于其可持续发展成果的共享，而共享机制中的公共服务机制尤为关键。特别是就目前连片特困地区脱贫障碍来看，急需提升的公共服务是教育和基础设施建设。一方面，广泛宣传各片区农户脱贫致富的典型，找到适合自身发展的路径，实现扶贫工作从被动扶贫到主动扶贫的转变，从根本上提升贫困人口的内生动力，增强贫困人口自身的"造血功能"。另一方面，提升片区与发达地区交通联通以及区域内部交通网；注重继续实施投资基础设施建设的政策，在片区内修建通县公路、通乡公路和村村通等，实现区内部经济一体化，降低区域内部以及与发达地区间的交易成本，为片区脱贫攻坚奠定坚实基础。因此，绿色减贫应重点瞄准公共服务，特别要注重政府政策调控与服务，将生态补偿等绿色经济成果转化为良好的公共服务，特别是要提升教育与基础设施建设水平。

第五，坚持绿色发展，实现绿色减贫。绿色减贫是贫困地区贯彻落实绿色发展理念的重要体现，贫困地区坚持绿色减贫，实现绿色发展是必然趋势。首先要把结合生态保护脱贫作为重要路径牢固树立绿水青山就是金山银山的理念，始终把生态保护放在优先位置，努力实践探索生态脱贫的新路子。这个过程中，要完善坚持绿色减贫的绿色机制制度。当前最主要是要在扶贫开发工作中长效考核体系建设，体现绿色减贫的价值取向。建立干部考核办法，贫困地区在资源产权和用途管制，能源、水和土地节约利用，资源环境承载能力监测预警，生态补偿等方面都需要进一步加强相关的制度建设。同时要加强案例研究，各地在光伏扶贫、旅游扶贫、绿色产业扶贫等实践中创造了很多经验，通过案例总结也可以提炼各地创新发展的思路，因地制宜选择发展环境友好型、生态友好型产业，为同类地区推进绿色减贫提供借鉴。

  第六,调动政府、企业和社会各方面的力量,统筹开发与保护。大型生态治理和修复项目,资金需求大、技术难度高,需要政府统筹资金、协调各方力量、搭建合作平台,为推进生态扶贫提供服务保障;生态修复后也需要政府参与管护,巩固生态建设成果。生态扶贫的核心目标是促进农户脱贫增收,要大力实施精准扶贫战略,充分调动农户参与保护和开发的积极性,激发困难群众的内生动力,不断提升农户的可持续发展能力。扶贫开发,产业是支撑,要以市场为导向,积极引导企业参与生态建设,发展生态经济,吸纳贫困人口就业,把生态资源优势、人口资源压力转化为经济优势。

  实现生态、环境、经济与社会协调可持续发展,关键在于建立政府、企业和群众协同发展的共赢机制。从政府的角度来看,首先,要以市场化为导向,完善体制机制,引导企业通过创新技术不断提升市场竞争力和产业发展效益,带动农户脱贫致富;其次,要完善产权制度,创新政企合作方式,充分调动企业参与治沙扶贫的积极性;要引导企业和农户建立多元化的利益共享机制,要根据不同农户的资源禀赋特征,实施一户一策,做到精准扶贫。

参考文献

[1] 黄荣华、冯彦敏、路遥:"国内外扶贫理论研究综述",《黑河学刊》2014年第10期。

[2] 王小林:《贫困标准及全球贫困状况》,社会科学文献出版社2012年版。

[3] 李小云、李周、唐丽霞等:"参与式贫困指数的开发与验证",《中国农村经济》2005年第5期。

[4] Undp N Y E. *Human Development Report 2010. The Real Wealth of Nations*: pathways to Human Development, 20th Anniversary Edition. 2010.

[5] 蓝红星:"贫困内涵的动态演进及发展趋势",《重庆科技学院学

报（社会科学版）》2012 年第 23 期。

［6］汪三贵：《贫困问题与经济发展政策》，农村读物出版社 1994 年版。

［7］吴忠："贫困与反贫困的理论探讨（下）"，《开发研究》1991 年第 4 期。

［8］林闽钢："中国农村贫困标准的调适研究"，《中国农村经济》1994 年第 2 期。

［9］康晓光："90 年代我国的贫困与反贫困问题分析"，《战略与管理》1995 年第 4 期。

［10］倪瑛："贫困、生态脆弱以及生态移民——对西部地区的理论与实证分析"，《生态经济（中文版）》2007 年第 10 期。

［11］席恒、郑子健："秦巴山区区域社会可持续发展的问题与对策"，《西北大学学报（哲学社会科学版）》2000 年第 30 期。

［12］迪顿安格斯、Angusdeaton、迪顿等：《逃离不平等：健康财富及不平等的起源》，中信出版社 2014 年版。

［13］本社：《中国农村扶贫开发纲要 2011—2020》，人民出版社 2011 年版。

［14］曲玮："贫困地区新农村建设困境及破解路径探析——以甘肃省为例"，《开发研究》2008 年第 4 期。

［15］刘刚、沈镭、刘晓洁等："资源富集贫困地区经济发展与生态环境协调互动作用初探——以陕西省榆林市为例"，《资源科学》2007 年第 29 期。

［16］侯一蕾、温亚利、金旻："林业生态建设对山区减贫的影响研究——以湖南湘西土家族苗族自治州为例"，《湖南大学学报社会科学版》2014 年第 4 期。

［17］蔡典雄：《中国生态扶贫战略探究——Ecosystem Services for Poverty Alleviation：英文》，科学出版社 2011 年版。

［18］生态文明与反贫困论坛：《反贫困：社会可持续与环境可持续：生态文明与反贫困论坛（2014）》，社会科学文献出版社 2015 年版。

[19] 戴旭宏:"绿色扶贫:中西部地区现阶段财政支持政策的必然选择——基于四川财政政策支持的视角",《农村经济》2012年第12期。

[20] 刘可文、刘艳强、刘桂菊:"绿色发展理念与西部贫困地区发展",《云南地理环境研究》2005年第17期。

[21] 葛宏、吴宝晶、欧阳放:"绿色扶贫是环境与经济的双赢选择",《经济问题探索》2001年第10期。

[22] 王亚娟:《基于行动者中心的旅游减贫研究:以漓江杨堤——兴坪段为例》,南开大学出版社2015年版。

[23] 齐子鹏、胡柳:"乡村旅游经济增长与我国农村减贫——基于亲贫困增长的视角",《商业经济研究》2014年第2期。

[24] 彭建:《贵州石漠化片区经济社会发展与旅游减贫研究》,中央民族大学出版社2014年版。

[25] 杨友孝、蔡运龙:"陕西榆林地区的脱贫对策与制度创新",《地理研究》2000年第19期。

[26] 黄泽海、侯春娥:"自组织理论视阈下构建扶贫开发与生态建设协同创新的组织模式研究",《湖南省社会主义学院学报》2015年第1期。

[27] 冬唯:"以'产业扶贫'破解天津市贫困乡村造血难题",《中国商贸》2014年第31期。

[28] 郭君平、吴国宝:"社区综合发展减贫方式对农户生活消费的影响评价——以亚行贵州纳雍社区扶贫示范项目为例",《中国农村观察》2013年第6期。

[29] 胡兵、赖景生、胡宝娣:"经济增长、收入分配与贫困缓解——基于中国农村贫困变动的实证分析",《数量经济技术经济研究》2007年第24期。

[30] 杨颖:"经济增长、收入分配与贫困:21世纪中国农村反贫困的新挑战——基于2002—2007年面板数据的分析",《农业技术经济》2010年第8期。

[31] 万广华、张茵:"收入增长与不平等对我国贫困的影响",《经

济研究》2006年第6期。

[32] 李瑞华：《贫困与反贫困的经济学研究：以内蒙古为例》，中央编译出版社2014年版。

[33] 北京师范大学中国扶贫研究中心课题组张琦、胡田田："中国绿色减贫指数研究绿色减贫理论综述"，《经济研究参考》2015年第10期。

[34] 张琦：《中国绿色减贫指数报告2016》，经济日报出版社2016年版。

推进农村土地与金融制度改革

农村土地承包经营权退出机制研究[*]

高 强

随着工业化、城镇化的加速发展，农村劳动力大量向非农产业和城镇转移，农民和土地的关系出现新的重大变化。农村土地承包经营权的权能内涵不断充实，土地由保障性功能向财产性功能转变，对通过市场进行资源优化配置要求越来越高，农地经营呈现多元主体竞相发展的新局面。顺应这一历史趋势，需要在稳定农村土地承包关系的前提下，落实集体所有权、稳定农户承包权、放活土地经营权，加快建立农村土地承包经营权退出机制。中央层面，一系列重要文件都对农村土地承包经营权退出提出明确要求。如党的十八届五中全会通过的《中共中央关于制定国民经济和社会发展第十三个五年规划的建议》明确要求，"维护进城落户农民土地承包权、宅基地使用权、集体收益分配权，支持引导其依法自愿有偿转让上述权益"。中共中央办公厅、国务院办公厅印发的《深化农村改革综合性实施方案》提出，"在有条件的地方开展农民土地承包经营权有偿退出试点"。2016年，《国务院关于实施支持农业转移人口市民化若干财政政策的通知》要求，逐步建立进城落户农民在农村的相关权益退出机制，

---

[*] 本文为2016年农业部农村经济研究中心青年项目课题成果。高强为农业部农村经济研究中心改革试验研究室博士、副研究员。

积极引导和支持进城落户农民依法自愿有偿转让相关权益。《全国农业现代化规划（2016—2020）》提出，在有条件的地方稳妥推进进城落户农民土地承包权有偿退出试点。

农村土地承包经营权退出机制的缺乏不仅影响农业转移人口市民化的步伐，还制约土地资源要素功能的发挥，不利于农业适度规模经营的推进。从现有研究看，关于农户土地退出意愿的研究较多①。有的研究将农户的土地承包经营权退出区分为经营权退出与承包权退出，对土地退出意愿的影响因素、表现形式进行了分析，并提出应从经济社会等多维视角看待农户的土地承包经营权退出问题。有的研究运用实证分析方法，分析了影响农户承包地、宅基地退出意愿的因素及其影响方向。刘同山和牛立腾②基于农户分化视角，对人口、职业和经济因素等对农户土地退出意愿及方式选择偏好的影响进行了分析。有些学者从维护和实现土地财产权完整的角度，将承包地退出视为推进农民工市民化的核心问题之一③。罗必良④着眼于土地福利功能向财产功能的过渡，指出"人动地不动"表达了农民对土地财产权利的诉求。实践层面，宁夏平罗、重庆梁平、四川内江等国家农村改革试验区正在开展"土地承包经营权退出"试点。从已有探索看，各试点地区立足当地实际，创新提出了一系列制度设计，也面临了一些困难和挑战。这些探索对于我们认识农村土地承包经营权退出的实现形式、制约条件与可行路径，提供了有价值的实践证据，也为我们设计退出机制提供了经验支撑。

---

① 吴康明、陈霄："农民土地退出意愿与关键环节拿捏：重庆例证"，《改革》2011年第10期。罗必良、何应龙、汪沙等："土地承包经营权：农户退出意愿及其影响因素分析——基于广东省的农户问卷"，《中国农村经济》2012年第6期。王兆林、杨庆媛、张佰林等："户籍制度改革中农户土地退出意愿及其影响因素分析"，《中国农村经济》2011年第11期。

② 刘同山、牛立腾："农户分化、土地退出意愿与农民的选择偏好"，《中国人口资源与环境》2014年第6期。

③ 郭晓鸣："让农民带着土地财产权进城"，《农业经济问题》2013年第7期。张林山："农民市民化过程中土地财产权的保护和实现"，《宏观经济研究》2011年第2期。

④ 罗必良："农地保障和退出条件下的制度变革：福利功能让渡财产功能"，《改革》2013年第1期。

推进农村土地与金融制度改革

一、关于退出权的讨论

(一) 退出权是一项重要权利

农村土地承包经营权是以成员权为基础,以户的形态行权,从土地集体所有权中分离出的一项用益物权。作为集体经济组织成员的农户,依法享有土地承包经营权,这是集体所有权的具体实现形式,也是农村基本经营制度的关键。因此,弄清农村土地承包经营权的权利属性与权能内涵是探讨土地退出机制的前提和基础。

农村土地承包经营权权能内涵经历了一个不断调整、逐步显化赋能的过程。在1978年实施家庭联产责任制后,创造了一种新的产权结构,农民土地的生产性收益获得了部分保证。2003年《中华人民共和国农村土地承包法》实施后,农户与集体之间的土地承包关系,已经不再是由承包合同规定的责任制关系,而成为由法律规定的国家赋权关系。2006年农业税全面取消,土地承包经营权的债权属性进一步弱化,物权属性增强。2007年颁布的《中华人民共和国物权法》明确把农村土地权利定义为用益物权,包括对集体土地的占有、使用和收益的权利。党的十七届三中全会通过的《中共中央关于推进农村改革发展若干重大问题的决定》特别强调,"赋予农民更加充分而有保障的土地承包经营权,现有土地承包关系要保持稳定并长久不变。"这不仅意味着给予农民土地承包经营权更加切实有力的制度保障,而且包含了通过完善权能、延长期限,使土地承包经营权的用益物权性质更加充分、更加彻底、更好实现农民土地承包权益的政策导向。党的十八届三中全会通过的《中共中央关于全面深化改革若干重大问题的决定》,再次扩展了农民财产权的权能,明确提出了"农民对承包地占有、使用、收益、流转及承包经营权抵押、担保权能"等内容。至此,农村土地承包经营权的基本内涵和权能体系得到基本建立。

当农村土地承包经营权的权属内涵由债权转化为物权后,退出权才可以被视为一种重要的权利,讨论农村土地承包经营权退出机制才有新的意义。在2006年全面取消农业税之前,许多农民自愿交回承包地或擅自弃耕撂荒，放弃了已经享有的土地承包经营权。例如，2003年《中华人民共和国农村土地承包法》第十八条规定，"本集体经济组织成员依法平等地行使承包土地的权利，也可以自愿放弃承包土地的权利"，第二十六条规定，"承包期内，承包方全家迁入设区的市，转为非农业户口的，应当将承包的耕地和草地交回发包方。承包方不交回的，发包方可以收回承包的耕地和草地。"可以看出，这一时期法律立足于耕地保护的视角，对承包方依法、自愿交回承包地以及特定条件下的发包方收回承包地等情况进行了规制。需要说明的是，尽管自愿交回承包地和因擅自弃耕被集体收回，属于不同的法律适用情形，但两者都是在前物权法时代，基于初始无偿取得条件下农村土地承包经营权退出的典型形式。我们可以称之为福利性退出。

2007年《中华人民共和国物权法》颁布后，尽管土地承包关系没有变，但农民与集体因土地承包而产生的权利义务关系发生了改变。农村土地承包经营权用益物权法律性质的确定，使农村土地产权由"弱化""残缺"的使用权逐步走向私法物权意义上的财产权。从保护农民土地权益的角度看，这是一个重大的历史进步[①]。此后，维护农民的土地财产权，不仅要继续坚持农户的土地承包地位，还要创造条件实现承包户占有、使用、收益、流转承包地等各项权益，并且赋予其抵押担保权能。作为一项最重要的财产权利，农民退出承包地自然要权衡利弊，基于收益最大化进行相应的处置。我们可以称之为财产性退出。因此，本文所指的"退出权"可以理解为农民，尤其是进城落户农民自愿退出承包地并获得补偿的自由选择权。我们主张的农村土地承包经营权退出机制指向的也是基于权利让渡获得财产性收益的市场化退出方式。

（二）退出权实现面临约束条件

由于土地财产权是以公有为基础赋予"私有"特性的财产性权益，

[①] 刘灿：“构建以用益物权为内涵属性的农村土地使用权制度”，《经济学动态》2014年第11期。

农村土地承包经营权退出自然面临一系列制约条件。这些制约条件既有制度层面的，也有现实层面的。从制度层面看，建立社会主义市场经济体制，要求建立与之相适应的经济制度，尤其是财产制度和市场制度。而集体经济的模糊特征与共有属性，在一定程度上排斥了成员个体对集体资产份额的分割和所有，阻碍土地财产权利的自由转让。除处分权缺失之外，制度约束突出表现在集体产权归属不清、边界不明、成员资格不定以及土地承包关系"长久不变"政策涵义不明确等方面。

从现实层面看，我国农村千差万别，各地经济发展水平和社会保障体系完善程度各不相同，各集体经济组织的经济基础也相差较大。农村土地承包经营权退出涉及重大利益关系调整，必然对经济社会条件提出特定要求。从目前来看，现实约束主要存在集体土地管理职能相互分割、农村社会保障供给不足、缺乏补偿土地承包经营权的必要资金等问题。此外，社会各有关方面对开展承包地退出的认识不统一也成为重要影响因素。

基于以上分析，理论上农户可以以自愿交回承包地等方式退出承包经营权，但现实中却难以获得应得的补偿。由于农村土地承包经营权退出机制不完善，作为财产性收入的退出渠道尚未建立，使得市场化处置手段缺失，市场价值实现功能不完整，农户实际上等于没有选择的权利，导致退出权成为一项"空权利"。

二、承包地退出应有特定前提

农村土地承包经营权是以土地农民集体所有为基础的，与集体经济组织成员身份紧密相联系，还受到历史条件、公权力及意识形态等多重因素影响的特殊权利。农村土地承包经营权兼具财产属性、身份属性和管理属性。这三种属性决定了承包地退出必须恪守特定的前提条件。

（一）人地分离是历史前提

现阶段，随着工业化、城镇化深入推进，农村劳动力大量进入城镇就业，相当一部分农户举家迁入城市，在第二、第三产业稳定就业，并将土地流转给他人经营，承包地与承包农户发生分离，"家家包地、户户种田"的情形已经发生巨大变化。一方面，农民工数量在持续增加。根据国家统计局抽样调查结果，2015年农民工总量为27747万人，其中外出农民工16884万人，比上年增加63万人。据估计，到2020年，全国要有大约1亿农业人口进城落户[①]。

另一方面，土地流转速度也在加快。截至2015年年底，全国有7000万左右的农户流转土地，家庭承包经营耕地流转面积4.43亿亩，占比达33.3%。适度规模经营继续发展，50亩以上的农户达到341万户，经营耕地面积超过3.5亿亩。同时，农业生产者的结构发生了深刻变化。以家庭农场、农民合作社、农业企业为主的270多万各类新型农业经营主体成为实际的农业生产经营者（见表1）。

表1　　近年来中国土地流转情况的变化　　单位：亿亩

年份	2010	2011	2012	2013	2014	2015
承包地面积	12.73	12.77	13.1	13.27	13.29	13.30
流转面积	1.87	2.28	2.78	3.41	4.03	4.43
流转率	14.67%	17.85%	21.25%	25.70%	30.32%	33.3%

注：资料来源为《历年全国农村经营管理统计资料》。

在退出权不能充分保障的情况下，我国城镇化中农业转移人口的"离乡不弃农、进城不退地"现象日益突出，导致稀缺土地资源的要素功能和资产功能同时受到限制。这种"离不开、进不去"的状态持续存在，表明探索农村土地承包经营权退出机制的历史条件已经具备，迫切需要通过扩大试点积累经验，打通城乡之间要素流动的通道，在更大范围内的优化配置资源。

（二）农村基本经营制度是大前提

农村基本经营制度是党在农村的基本经济制度，是中国特色社会主义

---

① 数据来源："2015年农民工监测调查报告"，http://www.stats.gov.cn/tjsj/zxfb/201604/t20160428_1349713.html。

制度的重要组成部分，是由社会生产组织方式、社会生产交换方式、社会成果分配方式等内容来综合体现的动态性制度安排。农村基本经营制度是党的农村政策的基石，必须毫不动摇地坚持。它直接决定了土地等生产资料占有、使用、处置并获得收益等一系列经济权利如何实现。农村土地承包经营权退出机制必须在现有的制度框架下探索，没有家庭承包制度也就没有所谓的农村土地承包经营权。在中国特定的国情下，土地农民集体所有仍是根本，有偿退还集体经济组织应为主要途径，农户家庭承包仍是主要形式，农村土地承包经营权退出与私有化条件下的自由交易截然不同。从一定意义上讲，农村土地承包经营权有偿退出本身也是对农村基本经营制度的发展和完善。

（三）确权登记颁证和产权制度改革是小前提

当前，全国正在开展的农村土地承包经营权确权登记颁证正在致力于解决承包地块面积不准、四至不清、空间位置不明、登记簿不健全等问题，强化对土地承包经营权的物权保护。目前，全国已经有2545个县（市、区）、2.9万个乡镇、49.2万个村开展试点，已经完成确权面积8亿亩，超过家庭承包耕地面积的60%[①]。随着农地确权工作不断推进，不仅有助于查勘定界、定纷止争，还可以为实现农户对承包地的占有、使用、收益乃至退出等各项权利提供法律依据。在土地制度改革逐渐深化的同时，中央已对有关农民股份合作和农村集体资产股份权能的改革试点作出部署，并于2016年12月26日以党中央、国务院名义印发《关于稳步推进农村集体产权制度改革的意见》，对加强农村集体资产管理、开展集体经营性资产产权制度改革、探索农村集体经济有效实现形式等重大改革内容作出明确部署。这些重大举措不仅有助于确权赋能、明权析产，划清集体与成员的产权边界，还为土地承包经营权退出奠定了制度基础。

---

① 数据来源："农业部部长韩长赋就《三权分置意见》有关情况答记者问"，http://www.farmer.com.cn/uzt/san/ta/201611/t20161115_1254378_4.htm。

三、承包地退出已有多地探索

尽管我国农村土地承包经营权退出的基本前提已经具备,但在实际操作中仍然面临诸多制约因素。近年来一些试点地区从不同层面进行了探索,积累了有意义的经验启示。

(一) 与生态移民相结合的宁夏平罗模式

宁夏回族自治区平罗县作为国家农村改革试验区之一,利用先行先试的有利条件,结合区域经济发展和本县的实际情况,对农民有偿退出农村土地进行了多方面探索。主要做法有:

1. 推进农村土地和房屋确权登记颁证,奠定土地退出基础。自2010年以来,平罗县先后明晰了集体土地的承包经营权、宅基地使用权和农民房屋所有权等多项权属。截至2015年9月,全县农村房屋确权登记率、集体荒地承包经营权颁证率已达100%,集体耕地承包经营权、宅基地使用权颁证率分别达到97.2%、96.0%。目前,平罗县正在开展二轮耕地承包经营权与集体荒地承包经营权证"两证合一"的工作(但对不同类型土地进行标记:二轮承包获得的土地为A类,集体荒地开垦而来的承包地为B类),并将基本完成。

2. 结合生态移民工作,实施农村土地和房屋收储。为了落实自治区"插花安置"生态移民的工作要求,结合自治区为每户移民提供12万元的安置资金,以及本地农村房屋闲置、耕地流转十分普遍的现实,2013年年初,平罗县先后制定了《农民宅基地、房屋、承包地收储参考价格暂行办法》《农民集体土地和房屋产权自愿永久退出收储暂行办法》,并由县人民政府出资500万元设立农村土地和房屋退出收储基金,启动了农村土地和农民房屋收储以及集体经济组织的收益分配权退出政策。具体做法为:

(1) 参照自治区2010年的征地补偿标准,结合当地近三年土地流转平均价格,根据地理区位和土地质量等级差异,将全县13个乡镇划分为三类区域,并将同一区域的承包地收储价格分为三个等级。对于一等、二等、三等级每亩承包地的收储价格，一类区域分别为600元、500元、400元；二类区域为550元、450元、400元；三类区域为450元、350元、300元。农户二轮承包的土地（A类）收储价格每年递增5%，开荒获得的集体土地（B类）不执行收储价格上浮政策。承包地退出总补贴=每年的补贴标准（含递增的5%）×第二轮承包期剩余的年限。

（2）按区位确定标准面积宅基地的收储价格为10000元、9000元和8000元三个等级，标准面积为270平方米（约合0.4亩）。超出标准面积的部分，参照庭院经济用地收储，价格为10000元/亩，且最高不超过宅基地价格的40%。对未取得使用证的宅基地及其超标部分，收储价格下浮。

（3）按照建造年限和建筑结构，明确农村房屋收储价。2010年以后建造的砖木结构，且外墙贴瓷砖的房屋，收储价格上限为每平方米700元；2010年之前建造的或未取得所有权证的房屋，折价收购。具体折价比例由退出农户、村集体和政府有关部门协商确定。

（4）退出土地和房屋的农户，需同时退出集体收益分配权，村集体组织一次性给予补偿。补偿金额=当年人均分红×第二轮承包期剩余年限。

原则上，退出农村土地必须以户为单位，同时退出承包地、宅基地、房屋和集体收益分配权，并彻底放弃集体经济组织成员身份，既永久性彻底退出。不过，近两年受收储资金的限制，平罗县也允许农户在满足生态移民最低要求的同时，实行家庭部分成员按比例退出农村土地和集体收益分配权。截至2015年9月，平罗县已收购1718户农民的宅基地和房屋，收购耕地总计8650亩，插花安置移民1174户。

3. 结合老年农民的养老需求，创新农村土地和房屋退出安排。面对农村人口老龄化日益严重的现实，2014年6月，平罗县制定了《老年农民自愿退出转让集体土地和房屋产权及社会保障暂行办法》，为老年农民自愿退出土地承包经营权、宅基地使用权和房屋所有权"三权"开辟制度通道。除退出补偿标准参照"插花安置"并同样要求放弃集体经济组织成员身份外，在老年农民退出农村土地和房屋时，平罗县还做了一些特殊规定,比如:第一,与子女拥有同一宅基地使用权和房屋所有权的老年农民,可以只退出农村土地承包经营权而保留宅基地使用权和房屋所有权。第二,老年农民是户主身份的,必须经家庭二轮延包时所有共有人和村集体经济组织同意,方可退出所有农村财产权利;老年农民是共有人身份的,土地承包经营权的退出面积按照共有人人均占有面积折算。第三,老年农民退出的承包地可以一次性转让,也可以用流转获得的收益缴纳养老金,退出的宅基地可以复垦为耕地或转变为集体经营性建设用地,流转交易后置换养老社保。

4. 鼓励集体组织成员内部交易,尝试农村土地的集体组织回购。考虑到土地收储作为"插花安置"工作的配套政策可持续性较差等问题,平罗县提出探索建立农村土地承包经营权、宅基地使用权、房屋所有权"三权"在集体经济组织内部自愿转让和村集体收储制度,以盘活农村土地和房屋资源。比如,头闸镇西永惠村的家庭农场主王进孝从本村农户手中购买了两处闲置的宅基地作为制种梅豆的晒场。一些财务状况较好的村集体经济组织,在县委、县政府的号召下,正积极尝试回购农民的承包地和闲置宅基地。对于在政府规划保留村庄内回购的宅基地和房屋,村集体可以以等价置换的方式,用于安置村庄规划区外的农户。对村集体经济组织回购后全村整建制退出得到的土地,复垦后按照城乡建设用地增减挂钩政策,置换城镇建设用地指标,在县域范围内统筹使用。

(二) 多方联动、退用结合的重庆市梁平模式

重庆市梁平县是农业大县,也是国家农村改革试验区。全县家庭承包土地面积98.12万亩,农业人口72万人,其中外出务工32.4万人,务农农民平均年龄58.7岁。针对近年来出现的种地农民减少、撂荒农地增多等现象,2015年梁平县坚持"为进而退、以退促进"的原则,制定出台了农村土地承包经营权退出试点实施办法、农村土地承包经营权退出周转金管理办法等文件,选择屏锦镇万年村、礼让镇川西村作为封闭试点,稳步开展土地承包经营权退出试验。

1. 明确退地农户前置条件,严格执行退地程序。土地退出分为法定

退出和自愿退出两种形式。法定退出必须是承包方全家迁入本集体经济组织以外的农村落户，在新户籍地取得承包地，或农户整体消亡以及法律法规规定应当收回的其他情形。自愿退出要符合有稳定职业或收入来源，在本集体经济组织以外有固定住所等条件，部分退出面积不超过家庭承包总面积的50%。在退地程序方面，法定退出按公示、初审、复核、审核、注销、备案的程序办理。自愿退出按农户申请、民主决策、村镇审核、张榜公示、签约交割、注销权证、上报备案的程序办理。梁平县为每一个程序都设计了示范文本。

2. 合理制定退地补偿价格，多方筹集退地补偿金。退地补偿价格由集体经济组织与自愿退出农户协商，经集体经济组织成员会议民主讨论确定。依据当地经济社会发展水平，考虑不同地类、不同区位差异，结合本轮承包期（至2027年止）剩余年限和当地年均土地流转价格，适当考虑"长久不变"因素，形成合理的自愿退出补偿价格，原则上不超过同期征地补偿标准。两个试点村规定退出补偿标准为1.4万元/亩。目前，梁平县采取集体经济组织自筹、金融机构担保融资、承接业主支付租金、乡镇财政借支、县级财政补助等方法筹集退地补偿金。

3. 强化退出土地管理利用，完善退地进城农民工各项保障。退出土地通过互换、"小并大、零拼整"或"确权确股不确地"等方式使退出的承包地集中成片。村集体可以整理整治、统一经营，也可以发包、出租，还可以入股经济实体，原则上不再以家庭承包方式发包。单个业主承接退出的承包地必须进行资质审核、备案审查和面积上限控制（原则上不超过300亩）。同时，将退地农民纳入就业创业政策扶持范围，在金融信贷、创业服务等方面给予支持。积极引导符合条件的退地农民参加城镇企业职工养老保险，解决退地农民后顾之忧。保留集体经济组织成员资格的退地农民仍可享受集体经济组织的分红。

梁平县在探索农村土地承包经营权退出试点工作中坚持政府引导、农民自愿、市场运作，形成了发包方有退出通道、退出方有退出意愿、承接方有用地需求、政府有政策支持配套的"多方联动、退用结合"的多元化退地模式。截至2016年8月底，梁平县已有101户农民自愿退出

297.47亩，引进新型农业经营主体6个，促进了适度规模经营，提高了农民财产性收入。

（三）与产权制度改革相结合的"股改"退出模式

早在1993年，浙江省宁波市就开始探索农村集体经济股份合作制改革。2014年，宁波市政府出台了《关于全面推进村经济合作社股份合作制改革的指导意见》，加速农村集体产权制度改革进程。2015年年底，全市累计完成改革2802个村社，占总村社数的99.3%。调研的海曙区位于宁波市中心，原有16个行政村，2004年全部完成股份合作制改造，成立了15个股份经济合作社（有两个村并入一个合作社），量化集体资产10.6亿元，股份10.6亿股，股东12343人，股权实行"生不增、死不减"的静态固化管理模式。合作社开展集体资产股权流转的主要做法是：

1. 坚持自愿有偿原则。必须由股东本人自愿申请，如果将股权退还给股份合作社，合作社应给予合理补偿。股东完全转让股权后，自动放弃村集体经济组织成员身份和相应权利。

2. 明确退出条件。合作社必须制定集体资产股权交易办法或在章程中专门规定了股权内部转让的条件；退出股权的股东应有稳定的就业或收入来源，有固定住所，在出让股权前办理好养老保险或者预留相应的养老保险金。

3. 允许继承股权。继承股份的人可来自集体经济组织外部，继承人平等享有收益权、选举权等各项权益。目前，15个合作社均有继承股份的案例，通过继承新增股东2041个，涉及股金1.43亿元。

4. 允许转让股权。股权可退还给合作社，也可转让给本集体经济组织成员，但不能转让给本集体经济组织以外的人员。2002—2003年，开展股份合作合作社成立初期，两名股东对集体经济发展缺乏信心，要求兑现股权。合作社以每股8毛的价格统一敞开收购，并将收购的股权进行了内部拍卖。

5. 组建股权交易平台。为了便于股权转让，合作社建立了统一的股权交易平台。股东退股前要向合作社董事会提出书面申请，合作社董事会审核确认后，股东在股权交易平台上发布转让信息。如果有人购买，转让双方按照商定的价格签订股权转让协议、办理公证，然后到合作社办理股权变更登记并备案。

2016年，宁波市海曙区胜丰股份合作社的一名股东将30万股挂在交易平台拍卖，每股价格1.5元，后因故撤销拍卖申请。总体来看，试点地区农村股份经济合作社已经通过股权的方式，打通了农村土地承包经营权退出的通道。

总的来看，这些地方性做法尽管操作路径不同，退出方式各异，但也存在一些共同之处。其一，产权明晰是前提。如宁夏和重庆积极推进农村土地承包经营权确权登记颁证，实现了权属清晰。浙江省全面开展村经济合作社股份合作制改革，推进农村集体经济确权到人（户）、权跟人（户）走。其二，设置门槛是关键。平罗县针对老年人退出"三权"设置了一些特殊条件。梁平县、宁波市都要求土地退出对象应有稳定的就业或收入来源、固定住所。宁波市还要求退地对象在出让股权前办理好养老保险，或者预留相应的养老保险金。其三，财政支持是支撑。现阶段，多数试点地区都建立了政府财政支持下的收储机制。如宁夏平罗设立了农民土地和宅基地退出收储基金。重庆梁平县财政现已向退地补偿周转资金池注入资金180万元。其四，市场交易确保价值实现。如梁平县在退出土地管理利用上，注重土地退出与利用结合，让市场起决定性作用，力求供需平衡。宁波市股份合作社建立了统一的股权交易平台。

四、承包地退出制度设计

改革开放以来，我国农民获得了自己劳动力的支配权，非农就业机会增多，社会保障体系逐步健全，承包地的就业、生活保障功能呈现弱化趋势。尤其是在城镇获得稳定就业的进城农民工，已基本具备独立于集体之外的生存能力，对集体的依赖性大大降低。根据实地调查，如果补偿标准合理、相关权益保障到位，有相当部分进城落户农民愿意退出承包地。这就要求必须正视这一群体将沉睡的资产变现动力和愿望，在现有的制度框架内，加紧探索建立农村土地承包经营权退出机制。这样制度变迁的成本较小，诱发风险的不确定性较低。

（一）承包地退出有多种形式

《中华人民共和国宪法》规定，农村和城市郊区的土地，除由法律规定属于国家所有的以外，属于集体所有。农民集体依法对集体所有的土地享有直接支配和排他的权利。中共中央办公厅、国务院办公厅印发的《关于完善农村土地所有权承包权经营权分置办法的意见》指出，"农民集体是土地集体所有权的权利主体，在完善"'三权分置'办法过程中，要充分维护农民集体对承包地发包、调整、监督、收回等各项权能，发挥土地集体所有的优势和作用。"按照文件的理解，承包地退出实际上是一种土地承包权的退出[①]，其背后指向的是土地承包资格的让渡与放弃。

农村土地集体所有权是土地承包权的前提。根据现行规定，作为个体的农民没有权利单独处分属于其"有限私有"的那部分土地财产权。因此，无论采取哪种退出形式，农民集体在承包地处分中拥有决定权，包括有偿收回权、使用监督权、流转知情权同意权。按照国家、集体、个人的关系划分，承包地退出可以有以下几种形式。

1. 政策性退出。这种形式属于一种国家政策主导的强制性承包地退出，主要包括国家征地、生态移民、合村并组等。这类退出形式，行政干预性强，地方政府主导色彩较浓，农民集体和农户在承包地退出中居于从属地位。相对低廉的土地补偿费用并不能弥补集体失去土地后的损失。同时，农民集体与成员的收益分配关系具有不确定性，导致农民集体与成员的收益分配关系不规范、不统一。例如，《土地管理法实施条例》第二十六条规定："土地补偿费归农村集体经济组织所有"，但是如何在集体经济组织内分配土地补偿费，对此法律并没有明确的规定。

2. 合作性退出。这种退出形式主要是在一些经济较为发达、集体经济实力较强地区，土地曾经承包到户，但在农民自愿的前提下，村集体通过反租倒包、统一整理、委托流转、竞争经营、股份合作等方式，收回了

---

① 通过转让、转包、互换等流转形态实现的"具体地块"的退出，不是本文关注的重点。

农户手中的土地。例如，广东省珠江三角洲地区人均耕地较少，为发展设施农业、淡水养殖等，从20世纪80年代就实施了股份合作制①。这种形式的退出，农民集体居于支配地位，退地农户仅享有收益权，农户实际上不再享有对承包地的占有、使用以及流转等权利。对承包农户而言，股份合作会削弱甚至会取消其对土地承包经营权的直接行使权；但从集体经济发展角度看，股份合作又便于统一行动，有利于土地等生产要素在更大范围内流转、组合。近年来，少数地区在农村土地承包经营权确权登记颁证过程中实施"确权确股不确地"即是对这类情况的一种政策应对。

3. *市场性退出*。从长期来看，这种退出形式应是关注的重点，当前仍处于试点探索阶段。对承包期内，举家外出、又没有劳动力返乡务农的承包户，引导其按照市场原则有偿退出承包权。在这种形式下，农户是主力，集体是主体，政策设计只在试点阶段发挥导向作用。由于农户是土地承包的基本单位，即使个别或部分成员迁入城市，根据户内共享的原则，农户作为承包主体依然存在。因此，市场化退出应坚持以农户而非个人为土地退出的基本单元②。

可以看出，国家、集体与个人在这三种退出形式扮演者不同的角色，存在"强—中—弱"三重张力关系（见表2）。在政策性退出中，国家力量发挥主导作用。国家通过对土地实行征收或者征用，不仅打破了农民集体的产权边界，而且间接收回了农民的土地承包经营权。合作性退出和市场性退出的核心都是处理集体所有权与农户承包权之间的关系，两者都不涉及集体所有权边界。不同的是，合作性退出形式下，农民集体或者作为代理人的村集体经济组织的资源动员能力较强，而市场性退出中要充分尊重农户的自主选择权。需要指出的是，在实践中，这三类退出形式也相互融合，呈现出复合型退出的形态。例如，宁夏平罗县利用国家移民资金赎买部分进城落户农民的承包权，再分配给需要安置的移民。

---

① 需要说明的是，农民以承包地入股、在平等自愿基础上组建的土地股份合作社不属于这类情况。

② 张红宇：《新型城镇化与农地制度改革》，中国工人出版社2014年版。

表 2　　不同退出形式下国家、集体与个人之间的张力关系

项目	国家	集体	个人（农户）	产权变化
政策性退出	强	中	弱	集体产权边界缩小、农户产权灭失
合作性退出	弱	强	中	集体产权边界不变、农户产权变动
市场性退出	弱	中	强	集体产权边界不变、农户产权灭失

（三）承包地退出应有多种层次

1. 退出部分承包地。这类情况相对比较常见，受主客观两方面的因素影响，农户仅退出部分承包地。主观方面，有的农户出于规避风险的考虑，仅退出部分无力耕种的承包地；有的农户仅退出个别家庭成员名下的承包地。客观方面，由于国家项目建设、农业项目开发需要，仅收回或赎回特定区域的土地承包经营权。例如由于种种原因，"两田制"在山东、浙江、江苏等部分地区依然存在。"两田制"制度下，口粮田按人口平分，责任田有的则按人、按劳分配，有的以村集体的名义进行招标承包，实际上等于削减了原承包户的承包地。部分退出承包地后，农民与集体基于土地的权利义务关系继续存续。退出部分承包地可以视为一种过渡状态，是一种不完全的退出，农户还保留下一轮承包土地的权利以及剩余承包地征收后的土地补偿和安置补偿。

2. 退出承包经营权。这类情况属于整户退地，数量比较少，但典型意义较强。目前，宁夏平罗、四川成都、四川内江、重庆梁平等国家农村改革试验区承担着"土地承包经营权退出"试点任务。作为确权成果应用途径之一，农业部经管司也选择了部分县市开展确权后土地退出有关方面的试验。该类情况一般以农户退地需求为导向，筛选符合条件的农户永久退出全部承包地，村集体按照一定标准予以补偿。农户永久退出承包经营权后，依然保留宅基地使用权、集体资产收益分配权，但不再享有退出土地的任何征地补偿，也不再享有下一轮承包土地的权利。

3. 退出成员权。这类情况多适用于举家迁入设区的市，转为非农业户口的情形。集体经济组织成员权是以成员资格为基础，成员与特定的农民集体之间，在集体财产和集体事务管理等方面所享有的复合性权利，集

中表现为土地承包经营权、宅基地使用权和集体收益分配权。调查发现，农民有同时放弃土地承包经营权、宅基使用权和集体收益分配权的现实需求。成员权的退出，实际上是附带财产权及社区管理权等"一揽子"权利的成员资格退出。有研究建议，"三项权利"退出的试验试点应该统筹推进，事关农民土地及其他权利的改革应有综合性、系统性顶层改革方案，由相关部门和地方政府协调推动①。现实中，一些完成"村转居"并实行集中居住的城中村、城郊村，把农村土地承包经营权、宅基地使用权与集体收益分配权整合起来，转变成新型集体经济组织的股权，按照集体经济组织成员拥有的股份分配集体资产经营全部收益。如北京市丰台区、昌平区的部分农村社区。这种情况下，股权持有人可按照股权性质和相应规定，转让包括土地承包经营权份额在内的农村集体资产股权及收益分配权，一次性兑付现金。

（四）承包地退出应遵循渐进路径

鉴于我国城镇化和农业转移人口市民化是一个长期渐进的过程，构建城乡统一的社保体系也尚待时日，农村土地承包经营权退出应遵循一种渐进式路径。

1. 限制在集体内部。农村土地承包经营权在集体内部转让，是一种从集体成员到集体成员的权利转移。限制在集体内部，实际上是从身份权的视角出发，着眼于承包地具有福利分配性质的考量。从现行法的层面，土地承包经营权具有专属身份性，只有本集体经济组织成员才具备原始取得的资格。在土地承包经营权的继受取得方面，现有的法律政策框架已经做出明确规定。如《中华人民共和国农村土地承包法》第四十一条规定，"承包方有稳定的非农职业或者有稳定的收入来源的，经发包方同意，可以将全部或者部分土地承包经营权转让给其他从事农业生产经营的农户，由该农户同发包方确立新的承包关系，原承包方与发包方在该土地上的承

---

① 张云华、伍振军、刘同山："农民承包地退出制度在试验中渐成型——梁平县农民承包地退出试验可行"，《中国经济时报》，2016年11月16日。

包关系即行终止。"从目前来看,农村土地承包经营权在集体内部实现退出必要且可行。实践中,承包地在集体经济组织内部退出的情形也较为普遍,退出的承包地既可以收归集体所有,不再另行发包,也可以转让给其他集体经济组织成员。

2. 扩展到农村内部。农村土地承包经营权在农村内部流转,是一种从农民到农民的权利转移。农民的概念具有身份、职业等多维性,这里仅指任一集体经济组织成员(并不限定为同一集体经济组织)。限制在农村内部,实际上是从身份权与财产权平衡的视角出发,着眼于承包地要服从用途管制的考虑。农村内部之间的承包地转让不应改变农业用途、妨碍本村其他集体经济组织成员的居住现状和改变集体经济组织的治理结构。因此,农村土地承包经营权退出扩展到农村内部应在一定的地域范围内(现阶段应该以县域为界),并且征得本集体经济组织的同意。

3. 覆盖到农村外部。农村土地承包经营权在农村外部流转,是一种从公民到公民的权利转移。农村土地承包经营权退出的经济内容是地租、地价和股权的市场实现。退出范围覆盖到农村外部,实际上是从财产权的自由融通属性出发,让广大农民在统筹城乡关系中平等参与改革发展进程、共同享受改革发展成果。从财产性来看,土地承包经营权作为一种物权,其转让应是自由的。农村土地承包经营权流转覆盖到农村外部,需要我国在统筹城乡关系上取得重大进展,特别是以破解城乡二元结构、完善农村集体经济组织制度体系取得重大突破为前提,建立"有进有出"的动态集体经济组织成员治理体系①。目前,我国还没有做好充足的制度准备,实现这一目标也需要很长的一段时期。

五、结论与政策建议

现阶段,在制度与现实的双重约束下,当前我国农村土地承包经营权退出应重在机制探索,切实维护农民的土地承包经营权。短期内,重点是

---

① 郭熙保:"市民化过程中土地退出问题与改革的新思路",《经济理论与经济管理》2014年第10期。

在"三权分置"的框架下，引导进城落户农民在保留承包权的前提下，通过流转经营权放弃对承包地的直接经营，稳定获得土地租金收益。着眼长远，当前需要充分利用二轮延包期结束前十余年这一黄金窗口期，加紧部署试点试验，为将来在更广的范围内实施土地退出积累经验。在试点过程中，鉴于我国集体产权主体存在不明确性、分散性以及管理职能的相互分割性。无论农村土地承包经营权的退出范围如何确定，也不管退出方式如何，都应以尊重农民意愿为前提，以市场化退出为主攻方向，以风险防控为底线。下一步，建立农村土地承包经营权市场化退出机制，需要从城镇和农村两方面入手，系统评估现有退出试点，重点把握以下几点：

（一）构建相互衔接、动态调整的政策体系

一是加快完成农村土地承包经营权确权登记颁证，严把确权质量，拓展成果应用范围；二是深入推进农村集体产权制度改革，明确农村集体经济组织成员资格认定与退出条件，规范成员资格认定和取消、登记、变更等程序，探索探讨集体经济组织成员进入条件与资格取得办法；三是加快推进户籍制度改革，促进有能力在城镇稳定就业和生活的进城农民有序实现市民化，并在土地、住房、社保、就业、教育、卫生等方面建立保障机制。

（二）建立上下联动、有效对接的财政支持体系

一是通过政府与社会资本合作、政府购买服务、担保贴息、以奖代补、民办公助、风险补偿等措施，为土地承包经营权退出提供资金支持；二是鼓励国有和股份制金融机构拓展"退地"业务，引导中国农业发展银行、国家开发银行等政策性银行，直接设立土地承包经营权退出专项收储基金或周转基金，针对农村集体经济组织发放中长期贷款；三是国家农业信贷担保体系，应加大"退地"信贷产品的研究开发力度，搭建农民、集体经济组织与银行之间信贷桥梁；四是在风险可控的前提下，发展社员制、封闭性的村社内置资金互助，为承包地收储提供资金支持。

（三）培育精准定位、务实高效的市场化中介服务机构

一是积极发展各类中介服务机构，重点在市场信息收集发布、资源资产评估、交易代理、金融保险服务、法律法规政策咨询及代理等方面提供专业化服务；二是加快农村产权流转交易市场建设，不断拓展服务功能，打造综合性、专业化为农服务平台；三是强化退出土地管理，在农村土地承包经营权信息应用平台建设的基础上，设计承包地退出业务系统，建立土地承包数据动态管理制度。

（四）及时调整和完善有关法律

一是将进城农户承包地退出机制作为《中华人民共和国农村土地承包法》的修改内容，将退地门槛限制、退地补偿方式、土地收储管理等内容纳入调整范围；二是加紧制定《农村集体经济组织条例》，完善农村集体经济组织法人地位，明确农村集体经济组织行权范围与产权边界；三是修改《中华人民共和国土地管理法》相关条款，为建立农民土地承包经营权退出机制提供法律保证。

参考文献

[1] 吴康明、陈霄："农民土地退出意愿与关键环节拿捏：重庆例证"，《改革》2011 年第 10 期。

[2] 罗必良、何应龙、汪沙等："土地承包经营权：农户退出意愿及其影响因素分析——基于广东省的农户问卷"，《中国农村经济》2012 年第 6 期。

[3] 王兆林、杨庆媛、张佰林等："户籍制度改革中农户土地退出意愿及其影响因素分析"，《中国农村经济》2011 年第 11 期。

[4] 刘同山、牛立腾："农户分化、土地退出意愿与农民的选择偏好"，《中国人口资源与环境》2014 年第 6 期。

[5] 郭晓鸣："让农民带着土地财产权进城"，《农业经济问题》

2013年第7期。

［6］张林山："农民市民化过程中土地财产权的保护和实现"，《宏观经济研究》2011年第2期。

［7］罗必良："农地保障和退出条件下的制度变革：福利功能让渡财产功能"，《改革》2013年第1期。

［8］刘灿："构建以用益物权为内涵属性的农村土地使用权制度"，《经济学动态》2014年第11期。

［9］高强："土地承包经营权有偿退出需要政策措施支撑"，《农民日报》，2016年7月19日。

［10］叶兴庆："从经营权看农地三权分置"，http：//www.zgxcfx.com/sannonglunjian/92891.html，2016年11月16日。

［11］张红宇：《新型城镇化与农地制度改革》，中国工人出版社2014年版。

［12］张云华、伍振军、刘同山："农民承包地退出制度在试验中渐成型——梁平县农民承包地退出试验可行"，《中国经济时报》，2016年11月16日。

［13］郭熙保："市民化过程中土地退出问题与改革的新思路"，《经济理论与经济管理》2014年第10期。

农业供给侧结构性改革背景下的农地确权*

高 强 徐雪高

推进供给侧结构性改革,是中央适应和引领经济发展新常态作出的重大决策。农业是基础性产业,其主要功能是保供给、保安全。推进农业供给侧结构性改革既是着眼经济全局深化改革重要的一环,又是新时期农业发展战略的聚焦和升华。继2016年"中央一号文件"明确提出"推进农业供给侧结构性改革"之后,2017年"中央一号文件"再次聚焦农业供给侧结构性改革,将其作为当前和今后一段时期农业农村工作的主线。地者,政之本也。土地制度是"三农"领域深化改革的重点,而农村土地承包经营权确权登记颁证(以下简称农地确权[②])是当前农村土地制度改革的一项基础性工作。2017年"中央一号文件"明确要求,"加快推进农村承包地确权登记颁证,扩大整省试点范围"。在农业供给侧结构性改革背景下,把握农地确权的政策涵义与实践特征,妥善解决确权工作中暴露

---

* 高强(1982—),男,河北新河人,农业部农村经济研究中心副研究员、管理学博士,主要研究方向为土地问题。徐雪高(1981—),男,江苏宜兴人,江苏省农业科学院农业经济与信息所副所长、研究员,主要研究方向为农业市场分析。本文通讯作者。

② 从广义上讲,农地确权可以包括承包地确权、宅基地确权、集体建设用地确权等内容,也可以涵盖农村土地集体所有权等权利。本文主要从农业经营层面出发,重点讨论农村土地承包经营权确权登记颁证,也即承包地确权。

出的关键问题，对于深化农村改革、优化土地要素资源配置具有特殊意义。

一、农业供给侧结构性改革与土地制度

（一）农业供给侧结构性改革的逻辑起点及框架

2016 年是"十三五"的开局之年，也是推进农业供给侧结构性改革战略部署的第一个年头。这一年我国粮食产量达到 6162.5 亿公斤，农业结构调整取得明显成效，转变农业发展方式有序推进，农民收入稳定增长，农业农村经济呈现出稳中有进、稳中向优的良好态势①。一方面，推进农业供给侧结构性改革的重要性紧迫性没有改变，破解农产品供需矛盾、提高农业比较效益、缓解资源环境压力、应对国际市场竞争等矛盾仍然存在，迫切需要继续扎实推进农业供给侧结构性改革。另一方面，我国农业发展正在进入新阶段，新技术新业态新模式不断涌现，推进农业供给侧结构性改革也面临诸多有利条件、难得机遇和前所未有的广阔空间。

农业供给侧结构性改革与宏观经济领域的供给侧结构性改革在内涵、实质和内容等方面具有内在一致性，"供给侧"是改革的切入方向，"结构性"是改革方式，"改革"是核心命题所在（刘红岩，朱守银，2016）。农业供给侧结构性改革不是聚焦数量问题，而是将着力点置于结构调整和效益提升上（蒋辉、张康洁，2016）。孔祥智（2016）提出，农业供给侧结构性改革的三大着力点在于土地制度改革、农业结构调整和粮食体制改革。姜长云和杜志雄（2016）认为，推进农业供给侧结构性改革应重点关注"农产品价格形成机制和农业补贴政策的转型""推进农业生产性服务业发展""培育现代农业经营体系""引导涉农平台经济有序发展""深化涉农产权和要素市场改革"和"推进农村第一、第二、第三产业融合发展"六个方面。从策略层面看，推进农业供给侧结构性改革，需要采取针对性措施，重点解决资源配置扭曲问题，突出农民的主体性（伍振军，2015），做到"制度上重在促进变革和激励创新""结构上重在分

---

① 韩长赋："农业部部长韩长赋在 2017 年全国农业工作会议上的讲话"。

工调整和结构重置""要素上重在要素升级和要素优配""需求上重在生产却不限于生产"（刘红岩、朱守银，2016）。在开放条件下，随着全球市场整合程度的提高，同时实现农业增效、农民增收、农业可持续三元目标的难度越来越大，有必要在现阶段通过将三元目标降为二元目标，从而确保农业供给侧结构性改革任务的实现（胡冰川，2016）。

农业供给侧结构性改革是农业生产的全方位变革，是供给体系的全产业链条变革，是改革领域的协同性变革，其重点任务是调结构、提品质、促融合、降成本、去库存、补短板。推进供给侧结构性改革，要重点关注三个方面：第一，着眼于供给侧，强调从生产端入手，从供给侧发力；第二，问题突出表现为结构性矛盾，要优化供给结构，以更好地适应消费；第三，矛盾根源是体制问题，强调技术创新和制度创新，依靠改革创新来化解。从逻辑关系上看，供给侧是矛盾起点，调整结构是内容，转变方式是手段，三者互为因果、相互影响，共同构成农业供给侧结构性改革的重要内容（高强、张照新，2016）。

（二）农业供给侧结构性改革的误读与正见

当前，关于农业供给侧结构性改革的理解存在以下三个误区：一是简单认为农业供给侧结构性改革主要是解决农产品供给过剩问题，单纯强调"消化库存"和压缩粮食生产，忽视提高粮食生产能力的突出地位。二是简单认为农业供给侧结构性改革主要是调整优化农业结构，有的地区甚至搞运动式调整，忽视变革生产关系的重要意义。三是简单认为农业供给侧结构性改革主要是转变农业发展方式，没有充分认识改革这一消除发展障碍的重要法宝（高强、张照新，2016）。除此之外，推进农业供给侧结构性改革还存在"以政府工作部署裁剪农业供给侧结构性改革""轻视体制机制改革和创新驱动"以及"农业供给侧结构性改革必须速战速决"等误区（姜长云、杜志雄，2016）。实践中，对于农业供给侧结构性改革都容易出现"断章取义""以偏概全"的理解，特别是在基层工作中，将农业供给侧结构性改革聚焦于库存多少、成本高低等数量化、表象化的调整，虽有利于缓解眼前的发展压力、化解短期矛盾，但却忽视了制约农业持续健康发展的体制性、结构性因素,不能从根本上解决问题。

农业供给侧结构性改革,既涉及生产力调整又关乎生产关系变革,既强调农产品供给又关注消费需求,既突出发展生产力又注重完善生产关系,既发挥市场配置资源的决定性作用又更好地发挥政府的作用。长期以来,在工业和城市优先发展战略导向下,农业生产要素流动和交换面临诸多制度性障碍,现代生产要素对传统要素的替代不足,影响了农业要素配置效率的提升,进而影响了农业全要素生产率的提高(涂圣伟,2016)。这是我国农业供给体系质量和效率不高的深层根源。因此,推进农业供给侧结构性改革,应摒弃简单理解和单线思维误区,正确处理好政府与市场的关系,按照"供给侧×结构性×改革"的思路,从生产端供需错配着眼,把握矫正农业要素配置扭曲这一核心主线,用改革的办法消除要素配置的制度性壁垒,提高要素市场化程度和配置效率,扭转农业生产要素投入结构失衡的局面,以新的发展理念破解农业农村发展中面临的矛盾和问题,使农业供需关系在更高水平上实现新的均衡(高强、张照新,2016)。

(三) 土地要素配置是基础和关键点

农业供给侧是个多元素和多组合的关联性系统结构,产权、合约、文化、组织、政策、法律等制度元素及其安排左右着供给主体的行为,也决定着要素的组合方式、组合效率和供给效果(黄祖辉等,2016)。当前,我国涉农产权和要素市场建设仍存在权属不清、流转不畅、制度创新滞后等问题,阻碍农业资源和要素自由流动,成为制约农业资源优化配置的突出障碍。随着农业结构调整不断深入,最优的要素配置应当是允许各种要素自由流动和自由组合,而自由且发达的要素市场,是推进农业供给侧结构性改革的基本保证(许经勇,2016)。

土地是农业之源、农民之本,是最基本的生产要素,也是制约当前要素配置效率提升的关键。土地制度改革是农业供给侧结构性改革的基础,这种基础性地位体现在多个方面。深化农村土地制度改革,不仅可以激发广大农民从事农业生产经营的积极性,在提高土地产出率的同时,避免掠夺式经营，还可以促进土地流转，发展多种形式适度规模经营，加速新型农业经营主体和服务主体的培育进程（孔祥智，2016）。相比其他领域的改革，土地制度改革具有三大特性：一是敏感性。土地涉及8亿多农民2亿左右农户的切身利益，关乎农业经营、农村发展和农民增收致富等方方面面，牵一发而动全身。二是复杂性。农村土地是一个大概念，可细分为承包地、宅基地、集体经营性建设用地等不同类别，每一种土地类别具有显著不同的属性特征和制度安排。我国幅员辽阔，与历史习惯、社会条件相适应，各地形成了层次多样、复合多元的农地经营制度。这种复杂特性决定了没有任何一项改革可以毕其功于一役。三是风险性。与工业不同，农业受自然、市场、管理等多重风险影响；与城市不同，农村受经济、社会、文化、传统习惯等多重因素制约。这种农业经济上的周期性和农村社会上的不可逆性，决定了土地制度必须在保持稳定的前提下深化改革，切实做好风险应对。

二、农地确权的政策涵义、总体进展及特征

在农地制度体系中，农村土地承包经营制度是一项重大制度安排。开展农地确权，是中央从深化农村改革全局出发做出的一项重大战略性决策，是实现土地承包关系长久稳定的基础前提。为解决土地承包关系权属不清、边界不明、承包地块面积不准等问题，从2009年开始，我国开始以村组为单位开展试点，然后扩大到整乡整镇，又到整县推进试点，2014年开始进行整省试点。中央文件提出，确保到2018年年底，除一些少数民族及边疆地区外，基本完成确权登记颁证工作。

（一）农地确权的政策涵义

根据农业部等六部门印发的《关于认真做好农村土地承包经营权确权登记颁证工作的意见》（农经发〔2015〕2号），农村土地承包经营权确权登记颁证是集中开展的土地承包经营权登记，是完善农村基本经营制度、保护农民土地权益、促进现代农业发展、健全农村治理体系的重要基础性工作。从全国来看，尽管农地确权工作已经推行过半，但调研中发现

仍有不少地方的群众干部对这些工作的政策内涵掌握不够准确、理解不够透彻，也没有意识到其重要的现实意义和深远的历史意义。

1. 确权是核心。确权即确认权利归属。首先要明确的是，此轮农地确权的对象是承包地，权利客体是农村土地承包经营权，而非集体所有权或土地经营权，但在操作过程中要以第二次全国土地调查成果为依据，不能逾越农村土地集体所有权的边界。其次，此轮农地确权是对二轮承包关系的完善，不能借机调整土地，不允许打乱重分，但确权过程中"互换并地"例外。第三，做好权属调查是农地确权的关键，也是把控确权质量的重要环节。权属调查主要包括发包方、承包方和承包地块调查，要以现有承包台账、合同、证书为依据确认承包地归属以及农户对承包地的各项权利，还要对机动地、帐外地、开荒地等进行细致的统计。最后，权属调查结果经群众认可公示后，要以完善土地承包合同的方式体现，这是农户取得土地承包经营权的法定依据，也是对二轮承包关系的梳理和完善。从政策意义上看，做好权属调查与确认，将为促进土地流转、调处土地纠纷、发展规模经营提供重要依据。

2. 登记是重点。2007年《中华人民共和国物权法》颁布后，农村土地承包经营权被界定为用益物权。物权登记是国家的特定职能机关对物权变动进行干预和管理的有效手段。农地确权中的登记环节是对权属调查结果的法定确认，是权属确认公示的充实和发展。登记环节也有三个要点：一是集中开展登记。此轮农地确权是党中央、国务院统一部署，农业部等有关部门组织开展的一次集中登记，经过一定过渡期后，要纳入不动产统一管理。二是健全登记簿。由于农村集体土地实行按户承包，此轮确权过程中也要以户为基本单位，实行一户一簿。三是建立登记制度。农地确权，不仅要依法完成对每一个具体承包地块的登记，而且要建立涉及土地承包经营权的设立、转让、互换、变更、抵押等内容的登记制度，构筑对土地承包经营权物权保护的长效机制。

3. 颁证是保障。颁证是农地确权工作阶段性成果的物化证明，也是以政府信用为基础赋予农民土地权益的法定保证。因此，颁证主体是县级人民政府，而不是村集体经济组织、土地股份合作社等民间组织，但可由县级农村经营管理机构按规定程序负责操作。颁证过程中要特别注意两点：一是为切实维护妇女土地承包权益，农村妇女既可以作为承包方代表，也可以作为共有人进行登记，要切实做到"证上有名""名下有权"；二是开展确权确股不确地的地区，要注意把握股权证和土地承包经营权证的区别与联系。股权证是集体经济组织内部的契约凭证，不是国家赋权。两类证书颁发主体不同、法律效力相异（高强、张琛，2016）。因此，无论确权方式如何选择，都要颁发土地承包经营权证。证书是确权成果最直接的体现，也是完善补贴制度、开展抵押、担保等成果应用的基础依据。当前，全国各地试点地区正在陆续进入颁证阶段。根据《不动产登记暂行条例》的规定，如果登记机构登记错误给他人造成损害的，还有依法承担赔偿责任。调研中了解到，有些地方没有充分认识到颁证工作的严肃性，对证书的科学性、衔接性考虑不足，有些地区甚至将是否颁证作为确权工作完成的标准，造成工作重复和资金浪费。关于土地承包经营权证书的发放，必须考虑颁证条件是否具备，时机是否成熟。同时，要注意到确权、登记、颁证是一个先行后续、前后衔接的系统工程。"颁铁证"要以"确实权"为前提，并需要登记作为保障。

（二）农地确权的总体进展

据农业部统计，截至2016年年底，全国试点范围扩大至2582个县（市、区），涉及3万个乡镇、51.2万个行政村，已完成实测面积12.5亿亩，确权面积8.5亿亩，约占全国二轮家庭承包集体耕地面积的70%。总体上看，全国农地确权试点时间过半，试点任务整体也完成过半。有关文件提出，2017年再选择北京、天津、重庆、福建、广西、青海等6个省市自治区推进整省试点，试点省市自治区扩大至28个，推动有条件的地方年底基本完成（赵鲲，2017）。

分省份来看，目前山东省和宁夏回族自治区已经完成农地确权验收工作并提交了基本完成报告，有效发挥了示范引路作用。江西省和海南省也基本完成确权工作，正组织开展验收工作。2016年新增的山西省、广东省等整省试点省份进度超过预期，包括这两省在内的大多数省份计划

2017年基本完成确权任务。新疆、西藏、黑龙江、内蒙古等边疆民族地区或面积较大的个别省份完成任务难度较大，相比其他省份需要更多的时间。

(三) 主要特征

1. 各地测量手段更加规范，但具体技术路线选择不同。根据我们的调查，2015年之前，试点地区开展实测工作，主要有以下三大类测量方法：以海南省三亚市为代表聘请专业队伍用现代科学技术重新实测；以青海省为代表的由乡镇农经工作人员用皮尺或手持GPS设备进行测量；以天津宝坻为代表的由村干部采用皮尺测量。从前期试点情况看，各地在选择各种测量方法时，资金、精度、数据建库是考虑的重要因素，但往往因资金制约而放弃精度和数据建库等方面的要求。2015年，农业部印发《农村土地承包经营权确权登记颁证成果检查验收办法（试行）》及相关技术规程之后，各地测量手段更加规范，但不同地区测量技术路线不同。以辽宁省为例，辽宁地矿测绘院等4家技术服务单位为铁岭市提供"航飞+图解"的测绘方法；其他技术服务单位按照委托要求，采用RTK-GPS全实测法测绘承包地块。在招标方式方面，既有省级统一招标，又有区县自行招标，不同省份的招标主体不同。宁夏回族自治区全区统一进行航飞，将1:2000航飞数据作为工作底图，下发各区县；由自治区推荐13个作业单位，区县自行招标。山西省以市为单位进行航拍获取数字正射影像工作底图。目前，11市全部实施航飞，其中阳泉、长治、临汾、晋中和吕梁已经完成航飞。甘肃省则由各区县自行招标航飞公司。由于时间紧各县分标段进行招标，全部以1:2000比例尺的航飞数据作为工作底图。

2. 各地信息化应用平台试点顺利，但具体建设模式不同。建立农村土地承包经营权信息应用平台，形成标准统一、内容全面、覆盖全国、实时更新、互通共享的农村土地承包经营权确权登记数据库体系，是完成确权登记颁证任务的基本要求。目前，山东、上海、江苏、湖北、四川、宁夏、河北等8个试点省市自治区，辽宁大连市、浙江丽水市、江苏泰州市、四川广元市、陕西渭南市等5个试点市，黑龙江方正县等10多个试点县，已经完成或正在开展平台建设。从平台模式看，各地已经探索出了不同的建设模式。第一种为两级建库、四级应用，代表省份山东、湖北两省，即省、县两级分别建数据库，基于专网实现数据汇交更新，省级建立基于互联网的全省信息应用平台，供省、市、县、乡四级使用。第二种为三级建库、四级应用，代表省份江苏省，即省、市、县分别建设数据库，省级建立基于网络的全省应用平台，市县办理业务时只能访问本级数据库。第三种为省级建库建平台，代表省份上海市、宁夏区，即全省集中建设一个省级数据库、一个信息应用平台，区县不建数据库，县级通过互联网或专网访问省级平台和数据库。第四种为三级建库建平台，代表省份陕西省，即省、市、县分别建设数据库和信息应用平台，各级通过本级业务系统访问本级数据库。第五种为依托国土现有资源建库建平台，代表地位为浙江丽水市，即依托国土专网在市级建设数据库和信息应用平台，实现市、县、乡三级互联互通。

3. 各地积极拓展承包权能，但成果应用进度不一。在确权成果应用方面，各地积极拓展土地承包经营权权能，有些省份要求在做好确权登记颁证工作的同时，与"互换并地"、土地经营权流转一同研究，与农村集体产权制度改革、农村土地经营权抵押担保等配套推进，取得了积极成效（高强，2016）。如宁夏平罗、重庆梁平的农村土地承包经营权退出试点；海南部分县市试行的农业补贴政策与确权面积挂钩等有关做法；湖北沙洋在确权登记工作中推行"按户连片"，缓解了土地细碎化问题。目前，沙洋县已完成按户连片耕地面积85.3万亩，总体连片率已达89.6%。江西省将开发省、市、县互联互通、由农经人员操作的业务管理平台，应用确权登记成果，实现农村土地承包合同管理、权属登记、变更换证、土地流转、纠纷仲裁等业务工作信息化管理。四川省着力拓展确权成果应用，实现对土地流转和适度规模经营的监测和管理、农业区域发展规划空间化查询和土肥信息的实时监测。吉林省在确权登记颁证过程中，与中国农业银行合作，同步开展土地经营权抵押担保。可见，各地在确权成果应用方面推进力度不一，侧重点也不同。同样，这也说明对农地确权政策的效果评价，也应该秉承整体的、系统的观点，从深化农村综合改革的视角进行综合评判。

三、农地确权工作中存在的问题及解决思路

（一）认识不到位影响推进力度

一是有的地方干部思想认识不到位。一些干部认为当前的土地承包关系复杂，历史遗留问题多，思想上存在畏难情绪，担心确权登记颁证引发矛盾纠纷，试点工作进展较慢。广东省调研发现，一些地方的党政主要负责人还不同程度地存在"三怕"，即怕确权工作会引起农村长期积累的矛盾集中发生，怕确权工作会对今后征地工作增加难度，怕确权工作会对原来已经获得流转土地经营权的经营者造成影响，因而推进确权工作不主动、不积极、慢作为，成为部分试点县（镇）开展工作的最大障碍。二是有的地方盲目扩大试点范围，随意加快进展。部分领导干部把确权登记颁证简单地理解为换发农村土地承包经营权证书，认为不需要通过繁琐的工作步骤查清每个地块的实际面积，出现操之过急、急于求成的行为，甚至提出了"一年之内全部完成"的目标口号。有的甚至给各市、县定任务、下指标、催进度，基层普遍反映压力较大，如湖北、江西要求有的县1年必须完成，地方压力大。三是个别地区体制机制不顺影响确权。调研发现，贵州省一些地区认为今后农村土地承包经营权确权登记颁证迟早纳入不动产统一登记，明确要求由国土部门牵头开展承包地确权登记颁证工作，农业部门参与配合，但实际情况是国土部门难于牵头，农业部门不愿参与，上级部门无法指导，形成了"牵头部门牵不动，参与部门不参与，指导单位不指导"的工作局面。

针对认识不到位问题，建议各级土地确权登记颁证工作领导机构高度重视，加强组织领导，可以采取以下措施：一是建立工作交流制度。及时统计分析各地上报的情况，定期向各级政府及联席会议成员单位通报工作进度。对于试点工作取得的好经验、好做法，通过简报向各地推广。二是加强督促检查。组织开展"回头看"，对发现的问题，根据《中华人民共和国物权法》《中华人民共和国农村土地承包法》和农业部技术标准的要

求，按照缺什么补什么的原则进行完善。通过深入开展调研督导，掌握各区县工作进展和工作动态，及时了解、发现并帮助基层解决实际困难和问题，坚持进度服从质量，把握关键环节，严把质量关口。三是适时开展阶段性成果验收工作。对于一些进展较快、基本完成任务的地区，可以分区域、分批次先行开展成果检查验收工作，并将结果向试点地区通报，以检查验收为抓手，达到保进度、控质量的目的。

（二）技术不统一影响工作质量

农地确权专业性强，特别是在实地测绘、数据处理、软件开发与信息应用平台建设等环节，技术要求高。由于受招投标管理不统一、低价竞争、政府资金不到位等多种原因影响，导致中标的企事业单位出现不按标准作业、项目亏损、垫资严重等问题，直接危及确权登记工作质量。一是个别地方工作质量不高。有的地方图省钱省事，简化操作规程，压低招标底价，内业外业全部下来每亩不足15元，不实地指认地块，测量精度达不到调查规程要求。二是地方产生新的政策需求。随着试点工作不断深入，产生一些新的问题，如确权登记颁证纸质和电子档案的形成、存储、使用相关规定和要求；测绘技术单位多地中标难以确保按时保质履行职责；数据库建设中因每个县基本都是分多标段实施而形成的数据汇总难以统一入库；土地承包经营权信息应用平台建设的标准以及与中央平台、不动产登记平台衔接问题等等。三是航测进度不容易把控。由于地理位置敏感，北京市不能申请航拍。受气候和军方训练影响，四川、福建等省份反映航测工作难度加大，有的市已经中标，也取得摄区范围空域批件，仍无法开展航测工作。显然，这些问题如果不能及时纠正，势必影响确权登记颁证成果质量。

针对技术标准不统一问题，确权工作业务主管部门应予以高度重视，通过下发文件、检查督导，规范招投标程序，遏制无序恶性竞争行为，保证成果质量。在推进试点工作中做好以下工作：一是规范招投标管理工作。各地要严格执行《中华人民共和国政府采购法》《中华人民共和国招投标法》等有关法律规定，科学编制招投标文本和技术文件，客观评估工作质量和项目进度，适时拨付预算资金，择优选择投标单位。同时，建议建立中标企业公示制度，确保中标单位以及实施情况信息公开、透明，对失信的中标单位实行黑名单制。二是强化技术标准执行力度。应灵活采用依托有关单位、组建专家组等方式，建立技术支撑团队，强化技术指导和监督检查，重点加大对中标单位的二次转包等行为的监督检查力度。三是统一协调航拍作业。各级政府要整合资源，根据本地情况，统筹安排航测工作，避免重复投入。有条件的地方可以统一招标航空摄影公司，对试点地区按规定的比例尺精度进行航拍，实现航拍成果资源共享。同时，可以聘请测绘院等专业机构对工作底图进行质量鉴定。四是加大技术培训力度。对农经人员和已经中标的测绘公司继续分区域分批次开展业务技术培训。通过培训，明确工作内容和业务要求，准确把握、严格执行法律政策、工作流程和技术标准。

（三）权属纠纷影响工作进度

根据华中师范大学的一项调研结果，在108个调查样本中，存在权属纠纷的村庄有46个，占42.99%。我们在调研座谈中发现，贵州省各试点地区在工作初期即产生了大量的纠纷，如六盘水市水城县政府工作人员反映，2015年县里选择2个乡镇进行试点，老百姓积极性高，分地必争，引发了大量的矛盾纠纷，一半时间都是在搞调解，影响了进度。受政策调整等历史遗留因素的影响，各地二轮延包政策不一、时点不同，普遍存在多地少地、土地调整、卖房带地、承包权未落实、企业占地、参军转农、独生子女多分地等问题（高强，2016）。例如，山东省反映部分地方对"两田制"问题没有整改到位，对村里称为"专业承包"的菜园地、果树地等难以确权。安徽、陕西、云南等省份反映一些山区地区二轮延包时是承包耕地，之后由于各种因素影响现在已经种上果树、茶树成了园地。内蒙古等地有些地区外出务工的农民举家进城弃耕、撂荒承包地，村集体为完成农业税费任务，将这部分土地发包给了其他在村的农民，现在外出务工的农民要求返还原来的承包地。这些问题时间跨度长、涉及广大农民切身利益，解决难度大。

针对这一问题，建议做好以下几点：一是明确责任主体，解决土地所有权权属纠纷。土地所有权权属纠纷与农户承包经营权权属纠纷既相互联系，又互相区别。在推进确权工作中，要注意把握两种不同性质的矛盾，坚持依法依规、分类解决。对于因土地所有权权属引发的纠纷问题，建议通过确权登记颁证领导小组或成立多部门协商机制进行协调，明确责任主体，以国土部门集体土地所有权确权登记颁证工作成果为依据，先由国土行政主管部门明确土地所有权，再按照相关程序对所涉及土地的承包经营权进行确权登记。近期难以化解的，暂按现状划定争议区，查清争议区的位置、面积和属性，待争议化解后再进行确权登记颁证。二是完善土地纠纷处理机制。要充分发挥土地承包纠纷仲裁体系的作用，健全公众参与的纠纷处理机制，赋予农民知情权，让农民知道纠纷处理标准，充分参与纠纷调处，理解其诉求是否正当，提高各方纠纷处理能力。三是做好信访工作，维护农村社会稳定。在推进确权工作中，要提高责任和担当意识，建立矛盾排查机制。定期对农村土地确权工作的矛盾和问题进行排查，建立矛盾问题清册，对发现的矛盾和问题及时研究办法妥善化解。同时，畅通信访渠道，做好突发事件应急预案，切实把矛盾化解在萌芽状态，防止出现群体性事件。

四、简要评论与几点建议

（一）简要评论

供给侧改革的主战场是要素市场，重头戏是产权改革。农地确权是深化农村综合改革的基础，也是在农业供给侧结构性改革背景下促进土地要素资源优化配置的必要前提。从经济学角度看，我国农地产权模糊不清，并存在极大的外部性，从而使得产权明晰有着巨大的潜在收益。作为一种强制性制度变迁，农地确权不仅是对不同群体之间土地产权关系的重构和确认，还是一个资源、时间和精力消耗的过程，短期内农民不仅无法获得潜在收益，而且某些个人甚至有可能遭到损失。因此，农地确权不可能是一个自发的过程，必然依靠政府支持与动员（高强，2016）。

正如张晓山（2015）指出那样，农地确权是在中央落实土地承包关系长久不变的意见尚未出台、农村土地制度变革的顶层设计相对滞后、集体经济组织法人地位缺失以及集体成员身份界定不清等背景下开展的，不可避免地遇到一些难以解决的问题，其多元化的政策目标也自然容易招致诸多批评[1]。如贺雪峰（2015）即强调当前农地确权存在目标困境，指出农地确权遵循的是《中华人民共和国物权法》下的权利逻辑，其可能导致耕地细碎化问题更加严重[2]。有学者甚至直接提出，"确权确地"之下会产生新的人地矛盾，在农地产权向农户承包权倾斜、承包权做大的情况下，所有权虚置、经营权受限，也会带来负面效应（郎秀云，2015）。不可否认，在农村改革顶层设计和相关法律调整相对滞后的背景下开展的农地确权，其政策效应自然会大打折，而个别地区在推进过程中的行政命令式倾向和对确权质量把控不严，也为后续改革埋下了隐患。

（二）几点建议

1. 严格成果验收政策。当前，应进一步加大对各地制定土地确权成果检查验收具体操作办法的指导力度，为确保成果质量提供制度保障。在工作推进中，建议以县为单位，采取交叉验收的方法，严格确权登记工作规范，重点对登记工作流程、地块位置图制图规范、档案管理及系统操作要领等内容进行督促检查，并加强日常工作的监管，规范招标采购行为、强化过程督查，确保登记试点工作进度和质量。

2. 深入开展理论研究。针对土地确权登记颁证试点工作中暴露出的问题，继续深入基层开展调查研究，分析农地确权对"三权分置"下权能分割的影响，落实"长久不变"的具体含义和实现形式，进一步明确确权确股不确地等政策的适用范围、实施条件和操作程序。总结试点经验，加强分析研究，逐步完善政策办法和操作程序，推动试点工作取得更大成效。

---

[1] 张晓山："关于农村土地承包经营权确权登记颁证的几个问题"，《上海国土资源》2015年第4期。

[2] 贺雪峰："农地承包经营权确权的由来、逻辑与出路"，《思想战线》2015年第5期。

3. 加强有关制度建设。加快全国农村土地承包经营权确权登记颁证信息应用平台建设进程，深入研究省市两级数据库和管理应用平台建设以及数据保密管理等技术规范、确权登记颁证与不动产登记管理衔接等相关要求，并重点对农村土地确权和不动产登记的衔接、移交、数据对接等移交范围、方式和标准等作出规定。

4. 完善相关法律法规。抓紧制定出台"农村集体经济组织法"，明确集体经济组织成员资格和成员身份确认办法，赋予农村集体经济组织的法律地位；细化《中华人民共和国物权法》《中华人民共和国土地承包法》中的权能规定；加强宅基地的法规建设和规划管理，衔接好对进城农户承包地的处置政策和法律，探索进城农户承包地有偿退出机制。

参考文献

[1] 刘红岩、朱守银："农业供给侧结构性改革的推进方略探讨"，《经济研究参考》2016年第30期。

[2] 蒋辉、张康洁："粮食供给侧结构性改革的当前形势与政策选择"，《农业经济问题》2016年第10期。

[3] 孔祥智："农业供给侧结构性改革的基本内涵与政策建议"，《改革》2016年第2期。

[4] 姜长云、杜志雄："关于推进农业供给侧结构性改革的思考"，《南京农业大学学报》（社会科学版）2017年第1期。

[5] 伍振军："农业供给侧改革，资源配置是关键"，《农民日报》2015年12月9日。

[6] 胡冰川："开放条件下的农业供给侧结构性改革：形势、目标与策略"，《理论学刊》2016年第4期。

[7] 高强、张照新："农业供给侧结构性改革与合作社创新发展"，《中国延安干部学院学报》2016年第6期。

[8] 涂圣伟："我国农业供给结构失衡的根源与改革着力点"，《经济纵横》2016年第11期。

［9］黄祖辉、傅琳琳、李海涛："我国农业供给侧结构调整：历史回顾、问题实质与改革重点"，《南京农业大学学报》（社会科学版）2016年第6期。

［10］许经勇："农业供给侧结构性改革的深层思考"，《学习论坛》2016年第6期。

［11］高强、张琛："确权确股不确地的理论内涵、制度约束与对策建议——基于广东省珠三角两区一市的案例分析"，《经济学家》2016年第7期。

［12］赵鲲："爬坡迈坎又一年推动确权登记颁证扎实开展"，《农民日报》2017年1月3日。

［13］高强："农地确权成果应用的制度基础与实践形式"，《农村经营管理》2016年第8期。

［14］高强："当前土地确权工作中几个关键问题的思考"，《农村经营管理》2016年第1期。

［15］张晓山："关于农村土地承包经营权确权登记颁证的几个问题"，《上海国土资源》2015年第4期。

［16］贺雪峰："农地承包经营权确权的由来、逻辑与出路"，《思想战线》2015年第5期。

［17］郎秀云："确权确地之下的新人地矛盾——兼与于建嵘、贺雪峰教授商榷"，《探索与争鸣》2015年第9期。

农地确权对农户流转行为的影响分析

罗 鹏　王佳星

土地流转是市场经济条件下实现土地资源优化配置的重要途径,是促进土地规模化经营、加快发展农业现代化的有效动能。近年来,随着农村承包地确权登记颁证工作(以下简称农地确权)试点范围不断扩大、社会效益不断释放,农民群众对此也是拍手称赞,特别是通过确权搞准了承包地面积、明确了"四至",进一步强化了对农地承包权的物权保护,促进了土地流转与适度规模经营,这些都已形成普遍共识。但在近期,部分学者就农地确权与流转的相互关系问题提出了不同看法,值得关注。本文在梳理学界现有研究的基础上,指出当前部分学者的研究缺陷在于偏向以单一经济学理论解释农户流转农地行为,且所选论据存在个别化和短期化的倾向。实际上,深析农地确权与农地流转的关系,应拉长时间跨度,引入多因素进行研究。通过具体分析影响农地流转的各方面因素,进一步明晰确权对农地流转的影响机制呈现多路径、滞后性特征,并引出了有关农地确权工作的下一步研究方向。

一、农地确权与流转关系的研究现状

当前,中国农地变革以赋权、确权和流转为主线。随着农地使用权的稳定和对农地流转限制的放宽，农地租赁市场得到了迅速发展，农地流转所占承包耕地总面积的比例逐年增加，从20世纪80年代农户间自发流转面积仅占1%—3%，到2016年年底已超过35%。但是，现行土地管理体制下的农地流转依然受农户承包地边界模糊和权利不稳定的影响，这表现为流出方担心土地租出后难以收回，流入方担心土地调整使其长期投资"打水漂"，由此限制了土地流转。在此历史脉络和现实困境的背景下，中央审时度势，自2013年开始全面开展农地确权工作，通过给承包农户"确实权、颁铁证"，进一步稳定了农村土地承包关系，明晰了产权界限，夯实了农地流转基础。2016年年底，中共中央办公厅、国务院办公厅印发的《关于完善农村土地所有权承包权经营权分置办法的意见》明确将农地所有权、承包权、经营权三权分置，放活经营权，进而更利于促进农地流转与规模经营。

（一）国内专家学者主要观点

近年来，特别是农业部2011年开始选择部分县（市）开展确权试点工作以来，陆续有学者就相关问题进行理论研究与实证研究，并提出了农地确权与农地流转之间关系的一系列观点。总的来看，多数学者认为农地确权有利于促进农地流转，少数学者认为农地确权在一定程度上会抑制流转，还有少部分学者认为农地确权对于流转的影响并不显著，同时受其他因素的影响。

1. 多数学者认为农地确权有利于促进土地流转。其中，程令国等[1]使用中国健康与养老追踪调查2011—2012年的农户调查数据分析发现，在其他条件相同的情况下，农地确权使得农户参与土地流转的可能性显著上升约4.9%，确权村农户土地流转率比非确权村高出4.3%，农地确权提高了土地租赁市场的活跃度，土地流转显著增加。刘玥汐等[2]在

---

[1] 程令国、张晔、刘志彪："农地确权促进了中国农村土地的流转吗？"，《管理世界》2016年第1期。

[2] 刘玥汐、许恒周："农地确权对农村土地流转的影响研究——基于农民分化的视角"，《干旱区资源与环境》第30卷第5期，2016年5月。

天津市蓟县周边对15个行政村进行问卷调查和访谈发现，农户拥有土地承包合同或证书能提升农地经营权抵押转让的偏好，提升土地流转意愿，完善的产权保护机制对农地流转起到正向推动作用。付江涛等①2014年在江苏铜山、海门和高邮3市（区）进行实地调查分析发现，确权地区土地转出户比例高于未确权地区土地转出户比例24.7%，确权与农地转出为显著正相关关系。张晔等②2015年以农村土地调查为样本分析认为，确权导致农户的土地出租率上升15%—28%，户均出租面积上升0.45—0.73亩。

此外，截至2017年4月，山东省、宁夏回族自治区、安徽省、四川省等4个省自治区已先后基本完成农村承包地确权登记颁证工作并提交了完成报告。从试点完成报告看，4个省自治区均认为农地确权有利于促进土地流转和规模经营。其中，四川省报告反映，截至2016年年底，全省家庭承包耕地流转总面积达1970.3万亩，占耕地总面积的33.8%，比整省推进承包地确权颁证工作前提高了10.4个百分点。

2. 少数学者认为农地确权会抑制土地流转。以华南农业大学罗必良为代表的研究团队③2015年用分层聚类的方法对我国9个省份农户进行抽样问卷调查分析表明，在农地实际流转中，与未确权农户相比，已确权农户的参与率虽提高了2%，但转出农地面积比例却降低了53.5%，已确权农户获得的租金水平提高了32.2%。因此，他认为农地确权并不必然促进农地的流转集中与规模经营，且农地确权在提升农户产权强度同时，因农地的人格化财产特征而强化禀赋效应，导致农户提升或高估农地流转租金的心理价位，提高土地流转的交易成本，从而加剧了对经营权流转的抑制。

---

① 付江涛、纪月清、胡浩："新一轮承包地确权登记颁证是否促进了农户的土地流转——来自江苏省3县（市、区）的经验证据"，《南京农业大学学报（社会科学版）》第16卷第1期，2016年1月。

② 张晔、秦聪："2015年农地确权、土地流转与农地投资的调查报告"，《南大商学评论》第35辑。

③ 罗必良："农地确权、交易含义与农业经营方式转型——科斯定理拓展与案例研究"，《中国农村经济》第11期，2016年11月。

3. 还有少部分学者认为，农地确权对土地流转的影响具有不确定性。林文声等①基于农户农地转出的视角，从生产激励、交易费用、交易价格以及农村要素市场联动等四个方面构建农地确权影响农地经营权流转的影响传导机制，通过对2009—2014年H省18市的面板数据实证分析认为，农地确权对农地经营权流转的作用取决于传导因素所形成的综合影响。如土地承包经营权证书颁发率显著促进农地经营权流转，而土地承包合同发放率对农地经营权流转则存在显著地抑制作用，两者形成的综合作用具有不确定性。胡新艳等②通过理论对比综述，认为确权对农地流转的作用是不确定的，有可能是一把"双刃剑"。农地流转不仅仅是单纯的经济交易，而是同时表达了身份、情感及其权益认知的多重交易性质的活动，需要构建多学科整合视角的农地流转问题理论分析框架。

（二）国外产权强弱程度与土地租金关系的相关研究

从国际经验看，稳定和强有力的产权保护对土地流转具有重要的正向影响。在多米尼加共和国，Macours等③研究发现稳定的地权能提高土地租赁市场的活跃度，使土地租赁上升21%。Deininger等④在尼加拉瓜研究发现，拥有稳定产权的土地所有者更可能参与土地租赁市场。Feder等⑤

---

① 林文声、杨超飞、王志刚："农地确权对中国农地经营权流转的效应分析——基于H省2009—2014年数据的实证分析"，《湖南农业大学学报（社会科学版）》第17卷第1期，2016年2月。

② 胡新艳、杨晓莹、罗锦涛："确权与农地流转：理论分歧与研究启示"，《财贸研究》2016年第2期。

③ Marcours, K., A. D. Janvry and E. Sadoulet, *Insecurity of Property Rights and Social Matching in the Tenancy Market*, European Economic Review, 2010. 转引自程令国、张晔、刘志彪："农地确权促进了中国农村土地的流转吗？"，《管理世界》2016年第1期。

④ Deininger, K., E. Zegarra and I. Lavadenz, *Determinants and Impacts of Rural Land Market Activity: Evidence from Nicaragua*, World Develoment, 2003. 转引自程令国、张晔、刘志彪："农地确权促进了中国农村土地的流转吗？"，《管理世界》2016年第1期。

⑤ Feder G, Nishio A. *The benefits of land registration and titling: economic and social perspectives.* Land Use Policy, 1999. 转引自胡新艳、杨晓莹、罗锦涛："确权与农地流转：理论分歧与研究启示"，《财贸研究》2016年第2期。

对泰国农村调查研究发现,确权能够刺激土地交易。Yami 等[①]对埃塞俄比亚三个区域的调查研究发现,确权能通过减少农户在流转土地是被租赁者侵占的疑虑,进而促进流转。

综上所述,基于国内外学者研究和地方实践的现实情况,农地确权总体上对农地流转是有促进作用的,但由于农户对于政策的信任感不同程度受到政策稳定性和社会关系网等多重因素的影响,确权成果的效用也具有一定的滞后性。为了解确权对农地流转的影响机制,在综合分析各专家观点的基础上,需要全面而系统地分析影响我国农地流转的因素。

二、影响农地流转的因素分析

通过对既有研究情况的梳理可以看到,目前学者主要从产权经济学的理论视角出发,通过验证或扩充理论来解释确权与农地流转之间的关系。以罗必良教授为代表,他引入了两个经济学概念进行分析,即"科斯定理"和"禀赋效应",以此为理论基础解释农户的农地流转行为。我们知道,科斯定理是通过预设交易成本为零的条件下经济效率与产权无关,来指出存在交易成本时,产权制度是如何影响经济效率的,也就是说降低交易成本是由产权安排及其调整决定的。罗必良进一步引入禀赋效应,以补充科斯定理解释力不足之处,即在产权固化和调整不可能性的背景下,农地确权后农户对土地的产权拥有力度增强,出于农户土地人格化财产特征,农户会倾向于给土地更高价值的评价,即抬高土地流转租金,进而抑制流转。

客观上讲,上述经济学理论对农地确权与流转关系的研究具有一定的参考性,但并不是唯一的解释维度。不可否认的是,中国农地市场的最大特点是处于农村的熟人社会中,是由经济与社会交易形成的网络,虽然经济理性会在一定程度上影响成交,但社会性因素对于农户的行为影响更

---

① Yami M, Snyder K A. After all, land belongs to the state: examining the benefits of land registration for small households in Ethiopia. Land Degradation & Development. 2015. 转引自胡新艳、杨晓莹、罗锦涛:"确权与农地流转:理论分歧与研究启示",《财贸研究》2016 年第 2 期。

大，甚至能够使交易行为背离市场；也就是说，农户不只拥有经济理性，更具有社会理性。因此，单独使用经济理论解释农户农地流转行为并不能完整反映真实情况，需要构建综合框架，引入多因素进行分析，尤其需要重视社会性因素影响。

我们认为，影响农地流转的因素主要包括四个，即市场经济因素、社会文化因素、农户家庭因素及国家政策因素。

（一）市场经济因素

影响农地流转的市场经济因素可以分为流出方租金价格与流入方土地经营收益两方面。在价格与收益上，首先是受地域分布影响。东部经济发展水平较高，且交通便利、雨水充足，往往租金较高，普遍在每亩每年800元以上；西部经济发展欠发达，且农业基础设施落后、土壤地力等级低，租金也相对较低，如甘肃省庆阳市环县部分地区土地流转租金每亩每年仅10元。其次是不同经营用途也会影响土地经济预期，同块土地种粮与种植果蔬或经济作物能得到的收益不同，租金的预期差异也较大。如广西壮族自治区合山市传统农作物是水稻、甘蔗、花生，这些作物每亩地利润在400元至800元，种植花卉的经济收入又远大于种植传统作物，对于流入方经营收益较高的作物，付出的租金成本就自然偏高。最后是受赋权程度强弱的影响，通过确权可以强化土地的物权保护，有效提升土地的派生价值，减少交易不确定成本，因此也是影响农地流转价格与收益的重要因素之一。

（二）社会文化因素

社会文化因素是影响农户农地流转行为最为重要的因素。首先，农地流转交易市场存在差序格局。农村属于熟人社会范畴，农民在此熟人社会中并不是独立抽象的个体，而是归属于特定社会结构和关系网络。因此，农户在土地是否流转和流转给谁的问题上，往往受到亲属与邻里关系影响，依亲疏远近的差序格局发生模仿和流转行为。从现实情况来看，农户更倾向于将土地流转给亲友邻居，这并非是纯粹市场化交易，流转给熟识的人属于关系型交易,包含了地缘、亲缘在内,既能拉近彼此间的联系,又因为熟识的默契和声誉机制,使转出农户对土地的用途有稳定预期。其次,村两委的组成及干部素质对农地流转也有较大影响。村两委作为农村基层组织,对农户有直接影响。村干部在农地流转工作中对政策的宣讲、引导的到位程度影响着农户对农地流转的政策理解和信任感。此外,主要村干部如果是村里德高望重的乡贤,对于农户的行为也有较大的影响和示范作用。

(三) 农户家庭因素

农户家庭因素是指农户对土地的依赖程度和家庭农业生产能力。土地对于农户而言并非一般性质的可交易物,农村承包地依成员权利承包给集体经济组织内部成员,因此承包地具有身份性和人格化特征,加之个人对产权的强化意识不同,即使个人的承包地已确权且可以进行流转,农户对土地的传统情感和土地带来的内部成员身份感也影响着流转意愿,农户依赖程度高、身份感强,则在一定程度上会不愿流转。另外,农户家庭劳动力数量和质量影响着家庭农业生产能力,家庭劳动力少、农业生产率较低的农户,如主要劳动力长期外出务工或户主为女性、老年人以及自评健康一般或较差的家庭,确权后更愿意流转土地,反之则不愿意流转[1]。

(四) 国家政策因素

国家政策因素主要是指政策的鼓励性和制度的稳定性。鼓励性政策指地方根据实际情况,针对土地流出与流入的农民,制定相应的优待政策,如增加社会保障、补充保险、提供农业综合补贴等,鼓励农户参与流转,并为流转后提供相应保障,补贴力度越大、后期社会保障越充分,农户流转的意愿就越强。制度的稳定性则主要体现在各级政府在农地流转工作上是否能够提供科学且规范的流程设计,在农地流转合同规范、流转市场平

---

[1] 程令国、张晔、刘志彪:"农地确权促进了中国农村土地的流转吗?",《管理世界》2016年第1期。

台、信息公开方面，能够为农户提供便捷的服务，减少沟通成本和后顾之忧。

三、农地确权对农地流转的影响机制

农户流转土地的行为是多种因素综合影响的结果，农地确权对农地流转的影响不是单维度的，而是通过影响农地流转的四方面因素来发挥作用，进而传导到农户的流转行为上。由此看出，农地确权对流转的影响机制呈现多路径和滞后性的特征。

具体说来，农地确权主要通过以下四条路径对农地流转产生传导影响。其一，确权会提高流出农户对土地流转的价格预期，从而影响土地流转的最终成交面积。其二，确权会增强承包地的产权强度，强化土地的物权保护，因此减少了交易中的不确定因素，降低交易成本，进而促进土地流转行为。其三，确权会进一步保护了农户的承包权利，承包农户因对土地依赖程度和家庭农业生产能力因素的差异对土地流转持不同心态，从这一点看，确权会引发对流转的双面作用，既有促进，亦有抑制。其四，确权会推动相关政策、制度的不断完善，如促进建立健全农地流转交易平台、完善和规范流转交易流程等，这些都能有效提升土地流转双方预期，进而助推土地流转。

以上分析可见，农地确权工作对农地流转的影响是多途径、多方位的，不同路径作用发生时间存在一定的差异性和滞后性。因此，关于农地确权对流转的影响关系研究，需要以更宽的多面视角和更长的时间跨度进行分析。目前的研究成果多基于个别地方的短期经验和经济学理论视角，难免有失偏颇。如罗必良的两篇文章[①]数据获取时间均为 2015 年年初，分别在辽宁、江苏、广东、山西、河南、江西、宁夏、四川和贵州省自治区抽取样本，此时在样本省中仅有四川省为 2014 年整省推进试点省，其

---

① 罗必良："农地确权、交易含义与农业经营方式转型——科斯定理拓展与案例研究"，《中国农村经济》第 11 期；胡新艳、罗必良："新一轮农地确权与促进流转：粤赣证据"，《改革》第 4 期。

余江苏、江西、河南、宁夏、贵州为2015年才确认的整省试点,且取样中按照经济发展水平随机抽取乡镇,并未锁定确权试点地区进行取样,此时开展确权工作也普遍仅有1年时间,确权还处于初期,成效影响并不显著,从这样的样本分析中得出确权抑制土地流转的结论,样本的合理性、代表性及最终的结论都有待检验。

四、后续重点研究方向

开展农地确权是近年来中央为深化农村改革作出的重大部署,推进农地流转、发展农业适度规模经营则是实现农业现代化的必由之路。因此,深入持续研究农地确权与农地流转的关系十分必要。从当前情况看,社会各界的关注,特别是学界的研究对全国农地确权工作的有效推进提供了有益的智力支持和政策参考。需要注意的是,研究确权与农地流转的关系,应避免以单一视角开展研究,而要进行多维度、全因素、持续性的系统分析,拉长时间跨度、拓宽研究视角,尤其应重视中国农村社会的传统文化对农地流转的重要影响。同时,最大限度地发挥农地确权政策的激励作用,引导农民有理性地进行土地流转,并进一步在健全服务体系、完善交易机制等方面提供智力和经验支持,充分发挥土地流转对土地资源优化配置的作用,以此推动确权工作成果在城镇化、高标准农田建设、耕地利用保护、土地经营权抵押等方面的深入研究和充分应用,以释放更大的社会红利。

农村承包地确权登记颁证工作中妇女权益状况分析

——基于218个村庄的调查发现

杨 丽

切实维护农村妇女土地权益是中央在深化农村土地制度改革过程中提出的一项重要要求，为顺利完成农村承包地确权登记颁证工作、实现农村妇女平等的土地承包经营权以及为促进农村经济发展和社会和谐稳定，对确权过程中妇女的权益状况进行分析尤为必要。

本文利用2016年年底调查收集的204个村的数据资料以及2017年调查取得的14个村的相关材料，结合两次调查总共218个村的数据，力求从村社角度，对确权工作中的妇女问题进行较为深入的分析研究。在作简单的统计分析时运用204个村的资料，在个案分析和总结上，以2017年收集的14个调查村的材料为主。文章首先描述土地确权过程中妇女的权益现状，然后分析妇女遇到的问题，最后提出解决问题的思路和对策。

一、土地确权过程中妇女权益现状

（一）土地确权进展状况和承包地共有人确定标准

在204个村级问卷中，有91%的村已经完成或正在进行土地确权工作，只有6%的村还没有开始确权。

在确定农户家庭承包地共有人标准方面，有53%的村以二轮土地承包时的人口数作为土地共有人，46%的村以现有人口作为土地共有人，个别村确定共有人采取土地第二轮承包时的人口与现有人口相结合的方式。

（二）妇女姓名登载情况和特点

在已完成确权和正在进行确权的村中，81%的村在土地承包经营权证书上登载妇女名字。其他村不登载妇女名字的主要原因是，按照传统习惯，只登记户主，不登记共有人，一般户主为男性，女性户主很少。在调查村中，土地权证上妇女作为户主代表登记的户数占农户总数的3.2%，作为农户家庭承包地共有人登记的妇女占妇女总数的62.8%。

（三）登载妇女姓名的决定

在问及村里对土地证上登载妇女姓名是怎样决定的问题时，如表1所示，35.3%的村回答由农户家庭商量决定，16.7%的村有统一规定，4.9%的村由妇女自己决定，12.7%的村回答其他，具体是指按照户籍人数登记，或按照政策要求登记以及回答丈夫是非农户或丈夫去世的情况下，登载妇女名字作为户主等。从这里可以看出，土地证上登载妇女姓名的条件比较宽松，除了登载为户主时妇女相对受限外，作为共有人登载只要家庭和妇女本人决定，或按照户口本，或按政策规定登载就可以。按村里统一规定登载妇女姓名的情况并不很多，况且村里统一规定也不全是按照传统习惯只登载男性户主姓名，可以推测部分村里的统一规定也是按照上级政策要求做出的。因此，可以说土地证上登载妇女姓名遇到阻力相对较小，这也是大多数妇女能够以共有人身份在土地证上登载体现的重要原因。

（四）土地权证上登载的妇女婚姻状况

在问及土地证上登载的妇女婚姻状况时，村表反映的登载妇女的婚姻状况，按照村子数量多少，从大到小排列为：丧偶妇女、嫁入女、未婚、

表 1　　　　　　　　　土地证上登载妇女姓名的做法

	村数	百分比（%）
村里有统一规定	34	16.7
农户家庭商量决定	72	35.3
妇女自己决定	10	4.9
其他	26	12.7
未作回答	62	30.4
合计	204	100

离婚妇女、出嫁女和其他。与选择不同婚姻状况对应的村占调查村的比例分别是56.4%（115）、32.8%（67）、26.0%、26.0%、18.6%（38）和12.7%（26）。可见，大部分村在土地证上首先登载了丧偶妇女的姓名，其次是登载嫁入女的村比较多，登载未婚妇女和离婚妇女的村并列排在第三，而登载出嫁女的村最少，可见，由于受传统"从夫居"婚姻习俗以及"嫁出去的女儿泼出去的水""女儿出嫁后是外人"等传统思想的影响，出嫁女在出生地登载姓名遇到的阻力相对较大。图1是登载妇女不同婚姻状况的村数占调查村的比例。图中12.7%的村回答了其他，进一步研究其他说明发现，有些村回答不论什么婚姻状况，只要属于本集体经济组织成员都登载姓名。有些村登载了新出生女孩和小女孩，有的村回答对全部妇女都进行了登载，还有的村只登载男性户主，只有丈夫是非农户口，或丈夫户口不在本村，或丈夫去世的情况下，才登记妇女的名字，但这种情况的村所占比例并不太大。

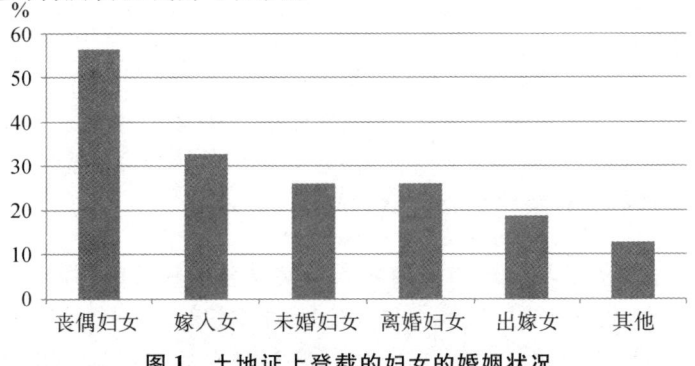

图1　土地证上登载的妇女的婚姻状况

（五）登记妇女姓名取得的成效

关于土地承包经营权证书上登载妇女名字的好处（见图2），按照回答问题的村的数量多少，由大到小排列依次是：妇女的生产积极性提高了，以前的妇女土地问题得到了缓解，妇女出面获得了贷款以及其他。与选择这些好处对应的村占调查村的比例分别是43.6%（89）、24.0%（49）、19.6%和12.7%（26）。可见，登载妇女名字的第一个好处是提高了妇女的生产积极性，第二个好处是缓解了妇女以前的土地问题，第三个好处是妇女以土地承包人身份获得了贷款。图2中还有12.7%的村回答了其他，也就是说登记妇女名字的其他好处还有：方便查阅土地共有人信息；体现男女平等；有利于保护妇女合法权益；保护丧偶离婚妇女的权益等。当然也有个别数村认为登记不登记都一样以及有的村回答没有什么好处等内容。

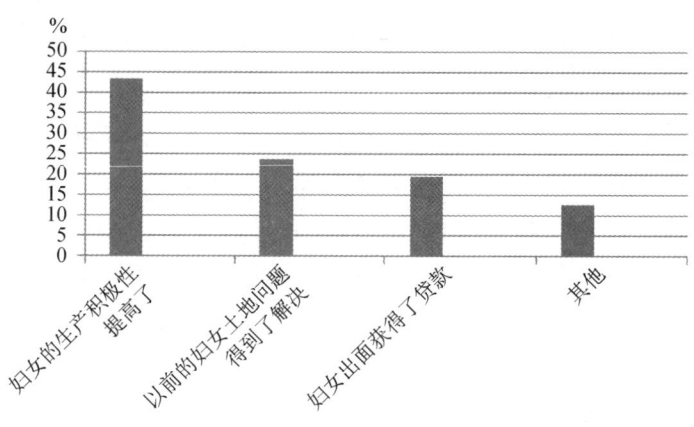

图2　证书上登载妇女名字的好处

二、土地确权过程中妇女遇到的问题

（一）错过承包地分配时间的嫁入妇女没有得到确权登记

尽管上文的统计结果显示，与其他婚姻形态相比，嫁入女的登记情况较好，但在个案调查中，发现存在的问题是，有的村庄依照县里的规定，确定上地家庭承包共有人的标准以二轮土地承包时的人口数作为土地共有人。那时分到土地的女性可以登记姓名，没有分到土地的不登记，也就是说土地在哪就登记在哪，由此带来的问题是二轮土地承包以后迁入的人口，特别是婚入妇女和二轮承包后出生的人口，包括女孩没有承包地，不能作为家庭共有人进行登记。

（二）户口迁移的出嫁女得不到登记

上文统计结果表明，出嫁女的登记状况最不乐观。实践中发现的问题也不少，如有的地方依照县里的文件规定，或结合村民代表大会讨论决定，土地确权时以二轮土地承包时的人口数作为土地共有人。但第二轮土地延包时户口迁出本村的外嫁妇女，未上户口的以及户口迁出人员等没有作为家庭共有人予以登记。

有的地方在确定土地家庭承包共有人的标准时，把现有人口和二轮土地承包时的人口数相结合，凡是娶进来的儿媳妇一律有权登记，嫁出去的女儿迁走户口的不予登记，这样的做法存在的问题是，出嫁女既没有户口又没有承包地，有的妇女生活较为困难。

（三）不进行共有人登记的做法造成大部分妇女没有得到确权登记

统计结果显示，妇女作为户主代表进行登载的情况较少，遇到的传统习惯阻力较大，但妇女作为家庭共有人登载较为普遍，也易于接受，但在调研实践中发现，仍有一些地方确权时没有登记共有人，对女性人员也没有特别规定，只是按照当地风俗，一般夫妻双方健在，只登记男性户主姓名，妇女也无异议。只有丈夫去世，或丈夫是非农户口的情况下，才登记妇女作为户主代表。在这种情况下，大部分妇女得不到登记。这样的做法在很大程度上受传统观念的影响，村干部的看法和认识也印证了这一点，统计显示仍有6%的村认为土地证上不应该登记妇女名字，所持的理由用他们的原话是"老传统，男人当家""农村风俗男人为户主""若父母早故，由儿子当作继承人""现在都以男性为主""以丈夫为主""户主只登记一个人简便""一册几名还繁琐"以及"一家有一个户主登记就可以了，多了反而引发新的问题和矛盾"等等，可见农村重男轻女思想依然存在，这也是妇女得不到确权登记的重要原因之一。

（四）婚姻发生变故的妇女得不到承包地

有的地方规定，离婚的妇女不能分配承包地。丧偶妇女只要不再嫁可以分配承包地，否则不给承包地。如果一家有几个女儿，其中只有一个女儿可以招婿并给予承包地。这些做法与当地的成员身份认定有很大关系，而妇女的婚姻变化又影响了她们的身份认定，由于村庄对于丧偶妇女的认可程度高于离婚妇女，所以上文的统计结果也显示出丧偶妇女得到登记的情况比较普遍，离婚妇女确权登记的情况较少，而特殊婚姻的招婿妇女，受到的影响就更大了。

（五）妇女的承包地在家庭内部引发纠纷较多

多地反映，因离异妇女、丧偶妇女的承包地在家庭内部分配引发的纠纷较多，此外，也有出嫁妇女因承包地在家庭内部发生纠纷，矛盾一般都由村组干部调解，个别纠纷由乡或乡以上部门解决。

三、政策建议

1. 建议在以后的土地确权登记工作中，对于婚入妇女且户口也迁入男方，长期居住在男方所在家庭和村庄，这些妇女可以申请土地确权，新出生的孩子也应加入登记。也就是说，对婚入妇女应以结婚证和常居住为条件，以实际生活生产地为主进行确权登记。

2. 对既没有户口也没有承包地，生活困难且矛盾纠纷突出的出嫁女，建议登记在生活居住地，明确家庭内部妇女作为共有人的权利。

3. 将夫妻两人共同作为户主代表，使更多妇女在土地确权登记颁证中以户主代表身份进行登载，更好地保护妇女权益，提高妇女地位。即使妇女不能作为户主代表登载，至少也要在家庭承包地共有人登载中得到体现。

4. 确保离婚丧偶弱势妇女的合法权益。在确权登记中明确弱势妇女的权属比例，明确提出妇女享有一定的土地权，把妇女的权益登入确权证书中，在土地权证上写上妇女的名字，让妇女与男性享有平等权益。对个别生活困难矛盾突出的丧偶离异妇女，应明确土地到妇女名下，明确妇女的承包地面积、四至、地类，并给妇女单独立户，让妇女作为户主，单独登记在土地权证上。

农业规模经营主体的融资难题及对策建议

宋洪远 吴 比

一、农业规模经营主体发展的现状及其特征

（一）经营者性别和教育程度

规模经营主体的经营者以青壮年男性为主，教育程度多为中学文化水平。表1所示，规模经营主体经营者年龄多分布在41—50岁之间，占比为44.55%。经营者以中青年为主，既有从事农业规模经营所需要的劳动技能和身体素质，又掌握了一定的社会资源。表2可知，专业大户负责人学历以初中为主，合作社和企业负责人学历以高中为主。

表1　　　　规模经营主体经营者年龄信息　　　　　单位:%

	18—30岁	31—40岁	41—50岁	51—60岁	61岁及以上	合计
大户	9.82	20.86	42.21	22.21	4.91	100
企业	—	24.32	43.24	32.43	—	100
合作社	3.57	29.46	48.21	15.18	3.57	100
合计	4.46	24.89	44.55	23.27	2.83	100

表 2　　　　　　　　　　　　教育程度　　　　　　　　　　　　单位:%

	小学以下	小学	初中	高中及中专	大学及以上	合计
大户	6.67	17.65	44.2	22.35	9.14	100
企业	—	2.78	11.11	66.67	19.45	100
合作社	0.9	3.6	31.53	47.75	16.22	100

（二）经营行业和环节

规模经营主体以从事传统种养业为主，农业企业经营更加多样化。表3所示，规模经营主体尤其是专业大户、合作社主要从事传统种养业，农业企业从事林业、农机、植保等行业的比例相对较高。

表 3　　　　　　　　规模经营主体行业分布　　　　　　　　单位:%

		专业大户	合作社	企业	加权平均
经营行业比重	种植	72.86	81.31	45.11	69.01
	养殖	29.82	24.77	20.30	26.52
	水产	0.50	4.67	2.26	1.67
	林业	1.68	10.75	12.78	5.16
	农机	0.67	9.81	11.28	4.13
	植保	0.50	4.67	9.77	2.65
	其他	0.84	4.21	32.33	5.68

规模经营主体以从事传统农业生产为主。表4所示，规模经营主体的经营活动主要集中在生产环节，占比为87%。专业大户、合作社主要集中在生产和销售等环节，农业企业主要集中在加工、流通、服务等环节，经营活动更加多样化。

（三）经营土地来源和规模

各类规模经营主体经营土地规模分布不均，土地来源以流转为主。表5所示，规模经营主体的经营土地规模，专业大户在50—500亩之间，其

表4　规模经营主体经营活动环节　　单位:%

		专业大户	合作社	企业	加权平均
经营活动环节比重	生产	94.47	90.65	66.92	87.18
	加工	3.85	8.88	39.10	9.47
	流通	9.21	22.90	29.32	14.70
	销售	61.98	76.17	84.21	66.27
	服务	1.84	25.23	30.83	10.94
	其他	0.00	0.47	0.75	0.21

中50—100亩左右的规模占比较大；合作社经营规模以1000亩以上为主，占比为62.50%。另外，样本中有部分合作社经营业务以提供农机等服务业为主，其经营土地规模低于50亩，占总样本比例为20.54%。

表6所示，专业大户平均经营土地面积为281.93亩，合作社平均为2840.53亩，两类规模经营主体的土地来源均以流转方式为主，占比在80%以上。

表5　2015年土地经营情况　　单位:%

面积	专业大户	合作社
0—49亩	6.83	20.54
50—100亩	33.94	2.68
101—200亩	29.28	2.68
201—500亩	19.35	6.25
501—1000亩	6.10	5.36
1001亩以上	4.50	62.50

（四）合理经营规模和扩大意愿

在合理经营规模与扩大经营规模的意愿上，专业大户与合作社差异较大。表7所示，专业大户认为合理的经营规模应在500亩以下，有51%的专业大户希望进一步扩大经营面积；合作社认为合理的经营规模应在1000亩以上，有76.46%的合作社希望进一步扩大经营面积。

表 6　　　　　　　　　　2015 年经营土地面积来源情况　　　　　　　　单位：亩

统计指标	专业大户	合作社
平均经营总面积	281.93	2840.53
自己家承包地	32.93	420.48
亲戚朋友转包	39.34	304.76
本村其他农户租赁	73.55	1707.33
外村农户租赁	25.96	341.89
其他渠道租赁	110.15	66.07

表 7　　　　　　　　　　未来土地经营规模打算情况　　　　　　　　单位：%

未来意愿	专业大户	合作社
扩大面积	51.90	76.46
减少面积	10.67	6.87
保持不变	31.04	16.67
不种	5.03	—

（五）期望得到的政府支持

各类规模经营主体普遍希望政府加大直接补贴力度。图 1 所示，规模经营主体普遍希望得到政府的政策支持，其中希望加大直接补贴力度、解决资金问题的规模经营主体占比超过 50%。数据显示，随着经营规模的进一步扩大，规模经营主体对农业保险、农产品期货等避险工具的需求也逐步增加。

（六）2013—2015 年净收益等情况

2013—2015 年期间三类经营主体的净收益总体上呈上升趋势。表 8 所示，2013—2015 年专业大户、合作社和农业企业三类规模经营主体的净收益总体呈上升趋势，其中农业企业的净收益情况好于合作社、专业大户。除企业 2013 年的净收益小于负债总额外，其他各类规模经营主体 2013—2015 年的净收入均高于负债总额。此外，2013—2015 年合作社平

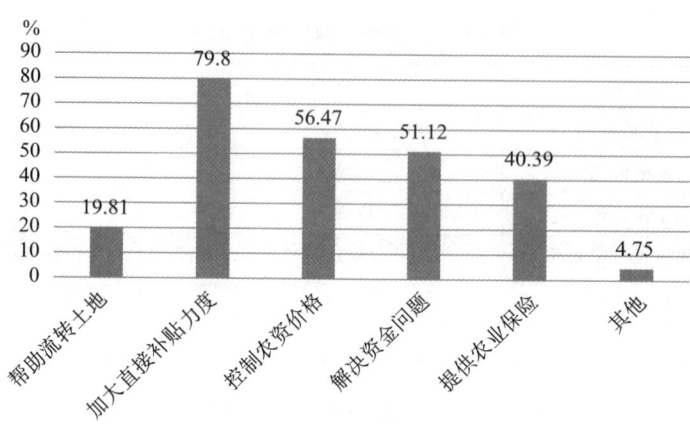

图 1　规模经营主体希望得到的政府支持

均获得的补贴高于其他两类主体。

表 8　成本收益情况　　　　　　　　　　　　　　　　　单位：万元

	年份	收益情况					
		资产总额	负债总额	销售收入	总成本	净收益	政府补贴
大户	2013	62.93	6.96	43.14	24.73	16.62	1.58
	2014	63.96	8.24	41.84	25.34	16.55	0.22
	2015	71.7	6.81	52.32	28.02	20.92	0.17
合作社	2013	444.91	70.89	271.66	206.1	88.81	8.41
	2014	456.92	75.97	286.91	194.92	112.02	1.54
	2015	468.92	67.74	336.6	222.87	92.89	3.22
企业	2013	1891.2	258.52	580.4	372.14	213.61	2.63
	2014	1600.15	220.66	809.13	581.99	260.33	1.88
	2015	1564.8	223.57	397.26	435.87	323.98	4.66

二、农业规模经营主体金融需求的状况及其特点

（一）资金缺口情况

三类规模经营主体普遍存在资金缺口。表 9 所示，专业大户、合作社

的资金缺口在 50 万元以内，农业企业的资金缺口更大，均值为 1100 万元。有 92% 的专业大户的资金缺口在 50 万元以内，缺口均值为 19.59 万元；合作社资金缺口在各额度区间分布相对平均，缺口均值为 249.26 万元。

图 2 所示，资金缺口对专业大户、合作社生产经营活动的影响远比对农业企业的影响大，专业大户、合作社由于资金缺口而无法正常生产经营的比例达到 20%－30%，企业的这一比例为 7.14%。

表 9　　　　　各类经营主体资金缺口占比　　　　　单位:%

	0—50 万元	51 万—100 万元	101 万—200 万元	201 万—500 万元	501 万元以上	资金缺口均值（万元）
大户	92	4.48	2.4	0.8	0.32	19.59
合作社	24.73	20.61	15.46	17.52	21.65	249.26
企业	33.35	12.51	4.17	12.5	37.5	1102.625

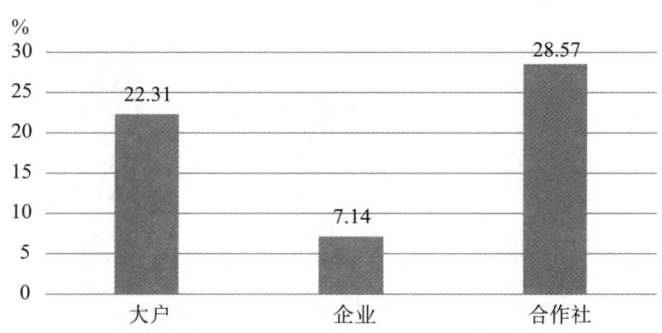

图 2　缺少资金影响农业生产经营活动

（二）贷款需求满足程度

规模经营主体贷款需求满足程度较低。专业大户、合作社对银行贷款的需求相对较高，但贷款获得批准的比例不高。图 3 和图 4 所示，有 42.6% 的专业大户、51.79% 的合作社向银行申请过贷款，但贷款获得批准的比例分别仅为 71.16% 和 67.14%，可以看出合作社、大户向银行贷款较为困难。企业向银行贷款获批的比例为 92.86%，基本得到满足（见图 3、图 4）。

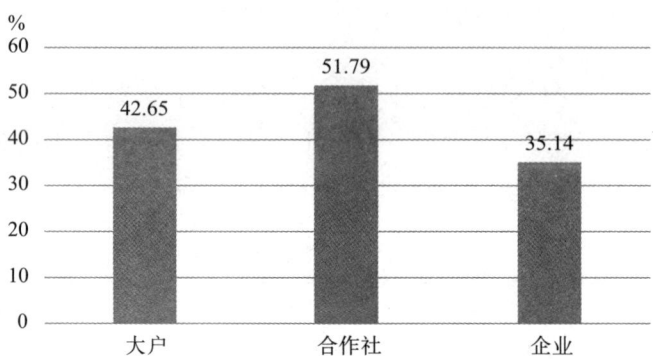

图 3　规模经营主体向银行贷款情况

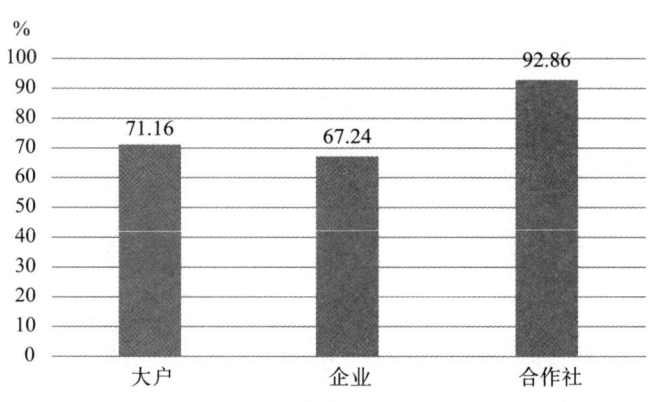

图 4　规模经营主体向银行贷款获得批准情况

（三）贷款利率、期限和额度

专业大户的贷款利率最高、合作社的贷款期限最长、农业企业的贷款额度最大。表 10 所示，2013—2015 年，专业大户得到的贷款以 5—10 万元中短期小额贷款为主，合作社和农业企业以 20 万元以上的居多，多为一年期的贷款。专业大户贷款年利率在 10%—15% 之间，合作社和农业企业在 5%—10% 之间。由此可知，银行贷款倾向程度由高到低依次为企业、合作社、专业大户。

表 10　2013—2015 年获得贷款的额度、期限和利率的均值情况

统计指标	大户			企业			合作社		
	2013 年	2014 年	2015 年	2013 年	2014 年	2015 年	2013 年	2014 年	2015 年
平均贷款额（万元）	12.61	13.64	12.52	3566	3798.11	256.26	101.14	206.16	149.73
平均贷款期限（月）	11.53	11.12	11.24	13.78	13.78	14.78	15.48	14.62	12.96
平均贷款利率（％）	11.36	10.37	10.33	7.33	7.26	8.65	9.58	9.49	9.4

（四）制约规模经营主体贷款主要因素

贷款程序复杂且时间长是影响规模经营主体贷款的主要因素。表 11 可知，在影响规模经营主体申请贷款方面，贷款程序复杂且时间长、贷款利息太高、担心申请不会批准等，是影响规模经营主体向银行申请贷款的三个主要原因。此外，担保条件太高也是阻碍向银行申请贷款的重要因素。

表 11　缺钱没申请银行贷款的原因　　　　　　　　　　单位：％

	大户	企业	合作社
贷款不会被批准	24.24	20.69	29.58
还不起怕失去抵押物	12.26	3.45	3.41
贷款利息太高	25.3	27.6	19.36
已有贷款没有还清	2.57	—	0
担保条件要求太高	21.66	24.15	26.16
程序复杂时间长	44.11	48.3	50.06
贷款规模小时间短	7.84	13.8	17.07
有其他途径借钱	21.19	27.6	15.94
其他	4.81	6.9	4.56

（五）对农业保险的需求

针对规模经营主体的农业保险产品亟待发展。图5所示，在农业保险方面，规模经营主体整体参保比例较低，专业大户、合作社参保率分别为18.39%和10.87%，且均以自愿参保为主，保险品种主要是农作物灾害保险，对保险公司赔付金额不满意的比例较高。

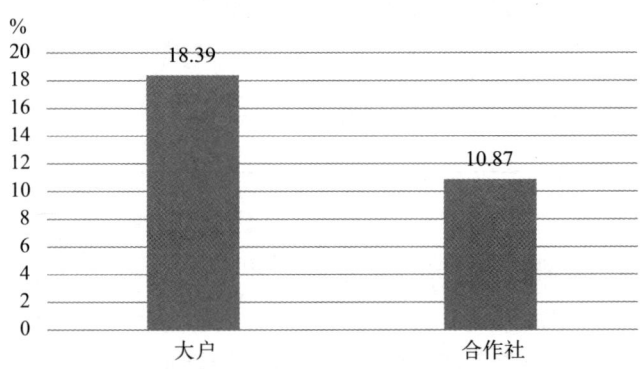

图5　参加农业保险情况

（六）对改善金融服务的看法

规模经营主体对改善金融服务的看法较为一致。在如何改善金融服务方面，表12所示，简化贷款手续、降低贷款利率、增加贷款额度，是农业规模经营主体对金融机构改进金融服务提出的三条主要意见。专业大户、合作社认为除了以上三点外，延长贷款期限同样重要；而合作社和企业则认为扩大抵押担保物范围也是亟待解决的问题。

表12　　　　　　　　　对金融机构改进意见　　　　　　　　单位：%

改进意见	大户	企业	合作社
增设营业网点	7.95	8.34	5.35
增加贷款额度	51.26	41.7	58.01
延长贷款期限	42.32	25.02	50.89

续表

改进意见	大户	企业	合作社
简化贷款手续	72.51	63.93	73.22
降低贷款利率	60.48	44.48	60.72
增加金融服务产品	5.62	5.56	9.82
扩大抵押担保物范围	19	30.57	38.37
其他	2.56	2.78	1.78

三、金融支持农业规模经营主体发展的对策和建议

1. 要继续强化金融机构支持"三农"的义务和责任，进一步明确农村金融机构的性质和功能定位，努力解决农业规模经营主体存在的资金缺口较大的困难和问题。

2. 针对专业大户、合作社、农业企业金融服务需求的状况，金融机构要创新金融产品和服务方式，扩大贷款服务覆盖范围，提高农业规模经营主体贷款需求满足程度。

3. 针对专业大户、合作社、农业企业反映的贷款额度低、期限短、利率高、程序复杂等问题，对农业规模经营主体，逐步增加贷款额度，适当降低贷款利率，延长贷款期限，简化贷款手续，切实解决贷款难问题。

4. 针对专业大户、合作社、农业企业存在的涉农贷款风险相对较高的问题，支持金融机构开展适合农业规模经营主体的订单融资和应收账款融资业务，深入开展土地承包经营权、农户住房财产权、大型农机农具、农业生产设施抵押贷款业务，推进农村信用体系建设，增强农业规模经营主体还款意识，逐步降低贷款风险。

5. 针对专业大户、合作社、农业企业反映的农业保险品种少、赔付金额低、参保比例不高等问题，积极推进农业保险扩面、增品、提标，积极支持金融机构开发满足农业规模经营主体需求的保险产品，降低农业保险费率，适当提高赔付金额，积极鼓励农业规模经营主体参加农业保险。

东北农村金融需求现状分析*
——基于东北三省的农户调查数据

吴 比 尹燕飞 张龙耀

农村金融是"三农"发展的血液,农村金融体系完善与否关系到我国现代农业转型升级的成败。近些年,我国为解决农村金融供给不足问题,出台了一系列政策,如允许产业资本和民间资本在农村地区设立银行,提出建立商业金融、合作金融和政策金融结合的政策体系等。这些政策出台强有力地促进了农村金融供给,各类农村金融机构如雨后春笋般涌出。但评价农村金融供给是否有效、农村金融问题是否破题,需要从金融需求是否得到满足来分析。从农村金融需求角度来看,东北地区相对全国而言农地规模经营发展迅速,新型经营主体不断壮大,更需要农村金融滋养和助力。本文通过微观农户调查数据,分析东北地区农村金融需求的现状和特征,总结现有问题,并提出相关政策建议。

一、东北地区农户金融需求现状和特征

本部分数据来源于2015年农业部农村经济研究中心通过农村固定观

---

* 吴比,农业部农村经济研究中心,副研究员;尹燕飞,农业部对外经济合作中心,助理研究员;张龙耀,南京农业大学金融学院,副院长、副教授。

察点，在全国17个省（自治区、市）① 开展的"土地制度改革与农村金融创新"调查，采取随机分层抽样方式，先随机抽省份，再在抽到的省份内随机抽取2—4个观察点村，抽到的观察点村内的所有观察户都入样，最后共得到2635份农户样本数据，其中东北地区（黑、吉、辽）样本数为658份。在调查内容上，包含了"土地制度改革和家庭土地使用""农户信贷""家庭风险管理"和"家庭农业生产与销售"四个方面的内容，对农户的信贷需求做出了较为全面的调查。具体内容如下。

（一）农户对正规金融机构服务需求现状和特征

1. 从样本来看，农户因农业经营或日常消费的资金需求不断增大。14.13%的样本户（93户）在2010年因农业经营或日常消费出现过资金短缺，平均资金缺口为2.6万元。2015年，有9.57%的样本户（63户）因农业经营或日常消费出现过资金短缺，平均资金缺口为4.03万元。

2. 银行贷款基本满足农户资金需求。同2010年相比，2015年农户向正规银行（包括农信社）申请贷款数额较高，同时需求缺口（申请额度与获批额度之差）也更大。2010年，有12.16%（80户）的样本户向正规银行（包括农村信用社）申请过贷款，平均申请贷款额度2.87万元。申请贷款的样本户中（108户）97.5%获得了银行贷款，获批贷款额度平均为2.86万元，需求缺口（申请额度与获批额度之差）基本为0，二者基本持平，资金需求满足程度接近100%。到了2015年，有4.86%（32户）样本户向正规银行（包括农村信用社）申请过贷款，平均申请贷款额度5.68万元。申请贷款的样本户中（31户）96.88%获得了银行贷款，获批贷款额度平均为5.57万元，需求缺口（申请额度与获批额度之差）0.11万元，资金需求程度基本得到满足。

3. "申请贷款程序太复杂"是农户不愿申请银行贷款的主要原因。如图1所示，有需要贷款的样本户未申请正规银行贷款的原因，主要是

---

① 17个省（自治区、直辖市）具体是：山西、吉林、黑龙江、江苏、山东、浙江、福建、江西、湖北、宁夏、四川、贵州、辽宁、安徽、河南、重庆和广西。

"申请贷款程序太复杂""利息太高"和"预期贷款不会被批"三项原因。2015 年选择"有其他途径借钱"的农户比 2010 年时多一些（图 1）。

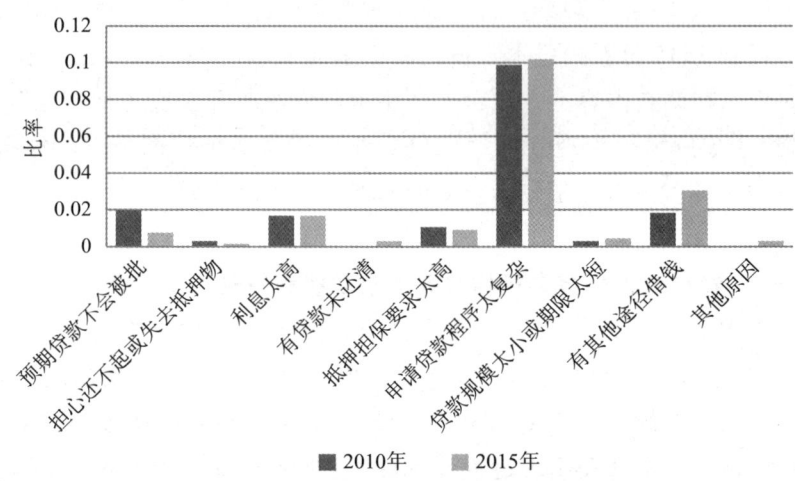

图 1　农户未申请正规银行贷款原因（多选）

4. 银行贷款主要以中短期为主，难以满足农户的多样化资金需求。2010 年，从银行获得贷款的样本户平均贷款年利率约为 1.61%，平均贷款期限 11 个月，其中 98% 获得贷款的样本户为 10—11 个月的贷款期限。2015 年，从银行获得贷款的样本户平均贷款年利率约为 2.5%，平均贷款期限为 12 个月，其中 92% 获得贷款的样本户为 10—11 个月的贷款期限。

5. 农户从银行贷款来源较为单一。目前农户的向正规银行申请贷款的主要来源是农信社（包含农村商业银行和农村合作银行）。从图 32 看出，2010 年、2015 年样本户获得银行贷款的机构类型都是以农村信用社（包含农村商业银行和农村合作银行）为主，超过了 80%，而"工、农、中、建"等国有银行占比较低。但 2015 年国有银行贷款所占比重要比 2010 年有所上升（图 2）。

6. 2010—2015 年农户抵押担保形式发生了较大的变化。如图 3，2010 年有 43.94% 的获得贷款的样本户有抵押或担保，这一比率到 2015 年上升到了 52.5%。2010 年主要的抵押或担保形式"担保人"（84%），

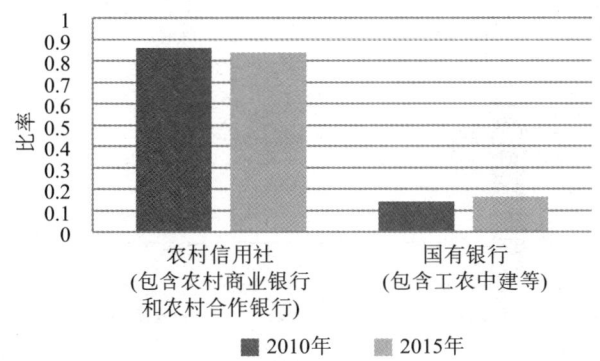

图 2　农户银行贷款来源机构类型

2015 年主要的抵押或担保形式转变为"农村土地承包经营权"（75%）、和"担保人"（10%）。

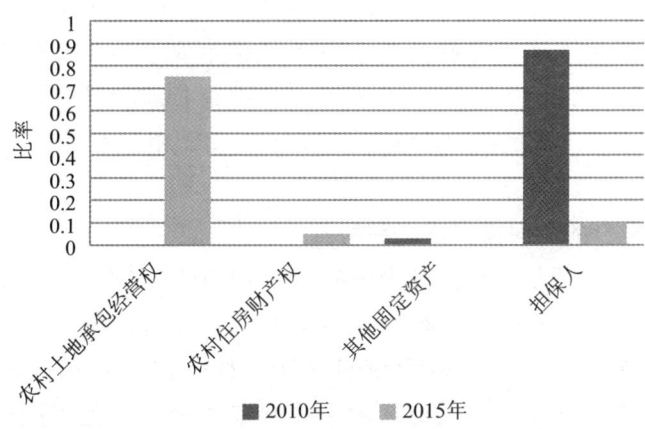

图 3　2010 年和 2015 年主要的四种抵押担保形式占比对比

7. 农户获得银行贷款的周期未出现明显变化。从申请贷款到获得贷款，2010 年时样本户平均需要 10 天左右，到了 2015 年时样本户平均需要 9 天左右，相差不大。

8. 农户向银行贷款主要用于农业生产。由图 4 可以看出，从 2010—2015 年样本农户从银行贷款的用途结构发生了很大变化，但主要用途未变。相较 2010 年而言，2015 年从银行贷款用于农业生产的比重在下降，而生活消费和非农经营的比重上升。

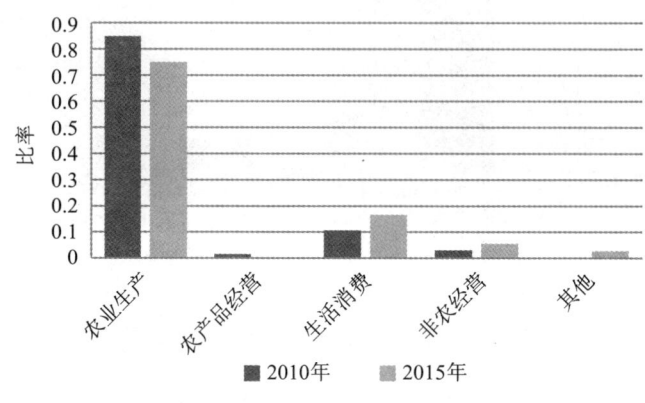

图 4 农户银行贷款用途

9. 农户对银行贷款需求不断增大。从样本来看，2010—2015 年农户向银行申请贷款资金额度在增大，2015 年样本农户的向银行申请贷款额度 5.03 万元，比 2010 年高 1.18 万元。从申请贷款和最终放款额度之差上看，2010 年 0.23 万元，2015 年为 0.15 万元，相差不大。

（二）农户的民间借贷现状和特征

1. 农户的民间借贷行为较为普遍。有 10.03% 的样本户在 2010—2015 年间，有过私人借贷行为。2010 年，有私人借款行为的样本户中，平均借款利率 0.85%，但多数以免利息为主，样本户中零利率的借款占到 40%。2015 年，样本中私人借款的平均利率 3.86%，免息借款比例下降到 23.53%。

2. 民间借贷期限普遍长于银行贷款，满足农户长期使用资金需求。超过 70% 以上的私人借款未明确期限。明确借款期限的借款以中短期为主，10—12 个月为主。

3. 农户民间借贷的主要来源依靠亲戚朋友为主。从图 5 看出，样本中农户的民间借贷主要来源主要依靠亲戚朋友的相互帮扶为主，2015 年从专业民间放贷人获得贷款的比例有所上升。

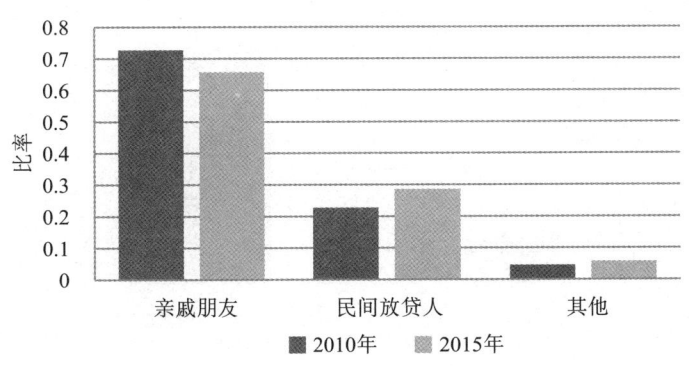

图5 2010年和2015年民间借贷渠道占比

4. 农户私人借贷普遍没有抵押担保。调查显示（图6和图7），2010年、2015年农村私人借贷行为无抵押担保的居多，占70%以上。部分向专业民间借贷人借款的需要抵押和担保。同时可以看到，在存在抵押担保借贷时，普遍是担保人担保借款，且2010—2015年呈下降趋势。

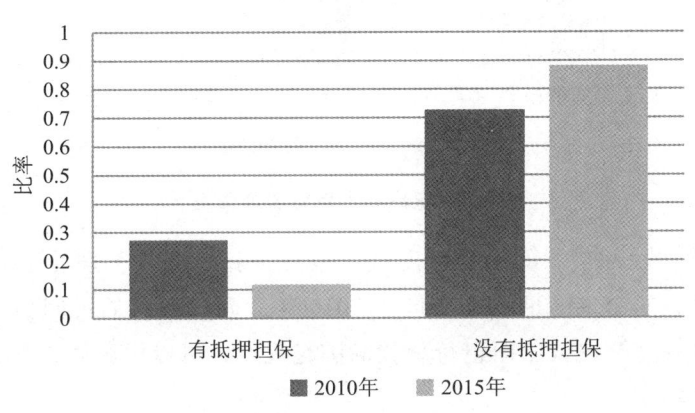

图6 农户私人借贷需要抵押担保比率

5. 农户从民间私人借贷用于生活消费趋势增加。从图8可以看出，2010年的主要用途是农业生产，生活消费处次要位置。到了2015年，农户民间借贷用于农业生产比例有所下降，而用于生活消费借款的农户较2010年比例大幅增加。另外，相比较农户从银行贷款的用途来看，民间借贷行为用于诸如建房、婚丧嫁娶等用途居多，而向银行贷款更偏于农业生产经营。

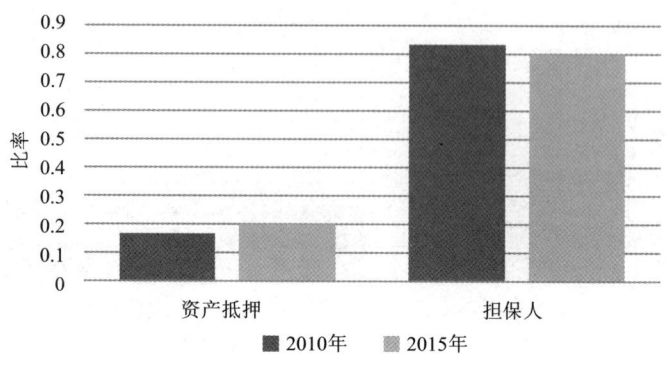

图 7　农户私人借贷需要抵押担保的类型

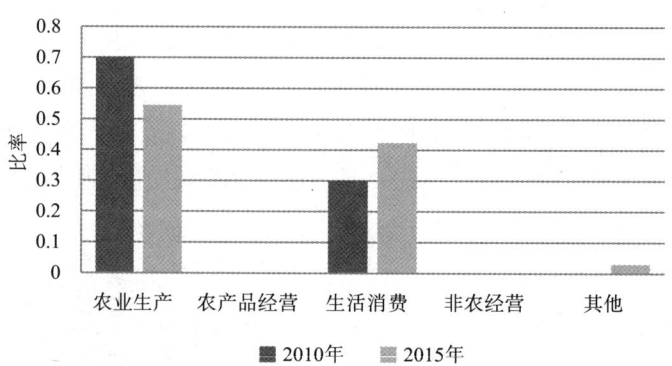

图 8　农户私人借贷资金用途

6. 农户民间借款的满足程度低于银行贷款。从表1来看，2015年民间私人借款的需求满足程度略低于2010年。同时农户的民间借贷资金需求的满足程度普遍低于向银行贷款的满足程度，可以说民间借贷是正规金融渠道的补充。

表 1　　　　样本农户不同资金来源渠道需求满足程度对比

途径	申请贷款（万元）	实际获得（万元）	获得百分比（%）
2010年银行贷款	2.87	2.86	99.65
2010年私人借贷	1.56	1.43	91.67
2015年银行贷款	5.68	5.57	98.06
2015年私人借贷	3.82	3.34	87.43

二、东北农村金融发展存在的问题

从以上数据分析来看,东北地区农村金融发展具有农户资金需求满足程度较高、农户贷款抵押担保形式丰富等优点,但也有不少问题,主要表现在以下几个方面。

(一)正规金融机构提供服务与需求不匹配

在金融服务提供方式方面,金融机构房贷审批程序过于复杂,影响农户申请贷款意愿。从上文可知,农户不愿申请银行贷款的直接原因是"申请贷款审批程序复杂",农户在银行等正规金融机构贷款主要用途在于农业生产经营,如果贷款审批程序过于复杂、周期较长,必然延误农业生产最佳时期,农户将不得已求助民间借贷市场。由此可知,在东北地区农户"贷款难"问题依然较为突出。在贷款提供服务内容方面,银行贷款期限普遍过短,农户适用于季节性资金周转,例如购买农资、农产品经营等方面,但对于规模种植农户而言,对农业生产的长期投资的贷款需求得不到满足,例如购买农机具、农业固定资产投资等贷款对贷款期限要求较长。目前正规金融市场贷款不适宜中长期农业生产投资,影响农户扩大生产经营规模,限制了农户生产经营意愿。

(二)正规金融机构有效供给不足

一方面,正规金融机构对农户贷款用途有较强的约束性。正规金融机构具有贷款审批程序相对复杂、审批时间较长等特点。当农户有突发性、生活性用款需求,例如教育、医疗、住房、"婚丧嫁娶"等超出农民经济承受范围的大额资金支出时,很难从正规金融机构获得贷款,只能借助于民间借贷市场。

另一方面,农户从正规金融贷款来源单一,农信社和农商行成为贷款来源主要渠道。目前我国农村金融机构众多,县域农信社、农商行对于"三农"贷款增量占到八成以上,已成为农村金融发展的主力军。但部分农村金融机构法人治理结构不完善、经营管理方式较为落后,缺乏金融人才，金融创新能力较弱，对目前农业生产经营日益多元化的需求，主动服务反应能力较弱，尤其在东北地区难以承担满足推进城镇化建设、农业现代化发展金融需求的重任。

（三）民间借贷行为较为普遍，满足程度不高

民间借贷成为农户消费需求的主要资金来源方式。从上文数据分析来看，农户从民间借贷部门借钱是满足其消费资金需求的主要渠道。东北地区农户资金用途早已出现差异化趋势，分为生产性借贷和生活性借贷。在生活性借贷方面主要用于子女教育、医疗、建房和"红白喜事"。用于生产性借贷的农民主要是分为两类：一种是规模种植农户，需要大规模生产性投入，在正规金融难以满足需求情况下不得已借助民间借贷市场；另一种是贫困农户，甚至无力对下一年基础性生产进行投入。从数据来看，东北民间借贷行为较为普遍，但满足程度不高，从另一个侧面可以看出正规金融的有效供给不足的缺陷。

三、相关对策建议

（一）构建东北地区政策性农村金融体系

1. 以农户为目标，完善满足农户生产、生活需求的政策性金融服务。明确目标，以农户作为农村政策性金融体系的主要服务群体，开发满足农户生产、生活需求的多样化金融服务产品，针对不同地域的农户差异化需求，可分省级试点，着力加强政策性农村金融体系的覆盖范围。

2. 试点建立专业性的生活性农村金融服务机构，创新金融服务产品。满足农户生活性金融需求，尤其是针对欠发达、贫困地区，与金融扶贫相结合，建立专业性金融服务机构，保障农户的生活性金融需求，创新生活性金融服务工具，保障农户生活不会因病、因学等致贫返贫。

3. 强化生产性金融服务功能，加强农村生产性金融工具创新。应着力拓展农业基础设施建设融资业务，要创新农村基础设施建设的政策性融资制度，促进农村基础设施建设的融资便利，夯实农业、农村发展的基

础。要以扶持农村农业发展为重点,创新促进农村产业分工的政策性金融体系,建立健全满足农民生产性金融需求的政策性金融体系。

(二) 完善东北地区农村合作金融体系

1. 依托产业化合作经济组织,赋予满足现代农业需求的合作金融功能。依靠产业化程度高的合作经济组织,打造产业链、供应链金融,满足现代农业发展转型升级需求,实现农村经济与农村金融的有效整合,缓解农村产业发展资金需求。

2. 加强农村信用体系建设,建立完备的农户信用档案。应着力构建农村信用体系,建立完备的农户信用档案,减少信息不对称,完善农村信用社信用甄别机制。努力提高农户信用档案建档比例,尽可能覆盖所辖区域的所有农户。提高农户信用档案质量,做到实时更新,信息真实可靠,让信用体系真正发挥作用。

(三) 健全东北地区农村商业性金融体系

1. 培育一批适应农村市场环境和现状的新型农村商业金融组织。发展面向本地农村市场的农村商业银行和村镇银行,由本地政府、社会等多方参与,建立补偿担保基金,弥补新型农业经营主体缺乏抵押担保的缺陷。同时,加大培训力度,提高村镇银行等风控能力,提高本地农村社会的社会认知度等。

2. 建设分工合作的农村商业金融组织体系。以市场化形式服务于农村经济的农村商业性金融组织体系是一个庞大体系,任何一个金融组织很难单独完成,因此必须存在多层面、多种类的农村商业金融体系。要注重对各种农村商业金融组织的特色塑造,逐步建设分工合作的农村商业性金融组织体系。还要大力发展有特色的商业性农业保险组织、商业性农村租赁组织等。

3. 适应现代农业专业化分工特点和需求,建立农村产业链金融体系。分工专业化是现代农业的一个特点,要满足从农村至城市的产业链、从前端农户到后端企业的生产链、从农田到超市的供应链等的多链条体系对金融服务需求。依靠产业链条，减少信息不对称，有效降低信贷风险，降低融资成本。为适应新形势需要，要大力发展农村产业链金融，以促进农村产业链形成为重点，为农村分工和农业产业链条的各个节点提供充足的资金支持。

农业保险在收入保险上的探索

——基于吉林敦化市大豆收入保险的调研*

龙文军　张　杰　李瑞奕

近年来，我国农业保险在《农业保险条例》和国家政策的支持下不断发展，农业保险的重要作用得到基层政府、广大农民和高度认可。农业保险经营机构从保自然风险到保价格风险，对农业保险有效实现形式的探索一直没有停止，现在已经开展探索收入保险。安华农业保险公司吉林省分公司敦化支公司（以下简称"安华农业保险敦化支公司"）2016年在地方财政和农业部门的支持下，开展了大豆收入保险的试点工作。笔者近期专程赴敦化市开展调研发现，大豆收入保险的高保障水平深得广大农民的认可，在推进玉米和大豆种植结构调整中起到了重要作用。同时，大豆收入保险的探索为国家在更大范围内推进农业保险的收入保险提供了重要的经验。

一、大豆收入保险的做法和经验

（一）设立收入保险产品

为了配合国家农业产业结构调整的需要，加快农业保险创新步伐，安

---

* 龙文军、张杰，农业部农村经济研究中心；李瑞奕，中国农业大学经管学院。

华农业保险公司专门研发了一款大豆收入保险产品,并选择在吉林省敦化市开展试验。该保险产品的保险责任确定为被保险人因价格波动和自然灾害减产造成的大豆实际收入低于保险合同约定的预期收入水平时,保险人按照保险合同约定负责赔偿。实际收入为收获期市场价格、平均每亩实际产量和保险面积的乘积。预期收入为预期价格、每亩保险产量、保险面积和保障比例(保险只对实际预期收入的部分进行保障,最高保障80%)的乘积。收获期市场价格根据大连商品交易所黄大豆1号次年1月份到期期货合约在承保当年10月份平均结算价确定;预期价格根据大连商品交易所黄大豆1号次年1月份到期期货合约在承保当年4月份平均结算价确定。预期价格在保险单载明。收获期市场价格、预期价格均为黄大豆1号期货合约交割标准品品质的价格,不含期货合约质量差异扣价[①]。每亩保险产量根据当地大豆近5年平均产量由投保人和保险人协商确定,每亩实际产量在开始收获前由保险公司、农户和农业技术人员等共同确定。预期收入的保障比例由投保农户从保险公司提供的几种不同保障比例档次的大豆收入保险产品中选择。每亩保险产量、保险面积、预期价格等都在保险合同上载明。保险费为保险金额与费率的乘积,大豆收入保险的保费率为13.5%。因不同地块产量差异较大,2016年敦化市官地镇每亩保险费为63.69元,黑石乡每亩保费为57.32元。

(二)争取财政补贴资金

开展大豆收入保险试点工作,既能满足农业生产经营主体对种植业风险多层次、高保障的保险产品需求,又能助力调减玉米种植面积,引导鼓励特色优质大豆产业发展,促进种植业结构调整和农民增收。因此,吉林省和敦化市财政非常支持此项试点工作。吉林省农业保险领导小组批准敦化市依托安华农业保险敦化支公司具体开展此项业务。为扎实稳妥地做好

---

① 质量差异扣价:期货合约采用被国际上普遍认可的商品质量等级标准对大豆质量进行标准化。不同等级大豆在期货合约中规定的价格与所规定的标准品质大豆期货合约价格存在差价,即为质量差异扣价。

大豆收入保险试点工作，敦化市政府会同相关部门和安华农业保险公司共同制定了《敦化市2016年大豆收入保险试点工作方案》。在经费非常紧张的情况下，省、市（县）两级财政各承担了40%的保费补贴，农民只承担20%的保费。2016年，敦化市大豆收入总保费89.56万元，其中农户自筹17.92万元，省级财政和市财政各补贴35.82万元。财政补贴有力地推动了大豆收入保险业务的开展。

（三）鼓励大户试点经营

随着农村的各项改革持续深化，新型经营主体迅速发展，数量不断增加，经营规模不断壮大，其投入农业资金量较大，相较于"小而散"的传统农户，对风险高度敏感，对收入保障需求强烈，购买收入保险也更为积极。据敦化市农业局经管站统计，2016年全市有2200个专业农场，种植面积超过全市耕地面积的20%，专业农场在农业生产中发挥着越来越重要的作用。为了促进敦化市大豆产业发展，提高农民种植大豆的积极性，敦化市财政决定对大豆收入保险补贴，并从种植大户、家庭农场开始试点。在综合考虑种植面积、新型农业主体发育情况、农民参保意愿和市财政承受能力等情况下，2016年敦化市在官地镇、黑石乡选择了30户种植大户、家庭农场、合作社开展试点工作，承保大豆面积14505亩。

（四）掌握灾情和价格数据秋后赔付

在保险期间内，投保的大豆受灾后，农户及时向基层农业保险协办单位和保险经办机构报灾，保险机构对现场勘查后进行初步定损登记，并设定恢复生长观察期，待观察期结束后进行测产。在大豆开始收获前，保险经办机构、投保农户、农业技术专家等共同到田间地头去，确定实际产量，结合当年的保险期货价格确定地块的实际收入。如果收入低于保险水平，就启动保险赔付。敦化市采取的保障程度为80%，免赔30%的理赔方式，2016年敦化市大豆收入保险总赔款46.95万元，简单赔付率为52%。

二、开展大豆收入保险面临的突出问题

收入保险推进政策性农业保险由"保成本"向"保收入"过渡,保障水平显著增强,符合农业结构调研和新型农业经营主体的风险需求,在一定程度上保护了农户种植大豆的积极性。开展大豆收入保险试点,建立了价格波动的缓冲机制和自然灾害补偿机制,因自然灾害减产和价格变动对农户收入造成的损失得到了合理补偿。大豆收入保险还拓宽了农户参加保险的选择空间,种植大户、家庭农场、合作社可以根据不同的风险需求选择成本保险或收入保险,风险自救能力明显增强。但是,开展大豆收入保险还面临一些突出问题。

(一)地方财政补贴的压力大

从试点情况看,市(县)政府和农户虽然有开展大豆收入保险的积极性,但是财政保费补贴压力大。2016年敦化市黑石乡大豆收入保险每亩保费57.32元,市(县)财政按照40%的比例提供保费补贴,每亩大豆市(县)财政要补贴22.86元。如果敦化市按45万亩大豆种植面积计算,市(县)财政要拿出1031.76万元的保费补贴。从常年的参保面积看,另外还有近75万亩的农作物参加了成本保险,这部分保险需市(县)财政补贴近200万元,两部分合计约需市(县)财政补贴1200多万元。对于敦化市这样的农业大市来说,市(县)级财政收入远远不能承受补贴。

(二)产量和价格的确定仍存在争议

大豆收入保险的保费为预期收入和费率的乘积,其中预期收入测算依赖于预期产量和农产品期货市场价格。收入保险对区域产量、价格和产量与价格的相关性等数据的要求较高。我国虽然建立了主要农作物产量数据系统,但区域数据或者单个农业生产者、新型农业经营主体产量数据不够详细,使得收入保险费率厘定难度较大。虽然期货市场具有价格发现功能,但我国农产品期货市场发育不完善,期货市场与现货市场关联度较

弱,市场机制无法充分发挥价格预测作用。在试点中,大豆市场收购价格与合同上载明的预期价格之间存在一定差异,导致投保大豆收入保险农户的实际收入保障水平达不到期望值。农民对实际价格与期货价格之间的差异不理解。

(三) 大豆收入保险缺少中央财政补贴

敦化市从2008年起开展农业保险工作,目前已开展了种植业成本保险、专业农场土地承租费保险、食用菌成本保险、大豆收入保险等多项涉农保险业务。其中,大豆种植成本保险已纳入中央财政补范围。而大豆收入保险作为创新品种,只有省、市(县)级财政补贴保费,2016年敦化市投保大豆收入保险的农户,按规定不能享受中央财政的保费补贴。同样是大豆的两个保险险种,虽然收入保险更受农民欢迎,但是在补贴主体上有明显的区别,致使地方政府推动创新的动力明显下降。

(四) 业务规模小经营风险大

由于大豆收入保险只在敦化市的2个乡镇试点,业务规模只占安华农业保险公司敦化支公司农险收入的6.5%。大豆收入保险赔付率为52%,与全市39.4%的农业保险赔付率相比,收入保险的赔付率明显高很多。与成本保险相比,收入保险承担的风险几率是成本保险的3.5倍以上,由于收入与产量和价格直接挂钩,尤其是价格风险更大,一旦发生价格的大幅度下降,将会引发严重的系统风险。而这样小业务量不足以支撑系统风险的保险赔付,如果再保险业务跟不上,将会给保险机构的经营带来巨大的损失。

(五) 农民的接受程度低

大豆种植成本保险经过较长时间的推广,农民接受程度较高,而大豆收入保险中"保险+期货"的模式相对复杂,农民理解起来困难。与成本保险相比,大豆收入保险需要综合考虑到产量和价格风险,保险经营机构承担的风险大,基于保险精算原理得出的保险费率也随之增高。尽管投保收入保险的保障水平高，但是毕竟需要农民承担更多的保费。对广大农民来说，让他们接受一个新的保险产品还需更多的努力。2016年敦化市开展大豆收入保险试点初期，保险公司组织投保大户专门开展了一天的宣讲活动，投保农户才了解并认可这种新的保险模式。更多的农民对此还缺乏深刻的理解和认识。

三、推进农业保险向保收入转变的必要性

（一）收入保险的实际保障水平高

收入保险以农产品收入为保险标的，承保因自然灾害或市场价格波动导致的收入损失风险。保险金额根据历史产量和期货市场价格以及保障水平确定。当实际收入低于保险金额时，农业生产者可从保险公司得到差额部分的赔偿。相较于成本保险保障农作物基本成本投入的低保障水平，收入保险最高可以保障预期收入的80%，大大提高了实际保障水平。官地镇新房子村种植大户房瑞友2016年投保了750亩大豆收入保险，他感慨道："大豆收入保险每亩平均保障500元的收入，相比只保障167元的成本保险，保障水平大大提高了。"

（二）新型经营主体投保积极性高

新型农业经营主体发展迅速，在农业生产中起到越来越重要的作用，但是其投入量大，要面临更多风险，一旦遭受损失将面临更大打击，因此对农业保险的需求也更为迫切。一方面，农业保险机构提供的产品单一，差异化不明显，难以满足现代农业发展过程中多层次的风险管理需求，针对新型农业经营主体而设计的农险产品少之又少；另一方面，农险产品的保障水平低，难以满足规模化经营主体的保障需求。敦化市新立村部分家庭农场的耕地处于雹带，易发生雹灾，2016年大片大豆就遭受了雹灾。农场主刘玉龙告诉笔者，处于雹带上的两户农户参加了大豆收入保险，发生雹灾后，保险公司及时查勘，秋后按照受灾程度给予了赔付，帮助农民挽回损失，保障了农民收入。他表示："以前的大豆保险只保成本，保障水平实在太低了。现在的大豆收入保险虽然多交了点保费，但是保障水平

大大提高了。我愿意多交点保费投保收入保险。"

（三）农业保险补贴需提高精准程度

不可否认，国家的农业补贴政策在提高农民收入、保护农民利益、稳定和扩大农业生产等方面起到了积极作用。成本保险只对物化成本进行保障，保障程度低，发生灾害和价格波动时，远远无法弥补农民的损失。大豆收入保险直接保障农民收入，保障程度较高。农业保险由保成本向保收入转变，既保障了自然风险，又保障了市场风险，大大提高了农业保险的保障水平，有效地提高农业保险补贴政策的精准性。

（四）促进农业供给侧结构性改革

当前和今后一段时期，农业和农村改革的主要任务是推进农业供给侧结构性改革。当前农产品品种结构不合理，玉米出现阶段性供大于求，大豆、棉花、油料、糖料等供求缺口扩大、进口不断增加等问题影响农业生产的发展。减少玉米种植面积，增加优质食用大豆种植面积在东北地区显得尤其重要。必须采取多种措施来相引导农民种植大豆，提高保险保障水平就是重要手段之一。农户接受收入保险产品与否，一般都要看是否有效果。大豆收入保险开展以后，大户先行试点示范，农民逐渐对农产品期货市场中农产品预期价格提高了认识。农民通过分析价格趋势，按照市场需求开展大豆的生产种植，有力地促进农业供给侧结构改革。

（五）符合国际农业保险发展趋势

国际上发达国家的农业保险一般都是先从自然灾害保险开始探索，经济发展到一定程度以后逐渐转向收入保险的探索。例如，美国的农业保险从 1939 年开始试验，到 1996 年之前，其农业保险产品主要是以承保多种自然风险为主，以产量保障为目标的保险产品。从 1996 年开始，美国开始了以保收入为目的的农业保险探索，研发了种类多样的农业收入保险产品。经过多年的积累，目前已经建立了较为完善的农业收入保险产品体系，主要分为针对农作物的收入保险产品和针对农场收入的保险产品。

2014年美国农业保险的收入保险的保障额度达到831.57亿美元,占全部农业保险保障责任的75.87%。可见,中国农业保险在收入保险方面的探索符合国际农业保险发展趋势。

四、推进农业保险收入保险的政策建议

(一)中央财政设立收入保险补贴专项

收入保险是我国农业保险制度转型的方向,符合农业现代化发展需求,收入保险面临的首要难题就是地方财政补贴资金的不足。建议把收入保险纳入中央财政补贴范畴,并参照种植业成本保险的补贴比例给予补贴。初期可以先从粮食主产区开始试点,按照2017年"中央一号文件"提出的"以奖代补"要求,支持地方开展特色农产品保险项目,由中央和省级财政对市(县)级补贴给予奖励,减轻地方财政补贴压力,提高农民收入的保险保障水平。待运行成熟以后,可以开展常规收入保险保费补贴。

(二)完善产量和价格监测体系

应加强农产品产量的预测,做好实际测产工作。要建立科学的产量预测体系,建立由农业技术人员、农民代表、保险机构三方公共参与的测产队伍,将地块的产量数据尽可能测量准确,尤其是让各方都认可,让投保农户也能接受。期货市场的充分发育将为农业保险的收入保险奠定良好的基础。应加快农产品期货市场发展、健全农产品期货市场机制、扩大农产品期货的覆盖范围,引导农民作市场化生产决策,更好地发挥市场在价格形成中的作用,避免政策干预造成价格扭曲。

(三)鼓励保险机构开展产品创新

保险机构是农业保险经营的载体,其经营积极性决定了区域农业保险的发展程度,因此,要运用各种政策手段,鼓励保险机构开展产品创新。在大灾风险分散方面,专门对创新产品设立大灾风险准备金,确保保险机构在产品创新过程中无后顾之忧。在产品审批方面,加快对创新产品的研

究，及时审批，以免误农时、误保险。在综合协调方面，地方政府尤其是县级政府要建立农业保险协调机构，确保农业保险业务有人抓，有人管，有人推。在业务开展时，政府相关部门要站在客观公正的立场，引导广大农民依法合规索赔，保险机构严格按保险合同理赔。

（四）加大收入保险的宣传力度

只有广大农民群众接受和认可收入保险，才能更好地推进各项工作。在没有开展收入保险的地区，要用农民群众喜闻乐见的形式发放宣传资料、讲课或视频等，让广大农民了解收入保险。保险经营机构和基层农业部门要向农民及时讲清收入保险与成本保险的区别，尤其是讲收入保险的好处。在已经开展了收入保险的地区，可以让那些已经投保并获益的农民现身说法，讲讲自己投保收入保险以后的体会和感受，保险公司也可以组织收入保险赔付的现场会，让广大农民群众不仅了解收入保险，还真正看到收入保险带来的好处。

新型农村合作金融组织资金互助模式比较研究

——基于安徽省金寨县的调查*

谭智心

近年来，中央高度重视新型农村合作金融组织发展问题，在历年的中央农村工作会议和"中央一号文件"中，多次提到"鼓励发展农村资金互助组织、支持农民合作社开展信用合作试点"。在中央的鼓励和支持下，各地在实践中探索出了一些典型的做法与经验。安徽省金寨县是我国农村改革试验区，试验的主要内容就是农村金融综合改革。为了解金寨县新型农村合作金融的发展情况，2017年8月21日至8月24日，调研组[②]

---

* 本报告系2017年农业部经管总站委托课题"农民合作社信用合作试点方案调研""合作金融与农民合作社内部信用合作研究"和中和农信项目管理有限公司委托研究项目"农民合作社信用合作的实践困境与发展前景研究"的阶段性研究成果。

② 调研组由农业部农村经济研究中心张照新研究员带队，参加调研的有中国传媒大学经管学院曲小刚教授、惠农兴业现代农业研究中心沈鸿研究员、农业部农村经济研究中心谭智心副研究员、江苏省农业科学院农业经济研究所廖小静博士后、中国农业大学经管学院吕静博士、中国传媒大学经管学院康文龙硕士。感谢金寨县农业发展委员会张明副主任、黄世启科长在调研过程中提供的帮助和支持。

推进农村土地与金融制度改革

赴金寨县开展实地调研,通过召开座谈会、实地考察等形式,对当地农村合作金融组织开展资金互助的典型模式有了较为具体的了解和认识。

一、金寨县新型农村合作金融发展情况

金寨县地处安徽西部,大别山腹地,鄂豫皖三省结合部,是中国革命的重要策源地、人民军队的重要发源地,总面积3814平方公里,辖23个乡镇、1个现代产业园区,224个行政村,总人口68万人,是安徽省国土面积最大、山库区人口最多的县。2012年6月19日至20日,吴邦国同志视察金寨,作出了"搞活金寨县农村金融业"的重要指示。2016年4月24日至25日,习近平总书记亲临金寨视察,就传承红色基因、推进脱贫攻坚作出重要指示,为老区发展指明了方向,金寨进入了历史上最好的发展时期。

金寨县是农业部认定的第二批国家农村改革试验区,主要负责农村金融综合改革的试验任务。在发展新型农村合作金融组织试验项目中,金寨县相关部门根据当地农村合作金融发育情况,按照"为农性、封闭性、自治性、可控性"原则,突出"政府支持、银行指导、主体运作、支持产业",遵从方案原则但不拘泥于方案细则,积极探索,成效逐步显现。

1. 着力打造新型农村合作金融生态环境。金寨县以建立主体多元、业态丰富、适度竞争、功能互补的农村普惠金融体系为目标,大力发展涉农金融机构,目前全县拥有银行机构10家、网点78个,保险机构14家、证券公司2家、担保机构3家、小贷公司4家、新型农村合作金融组织3家,金融机构齐全度居安徽省县级首位。积极引导金融机构加快建立支农、惠农、便农的"支付绿色通道",畅通农村地区支付结算渠道,完善覆盖乡村的可持续发展的基础金融服务供给网络。加快产权交易市场建设,实现全县农村产权交易"统一信息发布、统一资产评估、统一交易规则、统一组织交易、统一产权鉴定、统一抵押融资"的"六统一"运行模式。积极争取安徽省银行业监督管理局专门针对金寨县银行业机构出台了差异化监管政策,合理确定不良贷款容忍度。

2. 出台新型农村合作金融组织发展指导文件。2016年8月5日,金寨县农业农村工作领导组办公室制定出台了《金寨县发展新型农村合作金融组织管理办法（试行）》，比较系统地规定了金寨县发展新型农村合作金融组织试点工作中开展农民合作社内部信用合作的指导原则、运作模式、操作规范、风险防控和监督管理办法，使信用合作试点的合作社有章可循。特别是针对当前社会上乱集资造成金融秩序混乱的情况，明确规定了监管办法，让试点合作社走正道、不跑偏，避免给社员造成经济损失。

3. 探索形成新型农村合作金融组织试点典型模式。在中央文件精神的指导下，金寨县农业经济发展委员会、村镇银行、供销合作社等部门积极探索，敢于试验，各自牵头开展新型农村合作金融组织试点，形成了三种典型模式：一是在农业经济发展委员会指导下，以农民合作社为依托，探索形成了"社员股金+合作资金"的试点模式，选定省级示范社金寨县全军乡剑毫茶叶专业合作社和金寨县鑫源蔬菜种植专业合作社进行试点；二是在县村镇银行指导下，以农民合作社为依托，探索形成了"社员股金+银行资金"信用合作试点模式，徽银村镇银行创新开发"普惠通"金融产品，先后在油坊店乡元冲村、梅山镇汪冲村、南溪镇南湾村和青山镇尧塘村4个惠民农业服务专业合作社开展信用合作试点；三是在县供销社指导下，以供销社为依托，探索形成了"供销股金+合作资金"的资金互助试点模式，成立资金互助社，聘请专业人员从事互助资金的管理和运营工作。

二、金寨县新型农村合作金融典型模式

（一）"社员股金+合作资金"模式

为解决合作社社员小额生产资金不足的问题，在金寨县农业经济发展委员会指导下，在农民合作社内部探索形成了"社员股金+合作资金"信用合作试点模式。

1. 操作方式。第一步，在农民合作社内部成立金融信用合作部，信用合作部与农民合作社的财务独立，健全信用合作部的章程、理事会、监事会。第二步，社员入社。由合作社社员提出申请，经理事会审核、理事长审批后，农户缴纳入社股金，建立社员个人账户和个人档案，正式成为

信用合作部社员。第三步，社员贷款。需要贷款的社员提交贷款申请书，经合作社考察、理事会审核、理事长审批，签订借款合同，担保社员签字，社员立借据后，合作社放款。第四步，社员还款。贷后合作社对借款社员履行监督义务，及时了解借款社员情况。借款社员在指定期限内到合作社金融信用合作部还款。

2. 主要特点。该模式的主要特点是：建立"以社员入股资金为主、零散存放合作资金为辅"的资金来源渠道，实现社内合作、封闭运行、成员互助、自我发展。主要特点表现在以下几方面：

（1）慎重选定试点主体。坚持积极稳妥推进而不贪多求大，注重合作社历年经营业绩良好，理事长诚信度高并具有服务意识和奉献精神。选定两家合作社进行首批试点（省级示范社金寨县全军乡剑毫茶叶专业合作社、金寨县鑫源蔬菜种植专业合作社）。

（2）适当延展服务区域和产业。全军乡剑毫茶叶专业合作社社员辐射面从试点村放宽到全军乡境内，鑫源蔬菜种植专业合作社放宽到白禄桥村和开顺村。支持境内茶叶、养殖和蔬菜等产业。

（3）合理设定合作资金来源。农民合作社信用合作资金来源于以下几方面：入股资金、内部社员闲散资金暂时存放在农民合作社的合作资金、农民合作社提取的公积金和上级拨给的专项资金。单个社员入股资金一般不低于1万元，最高不超过入股资金总额的5%。合作社入股总资金额度不超过500万元。社员入社、入股后，发给"股金证"。社员平时的闲散资金可以作为合作资金暂时存放到合作社，单笔存放最高额度不得高于合作社入股资金总额的4%，社员存放合作资金由合作社出具"合作资金存放凭证"。

（4）适度规定贷款规模。按照"小额、分散、短期"的投放原则，向全体社员分散发放，向各农业产业分散发放。农民合作社对内部成员贷款，严格执行"九禁止"规定（非本社社员禁止贷款；超过5万元限额的禁止贷款；超过1年期的禁止贷款；前期贷款未还清者禁止贷款；有不良记录者禁止贷款；有不孝、赌博、违法者禁止贷款；没有社员担保者禁止贷款；没有夫妻双方签字的禁止贷款；请客送礼者禁止贷款）。

（5）简化操作程序。社员贷款"以信誉担保为主，以经济担保为辅"的方式；贷款审批由合作社理事会决定；贷款担保由合作社内部成员联保、农村房屋权证担保、土地承包经营权担保、信誉担保等多种形式。

（二）"社员股金＋银行资金"模式

为探索解决农村小农户小额贷款难、担保难问题，安徽金寨徽银村镇银行创新开发出了"社员股金＋银行资金"信用合作试点模式。

1. 操作方式。第一步，由村两委牵头组织村民自愿出资入股成立合作社（该合作社只为发展社员资金互助而成立，无实质产业支撑），建立健全合作社理事会、监事会。第二步，银行与合作社签订合作协议，明确双方权利义务：由合作社理事会受理并审核社员的贷款申请，并出具同意担保的理事会决议；银行集中进行贷前调查，审批符合要求的，通知借款人签约放款。第三步，贷后通过与借款人所在合作社加强联系，及时了解借款人情况，并定期进行实地贷后检查。

2. 主要特点。该模式的实质是社员小额入股形成互助金，互助金存入合作银行后作为担保金，银行多倍放大贷款额度，解决合作资金不足和抗风险能力弱的问题，形成"银社联手、合作共管、发挥优势、多方共赢"局面。目前已经有3家合作社实行这种模式开展业务。主要特点表现在以下几方面：

一是创新方式借力推进。借助银行金融人才和风险防控能力优势，银行合作社联手，开展信用合作试点工作，运行过程由银行指导，风险把控能力较强。

二是银行指导防止越位。银行负责人才培训、业务指导，合作社负责社员入股、程序操作。合作社入股资金不能满足社员贷款需要时，银行要从自有资金中扩大贷款投放额度。

三是社员入股银行加资。每个社员交纳1000元到10000元的入股资金，成为合作正式成员，发给股金证，享受合作社章程规定的小额贷款权。合作银行按入股资金放大5—10倍投放到合作社社员，可以解决总股金资金不足问题。

四是对内贷款封闭运行。只有正式社员才能贷款，单笔贷款为入股金5—10倍，贷款期限为3—12个月。

五是社员互保风险可控。贷款人以自身入股资金担保外，另提供一名入股社员担保，合作社为社员贷款提供连带保证责任。

六是贷款快捷方便社员。社员从贷款申请到发放一般只要2—3天。

七是特色明显复制推广。按照这种模式，2016年徽银村镇银行成功复制，目前共在4个惠民农业服务专业合作社开展信用合作试点，同样取得较好效果。

（三）"供销股金＋合作资金"模式

为服务成员、谋求全体成员的共同利益和实现成员自我发展，在县供销社指导下，探索成立了"供销股金＋合作资金"资金互助试点模式。

1. 操作方式。第一步，由金寨县供销商业总公司和6家农民合作社理事长发起成立金寨供销农副产品专业合作社，合作社内部设立供销资金互助社。第二步，社员入社。社员申请入社，经理事会审核和理事长审批，缴纳入股金和入社费，建立社员个人档案和个人账户，即成为资金互助社社员。社员闲散资金可以存入资金互助社，存取自由。第三步，社员借款。社员提交借款申请书，合作社考察、理事会审核、理事长审批，签订借款合同，担保社员签字，发放贷款。第四步，监管和还款。社员借贷资金由资金互助社进行贷后跟踪和监督，社员在制定期限内到互助社网点还款。

2. 主要特点。该模式的实质是县供销社主导成立资金互助社，为社员提供服务，解决社员生产资金需求及其他生活应急需要。资金互助社聘请专业人员进行管理，按照"封闭式、区域性、为农性、可控性"的原则运营。

一是供销社为主导。此模式下成立的资金互助社由县供销社指导并开展运营。注册资本500万元中，县供销社占91%的股份，其他6家农民合作社理事长共占9%的股份。

二是设立分支网点。目前资金互助社在金寨县域范围内共设有5家网点分支机构，工作人员23人（其中总部4人），月工资人均2000元至3000元。

三是银行模式运作。资金互助社设立营业柜台，理事长和总经理均为金寨县银行机构退休的专业人员，具有正规金融机构的工作背景和管理方面的专业技能。资金互助社的运营按照银行系统的控制指标进行风险防控，同时结合农村"熟人社会"的特点，进行贷前审查和贷后跟踪监管。

四是互助资金扩张。由于资金互助社运营规模较大，成本较高，成立一年来盈余为负100万元，目前具有较强的扩张冲动。据理事长介绍，按照目前情况，互助金需达到8000万元才是互助社的盈亏平衡点，当务之急是把社员的基数做大。

五是同系统部门监管。金寨县对于农村合作社金融组织的监管要求是"谁成立、谁负责"，故资金互助社属于县供销社监管，而供销社与资金互助社属于同一系统，只是级别和业务方向有所区别。

三、金寨县新型农村合作金融发展成效及存在问题

（一）发展成效

以建设国家农村改革试验区为契机，金寨县的农村金融生态环境和金融基础设施得到了快速发展，农村合作金融作为农村金融改革的主要内容之一，在各部门的大力支持下，也取得了显著成效。

1. 支持了农业产业发展。截至2016年7月底，金寨县信用合作共计在5个试点合作社向67位合作社社员发放了总计564万元。部分解决了白禄桥村、元冲村、汪冲村茶叶产业和南湾村养殖业的流动资金需求。

2. 提高了社员诚信意识。为提高农民诚信意识，大力倡导"讲诚信、讲信誉"的风尚，树立"贫可贷、富可贷，不讲信誉不可贷"的理念，并大力推行。

3. 拓宽了农民融资渠道。试点一年多来，很多农民由衷地说，"过去我们从来没有在银行贷过款，现在这种贷款方法让我们找到了好路子，简单、易行、快捷、好操作，我们一学就会，我们欢迎做长远一点"，改变了中国银行、中国农业银行、中国工商银行、中国建设银行等商业银行对

农户基本不开展小额贷款业务的现状。

4. 助推了农户脱贫致富。对于想干事、能干事但又缺乏创业启动资金的农户，在了解他们的资金需求后，合作金融组织上门调查了解情况，快速反应，提高办贷效率，及时将贷款发放到位，不但解决了借款人创业脱贫的实际困难，也带动其他农户发家致富。

（二）存在问题

虽然金寨县的农村合作金融改革取得了积极效果，但也存在着一些问题亟待解决：

1. 农民合作社内部开展资金互助的积极性不高。农民合作社内部开展社员资金互助涉及金融业务，对于农民合作社来说，真正能够弄懂业务规则，并能顺利组织开展此项业务的合作社负责人很少。据金寨县农发委黄科长介绍，最初选择合作社开展资金互助业务时，所有合作社的积极性都不高，一是合作社都有自己的产业要经营，没有时间干这个事情；二是绝大多数合作社负责人都不懂此项业务。有想干此项业务的合作社理事长，但考虑到其人的做事风格将会导致的风险因素，又不敢让他干。所以，最后需要找到既懂金融业务又有能力且有口碑的合作社负责人，在农业发展委员会的指导下开展试点。此外，金寨县农村合作金融监管实行"谁主管、谁负责"的原则，从风险的角度考虑，政府相关部门也不愿放开手脚发展此项业务，而是局限在有限的试点范围内，导致出现"主体不愿做，政府不敢做"的现象。

2. 农村合作金融试点的风险防控问题需引起重视。农村合作金融的风险防控问题一直是此项业务迅速推开的难点。金寨县属于农村改革试验区，鼓励金融创新，从调研情况看，该县发展农村合作金融试点的内容和模式较为丰富，但深入研究发现，金融风险的防控问题值得重点关注。以县供销社出资入股成立资金互助社为例，资金互助业务开展的目的，是为了解决社员短期的、小额的、急需的生产和生活资金，金融是手段、产业才是支撑，但该资金互助社建立了类似银行的资金存储机制，只要存入资金就能成为社员，并在县域范围内设立分支机构，用于吸储和放贷，这明显违背了中发〔2015〕11号文（《中共中央、国务院关于深化供销合作社综合改革的决定》）中"有条件的供销合作社要按照社员制、封闭性原则，在不对外吸储放贷、不支付固定回报的前提下，发展农村资金互助合作"的相关精神，而且该资金互助社不受银监部门监管，其出资主体（县供销社）负责其监管业务，这种"既当运动员又当裁判员"的做法较易出现大的金融风险。

3. 农村合作金融试点的公益性和商业性较难兼顾。在农民合作社内部开展资金互助业务兼具公益性和商业性特点。公益性在于业务开展以普惠为目标，合作的目的在于弥补"正规金融不愿涉足成本较高的农村金融领域"的不足；商业性在于业务开展仍然遵循市场化运作规则，商业可持续性是此项业务顺利运行的基础。从调研情况看，三种农村合作金融组织开展资金互助业务的典型模式比较，村镇银行指导下的资金互助模式运行效果最好，既满足了合作社社员发展需要，银行又能够实现商业上可持续，但与银行其他涉农业务相比，此类模式的收益偏低；县农业发展委员会指导下的资金互助模式可持续性较差，合作社理事长明确表示，目前112万元的资金池还不足以实现盈亏平衡（盈亏平衡点为300万元），而如果大肆扩张业务，势必形成较大风险，监管部门肯定不允许；县供销社主导的资金互助模式，完全市场化运作，资金池要做到8000万元才能实现盈亏平衡，风险最大。所以，如何在农村合作金融业务中兼顾公益性和商业性，制度安排上需要考虑弥补公益性造成的风险贴水。

四、几点思考

（一）关于农村合作金融组织业务开展的定位问题

农村合作金融是基于"熟人社会"理论并运用于中国农村金融实践的制度安排，由于农民的金融需求呈现多样性、多层次的特点，所以农村合作金融组织的成立和业务开展应有其自身的定位。

从调研情况看，以农民合作社为依托的农村合作金融可以分为两种类型：一种类型是在农民合作社内部成立资金互助部门，以农民的互助资金作为融资来源，用于解决农民生产和生活上的小额、短期、应急资金需求,一般为3万元以下;另一种类型是以农民合作社社员的互助资金作为抵押或担保,从外部金融机构进行融资,与第一种模式相比,此类型资金互助模式可以解决农民稍大点的资金需求,一般为3万元至10万元。此外,还有类似农村资金互助社这样的准金融机构(如金寨县供销社主导成立的资金互助社),此类模式可以解决农民或农村经营主体(家庭农场、合作社、企业等)更大的资金需求,有的可以达到上百万元。

不同定位的农村合作金融机构及其业务开展,其特点各不相同。为更好地发挥其在农村经济中的积极作用,要针对不同发展模式给予不同的政策指引,引导农村合作金融健康有序发展。一是对"社员股金+合作资金"模式要规范发展。此类模式是社员与专业合作社内部发生借贷关系,这是真正意义上的资金互助。一定要坚持"社员性、封闭性、三农性、互助性"的原则,资金互助的范围不能超越农民专业合作社社员的范围;不吸收存款,只向社员发放贷款,资金封闭运营;以资金互助支持生产合作;不以营利为目的,只为成员提供互助服务。二是对"社员股金+银行资金"模式应积极推进。此类模式社员与正规金融机构发生借贷关系,专业合作社为社员提供担保,无论是依托社区的担保互助形式,还是依托产业的担保互助形式,其目的是获得正规金融机构的信贷支持,解决农民缺乏抵押物的困境,通过资金互助,建立联合担保机制,以获得正规金融机构的担保贷款。这种创新,其风险可控,值得支持和推广。三是对"供销股金+合作资金"模式要严格管理。此类模式类似准金融机构,如果不加以严格监管,风险较大,特别是对违规经营的"山寨银行"要及时查处和关闭。对于对外吸储或高息放贷的资金互助组织,地方政府要组织力量尽快查处,以维护地方金融稳定。

(二)关于农村合作金融组织发展的支持与规范问题

农村合作金融带有公益属性,特别是合作社内部的资金互助业务,如果按照中央文件中"对内不对外,吸股不吸储,分红不分息"的要求严格执行,对于合作社社员和理事长来说,均缺乏足够的激励。所以,对于此类带有公益性质的农村合作金融业务需要"看得见的手"来弥补市场失灵。一是对互助金进行风险贴水。农民合作社内部社员的内源性融资资金有限，容易造成旺季互助资金短缺，淡季互助资金过剩的情况；此外，互助金规模过小，其收益往往覆盖不了经营成本，更不用说实现合理的利润。所以，政府要通过建立风险基金、政策支持等方式，对互助合作资金的风险进行贴水，来弥补公益属性造成的市场失灵现象。二是制度设计要考虑实际情况。信用合作的基础股金或社员股金类似于《中华人民共和国公司法》中的"股份"，按其本质可分红而不支付固定回报。但对于互助金，如不支付固定回报将面临资金"用脚投票"，信用合作将无法运转。从调研来看，实践中开展此项业务的农民合作社均给社员承诺了一定的利息收益。因此，从实际出发，建议允许对吸收的互助资金事先支付固定利率，但为了防止社员将缴纳互助资金作为投资盈利手段，应对其支付的利息水平进行适当限制，以略高于当地农村信用社同期限档次的利率为宜，促进更好实现资金互助目标。三是规范盈余分配机制。从调研情况看，农民合作社开展资金互助时，比较注重维护股本金和互助金出资者的利益，而对互助金使用者的利益关注不足。事实上，使用互助资金的社员才是弱势群体，更需要互助资金的支持帮扶。因此，在盈余分配环节要按照有利于实现资金互助合作目标的原则，充分考虑借用互助资金的社员参与盈余分配问题，兼顾处理好互助金供求双方、股本金缴纳者的利益。

（三）关于农村合作金融业务的风险防控问题

风险控制是金融业务的核心，农村合作金融业务尤其要注意风险防控。调研组认为，要从内部制度设计和外部管理规范两个方面加强合作金融业务的风险防控。一是规范账户管理。完善账户管理制度，坚持资金分账管理。合作社的对公账户和合作社开展信用互助业务的对公账户应该分开，而且要建立在同一金融机构内，对公账户和社员个人账户应建立在同一金融机构，便于监管。二是完善农村抵押担保机制。在坚持以信用方式为主发放互助金的基础上，也可结合社员实际，引入合理的抵押担保机制，将更有利于防范互助资金风险。例如，选择土地承包经营权、宅基地使用权、生产资料使用权等符合社员实际的抵押物，简化评估抵押手续，尽可能降低社员使用互助资金的抵押成本。三是合理利用大数据进行信用评定。资金互助基本都是在农民合作社基础上发展起来的，社员之间及社员与农民合作社之间需要进行生产资料、产品等交易，可在农民合作社内部建立社员的交易数据系统，发挥大数据在评定社员信用评级中的积极作用。四是利用保险进行风险防控。支持加快发展农业保险，事前锁定风险并实现转嫁，降低自然灾害对农民收成的影响，从而促进资金互助业务的可持续发展。发挥财政资金的杠杆作用，加大对社员购买保险的支持力度。五是严格落实监管主体和责任。2017年"中央一号文件"明确指出："规范发展农村资金互助组织，严格落实监管主体和责任。"加快建立专门监管机构、提高人员专业监管能力和水平，支持资金互助业务规范和健康发展。从促进资金互助合作发展的角度出发，应创造宽松环境，实施非审慎监管。

乡村振兴与农耕文化传承

用 PPP 投资助力田园综合体建设*

张 莹

田园综合体是推动农村第一、第二、第三产业融合发展的新业态，是农业农村经济发展的新动能，是契合城乡一体化发展的新产物。2017 年 6 月，财政部、农业部联合发布了《关于深入推进农业领域政府和社会资本合作的实施意见》（财金〔2017〕50 号），明确将田园综合体作为农业 PPP 投资的六大重点领域之一。支持有条件的乡村建设以农民合作社为主要载体，让农民充分参与和受益，集循环农业、创意农业、农事体验于一体的田园综合体。田园综合体具备准公共产品的特性，PPP 模式是助力田园综合体建设的不二选择。

一、PPP 投资田园综合体十分必要

（一）缓解财政压力的需要

从资金需求来看，迫切需要 PPP 来增加投资。2017 年"中央一号文件"提出通过农业综合开发、农村综合改革转移支付等渠道开展田园综合体建设试点示范。然而，仅仅靠加大财政投入力度远远不够，迫切需要

---

* 张莹，农业部农村经济研究中心。

引入多个渠道来增加投资。PPP 是通过政府投入引导社会资本投入田园综合体建设的重要手段之一。

（二）提高投资效率的需要

从投资效率来看，迫切需要 PPP 来提高效率。田园综合体具备准公共产品特性，属于准公益性项目，具有建设规模庞大、投资额度大、服务周期长、收益不确定等特点，仅由政府单一主体投资，难以避免效率低下的问题。引入 PPP 模式，由社会资本的逐利性来规避政府投资效率低下的问题，有利于发挥政府与社会资本的合作效应，切实提高投资效率。

（三）降低建设风险的需要

从风险管理来看，迫切需求 PPP 来分担风险。风险分担与收益共享是 PPP 模式的基本特征，也是 PPP 模式不同于一般公私合作模式的最主要区别。田园综合体建设引入 PPP 投资，由政府负责防范和化解政策风险，项目公司或社会资本方承担工程建设成本、质量、进度等风险，有利于降低项目建设风险，实现互利共赢。

二、PPP 投资田园综合体较为可行

（一）关于田园综合体建设的政策支持越来越多

从政策环境来看，国家对田园综合体建设的政策支持越来越多，为引入 PPP 投资创造了良好条件。继 2017 年"中央一号文件"首次提出田园综合体概念之后，我国政府相关部门陆续出台了关于田园综合体的文件，其中 2017 年 6 月，财政部下发《关于开展田园综合体建设试点工作的通知》，确定 2017 年在河北、山西等 18 个省份开展田园综合体建设试点。中央财政从农村综合改革转移支付资金、现代农业生产发展资金、农业综合开发补助资金中统筹安排，支持试点工作。财政部、农业部联合发布《关于深入推进农业领域政府和社会资本合作的实施意见》，将田园综合体确定为农业 PPP 投资的六大重点领域之一。

（二）社会资本对田园综合体的关注度越来越高

从社会资本关注度来看，社会资本对田园综合体的关注度越来越高，为田园综合体建设提供了有力保障。随着我国市场经济改革的不断深化，多种所有制经济取得了良好发展，私营部门正逐渐成长起来，社会资本积累了规模庞大的总量。在我国经济发展水平不断提高，城镇化进程不断加快，互联网革新技术快速发展以及各行各业竞争越发激烈的大背景下，社会资本也正在广泛寻求新的投资机会。田园综合体是农村第一、第二、第三产业融合发展的新业态，被认为是引领未来农业农村发展演变、促进城乡一体化发展的重大政策创新，也成为社会资本投资的新蓝海。

（三）国内PPP模式越来越成熟

从国内PPP发展来看，PPP模式越来越成熟，可以为田园综合体建设助力护航。经过多年的探索发展，国内PPP模式应用领域不断增多，投资范围不断扩大。在农业领域，也进行了一些有益的探索和实践，涌现了一批较为成功的案例，并由此获得了宝贵的经验，为后续推进PPP模式打下了坚实基础。田园综合体建设的关键在于策划，通过策划更好地整合农村资源，优化配置，找出盈利点。采用PPP模式，通过竞争性方式择优选择具备项目经营能力和履约能力的社会资本，将农村的资源优势与社会资本在资金、筹划、运营等方面的优势结合，有利于更好地推动田园综合体发展。

三、引导PPP投资助力田园综合体建设

田园综合体建设属于项目投资大、回收周期长、见效比较慢的项目，要积极引导PPP投资田园综合体建设，使其成为扩充田园综合体建设融资渠道、促进田园综合体发展的重要推手。

（一）加强法制建设

PPP模式有效运作需要有一套清晰、完整、统一的政策法规，这是发

挥 PPP 优势的必要保证。我国目前主要采用部委发"通知""意见"制定政策的方式来指导 PPP 项目的建设和运营,其法律效力较低。而 PPP 模式的特殊性,要求对项目公司、招投标、税收优惠、合同管理、项目运营、风险分担、政府支持等问题,做出特别的法律规定,以保障投资各方利益和项目可持续运行。建议加强法制建设,通过立法确保 PPP 投资田园综合体项目时各方利益尤其是农民利益不受损害。

(二) 加大政府财政投入与政策支持

田园综合体项目资金需求量一般较大,要加大政府财政投入与政策支持,通过提高田园综合体项目融资吸引力,引导社会资本投入,促进田园综合体 PPP 项目落地。一是强化财政资金的撬动和引导作用,探索采取资本金注入、直接投资、投资补助补贴、贷款贴息等多种方式,实现社会资本的合理投资回报。二是充分发挥税收政策的工具性功能,通过实行投资额一定比例的所得税减免等政策,减少社会资本的投资成本。三是优化融资政策,探索实行 PPP 项目预期收益、整体资产等多种抵押形式,有效扩大 PPP 项目贷款抵押物范围,同时简化贷款办理流程,缩短审批时间,降低社会资本的融资成本。

(三) 完善风险防控机制

田园综合体建设周期长、投资回收慢,引入 PPP 投资需完善多渠道担保、失信惩戒、信息披露、正向激励等风险防控机制。一是政府主导的融资性担保公司全额担保,社会资本投资人签订无限连带责任担保合同,再加上股本金回购担保等多渠道担保制度;二是完善失信惩戒制度和信息披露制度,提高违约成本,约束 PPP 项目融资主体按时按期还款;三是加快设立 PPP 农业项目担保基金,对因地方政府失信行为而造成不良贷款,可由基金给予相应的补偿。

(四) 强化政府监管

政府全过程参与 PPP 项目,需履行监管职能。要通过监管确定承诺机制，保证企业资产的安全性，降低融资成本，建立投资、建设、运营激励机制。政府监管要保证企业生产或运营的可持续性，让接受监管的企业获得足够收益，覆盖运营成本，保证企业按时回收固定成本。加强社会资本准入资格审查，尤其是在社会资本流转农户土地发展田园综合体之前，要对其投资动机、资金情况、经营能力等方面作出评估，对实施情况实行全程监控，做到优胜劣汰。

参考文献

［1］齐小乎："PPP 提升投资整体效率与效益"，《农经》2017 年第 3 期。

［2］郭永田、龙文军："加快推进农业 PPP 投资"，《中国经济时报》，2016 年 8 月 12 日。

［3］唐祥来、刘晓慧："新常态下 PPP 投资的约束与激励——来自中国水业的证据"，《财贸研究》2016 年第 6 期。

［4］张学昌："农业基础设施投资的 PPP 模式：问题、框架与路径"，《农村经济》2016 年第 9 期。

［5］党立斌、李敏："探索在农业领域推广运用 PPP 模式"，《中国财政》2016 年第 6 期。

依托田园综合体实施乡村振兴战略

刘年艳

习近平总书记在党的十九大报告中,将"乡村振兴战略"列为"决胜全面建成小康社会,开启全面建设社会主义现代化国家新征程"重大的战略部署。习近平总书记新时代中国特色社会主义思想体系中有关乡村振兴战略的系列思想,特别是"要坚持农业农村优先发展,按照产业兴旺、生态宜居、乡风文明、治理有效、生活富裕的总要求,建立健全城乡融合发展体制机制和政策体系,加快推进农业农村现代化。"为我国未来乡村振兴发展指明了方向。

我们了解到,田园综合体已成为各地推动农村社会经济发展的有力抓手,在全国各级政府及社会各界的大力推动下,呈现加快发展之势。田园综合体的创建正在改变原有乡村发展形态,重建乡村发展支撑力量,重构乡村发展方式。有理由相信,田园综合体将成为推动乡村变革的重要推手,成为各地实施乡村振兴战略的重要而有效的发展路径。主要在于田园综合体在我国乡村转型发展的历史阶段所起的作用与完成的任务所决定的。

总体来看,中国的未来乡村是一个由特色小镇为龙头,发挥小镇综合服务功能,特色小镇带动并引领村庄发展,村镇融合、村村一体,城乡融

乡村振兴与农耕文化传承

合互动，支撑区域社会经济发展，为乡村居民生产与生活提供综合服务的综合体。所呈现的是一个区域性新型乡村社会发展的新形态。发展的总体目标是农民更富，农业更强，农村更美。

我们要建设"产业兴旺、生态宜居、乡风文明、治理有效、生活富裕"新乡村。田园综合体的创建如何才能实现未来乡村的建设目标？

一、打造特色小镇

发展特色小镇，在于正确处理好小镇与区域发展，小镇与村庄发展，小镇与居民及农民发展的关系。将特色小镇打造成县域社会经济发展的着力点与增长级，使之成为县域社会经济总体的发展支撑。将特色小镇打造成未来乡村发展的区域龙头与中心，通过小镇的功能创新引导乡村的发展。将小镇打造成周边农民及其乡村居民的小镇，使之成为乡村农民居住生活与从事经营活动的场所。从这个意义上讲，一切小镇的功能设置与资源配置必须以小镇居民及乡村农民的需求为出发点。

在特色小镇的创建过程中，要把握与塑造好小镇文化，用小镇特有的文化元素塑造好小镇发展的"灵魂"。注重"小镇精品"打造，按照"自然和谐、艺术美感、文化传承"要求推进精品建设，与此同时，力求在小镇产业、建筑、产品及服务方面展现与植入精品要素。培育与塑造小镇民众精神家园，使小镇成为传统文化创新传承的载体与传播中心。

特色小镇的发展主要依靠村庄发展、特色产业的培育、特色小镇公共品牌体系来支撑。培育特色村庄，以特色村庄的发展支撑特色小镇发展。立足乡村民众的生产与生活，创建小镇"双创基地"，以"双创基地"平台，引导小镇居民与乡村农民创新创业，构建起以乡村居民为主体的小镇发展的动力支撑。以现有资源为基础，通过资源的产业功能转型与配置相应的产业资源相结合，创建特色产业，构建小镇特色产业支撑。适应小镇产业发展及民众生活与经营主体的变化，构建小镇现代社会治理体系。在此基础上，塑造公共品牌，做好公共品牌推广传播，以良好的品牌形象支撑小镇的发展。

村镇、村村、城镇融合一体发展是未来乡村发展的客观要求。一体化的发展就是要实现产业一体，发挥小镇的龙头作用，体现村产业是镇产业的延伸，促进村产业的发展。发挥特色镇社会服务功能，实现社会资源服务一体。各具特色村庄的功能创新，与特色小镇功能创新相结合，实现区域发展一体。形成特色小镇带动并引领村庄发展，特色小镇带特色村庄未来乡村的发展新态势。

二、创新未来乡村发展新形态

未来新乡村是传统乡村的飞跃，这种飞跃，以社会形态的转型为基础。从总体来看，田园综合体的创建就是要推动传统乡村向未来新乡村的转型发展。

（一）塑造新主体

传统农户是中国传统乡村的主体。未来乡村发展的主体呈现三大特点：一是开放与包容性。乡村农户与外来经营主体以特定的产业为载体，通过合伙、合作等方式组成利益共同体，实现乡村农户与外来经营主体相结合，由此共同支撑未来乡村的发展。二是产业主导。未来乡村主体的产生与发展，源于现代乡村新型农业产业的不断创新与发展，同时，新型产业的不断创新与发展，成为促进主体发展壮大的根本力量。三是多元化。在未来乡村的发展过程中，有由传统农民发展的新型农民，有农民之间合作的经济组织，有新型集体经济组织，也有农业产业化的经营主体，地方政府部门也有参与，多元主体共同推动传统乡村向未来乡村发展转型。

（二）未来乡村服务形态加快变化

一是服务对象转型。突破传统乡村为农户自我的服务模式，转变为新型主体服务，为社会提供综合服务。二是服务方式创新。体现服务面向主体需求，有为新型农民创新创业提供的服务，也有为市场提供的有机农产品、休闲观光、文化体验等综合性的产业服务。三是服务产品化。改变过去以原料形态服务社会的模式，以服务对象的确立为前提，通过分析对象需求，推动新型产业资源创新与服务产品的创新，以服务产品满足对象的需求,实现市场化。四是服务内容综合发展。一方面,它面向区域的市场,满足不同人群的多元需求;另一方面,对具体的人群来说,从物质形态优质农产品的供给,到文化体验与精神满足,实现综合性服务供给。通过创建公共资源性质的公共产品与具体的产业服务产品相结合,共同为社会提供综合性的服务。

(三)未来乡村运行机制创新的基础是市场化机制与新型乡村社区综合治理方式创新的有机结合

市场化机制的基础性作用,主要表现在两个方面:一是产业化。强调法人组织特别是企业在乡村产业发展中的主体作用。一切产业的创新必须面向市场,在对市场需求分析的基础上,创意服务产品,按照产品性质与属性,配置产业资源。二是资源的资本化配置。其核心是按市场法则配置相关资源,实现效用的最大化,推动产业可持续发展。在乡村发展与建设中,往往通过公共资源、产业资源与产品资源创新的有机结合与合理配置,支撑未来乡村的综合产业服务。

未来乡村治理方式的创新,应该面向多元主体,立足各类新型主体多元化的公共产品需求,这是乡村治理创新的动因。在乡村发展过程中,各类主体有生活设施的需要,有产业开发过程中对公共资源配置及对生产要素供给的需要,有乡村可持续发展的战略需要以及不同主体对政治生活及精神文化满足的不同需要等等。在未来乡村发展过程中,将通过创新不同的组织形式与决策机制,来实现治理方式的创新,以达到满足各类主体对公共服务产品需要的目的,以实现乡村和谐的美好愿景。

三、重建五大支撑

(一)打造小镇支撑

特色小镇对乡村发展的支撑作用主要通过以下方式来体现:一是依托产业特征,搞好小镇功能分区。以现有优势产业为基础,推动形成区域产业集群优势。二是配置新资源,布局新产业。以特色小镇的转型升级为抓手,以新资源的配置,创新小镇新型产业。三是发挥小镇服务功能。强化集镇在信息传播、区域治理、新经营主体孵化、市场引领、产业元素聚集引导等方面的作用。除此之外，集镇综合性服务平台的形成，将极大促进消费者的组织与产品推广传播。

（二）特色产业集群创新

第一，集群化发展。产业的集群化是由市场的多元集群所决定的。有精品农业、科技型农业，还有文化体验与休闲养生养老产业。第二，市场化。面向周边市场，按照不同人群，不同时间的需求特点创新服务产品，实现区域性产业服务。第三，突出地方特色。立足本地自然风貌与农业产业特色来创新现代农业新产业，以农业新业态、新产品、新市场推动地方特色的形成。第四，通过创意与融合创新新产业来实现为周边市场的服务。在未来乡村发展过程中，特色产业创新还要具备以下特点：一是创意性。以创意的产品引领与满足市场。二是融合性。通过跨界、跨业、跨区，各类元素融合创新、多元素的资源化配置，来实现产业创新与业态创新。三是功能性。未来农业及其相关产业要融入文化元素，实现体验参与，体现人性本真自我回归的渴求等方面。四是综合集群。通过改变单一产业发展模式，按区域市场、人群市场、时间市场的不同，形成多元的综合性新产业、新产品、新市场，以实现产业与产品综合性的集群式的供给。五是个性化。立足乡村特有的资源特性及围绕人的各类需求进行的服务产业的个性化创新，形成个性化乡村新产业。

（三）创建特色村庄

特色村庄要体现五大特点：一是特色风貌。在村庄布局、建筑元素、村庄风格、服务功能方面体现乡村特色。二是特色文化。主要体现农耕、地方民俗文化特点。在民风、民众、民俗及生活方面展现地域乡村风采。三是特色产业。利用现有村庄文化、民风民俗、自然生态融合发展，形成特有资源，创建以文化体验为主体的文化体验、休闲养生产业。四是特色服务。服务对象面向区域市场，服务内容以体验为主体，服务方式是自我服务与村民服务的有机结合。五是特色自然生态景观。充分呈现乡村元素，将村庄、农田、池塘、水面、荷花、林木、花草、水牛、小桥、流水等元素，有机构成美丽的乡村画卷。

(四) 发展新型产业农民

未来乡村发展靠新型产业农民大军来支撑。新型产业农民有四种主要的形态：第一，组织性农民。自组织，也就是农民相互间依据产业创新发展的具体要求，组成合作社或者是合作联合社。传统农民实现传统的劳动向新产业转移，成为新型农业产业经营主体的劳动力，在产业经营中得到合理组织，与企业、合作社合伙，共同推动产业的发展。第二，业主性农民。在乡村发展过程中，将新型产业创新作为抓手，通过推进农民资产化的配置创新，依据产业发展的新要求，将现有资源性资产，主要包括田地、民宅等以不同的形式入股，通过功能转型，为新型产业的创新提供资源。传统农民由原来劳动性农民转变成为业主型农民。第三，合伙性农民。有些农户有资源，有经营能力，能够担负一定的服务项目，采取合伙办法，推进发展。今后，传统农民依据新型产业发展的要求，与新型产业运营主体建立合作关系，按照"公司＋农户"的产业化模式，推进产业创新发展将会成为未来乡村发展的有效形式之一。第四，产业性农民。随着新型产业的不断发展，一方面，新型经营实体需要劳动力；另一方面，现有的农民通过培训进入新型产业，传统的农民变成新型产业农民。随着乡村的大发展，新型产业、新型企业、新型职业、新型人员将依据新型产业的创新，比如旅游观光产业、文化体验产业、现代农业、农村电商等，以产业链为载体，形成产业大军，由此形成宏大的产业性新型农民队伍。

(五) 创新运行机制

未来乡村运行机制创新要考虑两个因素：一是产业门类的多样性，有现代农业产业、养生养老产业、文化体验与休闲观光；二是经营主体千差万别，有小农户、有多种合作社、有企业、有投资商，还有政府部门。运行机制的创新要体现以下要求：其一，市场化。产业创新应是市场导向性的现代产业发展模式。一切产业创新与元素流动，都必须建立在市场化基础上，实现全要素生产能力的配置。资源配置与新产业创新以优质的产品，服务现代市场。其二，共享与分享。坚持开放原则，实施资源精品化发展战略，推进公共资源及其产品成为产业的共享资源。尊重各经营主体"责、权、利"的平等权利，通过建立分享机制，使各利益主体合理组建，共同发展，构建起可持续发展的机制基础。其三，包容性增长。通过创建主导产业带动周延产业发展模式，构建起产业生态，推动集群化发展。以品牌集群、产业集群、产品集群促进乡村可持续发展。其四，一体化。实现产业多功能融合，多界融合，多元素融合创新，通过构建产业生态、产品生态促进乡村发展。其五，节省服务。强化运用现代科技手段，创建智能社区，实现服务平台化，构建在平台化基础上的自我服务体系。通过实现资源共享，服务平台化与个性需求的有机结合，来实现节省服务。其六，群体治理。一方面，明确主体类别，既要服务经营主体，也要尊重用户主体需求；另一方面，强化公共产品的服务功能。分清公共产品的需求内容与方式，通过分析人的共性需求的公共性质来界定公共产品内容；通过构建高效的群体表达方式来实现个性分散的公共需求向公共的公共需求转变；创新对公共产品创新的决策机制。其七，可持续。始终坚持并正确处理四大利益关系：一是正确处理政府、经营主体、用户、农民各主体的利益关系；二是科学构建与正确处理资源、生态、产业发展的关系，通过构建循环发展方式与生态集群发展方式来实现田园综合体的可持续发展；三是科学处理乡村发展与文化传承与创新的关系；四是正确处理与区域发展的关系。使乡村发展成为区域社会经济发展的有力支撑。

四、重构发展方式

重构发展方式核心是构建新型"三农"关系。"三农"问题从本质上看就是"三农"的关系问题，其基础与表现是产业关系及区域发展关系。产业关系又由农业产业与国民经济的关系及产业发展的供求关系来展现。区域关系又依据农民生产与生活的方式，体现在村镇、村村、城乡关系上。创建未来乡村，就是要打破原有与时代发展不协调的"三农"关系，重构新型"三农"关系。

（一）构建现代农业供求关系

明确农业产业供求关系的本质是市场。坚持市场导向，以市场为基础。立足需求主导，建立需求主导供求，需求决定供给，供给为需求服务的农业产业发展方式。通过创造需求大于供给的发展态势，来构建产业发展的主动权，实现需求的升级与变化推动供给的发展与升级的发展态势。创新发展路径，以市场为导向的现代农业，按照确定服务对象，分析对象需求，把握需求发展态势，由此来组织产品的供给，在供给满足需求的过程中，不断实现满足、引领与创造需求的路径来发展现代农业。随着网络化与智能化的发展，产业的供求主体，其角色不断位移，功能相互融合，互为价值对象的新型的供求关系正在形成。这是信息化与社会生活的智能化所引起的新经济现象。在智能化时代，传统的供求主体，角色不断位移，主体功能相互融合正在成为重塑产业供求关系的推动力量，需求主体参与制造，供给主体参与消费正在推动供求主体角色及其功能的不断创新与变化，推动农业供求关系的新变化。

（二）提升农业与国民经济发展的关系

农业与国民经济关系的基础性地位主要表现在：一要推进农业产业功能化及其创新。农业向社会提供优质而充足的农产品与其他产业的基础性原料，保障社会农产品供给，发挥农业的产业功能，体现其基础性产业功能；以满足社会对农业新功能的需求为出发点，通过传统农业功能化创新，与其他资源相融合，实现农业新型产业资源化创新，创制新型农业产业，为社会提供新型多元化农业产品与服务的供给。二要保有生物多样性与发挥生态优化功能。维持农业内部的微生态及农业与农业区域的宏观生态是一个整体，彼此之间以物质能量循环的方式维持农业生态的优化。农业生态系统内，农业与区域农业生产、农民生活相互依存，相互促进，形成相对稳定的循环系统。推动农业微生态系统与宏观生态系统有机结合相互促进构筑稳定的全社会的立体生态体系。三要发挥中华文明传承与创新功能。要在文化表现、文化的产业价值、传承农村文化、助力宏观市场等方面发挥作用。其一是文化表现。农业产业通过展现农民的文明成果来承载文化元素。随着农业生产方式的不断变化,农耕文明的文化元素随着农业生产方式的变革而不断传承与发展。其二是文化产业价值。农业产业融入文化的成分,实现农业产业的文化价值。农业产业植入文化元素,实现文化元素与农业产业资源相互融合,推动农村文化的创新发展。其三是传承农村文化。农村文化依托农业生产方式的创新与发展,传承、创新与发展农村文化。农业成为传承与创新文化的主要载体。其四是创造宏观需求市场。农业产业转型升级形成的科技应用市场,农业经营过程中形成的生产资料市场,农业现代化形成的农业机械装备市场以及农民的生活资料市场,农村发展的综合性的市场变化,推动国民经济相关产业的创新发展。

(三) 构建区域发展新关系

1. 推动城乡一体化,实现城乡互动。城乡一体,关键是要做到三位一体。一是区域化。强化城镇与乡村发展对一个区域发展共同的支撑作用。二是产业布局,功能协调。在一个区域里面,不同的区域依据区域发展的总体要求,实现各自明确的功能定位与产业布局,共同支撑共有的区域发展。三是在一个区域里面,社会经济发展的要素按功能需要,实现自由流动与高效配置,在体制机制、产业经营要素的支撑方面,享有共同的平台服务。

2. 推动村镇一体化,实现村镇互动。特色小镇带动与引领村庄发展,形成特色小镇带特色村庄的乡村发展新格局是新型村镇关系的重要表现。新型村镇一体关系的建立,关键是要发挥特色小镇的龙头作用,强化小镇在乡村发展中的中心地位。强化信息传递,基础设施的辐射,产业的支撑与带动等方面作用。在此基础上,以特色小镇为中心,结合小镇文化创新,塑造乡村民众精神家园。与乡村产业发展相结合,创新小镇区域性市场服务功能,发挥小镇配置乡村民众生活与教育资源的作用。实现小镇产业发展与乡村民众生产与生活的一体化。

3. 推动村村一体化,实现村村互动。未来,我国传统村庄有三个发展前途。部分村庄不断萎缩,原有的服务功能逐步被邻近的中心特色村庄所替代；部分村庄将以生态、文化、特色农业产业资源为基础，形成特色产业集群式发展，不断聚集多样化的产业要素，形成区域特色中心。还有少数村庄，由于历史悠久，文化底蕴深厚，产业特色突出，将逐步与特色小镇融合一体化发展，形成综合性的特色小镇综合服务区。新时期，实现村村一体、村村互动的措施包括：一是要推动特色村庄形成区域中心。以特色村庄为基础，带动周边人群聚集，形成产业、文化、社区治理相互融合的区域综合体。二是推进区域共同治理。以特色村庄为中心，在村民管理、社区治理及产业发展等方面实现一体化。三是创建综合服务体。通过原有村庄服务产业功能的再造，创建对外提供多元化综合服务的产业，形成新型的乡村综合服务体。三是推动区域一体，实现县域互动。区域化的县域关系主要表现为一体化与互动两种主要的形式。在推进区域化发展过程中，实现区域一体、县域互动的措施包括：首先，发展战略要一体。一个区域要有一个总体的发展战略，各个县、市在区域总体发展战略基础上，形成各自的发展优势，共同支撑整体的区域社会经济发展。其次，发展形态要一体。每个县、市依据各自的发展特色，共同组成县域发展群，形成功能相对完备，经济体量相对较大，有支柱产业布局的综合经济增长级。再次，产业发展一体。在一个区域内部，有一个产业链的较完整分工，按市场法则高效配置产业要素。复次，公共资源的配置与服务支撑要一体。最后，形成共同的区域公共品牌。县域互动就是在县域发展区域化的基础上，形成的产业带动与合作。具有特色优势产业的县、市，通过发挥产业发展的龙头作用实现产业创新，带动周边发展。

五、创新推动未来新乡村创建

　　树立发展的新观念是发展与创建未来乡村的前提。以习近平新时代中国特色社会主义思想为统领，牢固树立"创新、协调、绿色、开放、共享"的发展理念；牢固树立"绿水青山，就是金山银山"的思想。按照"产业兴旺、生态宜居、乡风文明、治理有效、生活富裕"的总要求全面推进未来乡村创建。

(一) 跳出传统发展路径

跳出传统发展路径就是要打破传统的农业发展方式，在全新的路径上开辟发展的新领域，实现发展的新愿景。一是跳出传统农业发展路径，发展新型产业。在发展方式上，构建面向市场需求的市场导向性的新型产业。在农业形态上，以创新现代农业产业体系为总揽，通过农业产业功能多元化创新，实现多元素融合，创建农业新产业、新业态、新产品、新市场。二是跳出传统农村发展路径。通过创建特色小镇，创新新型产业，构建起镇村一体、村村一体，城乡互动，区域融合，特色鲜明，环境优美，和谐宜居的新乡村，实现"产业兴旺、生态宜居、乡风文明、治理有效、生活富裕"未来乡村发展目标。三是跳出传统农民，大力发展与重塑现代新型产业农民。通过纵向与横向的产业创新，使"新农民"成为新产业的推动者与实践者，成为传统"三农"向"新三农"发展转型的动力。通过产业载体，股权参与，资产融合等多种方式，发展现代"业主型产业农民"。使新型农民成为未来乡村发展的产业大军。

(二) 回归乡村

回归乡村也就是按乡村发展的要求建设未来乡村。回归乡村是立足当时、面向未来发展的乡村创建行动。要达到"产业兴旺、生态宜居、乡风文明、治理有效、生活富裕"未来乡村发展目标，必须做好四个方面的回归：一是生存条件由农业主体性的生产环境，向人与自然和谐的原生态环境回归，实现农业生态环境的景观化，构建宜居、宜业、适宜养生的生态环境；二是由单一以农业生产为主体的生产方式，向原生态循环式农业生产方式的回归，形成多元产业集群式发展，使未来乡村成为传统文化传承与创新的载体；三是由农户生存性的居住向人与自然和谐相处的养生性开放式村落回归；四是由自然状态的村庄风貌向具有特色鲜明文化村庄回归。

(三) 创意与融合引领产业集群创新

如何实现创意与融合引领发展？首先，确立"需求—产品创意—融合创新—新产业集群"的发展路径。其次，做好市场定位。细分区域市场、季节性的时间市场、不同的人群市场，以市场的需求确定产品的供给进而实现产业创新。再次，把握元素功能，推动元素融合。也就是在确定市场需求的基础上，确定产品功能，通过元素融合来实现功能化产品制造。最后，构建不断升级的产业集群。通过产业创制、产品创新、服务创新，形成主导产业、支柱产业、周延产业相结合，传统产业、新型产业及战略性产业相协调的产业集群式发展。在乡村产业集群创新过程中，还要以特色的优势产业为支柱，形成多元化产品集群、企业集群、品牌集群，核心产业与外延产业创新相结合，传统产业、优势产业与新兴产业多元产业相互融合的产业集群。

(四) 存量资产利用与资源高效配置创新

随着区域社会经济结构的加快变化，在农村，原有的各种相对优质资源正在加快向周边城市转移，这一过程还在加速。与此相对应，在传统村庄，存在部分资产加快废弃，一少部分集镇由于转型相对迟缓，功能正在萎缩，个别古镇正现衰落之势。由于年轻人口进城加快，原自然村庄人口逐年减少，原有的部分中小学，农民民宅院落与自留地、沟岗、池塘、河湖、现有林木暂时荒置。这些资源与资产有国家的、集体的，也有农民和集镇居民的。

我们认为，能否有效盘活现有存量资产，关键在于区域与产业创新的功能定位、可持续的产业创新支持及合理的合作机制创新。发挥这些资产的作用，盘活并升值这些资产，是创建未来乡村过程中必须解决的问题。主要采取以下办法：一是创新集镇功能。以特色小镇创建为突破口，确定集镇发展的新方向，以此为基础，配置新资源，创新新产业，以新产业的创新促进现有资产的增值。二是利用现有学校及其现存资产，配置新资源，创建乡村文化产业，以文化产业促进原有学校场地功能的转型升级。

三是对现有沟岗、池塘、河湖、山林进行清淤与生态多样性资源配置，恢复生态调节功能，进行景观化改造，使其成为精品化高端公共产品或者新产业的资源。四是通过创建特色村庄，发展休闲文化体验养生养老产业，对现有民宿进行功能转型，盘活现有资产。对现有资源的功能化配置，在于针对不同情况采取合伙、整体购买、短期租赁及入股合营等形式来推进不同资产资本化重组，以恢复新生机。五是创新配置路径。推进要素化创新，通过租赁、入股、流转等方式，使传统农民成为现代"业主型产业农民"。推进功能化创新，发挥土地区域功能，使之成为推动新型产业发展的助推力量。推进资源化创新，与盘活农村现有集体经济组织、外出农户现存僵化资产、创新新产业有机结合，做好功能布局，搞活农村存量资产，提高土地的整体效率。推进资本化创新，与新型产业为载体，通过土地、劳动力及不同资产的有机结合，组成相应实体组织，提高农民组织化程度，确保农户可持续的收益增长。通过土地与其他资产的有机结合，以壮大新型农民产业大军为引领，引导返乡下乡人员依法以入股、合作、租赁等形式使用农村集体土地发展新型产业，依法使用农村集体建设用地开展创业创新。通过农村闲置宅基地整理新增的耕地和建设用地，与返乡下乡人员创业创新相结合，引导返乡下乡人员依托自有和闲置农房院落发展相关产业与服务。

（五）投资创新

乡村振兴战略是一个宏大的社会改造工程。投资需求体量相对较大，存在投资供给能力的相对短缺与不足；与此同时，由于乡村产业创新也将是一个综合性的产业创新集群，资源权属与利益主体多元化并存，需要构建起合理的多元利益协调机制，满足多元主体的利益诉求；另外，乡村在发展过程中，其资源属性也表现为公共产品性、产业创新性及产品性多性资源的并存，不同性质的资源直接影响投资的效率。我们认为，投资创新必须坚持"政府主导、企业运营、市场机制"的总原则。依据不同产品与产业性质，采取不同投资组合，实现投资差异化。公共性质资源的配置具有公共性质与长期性，不能直接转变成产业收益，如基础性的交通设施、具有艺术美感的生态系统、多元化的民风民俗及农村传统文化传承与创新等，采取政府立项、企业运营、政府购买及政策支持措施，在具体的管理与维护过程中，还要采取政府购买服务的方式推动长远性的公共产品的投资。依据不同市场，不同产业性质，采取补助、购买、租赁、投资分期返还等多种方式。组建利益共同体，推进投资主体多元化及法人化。以产业为载体，以供应链为纽带，通过共同合资，一体化经营，龙头企业+合作伙伴，产供销合理分工协作，构建利益连接，组建利益共同体，共同推动投资创新。将农民及集体组织的生产资料、土地、房屋、劳动能力进行资源化的创新，与社会资本有机结合，组建可持续发展的经营主体，以推进可持续的产业发展。依据投资回报与收益方式的不同，引进PPP战略投资，探索采取建设—经营—转让，建设—转让，建设—转让—经营，建设—拥有—经营，转让—经营—转让，转让—建设—转让，租赁—建设—经营等多种运营方式，推进乡村又快又好的大发展。

（六）科技支撑创新

要做好农业支撑体系的创新必须厘清政府职能与企业行为，分清行政与市场功能。确立企业在推进乡村产业升级与产业发展过程中对科技创新与支撑需求的主体地位。科技支撑的创新主要通过以下方式来实现：一是要求乡村产业创新建立在科技创新的基础上，实现科技与乡村产业创新的融合发展，形成科技型农业产业。二是科技创新推动乡村生产方式与居民生活方式的创新，实现产品的市场化创新，以科技化的产品满足市场的需求。三是科技支撑通过与具体的产业融合发展，实现科技创新自身发展的产业化经营。四是依据现实需求，突出创新重点环节，实现重点突破。重点是种质资源、产业多功能性开发与资源转换创新以及按照产业发展和市场化要求进行资源化配置的创新。强化乡村智能化创新，以农业装备的信息化、工艺流程的信息化为基础，推进农业与社会生活的互通互联，通过智能化制造实现为市场需求提供有效服务的目的。引进创意理念与创意技术，推动产业融合。以创意理念与创意技术，创新传统产业的多功能价值，推动多元价值向新型产业资源转型，按照市场需求从事产品创新与新型产业创新；推动文化、体验、产品的融合提升产品的文化精神体验价值，在此基础上，促进传统产业环节特别是消费者与生产者的融合，促进生产者与经营者一体化。

曾家河田园综合体创建的理论与实践思考

刘年艳

当前在全国，田园综合体已经成为各级政府非常关注的新鲜事，更是振兴农村发展的大事。社会各界正在加快跟进。有理由相信，在广大农村，创建田园综合体正在成为乡村投资建设的又一热潮，必将成为推动我国传统乡村大变革的重要力量。

然而，在推进田园综合体建设过程中，无论政府部门还是社会机构，尚存在一些亟待解决的问题：一是畏难。认为一没有资源，二没有资本，三不知道如何做，四不明了未来的目标是什么。全国田园综合体的规划公司满天飞，听起来个个讲的好像都很有道理，但是，总担心重走过去过度开发的老路，存在盲目开发可能性，难以实现田园综合体创建之初的美好愿望，成为农村"烂尾楼工程"，到头来，难以收场。二是没有思路。普遍认为，田园综合体是未来乡村发展的新趋势，听起来好听，但又不好操作，不知道从何入手，找不到实实在在的抓手。

我们认为，在新的历史时期，推进田园综合体的创建，首先要提高对田园综合体在农村发展过程中历史地位的认识，确立田园综合体是未来乡村发展新形态的战略地位。其次，田园综合体作为新的乡村形态应该在新的层面上重构发展方式。通过田园综合体的创新发展，构建起未来乡村与现代城市发展的新关系，推动传统农村向未来乡村发展转型，实现传统"三农"向"新三农"的转型发展。最后，通过创建特色小镇、特色乡村、特色产业、创新运行新机制、重新塑造新型产业农民，以实现未来乡村的大发展。

湖南省澧县曾家河是一个典型的传统农区。笔者想以曾家河田园综合体的创建为个案，以解剖麻雀的方法，先期在理论与实践方面做些探索，以期为全国从事田园综合体建设的同志们提供帮助，也欢迎共同研究以推进在全国又快又好地创建起特色田园综合体，最终达到实现"农民更富、农业更强、农村更美"乡村发展的美好目标。

一、曾家河是一个典型的传统农区

曾家河所在的涔南镇是一个传统集镇，也是湖南省常德市澧县县城的一个比邻镇。位于澧阳平原腹地，水系发达，属于基本农田面积覆盖较多地区。全镇总面积92.27平方公里，共有耕地5.7万亩，其中水田5.1万亩。最早，涔南乡成立于民国二十七年（1938年），1949年7月撤乡并入四区管辖，1956年6月成立涔南乡人民政府，1958年9月撤乡建社，1984年改社建乡。2015年，澧县乡镇区划调整，将原涔南乡的全部行政区域与原澧东乡团结、民堰、新店、双林、清水、永长、富溶、十里8个建制村，涔澹蓄洪区代管区合并，设立涔南镇。由此，涔南镇的发展进入了一个新的发展时期，区域性产业要素聚集与服务平台功能日益显现。社会服务与产业加快创新，文化事业快速发展。

稻米产业是曾家河的主导产业。在曾家河所在的区域，水稻生产组织方式呈现多样化，主体是小农户、也有成规模的水稻合作社，有现代装备为基础的现代水稻生产，也有传统的农业生产方式为主体的水稻耕作。截至2016年，全镇30亩以上种粮大户近170户，种植面积1.2万亩，全镇粮食生产面积8万亩，其中双季稻2.1万亩，一季稻3万亩，再生稻近1万亩，粮食产量达4.2万亩。全镇有稻米深加工企业，初步形成了较完整的稻米产业链。

涔南镇位于津市、澧县县城周边，由于农业生产的自然条件好，蔬菜产业发展较快。目前初步形成了以黄家套农庄 500 亩设施蔬菜、崔家岗村近 100 亩大棚蔬菜露地蔬菜以及合力村、双林村水生蔬菜为主体的蔬菜基地。

6500 年前，这里创建了人类有史以来最早的城市——城头山、鸡叫城。据考证，曾家河及其周边区域是传统农耕文化的起源地之一，也是荆楚文化、湖湘文化、稻作文化的发源地之一。早在 7 千年前就有先民在此繁衍生息。

澧阳平原是稻作文明的发源地，稻作文明已经成为这里进而影响周边农耕文化的重要文化元素，推动着周边地区人们的生产与生活，形成了江南水乡独有的民风民俗，影响人们的繁衍与生息。千百年来，勤劳的人们，利用丰富的稻米资源创造了丰富多彩的稻作文化，制造出品种众多的产品，米皮、米线、肠粉、河粉、汤圆、寿司、粽子、米米课、米团、糍粑、米豆腐、粉蒸肉、米茶、米糕、发糕、米饼、爆米花、米花糖、大米饴糖、年糕、油炸糕、米血糕、云片糕、锅粑、雪饼、鲜贝、炒米、米醋、米酒等，真是美不胜收。

曾家河所在区域村庄数量多，规模大，历史悠久。全镇呈现多元村落特征。在涔南镇，有以回族为主体的少数民族村，至今还保留伊斯兰教信教传统与生活习俗，保有完整的清真寺。也有保留渔业生活传统的村庄。各具特色的民风民俗构成多样的村庄群落。

全镇传统村庄完成合并，现辖 11 个村 1 个居委会。有全县的少数民族聚集村，有由曾家河村、五一村、涔曾社区居委会合并，组建曾家河社区居委会。其他村庄都是在原自然村基础上合并而成。如谭家铺村、伍家村合并，组建双铺村。和平村、新坪村、东田村合并，组建东田堰村。复兴村、文家村合并，组建鸡叫城村。南堰村、新堰村合并，组建黑马垱村。永丰村、上河村合并，组建上河口村。紫南村、紫东村合并，组成北民湖村。十里村、新店村合并，组建崔家岗村。双林村、清水村合并，组成清水村。永长村、富溶村合并，组建合力村。

全镇村庄主要围绕三条主干道分布，S238 线贯穿双铺村、鸡叫城村、居委会 3 村，新 207 国道贯穿崔家岗、东田堰、黑马垱、上河口 4 村，二广高速贯穿北民湖、双林、上河口3村。

这里的水系是千百年来自然形成的，发达而具多样性，具有江南水乡的自然风貌与水乡文化特色，不仅造就了生态美景的基础，同时，也是景观化江南水乡风景的表现。池塘、沟岗、河流、湖泊、稻田、荷花、水草、小桥、流水、人家、稻花香，构筑起了江南水乡的美丽画卷，传承着江南水乡农耕文明。

全镇集雨面积72平方公里。涔河环绕涔南镇北部，在涔南镇境内长约14.3公里，河面宽150—380米不等，起到防洪保安及排涝抗旱的作用。北民湖位于涔南镇东，其总面积为23100亩，主要作用是在涔河水位上涨时起到调蓄水作用，平时进行生态养殖，目前已被定为国家级湿地保护区。垸内排渠纵横交错，澧涔排渠南北走向，长约6700米，宽约35米，中干排、三干排、东田排东西走向，三条排渠长约32000米，全镇约60%的渍水靠自排入北民湖。垸内沟港湖泊星罗棋布，其总面积约8500亩。东田渔场渔池面积约800亩，合力渔场鱼池面积约600亩，平时进行养殖，汛期可起到渍水调节作用。

曾家河呈现多城市区域中心分布特征。周边城市主要有武汉、长沙、常德、岳阳、荆州、张家界，县级城市有公安等发达县市。正处于武汉、荆州、岳阳、常德、张家界、长沙连接的中间地段。同时，又是津澧新城中小城市群的周边，位于湘北常德市澧县澧阳平原东北部，交通十分便利，距县城12.7公里。东邻北民湖，南接澧浦街道和澧阳街道，西连城头山镇和垱市镇，北濒涔水与梦溪镇相望。镇内公路四通八达，东西南北网状分布，新老207国道贯穿其境。未来，随着津澧新城城市群的加快发展，曾家河将成为人们休闲度假，养生养老最佳的去处。都市型田园综合体将成为人们休闲生活的首选。

二、发展田园综合体的目的是创建未来新乡村

创建田园综合体的最终目的是什么？在这个原则问题上，各地是存在疑虑的。我们认为，发展田园综合体不是在农村建设城市，不是变现农村资产，不是撤出农民，不是不要农业。发展田园综合体的目的是创建未来乡村，创建适应社会发展的"新三农"，这是我国乡村自身发展的逻辑与内在发展的客观要求。从这个意义上讲，创建面向未来的中国特色未来乡村，是田园综合体创建面临的历史性任务。

总体来看，中国的未来乡村是一个由特色小镇为龙头，发挥小镇综合服务功能，特色小镇带动并引领村庄发展，村镇融合、村村一体，城乡互动，支撑区域社会经济发展，为乡村居民生产与生活提供综合服务的综合体。所呈现的是一个区域性新型乡村社会发展的新形态。发展的总体目标是农民更富，农业更强，农村更美。

如何将曾家河田园综合体打造成未来江南水乡新乡村？

首先，镇村一体化。为实现新型镇村一体融合发展的目标，曾家河田园综合体以推动传统城镇转型升级为手段，创建特色小镇，打造特色小镇集群。以雷公塔镇为基础，利用柑橘产业优势，创建柑橘特小镇；以梦溪古镇为基础，利用千年来聚集的区域性的商贸功能及特有的街道特色与商贸文化，创建休闲养生商贸小镇；以浯南镇为基础，利用水稻产业优势与深厚的农耕文明遗址资源，创建养生产业及现代电子商务为主体的特色小镇。通过配置新资源，发展特色小镇的区域引导与辐射新功能，共同形成曾家河田园综合体的有力支撑。

其次，村村一体化。米粉、米酒的加工与消费是湖南的特色，而优质的特色精品米粉又产自澧阳平原，米粉、米酒及米制品已经成为当地的名片，形成了独特的地方文化现象。曾家河田园综合体就是利用水稻产业及其形成的独特的稻米加工产品与饮食文化特色，在全镇十一个行政村的基础上，选择有一定特色的三个村为基础，与稻米产业的创新及民俗文化体验产业创新相结合，创建"米粉村""米酒村"。还利用水岗纵横、池塘星罗棋布，所形成的独特的江南水乡生态景观效果创建"稻花村"。全镇农户通过组成合作社为特色村提供优质的原料，特色村的市场功能引领全镇农业产业的转型升级。在曾家河田园综合体内部，各具特色村庄有各自的功能分区，不同功能与产业创新形成共同的产业服务，支撑田园综合体的发展。

最后，城乡一体化。曾家河田园综合体推动着传统乡镇与津澧新城的一体化融合发展,这种融合主要通过区域社会经济发展的功能分工,与新型产业创新相结合来实现。津澧新城的发展迫切需要与城市发展相配套的生态涵养、居民休闲养生养老服务。为此,曾家河田园综合体将通过创建特色产业来实现区域功能创新,推动融合一体发展。在曾家河,特色产业的创建主要分三个层面:一是"创建一个人人都想去看看的江南水乡",具体以休闲文化体验、养生养老产业总揽产业发展。所有产业向休闲养生产业集群,从而形成集群优势。二是面向周边城市群居民养生休闲需求市场,立足本地区资源优势,推动传统农业向精品农业,养生农业转型。在品种配置、结构优化方面向休闲养生产业的产品供给聚集。三是通过创意与多产业融合创建新型产业。以文化体验、休闲养生、生态景观观光的产业需求,来配置与创新产业资源,以特色产业的创新来推动城乡融合。

三、如何做好田园综合体发展的战略定位

做好田园综合体发展的战略定位,从根本上说,就是要明确田园综合体发展必须要实现两大战略任务:一是为谁服务;二是以何种方式提供有效服务。要实现这两大战略任务,关键是要满足三大战略需要,准确把握与构建四大关系。

田园综合体的创建必须满足三大功能需要:一是为周边城市居民提供休闲观光、养生养老与农耕文化体验的平台,满足大众的观光与休闲养生养老的需要;二是为传统乡村向现代乡村发展转型提供支撑,满足传统乡村转型为未来特色乡村发展的需要;三是为"三农"发展提供路径,满足传统"三农"向"新三农"发展的战略需要。这三大战略需要是田园综合体发展的内存动力。

田园综合体是一个区域社会经济发展重要的支撑力量,需要把握与构建好四大关系。首先,构建田园综合体与区域社会经济发展的关系。主要体现在田园综合体的创新与发展要成为推动区域社会经济发展不断转型升级战略需要的重要力量,通过新产业与新功能的配套,实现区域发展不断转型升级的战略目标。其次,构建田园综合体与传统"三农"发展的关系。明确传统"三农"是田园综合体创新发展的基础与重要的支撑力量,

乡村振兴与农耕文化传承

也是新型产业创新的元素，田园综合体是传统"三农"转型与升级的方向。再次，构建田园综合体与未来乡村发展的关系。田园综合体的功能创新，要成为乡村未来发展的有力支撑。最后，构建田园综合体与相关产业发展的关系。主要通过田园综合体产业与周边相关产业供应链一体化与相互融合创新，创造共同市场，孵化合作主体，培育价值链延伸，构建利益连接机制，创建产业合作利益共同体，实施有效服务来实现。

曾家河田园综合体如何来实现这一战略性的发展定位？

首先，确定发展地位。将曾家河田园综合体的创建纳入区域发展的总体布局中。与长江经济带、环洞庭湖生态经济区、津澧新城经济区及周边城市群区域社会经济发展功能互动，融为一体。其次，产业创新面向区域市场需求，立足本地资源禀赋，以融合与创意引领发展，新产业、新产品、新业态、新市场的创新成为实现区域社会经济发展功能互补的实现途径。最后，以稻作文化体验与江南水乡生态产业集群为支撑，将"曾家河"打造成为品牌内涵丰富，特色鲜明的一个人人都想去看看的江南水乡田园综合体。

功能配套：推动曾家河所在区域现有传统"三农"转型升级，实现现有自然生态、传统水稻农业产业、传统乡村文化资源融合创新，面向区域市场需求与区域社会经济发展功能需要，使曾家河田园综合体成为城头山旅游产业发展，津澧新城社会经济发展乃至环洞庭湖生态经济区新功能创新配套。

生态江南：推进现有沟、岗、河、湖、池塘综合改造，优化现有生态系统，通过江南水乡生物多样性的配置，提升与发挥生态养生休闲观光功能。构建蓝绿交织、清新明亮、水村共融的生态江南乡村。突出"科技、生态、宜居、智能"发展方向，创造优良人居环境，实现生态空间山清水秀、生活空间宜居适度、生产空间集约高效，促进人与自然和谐共处，建设天蓝地绿、山清水秀美丽江南水乡。

文化江南：配置"农耕文化、湖湘文化、稻作文化、荆楚文化"核心资源，呈现江南水乡人文特色。通过创建文化体验产业，创建"江南梦溪书院""江南寒暄茶馆"等平台，为大众提供江南水乡文化立体综合型的体验基地。注重文化传承，体现江南水乡文化元素聚集，同时结合区域文化、历史传承、时代要求，打造田园综合体文化特色风貌。

景观江南：注重建筑艺术化、提供艺术创作与艺术活动平台。为大众提供艺术与美感体验平台。依托"路、林、水、田、果、村、牛、花"等元素，呈现"稻田、荷花、池塘、小桥、流水、人家、耕作"意境，做好立体的多门类景观设计与效果展现。体现现代科技的广泛应用，展示现代文化元素。

产业江南：以市场为导向，通过推动传统"三农"资源、现有生态资源、特色人文资源的融合创新，转型发展，实施公共资源、产业资源、产品资源的有效配置，创建新产业、新业态、新产品、新市场，形成可持续发展的产业发展优势，实现田园综合体的运行与可持续发展。

四、打造强有力田园综合体支撑体系

曾家河田园综合体的创建是在传统乡村基础上的整体创新，通过田园综合体的创建，推动所在区域乡村整体发展的转型。而这种转型主要通过特色小镇、特色村庄、特色产业、产业农民及治理与运行机制的创新来实现。这五个要素是田园综合体发展的五大支撑。

（一）创建三个特色小镇，打造小镇支撑

在曾家河，雷公塔、梦溪、涔南三个传统集镇成等边三角形分布，彼此相距不到4公里。为了打造田园综合体的集镇支撑，主要采取三个办法：一是依托产业特征，搞好小镇功能分区。以柑橘产业为依托，创建雷公塔柑橘特色小镇；以水稻产业为依托，创建涔南稻米特色小镇；依托梦溪古镇，创建休闲养生及特色商贸小镇。二是配置新资源，布局新产业。比如依托梦溪古镇，创建休闲养生艺术商街，还利用周边现有废弃学校创建"江南梦溪书院"，发展江南文化产业；依托涔南镇特殊的区域优势，创建养生休闲食品加工园区与养生休闲食品体验交易市场，实现市场体验+电子商务+微商融合发展。引进休闲文化，创建曾家河"江南寒暄茶馆"。三是发挥小镇功能。强化集镇在信息传播、区域治理、新经营主体孵化、市场引领、产业元素聚集引导等方面的作用。除此之外，集镇综合性服务平台的形成，将极大促进消费者的组织与产品推广传播，为田园综合体的市场化，实现田园综合体的转型升级提供动力。

（二）特色产业集群创新

曾家河田园综合体的产业特色主要体现在四个方面：一是集群化发展。产业的集群化是由市场的多元集群所决定的。有精品农业、有水生药用植物养生产业，还有文化体验与休闲养生养老产业。二是市场化。面向周边市场，按照不同人群，不同时间的需求特点创新服务产品，实现区域性的观光休闲、文化体验与养生养老的产业服务。三是地方特色。曾家河的最大特色是水系生态与稻米产业。立足本地江南水乡的自然风貌与农业产业特色来创新现代产业是曾家河产业创新的特点。四是通过创意与融合创新新产业来实现为周边市场的服务。曾家河田园综合体的特色产业的创建体现以下特点：

1. 创意性。创意是创新的源泉。田园综合体产业及其产品创新，始终坚持面向不同人群的需求，把握人的内心渴求，通过多元要素的融合，创新新产业、新业态，以此来不断满足社会需要，以创意的产品引领与满足市场，进而推动田园综合体又快又好的发展。

2. 融合性。融合是创新新产业的手段。曾家河田园综合体的融合性产业的创新，以现有传统的"三农"元素、自然生态、产业特色及乡村文化元素为主体，依据大众需求，进行资源创新与新资源配置，创新新产业与新产品。市场化的融合创新一般在三个层面上展开：一是跨界。农业与养生，生态、农业、休闲三者融合。二是各类元素融合创新，推动新产业，新产品的形成。三是元素的资源化配置，推动一般性产业形成区域主导产业与优势产业。

3. 功能性。功能化就是有对象的需求满足指向。在内容上，融入文化元素，创新性的产业；在功能上，实现体验参与，体现多元功能的有机结合；在价值上，体现人性本真自我回归的渴求。比如，米粉村、米酒村及其他相关产业的创新都是按照这一原则来实施的。

4. 综合集群。改变单一产业发展模式，按区域市场、人群市场、时间市场的不同，形成多元的综合性新产业、新产品、新市场，以实现产业与产品综合性的集群式的供给。如有优质农产品，有稻米加工的系列产品，也有文化体验类的服务产品，由此形成产品集群。综合性的产业集群是实现区域功能互动，满足区域市场需求的必备条件。

5. 个性化。在曾家河，产业个性化是资源的特殊性及市场的个性化需求的反映。主要表现在：立足水稻传统产业、江南水乡自然生态、农耕文化的资源优势，推进生态优质农产品产业创新，围绕稻米加工推进文化体验产业创新，以稻田生态景观为资源，推进新产业创新，以区域性的人文生态资源为基础，推进养生养老产业的创新等，都是围绕人的各类需求进行的服务产业的个性化创新，形成的个性化产业。

（三）创建特色村庄

米粉村、米酒村、稻花村是曾家河田园综合体的特色村庄，是由现有传统村庄转型发展而来的，以此形成曾家河田园综合体的资源、产业、平台基础。特色村庄主要体现在以下方面：

特色风貌：在村庄布局，建筑元素，村庄风格，服务功能，体现江南水乡特色。满足养生、养老及文化体验需要。

特色文化：主要体现稻作、农耕、荆楚、湖湘文化特点。在民风、民众、民俗及生活方面展现江南水乡风采。

特色产业：利用现有村庄文化、民风民俗、自然生态融合发展，形成特有资源，创建以文化体验为主体的文化体验、休闲养生产业。

特色服务：服务对象面向区域市场，服务内容以体验为主体，服务方式是自我服务与村民服务的有机结合。有养生养老、文化体验、休闲养生服务等。

特色自然生态景观：充分呈现江南水乡元素，将村庄、稻田、池塘、水面、荷花、林木、花草、水牛、小桥、流水等元素，有机构成美丽的江南画卷。

（四）新型产业农民

农民与田园综合体发展之间是相互支撑，彼此互为发展对象。田园综合体重塑现代产业农民大军，新型的产业农民推动着田园综合体的发展。与传统农民相比，田园综合体的新型产业农民的属性，主要体现在以下方面：

1. 组织性农民。组织性是由农业产业面向市场需求变化而产生的经济现象，目的是为了满足市场需求，提高经营效益。在曾家河，组织式的产业农民有三种主要方式：一是自组织，也就是农民相互间，依据产业创新发展的具体要求，组成合作社或者是合作联合社；二是传统农民实现传统的劳动转移，成为新型农业产业经营主体的劳动力，在产业经营中得到合理组织；三是与企业、合作社合伙，共同推动产业的发展。

2. 业主性农民。由于没有新型的产业作依托，农民单一的资产难以有效转变成有效资产，这是长期以来农村发展面临的瓶颈。曾家河在创建田园综合体的过程中，将新型产业创新作为抓手，通过推进农民资产化创新，依据产业发展的新要求，将现有资源性资产，主要包括田地、民宅等以不同的形式入股，通过功能转型，为新型产业的创新提供资源。传统农民由原来劳动性农民转变成为业主型农民。各得其所，共同发展。

3. 合伙性农民。在田园综合体内部，有些农户有资源，有经营能力，能够担负一定的服务项目，如农产品生产、养生养老服务项目的落地，采取合伙办法，推进发展。今后，传统农民依据新型产业发展的要求，与新型产业运营主体建立合作关系，按照"公司+农户"的产业化模式，推进产业创新发展将会成为田园综合体发展的有效形式之一。

4. 产业性农民。随着新型产业的不断发展，一方面，新型经营实体需要劳动力；另一方面，现有的农民通过培训进入新型产业，传统的农民变成新型产业农民。在田园综合体的创建过程中，曾家河将把引进新型产业、新型企业、新型职业、新型人员作为推动田园综合体的战略性工程。不同人员将依据新型产业的创新，比如旅游观光产业、文化体验产业、现代农业、农村电商等，以产业链为载体，形成产业大军，由此形成宏大的产业性新型农民队伍。

(五) 创新运行机制

曾家河田园综合体运行机制的创建主要考虑了两个方面的因素：一是产业门类的多样性，有农业产业、养生养老产业、文化体验与休闲观光；二是经营主体千差万别，有合作社、有企业、有投资商，还有政府部门。新型的运行机制有以下一些新特点：

1. 市场化。在田园综合体内部，一切产业创新与元素流动，都必须建立在市场化基础上。产业创新应由传统的生产导向型产业发展模式转变成市场导向性的现代产业发展模式。关键是做好市场定位与资源创新，配置与新产业创新相适应的新资源，以优质的产品，服务现代市场。

2. 共享与分享。坚持开放原则，实施资源精品化发展战略，使优质的公共资源及其产品成为田园综合体产业的共享资源，支撑田园综合体产业的发展。尊重各经营主体的"责、权、利"的平等权利，通过建立分享机制，使各利益主体合理组建，共同发展，构建起可持续发展的机制基础。

3. 包容性增长。包容性增长的核心是集群化发展，构建产业生态。通过创建主导产业带动周延产业发展模式，推动集群化发展。在田园综合体内部，各产业之间，通过价值互补与价值互换促进产业集群，以品牌集群、产业集群、产品集群促进田园综合体可持续发展。

4. 一体化。在田园综合体发展过程中，一体化主要体现在：田园综合体内部实现一体化；在津澧新城区域发展中实现一体化；通过构建田园综合体产业生态、产品生态促进田园综合体的发展。要推进一体化就必须做好产业、服务的功能定位，在此基础上，实现功能融合，支撑田园综合体的发展。

5. 节省服务。秉持节省服务是构成田园综合体竞争力的核心元素之一的理念。在田园综合体的运营过程中，强化运用现代科技手段，创建智能社区，实现服务平台化，构建在平台化基础上的自我服务体系。通过实现资源共享，服务平台化与个性需求的有机结合，来实现节省服务。

6. 群体治理。田园综合体群体治理主要立足四个方面来构建：一是明确主体类别，既要服务经营主体，也要尊重用户主体需求；二是强化公共产品的服务功能，分清公共产品的需求内容与方式，通过分析人的共性需求的公共性质来界定公共产品内容；三是通过构建高效的群体表达方式来实现个性分散的公共需求向公共的公共需求转变；四是创新对公共产品创新的决策机制。

7. 可持续。在田园综合体创建的过程中，曾家河田园综合体创建始终坚持并正确处理三大利益关系：一是正确处理政府、经营主体、用户、农民各主体的利益关系。二是科学构建与正确处理资源、生态、产业发展的关系。通过构建循环发展方式与生态集群发展方式来实现田园综合体的可持续发展。三是正确处理与区域发展的关系。使田园综合体的创建成为区域社会经济发展的有力支撑。

五、创新引领田园综合体的创建

树立发展的新观念是田园综合体创新发展的前提。牢固树立"创新、协调、绿色、开放、共享"的发展理念；牢固树立"绿水青山，也是金山银山"、传统"三农"是未来乡村发展的资源宝库的新发展观。

（一）三个跳出

跳出就是要打破传统的发展路径，在全新的路径上开辟发展的新领域，实现发展的新愿景。一是跳出传统农业发展路径，发展新型产业。重点是构建面向市场需求的市场导向性的新型产业。通过农业产业功能多元化创新，实现多元素融合，创新产业。比如在曾家河，以田园综合体为主线，面向周边城市居民的新需求，运用创意与融合创新手法，以打造"米粉村、米酒村、稻花村"为平台，发展稻米文化体验与休闲产业，实现由传统的立足自给自足性的水稻及小规模的蔬菜生产向区域养生养老产业的营养性功能性优质农产品的生产转变。在此基础上，还要利用发达多样化的水文景观资源，发展水生植物的种植，实现多产业融合，创新观光休闲，养生养老产业。二是跳出传统农村，重建未来乡村。通过创建特色小镇，创新新型产业，构建起镇村一体、村村一体、城乡互动、特色鲜明、环境优美、和谐宜居的新乡村。三是跳出传统农民，重塑产业农民。通过纵向与横向的产业创新，使"新农民"成为新产业的推动者与实践者，成为传统"三农"向"新三农"发展转型的动力。通过产业载体、股权参与、资产融合等多种方式，发展现代"业主型产业农民"。使新型农民成为发展田园综合体的产业大军。

（二）四个回归

我们强调的"回归"不是复古，是面向未来的"新三农"的发展，是创建面向未来的新乡村。一是生存条件由农业主体性的生产环境，向人与自然和谐的原生态环境回归，实现农业生态环境的景观化，构建宜居、宜业、适宜养生的生态环境。二是由单一以农业生产为主体的生产方式，向原生态循环式农业生产方式的回归，形成多元产业集群式发展，使未来乡村成为传统文化传承与创新的载体。三是由农户生存性的居住向人与自然和谐相处的养生性开放式村落回归。四是村庄风貌向文化村庄特色回归。通过四个"回归"，曾家河将成为周边居民，本土农民生活休闲养生养老的福地。

（三）创意与融合引领产业集群创新

在曾家河，田园综合体产业集群创新，是创意性的产业创新，也是融合型的产业集群创新。如何实现创意与融合引领发展？首先，确立"需求—产品创意—融合创新—新产业集群"的发展路径。其次，做好市场定位。细分区域市场、季节性的时间市场、不同的人群市场，以市场的需求确定产品的供给进而实现产业创新。再次，把握元素功能，推动元素融合。也就是在确定市场需求的基础上，确定产品功能，通过元素融合来实现功能化产品制造。最后，构建不断升级的产业集群。通过产业创制、产品创新、服务创新，形成主导产业、支柱产业、周延产业相结合，传统产业、新型产业及战略性产业相协调的产业集群式发展。在田园综合体的建设中，还要以特色的优势产业为支柱，形成多元化产品集群、企业集群、品牌集群，核心产业与外延产业创新相结合，传统产业、优势产业与新兴产业多元产业相互融合的产业集群。

（四）存量资产利用创新

随着曾家河所在区域社会经济结构的加快变化，原有的各种优质资源正在加快向周边城市转移，这一过程还在加速。目前，曾家河所在地区部分资产加快废弃，原有千年集镇由于功能萎缩，转型相对迟缓，古镇正现衰落之势。这些资产主要是原有的中小学，农民民宅院落与自留地，沟岗、池塘、河湖，现有林木。有国家的、集体的，也有农民和集镇居民的。如何发挥这些资产的作用，盘活并升值这些资产，是曾家河田园综合体创建过程中面向的新课题。如何才能实现好这一历史性的创新工程？一是创新集镇功能。以特色小镇创建为突破口，确定集镇发展的新方向，以此为基础，配置新资源，创新新产业，以新产业的创新促进现有资产的增值。二是利用现有学校及其现存资产，配置新资源，创建文化产业，比如依托已经废弃的中学资源创建"江南梦溪书院"，以江南文化产业促进原有学校场地功能的转型升级。三是对现有沟岗、池塘、河湖进行清淤，恢复生态调节功能，进行景观化改造，使其成为田园综合体的精品化高端公共产品或者新产业的资源。四是通过创建特色村庄，发展休闲文化体验养生养老产业，对现有民宿进行功能转型，盘活现有资产。田园综合体将针对不同情况采取合伙、整体购买、短期租赁及入股合营等形式来推进不同资产资本化重组，以恢复新生机。能否有效盘活现有存量资产，关键在于功能定位、可持续的产业创新支持及合理的合作机制。

在推进田园综合体创建中，随着农村新产业、新业态、新服务的创新推进，农村发展与传统土地规划利用的矛盾越来越突出。首先是规划衔接不足，一些新产业建设项目难以落地。部分公共服务设施建设不足，新建设施用地需求亟待破解土地规划与利用难题。其次是用地政策系统性不够。田园综合体是综合性产业集群，涉及土地用途和权利类型复杂多样。现有政策可能成为推进田园综合体创建的制约。最后是田园综合体新业态用地政策亟需明确。针对这些新情况，在土地规划实施方面，拟采取多种路径：一是要素化。通过租赁、入股、流转等方式，使传统农民成为现代"业主型产业农民"。二是功能化。发挥土地区域功能，使之成为推动新型产业发展的助推力量。三是资源化。与盘活农村现有集体经济组织、外出农户现存僵化资产、创新新产业有机结合，做好功能布局，搞活农村存量资产，提高土地的整体效率。四是资本化。与新型产业为载体，通过土地、劳动力及不同资产的有机结合，组成相应实体组织，提高农民组织化程度，确保农户可持续的收益增长。五是通过土地与其他资产的有机结合，以壮大新型农民产业大军为引领，引导返乡下乡人员依法以入股、合作、租赁等形式使用农村集体土地发展新型产业，依法使用农村集体建设用地开展创业创新。通过农村闲置宅基地整理新增的耕地和建设用地，与返乡下乡人员创业创新相结合，引导返乡下乡人员依托自有和闲置农房院落发展田园综合体的相关产业与服务。

（五）投资创新

从总体来看，曾家河田园综合体的投资需求体量相对较大，存在投资供给能力的相对短缺与不足；与此同时，由于田园综合体是一个综合性的产业创新集群，资源权属与利益主体多元化并存，需要构建起合理的多元利益协调机制，满足多元主体的利益诉求；另外，田园综合体的资源属性也表现为公共产品性、产业创新性及产品性多性资源的并存，不同性质的资源直接影响投资的效率。我们认为，投资创新必须坚持"政府主导、企业运营、市场机制"的总原则。依据不同产品与产业性质，采取不同投资组合，实现投资差异化。公共性质资源的配置具有公共性质与长期性，不能直接转变成产业收益，如基础性的交通设施、具有艺术美感的生态系统、多元化的民风民俗及农村传统文化传承与创新等，采取政府立项，企业运营，政府购买及政策支持，在具体的管理与维护过程中，还要采取政府购买服务的方式推动长远性的公共产品的投资。依据不同市场，不同产业性质，采取补助、购买、租赁、投资分期返还等多种方式。组建利益共同体，推进投资主体多元化及法人化。以产业为载体，以供应链为纽带，通过共同合资，一体化经营，龙头企业+合作伙伴，产供销合理分工协作，构建利益连接，组建利益共同体，共同推动投资创新。将农民及集体组织的生产资料、土地、房屋、劳动能力进行资源化的创新，与社会资本有机结合，组建可持续发展的经营主体，以推进可持续的产业发展。依据投资回报与收益方式的不同，引进PPP战略投资，探索采取BOT多种运营方式：建设—经营—转让；BT：建设—转让；BTO：建设—转让—运营；BOO：建设—拥有—经营；TOT：转让—经营—转让；TBT：转让—建设—转让；LBO：租赁—建设—经营。这些措施都可以在实践中不断摸索与总结。

（六）运营创新

运营是难点也是关键点，决定田园综合体的成败。首先，配置"精品化"高端公共资源。精品的内涵体现在"生态和谐、艺术美感、文化传承"方面。重点是推进沟、岗、河、湖、田、村整体建设，体现江南水乡小桥、流水、人家、乡愁特色，实现生态化景观化。强化"江南梦溪书院"、"江南寒暄茶馆"公共服务产品建设，使其成为人们品味江南文化，体验农耕文明的好去处。其次，做好品牌诠释与传播推广创新。围绕"曾家河，一个人人都想去看看的江南水乡"，实施品牌推广与传播行动。注重公共品牌塑造，产业品牌培育，产品品牌的创新。通过区域公共品牌的引领作用，服务与推进产业的发展与区域市场的形成。最后，做势创造市场。做好市场的造势，以"赶集节庆会"为主体，开发节庆活动，与二十四节庆活动的组织与开发有机结合，可以设立"曾家河论坛"，与区域性旅游市场连接，与全国艺术创造、会议、研究基地对接，创建市场需求大于供给的市场发展态势。

论农耕文化的传承*

张莹　龙文军

中国以农立国，我们的祖辈世世代代在这片土地上撒下种子，收获产品，拥有上万年的农业历史。土地根据气候节律和自然条件每一年都会经历春种、夏耕、秋收、冬藏，人们的生活顺应土地的产出规律，不断获得幸福感，我们的文化也在这片土地上生发出来，而这样的文化也慢慢演变成了人民的精神家园，成为中华民族发展壮大的强大精神力量。农耕文化是中华文化的根基，就像农业是国民经济发展的基础一样重要。2007年"中央一号文件"指出："农业不仅具有食品保障功能，而且具有原料供给、就业增收、生态保护、观光旅游、文化传承等功能。"现代农业发展与农耕文化的传承是密不可分的整体。2009年9月，中国（庆阳）农耕文化节强调了农耕文化与现代农业的密切关系。

然而，在城乡一体化发展进程中，传统农业向现代农业转型升级，农

---

* 课题来源：农业部软科学课题"创意农业推动农业供给侧结构性改革"（编号：Z201613）。

张莹（1987—），女，农业部农村经济研究中心助理研究员，博士，主要研究方向为农村政策研究。龙文军（1971—），男，农业部农村经济研究中心研究员，博士，主要研究方向为农村政策、农业投资、农业保险、农村社会文化等。

耕文化却面临着衰落的威胁。守住农耕文化中那些活的中华民族的基因，守住土地中的伦理、守住中国文化的信仰、守住中国人在天地四时中建立起来的秩序，显得十分迫切。习近平总书记在2014年中央农村工作会议上指出："农耕文化是我国农业的宝贵财富，是中华文化的重要组成部分，不仅不能丢，而且要不断发扬光大。"挖掘农耕文化内涵，探索农耕文化传承方式，具有重要的现实意义。

一、农耕文化的内涵

在漫长的农业耕作实践中，先人们创造了灿烂辉煌的农耕文化，并代代积累传承。农耕文化内涵丰富，学术界对农耕文化内涵的界定尚不统一，有的学者将农耕文化等同于农业文化，认为两者基本同义，是区别于游牧文化、海洋文化、工业文化，以农业生产为中心的文化总称①。有的学者认为农耕文化是农业文化的一个分支，将农耕文化定义为人类在农业耕作实践活动中形成的、与农业社会有关的物质财富和精神财富的总和②。还有的学者从哲学视角理解农耕文化，认为它的内涵可以用"应时、取宜、守则、和谐"八个字来概括③。笔者认为，农耕文化是在以小农生产为基础的传统农业社会形成的、在农耕生产实践活动中创造、积累和传承的、与农耕以及农耕社会有关的文化总和，既包括农作物、农耕器具、生活用具、传统村落和民居等实体文化，也包括与农事、农耕有关的礼仪、民俗风情、传统习惯等精神文化，如节气夏历、祭祀礼仪、诗词谚语、民歌民谣、神话传说等。"应时、取宜、守则、和谐"是农耕文化内涵的核心。

"应时"。即"不违农时"。农业生产季节性很强，人们只有顺应天

---

① 邰扬：“论传承农耕文明的必要性”，《北方文学旬刊》2012年第9期。
② 罗建军、雷锦霞：“山西省农耕文化及观光休闲农业发展浅析”，《山西农业科学》2009年第11期。薛荣、贾兵强：“先秦中原农耕文化的内涵与再生机制”，《安徽农业科学》2009年第30期。
③ 彭金山：“农耕文化的内涵及对现代农业之意义”，《西北民族研究》2011年第1期。夏学禹：“论中国农耕文化的价值及传承途径”，《古今农业》2010年第3期。

时，根据自然界的四季变换规律安排农业生产，才能过上幸福愉快的生活。因此，"不违农时"是农民从事农事活动的基本准则。根据农时安排，人们创造了大量与之相关的岁时节令文化。

"取宜"。即根据不同的土地状况、不同的物候条件、不同的时间节点从事农业生产。我国从原始社会开始，就有了"取宜"的思想，农耕文化中的"相地之宜"和"相其阴阳"理念就是"取宜"的实践经验总结，在指导人们认识自然和从事农业生产中发挥了重大作用。黄河流域的旱作农业、长江流域的稻作农业以及北方的草原农业都是取宜的结果。

"守则"。即恪守准则、规范。我们的祖先在与大自然的长期互动中形成了用以协调人与自然关系的准则，并逐渐渗透到社会生活的方方面面。农耕文化蕴含的"以农为本、以德为荣、以礼为重"等优秀文化品格，都体现了守则的内容。

"和谐"。即天、地、人的和谐。我们的祖先在长期的农业生产实践中认识到，人和自然不是对抗关系，而是和谐共生的关系，并由此孕育了"天人合一"的思想，讲求天、地、人的和谐共生。和谐理念塑造了中华民族的价值趋向和行为规范[5]，支撑着农业走上可持续发展道路。

二、农耕文化的演进特征

中华民族有着悠久的农耕历史，在距今1万年前的新石器时代人们就开始从事农业生产，到公元前2000多年的夏朝，我国黄河流域由原始农业向传统农业过渡，逐步形成了精耕细作的传统，伴随着传统农业的发展，农耕文化也在不断演进，并呈现出鲜明的发展特征。

（一）顺应天时形成了科学的节气体系

早在东周时期，中国劳动人民中就有了日南至、日北至的概念。随后人们根据月初、月中的日月运行位置和天气及动植物生长等自然现象，形成了系统的二十四节气知识体系。时至今日，"二十四节气"已经成为指导农业生产实践的重要工具，并深刻影响着中国人的思想和行动。劳动人民把有关节气的内容总结、提炼，编排成许多对仗工整、生动活泼的民谚，便于安排农事，比如立春晴一日，耕田不费力；立春打了霜，当春会烂秧；雨打雨水节，二月落不歇；雨打清明前，洼地好种田；清明高粱接种谷，谷雨棉花再种薯等。

（二）迎合生产演化出传统的节庆习俗

在农耕文化的发展演进中，传统农事习俗逐渐演化为固定的农业礼仪和节日，成为中华民族传统文化的重要组成部分。"迎春"是民间的一项重要活动，并逐渐形成了"班春劝农""石阡说春""九华立春祭""打春牛""春倌说春"等民俗文化。在甘肃省西和、礼县一带，至今还有"春倌说春"的习俗，一到春节，春倌们便游乡串户，用说唱的形式告诉人们要不违农时；江苏盐城阜宁县"打春牛"的习俗也流传下来，人们用彩鞭鞭打春牛，提醒人们春耕即将开始，莫误农时，寓意来年五谷丰登、国泰民安。

（三）因地制宜创造了适应的技术手段

我国先民在劳动过程中，因地制宜创造了大量的种质资源培育、生物资源利用、水土资源管理、农业景观保持等方面的知识和适应性技术。如哈尼族先民经过艰辛的梯田农耕生产生活历练，积累了大量丰富的关于自然山水、动植物、生产生活的技能和经验，形成了《哈尼族四季生产调》，并将这些经验总结提炼为通俗易懂的歌谣，在师徒、母女和父子中通过口传心授、言传身教的方式传授，成为这个民族独特的文化现象。农民在实践中总结了多种农副产品加工技术，包括肉蛋制品、蔬菜加工品、水产加工品、茶、酒、调味品和发酵制品、其他农副产品等。适应各地地理、地质、气候条件，农民创造、发明和改良形成了各种农具，既有以曲辕犁、龙骨车、耙、耖为代表的适合水田稻作的工具，也有耧车、耙耱等适合旱作的工具；有稻床、连枷等收获农具，还有磨、碓为代表的加工农具；有适应滨海地域风力资源丰富等自然条件的风车机械，也有与水网密集相适应的筒车灌溉工具；有与淡水养殖、捕捞、水上运输等生产相适应的渔船、渔网等渔业生产工具，也有适合陆地运输的板车等。农耕文化以实物文化、精神文化的方式将这些技术手段延续下来。

（四）安心生产构筑了稳定的传统村落

固定农耕是农民安心生产的重要标志，也是村落形成的基础，村落成为农耕文化传承的重要载体，带动人们一起生产和生活，形成了具有地方特色的传统习俗、生活方式、行为规范和价值观念以及诸如尊老爱幼、邻里互助、诚实守信等一系列优秀的品质。在农耕文化的演进过程中，许多农耕文化遗产依托传统村落留存下来。如浙江永嘉县古村落，至今仍遗存着新石器时代的文化遗址以及宋、明、清历代的古桥、古塔、古牌坊、古牌楼和古战场，且大多以"天人合一""八卦"以及阴阳五行风水思想构建，遗留着大批完整的宗谱、族谱等历史文化遗产。在不同宗族聚合的村落，乡贤治理成为促进农村社会和谐稳定的重要力量。乡贤所拥有的知识、信仰、道德标准和习俗习惯等逐渐衍生出见贤思齐、崇德向善、诚信友爱的乡贤文化，并成为教化乡里、引领乡风良俗的精神支撑。

三、传承农耕文化的现实意义

农耕文化是中华文化的根基①，在朴素的哲学思想指导下，中华农耕文化长久不息，传承农耕文化，既是发展现代农业的迫切需要，也是丰富人们精神家园的现实需求。

（一）传承农耕文化有利于农业生产经营，保障粮食安全

人多地少、耕地稀缺是我国的基本国情，要保障粮食安全，需要秉承精耕细作的耕作制度，加强土地的集约化利用。我们的先人早在夏朝就萌发了精耕细作的理念，并逐渐形成了精耕细作的农业生产技术体系。《氾胜之书》记载："凡耕之本，在于趋时，和土，务粪泽，早锄，早获。"十几个字就将精耕细作的农业生产模式较为完整地表述出来。传承农耕文化，首先就要传承这种精耕细作的理念，促进农业生产发展，保障粮食等

---

① 张莹、龙文军、刘洋："农村社会文化问题研究综述"，《农业经济问题》2017年第4期。

主要农产品的有效供给。

（二）传承农耕文化有利于发展循环农业理念，改善生态环境

农耕文化强调天地人的和谐共生，我们的祖先创造的"杂五种，以备灾害"的作物轮作、间作、套种等种植方式，桑基鱼塘、稻鱼共生、水域立体养殖、病虫害生物防治等农业生产技术，无不体现了生态循环、环境友好、资源保护的理念。传承历代保护资源环境的优秀文化，对于当今解决地力衰竭、农业面源污染等问题，具有重要借鉴意义，同时还有利于增强人们自觉保护资源环境的意识。

（三）传承农耕文化有利于拓展农业多功能，培育发展新动能

在当前我国新旧发展动能转换的关键时期，传承农耕文化，有利于推进农业与文化、旅游等产业的融合发展，发掘农耕文化旅游等新型业态，拓展农业功能，培育农业农村发展新动能。当前，休闲农业与乡村旅游已经成为农村经济新的增长点。古朴的乡村农耕情调，是农耕文化的载体，其韵味独特、风光怡人，独具田园情调，是发展休闲农业与乡村旅游的重要基础[7]。

（四）传承农耕文化有利于提高民族凝聚力，增强国际认同感

我国每个民族根据所处自然条件和拥有资源的特点，因地制宜地从事农业生产，并由此创造了自己的农耕文化，如哈尼族的梯田文化、壮族霜降节、苗族赶秋、安仁赶分社等。这些农耕文化具有鲜明的民族特色和风格，是维系民族生存和发展的精神纽带。传承农耕文化，就要传承这些民族特色文化，增强民族凝聚力，提高世界其他民族对中华民族传统文化的认同感。云南元阳利用哈尼梯田资源，每两年举办一次"中国红河元阳哈尼梯田文化旅游节"，向海内外游客展示当地悠久的梯田文化，不断扩大国际影响力。

四、传承农耕文化的主要方式

我国作为一个历史悠久的文明古国,几千年形成和发展的农耕文化,是中华文化、美丽乡愁的根与魂。要留住我们的根与魂,就要多方式、多渠道地传承农耕文化。2017年1月,中共中央办公厅、国务院办公厅印发的《关于实施中华优秀传统文化传承发展工程的意见》中提出,大力发展文化旅游,充分利用历史文化资源优势,规划设计推出一批专题研学旅游线路,引导游客在文化旅游中感知中华文化[1]。农耕文化作为中华文化的重要组成部分,开发农耕文化旅游资源,也是传承的一种方式。吉林梨树县蔡家村依托浓厚的历史文化底蕴和区位优势,重视农耕文化传承,以农耕文化为魂,全力打造关东农耕文化乡村,借此发展乡村旅游。

(一)挖掘整理农耕文化

充分挖掘农耕文化,开展农业生产生活民风民俗的调查搜集工作,对节气夏历、祭祀礼仪、诗词谚语、民歌民谣、神话传说等与农事、农耕有关的各类礼仪、民俗风情、传统习惯进行溯源与整理,通过出版典籍、树碑刻字等方式将农耕文化传承下去,留住"乡愁"记忆。如陕西西乡县五丰社区,通过采访熟知当地风俗习惯和人文历史的老人,对五丰农耕历史、风俗、传说典故等进行系统挖掘,整理出《话五丰》典籍,编写了快板《夸夸咱的五丰》,为传承农耕文化留下了宝贵财富[2]。黑龙江辞赋家王泽生主动搜集整理呼兰河谚语,编写了《呼兰河民谚小词典》,为传承寒地黑土农耕文化贡献了一己之力。

(二)场所展示农耕文化

建设农耕文化博物馆、展览馆、展览室等文化展示场所,既可以保护

---

[1] 中共中央办公厅 国务院办公厅印发《关于实施中华优秀传统文化传承发展工程的意见》,新华社,http://news.xinhuanet.com/politics/2017-01/25/c_1120383155.htm。

[2] 汉中市文明办:"西乡县五丰社区:挖掘农耕文化 建设文明家园",中国文明网,http://wenminghanzhong.cn/Article.aspx?page=1&webid=76。

散落在民间的传统农耕文物,也可以传承农耕文化精髓。通过展示传统农耕用具,还原农耕生活场景,述说风土人情,可以增加对农耕文化的直观认识。目前,国内已有一些地区建成此类设施。其中,既有公立博物馆、展览馆,如内蒙古鄂尔多斯广稷农耕博物馆、黑龙江拜泉的生态文化博物馆、吉林梨树东北农耕文化博物馆、河南许昌中原农耕文化博物馆、湖南耒阳农耕文化博物馆、江西南康客家农耕文化博物馆、安徽石台皖南民俗博物馆、周祖农耕文化展览馆等,也有民营博物馆、展览馆,诸如河南开封黄河农耕文化博物馆、湖北孝感农耕民俗文化博物馆、安徽蚌埠金色农家民俗博物馆、河北清河农耕文化展览馆等。建立农耕文化展示场所不是最终目的,要以这些博物馆、展览馆为依托开展宣传教育,尤其是加强对青少年的教育,促进农耕文化的代际传承。

(三) 参与体验农耕文化

让心底藏有乡愁、渴望亲近泥土的城市人群体验田园生活、参与农事活动、品尝劳动滋味,通过参与体验,感受乡村生产生活方式,了解背后的历史故事、风俗习惯,享受农耕文化对精神的熏陶。江苏省苏州江南农耕文化园,按照"缩小比例的江南水乡,功能丰富的休闲农庄,农耕主题的文化走廊"的设想,设有农耕历史区、土地整理区、江南养殖区、农家休闲区、乡村能源区、江南作坊区、农耕谚语区、农户设施区、十二生肖区等九个农耕文化功能区域,可以让人们切身感受到江南水乡的传统农耕文化。张家港永联村把中国传统文化融入村民的活动广场中去,《梦溪笔谈》《天工开物》等著作被刻在石板上,这说明,经济越发展,越需要有文化的支撑。四川省达州市通川区建设川东北首家农耕文化亲子乐园,城市的孩子可以来这里亲近大自然,体验农耕文化,感受农村生活,有效促进了城乡青少年的交流互动[①]。

---

① 孟静:"通川区将建川东北 首家农耕文化亲子乐园",达州日报网,http://www.dzrbs.com/html/2016-03/01/content_177489.htm。

(四) 工艺再现农耕文化

农耕文化衍生出许多颇具特色的民间传统手工艺,如刺绣、剪纸、竹编、草编等。然而,受当今大工业机械化制造的影响,传统手工艺生存空间越来越窄,部分工艺甚至面临失传的危险。据调查,我国86%的传统手工从业者分布在农村,近七成年收入在2万元以下,近六成尚未找到继承人,近七成受访者对传统手工的学习意愿不高①。保护这些衍生手工艺,让它们融入"一县一品""一乡一品""一村一品"的创立和发展之中,实现品牌化生产,也是农耕文化的传承方式之一。

五、结语

我国千百年的发展造就了丰富的农耕文化,顺应天时形成了科学的节气体系,迎合生产演化出传统的节庆习俗,因地制宜创造了适宜的技术手段,安心生产构筑了稳定的传统村落。传承农耕文化,既是发展现代农业农村的迫切需要,也是丰富人们精神家园的现实需求。传承农耕文化有利于农业生产经营,保障粮食安全,有利于发展循环农业理念,改善生态环境,有利于拓展农业功能,培育发展新动能,还有利于提高民族凝聚力和国际认同感。因此,我们要重视传承农耕文化,通过挖掘整理农耕文化、场所展示农耕文化、参与体验农耕文化、工艺再现农耕文化等方式,维护农耕文化的存续力和生命力。

参考文献

[1] 郜扬:"论传承农耕文明的必要性",《北方文学旬刊》2012年第9期。

[2] 罗建军、雷锦霞:"山西省农耕文化及观光休闲农业发展浅析",

---

① 佚名:"传统手工艺濒危? 买卖是最好的保护,使用是最好的传承",http://mt.sohu.com/20161022/n471033209.shtml。

《山西农业科学》2009 年第 11 期。

[3] 薛荣、贾兵强:"先秦中原农耕文化的内涵与再生机制",《安徽农业科学》2009 年第 30 期。

[4] 彭金山:"农耕文化的内涵及对现代农业之意义",《西北民族研究》2011 年第 1 期。

[5] 夏学禹:"论中国农耕文化的价值及传承途径",《古今农业》2010 年第 3 期。

[6] 张莹、龙文军、刘洋:"农村社会文化问题研究综述",《农业经济问题》2017 年第 4 期。

[7] 郑文堂等:《休闲农业发展中的农耕文化挖掘》,中国农业出版社 2015 年版。

[8] 中共中央办公厅 国务院办公厅印发《关于实施中华优秀传统文化传承发展工程的意见》,新华社,http://news.xinhuanet.com/politics/2017-01/25/c_1120383155.htm。

[9] 汉中市文明办:"西乡县五丰社区:挖掘农耕文化 建设文明家园",中国文明网,http://wenminghanzhong.cn/Article.aspx?page=1&webid=76。

[10] 孟静:"通川区将建川东北 首家农耕文化亲子乐园",达州日报网,http://www.dzrbs.com/html/2016-03/01/content_177489.htm。

[11] 佚名:"传统手工艺濒危?买卖是最好的保护,使用是最好的传承",http://mt.sohu.com/20161022/n471033209.shtml。

农户对农业文化遗产保护与发展的感知分析*

——来自云南哈尼梯田的调查

张灿强 闵庆文 田密

农业文化遗产具有丰富的生物多样性、传统知识和技术以及独特的生态与文化景观，对满足当地社会经济发展需要，促进区域可持续发展具有重要意义①。农业文化遗产具有活态性，相比于其他遗产类型，农业文化遗产的保护难度更大。在组成农业文化遗产系统的诸多因素中，农业文化

---

* 基金项目：本文得到农业部农村经济研究中心青年基金、农业国际交流与合作项目"2016 年中国全球重要农业文化遗产保护"资助。张灿强，男，农业部农村经济研究中心，副研究员，主要研究方向为农业文化遗产保护，农业资源环境与可持续发展。闵庆文，男，中国科学院地理科学与资源研究所，研究员，博士生导师，主要研究方向为生态农业与农业文化遗产，生态系统服务与生态补偿。田密，女，中国科学院地理科学与资源研究所，博士，主要研究方向为遗产旅游。

① 闵庆文："全球重要农业文化遗产——一种新的世界遗产类型"，《资源科学》2006 年第 4 期。闵庆文、孙业红："农业文化遗产的概念、特点与保护要求"，《资源科学》2009 年第 6 期。

遗产的直接经营者——农户发挥着核心作用①。农业文化遗产本质上是一个生产系统，农户是其真正的"主人"，没有农户自觉自愿的参与，农业文化遗产不可能获得有效传承②。农户的行为受到诸多心理因素的影响，尤其是对事物的感知，准确地感知是合理行为的前提③，只有明确农户的感知及其形成机制，才能更好地理解其行为特征，从而采取有针对性的措施，提高相关政策的执行效率。

感知是人之心念来诠释自己器官所接收到的信号。感知作为信息反馈被广泛地应用到消费满意度、政策执行情况等问题评价④。人们对环境变化的感知也是研究的重要方面，尤其是在农业领域，农业生产的自然属性决定了农户是环境脆弱性和气候变化的直接感受者，农户感知是应对环境与气候变化的重要依据⑤。在自然与生态系统保护中，如自然保护区和世界遗产等，越来越多的人意识到需要考虑社区居民的感受，尤其是要满足

---

① Zhang C Q, Liu M C. Challenges and countermeasures for the sustainable development of nationally important agricultural heritage systems in China [J]. *Journal of Resources and Ecology*, 2014, 5 (4): 390 - 394. 李明、王思明："农业文化遗产：保护什么与怎样保护"，《中国农史》2012年第2期。张灿强、沈贵银："农业文化遗产的多功能价值及其产业融合发展途径探讨"，《中国农业大学学报（社会科学版）》2016年第2期。

② 苑利："正确处理好农业文化遗产保护中的五大关系"，《中国农史》2014年第6期。

③ Peng J, Zhou S Y. Environmental perception and awareness building of Beijing citizens: a case study of Nansha river [J]. *Human Geography*, 2001, 16 (3): 21 - 25.

④ 金立印："服务保证对顾客满意预期及行为倾向的影响——风险感知与价值感知的媒介效应"，《管理世界》2007年第8期。胡晨成、邵景安、余洋等："不同生计方式农户的土地流转感知——以三峡库区云阳县为例"，《西北师范大学学报（自然科学版）》2014年第5期。张方圆、赵雪雁："基于农户感知的生态补偿效应分析——以黑河中游张掖市为例"，《中国生态农业学报》2014年第3期。

⑤ 郭玲霞、封建民、孙铂："陕北生态脆弱区农民环境感知状况及其影响因素"，《水土保持通报》2015年第4期。李文美、赵雪雁、郭芳："石羊河下游农户对生态退化的感知及响应"，《中国生态农业学报》2015年第11期。赵雪雁："农户对气候变化的感知与适应研究综述"，《应用生态学报》2014年第8期。赵雪雁、薛冰："干旱区内陆河流域农户对水资源紧缺的感知及适应——以石羊河中下游为例"，《地理科学》2015年第12期。卞莹莹、宋乃发："农牧交错带不同生计方式农户对生态环境的感知和适应——以宁夏盐池县皖记沟村为例"，《浙江大学学报（农业与生命科学版）》2014年第2期。

当地居民的生计需求①。农业文化遗产是一种活态遗产，人既是遗产系统的重要组成部分，遗产的发展更要考虑人的感受与需求②。唐晓云③采用感知方法探讨了社区型农业文化遗产地居民对旅游开发社会文化变化的感知及其与旅游发展的相互影响，发现环境感知、关系感知、利益感知、权利感知是社区居民旅游开发后较显著的感知因子。熊礼明④以游客为研究对象，分析了游客对农业文化遗产地旅游主客冲突的感知，得出旅游主客交往的意愿都很强、旅游主客冲突普遍存在以及旅游主客冲突管理具有必要性等结论。有关居民农业文化遗产保护与发展的感知主要集中在旅游发展影响方面，缺少感知评价体系以及有关感知影响机制的研究。

农户对农业文化遗产保护的参与行为很大程度上受到自身感知的影响，只有当农户感知到保护农业文化遗产有利于家庭福利和生计状况改善时，农户才会响应保护与发展的要求。本文以农户感知为基本视角，通过对全球重要农业文化遗产——云南红河哈尼稻作梯田（下称"哈尼梯田"），将农户感知细分为遗产保护感知、生态问题感知和旅游发展感知，构建农户感知评价体系，通过感知指数评价，分析不同感知的相关性和影响因素，从而帮助农业文化遗产的管理者、规划者和开发者更好的理解和尊重当地居民的意见，探索可持续发展的有效途径，从而提高农户感知的积极影响和消除感知的消极影响，实现农业文化遗产的保护和传承。

---

① 卢松、张捷、唐文跃等："基于旅游影响感知的古村落旅游地居民类型划分——以世界文化遗产皖南古村落为例"，《农业经济问题》2008年第4期。王凯、欧艳、葛全胜："世界遗产地居民对生态移民影响的感知——以武陵源3个移民安置区为例"，《应用生态学报》2012年第6期。段伟、赵正、马奔等："保护区周边农户对生态保护收益及损失的感知分析"，《资源科学》2015年第12期。

② 崔峰、李明、王思明："农业文化遗产保护与区域经济社会发展关系研究——以江苏兴化垛田为例"，《中国人口·资源与环境》2013年第12期。

③ 唐晓云、闵庆文、吴忠军："社区型农业文化遗产旅游地居民感知及其影响——以广西桂林龙脊平安寨为例"，《资源科学》2010年第6期。

④ 熊礼明："游客对农业文化遗产地旅游主客冲突感知研究"，《中国农学通报》2014年第23期。

一、研究区域与研究方法

（一）研究区概况

云南红河哈尼稻作梯田位于云南省南部哀牢山南麓，分布于红河南岸的元阳、红河、金平、绿春 4 县的崇山峻岭中，面积约 6.5 万公顷，世代居住着哈尼族、彝族等 10 个民族约 126 万人口。在过去的 1300 多年间，当地居民发明了复杂的沟渠系统，将山上的水从草木丛生的山顶送至各级梯田，他们还创造了完整的农作体系，支持了当地的主要谷物——红米的生产。居民崇拜日月山河、森林等其他自然现象（包括火在内），居住在分布于山顶森林和梯田之间的村寨里。整个梯田景观形成森林、水系、梯田和村寨"四素同构"格局，其精密复杂的农业、林业和水分配系统，通过长期形成的独特的社会经济宗教体系得以加强，彰显了人与环境的高度和谐。2010 年，哈尼梯田被联合国粮农组织列为全球重要农业文化遗产，2013 年被联合国教科文组织列为世界文化遗产，同年被农业部列为首批中国重要农业文化遗产。

本文采用参与式农户评估方法（PRA）进行农户调查并获取相关数据，2015 年 7—8 月，调研组选择元阳县和红河县梯田景观有代表性的乡镇，元阳县选取牛角寨乡和新街镇，红河县选择阿扎河乡、宝华乡和乐育乡，每个乡镇选择 2 个村，在村干部的支持下，按照农户收入进行分层抽样，然后由村干部带领调查员进行入户访谈，针对中老年哈尼族受访者配置了口语翻译。调查共收回问卷 199 份，通过有效性检验，有效 176 份，有效率为 88.4%。

从 176 份农户样本来看（见表 1），从性别上，男性占 56.8%，多于女性；从年龄结构看，以中年（41—64 岁）为主，占调查样本的 47.2%；调查对象受教育程度偏低，小学以下占 61.9%，初中文化程度占 27.3%；农户家庭平均土地经营面积为 3.8 亩，经营面积在 2.5—5 亩间的农户数量最多，占 35.2%；从农户对各种生计的选择频数来看，90.9% 的农户家庭都有种植业，主要以稻谷种植为主，有养殖业的家庭占 51.1%，外出务工是农户兼业的重要形式，68.8% 的农户家庭有外出务工的成员，24

户家庭开展旅游接待服务。

表1　　　　　　　　调查农户基本情况

项目	指标	数量	占比（或频数）
性别	男	100	56.8
	女	76	43.2
年龄	18岁以下	10	5.7
	19—40岁	69	39.2
	41—64岁	83	47.2
	65岁以上	14	6.8
教育程度	小学以下	109	61.9
	初中	48	27.3
	高中	9	5.1
	大专以上	10	5.7
家庭经营耕地规模	0—0.5亩	14	8.0
	0.5—1.0亩	27	15.3
	1.0—2.0亩	41	23.3
	2.5—5.0亩	62	35.2
	5亩以上	32	18.2
家庭生计方式[1]	种植业	160	90.9
	养殖业	90	51.1
	家庭副业	11	6.3
	旅游接待	24	13.6
	外出务工	121	68.8
	工资性工作	21	11.9

注：[1]家庭生计可有多种，此项"占比"一栏代表农户家庭选择此项生计的频数，如90.9%的家庭都有种植业。

（二）主要研究方法

运用半定量的方法测量农户的对某一问题的主观判断和个人感受，每个问题的答案采用里克特（Liker）5级量表，用"完全不符合""不符合""一般""符合""完全符合"表示被调查者的赞成程度,分别用1、2、3、4、5的分值予以量化,将单个问题的农户感知值进行平均,代表农户对该问题的感知指数。感知指数在1—5之间,越接近1表示越不符合农户的感知,越接近5表示越符合,均值1—2.5表示不符合,2.5—3.5表示中立,3.5—5表示符合。

农户对不同问题的感知可能存在相关性,运用Pearson相关系数矩阵分析农户不同感知间的相关关系。选择农户个人与家庭特征因素,包括年龄、教育程度、土地经营规模、家庭收入和生计方式,采用Pearson相关系数研究个人与家庭因素对农户感知的影响。

二、农户对农业文化遗产系统的感知

农业文化遗产是由生态、资源、社会、经济等要素组成的有机整体。哈尼梯田系统除了有形的森林、水系、梯田和村寨外,还包含无形的传统农业知识和技术、民风民俗、宗教信仰等要素。农业文化遗产保护的要素众多,而稳定的生态系统是遗产存在与持续发展的基础。梯田旅游方兴未艾,逐渐成为农户的重要生计途径。研究重点从三个维度考察农户对农业文化遗产系统的感知,即遗产保护感知、生态问题感知和旅游发展感知,着重了解农户对遗产的认知和态度以及对生态保护与旅游发展的认识。

(一)农户对遗产保护的感知

农业文化遗产系统不仅包括农业生产系统,还包括与农业生产息息相关的知识体系、技术体系和文化体系。由于地处偏远山区,当地农耕传统保持较好,农户对当地农耕知识、技术、乡规民约和民风民俗有一定的知晓程度,但也要看到,随着劳动力的转移和农户兼业化,近三成的受访者对民风民俗了解程度较差。调研数据显示,尽管超过四成的受访者不知晓农业文化遗产的含义及其保护要求,但农户对梯田系统的保护意愿较为强烈,八成以上的农户意识到梯田的珍贵性,应该响应号召,加强保护。从传承感知看,84.21%和85.96%的农户认为应该将传统农耕技术、民风民俗和传统歌舞继承给下一代。当问及"如果有机会外出务工,是否继续耕种梯田"时，66.9%的受访者选择兼业，即农忙时回来耕种，22.7%的受访者选择转租给他人耕种，仅有2.5%的农户放弃梯田耕种，说明当代人还有农耕情节和种田惯性。但是问及是否希望后代继续种田时，农户的感知指数为2.7，51.74%的农户给出否定回答，这可能与梯田劳动强度大，比较效益低有关（见表2）。

表2 农户对遗产保护的感知

项目	符号	指标	指数	方差	符合比例（%）	不符合比例（%）
遗产认知程度	H_1	了解本地传统农耕知识和技术	4.11	1.17	69.54	13.25
		了解本地乡规民约和民风民俗	3.28	1.05	47.73	27.27
遗产保护意愿	H_2	应该响应政府的号召保护梯田	4.16	0.80	85.96	4.09
		保护梯田就是保护祖先留下的遗产	4.22	0.68	89.16	1.81
遗产传承感知	H_3	传统农耕知识和技术、民风民俗应该传承下去	4.13	0.69	84.21	1.17
		传统歌舞等艺术形式应该得到传承	4.14	0.72	85.96	2.92
		希望子孙继续耕种梯田	2.70	1.21	33.14	51.74

（二）农户对生态问题的感知

从水、土等农业资源状况的农户感知来看，农户对水资源减少的感知指数为3.99，符合比率达到73.84%，59.4%的农户认为梯田的土壤质量下降。农户对生态问题的感知与调研组了解的情况基本一致，如对元阳县新街镇多依树普高老寨村村主任的访谈中了解到，近几年随着旅游业的发展，村里为游客提供餐饮、住宿的客栈逐步发展起来，目前全村共有34家客栈，游客和客栈的增多使用水量增加，而客栈基本上位于山腰，从而减少和分散了山上涵养并自流到山下梯田的水，有些梯田开始出现旱化。哈尼梯田地区农户施肥量较少，土壤肥力维持大多靠农家肥还田，随着农户牲畜养殖量下降，土壤肥力受到影响。农户的环保意识不强，感知过量施肥施药影响农田环境的农户占45.6%，不足总农户数量的一半。愿意保护山上保水植物的农户占94.1%，感知指数达到4.33，这与哈尼族"寨神林"崇拜为核心的传统森林保护理念相关，使这里的自然生态系统保存良好，为梯田提供着丰富水源。农户对自身行为的环境影响感知较弱，如农户对减少化肥农药的意愿并不十分强烈，符合比例为56.6%（见表3）。

表3　农户对生态问题的感知

项目	符号	指标	指数	方差	符合比例（%）	不符合比例（%）
资源问题感知	E_1	梯田灌溉用水减少	3.99	0.99	73.84	10.47
		梯田土壤质量下降	3.59	0.89	59.41	10.59
环境影响感知	E_2	过量施肥施药影响农田环境	3.03	1.14	45.56	36.69
生态保护意愿	E_3	愿意保护山上的保水植物	4.33	0.60	94.08	0.00
		愿意减少农药和化肥使用	2.50	1.04	56.55	21.43

（三）农户对旅游发展的感知

农户对发展梯田旅游总体上持支持态度，感知指数为4.11，符合比例达到85.7%。75.0%的农户认为旅游发展有利于梯田保护，当然农户会从自身利益出发，旅游发展为农户开辟了新的生计途径，为游客提供住宿、餐饮，销售旅游纪念品、特色农产品、民族服饰等服务的农户数量增多，感知旅游发展有利于增加收入的农户比例达到74.3%。旅游对基础设施改善的感知指数为3.52，基本为符合状态。然而，农户对旅游发展的总体满意情况并不理想，感知指数为3.31，符合比例仅为50.4%。继续以普高老寨村的客栈发展为例，该村的三十多家客栈中，一半以上由外地人经营，并且外地人经营的客栈很少雇佣当地居民，旅游经营对当地经济和就业的带动有限。农户对旅游发展不利影响的感知指数全部小于2.0，处于"不符合"状态，说明农户基本没有感知到旅游发展的不利影响，可能的原因是哈尼梯田旅游发展还处于初级阶段，游客大多在冬季前来观赏灌水梯田景观，以观光游为主，季节性突出，停留时间短，与当地民众接触机会不多（见表4）。

表4　　　　　　　　　　农户对旅游发展的感知

项目	符号	指标	指数	方差	符合比例（%）	不符合比例（%）
旅游发展感知	T_1	支持当地发展梯田旅游	4.11	0.80	85.71	6.55
		旅游发展总体基本满意	3.31	0.87	50.36	17.52
旅游有利影响	T_2	旅游发展有利于农户增收	3.92	0.74	74.25	5.99
		旅游发展有利于遗产保护	3.93	0.81	75.00	6.55
		旅游发展有利于基础设施改善	3.52	1.06	55.75	17.70
旅游不利影响	T_3	侵犯了当地居民的隐私	1.57	0.89	3.95	82.24
		打扰了当地居民的祭祀活动及信仰	1.54	0.90	4.64	82.78
		朴素的民风向商业化转变	1.91	1.14	11.33	70.00
		环境与生态系统的破坏	1.89	1.21	13.25	69.54

（四）农户感知的相关性与影响因素

对农户感知项目包含的多个指标进行平均，得到项目的感知指数（见图1）。总体来看，农户对梯田的保护意愿和传承感知处于符合状态，梯田在食物供应、保障收入等方面依然发挥着基础性作用。同时，农户也感知到农业发展中水、土等资源数量减少、质量下降等问题，受传统乡规民约的影响，农户对森林、水系等梯田构成要素的保护意识较强。在旅游发展方面，农户总体上持支持态度，对旅游的不利影响感知较小。农户对梯田的认知程度并不高，一定程度上说明传统的农耕技艺和乡规民俗有被遗忘的风险。农户对自身行为环境影响的感知也不强烈，这可能与农户的环保知识缺乏有关。

农户对不同问题的感知存在相关性，遗产认知程度指数（H_1）与资源问题感知指数（E_1）显著正相关（$P<0.05$），原因可能是农户与梯田系统接触和了解越多，越能感受到梯田水、土等资源变化。遗产保护意愿感知指数（H_2）与遗产传承感知指数（H_3）、环境影响感知指数（E_2）、

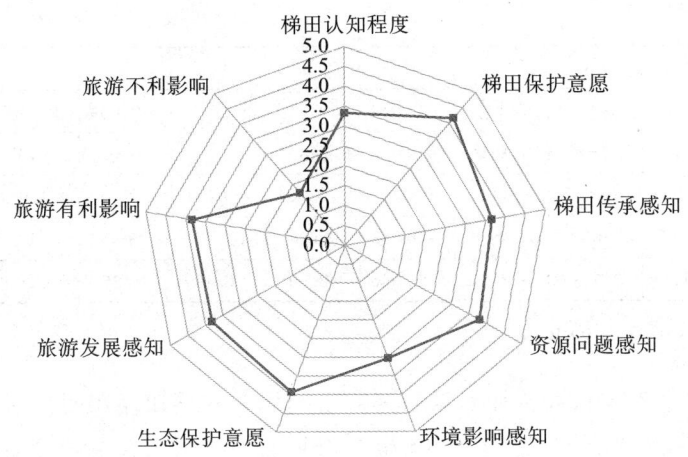

图 1　农户感知雷达图

生态保护意愿指数（E_3）显著正相关（$P<0.01$），说明农户对遗产的保护意愿越强烈，越希望遗产得到传承，并且感受到人为因素对环境的扰动以及生态保护的意愿越强烈。环境影响感知指数（E_2）与生态保护意愿指数（E_3）显著正相关（$P<0.01$），说明生态保护意愿越强，对环境变动的感知越敏锐。旅游发展有利影响感知指数（T_2）与遗产保护意愿指数（H_2）、遗产传承感知指数（H_3）显著正相关，说明了发展旅游可以促进居民对梯田系统的保护和传承的意愿。旅游不利影响感知指数（T_3）与遗产保护意愿感知指数（H_2）负相关（$P<0.01$），旅游发展中的负面影响与保护梯田系统的初衷背道而驰，是旅游发展中应该尽力规避和减少的。

表 5　　　　　　　　农户不同感知的相关系数矩阵

	H_1	H_2	H_3	E_1	E_2	E_3	T_1	T_2	T_3
H_1	1	0.118	-0.005	0.153*	-0.084	-0.110	-0.016	0.155*	0.063
H_2	0.118	1	0.397**	0.014	0.201**	0.226**	0.188*	0.385**	-0.258**
H_3	-0.005	0.397**	1	-0.080	0.131	0.090	0.080	0.228**	-0.152
E_1	0.153*	0.014	-0.080	1	-0.054	-0.036	0.020	0.058	-0.096

续表

	H_1	H_2	H_3	E_1	E_2	E_3	T_1	T_2	T_3
E_2	-0.084	0.201**	0.131	-0.054	1	0.238**	-0.064	0.018	-0.096
E_3	-0.110	0.226**	0.090	-0.036	0.238**	1	-0.016	0.137	-0.112
T_1	-0.016	0.188*	0.080	0.020	-0.064	-0.016	1	0.330**	-0.235**
T_2	0.155*	0.385**	0.228**	-0.058	0.018	0.137	0.330**	1	-0.200*
T_3	0.063	-0.258**	-0.152	-0.096	-0.096	-0.112	-0.235**	-0.200*	1

注：* $P<0.05$，** $P<0.01$。

农户个人和家庭特征因素与其对不同问题的感知存在相关性。农户年龄与遗产认知程度指数（H_1）和生态保护意愿指数（E_3）显著相关（$P<0.01$），但相关性呈反向，农户的年龄越大，遗产认知程度越强，但生态保护意识越弱，说明年龄越大的农户对梯田系统的了解程度越高，但受到传统习惯的影响，改变农户施肥施药等种植行为的难度越大。农户受教育程度与遗产保护意愿指数（H_2）和生态保护意愿指数（E_3）显著正相关，即随着文化程度的提高，农户对遗产系统的保护意愿以及生态环境保护意识增强。土地经营规模与遗产认知程度指数（H_1）显著正相关（$P<0.05$），可能的原因在于土地经营规模较大的农户一般为大户或能手，他们对梯田系统的认知程度更高。环境影响感知指数（E_2）与农户受教育程度和家庭收入水平显著正相关，随着农户受教育程度和家庭收入水平的提高，环境保护的意识提高（表6）。

表6　不同感知指数与农户特征因素的相关系数

	年龄	教育程度	土地经营规模	家庭收入	生计方式
H_1	0.341**	-0.027	0.190*	0.102	0.035
H_2	-0.052	0.207*	0.094	0.041	-0.015
H_3	-0.027	-0.012	0.102	-0.011	0.001
E_1	0.145	0.069	-0.077	-0.003	-0.074
E_2	-0.102	0.287**	0.055	0.173*	0.048
E_3	-0.293**	0.237*	-0.042	0.136	-0.064

续表

	年龄	教育程度	土地经营规模	家庭收入	生计方式
T_1	0.106	-0.031	0.004	-0.063	-0.056
T_2	-0.041	0.071	0.111	-0.073	-0.010
T_3	-0.006	0.060	0.076	0.155	0.058

注：* $P<0.05$，** $P<0.01$。

三、结论与启示

（一）主要结论

农户对梯田保护的响应是积极的，并希望传统知识与技术、乡规民约和民间艺术得到传承，说明梯田在农户生产生活中仍占有重要地位，是当地居民赖以生存的物质基础。然而，一半以上的农户并不希望后代继续耕种梯田，这可能与梯田耕种劳动强度大，经营效益低有关。农户对梯田的认知程度一般，由于宣传不足等原因，一半以上的农户并不知晓农业文化遗产的概念和保护要求。

农户感知到当地的水资源数量和土壤质量处于下降状态，对生态环境保护的意愿是积极的，这可能受到传统乡规民约中崇拜自然观念的影响。农户对过量施肥施药的环境影响感知并不敏感，一定程度上反映了农户环保知识和意识的缺乏。

农户对发展梯田旅游总体上持支持态度，然而对旅游发展总体满意度一般。旅游的不利影响不突出，这可能与当地旅游的发展阶段和发展水平有关。随着旅游业的深入发展，要警惕旅游发展给当地居民带来的负面影响。

农户对不同问题的感知存在相关性，总体来看，农户对遗产认知、保护和传承意愿越强，对环境扰动的感知和生态保护的意愿越强烈。遗产旅游在一定程度上可以促进农户对梯田系统的认知和保护。农户感知与家庭和个人特征因素相关，年龄和土地经营规模较大的农户对遗产的认知程度越高，而老年农户的环保意识较低，教育程度和家庭收入越高的农户对生态环境的保护意识越强烈。当然，受数据和研究方法限制，农户对农业文化遗产的感知影响机制还有待进一步深入研究。

(二) 政策启示

农户是农业文化遗产的核心要素之一，农户感知是相关保护政策制定的基础，消除农户感知的消极影响，也是政策调整的目标和方向。

一是强化资源生态保护。农业文化遗产的多功能价值发挥要以生态系统的稳定和健康为前提。科学编制农业文化遗产地生态保护规划，划分重要生态功能区，明确生态保护要求。探索农业文化遗产的生态补偿机制，对遗产地重要生态功能和农户为保护环境而额外付出的成本进行补偿。针对部分地区水资源减少、土壤质量下降等问题，加强用水管理，启动土壤质量提升工程，加大投资力度，着力改善农田基础设施。

二是加强农业文化遗产保护宣教。通过举办各种培训班、民俗文化活动，使农户知晓农业文化遗产的内涵和保护要求，提高农户对遗产的认知程度，培养农户对传统文化的认同和禀赋资源的自珍。结合当地传统文化中敬畏自然的朴素观念，普及现代环保知识，提高农户的环境保护意识。

三是引导遗产旅游产业可持续发展。合理引导农家乐、客栈等旅游服务业发展，防止对水、土等资源的过度消耗和对梯田造成不可修复的破坏。在承载力评价、适宜度分析等研究基础上，科学制定旅游发展规划，缓解旅游发展与生态保护的矛盾。在旅游发展的初级阶段，及早规避旅游发展带来的不利影响，加强对游客的宣传和教育，使游客尊重当地的风俗习惯和乡规民约，提升当地居民的旅游接待服务水平。

四是保障农户在遗产保护中的权益。在就业安排与创业机会上更多地让原住民参与，使其在产业发展中真正得到实惠。在旅游发展中建立农户扶持基金，通过旅游业反哺农业，实现良性循环。提高农户梯田耕种的收益，引导农户开展特色、绿色种养，同时在市场开拓、农产品加工等方面给予相关主体一定的政策扶持。

致谢

感谢云南红河州世界遗产管理局在协调调研方面给予的帮助。中国科学院地理科学与资源研究所博士生张永勋、杨伦，中国人民大学环境学院博士生熊英，北京农学院何璐璐参与农户调研与问卷整理，在此表示感谢！

参考文献

［1］闵庆文："全球重要农业文化遗产———一种新的世界遗产类型"，《资源科学》2006年第4期。

［2］闵庆文、孙业红："农业文化遗产的概念、特点与保护要求"，《资源科学》2009年第6期。

［3］Zhang C Q, Liu M C. Challenges and countermeasures for the sustainable development of nationally important agricultural heritage systems in China［J］. *Journal of Resources and Ecology*, 2014, 5（4）:390 – 394.

［4］李明、王思明："农业文化遗产：保护什么与怎样保护"，《中国农史》2012年第2期。

［5］张灿强、沈贵银："农业文化遗产的多功能价值及其产业融合发展途径探讨"，《中国农业大学学报（社会科学版）》2016年第2期。

［6］苑利："正确处理好农业文化遗产保护中的五大关系"，《中国农史》2014年第6期。

［7］Peng J, Zhou S Y. Environmental perception and awareness building of Beijing citizens: a case study of Nansha river［J］. *Human Geography*, 2001, 16(3): 21 – 25.

［8］金立印："服务保证对顾客满意预期及行为倾向的影响———风险感知与价值感知的媒介效应"，《管理世界》2007年第8期。

［9］胡晨成、邵景安、余洋等："不同生计方式农户的土地流转感知———以三峡库区云阳县为例"，《西北师范大学学报（自然科学版）》2014年第5期。

［10］张方圆、赵雪雁："基于农户感知的生态补偿效应分析———以黑河中游张掖市为例"，《中国生态农业学报》2014年第3期。

［11］郭玲霞、封建民、孙铂："陕北生态脆弱区农民环境感知状况及其影响因素"，《水土保持通报》2015年第4期。

［12］李文美、赵雪雁、郭芳："石羊河下游农户对生态退化的感知及响应"，《中国生态农业学报》2015年第11期。

［13］赵雪雁："农户对气候变化的感知与适应研究综述"，《应用生态学报》2014年第8期。

［14］赵雪雁、薛冰："干旱区内陆河流域农户对水资源紧缺的感知及适应——以石羊河中下游为例"，《地理科学》2015年第12期。

［15］卞莹莹、宋乃发："农牧交错带不同生计方式农户对生态环境的感知和适应——以宁夏盐池县皖记沟村为例"，《浙江大学学报（农业与生命科学版）》2014年第2期。

［16］卢松、张捷、唐文跃等："基于旅游影响感知的古村落旅游地居民类型划分——以世界文化遗产皖南古村落为例"，《农业经济问题》2008年第4期。

［17］王凯、欧艳、葛全胜："世界遗产地居民对生态移民影响的感知——以武陵源3个移民安置区为例"，《应用生态学报》2012年第6期。

［18］段伟、赵正、马奔等："保护区周边农户对生态保护收益及损失的感知分析"，《资源科学》2015年第12期。

［19］崔峰、李明、王思明："农业文化遗产保护与区域经济社会发展关系研究——以江苏兴化垛田为例"，《中国人口·资源与环境》2013年第12期。

［20］唐晓云、闵庆文、吴忠军："社区型农业文化遗产旅游地居民感知及其影响——以广西桂林龙脊平安寨为例"，《资源科学》2010年第6期。

［21］熊礼明："游客对农业文化遗产地旅游主客冲突感知研究"，《中国农学通报》2014年第23期。

乡村振兴与农耕文化传承

世界文化遗产带来的喜与忧

——1个传统农家乐老板眼中的变迁

吴天龙　张灿强　习银生　高　鸣

年前,在哈尼梯田景区附近进行了一次调研,调研的主题是文化遗产认定对当地经济发展的影响,调研的对象涉及地方政府、村干部、农家乐老板和普通农户等。通过调研我们发现,各受访主体普遍认同申遗成功对当地的经济发展起到了明显的促进作用。这在事实中也得到印证,2013年6月22日,云南红河哈尼梯田被批准列入联合国教科文组织《世界遗产名录》中的文化遗产目录。在申遗成功后,红河哈尼梯田的美誉度和知名度不断提高,进一步促进了当地旅游业的发展。根据当地旅游部门预统计,哈尼梯田在申遗成功后,游览人数从2012年的94.15万人增加到2014年的120万人左右,增幅27%以上。在全国各色旅游景点持续涌现,游客不断分流的情况下,仍然能超过了全国游客平均增长水平(根据《中国旅游业统计公报》显示,2012年全国国内旅游人数29.57亿人次,2014年为36.11人次,增长22%)。

申报世界文化遗产名录成功的正面效果毋庸置疑,但马克思主义哲学辩证思维告诉我们应该从正反两个方向去思考问题。根据阿罗不可能定理,如果众多的社会成员具有不同的偏好,而社会又有多种备选方案,那么在民主的制度下不可能得到令所有的人都满意的结果。同样,将这个理论扩展到一个大事件对当地居民的影响,也会得到类似的结论。走访过程中,发现大家对申报世界文化遗产名录的成功给予了极高的肯定性评价,但在谈到对其自身影响时,不同主体的反映差别较大。在这里,我们以一个传统的农家乐老板的得与失来了解一下入选世界文化遗产给当地农家乐带来的影响。

一、农家乐的特点

作为农户自发型的乡村旅游发展模式,农家乐自身特点鲜明。一是早期的经营主体多为当地农户,依托当地资源,具备一定成本优势,但经营的计划性不强,对外部冲击的个体承受能力较差;二是人均花费相对较低,消费层次不高,经营的利润计算不清(一部分人把生活开销也计算到经营成本之中);三是经营者具有两栖性,农户除经营农家乐外,还有土地经营作为其生活的基本保证,通常是夫妻经营或父子(女)、母子(女)等直系亲属经营,家庭经营色彩浓厚,在旅游旺季,会出现大量亲帮亲、邻帮邻的现象,雇佣的服务员也有很强的临时性;四是生产经营自负盈亏,政府一般不干预市场运行,所得利益在农户之间或农户内部分配,经营状况主要靠市场调节。

农家乐的特点决定了它们具备一定的地缘优势,能够及时发现早期的旅游资源并加以利用,在发展初期存在优势,尤其是当地农户经营的农家乐,没有房租压力,经营灵活,还稳占人和因素,在更强外力介入之前属于强势群体。但小规模的经营也决定了它们很难一家独大,也不容易形成寡头。因此,当有类似于"申遗成功"这种重大利好出现的时候,只能被动收益,无法采取主动手段阻止竞争者进入瓜分红利,甚至可会在冲击中受损。

二、小罗眼中的变迁

小罗家曾是当地一个普通农户,他本人是"80后",曾务农、外出打工,2009年利用自家住宅经营起农家乐,一干就是9年,经营的农家乐也陆续投入 50 多万元，进行了几次装修和扩建。可接待的客房从最初的 8 间，扩大到了现在的 13 间，餐桌也增加到了 5 个。和一些农家乐的老板一样，小罗对经营收入也没有精打细算，更没有深思过经济学上的成本收益，他知道一整年下来，除去所有成本和一家老小的开销，大概能剩下 12 万元左右。在聊天过程中了解到，景区的旺季是 12 月到第二年的 3 月底至 4 月初，在这四个月的时间里，小罗家旅馆的 13 个房间几乎爆满，住宿均价 300—400 元/房间，5 个餐桌每天都要轮换 4 次左右，每桌次的均价是 100—200 元/桌。推算下来，毛收入还是很可观的。

在小罗的眼里，哈尼梯田的申报世界文化遗产的成功给他带来的影响有利也有弊，我替他总结归纳了一下，大概有四点。

（一）景区的名气更大了，接触外界的机会更多了

小罗说，最近这些年，哈尼梯田景区的人越来越多了，名气也越来越大了，作为经营者，也确实得到了许多便利，尤其是与外界的联系明显增加了。刚开始经营的时候小罗就想过要把农家乐的信息在网上平台发布，但当时没有门路，也不知道该怎么联系，后来随着景区影响力的扩大，有一些网站直接找到了店里（有些网站是在哈尼梯田入选世界文化遗产之前找到这里并进行了合作，最早的 2011 年），从 2013 年开始，网上的订单的明显增加。如今，小罗的农家乐与携程、去哪儿、艺龙、飞猪等主流网站都有合作，旺季的时候，小罗会把 7 个左右的房间放在网上预订，支付给网站 15% 的利润，虽然利润有所分流，但保证了客源的稳定，在小罗看来，还是划算的。

（二）游客总量虽然增加了，但竞争也越来越激烈了

在小罗看来，世界文化遗产为当地农家乐带来更多游客的同时，也带来了更多的竞争。一是竞争的对手增加了。小罗说，2012 年左右的时候，竞争的农家乐只有 30 多家，申报世界文化遗产名录成功后开始迅速增加，现在已经有 80 多家了。竞争对手的增加，直接导致了房租的上涨，申报世界文化遗产名录前 6 万元/年的房租已经是高价，现在最高的已经涨到

了20万元/年以上。在高房租的压力下，一些外地经营者的成本压力骤增，已经出现过倒闭的个案。二是竞争的对手升级了。据小罗介绍，新增加的竞争对手多是酒店型宾馆，等级更高，服务更到位，对当地传统农家乐的经营造成了很大冲击。其中，冲击力最大的一个竞争对手是来自于昆明的一家股份合作形式的旅游开发公司。据称，这家公司在2014年强势入驻，还开通了环线巴士，游客需要乘坐这家公司的环线巴士游览景点，游览结束后还会将游客带到公司的酒店，给当地农家乐带来了非常沉重的打击。后来在当地客栈的联合行动下，政府出面取消了环线巴士。如果没有那次联合，很可能会出现更多的倒闭情况。据小罗回忆，自家生意最好的3年分别是2012年、2013年和2015年，从中可以看出申报世界文化遗产名录前后竞争强度的变化趋势。申报世界文化遗产成功之前竞争压力较小，申报世界文化遗产成功后的初期，由于建设开发需要周期，所以相比之下游客增长的速度更快，但当新的接待项目建设完成后，竞争压力逐渐增加，表现在现实中，就是2016年以后单个农家乐的客源减少。

（三）游客需求升级了，政府管理严格了，经营服务不得不提高

2009年，小罗的农家乐原汁原味，只是在家里各个房间简单的加了几张床，房间里没有独立的卫生间，就连洗澡的热水都无法保证足量供应，但来的游客也大多能够接受。这种条件在现在基本无法运营：一方面是因为游客的需求提高了；另一方面也是竞争对手的条件都改善了。此外，哈尼梯田申报世界文化遗产名录的成功，还推动了地方政府对规范管理的重视，小罗也庆幸农家乐开办得早，不然放到现在，各种证件（营业执照、餐饮许可证、卫生许可证，还有特种行业许可证、消防许可证等）的审批都会更加严格，尤其是消防许可证，不但要求配备相关的消防器材、标明安全出口标识，还要求房屋结构合理，严格符合消防要求。为了适应消费需求的升级和政府管制的加强，小罗家在2014年花费20多万元进行了一次大的改造，扩建了房屋、升级了室内配置，也完善了安防措施，这是小罗农家乐经营以来最大的一次改造和投资。现在，小罗会在淡季约上几个朋友去其他景区游玩，一方面是放松心情；另一方面是学习经验。

(四) 土地的机会成本提高了，庆幸之余，思想出现动摇

申报世界文化遗产名录成功以后，哈尼梯田景区附近的房租快速上涨，让没有在前几年将房屋租出去的农家乐老板们庆幸不已。相比之下，由于竞争压力的不断加大，经营收益并没有因为游客总量的增加而明显提高。在经营收益变化不大，但土地的机会成本持续增加的情况下，农家乐老板们在经济学意义上的利润出现了下降，部分老板的思想开始动摇。小罗家有三个孩子，他认为这个农家乐是全家安身立命之本，如果出租出去，虽然也能够有不菲的收入，但找不到更好的求生手段，所以始终坚持继续经营，他也对当年没有听父亲的话将房子"便宜"租给别人的决定而自喜。然而，在聊天的过程中，他也透漏出一丝思想的动摇："我们不租，是因为我也在等2019年"，小罗认为2019年新机场的建成和高速公路的开通，会让这里的经营更加火爆，让这里的房租继续上涨。

三、产生的两点思考

(一) 市场重新定位后的农家乐谁经营、谁受益？需要重视

当一个大的事件出现以后，市场会进行自我调节和适应，在新的平衡下，原来的市场环境可能会发生根本性改变，涉及的各主体之间的关系可能会发生很大变化。申报世界文化遗产成功这件事，容易引起外界关注，能够让经营更加透明，信息趋于对称，竞争也更加充分，这必然会导致部分曾经的农家乐老板做出重新抉择，是继续经营下去，还是坐收租金？那么谁来经营最好呢？是政府、是公司还是个人？正如米塞斯在《人的行动》中提到的"行动通常有取舍予夺之两面性"，这些并不是简单的谁好谁坏问题，要取决于发展的定位和市场的运行。如果想做成公益性项目，政府就需要承担较多；如果想完全交给市场，专业的旅游公司竞争优势更明显；如果要考虑民生，保证地区经济和农民收入，就要特别重视资源分配和权利归属问题。在这一过程中，那只"看不见的手"理应发挥调节市场的主要作用，但政府作为"看得见的手"，也应该清醒地认识到自身

的职责，需要高度重视，明白这个调整过程既涉及公平、效率，也涉及了社会稳定，更契合了当前热议的乡村振兴问题。个人认为，无论谁来经营，无论采用怎样的发展模式，农民该享受的红利不能少，乡村自身的经济发展不能受损。

（二）竞争激烈的旅游业发展怎样才能快而有序、健康持续？需要重视

与以依靠口碑传播或"回头客"为主的商家相比，著名景区附近的旅游服务业主更喜欢"逮到一个算一个"式营销，不要说青岛的"天价大虾"、西双版纳的"洞房诱惑"，即使是在北京这样的大城市里，往往也会发现景区周边的小饭店口味稍逊。这是因为，外地游客到同一景点反复多次游玩的情况不多，在监管不到位情况下，这种游客和旅游服务业老板间的一次性博弈更接近于囚徒困境，"宰客"有时会成为经营的最优策略。

如果竞争压力不大，而且经营者多为同村，之间互相熟识，但没有形成共同利益体的情况下，经营者的行为也许还会受到熟人社会无形的道德约束。但是，如果突然有较多的外部经营主体介入，会导致经营者良莠不齐，而且竞争加剧。这时，"宰客"现象更易发生，甚至还会伴随着劣币驱逐良币的情况出现。

为避免出现这种情况，政府需要有所作为，要吸取其他景区的负面教训，实施必要的、及时的、适度的干预，进行预防式监管，不能出事再管。地方政府应及时确定行政裁量基准，明确底线和标准，加大监管和曝光力度，提高发生不良行为的成本，还要充分发挥信息化平台的作用，除了鼓励自发的网络评价平台建设以外，也要建立地方性的官方评价系统，对旅游景点和各餐饮、住宿服务进行考评和公布。当然，在这过程中也要加大内部检查力度，防止寻租现象的出现。

农民创业与农民增收

社会资本、创业环境与农民涉农创业绩效[*]

郭 铖 何安华

一、引 言

农民涉农创业是指农民采取多种组织形式介入农业产业链的各个环节,以农业资源为依托,投入一定数量的资金去整合各类资源,以实现财富增加和自身发展的行为和过程。随着我国农业现代化的加速推进,农业大户、家庭农场、农民合作社、农业企业等新型农业经营主体在农村不断涌现;农产品加工业、农产品电子商务、休闲农业、乡村旅游业等涉农产业快速发展,一轮农民涉农创业浪潮正在上演。农业本身面临较大的自然风险和市场风险,而农民财富积累和人力资本积累又相对不足,这使得农民涉农创业活动面临较大的资源约束和市场约束,创业过程更为艰辛。为了获得创业成功,农民往往求助于社会资本。社会资本是嵌入在人们的社会关系中,预期能够给人们带来收益或便利的资源(Bourdieu,1985),这些资源主要是指社会组织的某些特征,如信任、规范及网络(Putman,1992)。在能给人们带来预期收益和需要投资形成方面,社会资本与物质

---

[*] 郭铖,山西大学经济与管理学院;何安华,农业部农村经济研究中心。

资本、人力资本并无本质区别，因而被科尔曼（Coleman，1988）认为是除物质资本、人力资本外的第三大资本。国外研究大都支持社会资本正向影响创业绩效的观点。汉森（Hansen，1989）发现社会网络[①]和初创企业成长之间存在正向关联。布鲁德尔和普里森多夫（Bruderl and Preisendorfer，1998）认为，来自社会网络的资金、信息、情感等要素能促进创业绩效的提高。约翰（John，2007）指出社会网络为初创企业提供前期发展所需的基本创业资源，对企业是否成功影响甚大。但这些研究并未聚焦中国农村社会。由于中西背景的差异，其结论对中国农民创业不具有直接指导意义。

近年来，一些国内文献以我国为研究背景，探讨了社会资本对农民创业绩效的影响。朱红根和解春燕（2012）用创业者的社会地位和人际关系、企业的供应商和客户关系、企业的知名度和美誉度等指标反映社会资本，并用结构方程模型分析了社会资本对农民工返乡创业绩效的影响，得出社会资本直接影响农民工返乡创业绩效。郭红东和丁高洁（2013）将农民的社会资本划分为社会性关系网络和市场性关系网络，并用 OLS 模型检验了两种社会资本对农民创业绩效的影响，得出社会性关系网络对农民创业绩效影响更大。但以上研究存在三点不足：（1）未将农民的创业活动区分为涉农创业与非农创业。涉农创业与非农创业在创业环境、创业资源、组织管理等方面差异较大，有必要分别研究。（2）在选择社会资本变量时对内生性问题考虑不充分，将企业的供应商、客户、企业知名度和美誉度等市场型社会资本作为解释变量，而这些变量会随着创业过程的深化和创业绩效的提高而不断积累。以这些变量作为自变量，会造成时间框架对确定因果关系产生影响的内生性问题（朱伊娜，何光喜，2016）。（3）没有涉及创业环境如何影响农民社会资本对其创业绩效的作用。社会资本与创业环境均是通过影响企业从外界获取资源的能力而影响其发展绩效，两者对农民创业绩效的影响可能存在替代性，但当前研究并未考虑

[①] 在国内外相关文献中，"社会资本"与"社会网络""关系网络""社会资源"等词密切相关、意义相近，经常被混用。

这一关系。

本文研究旨在回答两个问题：社会资本如何影响农民涉农创业绩效？社会资本的重要性是否受到创业环境制约？为此，本文做了以下工作：（1）首次以农民涉农创业者为研究对象，使研究的针对性和结论的适用性更强。（2）基于当前我国农村社会特点，借鉴林（Lin，1981）的社会资本结构理论，将农民创业者的社会资本划分为同质性社会资本和异质性社会资本：同质性社会资本是指与农民创业者处于同一社会阶层，同质性较强、交往频繁、信任程度较高的社会关系；异质性社会资本是指与农民创业者处于不同社会阶层，异质性较强、交往较少、信任程度较低，但可能为农民涉农创业提供各种创业资源的社会关系。由于网络中蕴含的创业资源和网络主体间的信任关系不同，两种社会资本以不同方式影响农民涉农创业绩效。这种划分使本文可以更深入地分析社会资本影响农民涉农创业绩效的机理。（3）选择社会资本变量时，关注创业者在创业前就具备的，基于我国农村血缘地缘关系的社会资本，而不考虑创业后通过市场交易活动逐渐积累的市场型社会资本，以弱化内生性解释变量对研究结果可靠性的影响。（4）以创业环境作为调节变量，考察不同环境约束下社会资本对农民涉农创业绩效的影响强度，深化了对社会资本影响创业绩效机理的分析。本文主要结论如下：在农村创业服务体系尚未建立、创业环境有待改善的情况下，能否有效利用社会资本突破创业过程中的各种瓶颈和壁垒成为影响农民涉农创业绩效的关键因素。

二、研究设计

（一）概念及其反映

1. 农民涉农创业绩效。农民涉农创业绩效是指农民通过涉农创业实现的业绩和效益。与现存企业发展绩效不同，创业绩效强调的是创业活动本身的业绩和效益，在衡量创业绩效时应侧重于创业者在创业前后实现业绩的比较以及同类创业者之间经济效益的比较。衡量创业绩效的指标按照不同标准可以分为财务指标和非财务指标，绝对指标和相对指标，主观指标和客观指标（王建中、杨保健，2011）。在农民涉农创业中，财务指标不适合作为创业绩效衡量指标,这是因为大多数农民创业规模较小,财务制度不完善,很难获得所需财务数据。当前我国农民异质性较强,农民涉农创业行业各异,组织形式有别,如市场占有率、雇员数量、土地面积等客观指标同样不适合用来衡量和比较农民涉农创业绩效。因此,本文采取主观评价指标衡量农民涉农创业绩效。在具体指标选取上,为避免被访者理解上的混乱,本文采用"创业对生活水平的影响程度"和"与周围创业者相比,创业的成功程度"两个指标,分别从纵向比较和横向比较两方面反映农民涉农创业绩效。

2. 社会资本。本文所指社会资本并非泛指农民创业者的一切社会网络,而是在创业初期可能为农民提供涉农创业所需资源,促进农民涉农创业过程的社会网络,不考虑随着创业活动的深化通过市场交易形成的社会网络。这种社会资本的产生主要是基于我国农村社会的特点。在我国传统农村社会,农民长期在一个村庄生产、生活,形成了共同的习俗、规范和相互间较强的信任,深刻影响着农民的行为方式。改革开放以来,农村人口流动加剧,对传统农村社会网络有所冲击,但农民通过血缘、地缘建立起来的关系仍然发挥重要作用(程昆等,2006)。同时,随着市场经济的深化,我国社会分化加剧,逐渐形成不同的阶层(陆学艺,2002),相应地,农民的社会网络也必然出现结构性变化。有鉴于此,并参考林(Lin,1981)的社会资本结构理论,本文将农民涉农创业中的社会资本划分为同质性社会资本和异质性社会资本两种类型。林按照网络主体所处社会阶层的不同,将社会资本划分为强联系(网络主体处于同一阶层)和弱联系(网络主体处于不同阶层)。当研究背景是中国农村社会时,即使是不同社会阶层的主体,也可能受血缘、地缘因素的影响而结成较强的社会联系。因此,本文以同质性社会资本和异质性社会资本代替强联系和弱联系的划分。

在测量社会资本时,当前研究主要以各种社会关系的数量作为指标(陈昭玖、朱红根,2011;郭红东、丁高洁,2013)。我们认为,对社会资本的全面测量应该能反映社会关系的数量和质量。具体地,本文用"已经创业的兄弟姐妹数""已经创业的亲戚数""已经创业的朋友数"3

个指标反映同质性社会资本;用"任村干部的亲戚朋友数""在政府机关或事业单位工作的亲戚朋友数""在企业担任管理或技术类职务的亲戚朋友人数"和"在金融机构工作的亲戚朋友数"4个指标反映异质性社会资本。这些变量反映了社会资本的数量。同时,不同类型社会资本的相对数量也间接反映了社会资本的质量。本文选择的社会资本变量都是基于农村血缘、地缘关系的社会资本,是在农民创业前就存在的,而不考虑农民创业后通过市场交易活动逐渐积累的市场型社会资本。这就将社会资本与创业绩效的时间顺序固定下来,一定程度上弱化了内生性解释变量对研究结果可靠性的影响。

3. 创业环境。按照农民涉农创业中面临的主要约束,本文将涉农创业的环境划分为资源环境和市场环境,并关注环境的宽松性维度①。资源环境是指创业所在地资金、土地、人才等生产要素的相对充裕程度;市场环境则包括市场信息可得性、产品销售难度、行业竞争程度、行业市场前景等方面。这些环境要素直接影响农民涉农创业中资源的获取及收益的实现,是农民从创业初始就必须面临的关键环境要素。具体测量时,资源环境设置了4个指标,分别为"获得创业所需资金的困难程度""获得创业所需农业用地的困难程度""获得创业所需人才的困难程度"和"获得政府项目支持的困难程度";市场环境也设置了4个指标,分别为"获得市场信息困难程度""销售产品或服务的困难程度""行业竞争程度"和"行业市场前景"。

(二) 社会资本、创业环境与农民涉农创业绩效

1. 不同类型社会资本对农民涉农创业绩效的影响。社会资本并不直接影响创业绩效,但社会资本可以拓展创业者能够支配的创业资源,如资金、技术、信息、销路,从而影响其创业绩效。而社会资本能够提供的资源又直接受社会资本结构的影响。同质性社会资本的特点是网络主体的资源禀赋、经济活动相似,通过长期交往形成了很强的信任,可以彼此交流

---

① 即环境中企业所需资源的充裕程度(Dess and Beard,1984)。

技术知识、经营管理经验、客户信息，甚至相互提供融资，从而促进农民涉农创业绩效的提高。异质性社会资本的特点是网络主体之间存在职业身份、经济社会地位等方面的差异，因而接触机会较少、相互信任较弱，但他们拥有更丰富的创业资源，可能为创业者提土地流转支持、政策信息、项目扶持、技术知识、管理方法、市场信息、信贷支持等多方面的帮助，从而有助于农民涉农创业绩效的提高。总之，社会资本可以拓宽农民获取创业资源的渠道，克服创业中的资源瓶颈，使创业资源得到更有效的配置，从而提高农民涉农创业绩效。

从提供创业资源的意愿和能力来看，同质性社会资本的特点是网络主体之间沟通成本和信任成本较低，相互提供支持的意愿较强，农民创业者不需要对该类社会资本追加太多投资就可以从中获得相关资源；但由于网络主体的同质性，相互之间能够提供的创业资源往往种类单一、数量有限，不能够满足农民对创业资源的多样化需求。异质性社会资本的特点是其中蕴含着更多样、更丰富的创业资源，虽然网络主体之间沟通成本和信任成本较高，但在市场经济条件下，作为理性行为主体的农民创业者可能在权衡成本收益的前提下增加对异质性社会资本的投资，以获得所需创业资源，提升创业绩效。从激励监督的角度来看，当农民创业者利用同质性社会资本获得融资支持时，由于彼此之间存在人格上的充分信任，还款条件有较强的弹性，创业者在决策过程中受到的监督相对较弱，不利于督促农民创业者提高创业绩效；相反，如果农民创业者利用异质性社会资本获得融资支持，由于彼此信任程度较弱，创业者通常要受到正式合同的约束，创业过程也会受到更强的监督，从而迫使农民创业者想方设法提升创业绩效以保证能够按合同规定还款。总体来看，异质性社会资本对农民涉农创业绩效的影响更大。

2. 创业环境的调节效应。农民面临的创业环境不同，社会资本对其涉农创业绩效的影响程度也会不同。在生产要素充裕、市场环境宽松的创业环境中，农民通常可以相对容易地通过要素市场和产品市场获得所需的生产要素和产品销路，对社会资本的依赖较小。相反，在生产要素短缺、市场约束较强的创业环境中，农民往往必须通过加强社会资本才能更好地获取通向所需生产要素和产品市场的渠道，对社会资本的依赖性较大。因此，创业环境宽松性负向调节社会资本对农民涉农创业绩效的影响。

在以上分析的基础上，我们需要对三个问题进行实证检验：一是同质性社会资本与异质性社会资本是否均对农民涉农创业绩效有显著正向影响；二是异质性社会资本对农民涉农创业绩效的影响强度是否大于同质性社会资本；三是创业环境是否负向调节社会资本对农民涉农创业绩效的影响。

（三）数据来源、变量设定与计量模型选择

1. 数据来源。本文数据来自农业部农村经济研究中心在2016年1—3月组织大学生利用寒假返乡机会开展的农民涉农创业调查。此次调查以农民涉农创业者为研究对象，样本农民需要同时满足三个条件：（1）具有农业户口或长期在农村居住（1年以上）；（2）经营活动主要在涉农领域；（3）当前的创业活动开始于2008年后。调查员由中国农业大学三农研究会、中国人民大学学生会和地方高校三农社团的120名学生组成，这些学生来自我国29个省级行政单位（不包含上海、西藏、香港、澳门、台湾），120个县的120个乡村。抽样过程是：首先由120位调查员搜集自己所在行政村符合条件的抽样单元，形成了包含1627个抽样单元的抽样框，每位调查员搜集到的抽样单元数从3个到24个不等。然后由每位调查员在其家乡所在行政村的全部抽样单元中随机抽取1/2的农民涉农创业者开展问卷调查[①]。本次调查发放问卷814份，收回问卷773份，其中745份为有效问卷。样本基本特征见表1。

2. 变量设定。

（1）被解释变量设定。在创业绩效指标的具体测量上，本文采用5等级李克量表，数字1—5分别代表创业绩效由差到好5个等级。对绩效

---

① 随机抽取的方式为首先由每位调查员将自己所在行政村中的抽样单元按从1到n的顺序编号，然后通过抽签法选取抽样单元总数的1/2作为样本。对于抽样单元总数不是2的倍数的情况，按四舍五入处理。

表1　　　　　　　　　　样本特征分布

特征	分类指标	频数	比例（%）	特征	分类指标	频数	比例（%）
性别	男	611	82.00	受教育程度	小学及以下	103	13.83
	女	134	18.00		初中	350	46.98
年龄	30岁以下	109	14.63		高中或中专	203	27.25
	30—39岁	201	26.98		大专及以上	89	11.95
	40—49岁	286	38.39	创业行业	规模种养殖业	409	54.90
	50岁以上	149	20		农产品加工	61	8.19
创业组织形式	专业大户	260	34.90		农资经销	60	8.05
	家庭农场	140	18.79		农业服务业	40	5.37
	合作社	67	8.99		农产品销售	79	10.60
	个体户	118	15.84		休闲农业	75	10.07
	独资企业	96	12.89		乡村旅游	14	1.88
	合伙企业	56	7.52		传统手工艺	7	0.94
	股份合作企业	8	1.07	合计		745	100

量表进行信度检验显示，量表的Cronbach's α系数为0.76，说明该量表中各项目内部一致性较高，量表整体可信。为了整合两个绩效指标以综合反映农民涉农创业绩效，本文对创业绩效指标进行探索性因子分析。对变量进行KMO检验，结果KMO检验值为0.5，不是十分理想，说明两个绩效指标相关性较小。但Bartlett球形度检验在0.01的显著性水平下显著，说明两个绩效指标之间的相关性仍然能够支持因子分析。对创业绩效指标进行因子分析，按照相关矩阵特征值大于1的标准得到1个公共因子，其贡献率为80.70%。本文使用公共因子得分反映农民涉农创业绩效。

（2）解释变量设定。对7个社会资本指标进行探索性因子分析，得到两个公共因子①，累计贡献率为80.05%。从因子得分系数来看，因子1主要反映异质性社会资本；因子2主要反映同质性社会资本。因此，本文用因子1得分表示异质性社会资本，用因子2得分表示同质性社会资本。

---

① 因子分析具体过程与上一段相同，此处及下文均不再作详细介绍。

（3）调节变量设定。对 8 个创业环境指标均采用 5 等级李克特量表反映其宽松性的不同，1—5 分别代表创业环境由差到好 5 个等级。对创业环境指标进行因子分析，得到两个公共因子，累计贡献率为 61.53%。从因子得分系数来看，公共因子 1 主要反映资源环境；公共因子 2 主要反映市场环境。为简化分析创业环境对社会资本与创业绩效间关系的调节效应，本文使用方差贡献率对两个公共因子得分做加权平均得出创业环境的综合得分作为对创业环境的整体反映。

（4）控制变量设定。为消除创业者个人、创业者家庭、创业行业及创业所在区域等不同层面上一些重要变量的影响，本文选取控制变量如下。在创业者个人层面设置两个控制变量：创业者年龄和创业者受教育程度。其中，创业者受教育程度分为四组，分别赋值：小学及以下赋值 1；初中赋值 2；高中或中专赋值 3；大专及以上赋值 4。在创业者家庭层面设置一个控制变量：创业前一年创业者家庭收入。为消除异常值影响，在确认数据无误后对创业者家庭收入进行取对数处理。创业所属行业分为七类：规模种养殖业、农产品加工业、农资经销、农业服务业、农产品销售、休闲农业与乡村旅游、传统手工艺，用六个虚拟变量表示。创业所在区域按照传统的东、中、西部划分，用两个虚拟变量表示。

3. 计量模型选择。由于因变量符合有序变量特征[①]，本文使用有序 probit（ordered probit）模型[②]进行计量分析。令农民涉农创业绩效影响因素表达式为：$y^* = \beta_0 + \beta_1 soci + \beta_2 env + \beta_3 (soci_1 \times env) + \beta_4 (soci_2 \times env) + \beta_5 z + \varepsilon$。式中，$y^*$ 表示农民涉农创业绩效；$soci_1$ 和 $soci_2$ 分别代表异质性社会资本和同质性社会资本；env 为创业环境；社会资本与创业环境的交互项 $soci_1 \times env$ 和 $soci_2 \times env$ 反映创业环境的调节效应；z 为控制变量，包括创业者的年龄（age）、受教育程度（edu）、家庭收入（inc）、创业行业

---

① 观察数据发现，创业绩效是一个有序变量，共有 9 个等级，最小值取值为 1.114，最大取值为 5.570，公差为 0.557，数字越大代表创业绩效越好，符合有序变量特征。

② 有序 probit 模型与有序 logit（ordered logit）模型都属于有序因变量模型。但与有序 logit 模型相比，有序 probit 模型对样本异质性和因变量不同层级之间的相关性具有较高的宽容度。因此，本文选择有序 probit 模型作为主模型，并用有序 logit 模型检验实证结果的稳健性。

($ind_1 - ind_6$) 及区域变量 ($west$、$east$); ε 为随机误差项。

y^* 是一个连续的隐性变量, 无法直接观测, 但它属于某个绩效等级。令 y_{ij} ($i=1, 2, \cdots, n; j=1, 2, \cdots, J$) 表示绩效等级, $y_{ij}=1$ 表示第 i 个样本的创业绩效落在第 j 个等级; $y_{ij}=0$ 表示第 i 个样本的创业绩效未落在第 j 个等级。则 $Pr(y_{ij}=1) = \phi(\mu_j - x'_i\beta) - \phi(\mu_{j-1} - x'_i\beta)$ 中, x 为解释变量矩阵, β 为待估参数矩阵, μ_j ($j=0, 1, \cdots, J$) 为门槛值[1], ϕ 为标准正态分布函数。对数似然函数为 $lnL = \sum_{i=1}^{n}\sum_{j=1}^{J} y_{ij} lnPr(y_{ij}=1) = y_{ij} ln[\phi(\mu_j - x'_i\beta) - \phi(\mu_{j-1} - x'_i\beta)]$。对数似然函数最大化的一阶条件和二阶条件同时满足的前提下, 可以求得参数矩阵 β 的估计值。

三、实证结果分析

(一) 有序 probit 模型估计结果

利用 STATA13.0 进行有序 probit 估计, 结果见表 2 第三栏。从模型整体来看, 有序 probit 模型似然比检验显著, 模型选择较为合理。进一步分析自变量的估计系数及其显著性水平, 可以发现:

1. 农民涉农创业者的同质性社会资本与异质性社会资本均对其涉农创业绩效具有显著正向影响。异质性社会资本的估计系数为 0.374, 在 0.01 的显著性水平下显著, 说明异质性社会资本对农民涉农创业绩效有正向预测作用。同质性社会资本的估计系数为 0.237, 在 0.01 的显著性水平下显著, 说明同质性社会资本对农民涉农创业绩效有正向预测作用。总体而言, 在当前中国农村背景下, 社会资本是影响农民涉农创业绩效的重要因素, 社会资本丰富的农民创业者更容易获得创业成功。

2. 异质性社会资本对农民涉农创业绩效的影响强度大于同质性社会资本。异质性社会资本的估计系数大于同质性社会资本的估计系数, 反映了异质性社会资本对农民涉农创业绩效的相对重要性。本文将社会资本划

---

[1] 即 $y_{ij}=1$, 如果 $\mu_{j-1} < y^* \leq \mu_j$, $\mu_j \in (-\infty, +\infty)$。通常门槛值是未知的。

分为同质性和异质性两种类型,是对林(Lin,1981)社会资本结构理论的借鉴和修正:同质性社会资本往往表现为强联系、异质性社会资本往往表现为弱联系。本文得出异质性社会资本对创业绩效的作用大于同质性社会资本的结论一定程度上反映了弱联系社会资本对创业绩效的作用大于强联系社会资本。该结论与布鲁德尔和普里森多夫(Bruderl and Preisendorfer,1998)、马荣和黄岩池(Ma and Huang,2008)、丁高洁和郭红东(2013)的研究结论存在差异。这些研究均认为强联系社会资本对创业绩效的影响比弱联系社会资本更大。

差异的原因主要在于不同研究中对强联系和弱联系的界定不同。布鲁德尔和普里森多夫(Bruderl and Preisendorfer,1998)将强联系定义为由家庭成员、亲戚、朋友组成的来往频繁、关系密切的社会网络;将弱联系定义为由生意伙伴、熟人组成的社会网络。马荣和黄岩池将强联系定义为集体中的小团体内成员间的关系,将弱联系定义为小团体内成员与外部人员间的关系。丁高洁和郭红东(2013)对强关系的定义是与生俱来的先天性关系,对弱关系的定义是通过后天拓展形成的关系网络。这些不同界定的共同特点是投资于弱联系社会资本的难度较大。本文研究的对象是基于农村血缘、地缘关系形成的社会资本,强联系(同质性社会资本)和弱联系(异质性社会资本)的区别在于主体所处社会阶层不同。由于我国农村传统社会关系的延续,即使弱联系社会网络的主体属于不同的社会阶层,但农民有可能通过投资激活和强化这部分社会资本以实现创业绩效的提高。再加上异质性社会资本中蕴含着更丰富的创业资源,并能对创业者形成更强的监督和激励,因而异质性社会资本对农民涉农创业绩效的作用更大。

3. 创业环境负向调节社会资本对农民涉农创业绩效的影响。异质性社会资本与创业环境的交互项估计系数为 -0.055,异质性社会资本与创业环境的交互项估计系数为 -0.059,两者均在 0.05 的显著性水平下显著。这表示在两类社会资本对农民涉农创业绩效的影响中,创业环境均起到了负向调节作用。该结果表明,农民创业者对社会资本的利用在一定程度上是对创业环境约束的反应。当创业环境宽松性较强时,好的创业环境能够替代社会资本，农民不需要过分重视社会资本就可以实现较高的创业绩效；当创业环境约束性较强时，农民不得不严重依赖社会资本。此外，比较变量估计系数可以发现，创业环境对创业绩效的影响大于社会资本对创业绩效的影响。可见，创业环境是对农民涉农创业绩效至关重要的影响因素。

（二）稳健性检验

为了检验实证结果的可靠性，本文还采用有序 logit 模型和 OLS 模型进行回归分析，结果见表 2 第四栏和第五栏。结果显示：同质性社会资

表 2 社会资本、创业环境对农民涉农创业绩效影响的估计结果

自变量	变量定义	有序 probit	有序 logit	OLS
$soci_1$	异质性社会资本	0.374 ***	0.635 ***	0.216 ***
$soci_2$	同质性社会资本	0.237 ***	0.382 ***	0.138 ***
env	创业环境	0.687 ***	1.187 ***	0.400 ***
$soci_1 \times env$	异质性社会资本×创业环境	−0.055 **	−0.091 **	−0.036 ***
$soci_2 \times env$	同质性社会资本×创业环境	−0.059 **	−0.095 **	−0.035 ***
age	创业者年龄	0.018 ***	0.034 ***	0.010 ***
edu	创业者受教育程度	−0.003	−0.031	−0.004
inc	创业前一年家庭收入对数	0.147 ***	0.275 ***	0.081 ***
ind_1	规模种养殖业，是为 1，否为 0	−0.624	−1.246 *	−0.334
ind_2	农产品加工，是为 1，否为 0	−0.554	−1.096	−0.300
ind_3	农资经销，是为 1，否为 0	−0.303	−0.702	−0.153
ind_4	农业服务业，是为 1，否为 0	−0.506	−0.979	−0.275
ind_5	农产品销售业，是为 1，否为 0	−0.673	−1.325 *	−0.350
ind_6	休闲农业或乡村旅游，是为 1，否为 0	−0.841 *	−1.707 **	−0.438 *
$west$	西部地区，是为 1，否为 0	0.078	0.185	0.014
$east$	东部地区，是为 1，否为 0	−0.045	−0.091	−0.027
	LR chi^2 值或 F 值	271.02	254.65	18.12
	Prob > chi^2 或 Prob > F	0.0000	0.0000	0.0000
	Preudo R^2 或 Adj R^2	0.1135	0.1067	0.2691

注：ind_1—ind_6 全为 0 表示创业行业为传统手工艺；west 和 east 全为 0 表示创业地点属于中部地区；*** 、** 、* 分别表示统计量在 0.01、0.05、0.10 的显著性水平下显著。

本、异质性社会资本、创业环境以及社会资本与创业环境的交互项等本文关注项的参数符号均与有序 probit 模型的回归结果相同，且影响均显著。这进一步支持了本文研究结果。

四、结论与启示

本文分析了社会资本对农民涉农创业绩效的影响以及创业环境对该影响的调节效应，并使用有序 probit 模型对分析结果做了检验。研究得出以下结论：（1）农民创业者的同质性社会资本和异质性社会资本均能够提高创业资源的可得性，进而提高农民涉农创业绩效；由于提供创业资源的能力以及激励监督的强度不同，异质性社会资本比同质性社会资本对农民涉农创业绩效影响更大。（2）创业环境在社会资本与农民涉农创业绩效的关系中具有显著调节作用，调节方向为负。农民涉农创业与农民非农创业以及其他主体创业的重要区别在于农民涉农创业的地点大都在农村，创业环境较差。社会资本对农民涉农创业作用显著，很可能是在创业环境较差的条件下，农民不得不多方寻求社会资本的结果。创业环境越差，农民创业者就越有必要和动力积极利用他们的社会资本，通过社会资本来突破创业环境中的资源约束和市场约束，从而提高其创业绩效。总体而言，这些结论反映了当前我国农民涉农创业中的主要问题：农村创业环境亟待改善，农民涉农创业不得不普遍依赖社会资本。因此，在当前农村创业环境较差的情况下，农民创业者需要努力利用好社会资本提升其涉农创业绩效。但从长远看，农民涉农创业绩效的提高更需要政府健全农村创业服务体系，优化农村创业环境。

在本文研究的基础上，后续研究可以从三个方面展开：（1）本文仅以已经创业且存活下来的农民涉农创业者为研究对象。那么社会资本对农民是否开展涉农创业，以及农民涉农创业能否持续经营有没有显著影响呢？这些问题有待进一步探讨。（2）我国幅员辽阔，在不同的地区创业环境可能存在较大差异，不同创业环境下创业行为和创业绩效也可能存在系统性差异。已有文献较少分析我国农民创业的区域差异问题，农民涉农创业与区域环境的关系也有待进一步研究。（3）本文指出当前农村创业环境整体较差，政府应着力改善农村创业环境。但对当前农民涉农创业政策供给和政策需求之间的错位程度以及造成政策供需失衡的原因未作分析。这些问题尚需研究。

参考文献

[1] 陈昭玖、朱红根："人力资本、社会资本与农民工返乡创业政府支持可获得性"，《农业经济问题》2011年第5期。

[2] 程昆等："农村社会资本的特性、变化及其对农村非正规金融运行的影响"，《农业经济问题》2006年第6期。

[3] 郭红东、丁高洁："关系网络、机会创新性与农民创业绩效"，《中国农村经济》2013年第8期。

[4] 陆学艺：《当代中国社会阶层研究报告》，社会科学文献出版社2002年版。

[5] 王建中、杨保健："创业环境及资源整合能力对新创企业绩效影响关系研究"，昆明理工大学博士学位论文，2011年。

[6] 朱红根、解春燕："农民工返乡创业企业绩效的影响因素分析"，《中国农村经济》2012年第4期。

[7] 朱伊娜、何光喜："学术产出的性别差异：一个社会网络分析的视角"，《社会》2016年第4期。

[8] [美]科尔曼：《社会理论基础》，社会科学文献出版社1999年版。

[9] Bourdieu P. The social space and the genesis of groups [J]. *Theory and Society*, 1985, 14 (6): 723-744.

[10] Bruderl J, Preisendorfer P. Network support and the success of newly founded business [J]. *Small Business Economics*, 1998, 10 (3): 213-225.

[11] Coleman J S. Social capital in the creation of human capital [J]. *American Journal of Sociology*, 1988, 94 (SuppⅡ): 95-120.

[12] Dess G, Beard D. Dimensions of organizational task environments [J]. *Administrative Science Quarterly*, 1984, 29(1): 52 - 73.

[13] Hansen G S, Wernerfelt B. Determinants of firm performance: The relative importance [J]. *Strategic Management Journal*, 1989, 10(5): 399 - 411.

[14] John Watson. Modeling the relationship between networking and firm performance [J]. *Journal of Business Venturing*, 2007, 22 (6): 852 - 874.

[15] Lin (Nan). *Social Resources and Instrumental Action* [M]. State University of New York, Department of Sociology, 1981.

[16] Ma R, Huang Y C. Social network and opportunity recognition: A cultural perspective [C]. Academy of Management Proceedings, 2008, vol. 6: 1 - 6.

构建有利于农村妇女创业创新的良好环境

杨 丽

推进农村创业创新是我国实施"大众创业,万众创新"战略的重要组成部分,农村妇女的创业创新又是整个农村创业创新工作的重要内容。妇女在农业生产、农村社会进步和产业融合发展过程中,发挥着重要的作用。但由于受传统观念等因素影响,农村妇女创业创新比男性更难,面临的问题更多。为促进农村经济繁荣发展,更好引领广大农村妇女积极投身创业创新的社会实践,努力营造和构建良好的政策环境和生态环境势在必行。

一、农村妇女创业就业现状

目前农村妇女创业创新的主要渠道是外出打工、在家务农和自主创业,各自表现的特点如下:

(一)外出打工

农村大部分年轻女性以外出打工为主,她们大都年龄在16—40岁之间,初中以上文化程度。由于目前大部分农村地区第二、第三产业还不发达,不能全部吸纳农村剩余劳动力,外出打工仍是农村妇女剩余劳动力的就业首选。

(二) 在家务农

在家务农多是年龄稍大的妇女,大部分年龄在40岁以上,少部分年轻女性因生育、照顾年幼子女暂时没有外出务工。务农妇女大多在自家的承包地上开展种植养殖,成为农业生产的主力军,同时承担着家庭生活的重任,农闲时节就近打工。因常年从事体力劳动,加上文化程度偏低,她们基本上没有参加过职业技术培训,没有技术特长。

(三) 自主创业

文化程度较高、创新意识较强的一小部分妇女选择自主创业,她们多从事餐饮业、养殖、种植、加工等行业。这部分妇女主要是进城务工回乡人员,她们比较了解市场,也掌握信息,有强烈的创新欲望,抗风险能力比较强。但总体上看农村妇女自己创业的不多,而且女性创业成功率比较低。

二、农村妇女创业创新存在的问题

创业难,妇女创业更难,农村妇女创业则尤为艰难。这主要是因为农村妇女创业受到诸多因素的制约和影响。

(一) 传统思想观念的影响

受"男主外、女主内"的传统思想影响,大多数农村妇女在家庭中扮演着从属角色,对自身价值认知度较低,依附思想较为严重,创业主动意识不强。再加上多数农村妇女长期生活在狭小的有限的地理空间,受传统农耕文化的影响,多有小富即安的保守思想,主动创业的积极性不高。因此,传统思想观念仍是妇女创业面临的首要问题和最大制约因素。

(二) 家庭和社会环境不利于妇女创新创业

农村男性外出打工后,妇女不得不承担起家庭几乎全部的生产劳动和抚养孩子、照顾老人的重任，"留守妇女"这个特殊群体的生产生活压力很大，她们很少有时间和精力去关注自身的发展，参与创业困难重重。再加上社会上仍然存在着"男尊女卑"的传统文化，少数想创业的女性都会不同程度地遭到家人的反对、朋友的不理解和周围人的议论，家庭和社会对女性的偏见制约了妇女创新创业。

（三）自身文化素质偏低束缚了农村妇女创业就业

我国农村男女两性受教育水平还存在一定距离，妇女劳动力接受技能培训的机会也少于男性，部分妇女没受过相关培训，有文化、懂技术的高素质妇女人才相对较少。这些不利因素严重制约了她们创业创新的层次和领域，大部分妇女只能集中在服装制造、玩具加工等劳动密集型产业，从事层次较低、劳动强度较大的工种，或者从事餐饮、娱乐等第三产业。妇女较低的文化水平和匮乏的劳动技能严重阻碍了农村女性创业创新的进程。

（四）创业初期，与男性相比，妇女"不会创、不敢创"的问题更加突出

农村妇女与外界接触少，信息量少，影响着农村妇女创业创新。对于大部分农村妇女来说，很难获取各地用工单位的性质、规模、招工条件、工资待遇等情况，因此造成妇女外出就业不畅。留在农村的不少妇女也有着创业的愿望，但苦于无人指导，不知道该选择什么项目、怎么创业。特别在人多地少收入低以及边远农村地区，妇女即使有强烈的创业创新愿望，也面临着不知如何去创业的问题。而少数自主创业妇女由于创业形式粗放，很少与他人合作经营，盲目投资，生产基础设施差等原因，妇女创业抵御自然灾害和市场风险的能力较差。

（五）妇女创业面临着资金制约

资金短缺是妇女创业面临的共性问题。一些妇女在创业初期，很难申请到创业贷款，大多是靠亲戚、朋友的借款来作为创业启动资金。在绝大

部分妇女所发展的产业中，投资项目规模都偏小，有的更谈不上成规模，在创业过程中想要进一步扩大规模，也缺少资金支持。尤其在发展农业基地方面，投资回收期较长，还得面临各种自然灾害。有的妇女对市场需求不了解，贸然投资造成亏损，不想也不敢再投资创业。资金短缺影响着妇女创业的决心和信心。

二、营造有利于妇女创业创新的政策和生态环境

为促进农村妇女创业创新，针对妇女面临的困境和问题，构建有利于妇女发展的政策和生态环境尤为必要。

（一）加强宣传引导，转变农村妇女创新创业观念

大力宣传农村妇女在实施乡村振兴战略中的重要作用，宣传女性的人格尊严和社会价值，促进农村妇女思想观念转变，唤起妇女的主体意识，逐步转变"男主外、女主内"的传统思想，树立敢拼、敢创、敢干的新观念，特别要宣传创业妇女的典型事迹，发挥现有妇女创业典型的示范辐射带动作用，调动和激发广大农村妇女创业创新的积极性，并组织有创业潜力的妇女参观学习，让她们亲身感受妇女创业的成果。经常开展创新创业座谈会，为妇女提供学习、交流、沟通的发展平台，鼓励她们争做干事创业的新时代女性。

（二）改善家庭和社会环境，为妇女创业提供保障

改善农村妇女的生存环境，通过成立妇女互助组织，帮助她们解决农忙时节农业生产中的问题。号召志愿者进入农村社区，帮助妇女解决生活压力问题，同时推动家务劳动社会化，给予女性创业者更多的扶持。还应努力构建推进性别平等和社会和谐的先进性别文化，改变落后的性别文化，开展以妇女为主体、以家庭为单位的文化活动，营造健康向上的文化环境，在社会上形成尊重妇女、关心妇女、保护妇女的社会风尚，使农村妇女家庭更稳定，农村社会发展更和谐，妇女创业积极性更高。要关心农村妇女合法权益，维护她们的土地承包权、宅基地使用权和集体收益分配

权,确保农村妇女作为集体经济组织成员的资格,使农村妇女创业创新没有后顾之忧。

(三) 强化政策扶持,为女性创业营造氛围

由于女性创业难度更大、遭遇的矛盾更多,需要政府及有关部门给予更多的扶持与引导。建议政府推进多种形式的创业活动,实现劳动力供需双方的有效对接,营造"理解妇女创业、支持妇女创业、帮助妇女创业"的浓厚氛围。对一些适合农村妇女发展的创业项目和吸纳农村妇女较多的企业,给予资金、税收、补贴等多方面的支持。建议政府有关部门对农村妇女创业给予具体指导,并提供信息服务,使妇女能理智选择创业项目,提高成功概率。妇联组织发挥联系农村妇女群众的天然优势,为妇女提供信息指导、搭建创业发展平台。同时积极发展各类创业中介服务机构,为妇女创业提供市场、信息、技术、融资、人才、法律等全方位服务。进一步完善创业政策,政策上向妇女适度倾斜,推介一批带"妇"字号的项目。对于妇女牵头的、以妇女为主体的巾帼合作社、巾帼现代农业科技示范基地、专业大户、女能人等,帮助她们争取各类资金和项目,解决她们在创业创新过程中遇到的规模小、竞争力弱、发展不规范、合作经营优势不够充分等问题,培养一批农村妇女创业带头人。

(四) 加强能力培训,增强女性创业本领

农业、科技、扶贫等部门组织的新型职业农民培训、科技特派员培训、经纪人培训、电子商务培训等应适当向农村妇女倾斜,通过加强对妇女的技能培训,使她们从简单劳动力转变为技能型人才,提高她们创业致富能力。同时根据不同创业渠道农村妇女的需求以及在妇女创业创新的不同阶段,有针对性地开展各种培训。加强对外出务工女性的培训,明确规定妇女在劳动力转移培训、职业技能、家政服务等各种技能培训中的参训比例,帮助农村妇女通过培训实现转移就业。对在家务农女性,大力开展农业新技术、新品种、经营管理等实用技能培训,并结合产业结构调整,常年举办专家讲座和田间地头培训,引领妇女发展现代高效农业,走农业

产业化道路。对自主创业的妇女，开展现代农业发展、电子商务、信息技术、市场营销、商务礼仪等方面的知识和技能培训，帮助她们掌握现代营销技能，提高市场竞争本领。对所有农村创新创业女性，都要进行法律、法规、政策知识培训，提高她们的法律意识和维权意识。通过不同层面的培训，提高妇女的创业技能，力求成功创业创新。

（五）为农村妇女创业提供资金支持与服务

探索建立创业妇女自筹、信贷支持和政府设立农村妇女创业基金的资金支持体系。建立信贷资金支持体系，制定农村妇女创业担保贷款优惠政策，适当放宽信贷条件，创新担保方式，简化贷款手续，利用好信贷资金的扶持功能，帮助农村妇女实现自主创业，解决农村妇女创业致富的资金瓶颈问题。同时建议政府推动建立无息或低息农村妇女创业基金，实行滚动使用，扶持妇女进行项目投资或扩大生产规模，为广大农村妇女创业发展提供良好的政策和资金保障。

返乡创业，创出特色天地宽

——河南两县的返乡创业调查报告*

张静宜　陈传波

在大众创业、万众创新的热潮中，返乡创业如何把握正确的方向，选择并经营好有发展潜力的创业项目？一个可行的思路是因地制宜，突出特色，优势经营。在河南省洛阳市孟津县、驻马店市平舆县开展的返乡创业典型调研发现，一批立足农村资源和地域特色、借助当地产业优势的返乡创业项目脱颖而出，在特色农产品生产加工、休闲旅游、文化创意、电子商务、商贸物流等领域创新创业，呈现多产业互动、融合发展的新趋势，推进了产业转型升级和农民的就业增收。同时，当地政府抓住返乡创业带来的技术和产业变革机遇，支持返乡创业抱团发展，注重集中优势资源引导产业集聚，打造特色优势产业，拓展了全产业链上的创业机会，并创造了更多就地就近的就业机会。但是必须认识到，农村地区的基础设施、人力资源、金融服务等方面还不适应当前农村创新创业蓬勃发展的需求，需要有针对性地解决农民工返乡创业中的实际问题。

＊张静宜，农业部农村经济研究中心助理研究员；陈传波，中国人民大学农业与农村发展学院博士生导师。调研中得到河南省孟津县、平舆县人社部门的大力支持，在此一并感谢。

农民创业与农民增收

一、因地制宜，挖掘当地特色创新创业

创新驱动发展，特色引领突破。特色就是出路，特色就是潜力，特色就是优势。返乡创业要充分挖掘和把握当地特色和农村特点。农民工、大学生等返乡创业的群体，多以小本生意起家，缺乏足够的经验。为在竞争中赢得一席之地，必须结合当地资源禀赋和自身优势特长，适应消费结构快速升级的要求，从产品和模式上独辟蹊径，运用新理念、新技术和新渠道，发展优势特色产业，在重点领域有所作为。守正出奇，通过产业升级、产品升级、模式创新和服务创新，创造人无我有、人有我优、人优我特的竞争优势，不断把特色做特、优势做优，解决当前农业农村供给侧"大而不强、多而不优"的突出问题。河南孟津、平舆两县在返乡创业中特色优势经营的思路明确，创造了接地气、可复制、能推广的创新创业经验。

（一）挖掘传统文化、文旅融合，形成"牡丹画之乡"

洛阳牡丹甲天下，孟津县平乐镇平乐村的农民也有牡丹画的好手艺，他们充分利用当地文化、旅游资源和农民画师的传统手艺，开创了具有浓厚文化特色的创业之路。一是传统手艺人转型成为创业主体。寓意吉祥的牡丹画有广阔市场空间，农民画师从在"家里画、景区卖"起步，纷纷成立了画室、画院，通过实体店和电商平台出售牡丹画，农村手艺人转型成为老板，他们既是传统文化的传承人，也是创业致富的带头人。二是文旅融合打造产品卖点，依托洛阳牡丹的吸引力，将洛阳牡丹景区、文化产业和农村手艺紧密联合，打出了"牡丹画之乡"的响亮品牌，在旅游和文化产业融合中宣传推介牡丹画。三是市场化运作、产业化发展，洛阳市和孟津县投资成立的平乐农民牡丹画文化创意产业园，打造成集牡丹画院、牡丹画创作室、牡丹画代销点、销售作画材料专业门店为一体的产业一条街，扩展了农民牡丹画创作、装裱、销售、物流等方面创业发展的空间。

（二）依托劳务品牌，打造"防水之乡"总部经济

在近30年延绵不绝的外出务工大潮中，亲友近邻传帮带式的"链式"外出模式，形成了一村、一乡，甚至一县集中于某一行当的"劳务品牌"。一招鲜吃遍天，河南平舆县建筑工程防水从业人员约占全国70%左右，是全国知名的"防水之乡"。平舆县充分挖掘本县的防水人力和人才优势，吸引返乡创业，积极推进平舆成为防水人才、防水材料和防水技术的高地，积极打造防水总部经济。许多经验丰富、技术过硬而又有一定资金积累的防水技术工人和老板返乡创业，在当地成立了多家防水业务相关的企业，吸引了更多人回流、抱团发展。发展合力造就行业影响力。目前平舆建筑工程防水从业人员已达25多万人，占全县就业人口的30%以上，年实现防水产业直接劳务收入170亿元以上。因当地在筑防水行业的影响力，平舆防水在中国建筑防水协会中占据重要地位，借助行业协会力量参与制定了全国作业标准和培训标准，在行业内掌握了坚实的话语权，行业影响力反过来又促进了当地产业的发展和技术的进步。据了解，当地开展的防水技术培训在全国具有较高的公信力，得到防水培训证的工人在市场上供不应求，日工资要比普通工人高出近百元，带动了高级技工和创业者脱颖而出。

（三）把握需求创新产品和服务，开辟休闲农业新天地

河南省孟津县紧邻洛阳市区，返乡创业者瞄准城里人回归自然、体验田园以及对"名特优"农产品的消费需求，利用紧邻市区的区位优势，依托自然生态和农业资源，发展大棚草莓种植和休闲观光，深挖产品和服务的创新潜力，在小草莓上做出了大文章。一是实现错峰供应，把大棚草莓作为冬季休闲采摘游的主打品牌，并将草莓采摘上市时间提前至春节前后，赢得了市场竞争优势，草莓园已成为当地冬日休闲的好去处。二是创新产品和模式，当地草莓种植园先后培育出的奶油、蓝莓、巧克力、冰淇淋等口味的有机草莓，具有新鲜感的产品汇聚了源源不断的人气。此外，推出农田认领、短期租赁等服务项目，满足人们休闲种植的要求，丰富了

游客的体验，促进了多元化经营。三是科技提升产业，多个草莓品种在河南省草莓产业技术交流会上获得金奖，打造了孟津草莓的优质品牌。一些草莓园采用现代化钢结构温室、基质栽培层叠高架设施、智能肥水控制一体化的高科技模式，种植园本身就是农业科技观光的独特风景，产出的草莓品质更优，立体设计更加符合采摘的需求。四是发展产业融合，丰富扩展草莓采摘游的内涵，推出草莓酱、草莓酒等产品，并邀请游客互动参与，提升趣味性，也带来了经济效益。此外，将冬季草莓采摘和民俗庙会结合，推出了"摘草莓+主题庙会+黄河灯会"，并增加风车展、冰糖葫芦制作、插花剪纸等创意活动，为休闲农业增色不少。

二、突出亮点，打造优势产业促进创业

返乡创业是让一技之长转变成致富本领的过程，不仅取决于创业者的个人努力，也需要政府的引领护航。调研发现，当地政府从要素禀赋、地域特色、资源优势等出发，引导个体的创业活动集聚发展、培育优势、打造特色，一业兴，百业兴，形成了返乡创业依托相关产业链创业发展的良性循环。

（一）宣传造势营造创业氛围

河南孟津县、平舆县有关部门联合媒体、行业协会等社会力量，将对外宣传引导和对内营造氛围相结合，打造当地特色优势产业的金字招牌，为产业站台宣传，为返乡创业园揽客源，为创业者服务增信心。孟津县有关部门和当地媒体联合推出"来孟津耍吧"系列活动，持续推介草莓采摘、农家乐等特色产业和创意活动，并向社会公众发布特色农产品采摘时间表，"来孟津耍吧"旅游营销口号深入人心，让孟津成为周边休闲旅游的最佳目的地。依托产业和资源基础，集中力量推出市场卖点、培育产业亮点、打造宣传热点，积极推动产业园、创业园升级，发挥创新创业的引领作用，培育县域经济的新动能。孟津平乐牡丹画创意产业园获评3A级景区，成为全国唯一的牡丹画生产基地，还曾举办了全国农民书画大赛和书画展览。平舆县通过举办建筑防水发展大会、展示展销、产业推介等扩大影响力，让平舆县"防水之乡"品牌叫响全国。此外，连续支持举办创业训练营、创业大赛和创业项目展示推介，开展创业标兵报告团下乡巡回演讲等活动，共同营造出创业、兴业、乐业的良好氛围。

（二）推进产业聚集扩展创业机会

孟津、平舆两县坚持市场导向，突出地方特色，聚集优势资源，培育和打造产业集群，对特色种养、传统手工艺、劳动技术进行政策扶持、科技创新和品牌打造，使产业化发展雏形初具、规模效应扩大，在全产业链上为返乡创业者创造了机会，返乡创业在产业环节上各显其能、互补配合、相互促进，产业集聚成为推动创新创业的有力引擎。孟津县鼓励特色种养、乡村旅游领域的返乡创业者创办合作社、家庭农场，合作建立农资配送、信息咨询、宣传推介等渠道，合作打造特色品牌。返乡农民工、下岗职工、大学毕业生等纷纷成了现代农业的新型经营主体，在县城至会盟镇的观光大道两侧，聚集形成了10多个草莓种植基地群。平舆县整合优势资源，打造"上河城"商务示范园区成为农民工返乡创业示范园区，主要建设商务、商业和文化服务设施，为创新创业提供全面的产业支撑。不断完善产业孵化链条，培育新型业态创业，充分运用互联网和大数据工具，促进更多创业者加入和集聚，使得产业集聚地区成为返乡创业较为集中、产业特色突出的地区，走出一条具有地方产业特色的创业发展之路。

（三）优化基础设施配套建设降低创业成本

返乡创业项目集中在村镇，调研反映，基础设施建设与农村地区创业的成本紧密相关，创业者最关心"三路一水"的建设，即通公路、电路、网路，解决农业和相关产业用水问题。孟津县农业部门通过"以奖代补"，为当地的卓安农场出资打机井，解决了大范围用水灌溉问题，并提供无人机设备，开展特色优质小麦种植的喷防业务。驻马店平舆县返乡创业者通过成立农业公司与合作社，带动68个贫困户脱贫致富，政府提供奖励资金，给村里和合作社修整道路，减轻了创业的成本压力，受到创业者和贫困户的欢迎。在返乡创业园区内陆续发展了财务咨询、法律顾问、检验检测、专业包装、现代物流等第三方专业化服务配套，不断丰富和完善创业服务，为创业者提供了低成本、便利化、全要素、开放式的综合服务平台和发展空间，提升创业服务水平，降低了创业的成本。

（四）借力互联网挖掘市场潜力

互联网不嫌贫爱富，不在乎千山万水，为农村地区创业创新和跨越发展创造了条件。调研发现，地方政府注重引导农村创业者依托互联网创业，扩展了创业发展的可能性。一是创建淘宝村，扩大市场影响力。2016年初，"牡丹画之乡"平乐村启动了"淘宝村"的创建工作。通过"政府+服务商"的模式，政府出资为开淘宝店的村民购买培训、营销、网页设计等服务，提供开店补贴等。按照以往的经验，商户自发形成一个"淘宝村"需要3年到5年，而通过政府购买服务的模式，不到半年的时间里，平乐村的140家牡丹画网店集体上线，迅速成为淘宝网的活跃商铺，传统文化的旧韵与互联网的新风融合辉映，实现了输出地产品与输入地市场的成功对接。二是拓展产业链上的更多机会。平舆县借助"互联网+防水"让产业链进一步延伸壮大，推出的"e族防水"APP软件，聚集了防水行业上下游环节，从工程承接到材料交易、施工安排、施工评价，甚至包括金融服务、资质服务、法律服务等，深入建筑防水行业的各个环节，在互联网平台上扩大了全国线下运营服务规模。

（五）出台扶持政策助力创业成功

创业具有成长性，为蹒跚起步的创业者提供一系列政策和服务支持，不仅降低创业风险，更能增强创业者信心，引领创业活动良性持续发展。河南两县在支持返乡创业中找准了突破口和发力点。一是降低创业门槛，对于符合条件的登记失业人员或农村劳动力发放创业（开业）奖补资金5000元，提供小微企业吸纳就业岗位奖补资金，补贴标准为每人每月100元。并简化了相关手续，针对农民工、大学生等返乡创业人员开辟"绿色通道"，推行"一条龙"服务、一站式办结，优化审批流程，降低创业门槛。二是优化创业担保贷款。在行政服务大厅专门开设农民工返乡创业贷款办理窗口，简化贷款审批流程。目前，县财政已投入担保基金7000万元，连续五年发放创业担保贷款3亿元以上，开展"创业贷款信用示范户"评定工作，给予创业农民工一定的授信额度，不断发挥创业担保资金的使用效益。三是出台扶持政策，平舆县政府对入住创业园区的创业者提供一系列优惠，给予"两免一补"政策支持，即免除两年房租，免收税收及每平方补贴装修基金50元，政府每年拿出300万元作为园区创业补贴，凡是入驻园区的返乡创业农民工的子女在入学、就业、就医等给予城市居民同等对待，免去了创业者的后顾之忧。

三、短板仍存，返乡创业的痛点需要重视

近年来，返乡创业的人数增长、主体多元，创业项目遍地开花，释放了巨大的发展潜力。但是返乡创业仍处于起步阶段，困难客观存在，持续发展尤其不易，农村的基础设施、人力资源、金融服务、创业培训等方面仍存在不少短板，需要政策支持和引导，以适应不断发展的创业形势需要。

（一）创业者亟需科学规划和指导

创业归根结底是一系列科学决策的投资管理活动。返乡创业者不仅受到自身的人力资本"瓶颈"约束，还要适应经营业态和身份的转变，应对市场竞争中的新情况和新问题，面临一系列风险和挑战。一是创业心理准备不充分，面对创业中的挫折和失败缺乏援助、辅导机制。二是市场观念不强，一些创业者办的特色农产品网店访问量少，客户关系业务无人维护，甚至出现长期闲置的状况；部分乡村旅游项目水土不服、客源不可持续。创业者对于产品特色、目标市场、发展模式的定位不明晰，经营管理水平仍显不足。三是缺乏创业规划。创业过程中要经常性地做出规划、制定计划，并形成切实可行的动作分解，在实施的过程当中针对的具体情况还需适时做调整。调查发现，不少创业者对未来发展目标不明确，存在维持守业或贪大求全两种极端倾向，对未来发展缺少足够的预见和准备，亟需专业跟踪指导。

（二）技能培训难以满足创业需求

返乡创业者普遍有较为强烈的培训需求，但很多培训缺乏吸引力，讲不到创业者想听的知识。培训针对性、实用性、有效性不够，难以适应创业需求。一些培训教材内容陈旧、更新缓慢，如农民家里都看上了彩色电视，有的甚至装备了最先进的互联网电视，培训却仍在传授黑白电视的维修技术。有些地方片面追求参培率，规定创业者必须参加足够的培训才能享受优惠政策，创业者不得不挤出时间参加无关紧要的培训。调研发现，返乡创业者对新品种引进、种养管护技术、网店维护运营、项目选择和策划、绿色有机无公害产品注册、融资贷款等方面的知识需求迫切，培训内容应及时呼应需求。在形式上要符合创业的特点和规律，针对不同创业群体、创业活动和不同阶段特点开展创业培训项目，创新培训形式，到田间地头、工厂车间、创业园区的现场"上门"培训，鼓励创业企业组织人员"定制"培训，务求解决实践中的问题。此外，还应促进创业导师制度的有效落实，创新开展"门诊式""会诊式"咨询解决问题，让创业者感到实实在在的效果。有必要针对创业导师建立起有效的监督激励机制，保障创业导师制度长效运行。

（三）技术和管理人才短缺

农民工返乡创业的主要阵地集中在农村，但当前农村的人力资源实际还不适应农村创业的需求。农村基础条件差、机会有限、收入低、平台不高，对于各类人才都缺乏足够的吸引力，许多技术和管理人才不愿回到农村。然而，创业经营中对懂技术、善管理的复合型人才需求却十分迫切，特别缺乏财务分析、产品模式技术、项目管理、市场开拓等方面的专业人才。一些创业者反映，缺人的问题甚至比缺钱的问题还难办。许多好的返乡创业项目，因为人才短缺的掣肘，长期处于粗放发展、低水平经营的状态。因此，推动返乡创业不能忽视吸引人才的工作，鼓励创业的同时需要重视人才的回归和培养。

(四) 政策扶持资源错配

农民工等群体的返乡创业，不仅促进经济发展，解决并带动就业，还缓解了农村积弊已久的"三留守"、空心化问题，经济和社会效益显著。农业投入大、风险大、周期长，返乡创业者在家乡土地上开展涉农创业，比外来工商资本投资更有地缘优势，具有带动老乡增收致富与对资源、土地的可持续利用相统一的内在动力。在农村熟人社会中开展创业活动，返乡创业者更讲求诚信经营，一定程度上可以避免外来老板翻脸、赖账、跑路的情况。但是，"外来的和尚好念经"，资本实力雄厚的工商资本往往更容易获得政策扶持资源，特别是在补贴和贷款政策上，普通的返乡创业者却因缺乏抵押物、担保关系而遭遇资金短缺的难题，缺乏足够的扶持。"扶强不扶弱、惠外不惠内"的政策扶持倾向需要尽快扭转。应综合考虑创业项目的经济社会效益和发展潜力，将返乡创业者列为招商引资对象，实施等同于引进外资的优惠政策，让返乡创业的有生力量经过政策的有效引导和扶持，成为农业农村发展和县域经济发展的新动能。

经济新常态下我国渔民增收的影响因素分析[*]

周洪霞 陈 洁

改革开放以来,我国渔业保持持续较快发展,综合生产能力稳步提升,产业规模迅速扩大,渔业经济效益不断提高,极大调动了渔民生产积极性。近年来,随着经济结构调整、产业转型升级及城镇化进程的不断加快,资源、环境、技术、资本等供给侧因素对渔业发展的制约不断加强,渔业发展、渔村稳定、渔民增收已成为社会各界关注的焦点,促进渔民持续增收更是引起了广泛关注。在经济新常态背景下,如何提高渔民收入成为渔业供给侧结构性改革的重要内容,是加速我国渔业现代化、促进渔业可持续发展亟须解决的重大课题。

一、我国渔民收入变化与特点分析

农村改革开放之初,渔业是最早市场化的农业部门,国家通过价格放

---

[*] 本文得到"十三五"国家大宗淡水鱼产业技术体系专项(编号:CARS-45-30)的资助。周洪霞,农业部农村经济研究中心助理研究员,研究方向:区域经济、农业经济;陈洁,农业部农村经济研究中心区域发展研究室主任、研究员,国家大宗淡水鱼产业技术体系产业经济研究室主任,研究方向:农村发展、产业经济。

开,搞活流通和市场,促进了渔业特别是水产养殖业的大发展,渔民收入随之提高,渔民成为"先富起来的"一批人。随着水产品供给问题的解决,渔业发展逐步进入结构调整、生产经营方式转变的阶段,渔业在国际市场上也显示出较强竞争力,使我国多年来成为水产品贸易顺差国家。但渔业是典型的资源依赖型产业,耗竭式、集约化的生产经营方式随着环境污染、渔业资源衰退等而变得不可持续,市场需求变化也对渔业转方式、调结构带来了客观要求,这些内外因素都对渔民收入产生了影响。因此,对渔民收入变化做深入细致的分析研究需要结合不同时期我国渔业面临的内外因素等。

(一)人均纯收入逐年增长,但增速有所下降

1985—2015年这31年来我国渔民人均纯收入总体呈不断上涨趋势(如图1所示)。继2011年我国渔民人均收入首次突破万元大关后,2015年继续保持较快增长,金额达15594.83元,与1985年(626元)相比增长24倍。2015年,渔民人均纯收入超万元的省份达29个①,其中上海、天津、浙江和江苏4省市突破2万元。

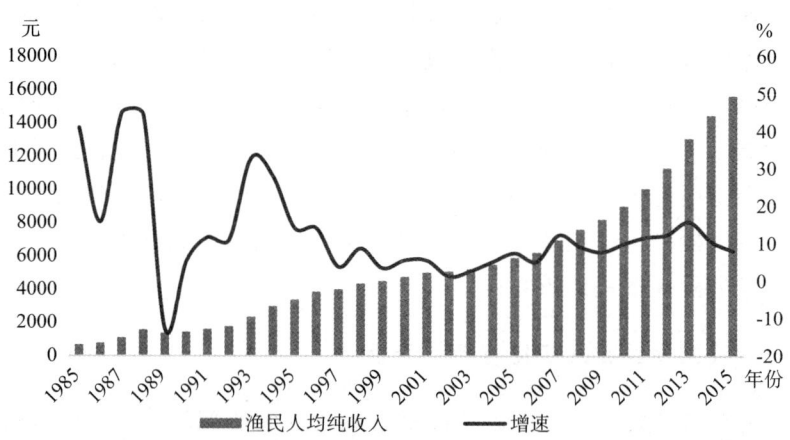

图1 1985—2015年我国渔民人均纯收入及其增速

数据来源:《中国渔业统计年鉴》(1985—2016)。

---

① 除山西、西藏和甘肃之外的省份。

农民创业与农民增收

就增长速度而言,1985—2015 年间我国渔民人均纯收入年均增长率为 11.31%。根据历年人均纯收入的增长速度,本文将其分为五个阶段:第一阶段是 1985—1988 年,这 4 年间呈高速上涨态势,除 1986 年增速为 15.81% 外,其余 3 年增速均超过 40%,1987 年达到历年最大值 44.97%。第二阶段是 1989—1993 年,呈波动上升状态,1989 年人均纯收入增速下降,达到历年增速最低值 -12.79%。总体而言,前两个阶段是农村改革开放后渔业发展最快、渔民收入增长最快的时期。第三阶段是 1994—2002 年,人均纯收入增速逐步下降,从 27.99% 下降到 1.28%。1993—1996 年,我国淡水鱼亩均生产成本的快速增长拉低了利润水平,一般养殖户的成本利润率从 1993 年的 40% 下降到 1996 年的 19%,特别是 1994 年和 1995 年。1997—2002 年,一般养鱼户的成本利润率出现两次明显波动,1999 年的成本利润率只有 9%,2000—2002 年成本利润率再次波动,2000 年利润率快速上升到 21%,但接着两年连续下降,2002 年仅为 10%。这一阶段,我国渔业发展进入了生产和市场波动比较频繁的时段,"增产不一定增收"的情况开始出现[①]。

第四阶段是 2003—2013 年,渔民人均纯收入增速总体呈上升趋势,2013 年增速达到阶段最大值 15.84%。2002 年以后,我国淡水鱼养殖的成本利润率呈现明显上升趋势,2006 年的成本利润率是 2002 年的 3 倍多,主要是由成本产出比变化引起。1999 年,每 50 公斤水产品成本达 270 元,导致成本利润率偏低,而 2000 年单位成本下降至 244 元,同比下降 10%。此后,每 50 公斤水产品总成本从 2002 年的 229 元上升到 2006 年的 325 元,年均上升 7%,其中 2004 年增加最快,同比增长了 15%。在养殖成本不断增加的背景下,养殖成本利润率的不断提升主要归功于销售价格的持续上涨,同期销售价格从 2002 年的 252 元/50 公斤上涨到 2006 年的 401 元/50 公斤,年均增长率 13%,远高于成本增长速度,从而使成本利润率提高。2007 年,在成本居高不下,而售价有所回落的

---

① 陈洁、罗丹:《中国淡水渔业发展问题研究》,上海远东出版社 2011 年版。

情况下，养殖成本利润有所下降①。第五阶段是 2014 年至今，增速出现下滑趋势，2015 年回到个位数 8.1%。

（二）渔民、农民、城镇居民收入差距逐步扩大

渔民、农民和城镇居民生活在不同地理空间，他们各自收入水平反映了他们的生活水平和消费状况，也反映着渔业是否与农业、与城镇工商业同步协调发展。

1. 渔民收入与农民收入比较。人均纯收入是反映居民生活水平和生活质量的关键指标。目前，我国渔民人均纯收入和农民人均纯收入仍有较大差距（如图 2）。1990—2015 年，渔民人均纯收入和农民人均纯收入都呈增加趋势，但前者明显高于后者，1990 年渔民人均纯收入和农民人均纯收入分别为 1392 元和 686.3 元，2015 年增加到 15594.83 元和 10772 元，分别增长了约 10 倍和 14 倍。

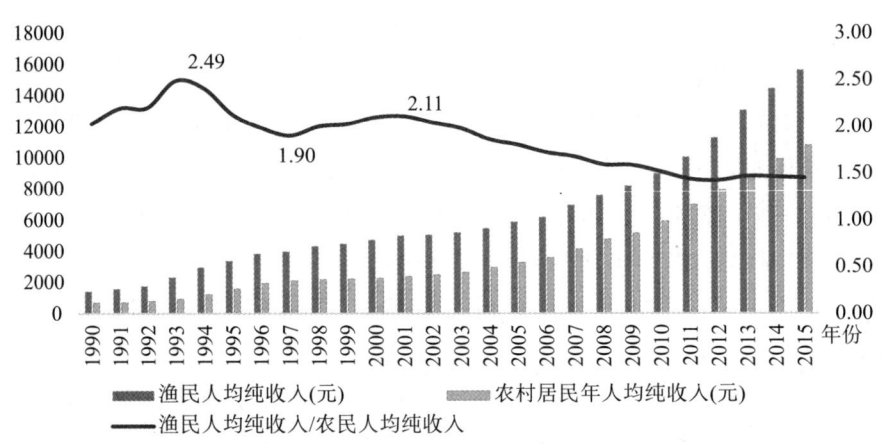

图 2　1990—2015 年渔民人均纯收入与农民人均纯收入对比

数据来源：《中国渔业统计年鉴》（1990—2016）；《中国统计年鉴》（1990—2016）。

从收入比看，1993 年渔民人均纯收入与农民人均纯收入之比为历年最高，为 2.49，之后缓慢下降；1997 年后渔民人均纯收入和农民人均纯收入

---

① 陈洁、罗丹：《中国淡水渔业发展问题研究》，上海远东出版社 2011 年版。

之比逐年上升，2001年为2.11，之后逐年下降，2015年降为1.45。随着一系列支农惠农政策的实施，渔民与农民的收入差距可能会越来越小。

2. 渔民收入与城镇居民收入比较。20世纪90年代初，渔民人均纯收入与城镇居民人均可支配收入水平基本持平。随着工业化、城镇化步伐加快及居民收入结构变化，城镇居民收入增速明显高于渔民收入，两者差距逐步加大。1990年渔民人均收入和城镇居民人均可支配收入之比为1∶1，2015年下降到1∶2，再加上城镇居民享有的隐性福利，两者之间的差距会更大。

分析渔民和城镇居民收入差距不断加大的原因主要是：一方面，城镇化进程加快，城市经济发展迅速，城镇居民收入迅速增加；另一方面，渔业发展对资源环境依赖程度比较高，尤其是海洋渔业，近海渔业受过度捕捞、环境污染等影响资源衰退严重、水域环境恶化、作业范围缩小，渔民增收困难，而城市经济的发展更依赖于装备和技术，对资源环境的依赖相对较低（见图3）。

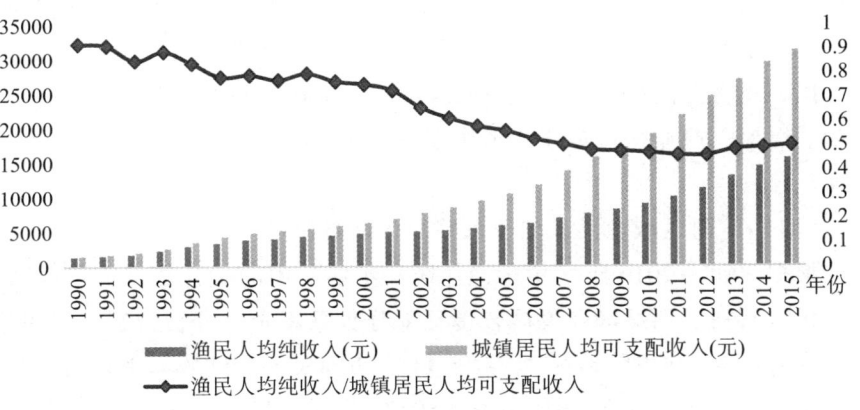

图3　1990—2015年渔民人均纯收入与城镇居民人均可支配纯收入

数据来源：《中国渔业统计年鉴》（1990—2016）；《中国统计年鉴》（1990—2016）。

（三）经营性渔业收入是渔民收入的主要来源

鉴于《中国渔业统计年鉴》中家庭收入统计指标及口径变化，本文以 2014 年、2015 年为例对渔民家庭总收入结构作进一步分析。

在渔民家庭各项收入中，家庭经营收入所占比重最高，2015 年家庭经营收入为 187927.6 万元，占渔民家庭总收入的 89.93%，与 2014 年相比基本不变。第二位是工资性收入，2015 年为 10626.86 万元，占比 5.09%，比 2014 年增加 0.35 个百分点。第三位是生产补贴，2015 年为 7393.44 万元，占比为 3.54%，与 2014 年比有所下降。最后是转移性收入和财产净收入，2015 年分别为 1897.43 万元、1129.07 万元。可见，在渔民家庭收入构成中经营性收入所占比例很高，在收入结构中的地位非常重要。

在我国部分省区市的库区、湖区等地还生活着"以船为家"的纯渔民，他们以打渔为生，没有耕地、没有房屋，甚至一度没有户口和身份证，在禁渔休渔、取缔网箱围栏等政策的影响下，这部分渔民生计受到很大影响。截至 2017 年年初，由住建部实施（2012 年启动）的"以船为家渔民上岸安居工程"基本完成，已开工 7.1 万户，中央先后下达中央预算内投资约 13.5 亿元，省级和市县政府安排财政性补助资金总计约 10.8 亿元。除了对这部分渔民进行民政救助以外，住建部、发展和改革委员会等部门，还将会同社会保障、民政等部门对渔民进行转产就业培训、子女上学、医保、产业扶持等帮扶工作。

（四）不同区域渔民人均收入差异化日益明显

根据 2005—2016 年《中国渔业统计年鉴》中的统计数据，将全国 29 个省份（青海、西藏渔业发展较慢且部分数据不全，分析中暂不予考虑）分为沿海地区[①]和内陆地区[②]。沿海 11 省市渔民人均纯收入平均值从 2005 年的 7392.09 元上涨到 2015 年的 18057.36 元，增长了 1.44 倍，年均增长率为 9.34%。内陆 18 省市渔民人均纯收入平均值从 2005 年的 4876.72

---

① 沿海地区包括上海、天津、浙江、江苏、广西、山东、辽宁、福建、海南、广东及河北等省市自治区。

② 内陆地区包括北京、湖北、湖南、安徽、重庆、黑龙江、新疆、四川、江西、内蒙古、河南、陕西、贵州、云南、吉林、宁夏、山西及甘肃等省市自治区。

元增加到 2015 年的 12254.11 元，年均增长率为 9.65%。2015 年，沿海地区渔民人均收入平均值比内陆地区渔民人均收入平均值高了 5803.25 元，比全国渔民人均纯收入多 2462.53 元。可见，沿海地区与内陆地区渔民的收入差距较为明显（表 1）。

表 1　2005—2015 年沿海、内陆地区渔民人均纯收入均值及年均增速

	2005 年	2010 年	2013 年	2014 年	2015 年	年均增长率（%）
沿海地区年均值（元）	7392.09	11292.10	15780.24	17085.04	18057.36	9.34
内陆地区年均值（元）	4876.72	6472.94	9831.52	11353.69	12254.11	9.65

资料来源：作者根据资料整理。

从各省市渔民人均纯收入的绝对量来看，2015 年上海市渔民人均纯收入最多，为 23946.15 元，比 2005 年增加了 14823.15 元，年均增长率为 10.13%，是同期山西省渔民人均纯收入的 3 倍之多，是河北省的 1.85 倍，不同省市之间的渔民人均收入分化也较为严重。

与内陆省市相比，一方面，沿海地区改革开放力度大，多种经济形式共同发展，中小民营企业发展迅速，使得当地渔民收入来源多样化，他们既可从事渔业生产经营获得收入，又可加入"打工者"行列从事其他行业工作获得工资收入。另一方面，沿海和发达地区渔业生产水平高，高价值的特种养殖情况较多，这也是这些区域渔民收入高于内陆地区的一个原因。可见，受经济发展水平、对外开放程度、区域分布等影响，渔民收入水平区域差异明显。

二、当前影响我国渔民收入的主要因素

渔民收入的影响因素有很多，本文主要就以下几个方面进行说明。

（一）渔业资源呈衰退之势，对渔民增收带来影响

我国渔民通过从事渔业捕捞和渔业养殖而出售水产品来实现增收，收入来源和渠道比较单一。而且受近海生态环境恶化、粗放式的渔业生产方式等的影响，渔业资源逐年严重衰退，对渔民收入的主要来源带来不利影

响。此外，渔船"双控"制度、禁渔休渔期的实行、作业时间缩减等因素也使得沿海渔民很难通过扩大捕捞量来实现增收。养殖产量的增长主要靠平面扩张和集约化投饲，最终仍受制于饲料来源的制约。

随着养殖、捕捞技术的进步，我国水产品产量快速增加，2015年全国水产品总产量达6699.65万吨。一般而言，水产品产量越高，渔民收入就越高。但当水产品供应量超过市场需求量时，水产品交易价格就会下跌，导致渔民收入下降，出现"增产不增收""鱼多伤渔"等情况。

（二）水产品价格波动起伏较大，直接影响渔民收入

渔民经营水产品所获收入是渔民收入的主要来源。水产品价格越高，渔民所得收入就越多，即水产品价格与渔民收入之间存在正向关系。1985年我国水产品价格全面放开，渔业生产蓬勃发展，水产品市场从"吃鱼难、吃鱼贵"的供不应求变为"卖鱼难、鱼价低"的供大于求，水产品价格急剧下降，渔民收入受到严重影响。近年来水产品价格波动起伏较大，进而使得养殖效益起伏大，直接影响到渔民收入。

（三）渔业生产经营成本逐年上涨，压低渔民增收空间

无论是捕捞作业还是养殖活动，渔民都要付出相应的生产成本。对于捕捞作业，除渔船、渔网等固定投资外，还需投入燃油；对于养殖活动，除投饵机、增氧机等工具外，还需饲料、苗种、鱼药等生产资料。而且，目前我国渔业税费项目仍较多，渔民要向各级各部门缴纳各种税费，这些部门包括税务、渔政、工商、渔监、船检、渔港、公安、民政等部门，渔民税费负担较重。近年来，随着燃油、渔药、饲料、苗种等要素价格快速上涨，渔业生产成本不断攀升，再加上日益增长的雇工费，渔民收入会更少。

以2015年为例，在渔民家庭总支出中，家庭经营费用支出所占比重最高，达到73.82%（在家庭经营费用支出方面，经营渔业所支出的费用占到96.63%，这部分费用主要指燃料及冰费用、雇工费用、饲料及苗种费用、其他费用等）；生产性固定资产折旧支出的比重为4.69%，比上年

增加 0.37 个百分点；税费支出占渔民家庭总支出的 4.08%，与上年比增加 2.41 个百分点；转移性支出占到家庭总支出的 1.68%。

（四）渔民文化素质不高，缺乏从事其他行业技能

从我国城镇化发展经验看，若一地区城镇化率越高，该地区工业和服务业发展就越快，就业机会就越多。对于捕捞渔民，除在规定时间内从事捕捞作业，还可在休渔期、寒潮期或因台风等原因不能捕鱼的时间内从事工业、服务业等工作，这些从事非渔业工作的工资收入会增加渔民收入。但是，劳动者的收入水平与其受教育程度密切相关，渔民亦是如此。无论是对生产活动的经营管理，还是对新技术的运用，受教育程度高的渔民都有优势。我国渔民受教育水平普遍较低，主要以小学、初中文化水平为主，受文化程度较低影响，大部分渔民在休渔期或其他闲暇时间从事其他行业能力较弱，缺乏从事其他行业的技能特别是老渔民只能在家赋闲。

（五）渔业第二、第三产业发育滞后

与渔业捕捞、养殖相比，我国渔业第二、第三产业发展滞后，水产品加工流通发展比较慢，渔业产业组织化程度低，休闲渔业发展缓慢，渔业第一、第二、第三产业融合度差，产业间协同合作能力低，这都严重影响到渔业产业的整体效能，不利于渔民收入的持续增加。

三、实证检验

（一）数据说明

根据上述分析，我们利用统计数据进一步验证各因素对渔民收入的影响。数据为各省市的渔业统计数据，去除青海、西藏、内蒙古和甘肃等数据缺失或数据不连续的 9 个省市自治区，以 22 省市自治区[①]渔民收入的影响因素为研究对象。研究时间为 2010—2015 年，数据来源于《中国渔

---

① 北京、河北、山东、江苏、上海、浙江、福建、广东、海南、辽宁、黑龙江、湖北、湖南、安徽、江西、河南、山西、陕西、重庆、四川、广西、云南。

业统计年鉴》《中国统计年鉴》《中国劳动统计年鉴》以及各省市渔业统计公报。

(二) 指标选取

根据上述对影响渔民收入的主要因素的分析,本文选取以下主要指标进行实证检验。

1. 被解释变量。渔民收入(Income),以渔民家庭收入调查数核定统计数据中的人均纯收入来反映渔民收入,单位是元。

2. 解释变量。水产品价格(Price),以渔业总产值和水产品总量的比值作为反映数据,单位是元/千克。

水产品产量(Output),以淡水养殖、海水养殖、淡水捕捞、海洋捕捞和远洋捕捞所获得的产品总量来衡量,单位是吨。

渔业生产成本(Cost),用经营渔业支出占渔民家庭总支出的比重来反映。

税收负担(Tax),用渔民税费支出占渔民家庭总支出的比重衡量。

受教育程度(Edu),选择每个地区高中及高中以上学历的人口总数占6岁及6岁以上人口的比重来反映。

城镇化率(Ur),用每个地区城镇人口占地区总人口的比重衡量。

(三) 实证检验

1. 模型设定。根据上述分析,本文构建如下面板数据模型:

$$\ln income_{it} = \alpha_0 + \beta_1 \ln price_{it} + \beta_2 \ln output_{it} + \beta_3 \ln cost_{it} + \beta_4 \ln tax_{it} + \beta_5 \ln edu_{it} + \beta_6 \ln ur_{it} + \mu_t + v_i + \varepsilon_{it}$$

式中下标 i 表示22个省市;t 表示时间;μ_t、v_i 分别表示截面和时间的固定效应;ε_{it} 为随机误差项,与解释变量及个体时间固定效应 μ_t、v_i 不相关;α_0 为常数项,β_1—β_6 为解释变量的估计系数。

2. 模型估计。由于面板数据中有22个省市自治区,会存在截面间异方差。因此,对固定效应模型中截面间异方差进行检验,结果显示P值为0.000,强烈拒绝模型不存在异方差假设,认为该模型存在异方差。因此，采用 Driscoll 和 Kraay（1998）提出的回归方式对面板数据模型进行分析，结果如表2所示。从表中可以看出，七组估计方程中调整 R 平方均大于 0.75，因此模型拟合度良好，整体较为显著。

表2 模型估计结果

变量	1	2	3	4	5	6	7
lnprice	0.170**				0.686***	0.600***	0.403***
	(3.017)				(5.211)	(5.818)	(3.649)
lnoutput		0.146**			0.610***	0.497***	0.316***
		(2.614)			(7.173)	(13.13)	(7.506)
lncost			-0.0241**		-0.0264**	-0.00500**	-0.00574**
			(-2.793)		(-2.153)	(-2.169)	(-2.242)
lntax				-0.0128***	-0.0181***	-0.0146***	-0.0150***
				(-8.104)	(-8.330)	(-6.300)	(-7.618)
lnur	2.580***	2.533***	2.767***	2.673***		1.890***	1.665***
	(8.314)	(15.12)	(13.63)	(13.76)		(7.816)	(9.530)
lnedu	0.540***	0.552***	0.585***	0.610***	0.480***		0.416***
	(5.157)	(6.096)	(6.118)	(6.484)	(3.512)		(3.701)
Constant	3.296***	4.739***	3.840***	3.439***	2.602**	6.808***	4.242***
	(3.077)	(4.068)	(4.888)	(5.957)	(2.335)	(5.361)	(4.081)
Observations	132	132	132	132	132	132	132
R^2	0.7899	0.7891	0.7862	0.7948	0.7903	0.7928	0.8121

注：***、**、* 分别表示在1%、5%、10%水平上显著，括号内为 t 统计量。

方程1至方程4显示在控制其他变量的前提下水产品价格、产量、生产成本和税收对渔民收入影响都非常显著：水产品价格的估计系数为 0.17，即水产品价格每提升1%，渔民收入将提升0.17%；水产品产量系数为 0.146，即水产品产量每提升1%，渔民收入增加0.146%；渔业生产成本和税收的系数为 -0.024 和 -0.013，税收对渔民收入影响较低，是因为税收影响的主要是捕捞渔民，占渔民大多数的养殖渔民的税收负担较轻。方程5、方程6显示在控制其他解释变量时受教育程度和城镇化率对渔民收入影响也十分显著。

将全部变量纳入模型得到方程 7：城镇化率的估计系数为 1.665，远大于其他解释变量，比在受教育程度影响下减少 0.225；受教育程度的系数从 0.48 下降到 0.416；价格的系数从 0.17 上升到 0.403，产量的系数从 0.146 增加到 0.316，成本的系数从 -0.0241 增加到 -0.00574，税收的系数从 -0.0128 下降到 -0.015。上述变化说明，水产品价格、产量、生产成本、税收负担、受教育程度和城镇化率之间具有相关性。水产品价格越高，产量会增加，生产成本会因规模扩大而下降，渔民税收负担会缓慢增加；水产品价格上涨会吸引渔民从事养殖和捕捞工作而放弃从事其他行业，减弱城镇化对渔民收入的影响；由于新进入渔民受教育程度可能低于高中水平，拉低了教育对渔民收入的提升程度。

四、渔民增收相关途径

在经济新常态背景下，水产品结构性过剩、价格下滑、效益低下等问题日益凸显，渔业供给侧结构性改革势在必行。渔民增收能力的提高，也是渔业供给侧结构性改革面临的现实问题，为增加渔民收入、促进渔业健康发展，本文提出以下建议。

（一）调整渔业结构，建立减量增收机制

以"提质增效、减量增收"为目标，推进渔业供给侧结构性改革：控制捕捞强度，改进捕捞方式，引导捕捞渔民转产转业；推广绿色生态养殖，加大新生态技术运用，适度调减结构性过剩的大宗品种，开发推广优质高端适销品种；提高水产品精深加工水平，以技术创新为引导，开发新产品、新工艺，推动水产加工向集约化、规模化和高附加值方向发展；发展集观赏、垂钓、商务、娱乐、度假为一体的休闲渔业，将其作为渔业供给侧结构性改革的重要抓手，拓展渔业多种功能、发展渔业新型业态，推进渔业第一、第二、第三产业融合发展。只有通过多种途径促进渔业持续健康发展，提升渔业效益，才能保证渔民收入持续增长。

（二）加强渔业品牌建设，建立品牌增收机制

渔业品牌建设是提升渔业发展水平的重要手段，也是促进渔业增效、渔民增收的重要途径。为此，首先要提高认识。政府加强宏观引导，制定渔业品牌发展规划，加大对品牌创建的扶持，增强养殖大户、企业、合作社等的品牌意识。其次要依托龙头企业，创建区域性品牌。培养开发加工能力和市场开拓能力强的龙头企业，建设由龙头企业带动的水产品产业集群，整合地方区域品牌，培育区域性集群品牌。最后要加大科技投入，注重自主品牌建设。引进推广新技术，促进技术创新，鼓励企业研发高附加值产品，加快自主品牌建设，提高核心竞争力。最后，多渠道、多方式加强对渔业品牌宣传、保护，提高品牌知名度和竞争力。

（三）多措并举，强化成本控制

通过一系列政策措施，多方面减轻渔民成本。一方面是生产成本，在保证捕捞限额制度有效实施、渔业资源可持续利用的前提下，加强对渔船设备、燃油等生产资料的购买进行财政补贴；发展渔农综合种养种草养鱼、渔工结合、混养等方式，开辟饲料源、降低生产成本；另一方面是经营成本，建立健全水产品市场体系，加强水产品产地市场和批发市场建设的同时，积极向各类超市延伸，减少流通环节，降低流通成本；建设水产品物流园区，促进第三方水产品物流企业发展，通过线上线下促进地区水产品销售；进一步完善渔业信息交流机制，健全信息发布、沟通交流、资讯提供等服务平台，进行技术咨询和服务。

（四）发展特色渔村，培养新型渔民

在科学规划和决策的基础上，加快特色渔村建设，充分利用渔村资源优势，以市场需求为导向，发展第二、第三产业特别是休闲渔业，创建休闲渔业品牌，增加渔民工作岗位。同时，采取多种方式培养具备良好文化素质、先进思想观念、较高科技素养、较强创新能力的新型渔民：加强与高校、科研院所合作，聘请渔业专家对渔民进行渔业知识、渔业技术的普

及宣传，培训一批有知识的渔业从业者，培养一批具有渔业技术的技术工作者，培育一批具有先进管理理念的管理者，通过"科技兴渔"来促进渔业增效、渔民增收。

参考文献

[1] 许罕多、吴飞飞："中国渔民收入影响因素分析——基于中国沿海各省市1998—2007年面板数据的实证研究"，《中国海洋大学学报（社会科学版）》2011年第2期。

[2] 唐议、刘金红："我国渔民经济收入现状分析"，《上海水产大学学报》2007年第7期。

[3] 权召伟、金麟根、曹亚："提高上海渔民收入的对策研究"，《渔业经济研究》2007年第6期。

[4] 韩波、赵文武、高宏泉："我国渔民收入情况分析"，《中国渔业经济》2009年第6期。

[5] 赵文武、姜启军、徐忠："我国渔民家庭收支情况分析"，《上海海洋大学学报》2013年第3期。

比较与借鉴

比较与借鉴

美国农业产业体系、生产体系、经营体系建设对我国的启示与借鉴

陈艳丽

党的十九大报告和中央农村工作会议高度重视"三农"工作,要大力推进乡村振兴,明确提出坚持农业农村优先发展,建立健全城乡融合发展体制机制和政策体系,加快推进农业农村现代化,构建产业体系、生产体系、经营体系的现代农业三大体系,促进农村第一、第二、第三产业融合发展,完善农业支持保护制度,适应市场化、国际化形势,改革完善财政补贴政策,更加注重支持结构调整、资源环境保护和科技研发等,加快建设现代农业[①]。

过去讲发展现代农业,以培育新的农业经营主体为例,好像就是一条路,就是通过土地的经营权的流转和集中来发展土地的规模经营,好像讲新型农业经营主体似乎就是一条路。当然这条路非常重要,因为在任何国家农业规模都对于它的现代化水平是至关重要的。但是还必须看到流转土地后的七八十亩地。对于过去来说,七八十亩是规模,但是对比国外的新

---

① 韩长赋:"大力实施乡村振兴战略(认真学习宣传贯彻党的十九大精神)",http://politics.people.com.cn/n1/2017/1211/c1001 - 29697553.html,2017 年 12 月 11 日。

大陆国家一两万亩的家庭农场,这种规模就小了,最重要的是七八十亩地需要什么样的技术手段来经营。这就应运而生另外一种经营主体——不一定直接经营土地,不一定自己生产农产品,但是他有大量的技术服务手段,先进的农业技术装备,满足不同技术服务需求。这样的经营主体正是从过去的面朝黄土背朝天的农业经营者中脱身出来,这是中国正在发生的深刻变化[1],如何适应这种深刻变化,在培育新型经营主体的同时,促进小农户和现代农业有机衔接,加快构建现代农业的"三大支柱"产业体系、生产体系、经营体系,加快建设现代农业,实现我国由农业大国向农业强国转变是一个长远而意义重大的课题。美国在这些方面也有着漫长的探索过程,不妨引以为鉴。

美国位于北美洲中南部,人均耕地面积是世界人均耕地面积的3倍,土地肥沃,气候温和,自然资源丰富,劳动力资源相对短,但美国农业的生产方式和生产力水平都处于世界最发达之列,有其得天独厚的农业资源因素。美国农业的优势更与经历百年的历史演化和市场竞争所形成的农业及相关产业的组织结构和经营机制构成的、有竞争力的生产方式密切相关,可以理解为美国的产业体系、生产体系、经营体系。美国现代农业的发展始于1860年,美国农业现代化三大体系建设经历了农业机械革命、化学革命和生物革命以及管理革命。

一、美国农业现代化三大体系建设的特点

(一)农业生产技术现代化

科技发展对美国农业增长的贡献率为世界之最。从南北战争前后到20世纪40年代后期,美国的农业机械化大体经历了农业半机械化、农业基本机械化和农业全面高度机械化三个阶段。到20世纪60年代以后,如何提高土地利用率成为美国农业现代化的突出问题。美国将其农业发展焦点集中到采用生物、化学技术,以提高土地产出率上。20世纪80年代以

---

[1] 陈锡文:"乡村振兴战略7大问题",中央电视台财经频道·中国经济大讲堂,2018年1月5日。

比较与借鉴

后,由于在较高的化肥投入水平上的单位投入报酬递减,同时带来农村区域水体、土壤和环境的污染,美国农业的主要发展方向转向基于生态良性循环的农业生产技术和组织管理的现代化。

1. 农业机械化。美国是世界上最早实现农业机械化的国家,面对人力成本不断增长的现实,美国农场主选择利用先进工业技术发展农业,加大农业机械设备的应用。到1940年,除个别地区以及经济作物和蔬菜生产还主要靠手工劳动外,美国的大农场,特别是谷物农场,在耕地、耙地、播种和收割脱粒等生产环节都已实现机械化。20世纪40—70年代,是美国农业全面实现机械化、电气化、化学化的时期,其间许多精细的农活普遍实现了机械化。到1970年,电力也得到普及,畜牧业成为使用电力最多的部门,此外,在排灌、农产品贮藏、加工等方面也普遍使用电力。

2. 生物工程和卫星定位遥感技术。美国非常注重发展现代农业科学技术,尤其是以生物工程和卫星定位遥感技术为主的新技术。生物技术、遗传工程、计算机技术、遥感监测等高新技术,不仅用于农业生产过程中,而且用于防止种质退化、农产品储藏等,极大地提升了农业经济效益,还为其形成了在全球市场范围内的竞争优势,从而促进美国农业增产、增收。当前,美国的农业生物技术主要集中于四大工程:基因工程、细胞工程、酶工程和发酵工程,目前,全世界前20大农业技术公司中,美国占了一半。

3. 农业教育、科研和技术推广体系。美国政府历来重视加强农业教育,提高农民素质,形成了极具特色的农业教育、科研、推广三结合的体制。农学院、实验站和推广站三位一体组成教育、科研和技术推广的完整高效体系,为美国现代农业生产提供了技术支撑。美国历来重视从国外引进作物和畜禽优良良种以及改良和培育新品种的农业科研和推广工作,对水土保持、扩大农作物和畜禽的种质资源,改进农、畜、水产品加工和储藏技术等农业技术的研究都投入大量的经费,并形成教育、研究、推广三位一体的科技服务体系。美国大多数的农业生物技术公司都拥有规模庞大的研究项目,以美国杜邦先锋种业公司为首的15家美国最大的种业公司的研究费用就相当于发展中国家的国家农业研究系统（NARS）和国际农业研究中心（IARC）等公共部门在农业研究投入上的所有费用。由于美国的农业科技公司和研究机构拥有雄厚的科研实力，其农业呈现投资大、产出高，生产手段机械化、智能化，生产技术化学化、生物化的特点。这种"三位一体"的网络体系针对性强，与实践融合度高，提高了农民素质，刺激了农业技术，特别是农业机械的发展，为农业现代化提供了强有力的科技人才支撑。

（二）农业经营组织现代化

美国功能完善的农业合作组织在其整个农业现代化过程中有着举足重的作用。从产业化观点看美国农业，它是美国经济中的最大部门，美国农业人口只占人口的2.8%，美国农业服务人口占15.3%，为近1/4的人提供就业机会，创造产值在国民生产总值中约占1/5；其中产品出口创汇收入约占全国外汇收入的1/5。美国的农业为工业和整个国民经济提供了大量的原料和广阔的销售市场。如以上述各种重要指标衡量，美国农业在国民经济中所占的比重在1/5—1/2。

1. 家庭农场。美国的农业是以家庭农场为主的高度商业化农业，由于许多合伙农场和公司农场也以家庭农场为依托。目前，美国约有210万个农场，家庭农场占87%，合伙农场占10%，公司农场占3%。大多数的合伙农场和公司农场也以家庭农场为依托进行生产经营，美国农场主只有220万人左右，农场主和农业从业人员共约500万人。与此同时，由于农产品市场开拓、科技进步和大范围配置资源，促使农户分工分业，使生产要素向优势农户集中。同时，专业化集约化生产又加速了农户之间的兼并与重组。从美国农场数量和土地规模来看，农场总数的下降增强了农户的产业竞争力。同时，使那些不适合现代农业经营的农户重新定位，转换职业，进入城市，自然而然地完成了农业劳动力向第二、第三产业以及城市转移。农场更大了，更加专业化了，劳动生产率和土地生产率提高了，农场家庭的平均收入从低于非农场家庭的收入上升到超过非农场家庭的收入，消费者必须支付农产品的实际价格下降了一半。

2. 农业合作社。美国政府视农业合作社为具有某种社会福利性质的非营利组织，如 1922 年出台的《凯普—沃尔斯蒂德法案》就给予了农业合作社有限的反托拉斯例外，把合作社从《反托拉斯法》中豁免出去，这对合作社特别是大型合作社的发展起到了很大的推动作用。同时，对取得免税资格的合作社采取减免税待遇，无减免税资格的合作社与其他企业相比赋税也是比较低的。目前，加入合作社的美国农场主约占总数的 82%，有的农场主甚至同时参加几个合作社。

3. 行业协会。完善的行业协会组织及各种联盟，是维护美国农业得以稳定发展的重要原因之一。行业协会服务周到，行业利益有保障。美国现有涉农行业协会既有以某某协会命名的一类行业组织，如食品加工协会、农牧协会、种子协会、杏仁协会、小麦协会、大豆协会、饲料协会等，也有不以协会为名称的行业组织，如美国的世界农业展览中心、世界贸易中心等。尽管名称不同，但其组织模式、作用和性质类同，可以影响国会及地方立法，维护会员利益，在国际贸易中维护行业经济利益，为会员提供各种服务。

（三）农业经营管理现代化

管理现代化对美国农业的现代化起着很大的促进作用。美国强大的工业基础为农业现代化提供了技术支撑，同时工业部门先进的管理经验也推动了农业规模化经营的发展，大力推行农业专业化、一体化、社会化。其专业化形式主要有三种：地区专业化、部门专业化、作业专业化。早在 1969 年，美国以经营一种产品为主的专业化农场已达农场总数的 90% 以上。同时，美国加速进行农业管理革命，一方面把工业部门的管理技术运用于农场管理；另一方面，在建立高度发达的农业基础设施的基础上，把农业产前、产中、产后各个环节组成为一个统一的农业综合体，实现了产业化经营，目前已建立一个完整的农业与有关的非农业部门的广泛协作与联合的"食品—纤维系统"。农业综合体或农工商综合体的形成，使工业和商业融入农业，使农业融入现代市场，使美国农业的发展进入了一个新的时代。第二次世界大战后，相当部分农场已经采用计算机管理。

二、美国农业现代化三大体系建设的支持政策

(一) 农业扶持领域全覆盖

1993年第一个农场法案《农业调整法》实施以来,美国通过不断完善立法对农业进行保护和支持,实现增加农民收入,稳定粮食供应,为农业提供安全保障的政策目标。为了解决农产品过剩,1933年到第二次世界大战结束期间,美国农业政策主要以价格支持和产量限制为主。1956年农业法提出建立土地银行,通过变动生产用地调整农产品供给。20世纪60年代到80年代美国减少了对农产品的财政补贴,开始注重农村发展和环境保护。20世纪80年代里根政府制定了《1985年食品保障法》,减少对农业的干预,降低政府对农业的补贴,制定土地储备保护计划。1996年农业法进一步推进市场化进程,提出用基于历史产量的直接补贴代替价格支持和供给控制项目。21世纪初期国际农产品价格下跌,国内财政盈余使美国强化和完善了农业支持政策,2002年和2008年农业法案不仅实行直接支付、反周期支付和收入补贴政策以及信贷和风险管理措施,而且加强对水资源和土地的管理,采取促进农村经济和社会发展的举措。美国政府的财政农业补贴分为直接补贴和间接补贴。直接补贴主要针对两种情况:一是保证农民的收入,根据农民种植农作物种类与面积直接给予少量现金补贴,但2014年新农业法案取消了每年50亿美元农业种植直接补贴。

(二) 农业经营风险低

健全的农村金融体系是美国支持农业发展的重要工具。经过多年的发展,美国的农村金融已经形成了包括政策性金融、合作性金融和商业性金融以及农业保险在内的全方位、多层次、成熟完善、分工合理的农村金融体系,其基本特征是以强大的商业性金融机构和个人信贷为基础,以合作金融的农业信贷系统为主导,以农业保险为保障的大格局。

1. 商业银行、保险公司和其他严格限定的私人机构发放农业贷款,约占全部农业贷款的64%。商业性贷款完全按市场化原则由农场自主向

商业银行、保险公司以及其他融资机构申请办理。目前，全美排名前20位的全国性大银行中有15家涉足农业信贷领域，有5890家中小商业银行、20家保险公司开办农业、土地、农场按揭等贷款业务。

2. 农村信贷系统发放贷款，约占32%。农村信贷系统是由美国政府扶持与农场主合作相结合的支农信贷机构体系，其前身是由美国政府为支持农民购买土地于1916年而成立，现有4家区域性农业信贷银行，通过分别设在农业州的90家农业信贷服务社向农民提供信贷和代理保险业务，服务社贷款规模从5亿美元到80亿美元不等。政府扶持的方式主要是担保或由联邦农业信用银行融资公司帮助发行债券融资等。主要有4种贷款：种植运作贷款；农业机械贷款；农用土地贷款；短期消费贷款。

3. 政府直接贷款，约占4%。由联邦政府农业部所属的农业服务署、州政府融资局向最需要关注的弱势农场、新农场直接发放。同时，也为商业银行等提供担保，鼓励其最大限度地向处于商业贷款边缘的农场发放贷款。资金由政府列入预算予以安排，损失由政府列入预算予以核销。

4. 农业保险。美国现行的农业保险体系是以1938年颁布的《联邦作物保险法》为基础逐步发展和完善起来的，主要包括联邦农作物保险公司、私营保险公司、农作物保险的代理人3个层次，有多种风险农作物保险、团体风险保险、收入保险、冰雹险及其他试办险种5个类别。

（三）贸易支持政策力度大

为增强美国农产品的国际竞争力和扩大市场占有率，政府制定了一系列贸易支持政策：出口加强计划，包括扩大出口需求、农产品出口价格补贴、提供出口信贷、扶持建立农产品行业协会以开发国家市场和增强抵御风险能力、在贸易谈判中向其他国家施压等，向面临食品短缺问题的发展中国家开展食品援助计划等。美国农业在美国GDP中仅占1.2%，但出口比重却达9.2%。根据美国农业部发布的报告"走向2020年的农业规划"（Agricultural Projections to 2020），美国农业2010年出口达1178美元，同时带动1350亿美元的运输、分装、食品保鲜等配套产业，美国农业产值中出口比重远远高于美国的制造业和服务业，美国生产的49%的大米、

50%的小麦、34%的大豆、74%的棉花用于出口,美国农产品的消费者96%在美国之外。2012年,美国农业出口增长至1310亿元,位居世界第一。目前,在全球的超市中随处可见美国的新奇士橙、柠檬、蓝莓、葡萄柚、提子、西红柿、美国脐橙、蛇果、油梨、柑橘、红提等包装精良、价格高昂的农产品,由此可见,美国农产品国际一流的国际竞争力和农业的国际化水平。

三、美国农业现代化三大体系建设对我国的启示与借鉴

(一)通过增加投入和加强支持保护措施提高农业比较利益

美国城镇支持、反哺农业的主要做法是政府财政资金补贴农业生产,提升国际竞争力,建立高效、稳定的农业投入保障机制。一是重点加大在农业基础设施建设、生态环境保护、农业科技教育推广、农作物品种优化等方面的投资比重。二是完善农业补贴政策,重视对农业生产基础设施、粮食等主要农产品仓储设施建设的补贴。三是建立农村合作金融、商业性金融和政策性金融分工协作的农村金融体系,拓宽融资渠道,提高农业抗风险能力。四是加大农业信息化建设投入,解决小农户与大市场的矛盾,缩小城乡"数字鸿沟"。城镇化水平和农业现代化水平之间存在长期稳定的均衡关系,城镇化水平的提高能够促进农业现代化水平的提高。在新型城镇化背景下加快新农村建设步伐,实现城乡共同繁荣。

1. 投入保障机制。美国的农业投入保障机制主要是通过农场主自有资金、政府扶持资金和金融机构提供的信贷资金来增加农业投入和更新固定资产的。政府通过高价格支持和大量补贴等手段,保证农场主有稳定的收入进行资本积累。政府扶持资金主要是通过财政预算来实施各种农业发展计划。比如在联邦预算中,列有"稳定农场收入""农业研究与服务""水源与水力"等拨款项目。美国的农村金融体系发达,多种金融机构形成了一个分工协作、互相配合的农村金融体系,较好地满足了美国农业现代化的资金需求。在财政上对农业给予了大量的投入,加强农业基础设施建设,保障教育、科研、推广工作有足够的经费运行。通过制定法律保证支农惠农政策顺利实施。

2. 城乡协调发展。第二次世界大战以后，美国各级政府加强农村基础设施建设，不断改善农村电力、供水和排水系统、公共卫生、垃圾处理、路灯和道路建设等基础设施，建立农村远程教育和网络工程等，推进了区域城乡一体化、公共服务均等化，消除城乡差别，实现均衡发展，使得农村生活方式实现了城镇化转变。现代农业是一个系统工程，除了农业本身外，还需要产前、产中、产后一系列的生产服务，形成一个庞大的农业产业链，以保障农业的规模化、专业化生产，提升农产品流通效率，开拓农产品市场。美国平均每个农场主需要属于不同的社会化专业服务企业7.6人为其服务。在这个产业链中，除了农产品生产外，农业生产资料的生产、农产品销售、信息服务和教学科研等环节都要借助城镇的要素集聚中心、加工中心、交通中心、信息中心、教育科研中心等多种中心的功能，才能更好地为农业服务。这也可以实现城镇和农业的良性互动，农业既支持城镇化，城镇又引导和带动农业，实现城镇与农业的协调发展。

3. 缩小城乡收入差距。我国政府应着力在市场不能或难以发挥作用的领域，如农村农业的基础设施建设、农民基础教育、农业技术研发和推广、农产品生产补贴、农业信息服务等方面提供支持，特别是要加强农田保护，不断提高农业现代化水平和生产能力。由于农业的弱质性和生产的复杂性，政府应采用适当的支持方法，如对农业补贴以间接补贴为主，对农业生产中风险较大的和生态环境的贡献应给予补偿，以提高农民收入和生产积极性。政府支持的力量总是有限的，应注意引导市场力量和社会力量参与农业生产。如政府对社会资金进行农业生产、技术研发推广等给予资金扶持、贷款贴息和税收优惠。在对农业的财政补贴时可以借助商业金融机构的网络和管理优势，提高运作效率和资金使用效果。目前美国农场主的收入处于中产阶层的中上水平，2001—2007年，农场主平均净收入达到9.6万美元，2008年和2010年更是高达近20万美元，远远高于美国家庭年收入5万—6万美元的平均水平。我国应加大对农业的补贴力度，扩展补贴范围。由于农产品价格通常影响着农业市场的稳定，因此我国政府可借鉴美国建立农产品目标价格补贴机制，预测和监控农产品价格，当市场价格低于目标价格时，将差价补贴给农民，而市场价格过高时，对低收入的消费者进行补贴,如此可以保障农民的收入和效益,使农民保持生产积极性。此外,可以效仿美国对农民实行直接收入补贴,给农民提供现金转移支付,发展中国农业保险,完善农业保险机制,提高农民应付生产风险的能力,保证农业健康持续发展和农民收入的增长。

(二) 通过市场化手段推动产业融合发展和结构调整

1. 坚持市场化主导。美国农业是高度市场化的农业。不仅土地、劳动力、生产资料等生产要素全部由市场调节,而且在农业技术进步、农业技术推广、农业科技成果转化、农业资源环境保护以及政府对农业的宏观调控等方面都充分发挥了市场机制的作用,充分发挥市场机制在农业领域的作用。我国应采取的措施:一是提高农业劳动力的市场化程度。加强农业劳动力市场建设,加快就业制度改革,逐步打破城乡分割和地域分割,促进劳动力合理流动。二是提高我国农业生产资料的市场化程度,打破部门垄断,消除地区封锁,提高市场的统一、竞争和开放程度。三是运用市场机制促进我国农业科技进步。调动企业、农民等主体的积极性、创造性,形成政府主导的、多元化的新型农业科技创新体系。四是遵循市场规律。市场的需求是农民(农场主)生产的动力和基础,因此:第一,要把市场放在首位,发展农业产业化经营,农民和农产品加工企业要提高自身产品的竞争实力,提高农产品的科技含量,树立质量第一的意识。第二,企业和农户的所有经营方式和行为都要从市场出发,重视社会消费需求的变化,注重市场调研,重视市场营销。

2. 发挥比较优势。推进农业现代化要充分发挥比较优势,提高产业竞争力。美国农业生产的比较优势是土地资源。我国应通过优先发展和使用农业机械,提高生产效率,发展土地资源密集型农业产业,推进农业规模化生产,特别在粮食等方面打造农业的竞争力。推进中国农业现代化则要发挥中国劳动力的比较优势,在保障粮食安全的同时,发展劳动密集型农业,如园艺花卉、蔬菜、水果、养殖业等以及进一步提高农产品加工水平和农产品价值增值率,提升中国农业的竞争力。

3. 调整产业结构。建立农业结构调整支持体系结构,深化农业供给侧结构性改革是今后一个相当长时期内中国农业发展的主线。通过农业生产结构的优化和升级，实现区域间的适度分工与协作，积极发展农业产业化经营，加快中国农业的区域化、专业化、商品化和现代化进程。农产品结构的调整要适应市场需求的变化，增加名、特、优、稀产品的比重。在引进和推广优良品种的同时，加强农畜产品的品种改良和品质提高。以农牧结合、农林结合、循环发展为导向，强调优化农业种植养殖结构，建设现代饲草料产业体系，促进粮食、经济作物、饲草料三元种植结构协调发展。

4. 实现小农户和现代农业发展有机衔接。鼓励专业大户、家庭农场与农民合作社等新型农业经营主体发展，促进农业适度规模经营，提高农业生产经营的组织化程度，优化农业生产结构和区域布局，提高农业生产综合效益，走产出高效、产品安全、资源节约、环境友好的农业现代化道路。鼓励农民合作社发展农产品加工、销售，拓展合作领域和服务内容，发展订单农业，鼓励发展股份合作，引导土地流向农民合作社和家庭农场，培育壮大农业产业化龙头企业和林业重点龙头企业，带动农户和农民合作社发展适度规模经营。充分发挥行业协会自律、教育培训和品牌营销作用，开展标准制订、商业模式推介等工作。引导各地建立土地流转、订单农业等风险保障金制度，并探索与农业保险、担保相结合，提高风险防范能力。

5. 促进三产融合。深入推进农村产权制度改革，开展土地确权登记，发展壮大新型经营主体，发展农产品加工带动模式、农业多功能拓展模式、新产业新技术引领模式、主体集聚发展模式，坚持市场配置资源的决定性作用，打造产业融合发展平台，发展优势特色产业，构建完善的金融政策和信贷服务体系，深度挖掘农业多种功能，培育壮大农村新产业新业态新模式，落实小微企业税收扶持政策，积极支持"互联网＋现代农业"等新型业态和商业模式发展。创新产业链和农户利益联结模式，推动第一、第二、第三产业融合发展。通过政策和制度创新，优化推进农村第一、第二、第三产业融合发展的环境。深入推进农业供给侧改革，调整农业产业结构，转变农业发展方式。利用当前有利时机，坡地退耕还林还草、毒地改变用途、好地轮作休耕，以涵养生态、保护地力，实现调减产量的目标；改变种植结构，积极发展绿色、健康、安全、营养、美味的高品质农产品，用现代理念引导农业，用现代技术改造农业，提高农业竞争力。通过加快发展绿色农业，促进形成资源高效利用、生态系统稳定、产业质量安全的农业发展新格局。加强规划引导和市场开发，培育农产品加工、商贸物流等专业特色小城镇，推动城乡资源要素流动，增强城乡互动联系，推进新型城镇化。

（三）通过参与国际竞争拓展农业现代化的外部空间

我国要积极开拓国内和国际两个市场。不仅要着眼于国内，而且要放眼国际，在国际大市场上找出路，特别是要抓住中国加入世界贸易组织的有利时机，大力实施农业产业化工程，以龙头企业带动千家万户，发挥品牌效应，积极抢占国际市场。

1. 彰显特色树品牌。品牌就是利润，品牌就是竞争力，雄厚的品牌影响力是衡量农业发展水平的重要因素之一。近年来，我国农业品牌战略取得了明显成效，但问题也很突出，如销售市场主要局限于国内，在中低档农产品领域存在异常激烈竞争，未能在全球市场形成有影响力的品牌。我国应积极学习美国农业品牌战略运作方式，将部分有特色的农产品经过科学定位、大力宣传后推向市场，强力打造中国农业品牌，扩大市场占有率，提升我国农业知名度。

2. 面向世界聚资源。美国农业拥有全球一流的发展水平，近年涌现了一批全球知名农产品和农业企业，背后是完善的产品包装、运输、分销及贸易服务、金融服务体系。我国农业发展应依托巨大的消费潜力和改革红利，切实采取有效措施，汇集全球智慧、资本、技术，吸引国内外PE/VC、产业资本、金融资本以及国内外知名农业集团在农业领域的投资，积极引导雄厚资本、一流技术、先进理念向农业和农村领域渗透，以促进农业企业化经营组织体系和农业产业体系的形成。

3. 金融服务全球化。2010年，美国GDP中现代服务业占79.7%，农业仅占1.2%，但美国不仅没有忽略农业的发展，而是以高端制造技术及现代金融服务能力为依托，打造了全球最有竞争力和影响力的农业，甚至控制着全球一半的粮食出口,在全球农业体系中扮演了独一无二、举足轻重的角色。美国农业"不求最大但求最优"的发展思路、"牵一发而动全身"的战略地位对我国农业国际化有着重要的启示,即第二、第三产业的发展不仅不会抑制农业的发展,反而为农业发展提供有力支撑,拓宽农业发展的上升空间。我国应充分把握体验经济和事件营销的精髓,加快发展完善的农业生态旅游产业链,打造一流的农业旅游产业;以金融自由化改革为契机,自觉主动地将全球金融资本引入我国农业发展中,积极鼓励引导银行、保险、信托等金融机构重点发展涉农业务,增强农业的金融支持能力,提高农业的金融深化水平;以电子商务、物联网、移动互联高速发展为契机,与时俱进,积极将我国农产品销售与网络团购、B2C、B2B等电子商务新型业态和商业模式对接,增强我国农产品的在全球消费者心中的认知水平。

(四) 通过引导国际规则制定优化农业发展的政策环境

1. 适度对农产品价格进行管制。美国通过价格管制,即使在农产品供大于求时,农民仍可正常出售,保证农民获取利润。同时,为保护国内农产品市场价格,美国通常以配额或限额等贸易壁垒阻碍国外农产品的输入。

2. 充分应用"绿箱"政策。适应国际农业规则的发展潮流,有效梳理中国农业政策。美国农业法中曾经使用的补贴手段如直接补贴反周期补贴等,虽然保障了农民的收入,提高了农产品竞争力,但由于这些政策违反了 TWO 规则,曾遭到反补贴诉讼,例如巴西对美国的棉花补贴诉讼。为避免贸易摩擦,美国逐渐削减 WTO 规则中的"黄箱"政策。2014 年美国设立了与生产不挂钩的农业保险计划,例如价格损失保险计划和农业风险保障计划,这些计划都属于"绿箱"政策。我国目前的农业补贴政策大部分属于 WTO 规则中"黄箱"政策,对农产品价格产生直接干扰,扭曲农产品贸易,使得我国在国际农产品市场中的谈判处于不利地位。当前中国未能完全利用 WTO 规则中的"绿箱"政策规定,例如我国农业政策体系中,尚未有对农民的直接收入补贴政策农业保险补贴等,因此政策制定还有很大选择空间，应千方百计应用"绿箱"政策提高农民收入，拓展农业补贴方式，增加农产品的竞争力。

3. 健全农业保险制度。扩大保险补贴规模，提高补贴标准。根据农业生产的风险、农产品市场价格和农民收入等情况，研发多种农作物保险产品，以满足不同作物生产者的需求。积极利用"绿箱"政策的同时也应充分利用"黄箱"政策，在不违反WTO规则的前提下，尽可能多的为农民生产提供支持。

4. 保护农民利益和农业产业安全。在目前国内粮食高库存背景下，通过掌握粮食进口配额以及进口许可证发放，商务、质检、海关、公安等部门采取措施千方百计地控制粮食进口，严控非紧缺粮食品种及其替代品进口，保护农民利益和农业产业安全，优化国内粮食去库存环境。

参考文献

[1] 张首魁："一二三产业融合发展推动农业供给侧结构性改革路径探讨"，《理论导刊》2016年第5期。

[2] 郭爱君、陶银海："新型城镇化与农业现代化协调发展的实证研究"，《西北大学学报（哲学社会科学版）》2016年第6期。

[3] 李玉杰："加快农业产业化经营步伐 促进一二三产业融合发展"，《吉林农业》2016年第24期。

[4] 陈庆立："推动城乡统筹发展的农业现代化路径研究"，《城市观察》2014年第1期。

[5] 钟真、孔祥智："'十三五'中国农业改革发展的起点与展望"，《教学与研究》2016年第2期。

[6] 王玲、马金杰、张拓尊、王大庆："'四大粮商'对北大荒集团打造世界粮商的启示"，《农场经济管理》2014年第12期。

[7] 张乃根："'一带一路'倡议下的国际经贸规则之重构"，《法学》2016年第5期。

[8] 果文帅、王静怡、陈珏颖、刘合光："美国农业政策演变阶段、

趋势和启示",《中国农业科技导报》2016年第6期。

[9] 王军杰:"美国农业国内支持法律制度晚近发展趋势及对我国的启示",《西南民族大学学报(人文社会科学版)》2012年第2期。

[10] 王学真、高峰、公茂刚:"农业国际化对农业现代化的影响",《中国农村经济》2006年第5期。

[11] 辛岭、胡志全:"我国农业现代化与城镇化协调发展研究——基于1996—2013年数据的实证分析",《北京联合大学学报(人文社会科学版)》2016年第4期。

[12] 韩国明、张恒铭:"我国新型城镇化与农业现代化协调发展空间分布差异研究",《吉林大学社会科学学报》2015年第5期。

发达国家畜牧业产业体系发展的经验借鉴

王 莉

畜牧业在优化农业结构、满足食物需求、促进农民增收具有重要作用。我国畜牧业发展虽然取得了一定的发展,但是与世界先进水平还有相当的差距。应该借鉴发达国家的发展经验,准确把握畜牧业在整个农业中的战略定位,合理布局内部品种的供给结构,延长产业链,推动第一、第二、第三产业融合,率先建立现代畜牧业产业体系,为促进现代农业建设发挥重要作用。

一、畜牧业产业地位的特点

(一) 具有明显的地区差异

在世界不同区域,种植业与畜牧业的比例关系存在较大差异。欧洲地区和大洋洲农业以畜牧业为重,畜牧业产值超过种植业;美洲地区,以种植业为主,畜牧业产值只有农业产值的三分之一;亚洲地区,畜牧业比重较低,平均不足30%;非洲地区,基本是种植业,畜牧业比重仅为22%。

在欧洲内部,不同地区国家的农业产业结构也存在较大差异。英国、挪威、丹麦、瑞典等北欧国家畜牧业比重较大,2013年畜牧业产值比重达到65%;法国、德国、荷兰等西欧国家畜牧业比重也超过种植业;相比之下，东欧地区畜牧业比重有所下降，南欧地区畜牧业比重则明显小于种植业（见表1）。

表1　　　　　　　　世界主要地区畜牧业地位比较

地区	畜牧业产值比重	地区	畜牧业产值比重	地区	畜牧业产值比重
北欧	65%	中亚	44%	北美	36%
西欧	57%	西亚	36%	南美	38%
东欧	43%	东亚	28%		
南欧	30%	南亚	22%		
大洋洲	57%	非洲	22%		

数据来源：根据联合国粮农组织FAO数据库提供的各行业产值数据计算，为2013年数。

说明：该数据中的"农业产值"仅包括种植业和畜牧业，不包括林业、渔业和副业。这与我国的统计有所区别，我国广义的农业包括农、林、牧、副、渔五业。

在亚洲地区，乌兹别克斯坦等中亚国家畜牧业产值比重略高，超过40%；土耳其等西亚国家畜牧业产值比重有36%；中国在内的东亚国家，畜牧业产值比重不足30%；印度等南亚国家，地处热带，畜牧业以热作种植业为主，畜牧业比重非常低，20%左右。

在美洲地区，无论是美国、加拿大等北美国家，还是巴西、阿根廷等南美国家，都是以种植业为主，畜牧业约占农业的三分之一。澳大利亚、新西兰等大洋洲国家草场资源丰富，畜牧业比重较大，畜牧业产值比重达到57%。非洲地区由于有相当一部分面积是沙漠地区，因此农业发展受到影响，整个非洲地区的农业总产值还小于北美地区，畜牧业产值比重更小，仅为22%。

（二）初期呈现动态变化

世界绝大多数国家的农业产业结构一般遵循这样的变化趋势：种植业率先发展，满足人们的基本谷物需求，随着经济发展和农业生产率的提高，畜牧业逐渐发展，满足人们对肉、蛋、奶等更高层次的营养需求，畜牧业内部品种结构不断丰富，纵向产业链逐渐延伸，逐渐形成产业体系，在农业的地位不断提高。例如，日本在从20世纪60年代初到21世纪初的经济快速发展过程中，畜牧业产值占农业总产值的比重从6%增加到15%，之后基本保持在这一水平；巴西的畜牧业产值比重，20世纪60年代初不足20%，进入21世纪基本上稳定在40%水平；印度以种植业为主，比重非常大，但是畜牧业也有所发展，畜牧业产值比重从1961年从14%增加到至今的21%。

（三）后期趋于稳定

经过一段时间的发展变化后，农业产业结构将逐渐稳定下来，种植业与畜牧业的比例关系将保持变化。例如，美国从20世纪80年代中期至今的近20年间，畜牧业产值占农业总产值的比重基本上保持在35%—40%之间；德国进入20世纪70年代畜牧业产值比重超过60%，之后至今一直保持在该水平之前，但不超过70%；法国从1975年至今，畜牧业产值比重在45%—50%之间小幅度波动，非常稳定。

二、产业体系的内部安排

（一）结构均衡，品种丰富

根据联合国粮农组织的生产数据，全球主要肉产品有猪肉、鸡肉、牛肉、羊肉等，其中猪肉产量最高，鸡肉其次，牛肉第三，但是产量差距并不大。2013年这三种肉的产量占肉类总产量的比重分别达到38%、32%和21%。如果加上水牛肉的产量，牛肉的比重达到22%。此外，绵羊肉和山羊肉合计要占到肉类总产量的5%。

一些发达国家，畜产品品种更加丰富，结构也比较平均。禽肉、牛肉、羊肉等肉类的产量比较高，不存在"一猪独大"的局面。同时，产品的加工程度更高，产品进一步细分。例如，蛋制品包括液态蛋、冷冻蛋、浓缩蛋、分离蛋、干燥蛋等现代蛋制品，其中大多数以半产品形式利用其热凝固、起泡性、乳化性，用于烧烤制品、糕点、糖果、蛋黄酱、人造奶油等方面；在乳制品中，液态奶只是其中一部分，奶粉在乳品中所占比重也相对较小，大部分乳制品为各种干酪、奶油。

（二）因地制宜选择适合的产业形态

从世界各国畜禽养殖业发展历程来看，由于资源、技术、经济发展水平和发展阶段的不同，呈现出不同的发展模式。土地资源丰富、劳动力相对短缺的美国，采取了大规模机械化的发展道路；人多地少的日本和韩国，采取了资金和技术密集的集约化发展道路；经济发展水平较高、人口和资源相对稳定的欧洲国家，普遍采用适度规模农牧结合的发展道路；草地资源丰富的澳大利亚和新西兰，采取围栏放牧，资源、生产和生态协调的现代草原畜牧业发展道路。

不同的发展道路，决定了不同产业形态。美国形成了"公司+规模化农场"，农场和企业之间采取合同制进行利益联结的产业化模式；欧洲在经历几百年的发展后形成了"农户+专业合作社+专业合作社企业"，农户和企业利益共享、风险共担的产业化模式；日本则采取了"农户+农协（综合性合作社）+公司"，重点通过农协保护农民利益的模式。无论哪一种产业形态都对这些国家的畜牧业可持续发展起到了巨大的推动作用。

（三）组织化产业化水平较高

在美国，畜牧产业体系的产业化水平普遍较高，养殖企业与加工企业通常形成较为紧密的利益链接机制。例如，在20世纪90年代，美国通过推广合约养殖模式促进了南部的北卡罗来纳州和西部的俄克拉何马州生猪产量的急剧扩张。猪肉加工企业和生猪养殖企业订立委托代养合同能够降低与调查、协商、转让有关的交易费用，减少两类企业之间猪肉质量信息的不对称，加强猪肉供应链各节点企业之间的协同性，降低生猪养殖企业和猪肉加工企业的经营风险。委托代养合同有助于增加猪肉产业供应链各节点企业物资资本投入，扩大经营规模，并降低生产成本。美国肉鸡产业经过多年的发展，逐步形成了高效、成熟的产业模式，以屠宰加工业或大型流通业为主导、产加销整合的纵向一体化经营模式。目前美国肉鸡99%以上都是由合同生产一体化和公司纵向一体化生产，肉鸡产业已经成为美国食品和农业部门中产业化程度最高的分部门之一。

在土地和劳动力资源相对稀缺的西欧地区，尽管以适度规模的家庭农场为畜牧生产主体，但是通过农工商一体化的农民合作社，依然形成较为紧密的畜牧产业链。在荷兰，农户都须加入至少一家农业合作社，所有产品也都卖给合作社。荷兰农业合作社是"社员所有、社员控制、社员受益"的企业。合作社本身是不以营利为目的，也就是说，合作社的所有收益，除了扣除约30%作为合作社机构运行资金及抵御风险资金之外，其余都将分配给社员。农民合作社在生产、销售、加工服务、供应服务和信贷服务等方面发挥了很大作用，把畜牧业生产的产、供、销紧密连接起来，是畜牧业产业一体化的重要组成部分。

丹麦的生猪产业具有很强的国际竞争力，这主要得力于具有高度组织化的合作经营体制。在农业委员会、熏肉和肉制品委员会、养猪协会及农业协会等合作社基础上合并成立的农业和食品理事会，是农业初级产品生产者、各类合作社和相关产业的代言人，在布鲁塞尔、伦敦、北京和东京均设有代表处。理事会从生猪育种、饲养、屠宰到产业规划、市场营销、疫病防控、猪舍建设，提供一体化、专业化服务，确保动物卫生、食品安全、可持续发展等理念和标准在全产业链的共同遵循和执行。产业链上各类主体互为股东，形成利益共享和风险共担机制，有效避免市场风险。

在澳大利亚、新西兰这样地域宽广、养殖户规模较大的国家，通过各类合作组织和中介组织提高产业的组织化程度。以肉羊产业为例，澳大利亚的肉羊合作组织拥有自己的仓储设施和销售渠道，负责产品的统一定价、仓储、加工、运输、销售等。牧场主则以会员身份向合作组织交售产品，委托合作组织在交易市场拍卖产品，公平交易。合作组织还为牧场主提供生产过程中的产前、产中、产后所需的各种服务，帮助其及时了解掌握先进技术和信息、调整生产结构。一些基础性和技术性工作，如围栏建设、播种施肥、病虫害防治、牲畜配种等，都有专门的公司帮助完成。新西兰的肉羊产业社会化服务体系也很健全，充分为农场主提供肉羊生产经营服务。政府各类部门和民间组织定期向牧场主提供市场最新信息，帮助牧场主以最快的速度了解市场变化，及时调整生产方向；牧场主生产的产品可以直接国内销售或送到港口出口，也可以通过固定的收购公司销售；所需的农药、化肥、种子等生产资料和技术咨询，可以通过电话或网络顺利完成。

三、相关支持政策

（一）产业规划

产业体系的形成离不开政府的长远规划。以绒毛主产国为例，均对本国绒毛产业的发展具有明确的产业规划。如澳大利亚着力从完整的羊毛产业链各环节进行设计，新西兰则是注重先进技术的运用和加强绒毛产业自我发展能力的培育，阿根廷更是专门制定了全国养羊振兴计划促进本国绒毛产业的发展。从绒毛主产国产业发展规划的内容看，各国均按照各自的资源环境特点、产业发展现状及前景等，从生产、流通、加工、销售各环节构建完整的政策支持体系。在生产方面，促进农牧户使用优良的品种和先进的生产养殖方式，为农牧户提供必要的标准化基础设施，改善绒毛生产的技术装备，特别是在羊毛收获环节，推广更加科学的剪毛收获技术。在流通方面，促进优质羊毛质量维持较高的价格，确保绒毛质量在流通过程中得到控制，同时，加强与加工企业的合作，了解加工企业对绒毛原料的具体要求，改进绒毛纤维的质量，开发更加适合加工的绒毛产品。特别是在绒毛检验方面，构建规范、公平的质量检验体系，改进检验技术手段，促进检验过的绒毛进入市场后信息及时披露，成为绒毛交易的参考标准。在销售方面，加强对绒毛作为天然纤维的市场宣传，改善羊毛、羊绒制成品的质量标准，迎合现代消费者的消费习惯等。

（二）收入支持

欧盟畜牧产业的发展很大程度上得力于共同农业政策（CAP）的支持。包括：一是提供优惠贷款，从信贷方面支持农业产业化经营。二是实行价格补贴，对农业生产经营进行保护。1992年和2000年，共同农业政策经过两次大幅度改革之后，欧盟各成员国对农业的主要补贴形式不再与产量挂钩，改为依据不同作物的面积补贴和对牲畜的头数补贴，其"绿箱"政策的属性越来越强。

美国通过"农业方案"以法律形式确保对畜牧产业在内的农业支持政策。例如,奶业为例,1933年颁布第一部农业法以来实施了一系列奶业支持政策,经历了"价格支持—收入补贴—利润保障"三个阶段,2008年开始实施牛奶利润保障保险(LGM-D),基于牛奶价格和饲料价格两个方面综合考虑来保障奶农的基本收益。

受土地、饲料、劳动力等资源约束,日本畜牧产业并不具备发展需要的诸多优势条件。但是,日本的肉牛、奶业生产水平却居世界先进行列,主要得益于其政府制定的一系列保护政策和发展措施。以奶业为例,日本1961年《农业基本法》的实施推动了其奶业的快速发展,奶业主产区逐渐形成,西方发达国家的经营模式被引入,奶业结构逐步调整,规模化、集约化、标准化趋势初露端倪。同时,颁布实施了《畜产品价格稳定法》和《加工原料奶生产者补助暂定措施法》,保证了原料奶价格的稳定,保障了日本奶业的持续稳定发展。

价格政策是促进绒毛生产效果最直接的政策措施。澳大利亚、新西兰等世界先进养羊大国均在本国羊毛价格低迷、羊毛产业发展低谷时期实行过最低羊毛保护价政策。保护价政策的实施避免了市场价格过低给绒毛生产者带来的损失,迅速刺激了绒毛生产。当绒毛生产能力提高、绒毛产业发展相对稳定后,这些国家又纷纷取消价格支持政策,转向其他方面的政策促进绒毛产业发展。

(三) 环境治理引导与补贴

在美国,要求规模化养殖场要制订全面的肥料管理计划,养殖企业必须要有符合联邦标准的存储和处置肥料的计划,包括适当规模的土地来处理肥料、符合气体发散限制的指导方案和确保氮磷最低流失率的控制措施。生猪养殖企业需要将此做成文件并报告给环境保护组织的监督员。"环境质量激励计划"规定,生猪养殖者可以自愿参加补贴申请。在生猪养殖者采取环保措施后,政府通过事后的环境评估,提供以下两方面的补贴:一是分担环保工程措施实施成本的75%;二是激励补贴,主要是通过补贴，鼓励农牧民的生产活动达到政府的环境标准。按照"环境质量激励计划"提供环保工程设施成本75%的政策规定，联邦政府对生猪养殖场沼气池的补贴超过了2500万美元。

20世纪90年代，由于牛奶产量的过快增长，日本奶业也出现了乳制品阶段性供应过剩、生产者补贴财政负担过重、环境污染等问题，日本政府迅速采取措施加以干预，推进了奶业生产再调整，出台《废弃物处理与消除法》《家畜排泄物法》等相关法律法规，加强畜牧业经营环境保护，鼓励养殖户（场）投资建设环境保护设施，国家和地方政府支付费用的75%，养殖户（场）支付25%。

新西兰政府非常重视保护草场资源，为了避免过度放牧，规定1英亩土地上只能放牧1头牛或4只羊；为了防止草原退化，鼓励采用分栏式放牧。新西兰政府一直重视生态保护，2003年，"乳业与河流清洁法令"颁布实施，要求所有奶牛场的废水及排泄物都符合当地环保部门规定；2004年起，新西兰政府对牛、羊、鹿等畜产品养殖按头征收"屁税"，每头牛54—72新西兰分。这些政策的实施在保证奶业发展的同时，也保护了新西兰的生态环境。

（四）贸易协助

为扩大农产品出口，美国政府制定了"扩大出口计划"，并采取了一系列措施。如美国政府通过乌拉圭回合多边谈判，以消除国际上的贸易壁垒为借口，在政府层次上为美国农畜产品出口开辟了良好的国际环境。例如，美国采取的肉鸡扶持政策有隐性补贴、交易援助贷款和贷款缺额补贴、贸易保护政策和出口补贴、特设灾害援助计划、作物和收入补贴保险、鼓励使用循环设备的税收优惠及其他地方性相关补贴项目等。

四、启示

（一）合理定位畜牧业

随着经济的发展、收入水平的提高，食物消费逐渐多元化，植物油、蔬菜、瓜果、肉禽、蛋类、奶类的消费需求显著增加，因此畜牧业会在一段时期内出现快速发展，同时也会带动饲料粮等作物生产发展。当经济发展和收入增速回落并保持稳定后，农业产业结构将趋于稳定。因此，应该统筹考虑种养规模和资源环境承载力，以消费需求为导向，兼顾国内外比较优势，合理确定畜牧业在农业产业结构中的位置，科学制定畜牧业发展规划，并以畜牧业规划为基础，制定良种、饲料、饲料粮、牧草等相关产业的行业规划。

（二）优化产业内部结构

一般来说，猪肉消费增长空间有限，禽肉、牛肉、牛奶等畜产品的消费将显著增长。因此，目前我国应该对不同畜种采取差异化的政策。对生猪产业，主要是保持生产稳定，平抑周期波动；对肉鸡等家禽行业，加快生产方式的转型升级，发展环保型和福利型生产模式；对牛羊草食畜牧业，加强品种改良和推广，推进规模化、专业化养殖，提高生产性能。

（三）促进产业纵向整合

通过精深加工，可以开发出丰富的畜产品，延长产业链、提升价值链。我国应该根据不同畜种的养殖方式、产品加工程度、市场消费特点，加大科技创新，加强新产品的研发，并选择合适的产业组织方式和产业链形态，推动第一、第二、第三产业融合发展，全面提升畜牧业的国际竞争力。同时，加强畜产品质量安全监管，建立健全质量安全追溯体系。

（四）完善产业支持政策和国际贸易政策

畜牧业现代产业体系的建立，离不开相应的产业支持政策和国际贸易政策。一方面，对畜牧业转型升级提供产业支持政策，包括标准化、规模化基础设施建设补贴、机械购置补贴、粪污处理补贴等以及在担保、抵押、利息等方面的金融优惠政策。另一方面，在多边和双边贸易谈判中，要注意保留对畜产品市场的适当保护；当发生严重市场冲击和产业损害时，要采取技术壁垒、特殊保障等措施维护产业安全；严厉打击走私行为，维护质量安全和公平竞争。

参考文献

[1] 谭莹、邱俊杰:"WTO 原则下发达国家畜牧业补贴经验与中国生猪补贴政策研究",《经济问题探索》2012 年第 2 期。

[2] 陶红军、吴秋萍:"美国猪肉生产及其相关政策评述",《中国畜牧杂志》2015 年第 6 期。

[3] 肖海峰等:《中国绒毛用羊产业经济研究(第四辑)》,中国农业出版社 2015 年版。

[4] 张莹、肖海峰:"我国羊毛羊绒加工业发展现状及趋势分析",《农业经济与管理》2014 年第 2 期。

[5] 于洪霞、胡尔查、何宝祥等:"日本乳业的发展现状及对中国乳业的启示",《中国畜牧杂志》2012 年第 12 期。

[6] 曹暕、谭向勇:"主要发达国家奶业政策分析及对中国的启示",《世界农业》2010 年第 8 期。

[7] 李胜利、王林昌、武新宇等:"从美国奶业发展看中国奶业",《中国畜牧杂志》2013 年第 4 期。

[8] 曲峻岭、董晓霞:"新西兰奶业发展概况及环境保护政策",《中国食物与营养》2014 年第 8 期。

阿根廷大豆产业相关政策及启示*

张 振 张 璟 冯凯慧

一、阿根廷大豆产业基本情况

阿根廷大豆产业起步晚，但发展迅速。20世纪70年代以前，阿根廷主要种植玉米和小麦，大豆种植面积很少，仅为2万公顷左右，不足两个主要作物面积的0.1%。1971年阿根廷大豆种植面积开始增长，20世纪90年代初突破500万公顷，至2013年达到1942万公顷，43年间年均增长率达15.7%。同期，阿根廷大豆产量由1971年的5.9万吨增长至2013年的4931万吨，年均增长率达16.9%。目前大豆是阿根廷国内第一大农作物品种，种植面积和产量均居世界第三位，仅次于美国和巴西；单产水平与美国、巴西并驾齐驱，比中国高35%左右。

阿根廷大豆半数以上用于出口。阿根廷位于南美洲东南部，气候温暖适宜，雨量充沛，土壤肥沃，境内占国土面积五分之一的潘帕斯草原是其重要的农牧业区。由于草原条件好，畜牧养殖以牧草为主，豆粕等饲料需求不多，大豆及其加工品主要用于出口。目前阿根廷是仅次于美国和巴西

---

* 张振、张璟：农业部农村经济研究中心；冯凯慧，北京大商所期货与期权研究中心。本文是农业部市场司"大豆市场预警监测分析"项目的研究成果。

的世界第三大大豆出口国,其国内生产的大豆约 20% 直接出口,约 30% 以加工豆油或豆粕形式出口,共计 50% 用于出口,高于出口大国美国的大豆出口比例 45%。

阿根廷是最早采用转基因大豆生产技术的国家之一。转基因大豆产量高,成本相对较低,是阿根廷出口创汇的核心品种之一,2011 年大豆和豆油出口额占阿根廷全国出口总额的 12.7%。由于大豆国际贸易地位重要,除转基因政策外,阿根廷政府主要通过关税政策来干预国内大豆生产产业。

二、阿根廷大豆产业相关政策分析

作为发展中国家,阿根廷与美国、日本等发达国家高补贴的大豆产业政策相比具有明显的特征,即补贴缺失、税负较重。阿根廷政府为促进大豆产业发展的主要政策即围绕大豆产业减负和创造有利的外部条件来进行。总体看,40 多年来,影响阿根廷大豆产业的相关政策主要包括进口替代政策、经济改革政策和转基因大豆政策等。

(一) 20 世纪 50 年代开始实施进口替代政策,抑制大豆产业发展

1. 政策背景。

(1) 世界经济危机引发农产品价格大幅下挫,国内外宏观经济不稳定。20 世纪 20—30 年代,交通运输的迅速发展使印度和美洲等大量的廉价粮食源源不断运入欧洲,欧洲国家出现粮食过剩,进而引发世界性资本主义农业生产过剩危机,国际农产品价格暴跌,大批农场因之破产。阿根廷作为粮食出口大国,外债负担沉重,通货膨胀率长期居高不下。阿根廷政府为稳定经济,开始重视本国工业发展,对农业的重视程度逐步下降。

(2) 1945 年以来阿根廷政府长期采取重工轻农的政策。1945 年,代表阿根廷本国工业资产阶级的庇隆上台执政,制定加速发展阿根廷工业的庞大计划,采取了忽视农业、甚至牺牲农业发展的政策,如国家垄断机构完全控制农产品贸易、大幅减少农业投资等。庇隆政府重工抑农的政策还一直影响到 20 世纪 50 年代、60 年代的弗朗迪等政府,使阿根廷农产品

种植大幅萎缩，农业经济一直未能得到恢复。

2. 政策主要内容。阿根廷从1950年开始实行进口替代政策。该政策是阿根廷政府重工抑农政策的集中体现，通过提高关税、实行数量限制、外汇管制等手段，限制外国工业品进口，保护国内工业发展。由于进口替代政策实质是发展国内非农产业部门，农业作为阿根廷的基本经济部门，便成为其发展国内非农产业部门原始资本积累的主要来源。阿根廷进口替代政策中与大豆等农产品相关的政策主要有三项：贸易政策、金融政策和流通政策。

（1）对农资进口实施关税和数量限制。对农业生产资料的进口制定较高税率和数量限制，以支持国内农资产品的生产。1977年以前，阿根廷的肥料和农药进口关税为60%和65%，使阿根廷大豆等农产品种植中化肥和农药使用率普遍偏低，生产技术效率不高。

（2）对大豆等农产品出口征收较高关税。1982年阿根廷政府开始征收粮油产品出口税，后扩大到大多数农产品。1982年阿根廷与英国发生马尔维纳斯群岛战争，政府急需通过征收农产品出口税来帮助支付战争开支，于是在当年开始征收粮食、大豆等产品出口税。最初制定大豆出口税率为18%，此后每年均有调整。

（3）操纵汇率。阿根廷政府长期以来通过固定汇率来抑制国内通货膨胀，并通过高估国内货币来减少国内需求和限制大豆等农产品出口，在满足国内农产品供给的基础上，还给政府财政增加税收收入。此外，阿根廷政府还将汇率政策和税收政策同时实施，如果汇率有利于大豆等农产品出口，便提高出口关税，来限制农产品出口。

3. 政策效果。阿根廷20世纪50年代开始的出口替代政策对其后续政府策影响较大，在60年代、70年代和80年代，阿根廷政府虽然采取了一系列旨在稳定经济的七个政府计划，但农业都一直是被政府严重干预和剥夺的部门。60年代到80年代末，阿根廷主要粮食作物玉米种植面积下滑了43%，小麦种植面积仅增长6%，大豆由于免耕、休耕等技术出现种植面积有所增加，但仍不足300万公顷。

进口替代政策使农业成为支持阿根廷国内非农部门发展的重要来源。

据美国农业部统计，20世纪80年代阿根廷政府对农产品出口征税所得收入占其中央财政收入的20%，农产品出口征税和外汇管制干预部分占阿根廷港口农产品出口价格的50%，而大豆占阿根廷农产品出口额的一成左右。

（二）1990年实施经济改革政策，大豆贸易环境改善

1990年的经济改革政策是阿根廷历史上最为重要的经济政策，也是对阿根廷大豆等农业产业影响最大的一个政策，标志着阿根廷对外开放时期的到来和重工轻农政策的转变。该政策一直延续至今。

1. 政策背景。

（1）20世纪80年代后期阿根廷政治经济问题突出。80年代后期，阿根廷国内外政治经济问题不断加剧，政府面临巨大的外债和恶性通货膨胀。据USDA统计，阿根廷外债在1986年达600亿美元，占全国GDP的39%，相当于总出口收入的50%。阿根廷国内通过膨胀率还一直居高不下，至20世纪80年代中期和90年代初，通货膨胀率已激增至1000%。

（2）阿根廷梅内姆新政府上台。1989年起正义党领袖梅内姆上台。为缓解国内日益严重的外债和高通胀问题，梅内姆政府积极推行新自由主义经济政策，进行经济自由化改革，即经济改革政策，开始对国内政治经济问题进行全面调整。

2. 政策内容。新当选的梅内姆政府在1990年阿根廷新政策改革的目标是建立一个更为自由开放的农业投资、生产和贸易环境，降低国内生产成本，鼓励出口。该政策改革与大豆等农产品相关政策内容主要包括以下六点：

（1）逐步取消大多数农产品的出口关税和相关费用。新政策改革前1989年，阿根廷大豆出口关税已达到85%，1990年3月，新政府将大豆出口关税降至20%，1992年大豆出口关税进一步降至11%。此外，政府还规定取消大豆等农产品的出口检查费用，缩小国内市场价格与港口FOB价格差距，提高农民的出口积极性。

（2）出台可兑换法案。梅内姆政府出台可兑换法案（The Convertibility Plan），使国内比索与美元挂钩，以稳定国内商品价格，抑制通货膨胀；消除政府控制汇率以间接向出口农产品征税的能力，提高了大豆等农产品的出口竞争力。

（3）降低或豁免农资进口税。梅内姆政府的经济改革政策取消了所有农资的全部进口数量限制，并降低或豁免农资进口关税，有利于提高农民种植大豆等农产品中使用化肥、农药等农资物品的积极性。

（4）取消贸易限制，鼓励期货市场发展。经济改革政策规定取消价格管制等非关税贸易壁垒，促进国内大豆和谷物等农产品期货市场的发展。政府向农民提供利用现代市场机制的培训项目，鼓励农民学习利用期货和期权市场，锁定有利价格和规避市场风险。梅内姆政府还进一步允许挂牌以美元标价的大豆期货产品，促进了其国内大豆期货市场的活跃和功能发挥。

（5）创建国家种子协会并颁布新种子法，鼓励生物技术研发。梅内姆政府鼓励创建国家种子协会，用于知识产权控制和种子质量检测，并颁布新种子法，以适应与美国等国的国际联盟原则。政府还组建国家生物技术和生物安全组织（CONABIA），鼓励生物技术研发和保护。大豆"免耕法"等新技术的研究和普及都受到阿根廷CONABIA组织的引导。

（6）改革税制和公共服务限制。新改革政策取消对部分生产和贸易的销售税和其他税等，并允许国有企业通过出售或特许经营等，将私人企业引入港口、公路、铁路、能源等基础设施建设。

3. 政策效果。

（1）大豆生产效率大幅提高。大量国际和国内私人投资增加，种子、化肥、农药等农资放开进口数量限制，极大地促进了农民对农资的投入力度。据美国农业部统计，1991年至1996年，阿根廷农药和除草剂使用量增长了2倍，杀虫剂用量增长了1.25倍。大豆生产效率大幅提高，平均单产由1990年的2.2万吨/公顷增长至1996年的2.8万吨/公顷，增长了58%。现代农业生产资料的使用大大提高了大豆的竞争力和盈利能力，成为阿根廷大豆产业发展的重要因素。

（2）大豆期货市场得到较好发展。阿根廷大豆期货市场的发展有利

比较与借鉴

于促进其国内大豆价格稳定和农民参与期货保值交易的发展。20世纪90年代阿根廷大豆期货市场注册仓单大幅增长，农民参与期货积极性很高，并广泛形成了利用期货市场或远期合同进行现货交易的贸易习惯。

（3）大豆生物技术快速推广。梅内姆政府鼓励对农产品的生物技术研发，在政府组建的CONABIA组织引导下，约70%的国内耕作土地开始采用免耕做法种植大豆。

（4）港口、铁路等基础设施建设的发展为大豆出口进一步创造了有利条件。在此期间发展起来的罗萨里奥、布宜诺斯艾利斯和布兰卡港成为阿根廷大豆现货贸易的主要交易市场。这三大市场位于港口，距产区交通便利，发展迅速，目前已成为阿根廷大豆现货主要贸易市场。农民在进行大豆贸易时也一般根据三大市场价格扣除销售成本即运输成本和保费来制定交易价格或远期价格。

（三）1996年政府允许采用转基因大豆技术，大豆种植快速扩张

1. 政策背景。

（1）大豆"免耕法"推广使除草剂用量需求增加。20世纪80年代后，随着国际谷物和大豆油料等价格上涨，加之阿根廷政府90年代初的经济政策改革取消或豁免农产品出口关税，使农产品出口大幅增长，农药、化肥等需求随之增加，而缺乏轮作导致土壤肥力下降和化肥使用需求增。为防止土壤侵蚀，阿根廷政府加大推广"免耕法"播种，导致除草剂需求增加。

（2）草甘膦等除草剂在阿根廷不受专利保护，成本低，使用广泛。1990年阿根廷新经济改革政策实施后，阿根廷农药进口大量增加，草甘膦等除草剂在阿根廷不受专利保护，使用成本低，需求大，很快成为阿根廷大豆种植中使用最广泛的农药。1991年至1999年，阿根廷大豆种植中草甘膦的使用量由每年1000立方米急剧增长至58000立方米。

2. 政策内容。为增强大豆抗药性，美国种子公司孟山都于1996年研制出抗草甘膦转基因大豆（基因工程是抗草甘膦），同年，梅内姆向孟山都公司颁发许可证，允许它在全国独家销售转基因大豆种子。美国和阿根

廷政府几乎于同一时间批准转基因大豆品种的种植。

3. 政策效果

（1）大豆转基因技术的采用使阿根廷大豆种植面积快速增长。1996年转基因政策放开后，短短三年中，原大豆种植面积中超过98%的土地开始参与种植转基因大豆，转基因大豆种植面积仅次于美国，居全球第二；1996年转基因技术采用以后，阿根廷大豆种植面积增长速度明显加快，20年内翻了两番，至2013年达到1942万公顷。

（2）大豆转基因技术使用使阿根廷大豆种植成本大幅减少。据美国农业部估计，阿根廷因种植转基因大豆可节省的劳动力和时间，每吨大豆约40美元。在2007年阿根廷一项调研数据显示，阿根廷全国转基因大豆因节约成本净收入提高了4.8亿美元。

（3）国际竞争力增加，大豆出口量明显增长。1996年阿根廷采用转基因技术后，由于生产成本下降，产量提高，大豆出口量明显增长。阿根廷大豆出口由1996年的206万吨，增长至2013年的900万吨，增长了3.4倍，仅次于美国和巴西，稳居世界第三大大豆出口国。

（4）转基因大豆种植也带来一些不利影响。如转基因大豆的蛋白质含量明显低于普通大豆；转基因大豆对环境破坏很大，给当地居民带来了急剧增加的医疗问题，包括黑热病等，治疗费用昂贵；此外，转基因还带来一些潜在的健康风险因素。

三、结论与启示

（一）依据经济发展阶段制定大豆产业支持政策

阿根廷作为发展中国家，受经济发展阶段所限，对大豆等农产品的直接支持政策较少，相反出口关税等税费政策较重，处于农业支持工业发展阶段，政府对农业的松绑减负成为大豆产业发展的政策背景。阿根廷大豆产业发展的动力更多来自国内耕种条件、国际需求、种植技术等因素。中国作为发展中国家，在经济发展基础上于2006年起已全面取消农业税，依据自身农业发展实际情况，目前更适合采用欧美等发达国家和地区对农业进行保护和补贴的支持政策。

（二）根据比较优势发挥本国大豆产业特点

阿根廷大豆产业发展时间短，但发展迅速，一个重要原因是在国际贸易中充分利用本国生产成本低等比较优势，积极发展出口贸易，提高收益。阿根廷国内草原资源丰富，气候适宜，加之阿根廷政府允许国内种植转基因大豆，大豆种植成本低，出油率高，在国际大豆贸易中具有明显的比较优势。我国作为非转基因大豆主产国，在国际贸易中也应充分挖掘非转基因大豆蛋白含量高、营养、安全等优势，积极发展国产大豆品牌建设和深加工等，发挥非转基因大豆优势，提升国产大豆价值，促进国产大豆活跃发展。

（三）充分发挥期货市场作为现货市场补充的积极作用

1990年经济改革政策实施后，阿根廷政府在新政中鼓励设立和发展大豆、谷物等农产品期货市场，并积极采取手段培训农民利用期货市场进行价格风险规避，还根据本国大豆国际贸易特点允许上市以美元计价的大豆期货合约，有效促进了本国大豆期货市场的发展。我国大连商品交易所大豆期货已有十多年历史，市场参与主体丰富，现货企业参与期货经验丰富，2014年大豆目标价格补贴政策改革进一步放开了大豆市场价格，在此基础上应充分发挥国内大豆期货市场作为现货市场必要补充的作用，通过完善合约和制度创新等，充分发挥大豆期货服务大豆产业发展的作用。

（四）重视大豆生产技术的发展

阿根廷几乎和美国同时批准采用转基因技术种植大豆，但该政策并不是一蹴而就的。1990年阿根廷政府组建国家生物技术和生物安全组织（CONABIA），鼓励生物技术研发和保护，还创建国家种子协会，用于知识产权控制和种子质量检测，推广大豆"免耕法"等、转基因等种植技术。我国作为非转基因大豆原产地，种植历史达四五千年，但种植技术发展相对落后，技术更新速度慢，国际竞争力逐步下滑。为此，应针对我国非转基因大豆生产特点，重视国产大豆生产技术改进，使大豆生产能满足不断变化的消费需求，提高其生产价值和竞争力。

中国加拿大油菜生产成本比较研究

张雯丽　许国栋

加拿大是世界油菜籽生产和出口第一大国，产量和出口量分别占世界总量的四分之一和五分之三。我国是加拿大第一大出口目标国。近年来，自加拿大进口的油菜籽总量维持在 350 万—450 万吨之间，占我国进口总量比重超过 95%。2015 年，我国油菜籽临时收储政策调整后，市场价格形成机制进一步完善。随着市场化改革的深入推进，在压榨加工领域，国产油菜籽也将面临更加激烈的国际市场竞争。为全面把握国内外油菜籽竞争力差异，本文从生产环节入手，对中加油菜籽种植成本进行比较分析，探究两国油菜成本差距及结构差异，并提出缩小成本差距的相关建议。

一、生产成本比较分析对象的确定

（一）品种选择

按照种植季节不同，油菜可分为秋冬播和春播两类。其中，秋冬播油菜当年 10—11 月份种植，次年 5—6 月份收获；春播油菜 4—5 月份种植，当年 9—10 月份收获。加拿大地处北纬 41°—83°之间，油菜全部为春播油菜，主要集中在西部和南部地区。我国地域广袤，油菜主产区分布广泛，秋冬播和春播油菜均有种植。其中，冬油菜主要分布在长江流域，产量占比高达 95%，也是我国油菜籽供给的主要来源；春油菜集中在北方地区，产量占比 5% 左右。考虑到我国和加拿大在油菜种植品种及结构上差异较大，为全面对比两国油菜籽成本及结构，本文将国内冬、春油菜分别与加拿大春油菜成本进行对比分析。

（二）生产成本构成及分类

中加两国油菜籽的生产成本构成要素基本相同，但在分类上存在一定差异。在对比分析前，需将相应构成要素统一归类。我国油菜生产成本分为物质与服务费用、人工成本和土地成本三大项，其中物质与服务费用主要包括种子、化肥、农家肥、农药、租赁作业、燃料动力、工具材料、修理维护、固定资产折旧和保险等费用；人工成本由家庭用工折价和雇工费用构成；土地成本由流转地租金和自营地折租构成。加拿大油菜生产成本主要由经营成本、固定成本和劳动成本三部分构成，其中经营成本包括种子处理、肥料、除草剂、杀菌剂、杀虫剂、燃料、机械、机械投入、租赁和定制、保险、土地税、烘干和利息等费用；固定成本包括土地投资成本、机械折旧、机械投入、存储成本等费用；劳动成本包括雇工费用和家庭劳动机会成本（见表1）。

表 1　　　　中国和加拿大油菜成本构成类别及要素

中国	物质与服务费用	种子费、化肥费、农家肥费、农药费、租赁作业费、燃料动力费、工具材料费、修理维护费、固定资产折旧费、保险费
	人工成本	家庭用工折价、雇工费用
	土地成本	流转地租金、自营地折租
加拿大	经营成本	种子处理费、肥料费、除草剂费、杀菌剂费、杀虫剂费、燃料费、机械费、机械投入费、租赁和定制费、保险费、土地税、烘干费和利息
	固定成本	土地投资成本、机械折旧费、机械投入费、存储成本
	劳动成本	雇工费用、家庭劳动机会成本

从分类看，两国生产成本统计差异总体不大，仅个别要素项归口类别不同。为便于统计分析，遵循不影响成本大类和支出属性原则，同时增强可比性，将两国生产成本的构成要素进行整合，统一划分为物质与服务费用、人工成本和土地成本三类。其中，把我国油菜籽生产成本中的化肥费和农家肥费统称为肥料费，将修理维护费合并到机械作业费，其他费用为销售费、工具材料费、畜力费、排灌费；将加拿大油菜籽生产成本中的除草剂费、杀菌剂和杀虫剂费归入农药费，将机械费、机械投入和机械租赁费合并为燃料动力费，其他费用为土地税、烘干费、利息和存储成本。整合后的物质与服务费用为种子费、化肥费、农药费、燃料动力费、机械作业费、固定资产折旧费、保险费和其他费用（见表2）。

表2 各项成本包含的具体内容

项目	中国	加拿大
物质与服务费	种子费、化肥费、农药费、燃料动力费、机械作业费、固定资产折旧费、保险费、销售费、工具材料费、畜力费、排灌费	种子费、化肥费、农药费、燃料动力费、机械作业费、固定资产折旧费、保险费、土地税、烘干费、利息、存储成本
人工成本	家庭用工折价和雇工费用等	雇工费用和家庭劳动机会成本
土地成本	流转地租金和自营地折租	土地机会成本

（三）数据的选取

基于统计数据可获得性，本文选取了加拿大曼尼托巴省油菜籽生产成本数据，该省油菜产量居国内第三，生产具有较强的代表性。我国冬油菜生产成本数据使用湖北、四川、湖南、江西、安徽、贵州和江苏七大主产省的平均数据，春油菜使用青海和内蒙古两个地区的平均数据[①]。

---

① 依据可获得性，中国统计数据为2015年数据，数据取自农产品成本收益汇编；加拿大为2016年统计数据，数据取自曼尼托巴统计部门。

比较与借鉴

二、中加油菜亩均生产成本比较

(一) 总成本：我国约为加拿大的 2 倍，我国人工成本占比超过 60%，加拿大近八成为物质服务费用

通过比对中加两国油菜生产总成本，我国冬油菜和春油菜总成本分别是加拿大的 2.05 倍和 1.88 倍，显示我国成本劣势十分突出。其中，我国冬油菜和春油菜成本分别为 903.7 元和 828.2 元，加拿大春油菜成本仅为 441.4 元，我国冬、春油菜总成本分别高出加拿大 462.4 元和 386.9 元。

从成本构成来看，我国冬油菜成本构成中人工成本占比最大，达到 62%，物质服务费用和土地成本占比分别为 25% 和 13%；春油菜成本构成中人工成本占比达到 65%，物质服务费和土地成本占比分别为 22% 和 13%；加拿大与我国油菜生产成本差异较大，其首要成本构成为物质服务费用，占比达到 79%，土地成本占比次之，为 13%，人工成本占比仅为 8%。两国成本结构差异极大，从另一个侧面也反映出两国油菜生产经营方式差异较大（见表 3）。

表 3　　　　　　　　　中加油菜生产成本主要构成

	物质服务费用	人工成本	土地成本
中国冬油菜	24.8%	61.9%	13.4%
中国春油菜	21.9%	64.7%	13.4%
加拿大油菜	79.2%	8%	13.3%

数据来源：根据中加油菜生产成本收益统计数据整理计算。

(二) 物质服务费用：我国总量低于加拿大，加拿大种子和农药投入费用高于我国

从物质服务费用成本对比来看，加拿大油菜物质与服务费用高于我国，分别为我国冬油菜和春油菜的 1.6 倍和 1.9 倍。其中，我国冬油菜、春油菜亩均物质与服务费用分别为 223.7 元和 181.5 元，加拿大油菜籽亩均物质与服务费用为 349.7 元。

从成本构成来看，我国油菜物质服务费用主要以肥料、机械作业和种子费支出为主，冬油菜三项成本占物质服务费用比重分别为44%、26.6%和8.4%，合计占比接近80%；春油菜分别为43.7%、36.5%和8.6%，合计占比接近90%。加拿大油菜物质服务费用主要发生在肥料、农药、种子和固定资产折旧等方面，另外，除燃料作动力和机械作业支出外，保险支出占比为4.7%（见表4）。

表4　　　　中国、加拿大油菜亩均物质与服务费比较　　　　单位：元/亩

项目	中国冬油菜		中国春油菜		加拿大春油菜	
	费用	占比	费用	占比	费用	占比
物质与服务费	223.7		181.5		349.7	
种子费	18.8	8.4%	15.6	8.6%	57.2	16.3%
肥料费	98.4	44.0%	79.4	43.7%	86.4	24.7%
农药费	15.6	7.0%	4.8	2.6%	59.2	16.9%
燃料动力费	3.4	1.5%	0.0	0.0%	18.0	5.1%
机械作业费	59.5	26.6%	66.2	36.5%	23.5	6.7%
固定资产折旧	6.7	3.0%	3.5	1.9%	50.2	14.4%
保险费	8.1	3.6%	0.3	0.1%	16.4	4.7%
其他费用	13.2	5.9%	11.8	6.5%	34.9	10.0%

通过比对分析，两国物质服务费用构成主要有以下特点：一是加拿大种子成本显著高于我国。加拿大油菜籽亩均种子费为57.2元，分别是我国冬油菜和春油菜亩均种子费的3.0倍和3.7倍。加拿大十分重视育种研发，近20年间推动了转基因抗除草剂品种的研发和大面积种植，品种含油率达43.5%，高出我国近5个百分点，这也是种子价格相对较高的主要原因。二是加拿大农药费用显著高于我国。加拿大油菜籽亩均农药费用为59.2元，是我国冬油菜和春油菜亩均农药费的3.9倍和12.4倍。三是加拿大机械化程度总体较高，这一点在农机折旧费用一项体现较为突出。加拿大油菜亩均固定资产折旧费为50.2元，是我国冬油菜和春油菜亩均固定资产折旧费的7.5倍和14.3倍。四是加拿大油菜机械作业成本低于我国。尽管加拿大油菜生产机械化程度较高，但规模效应大大降低了单位

面积的机械作业成本。我国冬油菜和春油菜亩均机械作业费分别为59.5元和66.2元,是加拿大油菜籽亩均机械作业费的2.5倍和2.8倍。五是加拿大保险费用高于我国。加拿大油菜亩均保险费为16.4元,是我国冬油菜亩均保险费的2.0倍,与春油菜相比,差距更大。这也显示加拿大油菜种植主体保险意识总体较强,投入水平较高,另一个侧面也反映出农场主收入保障程度相对高于我国。

总体上来看,加拿大对油菜的生产投入覆盖产前品种、产中田间管理和机械化耕种收、产后保险,我国则主要重视田间管理投入,品种投入总体偏低,机械投入成本虽然高,但实际覆盖比例不高,这也凸显出我国油菜生产投入结构合理性不足。

(三) 人工成本:加拿大油菜人工成本仅为我国的6%

我国冬油菜和春油菜亩均人工成本分别为559.3元和535.8元,占总成本的61.9%和64.7%;加拿大油菜亩均人工成本为32.8元,占总成本不到8%,仅相当于我国冬油菜亩均人工成本的6.0%。我国冬、春油菜人工成本分别高出加拿大526.4元和502.9元。从绝对值来看,中加两国油菜人工成本差大于总产本差(462.4元和386.9元)。也即,如果我国人工成本降至和加拿大相当水平,油菜生产总成本将明显低于加拿大。从我国人工成本构成来看,家庭用工仍是主要来源,冬油菜和春油菜亩均家庭用工折价分别为548.8元和535.8元,占人工成本均接近100%(见表5)。

表5　　　　中国、加拿大油菜亩均人工成本比较　　　　单位:元/亩,%

项目	中国冬油菜		中国春油菜		加拿大春油菜	
	费用	占比	费用	占比	费用	占比
人工成本	559.3	100%	535.8	100%	32.8	100%
家庭用工折价	548.8	98%	535.8	100%	—	—
雇工费用	10.5	2%	—	—	—	—

与加拿大相比,我国人工成本高主要有两方面原因:一是受资源禀赋限制,我国人均耕地面积较少,加之土地流转有限,经营规模受到制约,

同时冬油菜主产区多山地、丘陵等地貌，机械化推广和使用有限，因此生产过程中需耗费人工较多，目前，我国仅在内蒙古、新疆、青海以及湖北江汉平原部分地区可实现油菜全程机械化；二是近年来我国城镇化进程加快，人力成本快速上升，导致了用工折价刚性上涨。而加拿大户均经营规模近200公顷，机械使用条件较好，机械化水平极高，在很大程度上替代了劳动力，人工成本相应较低。

（四）土地成本：加拿大仅为我国一半

中加油菜生产成本中土地成本占比均在13%左右，但我国油菜种植的土地成本绝对值大幅高于加拿大。我国冬油菜、春油菜亩均土地成本分别为120.8元和111.0元，加拿大油菜亩均土地成本58.8元，仅为我国油菜土地成本的50%左右。从成本差异的原因来看，加拿大地广人稀，且土地可以自由买卖，土地成本相对较低。而我国土地成本总体偏高，随着城镇化进程加快，土地流转成本持续增加。2015年，我国冬油菜和春油菜亩均流转地租金分别为16.9元和7.6元，比2013年上涨58.1%和69.3%；自营地折租分别为103.9元和103.5元，比2013年上涨19.3%和28.2%。

三、中加油菜籽单位产量成本比较

中加两国均为世界油菜主产国，但经营方式以及品种差异直接影响油菜单产水平，进而影响单位产量成本，这也是反映竞争力及差异的重要因素之一。为进一步考察两国产品竞争力差异，我们对单位产品成本进一步分析。

目前，加拿大油菜平均单产为149.5公斤/亩，我国冬油菜平均单产为148.0公斤/亩，春油菜为106.2公斤/亩，单产水平均低于加拿大，其中春油菜单产仅为加拿大的71%。考虑到加拿大油菜和我国冬油菜单产水平较为接近，单位产量成本与单位面积成本总量及结构较为接近，因此，本文中仅对我国春油菜和加拿大进行进一步对比分析。具体特点如下：

比较与借鉴

(一) 单位产量成本差距进一步拉大，我国总成本是加拿大的 2.6 倍

从成本差异来看，我国春菜籽每 50 公斤成本为 389.9 元，加拿大油菜籽总成本为 147.7 元，我国是加拿大的 2.6 倍。与亩均生产成本相比，由于平均单产水平低于加拿大，我国油菜籽的成本劣势进一步放大。从统计数据显示的成本来看，加拿大油菜籽价格高于每斤 1.48 元即可盈利，我国春菜籽则需要在每斤 3.9 元以上。

从分项对比来看，中加春油菜人工成本和土地成本的差距也进一步拉大。我国春油菜人工成本 252.2 元，是加拿大的 23.0 倍；土地成本 52.3 元，是加拿大的 2.7 倍。物质服务费与加拿大的差距明显减小，成本接近加拿大成本的 75%，成本绝对值的优势因单产水平偏低而有所弱化。

(二) 加拿大单位产量物质费用投入显著高于我国，但投入结构合理性优于我国

从中加两国油菜籽单位产量物质与服务费要素成本来看，除单位产量肥料和机械作业投入，其余要素成本加拿大均高于我国。我国每 50 公斤春菜籽的肥料费、机械作业费分别为 37.4 元和 31.2 元，分别高于加拿大 29.2% 和 296.3%。加拿大种子费、农药费、固定资产折旧费、保险费分别为 19.1 元、19.8 元、16.8 元和 5.5 元，分别为我国的 2.6 倍、8.8 倍、10.1 倍和 42.2 倍。从单位产量投入支出结构来看，加拿大对要素投入的合理性显著优于我国（见表 6）。

表 6　中国、加拿大油菜的单位产量物质与服务费比较　单位：元/50 公斤

	中国	加拿大
物质与服务费	85.4	117.0
种子费	7.3	19.1
肥料费	37.4	28.9
农药费	2.3	19.8
燃料动力费	0.0	6.0

续表

	中国	加拿大
机械作业费	31.2	7.9
固定资产折旧	1.7	16.8
保险费	0.1	5.5
其他费用	5.5	11.7

四、结论与建议

（一）结论

基于对中加油菜生产成本及结构的对比分析，我们初步得出以下结论：

1. 我国油菜生产成本显著高于加拿大，单产水平较低加剧了成本劣势。我国冬油菜、春油菜亩均成本均显著高于加拿大，约为加拿大的2倍。我国春菜籽每50公斤油菜单产水平低于加拿大，导致单位产量成本差距进一步拉大，比较劣势因单产水平较低进一步凸显。未来单产水平的提高，将有助于改善成本劣势。

2. 中加油菜生产成本差距主要在人工成本。从成本构成来看，我国油菜籽生产成本以人工成本为主，占比超过60%，而加拿大人工成本仅占8%。冬油菜、春油菜亩均人工成本分别高出加拿大526.4元和502.95元，考虑到冬油菜、春油菜总成本分别高出加拿大462.4元和386.9元。如果家庭用工减少3—4个，人工成本可降至加拿大相当水平，我国油菜生产劣势将极大弱化。

3. 我国油菜成本结构有待进一步优化。与加拿大相比，尽管我国油菜生产物质服务费用在绝对量具有一定优势，但在种子、农药、保险等方面投入较少，投入总体表现粗放、结构合理性不足的特征。如保险投入高低与风险防范能力以及生产保障程度直接挂钩，种子成本高低与品质高产等紧密相关，农药价格高低则在很大程度上与使用效率和残留度直接相关，在降低油菜生产成本总量的同时，还需对成本结构进行优化，科学合理降低成本。

（二）建议

油菜是我国重要的油料作物，也是确保食用植物油自给率的重要原料来源。油菜成本高企不仅导致比较效益低下影响生产积极性，也影响我国在国际市场的竞争力，加剧进口对国内产出的替代，不利于国内生产稳步发展。要缩小与国际市场油菜成本差距，提高国产油菜籽比较效益和竞争力，降低成本总量、优化支出结构是关键。为此，建议如下：

1. 加强优质品种研发选育，提高单位产出水平。从全球范围来看，目前我国油菜单产水平仅达到全球平均水平，远低于欧盟（237公斤/亩）、智利（254公斤/亩）和乌克兰（172.7公斤/亩）等，未来还有很大提升空间。目前，春油菜主产区呼伦贝尔春油菜亩产能达到150公斤，良种良法以及气候条件配合的情况下，未来单产仍有增长潜力；湖北冬油菜部分产区亩产可达250公斤。建议加强高产、高抗等优良品种研发，生产过程中配套施以良法、科学管理，提高国产油菜籽平均单产水平，降低单位产量成本，提高产品竞争力。

2. 在适宜地区加快土地流转，实现适度规模经营。中加油菜成本差异主要来自人工成本，人工成本的降低直接关系到我国油菜籽能否具有竞争力并实现节本增效。通过土地流转开展适度规模经营，有利于实现机械化作业，从而有效降低人工成本。目前呼伦贝尔农垦通过规模化、全程机械化生产，人工成本可降至100元以内，总成本达到加拿大成本水平。建议在有条件的适宜主产区如湖北江汉平原地区、湖南北部地区、河南南部等平原地区通过土地托管、流转等模式实现规模经营。

3. 加强油菜农机研发与推广，提高生产机械化水平。加强适宜播种、收获且损耗较低的农业机械研发和推广，推广减肥减药的机械化耕播技术及装备；针对部分山地、丘陵地区，加强与地形地貌配套的小型农机装备研发。结合油菜生产保护区建设，对新型经营主体开展机械化生产、社会化服务组织提供机械作业服务等予以支持，提高油菜生产机械化水平。

4. 合理引导和优化生产投入结构，促进生产可持续发展。积极探索针对油菜生产和市场风险的政策性保险产品，引导农民适当增加保险投入，提高油菜生产风险防范能力以及农户收入保障程度；提高油菜高产高抗优良品种补贴力度，加大推广使用力度；加大绿色、友好生产宣传力度，引导生产主体使用低毒低残留农药，促进生产实现绿色可持续发展。

参考文献

［1］柯炳生、萧清仁："大陆与台湾稻谷生产成本的比较研究"，《中国农村经济》1993年第6期。

［2］张雯丽、许国栋："2016年油料和食用植物油市场形势分析及2017年展望"，《农业展望》2017年第2期。

［3］章胜勇："中国油料作物比较优势及生产布局研究"，华中农业大学毕业论文，2005年。

［4］潘伟光："中韩粳稻生产成本及其结构的比较"，《农业经济问题》2005年第3期。

［5］谷强平、周静等："中美大豆成本收益的比较分析"，《农业经济》2015年第5期。

［6］韩喜秋："江苏省油菜籽生产成本与收益研究"，南京农业大学毕业论文，2008年版。

［7］张立中、王若军："我国油菜籽生产成本与收益分析"，《市场分析》2010年第1期。

附录一

农业农村部农村经济研究中心简介

农业农村部农村经济研究中心（以下简称"农研中心"）于1990年7月成立，是农业部直属的政策研究咨询机构，其前身是国务院农村发展研究中心。在建制上，农村固定观察点办公室与农研中心实行统一管理，共同接受农业部和中央有关部门的直接领导。农研中心的主要任务是为国家制定农村经济政策、农村经济发展战略和深化农村经济体制改革提供决策咨询和对策建议。

农研中心现有职工83人，具有高级职称的研究人员35人，具有硕士以上学位的研究人员60人。农研中心还聘请了有关部门和省市领导为顾问、一批知名专家学者为特邀研究员，参与农研中心和农村固定观察点的有关调研与咨询工作。农研中心还与诸多国内外研究机构和国际组织建立了长期的交流与合作关系。

农研中心内设宏观经济研究室、经济体制研究室、市场与贸易研究室、产业与技术研究室、可持续发展研究室、区域发展研究室、社会文化研究室、改革试验研究室、当代农史研究室等处室。主要研究领域包括：农村经济与国民经济发展的关系，农业经营体制和农村经济制度，农产品市场流通与贸易，农业产业与要素投入，资源环境与农业可持续发展，区域农村经济社会发展战略和政策，农村社会建设与农村文化发展，农村改革理论和政策，当代农业和农村经济社会发展史等。

农村固定观察点办公室，负责全国农村固定观察点调查系统的管理和调查数据的开发利用工作。目前调查系统覆盖了全国31个省份的300多个村、2万多个农户，积累了自1985年以来的村级、企业和农户的调查数据，为开展学术研究和政策制定提供了大量详实的第一手资料。

农研中心拥有自20世纪50年代以来的农村工作文献档案近30万件，是目前收集较为系统完整的档案资料，具有较高的研究参考价值。农研中心拥有较好的资料交换、信息通讯等研究支持系统。与中央农村工作有关机构和地方有关政府部门保持较为密切的关系。研究成果的输出渠道既包括面向上级部门的内部调研报告，也包括面向全社会的公开出版物。

附录二

2017年农研中心承担的主要课题和项目

主持人	课题名称	委托单位
张振	"一带一路"战略下农业对外合作风险防范与政策设计问题研究	国家社会科学基金委员会
张灿强	贫困地区农业文化遗传活态保护与产业扶贫协同路径研究	国家社会科基学金委员会
高强	农地确权对农户生产行为的影响机理与对策研究	国家自然科学基金委员会
张照新	农村新型金融服务模式比较研究	农业部软科学办公室
习银生	东北玉米、大豆和稻谷政策联动机制研究	农业部软科学办公室
王莉	农膜减量利用可行性与废旧农膜回收利用机制研究	农业部软科学办公室
彭超	农产品电商影响农民增收的机制与效应的实证研究	农业部软科学办公室
张雯丽	农产品质量体系建设管理	农业部软科学办公室
刘俊杰	"三权分置"与"长久不变"政策协同研究	农业部软科学办公室
谭智心、张振	协调推进农业市场化与国际化研究	农业部软科学办公室
吴天龙	玉米产区生猪业发展问题研究	农业部软科学办公室
王忠海	促进农业发展由主要满足量的需求向更加注重满足质的需求的难点与对策研究	农业部软科学办公室
陈良彪	农村一二三产业融合发展问题研究	农业部软科学办公室
李婕	主要粮食作物节本增效潜力及途径研究	农业部软科学办公室
高强	发展适度规模经营与促进脱贫攻坚研究	农业部软科学办公室
王莉	农膜减量利用可行性与废旧农膜回收利用机制研究	农业部软科学办公室
张灿强	种养循环模式调查	农业部软科学办公室
袁瑞玲	小杂粮产业发展问题研究	农业部软科学办公室

续表

主持人	课题名称	委托单位
陈洁	国家大宗淡水鱼产业技术体系产业经济研究	现代农业产业技术体系财政专项
翟雪玲	棉花产业技术体系经济研究	现代农业产业技术体系财政专项
张雯丽	特色油料产业技术体系	现代农业产业技术体系财政专项
金书秦	养殖业结构调整政策环境风险评价	环保部环境工程评价中心
高强	集体建设用地利用模式研究	国家发改委城市和小城镇改革发展中心
杨丽	深化改革进程中维护农村妇女权益研究	中华全国妇女联合会权益部
曹慧	国家中原现代农业科技示范区粮食产业预测（2020，2025）以及支持示范区粮食安全产业的政策	中国农科院农业资源与农业区划研究所
张雯丽	农产品质量安全县创建评价指标研究	中国农科院农业质量标准与检测技术研究所
张雯丽	油料国际市场监测分析	中国农业科学院农业信息研究所
习银生	玉米国际市场监测分析	中国农业科学院农业信息研究所
马凯	食糖国际市场监测分析	中国农业科学院农业信息研究所
姜楠	小麦国际市场监测分析	中国农业科学院农业信息研究所
彭超	稻米国际市场监测分析	中国农业科学院农业信息研究所
宋洪远	稻谷最低收购价制度改革与补贴政策研究	清华大学
彭超	农村固定观察点数据采集服务于分析：农户农产品生产效益分析	北京大学

附录二

续表

主持人	课题名称	委托单位
彭超	基于农户数据的中国农业生产演化	浙江大学
彭超	基于固定观察点数据中国农业生产演化	宁夏大学
张恒春	京津冀三地农户数据使用与开放	中国农业大学
彭超	全国新型职业农民相关数据采集与分析	中央农业广播电视学校
刘景景	国内水产品市场运行情况监测分析	中国水产学会
刘景景	渔业中长期产需形势预测与重点品种贸易形势分析	中国水产流通加工协会
张照新	重庆"小康农服"发展模式研究	重庆小富农康农业科技服务有限公司
高强	关于促进小农户与现代农业发展有机衔接的研究	重庆市农业委员会
高强	深化农村改革与壮大集体经济发展研究	北京市统计局
闫辉	长沙农村改革试验方案研究	长沙现代农业综合配套改革试验区管委会
谭智心	农民合作社信用合作的实践困境与发展前景研究	中和农信项目管理有限公司
宋洪远	财产权利、劳动力转移和中国的农业发展	世界银行
高强	东亚农业经营主体发展模式与制度比较	日本亚洲经济研究所
张灿强	农业文化遗产地农户精准扶贫与脱贫机制研究	乐施会
张照新、王莉	国际可持续农业的发展与比较研究	乐施会
徐雪	韩国国别农业发展资料提供项目	农业部对外经济合作中心
王欧	农村环能系统职业技能开发政策与法律法规研究	农业部生态与环境保护总站
王莉	国有草原资源有偿使用制度方案研究	农业部草原监理中心
曹慧	夏收期间全国新麦市场分析信息服务	农业部信息中心
曹慧	粮食、水产品运行监测分析	农业部规划设计研究院
刘景景	公共管理视角下的渔政群管与专管问题研究	农业部长江流域渔政监督管理办公室
彭超	农产品产地初加工补助政策实施效果评估	农业部规划设计研究院
张恒春	我国作物成本收益及面积变化服务咨询	农业部信息中心

续表

主持人	课题名称	委托单位
张恒春	政府购买农业公益性服务机制创新试点运行监测分析	农业部农村经济体制与经营管理司
张照新	农业生产托管服务支持方式研究	农业部农村经济体制与经营管理司
高强	新时期减轻农民负担与促进脱贫增收研究	农业部农村经济体制与经营管理司
王莉	国内外畜牧业产业发展现状调查	农业部畜牧业司
王莉	热作产业经济信息监测	农业部农垦局
姜楠	全球及我国畜产品供需贸易及竞争力跟踪	农业部国际合作司
何安华	我国玉米生产的影响因素分析	农业部种植业司
刘锐	我国区域农业数据库建设与区域农业政策研究	农业部发展计划司
陈洁、周洪霞	统筹粮经饲种植结构问题研究	农业部种植业司
周洪霞	小众类特色农产品加工研究	农业部农产品加工局
陈洁	我国区域农业协同度研究	农业部发展计划司
李竣	主要畜牧业国家饲草料生产贸易及政策跟踪研究	农业部国际合作司
曹慧	农产品加工业运行监测	农业部农产品加工局
曹慧	农业产业发展趋势及政策研究	农业部发展计划司
徐雪	农产品市场监测预警	农业部市场信息司
刘景景	渔业经济形势分析	农业部渔业局
谭智心	农民合作社信用合作试点方案调研	农业部农村经济体制与经营管理司
吴比	粮食安全战略研究	农业部发展计划司
武志刚	农村固定观察点农业农村资源统计监测（信息平台）	农业部财务司
武志刚	农民收入与农村劳动力转移监测（农民培训）	产业政策与法规司
宋洪远	农村固定观察点农业农村资源统计监测（委托调查）	农业部财务司
武志刚	农民收入与农村劳动力转移监测（农民收入监测）	产业政策与法规司
武志刚	农村固定观察点农业农村资源统计监测（观察点培训）	农业部财务司
宋洪远	农村固定观察点农业农村资源统计监测（工作经费）	农业部财务司

附录二

续表

主持人	课题名称	委托单位
武志刚	农户储粮调查	农业部市场信息司
武志刚	不同规模经营户主要粮食品种成本收益比较	农业部市场信息司
武志刚	产业扶贫调查分析	农业部发展计划司
马凯	农村土地承包经营权有偿退出制度研究	农业部农村经济体制与经营管理司
彭超	农民收入和农村劳动力调查分析	农业部发展计划司
习银生	我国玉米结构调整问题研究	农业部种植业司
闫辉	农村改革试验区试验项目监测与评估	农业部产业政策与法规司
王欧	生猪规模化养殖与饲料消费	农业部畜牧业司
王欧	农史专项	农业部农村经济研究中心
金书秦	农业环境数据库指标培训	农业部科技教育司
金书秦	农业绿色发展思想方法、理论体系与政策取向	农业部计划司
金书秦	农业可持续发展扶持政策	农业部计划司
金书秦	农业环境治理体系研究	农业部科教司
高强	我国农业补贴制度改革的关键环节和重点领域研究	农业部计划司
高强	我国农民合作社支持政策梳理研究	农村经济体制与经营管理司
高强	减轻农民负担与促进脱贫攻坚研究	农村经济体制与经营管理司
高强	龙头企业在农业供给侧结构性改革中的作用	农村经济体制与经营管理司
袁瑞玲	主要国家农业保险政策	农业部国际合作司
宋洪远	当前主要农业政策执行情况评估	农业部农村经济研究中心重大调研课题
魏琦	农业绿色发展理论和政策研究	农业部农村经济研究中心重大调研课题

续表

主持人	课题名称	委托单位
陈良彪	改革开放以来我国农业农村发展40年：政策透视与发展回顾研究	农业部农村经济研究中心重大调研课题
王忠海	农业供给侧结构性改革	农业部农村经济研究中心重大调研课题
许国栋	我国棉花主产区生产布局变迁研究	农业部农村经济研究中心青年研究课题
张斌	基于农户行为选择的农膜污染防治政策研究	农业部农村经济研究中心青年研究课题
李竣	特色小镇建设机制研究	农业部农村经济研究中心青年研究课题
王佳星	美丽乡村建设过程中的文化元素研究	农业部农村经济研究中心青年研究课题
张璟	农村土地金融的制度设计与创新——基于农村"两权"抵押贷款改革试点的调查研究	农业部农村经济研究中心青年研究课题

附录三

2017年农研中心编著的主要书籍

编 著 者	书 目	出 版 者
郭永田、龙文军编著	农业PPP投资理论与实践	中国农业出版社
陈洁、刘景景、张静宜等著	大宗淡水鱼产业发展报告（2011—2015）	上海远东出版社
吴天龙、习银生著	玉米主产区农业发展的基干问题：研究与思考	中国农业出版社
徐雪高、张照新等著	农业产业化龙头企业社会责任信息披露与行为评价研究	中国农业出版社
翟雪玲、张雯丽、原瑞玲、王慧敏著	"一带一路"倡议下中国农业对外合作研究——主要国家投资环境与企业发展实绩	经济管理出版社
曹慧、张照新主编	新型农业经营主体培育及融合研究发展研究	中国农业出版社
李丹、庹国柱、龙文军主编	农业风险与农业保险	高等教育出版社
王莉等著	中国畜牧业产业体系发展研究	经济管理出版社
金书秦、沈贵银、刘宏斌等著	农业面源污染治理的技术选择和制度安排	中国社会科学出版社
刘年艳著	乡村振兴发展路径探索	中国出版集团
刘年艳著	中国茶叶全球化之路	中国出版集团
夏海龙、闫晓明、王有年著	京津冀都市农业协同发展战略研究	中国农业出版社
谭智心著	联合的逻辑——农民合作社联合社运行机制研究	人民日报出版社

续表

编著者	书目	出版者
谭智心主编	一本书明白农村土地承包政策法规	中原农民出版社
张灿强、闵庆文、吕娟主编	安徽寿县芍陂（安丰塘）及灌区农业系统	中国农业出版社
周洪霞著	我国区际产业转移的就业效应研究	中国农业出版社
农业部农村经济研究中心课题组著	农业供给侧结构性改革：难点与对策	中国农业出版社
农业部农业产业化办公室、农业部农村经济研究中心组编	产业融合与主体联动——农业产业化经营新探索	中国农业出版社
农业部农村经济研究中心编	中国化肥利用效率（肥耗）评价报告	中国发展出版社
农村固定观察点办公室编	全国农村固定观察点调查数据汇编（2010—2015年）	中国农业出版社
高强主编	一本书明白土地流转	中原农民出版社
赵海、马凯主编	一本书明白农村产业融合发展	中原农民出版社